Direitos Sociais na Constituição de 1988

Uma Análise Crítica Vinte Anos Depois

Cláudio José Montesso
Marco Antônio de Freitas
Maria de Fátima Coêlho Borges Stern
Coordenadores

Direitos Sociais na Constituição de 1988

Uma Análise Crítica Vinte Anos Depois

ANAMATRA
ASSOCIAÇÃO NACIONAL DOS MAGISTRADOS DA JUSTIÇA DO TRABALHO

EDITORA LTr
SÃO PAULO

Dados Internacionais de Catalogação na Publicação (CIP)
(Câmara Brasileira do Livro, SP, Brasil)

Direitos sociais na constituição de 1988 : uma análise crítica vinte anos depois / Cláudio José Montesso, Marco Antônio de Freitas, Maria de Fátima Coêlho Borges Stern coordenadores. — São Paulo : LTr, 2008.

Vários autores.

Bibliografia.

ISBN 978-85-361-1235-0

1. Direito constitucional 2. Direito do trabalho 3. Direitos sociais 4. Relações de trabalho I. Montesso, Cláudio José. II. Freitas, Marco Antônio de. III. Stern, Maria de Fátima Coêlho Borges.

08-10141 CDU-342.7:331

Índice para catálogo sistemático:

1. Direitos sociais : Relações de trabalho : Direito constitucional do trabalho
342.7:331

Produção Gráfica e Editoração Eletrônica: R. P. TIEZZI

Capa: JULIO CÉSAR LEITÃO

Impressão: HR GRÁFICA E EDITORA

LTr

EDITORA LTDA.

Rua Apa, 165 — CEP 01201-904 — Fone (11) 3826-2788 — Fax (11) 3826-9180

São Paulo, SP — Brasil — www.ltr.com.br

LTr 3766.7 Outubro, 2008

Sumário

A Constituição de 5 de outubro de 1988

Onde estávamos no mundo

Outubro de 1988. Respiram-se novos ares em todas as partes do mundo. Aproximam-se os anos 90, a última década do século XX, e é hora de confirmar ou rejeitar verdades e certezas construídas nesse século de inúmeras inovações. Novos e velhos valores começam a ganhar maior importância. Liberdades democráticas, meio ambiente, melhor distribuição da riqueza, superação da fome, respeito e preservação da identidade dos povos e das minorias. Um vírus preocupa o mundo e ele veio da selva, mas tornou-se eminentemente urbano. Vai colocar um freio, mas não parar, a revolução sexual das duas décadas anteriores.

Mas é na geopolítica que aparecem indícios das maiores novidades. O Irã dos aiatolás e dos xiitas e o Iraque de Sadam Hussein encerraram há pouco uma guerra que já durou oito anos. Mais de um milhão de mortos depois, não há um vencedor.

Na União Soviética, ainda não implodida, Gorbatchev tenta dar encaminhamento à Perestroika e à Glasnost, mas já percebe que será necessário mais do que isso para atualizar o regime e manter o poder. Yeltsin já o espreita e, entre um gole ou outro de vodca, alimenta o ideário de inovações. O leste europeu já é sacudido por mudanças que em pouco tempo farão cair não apenas a cortina de ferro, mas também o próprio muro de Berlim.

Karol Wojtyla, eleito papa em 1978, completa dez anos de pontificado. Sob o nome de João Paulo II, sobreviveu a um atentado em plena Praça de São Pedro e já não tem mais o mesmo vigor, porém ainda arrasta multidões em suas visitas. O Papa peregrino, polonês, é um dos principais atores dos movimentos geopolíticos que irão romper com os regimes comunistas do leste europeu.

Nos Estados Unidos, George Bush, o pai, prepara-se para arrasar Michael Dukakis na disputa pela Casa Branca, beneficiado por oito anos de uma política liberal do Presidente Ronald Reagan. Nem mesmo o escândalo Irã-Contras foi capaz de impedir a renovação do mandato dos republicanos. Nas ruas de Nova Iorque brilha a geração *yuppie*, marcada pelo consumo, pela riqueza e pelo egoísmo individualista.

A Europa Ocidental tenta encontrar o caminho da unidade política e monetária. Embora ainda em uma fase meramente escritural, o euro nascerá em 1º de janeiro do ano seguinte. Na Grã-Bretanha, Margaret Thatcher ainda comanda com mão-de-ferro o governo britânico, mas seu brilho não é mais o mesmo. Graças a ela, as terras de sua Majestade não aderem plenamente à integração do continente. Na França, Mitterand cumpre o início do segundo mandato, conquistado em maio daquele ano, mas agora se afastando da ampla coligação de esquerda que o elegeu no primeiro mandato e sem as rosas vermelhas; conseqüências da necessidade de coabitação com o gabinete conservador de Chirac, entre 1986 e 1988.

A China, ainda comunista, prepara o salto para os próximos 20 anos, implantando "o socialismo do livre mercado", idealizado por Deng Xiaoping. Abertura só na economia e ainda assim com forte controle. Na política nem pensar e prova disso será o massacre da Praça da Paz Celestial. Os Tigres Asiáticos começam a mostrar suas garras e os Jogos Olímpicos de Seul eram a mais nítida manifestação de sua vivacidade. O Japão já começa a sofrer os tremores econômicos que o mergulhará em recessão na próxima década.

A África continua sua saga de lutas tribais, pobreza e desilusão. As guerras civis, patrocinadas pelos antigos e novos colonizadores, destroçam a economia, o meio ambiente e as pessoas. O futuro parece não existir. Mas nem tudo é só dor e desilusão. As pressões internacionais começam a fazer efeito sobre o regime segregacionista do *apartheid*.

A América Latina parece querer reencontrar o caminho da democracia e das liberdades. O fiasco da Guerra das Malvinas fez com que os militares fossem postos para correr na Argentina, mas o governo civil de Alfonsin sofre com os problemas econômicos, com a hiperinflação e com as contas a serem ajustadas pela história. Uruguai e Paraguai tentam encontrar o caminho. Até mesmo no Chile, onde os militares, comandados pelo ditador Pinochet, comandaram uma das mais sangrentas ditaduras, inicia um processo de abertura e reformas constitucionais. Nesse mesmo ano, Pinochet sofrera forte derrota no plebiscito convocado para aprovar a prorrogação de seu mandato.

O problema na Colômbia continua sendo o mesmo. Há um governo, mas ele não comanda todo o território nacional. As guerrilhas mantêm sob controle algumas regiões e o narcotráfico é poderoso e desafiador. A Venezuela, que suportou incólume o período de ditaduras militares do continente, defronta-se com a riqueza do petróleo e a pobreza das ruas. A democracia não soube responder ao desafio da distribuição da riqueza e do progresso.

No Brasil, os ares também eram de mudanças. Mudanças institucionais, pois do ponto de vista econômico e social, nada tinha sido observado depois de três anos de restabelecimento da democracia e de governos civis. A inflação de 1988 caminha a passos largos para atingir novos recordes. Dois planos econômicos depois nada parece segurar o dragão. A economia oscila entre crescimento insustentável e estagflação. O que ganha em um ano, perde-se rapidamente no outro. A linha da pobreza é ascendente e não há expectativas positivas à vista.

Com o fisco econômico e o clima da redemocratização, prepara-se a nova Carta e, com ela, a ansiada eleição direta para presidente da República. Os meios de comunicação e os setores mais conservadores andavam à procura de uma liderança que pudesse barrar a quase certa vitória das esquerdas na eleição presidencial do ano seguinte. Começavam a dar espaço nos noticiários a um certo caçador de marajás das Alagoas.

Foi nesse clima, tanto internacional, como no plano interno, que no dia 5 de outubro daquele ano foi promulgada a nova Carta Magna do Brasil.

Um produto do meio?

Com tantas e significativas mudanças seria natural que a nova Carta fosse um produto do seu meio. Mas qual o meio? Com muitas transformações ocorrendo, ou prestes a ocorrer, seria difícil, mesmo ao mais antenado dos constituintes, determinar que caminho seguir. De certa forma o contexto político e cultural brasileiro estava dissociado do que ocorria no mundo. Enquanto o perfil de socialismo real levado a cabo em alguns países entrava em colapso ou era simplesmente modificado ou substituído por modelos nada ortodoxos, ou mesmo híbridos, ou mesmo no momento em que a própria social democracia européia era questionada, nossos constituintes sonhavam com uma Carta que pudesse assegurar o *welfare State* a todos os cidadãos.

E, no nosso caso, não poderia ser diferente. A Carta, que deveria ser a afirmação da democracia plena, sem censuras, sem torturas, sem eleições indiretas, deveria ser a afirmação do país que queríamos, com plenas garantias e direitos aos cidadãos, com a valorização dos direitos sociais e civis. Deveria ser o retrato do país que queríamos construir, eliminando nossas desigualdades, nossa pobreza. Deveria remover todo o entulho autoritário do regime extinto e construir um novo, democrático, justo e humano. Optar, portanto, por um modelo que seria o ideal para assegurar aquilo que fosse melhor aos nossos cidadãos não era uma simples opção, mas uma obrigação, uma forma de catarse e de repúdio aos anos de chumbo que vivemos.

Todavia, e apesar desse espírito, pode-se notar que a nova Carta é também cheia de ambigüidades e reflete a composição da Assembléia que a redigiu. Por sinal, a própria composição dela foi duramente questionada. Alguns dos críticos a queriam exclusiva, sob o argumento de que não poderia ser composta pelo próprio parlamento. Até a forma de sua convocação, por emenda à Constituição então vigente, foi considerada imprópria. Era o mesmo que admitir não ter ocorrido ruptura institucional e se ela não existira, não se justificaria a própria convocação. Ainda hoje há quem defenda, sem a compreensão histórica do momento, que bastaria remover da Constituição outorgada pelo regime militar seu entulho autoritário (oficialmente promulgada, mas a Emenda de 1969 introduziu uma nova Carta autoritária e produzida nos subterrâneos do regime).

Ulysses Guimarães, talvez o personagem histórico símbolo do momento e mais claramente identificado com os novos tempos, para o bem e para o mal, resumiu bem, no ato de sua promulgação, a razão de não optar pela tese de simples mudança do texto, quando afirmou que "A nação tem ódio da ditadura. Ódio e nojo". Com tais sentimentos, não se poderia jamais cogitar de aproveitar o que quer que fosse do regime ditatorial findo.

É verdade que a nova Constituição tinha contado entre seus elaboradores com, pelo menos, um terço do Senado eleito indiretamente ainda no regime autoritário, os chamados senadores biônicos, todos eles colaboradores do regime e seus incentivadores. Mas é certo também que nas eleições de 1986 a formação do Parlamento Constituinte foi fortemente influenciada pelo sucesso, tão estrondoso quanto efêmero, do chamado Plano Cruzado. Os eleitores foram às urnas ainda sob a influência de dólar barato, preços congelados e inflação artificialmente sob controle. Meses depois das eleições, a inflação voltou a explodir, novo plano teve que ser elaborado, mas os constituintes já tinham sido empossados.

No preâmbulo da nova Carta estava um pequeno resumo dos combates ideológicos travados pelos parlamentares brasileiros ao longo dos quase dois anos de sua elaboração. Nos seus primeiros quatro artigos também. Um dos fundamentos da nossa República é exemplar. Trata-se do contido no inciso IV do art. 1º, em que se coloca lado a lado os valores sociais do trabalho e da livre iniciativa. A leitura bem pode ser que essa última tem que se sujeitar também aos valores sociais que deva produzir ou conter, mas certamente não era a intenção de seus proponentes.

Durante todo o tempo de sua elaboração ficou claro que os debates eram marcadamente ideológicos. Por um lado, setores mais conservadores aglutinados em torno do Centrão, como se convencionou chamar a reunião de parlamentares de diferentes matizes partidárias e defensores de uma linha claramente liberal; de outro, os mais à esquerda, também de diferentes vertentes partidárias, querendo imprimir um perfil à Constituição mais social e fortemente influenciada pelas recentes Constituições portuguesa e espanhola, ambas resultantes da redemocratização. No meio deles, parlamentares que ora compunham uma maioria liberal e ora estavam mais próximos da vertente social da Carta.

O resultado de seu trabalho pode ser questionado em termos técnicos, políticos e até mesmo econômicos, mas não pode se deixar de reconhecer que é, sem qualquer dúvida, um reflexo da composição do Congresso Constituinte que a elaborou. Ao mesmo tempo era o resultado de um desejo reprimido de mais de vinte anos por liberdade, por justiça social e por direitos e garantias individuais, mesclada pela nossa compulsão legislativa para regular sobre tudo e sobre qualquer fato social, dos juros máximos ao que seria empresa nacional.

O grau de incertezas e diversidade de seu texto fez com que a própria Constituição já previsse, para cinco anos depois de sua promulgação, uma revisão de seu texto pelo Congresso a ser eleito em 1990. Além disso, previu também, no mesmo período, a realização de plebiscito para a escolha da forma de governo entre parlamentarismo e presidencialismo e a esdrúxula escolha entre monarquia e república. E não é que a monarquia teve considerável número de votos?

Ulysses, alçado à condição de personificação dos novos tempos e da nova Constituição, e ao mesmo arcando com as cobranças sobre um governo que não integrava formalmente, a erigiu à condição de Constituição Cidadã. Ele foi seu entusiasta defensor e não restam dúvidas de que se tornou a personalidade por meio da qual ela é sempre lembrada. Mas isso não bastou para que ele conseguisse, no ano que se seguiu, ser eleito presidente da República.

Tão logo foi promulgada a Lei Máxima do Brasil que passou a sofrer duros ataques, particularmente de setores mais conservadores ou mesmo de setores especializados, que criticavam seu conteúdo e a forma, ainda que também esses muitas vezes a serviço de interesses contrariados. E não por coincidência recebeu ela, logo de imediato, inúmeros projetos de Emenda Constitucional, mas apenas em 1992 foi aprovada a primeira de uma série que, nos dias de hoje, se aproxima da casa de sessenta, sem considerar as emendas de revisão.

Afirmam seus críticos que ela impediu o desenvolvimento do país, ou pelo menos o travou. Asseveram ainda que precisa ser mais modificada para que se possa avançar mais no plano econômico. Dizem que as emendas é que asseguraram o desenvolvimento que percebemos nos últimos anos. Bobagem. Está claro que o país não cresceu como devia na maior parte dessas últimas décadas porque não teve governos eficientes e políticas públicas que pudessem colocar o país no caminho do desenvolvimento. Com tantas emendas, se elas fossem essenciais mesmo ao desenvolvimento, já teríamos avançado muito antes.

E o que fez o país crescer nos últimos anos não foram mudanças no texto constitucional, mas, sim, saber aproveitar o momento mundial, com maior distribuição de renda e políticas de controle de inflação. E convenhamos, a Constituição não gerou inflação alta, pois surgiu quando ela já estava presente na vida dos brasileiros.

O legado e as promessas não cumpridas

Outubro de 2008. A esquerda, ou aquilo que se convencionou chamar assim, governa o país, que pode crescer 6% neste ano e em uma década se tornar um grande produtor de petróleo. Os norte-americanos estão próximos de eleger um presidente democrata mestiço, filho de pai negro, africano e mãe branca do meio oeste. A União Soviética não existe. A China e a Índia são as economias mais pujantes do planeta e junto com Brasil e Rússia formam uma nova geração de potências emergentes. A democracia firmou-se no Brasil e na América Latina. Presidentes de matizes esquerdistas governam a Argentina, o Paraguai, a Bolívia, o Uruguai, o Chile, o Equador e a Venezuela. Parte da esquerda integra o governo do Peru. A direita está apenas na Colômbia. Todos conduzidos ao poder pelo voto popular. A Europa caminha para a unificação plena, absorvendo os países do leste e sinalizando até para a Turquia, parte européia e parte asiática. Tropas estrangeiras ocupam o Iraque e o Afeganistão em nome de uma luta que ninguém mais lembra e que nunca poderão vencer. Mas há nuvens negras no ar e muito próximas. Já descem sua tempestade financeira sobre a maior economia do mundo, gerando crises e desconfiança. O mundo está perplexo e já sinaliza para uma recessão global.

As crises, institucionais e econômicas, não abalam mais a crença na democracia. Ela não respondeu a todos os nossos anseios e não resolveu todas as nossas dificuldades, mas está, aí, firme e consolidada. Nesses vinte anos passamos por crises que se solucionaram dentro dos limites da Constituição e das leis. Um presidente foi impedido e seus direitos foram cassados por oito anos. Seu vice assumiu e cumpriu o mandato. Escândalos sucessivos envolvendo autoridades importantes, como a venda de estatais de telefonia, deputados da comissão de orçamento, compra de votos de parlamentares, grampos ilegais, figuras proeminentes da economia algemados, tudo isso não provocou qualquer sinalização de ruptura democrática. Há reações, da imprensa e de setores prejudicados ou contrariados, mas a democracia continua incólume.

Muito diferente de outros momentos da nossa história. Jamais, antes, vivemos por período contínuo tão longevo de estabilidade democrática plena. Não se alegue o período do segundo imperador, pois não pode falar em democracia com escravidão, direito a voto determinado pela renda e com exclusão das mulheres. Além disso, o parlamentarismo de então escondia as diversas crises, que culminaram com o golpe que exilou o imperador e implantou a república.

Também não se invoque a Constituição de 1891 que conviveu com golpes, contragolpes, revoltas, estado de sítio e eleições viciadas. Mesmo a Constituição de 1946, democrática, foi vilipendiada com episódios golpistas e sepultada pelo maior deles.

Dessa forma, o maior legado da Constituição de 1988 é a estabilidade democrática de suas instituições e o pleno direito ao exercício da cidadania. Alie-se a isso o pleno exercício das liberdades de expressão, de opinião, de religião e de opção ideológica bem como a constitucionalização de direitos sociais, notadamente direitos dos trabalhadores. Nesse sentido, a Constituição é, de fato, Cidadã.

Mas há promessas não cumpridas. Há quase uma centena de dispositivos constitucionais ainda não regulamentados. O mais notório, pelo menos para aqueles que convivem de perto com o Direito do Trabalho, é o inciso I do art. 7º que prevê a proteção contra a dispensa arbitrária. É verdade que ao menos se estabeleceu, enquanto não aprovada a lei complementar correspondente, que incide, na dispensa imotivada, indenização de 40% sobre o FGTS. Mas não era essa a intenção do constituinte, que queria claramente tornar menos precária a relação de trabalho e conceder proteção que pudesse ser eficaz contra a rotatividade excessiva da mão-de-obra.

Ao mesmo tempo, não atingimos ainda a sonhada sociedade igualitária que moldou os pensamentos dos nossos constituintes. O pleno direito à saúde e à educação continuam sendo metas a serem alcançadas. O salário mínimo, em que pese tenha sido valorizado nos últimos anos, continua sendo insuficiente para atender aos próprios fins que a Constituição prevê. Os princípios da moralidade, eficiência, impessoalidade e publicidade na gestão pública ainda precisam ser efetivados, em que pese ao papel que o Judiciário tem desempenhado como protagonista nessa regulamentação, como é o caso do fim do nepotismo.

Mas, apesar disso, não restam dúvidas de que há evidentes motivos para celebrarmos os 20 anos da Constituição de 1988. Até porque não se pode imputar a ela, simplesmente, as promessas não cumpridas. O espírito e o ideal dos constituintes ainda estão ali, cabendo a cada um de nós, seus cidadãos, fazer com que sejam trazidos para o mundo real e para vida de nossa população. Vinte anos é muito pouco em termos históricos e ainda temos um longo caminho a percorrer!

Outubro de 2008.

Cláudio José Montesso
Marco Antônio de Freitas
Maria de Fátima Coêlho Borges Stern

Os Direitos Sociais na Constituição. Vinte Anos Depois. As Promessas Cumpridas ou Não(*)

Alexandre Teixeira de Freitas Bastos Cunha(**)

1. Introdução

Considerando o fato de que a denominada "Carta Cidadã", promulgada em 1988, está a ponto de completar vinte anos, o presente estudo tem por finalidade analisar, ainda que de forma limitada ao espaço e às finalidades da reflexão a que se propõe, o tratamento dos direitos sociais dado pela *Lex Fundamentalis*, buscando tecer uma aferição daquilo que, efetiva e concretamente, logrou-se obter da promessa advinda de um novo marco político-jurídico em que, após longo período de exceção, dá-se sua promulgação.

Neste momento, revela-se bastante útil a apresentação de uma rota ou planejamento da argumentação almejada. Neste sentido, penso que o melhor caminho consiste em analisar, primeiro, o próprio Direito do Trabalho, procurando dar uma noção de sua origem e das bases em que se constitui como ramo autônomo da ciência jurídica. Depois, a relação entre Direito do Trabalho **e** Constituição, com enfoque no aspecto da proteção aos direitos sociais. Isso conduz a uma busca de compreensão do Direito do Trabalho dentro do ordenamento jurídico e o papel que passa a desempenhar no sistema de fontes jurídicas. Revela-se, pois, o momento de aferição dos critérios hermenêuticos utilizados, que conduz à análise do Direito do Trabalho **na** Constituição brasileira. Trata-se, então, do momento, por um lado, de aferir-se o sentido da *iusfundamentalidade* constitucionalmente afirmada em relação aos direitos sociais e o significado jurídico dessa afirmação. De outro, afigura-se imperativa, sob o prisma teórico, uma divisão desses direitos a partir da determinação do interesse a que sejam pertinentes, considerada a clássica dicotomia dos direitos sociais entre aqueles considerados como individuais e coletivos. A seguir, considerando a inevitável possibilidade de colisão entre os direitos e bens jurídicos constitucionalmente protegidos, faz-se uma reflexão sobre o campo fértil para essas colisões e os caminhos para a respectiva solução.

(*) Trabalho vencedor do Concurso BISA de Monografias, promovido pela AMATRA 1 — dezembro de 2007.

(**) Juiz do trabalho da 1ª Região.

A observância estrita a essa rota possibilitará, finalmente, uma conclusão acerca do caminho percorrido por esse "Direito Constitucional do Trabalho", mais especificamente sobre o conteúdo constitucional materializado como realidade jurídica e, também, como não poderia deixar de ser, o seu oposto, ou seja, a promessa constitucional ainda não realizada ou mesmo irrealizável.

Esse quadro possibilita, a rigor, uma perspectiva atual do próprio Direito do Trabalho, tendo como referência a posição privilegiada da Constituição no sistema de fontes de Direito. Assim o é pois o marco constitucional, na qualidade de norma primária sobre a produção jurídica,(1) estabelece as referências por meio das quais se desenvolve todo o ordenamento jurídico, no sentido de que o ponto de partida para análise de um sistema de fontes passa, "necessariamente", pela centralidade da Constituição como "fonte de conhecimento", isto é, como manancial sobre as formas de revelação, definição e valor das normas jurídicas.(2) Tal centralidade repousa no fato de que o Estado contemporâneo é precisamente o Estado Constitucional, de modo que o problema da interpretação é também a questão central da teoria do Estado e, de certa maneira, o da teoria do Direito.

Não se trata, assim, de uma mera compreensão de um Direito Constitucional do Trabalho, mas, sim, do próprio Direito do Trabalho inserido num sistema jurídico único e integrado, cujo marco referencial é a Carta Magna, que também contém, intrinsecamente, um sentido de unidade que se irradia por todo o sistema.

2. Direito do trabalho

Ao buscar situar o Direito do Trabalho no marco constitucional vigente, revela-se de extrema utilidade proceder-se a uma breve aferição do que faz desse ramo da ciência jurídica uma unidade autônoma, que contempla interesse científico específico. Dentre um leque de possibilidades distintas para explicar tal interesse, sejam elas de ordem econômica, histórica, sociológica, jurídica, penso que dois aspectos atendem com particular interesse ao escopo do presente estudo, um de ordem metajurídica, ou histórico-evolutiva, e outro de viés jurídico em sentido estrito.

a) Fundamentos metajurídicos

Segundo a perspectiva histórica neste momento adotada, o que importa é a análise das condições socioeconômicas, do meio ambiente em que inserida a estrutura social em que o Direito do Trabalho irá encontrar o campo, fértil em algu-

---

(1) CANOTILHO, J. J. Gomes. *Direito constitucional e teoria da Constituição*. Coimbra: Almedina, 1999. p. 643. Revela esse autor que, na qualidade de norma primária, a Constituição tem três clássicas e importantes funções: (1) a de identificação das fontes do ordenamento jurídico; (2) estabelecer os critérios de validade e eficácia de cada uma das fontes; (3) determinar as competências das entidades que revelam normas de Direito positivo.
(2) CANOTILHO. J. J. Gomes. *Direito..., op. cit.*

mas ocasiões, noutras nem tanto, para germinar, florescer e desenvolver-se ao ponto de sua inserção na Carta Magna. Dito de outra forma, é o mecanismo de aferição do húmus social, ou da fonte material desses direitos sociais.

O fato de os direitos sociais serem afirmados como fundamentais pela Carta de 1988 também recomenda essa análise de índole histórico-evolutiva, pois, como será melhor analisado mais à frente, numa das formas de classificação estabelecidas pela doutrina, os direitos fundamentais são concebidos consoante uma perspectiva geracional, em que as espécies de direitos são classificadas de acordo com cada um dos eixos em que assentada a tríplice postulação advinda da Revolução Francesa.

Desde logo, importa deixar claro, para não se correr o risco de cair em simplificações, que não é imaginado, muito menos afirmado, no presente estudo, que o Direito do Trabalho tem um gérmen único. Ou seja, não se sugere, de forma pueril, a existência de data ou momento histórico singular ao aparecimento do ramo autônomo da ciência jurídica de que se cuida, sendo certo que aquilo que o faz vivo e pulsante é a capacidade de recriação e permanente crescimento. Isso importa no reconhecimento de uma busca permanente de adequação da fonte formal, consistente na ordem jurídica existente, à constante mutação de substrato a que se concebe como fonte material.

De igual modo, importa sublinhar que, devido ao fim perseguido neste estudo, essa aferição metajurídica leva em conta fatores relacionados especificamente à realidade brasileira, deixando à margem de maiores indagações a experiência comparada, até mesmo porque as conclusões que se pretende extrair referem-se aos direitos sociais segundo a ordem jurídico-constitucional pátria. Portanto, quando se fala de fontes materiais do Direito do Trabalho, neste momento, a alusão é estrita à realidade brasileira, sendo certo que a excepcional alusão a qualquer experiência internacional será sempre referenciada expressamente.

Importa ainda deixar previamente aclarado que não se pretende esgotar, ainda segundo a realidade brasileira, todo o conjunto de elementos e circunstâncias metajurídicas que, sob o prisma histórico-evolutivo, constituem o substrato do Direito do Trabalho. Sequer há a preocupação de expor-se a maioria desses elementos. Aqueles apresentados, a seguir, foram eleitos segundo o fim do presente estudo, em que procedida a aferição da efetividade dos direitos sociais na Constituição.

Feitos esses breves e necessários aclaramentos, agora já ingressando na análise das fontes metajurídicas, tem-se que a abolição da escravatura ocorre entre nós em 13.5.1888.[(3)] Considerada a economia eminentemente agroeconômica, nos

(3) Vale lembrar que a abolição, por aqui, foi um processo, com etapas distintas, que culminou com a Lei Áurea. Em 1871, o Parlamento aprovou a Lei do Ventre Livre, segundo a qual todos os filhos de escravas eram livres, embora devessem laborar para o dono de suas mães até completar 21 anos de idade. Depois, outra lei, a do "Sexagenário", promulgada em 1885, concedeu liberdade a todos os escravos com mais de 65 anos de idade. Finalmente, veio a Lei Áurea.

sucessivos ciclos existentes desde o período colonial, bem como o fato de que a mão-de-obra utilizada era eminentemente relacionada ao trabalho escravo, o período anterior à Lei Áurea não revela nenhum interesse específico à presente reflexão.

Porém a escravidão em si interessa.

Primeiramente, por demonstrar o descompasso entre a realidade brasileira e a dos demais países onde busca, posteriormente, inspiração para a elaboração de nossa própria identidade jurídico-laboral. Com efeito, enquanto na Europa falava-se em igualdade, liberdade e fraternidade, o tema relativo ao que se poderia conceber como um esboço de postulação de tutela do trabalho humano, em nosso país, era o de liberdade. E tal descompasso persiste nos dias que hoje vivemos. Essa constatação impõe uma reflexão inevitável, na medida em que, indubitavelmente, o Direito do Trabalho no Brasil é inspirado e formulado com base no sistema germânico-romano. Portanto, são diferentes os problemas, assim como o são as soluções, verificados nos países centrais e nos periféricos, dentre os quais se insere o Brasil. Trasladadas ao plano jurídico, essas disparidades produzem, obviamente, suas conseqüências tanto no âmbito da doutrina, como de experiências legislativas.

Depois, esse trânsito do escravagismo para o abolicionismo permite estabelecer um paralelo relativo à concessão, ou conquista de direitos pela classe trabalhadora — ou seja, a que anteriormente, enquanto sujeita à escravidão, era, juridicamente, considerada *res* e que adquire o *status* de sujeito de direito após a abolição.

Revela-se bastante útil a essa compreensão o delineamento das características desse trânsito que, segundo *Skidmore*, podem ser assim resumidas: 1ª A contenção dos conflitos sociais foi feita pelas elites dentro de parâmetros estritos de legalidade, o que difere do ocorrido, por exemplo, nos Estados Unidos da América, onde a escravidão acabou à custa de uma guerra civil sangrenta; 2ª Os donos das terras não permitiram qualquer questionamento acerca de sua propriedade; 3ª A elite faz pequenas concessões para manter intacta a estrutura de poder preexistente. Em 1850 essa estratégia é chamada de "conciliação"; e 4ª Os problemas socioeconômicos não são enfrentados como questões estruturais e de classes sociais, mas, sim, legais. Tal ocorre por meio de normas que protegem as liberdades e o patrimônio dessas elites e tipificam como crimes problemas de um trabalho forçado obsoleto.[4]

As características anteriormente descritas são reveladoras de que muito pouco se avançou nas relações de poder no Brasil desde os tempos da escravidão. Neste sentido, afirma *Mendonça* que a liberdade recém conquistada se definia como sendo "tutelada, restrita e guiada para os libertos".[5]

---

(4) *Uma história do Brasil.* São Paulo: Paz e Terra, 2000. p. 103-104.
(5) MENDONÇA, J. N. *Cenas da abolição:* escravos e senhores no parlamento e na justiça. São Paulo: Fundação Perseu Abramo, 2001. p. 107.

Esse quadro revela suas repercussões sobre os direitos sociais, ao evidenciar: a) a ausência de condição socioeconômica para os movimentos coletivos de trabalho; b) que a ideologia de "senhor de engenho" prossegue após a abolição da escravidão; c) forja o modelo de empregador que lida com os seus empregados como se fossem propriedade sua.

A assimetria, que ultrapassa a mera disparidade econômica entre os sujeitos da relação de trabalho, passa a emoldurar a configuração do *modus* pelo qual são traçadas as relações no âmbito laboral em nosso país, nas sucessivas gerações. Neste sentido *Wagner Giglio* é contundente quando afirma que "a ênfase dada ao possessivo procura ressaltar o sentimento de posse do empregador, em relação aos seus empregados, como se o empresário fosse o dono dos trabalhadores, assim como o antigo proprietário rural era proprietário da terra e de seus moradores".(6)

No âmbito do que convencionalmente se denomina como "Direito Coletivo", a aludida tática da "conciliação" passa a ser adotada no período subseqüente à abolição, com repercussão sobre a estrutura e a atividade sindical que irão se formar e consolidar.

Por fim, o trabalho escravo, ou em condições análogas à escravidão, nos acompanha, ainda hoje, como uma chaga, triste realidade, que impõe uma reflexão acerca da concreção dos direitos fundamentais, a começar pela basilar exigência de respeito à dignidade da pessoa humana.

b) Fundamentos jurídicos

Também aqui, é de fundamental importância deixar assentado que não se trata de buscar, como poderia ser imaginado, uma análise da natureza jurídica do Direito do Trabalho, nem tampouco dos aspectos que, segundo a ciência do Direito, determinam sua singularidade. Mais uma vez, as delimitações efetuadas nas linhas seguintes revelam aspectos estritos e limitados à análise dos direitos sociais na Constituição, segundo a rota estabelecida e já exposta *supra*.

Constitui lugar comum, segundo uma perspectiva ainda histórica, mas transcendente à realidade brasileira, situar o Direito do Trabalho, enquanto ramo autônomo da ciência jurídica, no que tange a sua origem, no Estado liberal. Esse momento é identificado, ao menos nos moldes e padrões jurídicos atuais, com a primeira revolução industrial. Vale dizer, constituído numa etapa do Direito em que fervilhava o ambiente propício ao mais puro positivismo jurídico, que passou a "civilizar" o direito, o que, segundo *Goyard-Fabré*, equivale a "transformar o indivíduo em um cidadão cujos direitos e deveres são determinados, proclamados e garantidos pela lei".(7)

Isso explica, em boa medida, o porquê da ligação entre Direito do Trabalho e Direito Civil e das inúmeras leituras de institutos próprios ao ramo específico a

(6) *Apud* PINTO, J. A. R. *Direito sindical e coletivo do trabalho.* São Paulo: LTr, 1998. p. 206.
(7) *Os fundamentos da ordem jurídica.* Tradução de Claudia Berliner. São Paulo: Martins Fontes, 2002. p. 88.

partir de uma hermenêutica forjada segundo normas e princípios próprios ao Direito Civil. Também ajuda a compreender porque o Direito do Trabalho tende, segundo nossa tradição jurídica, a uma forte regulação e intervenção nas relações sociais a que se propõe regular.

Um aspecto do intervencionismo estatal que não se pode desconsiderar, além da concepção estritamente jurídico-positivista antes referida, reside em que o afastamento do Estado tornou-se insustentável em virtude da desigualdade econômica, que tornava inviável a manutenção de uma igualdade jurídica. Assim, um dos princípios básicos do Direito do Trabalho, plasmado em todos os demais institutos que lhe dizem respeito, é o da tutela da parte economicamente mais desfavorecida: o trabalhador. Esse princípio, a que se denomina tradicionalmente como *pro operário*, baseia-se na redução da desigualdade econômica, com o proporcional reequilíbrio das partes verificado no plano jurídico, por meio da singular tutela de um dos contratantes: o trabalhador.

Assim atuando, o Direito do Trabalho restringe a esfera de liberdades individuais na relação jurídica de emprego, estabelecendo um complexo de normas e princípios, precipuamente de ordem pública, do qual emergem direitos irrenunciáveis pelo trabalhador. Não por outro motivo, afirma *Kahn-Freund* que "o propósito fundamental do Direito do Trabalho sempre tem sido, e nos atrevemos a dizer que sempre o será, constituir um contrapeso que equilibre a desigualdade de poder negociador que é necessariamente inerente à relação de trabalho".[(8)]

A existência de regras e princípios próprios aptos à regulação do trabalho subordinado constitui, segundo alguns respeitáveis doutrinadores, o fundamento para a existência de um ramo específico e autônomo frente aos demais ramos, particularmente o Direito Civil, e que fazem do Direito do Trabalho aquilo a que se denomina como Direito Especial.[(9)]

Porém, outro fundamento estritamente jurídico para essa autonomia do Direito do Trabalho frente aos demais ramos da ciência jurídica consiste na existência de dois institutos a ele inerentes e exclusivos. Falo, neste momento, dos sindicatos e da negociação coletiva,[(10)] cujo escopo consiste igualmente na manutenção da liberdade e de um certo equilíbrio na relação de trabalho.[(11)]

Essa gênese do Direito do Trabalho, no duplo aspecto antes referido, será necessária para a verificação dos direitos sociais no corpo da *Lex Fundamentalis* e a repercussão desse posicionamento pelo sistema jurídico. Daí porque o próximo passo consiste em destacar alguns aspectos de nosso Direito Constitucional necessários a essa aferição.

---

(8) KAHN-FREUND, O. *Trabajo y derecho*. Tradução J. M. Galiana Moreno. Madri: Centro de Publicaciones Ministerio de Trabajo y Seguridad Social, 1987. p. 52.

(9) A essa autonomia, A. M. Barros alude como "científica", que se manifesta não apenas no campo legislativo e principiológico, mas também doutrinário e didático (*Curso de direito do trabalho*. São Paulo: LTr, 2006. p. 93).

(10) OLEA, M. Alonso; BAAMONDE, M. E. C. *Derecho del trabajo*. 24. ed. Madri: Aranzadi, 2006. p. 625.

(11) ESCARTIN, I. Garcia-Perrote *Ley y autonomía colectiva*. Un estudio sobre la norma estatal y el convenio colectivo. Madri: MTSS, 1986. p. 20.

3. Constituição

Como dito acima, a origem do Direito do Trabalho, como fonte formal de Direito, é o Direito Civil. De forma que o Código Civil sempre foi considerado como fonte de heterointegração natural de preenchimento do vazio normativo nas relações de trabalho.

Não é outro o sentido do parágrafo único do art. 8º da CLT, quando estabelece que "o direito comum será fonte subsidiária do direito do trabalho, naquilo que não for incompatível com os princípios fundamentais deste".

Porém, no estágio atual da ciência jurídica, a que se denomina como "pós positivismo", houve uma retomada do protagonismo da Constituição, com o reconhecimento do valor jurídico do conteúdo principiológico das Cartas Constitucionais, o que, por assim dizer, destronou o Direito Civil. Em palavras de *Bonavides*, "o ponto central da grande transformação por que passam os princípios reside, em rigor, no caráter e no lugar de sua normatividade, depois que esta inconcussamente proclamada e reconhecida pela doutrina mais moderna, salta dos Códigos, onde os princípios eram fontes de mero teor supletório, para as Constituições, onde em nossos dias se convertem em fundamento de toda a ordem jurídica, na qualidade de princípios constitucionais".[12]

Assim, é natural que o Direito do Trabalho, mesmo em se considerando o fato de ser um ramo que emerge originalmente do Direito Civil, passe a manter um outro tipo de relação com o Direito Constitucional.

Dentro do roteiro proposto no início desta reflexão, determinada, em linhas bastante abstratas, a função do Direito do Trabalho enquanto ramo autônomo da ciência jurídica, neste momento afigura-se relevante uma análise de alguns aspectos da Constituição, para que seja possível o estabelecimento mais preciso da relação existente entre ambos. Para o alcance desta finalidade, nas linhas que seguem, passo a discorrer sobre os aspectos que me parecem mais importantes.

a) Centralidade da Constituição

Como já afirmado anteriormente, o protagonismo assumido pelas Constituições ao longo do tempo, até chegar-se à hoje consensual posição de destaque, deve considerar a retomada de uma tripla função,[13] qual seja:

> Primeira, que consiste na sua função por excelência, a *ordenadora*, que compreende o ato de ordenar a produção normativa, estabelecendo as distintas espécies de normas existentes no ordenamento jurídico e competências legiferantes. Por meio dessa função, supera-se uma concepção de Carta Magna como um simples concentrado de princípios políticos, cuja eficácia seria traçar meras diretrizes sobre as quais se exerceria a ampla atuação do legislador.

(12) *Curso de direito constitucional*. São Paulo: Malheiros, 1998. p. 260.
(13) CANOTILHO, J. J. Gomes. *Direito...*, cit., p. 643-644.

Segunda, a *função normativa*. Relacionada com o sentido de unidade emergente da Constituição, confere esse mesmo sentido a todo o complexo normativo, por meio da correlação que estabelece entre as normas constitucionais e infraconstitucionais, moduladas pelas prescrições emergentes da Carta Magna. Esse sentido de unidade confere racionalidade ao ordenamento jurídico, cujo referente máximo e verdadeiro núcleo radica na Constituição. Logo, é pela função normativa que a *Lex Fundamentalis* dá sentido à pluralidade normativa, em contraposição à teoria do "caos" ou labirinto normativo a que se refere *Miaille*.(14)

Terceira e última, a *função identificadora*, por meio da qual um dado ordenamento jurídico se particulariza, diferenciando-se dos demais ordenamentos existentes nos distintos países, por meio da Constituição.

Trato desses três sentidos de modo mais detalhado, a seguir.

a.1. Função ordenadora

Por meio dela, a Constituição determina como e por quem serão elaboradas as normas jurídicas.

É inerente ao que *Kelsen* estabelece como conteúdo material da Constituição, quando afirma que "se começarmos levando em conta apenas a ordem jurídica estatal, a Constituição representa o escalão do direito positivo mais elevado. A Constituição é aqui entendida num sentido material, quer dizer: com esta palavra, significa-se a norma positiva, ou as normas positivas por meio das quais é regulada a produção das normas jurídicas gerais".(15)

Justamente por meio da função ordenadora que é possível não se confundir o conteúdo material da Constituição com sua forma, na medida em que admissível a concepção da produção, integral ou parcial, desse conteúdo, por meio de normas consuetudinárias.(16)

Trata-se daquilo que *Lassalle* chama de "fatores reais de poder", que se constituem numa força ativa plasmável por toda a ordem jurídica existente, assim justificada: "sendo a Constituição a lei fundamental de uma nação, será [...] uma força ativa que faz, por uma exigência da necessidade, que todas as outras leis e instituições jurídicas vigentes no país sejam o que realmente são. Promulgada, a partir desse instante, não se pode decretar, naquele país, embora possam querer, outras leis contrárias à fundamental".(17)

Assim, a Constituição material é resultado das condições reais de poder expressadas nas instituições e normas jurídicas de determinado país, voluntariamente reconhecidas pelos cidadãos em geral, não obstante a pluralidade inerente a toda e qualquer sociedade. Esse reconhecimento, segundo *Rawls*, é fruto da razão pú-

---

(14) Desordem, direito e ciência. Plúrima. *Revista da Faculdade de Direito da Universidade Federal Fluminense*, Porto Alegre, Síntese, v. 6, 2002 (Coleção Acadêmica de Direito, v. 24), p. 13-19.

(15) *Teoria pura do direito*. Tradução de João Baptista Machado. São Paulo: Martins Fontes, 2000. p. 247.

(16) KELSEN. *Op. cit*.

(17) LASSALLE, F. *A essência da Constituição*. Rio de Janeiro: Liber Juris, 1988. p. 10-11.

blica, fundada em princípios de justiça, que legitimam as instituições e normas vigentes a partir do referente constitucional.(18)

Considerada a clássica distinção kelseniana entre os conteúdos material e formal da Constituição, importa neste momento observar que a função ordenadora estará contida nos dois aspectos das Cartas Constitucionais escritas que disponham sobre a produção de normas jurídicas.

Isso, para o Direito do Trabalho, assumirá particular importância quando do estudo das denominadas "fontes coletivas", o que se verá no momento oportuno.

a.2. Função normativa e sentido de unidade

A Constituição está no vértice ou cume da pirâmide jurídica. Isso a torna o ponto de referência supremo numa ordem jurídica hierarquicamente concebida, cujo pressuposto consiste na coerência interna, que condiciona a validade e delimita a interpretação de todas as demais normas. Neste sentido, afirma *Bulos* "que a Constituição se coloca no vértice do sistema jurídico do país, a que confere validade, e que todos os poderes estatais são legítimos na medida em que ela os reconheça e na proporção por ela distribuídos".(19)

A coesão do sistema de normas depende da capacidade da Constituição de fazer-se aplicar e obedecer, ou seja, de eficácia, segundo *José Afonso da Silva*.(20) Com efeito, a função normativa da Constituição apresenta-se como corolário da função ordenadora e potencializa a expressão normativa de seus dispositivos. Neste sentido, será o centro de toda a produção normativa e deverá evitar a possibilidade de espaços vazios, não necessariamente com a quimera de regular *a priori* todas as relações jurídicas potenciais e concretas, mas esforçando-se para que haja permanentes mecanismos da produção necessária de normas, com um sentido harmônico frente à demanda social.

Pode-se dizer que a aptidão para esse sentido de permanência da Constituição e da unidade por ela proporcionada deve evitar as seguintes lacunas, tal como descritas por *Maria Helena Diniz*: a *lacuna normativa*, "que inclui a técnica e ocorre quando houver ausência de norma sobre determinado caso"; a lacuna *axiológica* quando há norma que, "sendo aplicada, acarrete situação injusta"; por fim, a lacuna *ontológica* que "se dá quando a norma vigente não corresponde à realidade fático-social".(21)

a.3. Função identificadora

Partindo do pressuposto de que o sentido de unidade se verifica dentro de um espaço territorial determinado pelas diferentes soberanias nacionais e sendo a

(18) RAWLS, J. *O liberalismo político*. São Paulo: Ática, 2000. p. 205 e ss.
(19) *Mutação constitucional*. São Paulo: Saraiva, 1997. p. 80.
(20) *Aplicabilidade das normas constitucionais*. São Paulo: Malheiros, 1998. p. 65-66.
(21) *Norma constitucional e seus efeitos*. São Paulo: Saraiva, 2001. p. 73.

Constituição quem confere esse caráter unívoco ao sistema jurídico, conclui-se que a Carta Magna é o elemento identificador por natureza de certo ordenamento jurídico. Daí a dificuldade do estabelecimento de critérios universais de interpretação e observação da Constituição.

Neste sentido, *Bonavides* reputa a *Ascarelli* a afirmação de impossibilidade do estabelecimento de ditos cânones universais, quando diz, em carta dirigida a *Carnellutti*: "afigura-se-nos vã fadiga estabelecer cânones universais de interpretação, objetivo que a meu ver trairia a natureza da interpretação mesma, enquanto doutra parte é exatamente a diferença destes cânones nos vários países ou ambientes, o que indica não já uma diferença à qual seja possível aplicar a qualificação de certo ou de errado, mas uma diferença de estrutura constitucional".(22)

Segundo *Luiz Roberto Barroso*, os vários sistemas jurídicos se diferenciam por fatores próprios a cada um, do mesmo modo que se distinguem os Estados em sua origem, justificação e finalidades.(23)

b) O pouco apreço pela Constituição na realidade brasileira

Não são poucos os autores que afirmam ser imperativo o aceleramento de um processo de valorização do Direito Constitucional, devido a um histórico de desapreço pela Carta Magna em nossa tradição. Obviamente, quando se propõe a analisar a efetividade dos direitos sociais segundo a ordem constitucional vigente, faz-se mister uma aferição dos aspectos que, segundo a doutrina, revelam essa espécie de minusvalia dada à Lei Maior, até mesmo porque dela será possível confrontar o nível de concretude desses direitos constitucionalmente protegidos. Nas linhas seguintes, busco sistematizar essas críticas.

b.1. Juventude do direito constitucional

Não se trata de um aspecto de pouco apreço singular à tradição jurídica brasileira. O Direito Constitucional, tal como conhecemos hoje, deriva da 1ª Constituição estável e moderna, nascida em 1787, nos EUA. Por isso, *Nestor Sagüés* o chama de Direito "adolescente", quando considerado frente aos direitos civil e penal.(24)

Neste sentido, é quase contemporâneo ao Direito do Trabalho e, como tal, pouco manejado e valorizado, quando se tem em conta todo o manancial de normas e princípios, bem assim a sorte de recursos e instrumentos de ordem hermenêutica de que dispõem as disciplinas jurídicas afetas a ramos mais vetustos e tradicionais.

---

(22) *Curso*..., cit., p. 421.

(23) *O direito constitucional e a efetividade de suas normas*: limites e possibilidades da Constituição brasileira. Rio de Janeiro: Renovar, 2001. p. 57.

(24) *El tercer poder:* notas sobre el perfil político del poder judicial. Buenos Aires: Lexis Nexis, 2005. p. 31.

b.2. Interpretação às avessas

Apesar do subtítulo do que se está a apreciar, o fenômeno de desvalorização da Constituição não é uma particularidade brasileira, ainda que em nosso país o nível de desapreço assuma proporções alarmantes.

Neste sentido, *Canotilho* manifesta sua contrariedade ao fenômeno da "leitura da Constituição de baixo para cima, justificadora de uma nova compreensão da Constituição a partir das leis infraconstitucionais [que] pode conduzir a uma derrocada interna da Constituição [...] e à formação de uma *Constituição legal paralela*".(25)

Falando ainda de Portugal, *Francisco Teixeira da Mota* critica a postura minimalista dos tribunais portugueses quando diz: "Mas esta constitucionalização de nossa [de Portugal] vida jurisprudencial é ainda, em muitos aspectos, uma ficção e uma miragem, isto é, a maior parte de nossas decisões judiciais, podendo evitar, ou não sendo obrigadas, não invocam as disposições constitucionais, não vão buscar a raiz constitucional matricial, relativamente aos direitos de cidadania, buscando resolver as questões a nível meramente de Direito ordinário".(26)

Sendo o Brasil uma ex-colônia portuguesa, o problema, também entre nós verificado, pode ser uma herança cultural do que é retratado pelos autores acima referidos. É uma hipótese. Mas o que consiste em inarredável realidade é que essa leitura às avessas da Constituição pode conduzir à formação de *outra* Constituição, com referenciais alheios ao texto e ao espírito da *Lex Fundamentalis*, o que acaba por produzir uma violação ao princípio democrático da tripartição de poderes, além de induzir a uma interpretação jurídica de um conjunto normativo que, a partir dessa perspectiva, afigura-se injurídico. Tal ocorre porque inverte-se o referencial primeiro, que é trasladado da Constituição para o conteúdo normativo infraconstitucional.

Tal fenômeno, segundo *Néstor Sagüés*, é muito freqüente nos sistemas jurídicos de controle difuso da constitucionalidade. Para esse autor, "se o juiz deve resolver as questões constitucionais que ocasionalmente se lhe apresentam nos processos postos à sua análise, é provável que tenda a empregar a mesma racionalidade usada para as questões que cotidianamente opera para a solução dos aspectos constitucionais postos à sua apreciação".(27) O mencionado autor acresce a observação de que essa interpretação às avessas pode eventualmente enriquecer a interpretação constitucional, porém, tende a, muito mais freqüentemente, "desnaturalizá-lo".

Tal é o que ocorre, em boa medida, com o Direito do Trabalho pós Constituição Cidadã, quando se verifica a tendência de se interpretar o sistema normativo instaurado com a Carta de 1988 a partir dos princípios e regras próprios ao Direito infraconstitucional, para dele extrair o sentido e o conteúdo da Carta Magna. Com

---

(25) *Direito constitucional...*, cit., p. 1155.
(26) Justiça e cidadania. *Revista Crítica de Ciências Sociais*, Coimbra, n. 54, jun. 1999, p. 60.
(27) *El tercer poder...*, cit., p. 32.

efeito, a estrutura do trabalhismo corporativo foi mantida, dentro de tal ordem de interpretação, que não foi possível uma visão potencialmente nova das relações de trabalho. Tal é o que ocorre, por exemplo, para a solução encontrada para a antinomia relativa às noções de liberdade e unicidade sindical mantidas pela Carta Magna (art. 8º, *caput* e inciso II),[28] tema que retomarei oportunamente.

b.3. Ataques do poder público

O Poder Público que, em tese, é o maior interessado em que a Constituição seja obedecida, na realidade brasileira, é um dos maiores, senão o maior, cliente e devedor da Justiça. Demonstra, assim, não somente desrespeito pela sociedade que o legitima enquanto poder, mas, no que por ora interessa, à Constituição por força da violação à ordem por ela estabelecida.

Outra manifestação inequívoca do pouco apreço constitucional pelo Poder Público é revelada pela obsolescência do texto constitucional, demonstrada pelos seguintes fatores: 1) a CRFB é uma espécie de Constituição do tipo analítico, com atuais 250 artigos (inicialmente 246); 2) Muitas das disposições são utópicas e desajustadas das reais necessidades e possibilidades do país,[29] que, por essa assimetria, conduziram, e vêm conduzindo, ao seu "desprestígio e breve decadência";[30] 3) Com extrema facilidade se reforma a Constituição no país. Não por acaso, a CRFB, ainda sem completar 20 anos, já foi emendada 55 vezes até setembro de 2007.

Barroso atribui esse pouco apreço constitucional às sucessivas ditaduras no país, geradoras de um constitucionalismo pouco amadurecido, num "País ainda fragilizado pelas sucessivas rupturas institucionais e pela perversidade de suas relações sociais".[31]

b.4. Falsa neutralidade

O direito infraconstitucional se apresenta como neutro e científico. Porém, essa autoproclamação se mostra falsa quando *Bobbio* sintetiza o Direito objetivo como expressão de poder, ao analisar o problema da justiça e fundamentar sua convicção positivista.[32] No Direito Constitucional, o mito da neutralidade científica é inadmissível, ante a impossibilidade de pensar-se uma Constituição "apolítica" ou "desideologizada".

---

(28) Acerca dessas antinomias, o problema interpretativo é derivado do próprio texto constitucional, como evidencia, A. S. Romita, quando afirma que "a Constituição de 1988 declara que o Brasil se constitui em Estado democrático de direito [...] Não bastam, porém, boas intenções [...] É fácil verificar que a Constituição conservou, em sua maior parte, os institutos básicos da organização de trabalho impostos, entre nós, pelo regime autoritário e corporativista do Estado Novo" (O poder normativo da justiça do trabalho: antinomias constitucionais. *Revista LTr,* 65-03/266).

(29) DINIZ, M. H. *Norma....,* cit., p 86.

(30) BARROSO, L. R. *O direito...,* cit., p. 56.

(31) *O direito...,* cit., p. 42.

(32) *Teoría general del derecho.* Tradução ao espanhol de E. Rozo Acuña. Madrid: Debate, 1998. p. 33 e ss.

E a CRFB, muitas vezes, tenta conciliar valores de uma antinomia frontal, como resultado da ação de forças e interesses contrapostos no processo constituinte. Muitas vezes, essas contradições atuam em sentido contrário à Constituição. Por outro lado, acaba-se por não se enfrentar, no âmbito da interpretação jurídica, os problemas derivados dessas colisões.

Estabelecidos, num aperto de síntese, os problemas enfrentados pela própria Carta Magna na realidade sociojurídica brasileira, não há como negar, porém, a crescente dose de protagonismo do Direito Constitucional em nosso país, aspecto devidamente fundamentado, *supra*, quando se abordou a centralidade da *Lex Fundamentalis*. Retomado este aspecto, importa situar os direitos sociais no corpo do texto constitucional, o que remete à análise aos direitos fundamentais.

c) Direitos fundamentais

O termo "direitos fundamentais" não é unívoco. Não interessa, neste momento, a discussão de uma precisão conceitual acerca desses direitos. Porém, em síntese e bem simplificadamente, considera-se fundamental todo aquele direito que tem por escopo concretizar pautas relativas à dignidade, liberdade e igualdade da pessoa humana, em determinado momento histórico.(33) Segundo *Bobbio*, tratam-se dos "direitos do nosso tempo", que os indivíduos reclamam ante a sociedade e os poderes públicos que os governam.(34)

Os direitos fundamentais são identificados de várias formas; ora com os direitos humanos, ora com os princípios, o que é notado por *Alexy*, quando diz que "não poucas vezes, as normas jusfundamentais são chamadas 'princípios', inclusive tendo em conta que o Tribunal Constitucional Federal (alemão), ao menos em determinadas situações, assim decide".(35) Com efeito, ainda que a expressão "fundamentais" confira aos direitos uma maior precisão do que a expressão direitos humanos, eis que está livre de ambigüidades e é capaz de não incorrer em reducionismos jusnaturalistas ou positivistas,(36) é por meio do critério da concretização positiva dos direitos no ordenamento jurídico-constitucional que se inserem na Carta Constitucional aspectos axiológicos afetos a tais direitos,(37) o que permite uma nova interpretação das normas constitucionais e, conseqüentemente, de todo o ordenamento jurídico.

Em suma, os direitos fundamentais devem ser considerados como referências necessárias para a interpretação do ordenamento jurídico segundo a Constituição, ao lado dos princípios estruturais e mais gerais, além dos demais bens constitucionalmente protegidos, corporificando uma substancial parcela do con-

---

(33) BONAVIDES, P. citando HESSE, Konrad. *Curso...*, cit., p. 514.

(34) DAL-RÉ, F. Valdés. Los derechos fundamentales de la persona del trabajador. In: *Libro de informes generales del XVII Congreso Mundial del Derecho del trabajo y de la Seguridad Social*. Montevidéu, 2003. p. 38-41.

(35) ALEXY, R. *Teoría de los derechos fundamentales*. Tradução ao espanhol de E. Garzón Valdes. Madrid: CES, 1997. y 115, p. 82.

(36) MARTÍNEZ, G. Peces-Barba. *Curso de derechos fundamentales*. Teoría general. Madri: BOE, 1995. p. 36-38.

(37) SARLET, I. W. citando LUÑO, Pérez. *A eficácia dos direitos fundamentais*. Porto Alegre: Livraria do Advogado, 2001. p. 33-36.

teúdo valorativo da *Lex fundamentalis*, acentuadamente a proteção da vida e da dignidade da pessoa humana, valores que por eles são revelados objetivamente como princípios constitucionais especiais.(38)

Dentro da perspectiva antes descrita que a Constituição da República inscreve em seu texto uma gama considerável de direitos sociais na condição de direitos fundamentais. Daí, considerando que, pela supremacia da Constituição, o ordenamento deve ser interpretado a partir do referencial constitucional, os direitos fundamentais passam a modular o ordenamento jurídico em geral e a ordem jurídico-laboral em particular.

Os direitos fundamentais podem ser compreendidos por meio de distintas concepções, sistematizadas da forma seguinte.

c.1. Concepção geracional

Conforme essa perspectiva e tal como já aludido anteriormente, os direitos fundamentais são classificados a partir das gerações distintas relacionadas com o trinômio em que assentada a revolução francesa: liberdade, igualdade e fraternidade.(39)

Direitos de 1ª geração, ou de liberdade: concepção segundo a qual os direitos fundamentais são relacionados às primeiras Constituições escritas. Geração vinculada ao pensamento liberal-burguês clássico do século XVIII. Daí porque cuida de direitos relativos ao homem livre e isolado, oponíveis ao Estado como meios de defesa, tendo por titular o homem-indivíduo. Determinam o dever de abstenção estatal, entrando na categoria de *status negativus*, estabelecendo clara separação entre sociedade e Estado.

Direitos de 2ª geração, relacionados à igualdade. Vicejam no século XX, após o predomínio dos direitos afetos à liberdade no século anterior. Dentro da teoria constitucional clássica, identificam-se com as normas denominadas como programáticas, que reclamam prestações objetivas do Estado, que, ao atender a tais demandas, torna-se "um artífice e um agente de suma importância para que se concretizem os direitos fundamentais".(40) A este grupo são afetos os direitos sociais, que têm por *escopo* "a *melhoria de condições de vida* dos hipossuficientes, *visando* à concretização da *igualdade social*".(41) São consagrados por nossa Constituição como fundamentos do Estado democrático (art 1º, IV), aludindo, ainda, a garantias pertinentes às instituições públicas.

---

(38) GUERRA FILHO, W. S. Hermenêutica constitucional, direitos fundamentais e princípio da proporcionalidade. In: BOUCAULT, C. E.; RODRIGUEZ, J. R. (coords.). *Hermenêutica plural:* possibilidades jusfilosóficas em contextos imperfeitos. São Paulo: Martins Fontes, 2002. p. 399.

(39) Sobre as distintas gerações, veja-se Bonavides, quando menciona VASAK, Karal. *Curso...*, cit., p. 517. Da mesma forma, mas aludindo à classificação pelo critério geracional, TRINDADE, A. A. Cançado. *Tratado de direito internacional dos direitos humanos.* Porto Alegre: Sérgio A. Fabris, 1997. v. I, p. 24 e ss.

(40) BONAVIDES, P. *Curso...*, cit., p. 521-522.

(41) MORAES, A. *Direito constitucional.* São Paulo: Atlas, 2007. p. 180.

Direitos de 3ª geração são aqueles que transcendem as esferas tanto individual e coletiva, tendo por destinatário o gênero humano. Daí porque são denominados como direitos relativos à fraternidade. Inserem-se nessa espécie temas relativos ao meio ambiente, ao desenvolvimento, à paz, à comunicação e outros congêneres.[42]

Direitos de 4ª geração, quais sejam, os relacionados com globalização. Segundo *Bonavides*,[43] correspondem à última fase de institucionalização do Estado social. Correspondem à democracia real — ou seja, ultrapassada a meramente formal — o direito à informação — que no Direito do Trabalho é essencial para o desenvolvimento válido e profícuo da negociação coletiva — e ao pluralismo social. Sua visão cosmológica propõe uma superação dos limites impostos pela cidadania e uma globalização política, que transcende a esfera de uma neocolonização de traço marcadamente econômico. Daí porque compreende uma visão de direitos confessadamente utópica.

c.2. Concepção binária

Segundo essa concepção, os direitos fundamentais se subdividem segundo duas dimensões distintas: *subjetiva* e *objetiva*.

Dimensão subjetiva

São os direitos fundamentais relacionados ao indivíduo, ou à esfera individual. Identificam-se com os direitos da 1ª geração antes aludidos. Neste sentido, também possuem *status* negativo. São direitos de defesa, que obrigam o poder público a respeitar o núcleo de liberdade constitucionalmente assegurado.

Sua importância é tão relevante, sob tal perspectiva, que alguns autores sustentam que a proteção ao indivíduo contra o poder estatal é a essência da Constituição. Neste sentido, diz *Fábio Konder Comparato* que "a Constituição moderna é um instrumento de defesa dos governados contra os governantes. Se ela não exerce esse papel, se ela se limita a suprimir os freios ou obstáculos ao exercício do poder em nome da governabilidade, não se está diante de uma Constituição".[44]

Portanto, a dimensão subjetiva pode significar, de acordo com essa perspectiva, a própria razão de ser da Carta Magna.

Dimensão objetiva

É aquela que transcende o papel defensivo assinado às autoridades públicas. Consagra o direito a prestações de índole positiva. Todo direito a um ato positivo do Estado se constitui em um direito a prestação, segundo *Alexy*.[45] Logo, nesta

(42) BONAVIDES, P. *Curso...*, cit., p. 522-524.
(43) *Op. cit.*, p. 524-526.
(44) Réquiem para uma Constituição. In: LESBAUPIN, I. (org.). *O desmonte da nação.* Balanço do governo FHC. Petrópolis: Vozes, 1999. p. 16.
(45) ALEXY. *Teoría...*, cit., p. 419 e ss. O conceito de prestação utilizado por esse autor é bastante abrangente. Segundo ele "todos os direitos a ações positivas do Estado podem ser qualificados como direitos a prestações do Estado num sentido amplo" (sobre essa amplitude, veja-se p. 427-431).

espécie encontram-se os direitos relacionados com as 2ª, 3ª e 4ª gerações antes referidas, pois exigem, mais que interpretação, sua concretização.

A inação estatal para a materialização desses direitos de índole positiva revela a violação da Constituição. A inexistência de lei que possibilite o exercício de um direito fundamental viola, desse modo, frontalmente a Lei Fundamental no sentido positivo (Krebs), o que ocorre, por exemplo, com as chamadas garantias de natureza institucional, com os direitos à prestação positiva de índole normativa, inclusive o chamado direito à organização, ao processo (*Recht auf Organization und auf Verfahren*) e, não raro, com o direito de igualdade.[46] Em razão da subjetividade caracterizadora das prestações, que induz à relação trilateral entre o titular desse direito, o Estado e uma ação estatal positivada, resulta em favor do titular do direito fundamental uma "oponibilidade" judicial desse mesmo direito, possibilidade que é compatível com o caráter *prima facie* ou de princípios que ostentam os direitos fundamentais.[47]

No sentido de sanar a não efetividade dos direitos fundamentais pela inércia do legislador,[48] a CRFB confere duas medidas ou remédios jurídicos, a saber: o *mandado de injunção* e a *ação direta de inconstitucionalidade por omissão*. Não cabe, nesta oportunidade, aprofundar acerca desses institutos. Porém, convém observar que se, de um lado, ambos se equiparam no ponto em que procuram dar maior efetividade às normas constitucionais, de outro, se distinguem, basicamente, na medida em que o mandado de injunção permite a imediata concretização do direito fundamental pendente de conformação legislativa, enquanto que a ação direta de inconstitucionalidade por omissão se limita a exercer uma pressão jurídico-política sobre o órgão inerte.

c.3. Concepção formal dos direitos fundamentais

Elaborada pelo italiano *Luigi Ferrajoli*, rompe com a concepção tradicional ao propor um conceito universal de direitos fundamentais, que, assim, pretende-se aplicável a distintos ordenamentos jurídicos. Logo, essa concepção não é dogmática, mas puramente teórica, formal e estrutural.

A universalidade decorre de um sentido "lógico e avalorativo da quantificação universal da classe dos sujeitos que são titulares dos mesmos".[49] O ponto de partida para a determinação dos direitos fundamentais ultrapassa uma compreensão meramente positivista — decorrente da simples afirmação como tais nos respectivos textos constitucionais — bem como uma mais jusnaturalista, que os

(46) ALEXY. *Teoria...*, cit., p. 428; MENDES, G. F. *Direitos fundamentais e controle de constitucionalidade.* 2. ed. São Paulo: Celso Bastos, Instituto Brasileiro de Direito Constitucional, 1999. p. 44.

(47) Alexy manifesta essa compatibilidade ao dizer que "se às normas que conferem direitos *prima facie* lhes dotam de cláusulas restritivas, adquirem caráter de normas que, certamente — sobretudo através de ponderações — necessitam ser concretizadas, mas conferem direitos definitivos", isso valerá "tanto para os direitos de defesa como para os direitos a prestações" (*Teoria...*, cit., p. 431).

(48) BARROSO, L. R. *Temas de direito constitucional.* Rio de Janeiro: Renovar, 2001. p. 189.

(49) FERRAJOLI, L. In: A. A. V. V. *Los fundamentos de los derechos fundamentales.* Tradução P. P. Ibañez. Madri: Trotta, 2001. p. 19-20.

vê simplesmente como aqueles destinados a assegurar a dignidade da pessoa humana.

Ferrajoli entende como fundamentais "os direitos subjetivos correspondentes a todos os seres humanos, enquanto dotados do *status* de pessoas, de cidadãos, ou sujeitos de direito".

Por direito subjetivo entende tanto as expectativas positivas como as negativas prescritas por uma norma jurídica a um sujeito. Porém, nem todo direito subjetivo é fundamental, o que impõe ao mencionado autor a tarefa de estabelecer os traços que diferenciam os direitos fundamentais dos demais direitos, a saber: 1º) a universalidade dos direitos fundamentais, como requisito a eles indispensável. Daí, se é verdade que há direitos universais que não são fundamentais, o inverso inocorre; 2º) a indisponibilidade ou inalienabilidade dos direitos fundamentais, de forma que estão subtraídos da esfera de disposição tanto do seu titular, como da ação estatal. Esse segundo aspecto faz com que o traço marcante dos direitos sociais, no que se refere ao Direito do Trabalho, seja exatamente o mesmo; 3º) os estatutos de direitos fundamentais contêm normas gerais e abstratas, que dispõem imediatamente sobre determinadas situações jurídicas.

Há, porém, pesadas críticas a essa teoria na doutrina, a começar pelo fato de que, em quase todos os ordenamentos jurídicos, os direitos fundamentais encontram-se inscritos nos textos das respectivas Constituições, sendo certo que, como já visto anteriormente, a doutrina, praticamente em uníssono, destaca a impossibilidade de serem estabelecidos cânones universais de Direito Constitucional, precisamente porque as particularidades relativas às distintas Cartas Magnas conduzem às identidades próprias a cada sistema jurídico.

Nesta oportunidade, considerando o quanto exposto nas linhas antecedentes permite, neste momento, uma conjugação entre Direito do Trabalho no interior da Constituição e, por sua vez, plasmando-se por meio do ordenamento jurídico.

4. Direito do Trabalho Inserido na Constituição e no Sistema de Fontes de Direito

Embora já tenha sido aludido anteriormente, a CRFB, ao tratar dos direitos sociais no inciso IV do art. 1º, os coloca como fundamentos do Estado Democrático de Direito. Porém, o faz colocando esse valor ao lado de outro a ele distinto e, a rigor, até mesmo contrário, porquanto relativo à livre iniciativa. Mas essa contradição exige o reconhecimento do caráter político da Carta Constitucional, destinado a congregar os distintos matizes existentes numa sociedade plural. E, segundo uma perspectiva jurídico-laboral, coloca ao intérprete o esforço de superação hermenêutico dessa antinomia, que acaba por resumir o próprio espaço de atuação do Direito do Trabalho: a arena em que se desenvolve a luta pelo poder entre as classes de empresários e trabalhadores, em que ambos querem aumentar sua esfera de ampliação. Assim, o fortalecimento dos instrumentos de ampliação dos interesses dos trabalhadores — em termos bem simples, afetos à majoração da participação dos que prestam serviços tanto na lucratividade como na gestão empresarial — se opõe ao objetivo tenazmente perseguido pelo empresário no exercício da livre iniciativa, consistente no permanente aumento das margens de lucro e de seu poder diretivo.

Caminha a Constituição para a conjugação desses valores antagônicos, por meio de uma híbrida previsão normativa que afeta, de um lado, a ordem econômica e financeira, fundada no sistema capitalista e no modo de privatização dos meios de produção que fundamentam a sua lógica,[50] e, de outro, a ordem social (Títulos VII e VIII, respectivamente, da Constituição).

Com relação aos "fundamentos" gerais da atividade econômica, o art. 170 da Constituição estabelece que a ordem econômica está baseada na valorização do trabalho humano e na livre iniciativa, o que significa a opção constitucional por uma economia de mercado, de natureza capitalista. Não obstante, é evidente que a ordem econômica confere prioridade ao valor do trabalho humano sobre todos os demais valores da economia de mercado, porque o princípio da dignidade da pessoa é superior aos valores estritamente materiais. Com efeito, não por outro motivo, a finalidade da ordem econômica se constitui em assegurar a todos uma existência digna, conforme os ditames da justiça social, segundo a dicção do já referido art. 170 da CRFB.

Ultrapassada essa relevante questão estrutural, tem-se que a Constituição estabelece uma extensa relação de direitos sociais, dotando-lhes de fundamentalidade. Os direitos fundamentais do trabalho contidos na Constituição costumam ser divididos em 2 grupos: *individuais* e *coletivos*.

a) Individuais

No que tange ao campo de aplicação e segundo o art. 7º da Lei Maior, tem-se que, em regra, as disposições afetas aos direitos fundamentais referem-se à relação de emprego típica do art. 3º da CLT, ao trabalhador rural (que se extrai do *caput* do art. 3º da Lei n. 5.889/73), ao avulso (inciso XXXIV) e, parcialmente, ao contrato de trabalho doméstico (parágrafo único).

Não se aplicam ao trabalhador autônomo, muito embora existam vozes na doutrina que postulam uma ampliação desse rol de direitos a quanto possa ser considerado como "relação de trabalho", a partir da redação dada ao art. 114 da CRFB pela Emenda Constitucional n. 45/04.[51] A meu juízo, a ampliação da competência, de índole estritamente processual, não tem o condão de proporcionar equivalente projeção sobre a esfera de direito material, razão pela qual reputo como inconsistente e juridicamente indefensável a tese que confere a irradiação dos direitos fundamentais para além das relações jurídicas substanciais expressamente referidas pela Lei Maior.

---

(50) SILVA, J. A. *Curso de direito constitucional positivo*. São Paulo: Malheiros, 1993. p. 666.

(51) Excelente estudo sobre o tema é realizado por M. G. Delgado, no trabalho intitulado Direitos fundamentais na relação de trabalho. *Revista LTr*, São Paulo, 70-06/657-667.

Nestes termos, leciona *Arnaldo Süssekind* que "o direito material aplicável será: a) em se tratando de relação de emprego, a CLT e a legislação complementar; b) nas relações de trabalho reguladas pelo Código Civil ou em lei especial, as correspondentes disposições".(52)

Ainda no plano dos direitos individuais, a Carta Magna traça, como fundamentais, vários direitos que podem ser agrupados em blocos, consoante as matérias a que se referem.

É interessante observar, e aqui já se confere uma observação de conteúdo crítico, ainda que o momento não seja o de apresentação das conclusões, que parcela significativa desses direitos não foi regulada pela legislação infraconstitucional, ou então refere-se a direitos já regulados anteriormente a outubro de 1988, o que gerou uma certa estagnação relativa a esses mesmos direitos com o passar dos anos.

Consideradas essas situações conducentes à redução do potencial dos direitos fundamentais afetos ao trabalho, procedo à referência desses grupos ou blocos, valendo-me do critério de reunião utilizado por *Arnaldo Süssekind*.(53)

a.1. Proteção do emprego

Os dispositivos Constitucionais relacionados à matéria relativa à proteção ao emprego são os arts. 7º, incisos I, II, III, XXI; e 10 ADCT, incisos I e II.

A questão essencial que se coloca diz respeito ao fato de saber se a CRFB assegura verdadeiramente o emprego, ao menos em termos amplos e genéricos. E a resposta é negativa, primeiramente, porque a regulamentação da dispensa arbitrária é encomendada pela Carta Magna a uma legislação complementar que, devido à inércia legislativa, até hoje não foi promulgada.

Depois, porque a própria Carta Magna estabelece a previsão de indenização compensatória à perda do emprego, o que inibe um paralelo entre a garantia em comento e o regime de estabilidade previsto pela CLT (arts. 492 e ss.).

Nestes termos, o espaço de regulação deixado pela Lei Maior, na melhor das hipóteses, consiste, talvez, no estabelecimento de situações objetivas que autorizem a dispensa, impedindo a denúncia vazia do contrato de trabalho. Para tanto, a Convenção n. 158 da OIT — ratificada e quase que imediatamente denunciada pelo Brasil — pode oferecer valiosos subsídios.

Por fim, a manutenção e automática extensão do regime do FGTS a todos os trabalhadores, inclusive quadruplicando a indenização compensatória sobre ele incidente, revelam que aquilo que a Constituição concebe, ainda que *prima facie*, como garantia contra a despedida arbitrária, não equivale à estabilidade ou garantia mais substancial do emprego.

---

(52) As relações individuais e coletivas de trabalho na reforma do Poder Judiciário. In: COUTINHO, G. F.; FAVA, M. N. (coords.). *Justiça do trabalho:* competência ampliada. São Paulo: LTr, 2005. p. 20.

(53) *Direito constitucional do trabalho.* Rio de Janeiro: Renovar, 1999. p. 101 e ss.

a.2. Salário

Os direitos relativos ao salário estão dispostos no art. 7º, incisos IV, V, VI, VII, VIII, IX, X da Carta Magna e se conectam com os arts. 457 e 458 da CLT.

Digna de nota é a ascensão constitucional do princípio da irredutibilidade, antes extraível do art. 462 da CLT. Há um paradoxo nessa inscrição. Por um lado, a irredutibilidade salarial assume *status* diferenciado e privilegiado, na medida em que se constitui em bem constitucionalmente protegido. Porém, de outro, esse princípio não é mais, como antes poderia parecer, absoluto, sendo certo que a Carta Magna abre a porta para sua mitigação pela via da autonomia coletiva, o que gera a invocação de um poder derrogatório mais amplo da via negocial coletiva, devido ao caráter estruturante do salário na relação jurídica de emprego.

a.3. Participação nos lucros e na gestão empresarial

Prevista no art. 7º, XI, da Constituição, cuida dos aspectos que, como já assinalado anteriormente, estão relacionados à essência do conflito capital x trabalho, em que trabalhadores e empresários querem ampliar as esferas de poder que lhes são próprias, ao mesmo tempo em que esperam ver reduzidas as mesmas esferas em relação à parte contrária.

Um aspecto importante e não menos paradoxal do que aquele aludido quando da análise do princípio da irredutibilidade salarial diz respeito histórico da participação nos lucros, antes equiparada, tanto pela doutrina como pela jurisprudência, às gratificações ajustadas, o que lhe conferia *status* de salário, à luz do § 1º do art. 457 da CLT. Não obstante esse posicionamento, a opção constitucional perfilhou sentido contrário, da desvinculação do salário dessa participação.

No caso em exame, a matéria já foi regulamentada infraconstitucionalmente por meio da Lei n. 10.101/00.

a.4. Duração do trabalho

Os direitos relativos à duração do trabalho estão relacionados no art. 7º, incisos XIII, XIV, XV e XVI da CRFB.

Convém destacar, no particular, além da redução do módulo semanal, que passou a ser de 44:00 semanais, o convite que a Lei Maior faz ao incremento das relações coletivas do trabalho, quando menciona exceções a regras que, no fundamento básico, preexistiam a sua vigência, regulada que estava a duração do trabalho pela norma consolidada, nos arts. 58 e ss. Assim, essas exceções tocam outro aspecto quantitativamente estruturante do contrato de trabalho e abrem espaço para que se ponha em questão a abertura dos limites deixados para a regulação de condições de trabalho por meio da autonomia coletiva.

a.5. Férias

No que tange às férias, o art. 7º, XVII da Constituição traz, de relevante, o acréscimo de, pelo menos, um terço no seu pagamento, o que efetivamente concretizou verdadeira vantagem para os assalariados, particularmente quando se considera que a disposição *sub examine* é de manifesta autoaplicabilidade. No mais, o direito em análise conecta-se aos arts. 129 e ss. da CLT.

a.6. Segurança e medicina do trabalho

O art. 7º, nos incisos XXII, XXIII e XXVIII, aporta uma importante contribuição ao avanço do Direito do Trabalho. Não porque trate de insalubridade e periculosidade de forma inovadora, mas porque estabelece aquilo que se pode chamar de núcleo intangível dos direitos fundamentais do trabalhador, em que sua saúde e segurança são postos como pressupostos essenciais e necessários à preservação da dignidade pessoal que, a final, será o ponto de partida e chegada dos direitos fundamentais.

Questão que ainda gera uma grande polêmica no âmbito doutrinário e jurisprudencial consiste em saber se o dano moral, à luz do mencionado inciso XXVIII do art. 7º e em cotejo com o parágrafo único do art. 927 do Código Civil, advém da responsabilidade objetiva ou subjetiva do empregador, quando a atividade empresarial, por sua natureza, importe em risco para o trabalhador. Apesar de instigante, o tema refoge ao da reflexão que ora se efetua, razão pela qual nele não mais se aprofunda neste momento.

a.7. Indiscriminação no trabalho

O art. 7º, nos incisos XXX, XXXI e XXXII, traz para a relação de trabalho a garantia mais genérica de não discriminação. Com efeito, valem, aqui, as reflexões acerca da igualdade formal — perante a lei — e a substancial — proporcionada pelo Direito, muitas vezes tratando de forma desigual aqueles que são díspares, como é necessário numa sociedade que se reconhece como plural e democrática. O tema é caro ao Direito do Trabalho, tanto em razão do princípio *pro operario* já referenciado *supra*, como em razão da exigência de igualdade jurídica que se traduz em isonomia de tratamento, como, ainda, quando se considera a crescente complexidade das relações de trabalho, em que o emprego é uma espécie dentre outras tantas, que no âmbito de uma mesma empresa podem coexistir, inclusive de forma lícita, tal como ocorre, por exemplo, na hipótese de terceirização por meio de trabalho temporário.

Noutro viés, também é digna de nota que, consentânea com esse direito fundamental à não discriminação, a Lei n. 9.029/95 proíbe a exigência de atestado de gravidez e esterilização e outras práticas de discriminação para efeito de admissão e permanência no emprego.

a.8. Proteção à maternidade e paternidade

Previstos esses direitos no art. 7º, incisos XVIII, XIX e XXV da CRFB e no art. 10 ADCT, inciso II, alínea *b* e § 1º.

A licença-maternidade está relacionada à garantia de emprego que busca preservar a fonte de manutenção da trabalhadora e do nascituro, além de relacionar-se, outrossim, com o princípio da não discriminação antes aludido. A disposição dessa matéria no corpo da Constituição gerou uma profícua evolução jurisprudencial sobre o tema, como pode ser observado na Súmula n. 244 do TST.

Outra é a situação da licença-paternidade, direito que, segundo a Lei Maior, deve ser fixado em norma infraconstitucional, sendo certo que, também aqui, o legislador mantém-se inerte, talvez porque, até a regulamentação, essa licença corresponde a 5 dias (art 10, § 1º, ADCT), contados do dia do parto, que correm sem solução de continuidade;

No que tange às creches e pré-escolas, direitos de suma importância, num país de inúmeras carências como o Brasil, contêm nítida índole positiva, exigindo a ação legiferante estatal, mas, infelizmente, não tiveram o desenvolvimento em lei infraconstitucional, embora algumas vezes sejam regulados por meio de normas coletivas. O art 400 da CLT, quando alude ao berçário, guarda correlação com o dispositivo constitucional em apreço, ainda que não o regulamente por completo.

a.9. Trabalho da mulher e do menor

Art. 7º, incisos XX, XXV e XXXIII.

Em ambos os casos, o que se objetiva é não somente dar concretude ao princípio de não discriminação, mas, além disso, proteger a mulher e o menor de situações que, devido às peculiaridades que lhes tocam, podem ser prejudiciais em decorrência do trabalho.

No caso da mulher, especificamente dignas de registro são as que se relacionam com a maternidade. Quanto ao menor, dois objetivos básicos devem ser perseguidos: 1 — Proteção da infância; 2 — Erradicação do analfabetismo. Tanto assim que a incapacidade, apesar de dar ensejo à nulidade contratual, não produz efeitos *ex tunc*, de modo a não prejudicar ainda mais aquele que é objeto de tutela pelas normas em apreço.

a.10. Proteção contra a automação

O direito contido no art. 7º, XXVII traduz uma daquelas promessas feitas pelo constituinte para não serem cumpridas. Apresenta um falso dilema, como aquele que gerou a fúria da massa trabalhadora contra a máquina a vapor na 1ª revolução industrial. Algo como se fosse possível a opção entre progresso tecnológico e a manutenção dos postos de trabalho, particularmente num período em que a robótica e a informática assumem ritmo cada vez mais acelerado. Tal despropósito induz, neste caso justificadamente, à inexistência de qualquer regulamentação do dispositivo constitucional.

b) Direitos coletivos

Em geral, a doutrina considera que no âmbito do direito coletivo a Constituição de 1988 mais avançou. De fato, há modificações consideráveis no texto da Lei Maior acerca desses direitos, a ponto de, num momento imediatamente posterior a sua promulgação, parte da doutrina tenha passado a sustentar a completa revogação, por incompatibilidade, da CLT pela CRFB.

Porém, o avanço proclamado não assumiu as dimensões esperadas. Primeiro, porque mantidos aspectos estruturantes do denominado corporativismo sindical entre nós, tais como a unicidade sindical; reserva territorial de representatividade (inciso II, art. 8º); contribuição sindical compulsória (parte final do inciso IV, do art. 8º); representação classista na JT (extinta em 1999, por Emenda Constitucional); manutenção do poder normativo da JT (art. 114, CRFB). Segundo, porque as alterações constitucionais não foram seguidas de uma correspondente modificação na base legal, com adoção de regras que permitissem um incremento efetivo da ação sindical, particularmente da negociação coletiva. Terceiro, pois não se logrou, tanto no âmbito da doutrina como da jurisprudência, obter uma nova racionalidade que prestigiasse, verdadeiramente, as soluções dos conflitos do trabalho pela via da autonomia coletiva.

A manutenção desses pilares do corporativismo fez com que se chegasse à conclusão majoritária de que, embora possa haver algumas incompatibilidades entre a Constituição democrática e o sistema corporativo contido na CLT, houve recepção desta pela ordem pós 1988. E é com esse olhar que se procede à verificação dos direitos sociais de índole coletiva, tal como descritos nos arts. 8º a 11 da CRFB.

b.1. Organização sindical

O eixo fundamental e verdadeiro giro copérnico reintroduzido[54] em nossa ordem Constitucional consiste na liberdade sindical. De um modo geral, a liberdade sindical costuma ser dividida em duas espécies: coletiva e individual.

A *liberdade coletiva* compreende as atividades relativas tanto à fundação como ao conjunto de objetivos do ente sindical, conectando-se com a Convenção n. 87 da OIT, quando estabelece a desnecessidade de prévia autorização das autoridades públicas para a fundação de sindicatos, devendo, essas mesmas autoridades, manter o dever de abstinência de intervir nos entes de classe.

Já a *liberdade sindical individual* é aquela que trata dos trabalhadores e empregadores como individualidades que integram — apenas potencialmente — uma

(54) Utiliza-se o verbo "reintroduzir" pois a autonomia sindical já havia sido constitucionalmente proclamada pela Carta de 1934 (art. 120).

coletividade. É a dimensão pertinente à adesão dessa individualidade ao ente de classe. Dito de outro modo, a que cuida dos aspectos positivo e negativo da liberdade de sindicalização, conectando-se com a Convenção n. 98 da OIT.

O tema da liberdade conduz, inevitavelmente, ao do pluralismo e da unidade sindical.

O pluralismo sindical pressupõe a possibilidade de concorrência entre vários entes de classe e também de afiliação do trabalhador ao sindicato de sua preferência. Já a unidade é possível dentro de um sistema plural, quando configura uma opção consciente dos trabalhadores,[55] tal como ocorre, por exemplo, no caso inglês.

O Brasil manteve um sistema de unidade compulsória, decorrente da lei, a que se denomina como unicidade sindical. Como é sabido, esse sistema está fundamentado nos seguintes pilares: 1 — representação unitária; 2 — definida por meio de categorias estabelecidas *a priori* (v. art. 511 da CLT); 3 — exercida dentro de uma mesma base territorial, que é um espaço físico geográfico.

A compulsoriedade desse sistema representativo unimodal não se compreende na noção de unidade de representação que tem por pressuposto, como já visto anteriormente, o sistema concorrencial, de liberdade ampla. Aliás, não se justifica à luz dos padrões internacionais de liberdade sindical, seja porque no plano coletivo a liberdade é mitigada, como porque, no plano individual, o direito de opção pelo ente representativo deixa de existir frente à predeterminação do sindicato representativo.

Daí porque fica muito difícil compreender, sem sofismas, a liberdade afirmada no inciso I do art. 8º da CRFB, pois, no regime de unicidade, a coalização procedente do Estado, do mesmo modo que aconteceria se decorresse da imposição de um sindicato dominante, "viola a faculdade de criar sindicatos em concorrência, que é essência da liberdade sindical. Viola, também, a liberdade sindical, enquanto esta compreende o direito do trabalhador de afiliar-se ao sindicato de sua eleição, que resta negado se, coativa e autoritariamente, desaparece a faculdade de eleger".[56]

Numa dimensão subjetiva dos direitos fundamentais, não é dado aos poderes públicos interferirem na vida sindical, seja em sua constituição (art. 7º da Convenção n. 87 da OIT), seja no desenvolvimento pleno das atividades que lhe são próprias. Porém, mais que isso, essa liberdade, para que possa se materializar, deve ser protegida por ações ou prestações positivas do Estado, o que implica na adoção de postura proativa na concreção desse direito fundamental, agora mediante prestações que assegurem a plenitude das ações próprias ao sindicalismo, particularmente na negociação coletiva. O cumprimento desse desiderato é dificultado pela manutenção de elementos próprios ao denominado sistema confederativo, hierárquico e, portanto, vertical de representação sindical (art. 533 e ss. da CLT).

---

(55) SÜSSEKIND, A. *Direito...*, cit., p. 333.
(56) OLEA, M. Alonso; BAAMONDE, M. E. Casas. *Derecho...*, cit., p. 629.

b.2. Negociação coletiva

A dificuldade referida anteriormente tem impacto direto sobre a principal atividade dos entes de classe, qual seja, a negociação coletiva, cujo resultado, materializado em acordos e convenções coletivas, também se constitui em direito fundamental, assim afirmado pelo art. 7º, XXVI. Também, o marco regulador infraconstitucional é aquele emergente, basicamente, da legislação preexistente, particularmente nos arts. 611 e ss. da CLT.

Nestes termos, foram mantidos como sujeitos legitimados à negociação 1) os sindicatos de trabalhadores e de empresas; e 2) sindicatos profissionais e empresas, embora parte da doutrina suscite dúvida quanto à legitimidade das empresas, devido à exigência constitucional da presença do sindicato no processo negocial (art. 8º, VI). Essa dúvida é superada mediante a interpretação sistemática da CRFB, pois noutros dispositivos, como por exemplo o art. 7º, VI, há menção a acordo coletivo, o que conduz à solução do impasse aparente no sentido de que a participação de "sindicato" é exigível apenas quando relativa aos empregados na negociação coletiva.

Porém, essa solução não dirime todos os problemas relativos à questão afeta à *legitimatio*, pois subsistem dúvidas quanto à possibilidade de substituição do sindicato pela federação em caso de recusa do primeiro a participar do processo negocial, ou de categorias inorganizadas (611, § 2º), o mesmo ocorrendo em relação aos trabalhadores para negociarem diretamente com a empresa, tudo na forma do art. 617, § 1º, da CLT. A inércia dos entes "naturalmente" vocacionados ao processo negocial pode, caso a interpretação do mencionado art. 8º, VI, da CRFB, seja fechada, importar em verdadeiro entrave à solução pactuada dos conflitos coletivos do trabalho.

Do mesmo modo, esse mesmo tipo de interpretação restritiva pode fazer letra morta do representante interno de que fala o art. 11 da CRFB, na medida em que a falta de atribuições que justifiquem a sua escolha e, mais que isso, de concreção do "entendimento direto" frente os empregadores, gera um vazio onde a Carta Magna, expressamente, convida ao diálogo social.

Em suma, limitar-se a legitimação aos sindicatos é restringir, e muito, o espaço negocial, sendo certo que, a meu ver, essa exigência deve ser dosada, segundo o caso concreto, de forma que a exigência do sindicato se faça para coibir eventuais abusos da classe empresarial, mas devendo, *a priori*, ser prestigiada a solução de consenso.

A legitimidade do ente sindical, quando concebida como mecanismo de unidade da ação sindical na negociação, não vem revelando, na prática, resultados satisfatórios, na medida em que vários sindicatos participam do processo negocial, o que induz a uma verdadeira pulverização que atua contra o objetivo de homogeneização das condições de trabalho perseguido pelas normas coletivas.

Outro aspecto que não pode passar despercebido nesta pequena análise diz respeito à tendência de provisoriedade das cláusulas normativas, ligada, em termos mais amplos, à dinâmica das relações de trabalho e ao objetivo de permanente diálogo entre os interlocutores sociais, o que tende a conduzir à pacificação ou minimização do conflito entre capital e trabalho (§ 3º do art. 614 da CLT).

Porém, não se pode desconsiderar que, em nossa experiência, o denominado poder normativo da Justiça do Trabalho assumiu esfera bastante considerável de solução das controvérsias ou conflitos. Obviamente que a manutenção dessa excêntrica competência jurisdicional contribuiu para o desapreço da negociação coletiva como veículo de solução desses conflitos. A Emenda n. 45/04, ao alterar o art. 114 da CRFB e exigir o "comum acordo" como pressuposto específico[(57)] para o ajuizamento do denominado "dissídio coletivo", não extinguiu o esdrúxulo poder normativo, mas criou um entrave que, na prática, os dissídios de interesse se resolvam de maneira heterônoma para os interlocutores sociais. Isso atende aos reclames e exigências de um sistema mais democrático dos conflitos do trabalho.

Porém, essa reforma constitucional não se fez acompanhar de mecanismos que, de fato, estimulem o permanente diálogo social, na medida em que nada estabelecem acerca da inação de uma das partes. E isso pode aprofundar ainda mais a falta desse diálogo, na medida em que não bastam liberdade sindical e, em alguma medida, negocial, mas é imperativa a coexistência de ações estatais que possibilitem o desenvolvimento real do jogo negocial. No dizer de *Valdés Dal-Ré*, "criar os pressupostos necessários para que a negociação coletiva cumpra a função de atualizar a autotutela dos interesses do trabalho com vistas ao alcance de uma sociedade dotada de maior igualdade. A intervenção legislativa, além de cumprir uma função de proteção, deve servir de meio de promover a negociação coletiva, para apoiar a atividade sindical e, em última instância, de dispositivo para redistribuir o poder entre os antagonistas sociais.".[(58)]

Esse *nihil* no campo legislativo, em nossa ordem jurídica, apresenta um desafio de grandes proporções posto à doutrina e à jurisprudência, que deve buscar soluções condizentes com a jusfundamentalidade afirmada não apenas ao sindicato, mas à atividade sindical, em sentido amplo, e à negociação coletiva em particular.

Alguns passos efetivos têm sido dados, como se vê, por exemplo, no reconhecimento dos entes sindicais como substitutos processuais nas ações coletivas, à luz do inciso III, do art 8º da Constituição, com a evolução da jurisprudência vista na Súmula n. 310 do TST.

Mas, especificamente no tocante à correlação entre as normas coletivas e as demais fontes de direito, é necessária uma maior reflexão. As três funções possíveis são, tradicionalmente, assim divididas: 1ª — de *suplementariedade*, segundo a qual a norma coletiva tende a trazer uma melhora sobre o que está estabelecido pela norma legal. É a função encomendada por excelência às normas coletivas, mas que, quando admitida como uma espécie de função única, tende a relegar o processo negocial a um papel secundário, particularmente no estágio atual em

(57) Parte da doutrina entende tratar-se de condição especial da ação.

(58) *Relaciones...*, cit., p. 99.

que se encontra o Direito do Trabalho; 2ª — de *complementariedade*, instrumentalizada pela técnica do reenvio, que se opera quando a lei remete à regulação de determinada matéria pela autonomia coletiva, tal como ocorre, por exemplo, quanto ao intervalo intrajornada (art. 71 CLT); ao trabalho a tempo parcial (§ 2º, art. 58-A da CLT); à participação nos lucros (com dupla remessa: da CRFB, art 7º, XI à Lei n. 10.101/00 e desta à negociação coletiva); enfim a 3ª função designada como de *supletoriedade*, quando a lei se propõe a atuar no vazio da norma coletiva. É uma espécie que contém, em seu âmago, o risco de privatização da regulação do trabalho. Apesar do risco, é o mecanismo para o qual vêm tendendo os ordenamentos em que se espelha o brasileiro e de onde se extrai boa parcela da noção do que se denomina como tendência à flexibilização dos direitos sociais.

A regra é a de aplicação da norma mais favorável ao trabalhador, o que se extrai inclusive do art. 620 da CLT, segundo os critérios derivados de três teorias: *cindibilidade*, *tomista* e do *conglobamento*. O desafio está em encontrar o tormentoso equilíbrio em que se privilegiem as soluções negociadas e, assim, o reconhecimento mais amplo da liberdade sindical, sem que isso importe em desconstrução do Direito do Trabalho, mas, sim, auxilie na tarefa de sua reconstrução.

Para isso, faz-se mister a retomada do debate paralisado após o Fórum Nacional do Trabalho (FNT) e enfrentar os entraves que, por vício, persistiram na configuração sindical no período constitucional dito democrático. Institutos como a contribuição sindical, mantida pela ordem vigente assentada no corporativismo (parte final do inciso IV do art. 8º, CRFB), devem ser extirpados, sendo certo que a contribuição aos entes de classe deve ter como pedra de toque o princípio da afiliação ao ente coletivo em sua dupla faceta, que compreende a liberdade positiva, assim como a negativa. O denominado *cânon* de solidariedade — entre nós conhecido como contribuição assistencial — deve ser aceito de forma excepcional e com reservas, somente quando a norma coletiva importe em algum *plus* considerável e efetivo aos não sindicalizados. Que sobrevivam os sindicatos que, aos olhos dos trabalhadores, de fato os representem.

Noutra vertente, devem ser aprofundadas as garantias frente a condutas antissindicais. Neste sentido, a estabilidade prevista no art. 8º, VIII da Lei Maior deve nortear a legislação, tendo-se sempre em mente que o interesse protegido é o coletivo e não o individual, muito embora este último deva ser protegido mediatamente para lograr-se a tutela do primeiro.

b.3. Greve

Direito fundamental previsto no art. 9º da Constituição. Também necessita de um maior aprofundamento reflexivo, particularmente quando se mantém o poder normativo da Justiça do Trabalho, no particular, que acaba por servir de instrumento de sistemática declaração de abusividade do movimento paredista e, assim, de frustração da greve como instrumento de pressão sobre o empregador. Contribui ao desprestígio da greve a série de interditos proibitórios concedidos pela Justiça Comum contra a ação sindical. Neste sentido, frustra-se, concomitantemente, parte considerável da ação sindical, com repercussão lógica sobre o produto da negociação coletiva, com depreciação de boa parcela de sua capacidade de enriquecimento devido a mais essa espada que sopesa sobre a cabeça do movimento organizado de trabalhadores.

A norma constitucional em análise foi regulamentada pela Lei n. 7.783/89, que regulamenta o direito de greve e trata dos serviços essenciais. Carece de regulamentação, porém, no que tange ao servidor público civil, à luz do art. 37, VII, CRFB, sendo certo que a inércia do legislador levou o STF a, recentemente, manifestar-se sobre o tema. Porém, o servidor militar não pode se sindicalizar nem fazer greve, segundo o art. 142, § 3º, IV, CRFB.

4. Colisões e restrição de direitos

Como visto no tópico anterior, a CRFB constitucionalizou uma série de direitos sociais. Os direitos fundamentais encontram limites nos demais direitos e bens constitucionalmente protegidos. Como inexiste inconstitucionalidade dentro da própria Constituição, devendo ser buscado um sentido de harmonização interna que confira unidade à Carta Magna e, assim, também confira esse mesmo sentido de unidade ao próprio sistema normativo, sendo necessária a busca de soluções para essas antinomias.

Os direitos fundamentais são estabelecidos *prima facie*, cabendo aos operadores do Direito dar sentido efetivo ao conteúdo desses direitos. Assim, a Constituição delimita os direitos fundamentais, ao passo em que os poderes públicos, segundo a atribuição a cada poder pertinente — Executivo, Legislativo e Judiciário — a ele põe limites.[59] Porém, nessa tarefa devem observar a obrigação de conferir a máxima efetividade dos direitos — art. 5º, § 1º.

Essa vinculação dos poderes públicos à máxima efetividade tem os seus desdobramentos, tanto na determinação do conteúdo dos direitos desenhados *prima facie* na Constituição, como no exercício da ação limitadora. Apesar da fluidez característica desse desenho *prima facie*, os direitos fundamentais possuem um conteúdo essencial que não pode ser tangenciado, sob pena de esvaziamento e descaracterização da própria essencialidade que o identifica.

Há duas teorias básicas para determinação desse núcleo essencial: *absoluta* e *relativa*. Segundo a concepção *absoluta*, o conteúdo essencial seria um núcleo fundamental, determinável em abstrato, próprio de cada direito, resguardando seu âmago, que não poderia ser afetado, sob pena do direito deixar de existir. A concepção *relativa* é mais procedimental e dinâmica. Segundo essa teoria, o conteúdo essencial de um direito só poderia ser determinado "à luz do direito restringido", isto é, tendo-se em conta o caso concreto, pois somente em razão das circunstâncias fáticas seria possível apurar a extensão e os limites deste núcleo, cuja "mem-

(59) GUERRERO, M. Medina. *La vinculación negativa del legislador a los derechos fundamentales*. Madrid: McGraw-Hill, 1996. p. 20-23.

brana delimitadora" seria "elástica". De modo que o "tamanho do conteúdo essencial só poderia ser mensurado em face de um conflito específico, ou seja, quando estivessem em jogo valores comprimindo-se reciprocamente". De tal sorte que a "restrição é legítima quando indispensável e na medida do necessário para a proteção de um direito fundamental".[(60)]

Segundo as duas concepções antes aludidas, o conteúdo essencial dos direitos é obtenível de maneira *expressa*, ou pela *utilização de juízos de ponderação*.[(61)] Isso conduz ao princípio da proporcionalidade, que se decompõe em três subprincípios: *adequação, necessidade ou exigibilidade* e *proporcionalidade em sentido estrito*.[(62)]

Adequação: em suma, consiste em aferir se o meio escolhido é idôneo e necessário para a obtenção do resultado pretendido, aferição que é instrumental e não valorativa. Vale dizer, o exame da adequação é, em realidade, um exame da idoneidade formal da medida restritiva.

A *necessidade ou exigibilidade* se constitui, segundo *Alexy*, no que se denomina "postulado do meio mais benigno",[(63)] compreendendo uma análise da relação meio-fim, sob o prisma valorativo. Com efeito, impõe aos poderes públicos adotar uma posição menos gravosa dentre as opções existentes, devendo ser buscada, de preferência, uma opção que não reduza a eficácia do direito fundamental e, à falta dela, a opção que imponha menor impacto redutivo.

Por fim a *proporcionalidade em sentido estrito*, subprincípio que pressupõe a conjugação dos dois anteriores, pois a medida restritiva, para conformar-se ao princípio da proporcionalidade, deverá, ao mesmo tempo, ser apta para os fins a que se destina e ser a menos gravosa possível para se alcançar esses objetivos. Dele se extrai, ainda, a exigência de que o prejuízo ocasionado pela norma restritiva seja inferior ao benefício que por ela é proporcionado em salvaguarda de outro direito ou bem constitucionalmente protegido. Neste sentido, "o princípio de proporcionalidade em sentido estrito exige que o sacrifício do direito individual se encontre em uma relação razoável com o fim perseguido".[(64)]

Essa concepção introduzida por uma nova hermenêutica rompe a racionalidade anterior que supunha a invalidez de determinada norma ou direito, na hipótese de antinomia, estabelecendo aquilo que *Dworkin* chama de força relativa dos direitos e valores em conflito.[(65)] A lógica revogação é contrária à lógica de prevalência de determinado direito ou norma que, noutro contexto, pode não ocorrer.

Essa lógica é transmissível para o restante do ordenamento e deve nortear a solução de possíveis antinomias que envolvam os direitos sociais, sempre devendo ser considerado o valor social do trabalho e a necessidade de máxima efetivida-

---

(60) CRUZ, R. Naranjo de la. *Los límites de los derechos fundamentales en las relaciones entre particulares:* la buena fe. Madrid: Boletín Oficial del Estado y Centro de Estudios Políticos y Constitucionales, 2000. p. 129-160.
(61) ALEXY. *Teoría...*, cit., p. 288.
(62) SARMENTO, D. *A ponderação de interesses na Constituição Federal*. Rio de Janeiro: Lumen Juris, 2000. p. 87-90.
(63) *Teoría...*, cit., p. 112.
(64) CRUZ, R. Naranjo de la. *Los límites*.... p. 110.
(65) *Levando os direitos a sério*. Tradução N. Boeira. São Paulo: Martins Fontes, 2002. p. 42-46.

de dos direitos fundamentais. O papel da jurisprudência, particularmente a adoção de uma postura hermenêutica não somente conforme, mas, sobretudo, a partir da Constituição, afigura-se extremamente relevante para tal desiderato. O momento, com a ampliação da competência da Justiça do Trabalho, por meio da Emenda Constitucional n. 45/04, é mais que oportuno, na medida em que o Direito do Trabalho tende a uma retomada de contato com o tronco do qual se origina e, sem deixar de lado os traços que o particularizam e diferenciam, contribui à revalorização desse processo de interpretação a que desafia uma Carta Constitucional que se pretende adequada e atual.

5. Conclusões

O aspecto mais importante que relaciona os direitos sociais e a Constituição consiste na *jusfundamentalidade* a eles afirmada.

O reconhecimento dos direitos sociais como fundamentais importa numa posição privilegiada desses direitos no ordenamento jurídico, segundo a posição central da Carta Constitucional no ordenamento jurídico.

Não obstante essa centralidade, a concreção dos direitos fundamentais enfrenta alguns problemas, assim identificados:

O capítulo que trata dos direitos sociais na CRFB incorre num erro técnico: o da repetição do que já estava previsto na legislação ordinária, acentuadamente no que toca à regulamentação dos direitos individuais, com poucas alterações. Essa extensão da CRFB, muitas vezes, confere uma clara sensação de que o seu texto contém, no seu interior, direitos ou garantias postos para não se concretizarem, fruto de abjeto clientelismo, ou de uma generosidade rigorosamente falsa. O constituinte, em alguns casos, parece pressupor a impossibilidade da realização correspondente pelos mais diversos fatores sócio-jurídico-políticos. Com isto, revela-se uma dissonância entre a realidade fático-social e a realidade normativa.

Por outro lado, surge uma tendência ao significativo aumento de prestações a cargo do Estado no campo das relações de trabalho, especialmente no que se refere às individuais, ou contratuais, havendo, não raro, uma inércia dessa atividade estatal.

Salvo algumas exceções, houve, por parte da doutrina e da jurisprudência, uma postura condizente, em grande medida, com uma adaptação da Lei Maior à legislação preexistente, configurando-se, assim, uma recepção normativa às avessas.

Cria-se, com essa modalidade interpretativa incompleta, um mecanismo que se auto-alimenta no sentido de não abrir campo para uma nova perspectiva, que permita uma produção normativo-jurídica infraconstitucional mais ajustada aos novos valores contidos na Carta Magna.

Por outro lado, há sempre a possibilidade de descumprimento do comando constitucional mediante a utilização, no processo interpretativo, de valores alheios à Constituição.

Destarte, impõe-se a adoção de uma postura interpretativa do Direito do Trabalho tendo por referência primeira e estruturante do processo hermenêutico a Constituição, de modo que os direitos fundamentais sejam protegidos de ações indevidas dos poderes públicos — ainda que retoricamente praticadas em prol do interesse público — bem como materializados por meio de prestações positivas, de modo que alcancem a máxima efetividade que lhes assegura a Lei Maior.

Bibliografia

ALEXY, Robert. *Teoría de los derechos fundamentales.* Tradução ao espanhol de E. Garzón Valdes. Madrid: CES, 1997.

BARROS, Alice Monteiro de. *Curso de direito do trabalho.* São Paulo: LTr, 2006.

BARROSO, Luís Roberto. *O direito constitucional e a efetividade de suas normas.* Limites e possibilidades da Constituição brasileira. Rio de Janeiro: Renovar, 2001.

______. *Temas de direito constitucional.* Rio de Janeiro: Renovar, 2001.

BOBBIO, Norberto. *Teoría general del derecho.* Tradução ao espanhol de E. Rozo Acuña. Madri: Debate, 1998.

BONAVIDES, Paulo. *Curso de direito constitucional.* São Paulo: Malheiros, 1998.

BULOS, Uadi Lamêgo. *Mutação constitucional.* São Paulo: Saraiva, 1997.

CANOTILHO, José Joaquim Gomes. *Direito constitucional e teoria da Constituição.* Coimbra: Almedina, 1999.

COMPARATO, Fábio Konder. Réquiem para uma Constituição. In: LESBAUPIN, I. (org.). *O desmonte da nação.* Balanço do governo FHC. Petrópolis: Vozes, 1999.

CRUZ, Rafael Naranjo de La. *Los límites de los derechos fundamentales en las relaciones entre particulares:* la buena fe. Madri: Boletín Oficial del Estado y Centro de Estudios Políticos y Constitucionales, 2000.

DAL-RÉ, Fernando Valdés. Los derechos fundamentales de la persona del trabajador. In: *Libro de informes generales del XVII Congreso Mundial de Derecho del Trabajo y de la Seguridad Social.* Montevidéu, 2003.

DELGADO, Mauricio Godinho. Direitos fundamentais na relação de trabalho. *Revista LTr,* São Paulo, 70-06.

DINIZ, Maria Helena. *Norma constitucional e seus efeitos.* São Paulo: Saraiva, 2001.

DWORKIN, Ronald. *Levando os direitos a sério.* Tradução de N. Boeira. São Paulo: Martins Fontes, 2002.

ESCARTIN, Ignacio Garcia-Perrote. *Ley y autonomía colectiva.* Un estudio sobre la norma estatal y el convenio colectivo. Madri: MTSS, 1986.

FERRAJOLI, Luigi. *Los fundamentos de los derechos fundamentales.* P. P. Ibañez (trad.). Madri: Trotta, 2001.

GIGLIO, Wagner *apud* PINTO, José Augusto Rodrigues. *Direito sindical e coletivo do trabalho.* São Paulo: LTr, 1998.

GOYARD-FABRE, Simone. *Os fundamentos da ordem jurídica.* Tradução de Claudia Berliner. São Paulo: Martins Fontes, 2002.

GUERRA FILHO, Willis Santiago. Hermenêutica constitucional, direitos fundamentais e princípio da proporcionalidade. In: BOUCAULT, C. E.; RODRIGUEZ, J. R. (coords.). *Hermenêutica plural:* possibilidades jusfilosóficas em contextos imperfeitos. São Paulo: Martins Fontes, 2002.

GUERRERO, Manuel Medina. *La vinculación negativa del legislador a los derechos fundamentales.* Madri: McGraw-Hill, 1996.

KAHN-FREUND, Otto. *Trabajo y derecho.* Tradução ao espanhol de J. M. Galiana Moreno. Madri: Centro de Publicaciones Ministerio de Trabajo y Seguridad Social, 1987.

KELSEN, Hans. *Teoria pura do direito.* Tradução de João Baptista Machado. São Paulo: Martins Fontes, 2000.

LASSALLE, Ferdinand. *A essência da Constituição.* Rio de Janeiro: Lumen Juris, 1988.

MARTÍNEZ, Gregorio Peces-Barba. *Curso de derechos fundamentales.* Teoría general. Madri: BOE, 1995.

MENDES, Gilmar Ferreira. *Direitos fundamentais e controle de constitucionalidade.* 2. ed. São Paulo: Celso Bastos Editor. Instituto Brasileiro de Direito Constitucional, 1999.

MENDONÇA, Joseli Nunes. *Cenas da abolição:* escravos e senhores no parlamento e na justiça. São Paulo: Fundação Perseu Abramo, 2001.

MORAES, Alexandre. *Direito constitucional.* São Paulo: Atlas, 2007.

MOTA, Francisco Teixeira da. Justiça e cidadania. *Revista Crítica de Ciências Sociais,* Coimbra, n. 54, jun. 1999.

MIAILLE, Michel. Desordem, direito e ciência. Plúrima. *Revista da Faculdade de Direito da Universidade Federal Fluminense.* Porto Alegre: Síntese, v. 6, 2002 (Coleção Acadêmica de Direito, v. 24).

OLEA, Manuel Alonso e BAAMONDE, Maria Emilia Casas. *Derecho del trabajo.* 24. ed. Madri: Aranzadi, 2006.

RAWLS, John. *O liberalismo político.* São Paulo: Ática, 2000.

ROMITA, Arion Sayão. O poder normativo da Justiça do Trabalho: antinomias constitucionais. *Revista LTr,* São Paulo, 65-03.

SAGÜÉS, Néstor Pedro. *El tercer poder:* notas sobre el perfil político del Poder Judicial. Buenos Aires: Lexis Nexis, 2005.

SARLET, Ingo Wolfgang. *A eficácia dos direitos fundamentais.* Porto Alegre: Livraria do Advogado, 2001.

SARMENTO, Daniel. *A ponderação de interesses na Constituição Federal.* Rio de Janeiro: Lumen Juris, 2000.

SILVA, José Afonso da. *Curso de direito constitucional positivo.* São Paulo: Malheiros, 1993.

______ . *Aplicabilidade das normas constitucionais.* São Paulo: Malheiros, 1998.

SKIDMORE, Thomas. *Uma história do Brasil.* São Paulo: Paz e Terra, 2000.

SÜSSEKIND, Arnaldo. As relações individuais e coletivas de trabalho na reforma do Poder Judiciário. In: COUTINHO, G. F.; FAVA, M. N. (coords.). *Justiça do trabalho:* competência ampliada. São Paulo: LTr, 2005.

______ . *Direito constitucional do trabalho.* Rio de Janeiro: Renovar, 1999.

Os Direitos Constitucionais Trabalhistas

Arnaldo Süssekind(*)

1. Poder constituinte e cláusulas pétreas

Os direitos e garantias individuais elencados no art. 7º da nossa Carta Magna, entre os quais os de natureza tipicamente trabalhista, constituem cláusulas pétreas, e conseqüentemente, não podem ser modificados por emendas constitucionais, em prejuízo dos trabalhadores (art. 60, § 4º, n. IV da Constituição).

Como se sabe, o Poder Constituinte originário não se confunde com o derivado, que há de ser exercido estritamente nos termos permitidos pelo ordenamento jurídico fundamental; isto é, de acordo com os procedimentos, prazos, condições e limitações estabelecidos na delegação consubstanciada no texto original. Na advertência do eminente professor *Manuel Gonçalves Ferreira Filho*: "a mudança contra a Constituição é revolução, que somente o Poder já originário pode efetuar". E sublinha que, além das limitações circunstanciais e temporais, vigoram as materiais, que "excluem da mudança determinados pontos, os quais, assim intocáveis, se tornam o cerne fixo; o núcleo fundamental, as cláusulas pétreas da Constituição" (Poder constituinte e direito adquirido. In: *Revista de Direito Administrativo.* Rio de Janeiro: FGV-Renovar, 210/97. p. 3).

O Poder Constituinte originário se caracteriza pela ruptura da ordem jurídica anterior visando a implementar um novo ordenamento político-jurídico; o derivado objetiva a revisão do texto original ou a emenda de algumas das suas normas, não podendo, obviamente, exceder a autorização contida no texto genuíno que o instituiu.

Aliás, seria ilógico, senão paradoxal, que o Poder Constituinte originário facultasse a reforma das instituições que ele considerou fundamentais para a organização do estado de direito. Daí as limitações formais ou materiais explícitas ou implícitas, entre as quais estão as chamadas "cláusulas pétreas".

Como bem assinalou o ilustre desembargador *Fernando Luiz Ximenes Rocha*, "no afã de resguardar o princípio da dignidade da pessoa humana, o texto constitucional estabelece o primado dos direitos fundamentais, ao consagrar, em seus

(*) Ministro aposentado do Tribunal Superior do Trabalho. Membro Titular da Academia Brasileira de Letras e Membro da Asociación Iberoamericana de Derecho del Trabajo y de la Seguridad Social.

primeiros capítulos, um avançado elenco de direitos e garantias individuais, alçando-lhes ao patamar de cláusula pétrea, nos termos do art. 60, § 4º, inciso IV" (Direitos fundamentais na Constituição de 88. In: *Tribunal da magistratura.* 1998. p. 391). E, consoante assevera o douto professor cearence *Paulo Benevides*, "em obediência aos princípios fundamentais que emergem do Título II da Lei Maior, faz-se mister, em boa doutrina, interpretar a garantia dos direitos sociais como cláusula pétrea e matéria dos direitos sociais com cláusula pétrea e matéria que requer, ao mesmo passo, em entendimento adequado dos direitos e garantias individuais do art. 60" (*Curso de direito constitucional*. São Paulo: Malheiros, 1997. p. 594).

Cumpre ponderar, todavia, que, se os direitos e garantias individuais de índole social-trabalhista, constantes do art. 7º da *Lex Fundamentalis,* não podem ser abolidos por emenda constitucional, certo é que não será defeso ao Congresso nacional alterar a redação das respectivas normas, desde que não modifique a sua essência de forma a tornar inviável o exercício dos direitos ou a preservação das garantias constitucionais estatuídos no dispositivo emendado.

2. Fundamentais

Seguindo a tendência de dar aos tratados internacionais sobre direitos fundamentais do homem hierarquia superior à das leis ordinárias, o § 2º do art. 5° da Carta Magna de 88 preceituou que esses tratados, entre os quais se incluem as convenções da OIT, complementam o elenco de direitos fundamentais considerados cláusulas pétreas pelo § 4º do art. 60. Prescreve aquele parágrafo:

> "§ 2º Os direitos e garantias expressos nesta Constituição não excluem outros decorrentes do regime e dos princípios por ela adotados, ou dos tratados internacionais em que a República Federativa do Brasil seja parte.
>
> § 3º Os tratados e as convenções internacionais sobre direitos humanos que forem aprovados em cada Casa do Congresso Nacional, em dois turnos, por três quintos de votos dos respectivos membros, serão equivalentes às emendas constitucionais."

Como bem acentuou a douta *Flávia Piovesan,* "A Constituição assume expressamente o conteúdo dos direitos constantes dos tratados internacionais dos quais o Brasil é parte. Ainda que estes direitos não sejam enunciados sob forma de normas constitucionais, mas sob a forma de tratados internacionais, a Constituição lhes confere o valor jurídico de norma constitucional, já que preenchem e complementam o catálogo de direitos fundamentais previsto pelo texto constitucional" (*Direitos humanos e o direito constitucional internacional*. 2. ed. São Paulo: Max Limonad, 1997. p. 85).

O mesmo pensamento está explicitado pelos internacionalistas *Antonio Augusto Cançado Trindade* (*Proteção internacional dos direitos humanos*. São Paulo: Saraiva, 1991. p. 631/632) e *Priscila de Pádua Mourão* (*Revista Consulex* n. 26, Brasília, 1999. p. 39/40).Da mesma forma me pronunciei no trabalho atinente à inconstitucionalidade da Emenda Constitucional n. 20, de 1998, no que tange à limitação do pagamento do salário-maternidade pelo INSS, sendo que a Colenda Suprema Corte, por unanimidade, acolheu a ADIN n. 619/98, para declarar inexistente o limite.

3. Princípios e normas imutáveis

O emérito comentarista da Carta Magna, *Celso Ribeiro Bastos*, ponderou, com razão, que "se houve rigor em extrair-se as conseqüências implícitas de todos os artigos que explicitamente a Constituição encerra, certamente será possível emprestar força a um rol de direitos não expressos. É uma questão de coragem hermenêutica e de coerência com a aceitação dos princípios" (*Comentários à Constituição do Brasil*. São Paulo: Saraiva, 1989. v. II, p. 395).

O art. 1º da Constituição de 1988, ao enunciar os fundamentos da República Federativa do Brasil., referiu, como princípios imutáveis:

"III — a dignidade do ser humano;

IV — os valores sociais do trabalho."

Destarte, os instrumentos normativos que incidem sobre as relações de trabalho devem visar, sempre que pertinente, à prevalência dos valores sociais do trabalho. E dignidade do trabalhador, como ser humano, deve ter profunda ressonância na interpretação e aplicação das normas legais e das condições contratuais de trabalho. O respeito à dignidade do trabalhador se insere na categoria dos direitos que *Pontes de Miranda* denomina de supraestatais e que a Igreja Católica inclui no elenco dos direitos naturais, cuja observância não deve depender da vigência de tratados internacionais ou leis nacionais. No Brasil, ele está expresso na Lei Maior, tal como na Constituição alemã do pós-guerra, ao afirmar, logo no seu art. 1º, que "a dignidade do homem é inviolável" preceito que levou os intérpretes a concluírem pela inconstitucionalidade de disposição legal ou ato administrativo que o afrontar.

Por conseguinte, além da inderrogabilidade das normas constitucionais referente aos direitos e garantias individuais de caráter fundamental e das que as complementam, inseridas em tratados ratificados pelo Brasil, o poder constituinte derivado também não poderá abolir, ou modificar em sua essência, os princípios constitucionais alusivos aos direitos humanos, explicitados ou deduzidos do texto originário.

Relevante é que nossos magistrados não interpretem as normas constitucionais em função da lei ordinária, porquanto a Lei Suprema é que deve servir de guia para a interpretação e aplicação dos demais preceitos do ordenamento jurídico. Não fora a hierarquia dos direitos assegurados aos trabalhadores, sob o prisma individual na categoria "Dos Direitos e Garantias Fundamentais" (Título II da Constituição), o que os insere no plano das *Cláusulas Pétreas* (art. 60, § 4º, n. IV, da Constituição), e, certamente os neoliberais já teriam tentado extinguir, ou reduzir certos direitos.

4. Direito sindical

O art. 8º da Constituição, ao tratar da organização sindical, impõe a unicidade de representação de categoria profissional ou econômica, em qualquer grau, não podendo ser inferior à área do Município.

Reproduz, portanto, surpreendentemente o preceituado no art. 138 da Carta Constitucional de 1937.

Destarte, a reforma do precitado artigo é, na verdade, pressuposto fundamental para a atualização da legislação trabalhista, a qual deve ser feita com o objetivo de facultar aos instrumentos da negociação coletiva a flexibilização de condições de trabalho ajustadas *extra* ou *ultra legis*, isto é, sem, violar as normas de ordem pública que caracterizam o nosso sistema legal de proteção aos trabalhadores. Mas o êxito da negociação coletiva depende da participação de sindicatos com expressiva representação da categoria ou da profissão. E, entre os 18 mil sindicatos, a grande maioria é inexpressiva, aproximando-se do denominado "sindicato de carimbo".

A Assembléia Constituinte, que elaborou a Carta Política de 1988, apesar de ter cantado em prosa e verso que asseguraria a liberdade sindical, na verdade a violou, seja ao impor o monopólio de representação sindical e impedir a estruturação do sindicato conforme a vontade do grupo de trabalhadores ou de empresários, seja ao obrigar os não associados a contribuir para a associação representativa de sua categoria. A autonomia sindical — esta sim — foi assegurada pelo art. 8º, I. Acontece que o monopólio de representação, a partir da orientação desde então adotada pelo Ministério do Trabalho, tem favorecido a exagerada divisão das categorias profissionais.

O desmembramento de categoria é regido pelo art. 571 da CLT, restrito à hipótese do parágrafo único do art. 570, mas, paradoxalmente, tem sido admitido o registro de sindicatos representando pequenas parcelas da categoria.

Desde 1970 tenho me pronunciado em favor da liberdade sindical, na conformidade da Convenção n. 87, da OIT. (Genebra, 1948) e do Pacto Internacional dos Direitos Econômicos, Sociais e Culturais da ONU (Nova York, 1966):

a) *liberdade sindical coletiva*, que corresponde ao direito dos grupos de empresários e de trabalhadores, vinculados por uma atividade comum, similar ou conexa, de constituir o sindicato de sua escolha, com a estruturação que lhes convier;

b) *liberdade sindical individual*, que é o direito de cada trabalhador ou empresário de filiar-se, ou não, ao sindicato de sua preferência, representativo do grupo a que pertence, e dele desligar-se;

c) *autonomia sindical*, que concerne à liberdade de organização interna e de funcionamento da associação sindical e, bem assim, à faculdade de constituir federações e confederações ou de filiar-se às já existentes, visando sempre aos fins que fundamentam sua instituição.

A recente Lei n. 11.648, de 31 de março de 2008, a meu ver, vulnera o art. 8º da Constituição, eis que permite a pluralidade de Centrais Sindicais, apesar desse dispositivo constitucional exigir unidade de representação em qualquer grau (inciso II do art. cit).

O monopólio de representação sindical, justificável nas décadas de 30 e 40, quando a economia brasileira era preponderantemente agrícola, não mais se justifica. Hoje existem cerca de 18 mil sindicatos. A grande maioria inexpressiva, constituída apenas para gerar a estabilidade no emprego dos seus dirigentes e a percepção das contribuições compulsórias, tal como estatuído no precitado comando constitucional. Demais disto, as centrais sindicais, que dirigem, na realidade, o movimento sindical brasileiro, não são consideradas entidades sindicais pela Constituição vigente. A liberdade sindical coletiva, com proteção aos dirigentes estipulada em convenção coletiva, aglutinará os sindicatos e fortalecerá sua representatividade.

A contribuição sindical compulsória, mais conhecida como imposto sindical, deveria ser substituída pela "quota de Solidariedade", que já é praticada, dentre outros países, pela Argentina, Colômbia, Espanha, Grécia e Reino Unido. Como escrevi alhures, o Comitê de Liberdade Sindical da OIT admite a estipulação de uma quota de solidariedade, ou cânon de participação, na convenção coletiva ajustada pelo sindicato como decorrência da aplicação *erga omnes* das vantagens estabelecidas no instrumento coletivo, negociado ou arbitrado, a ser paga exclusivamente pelos não-associados do sindicato único ou do mais representativo, que foi parte no referido instrumento.

Conseqüentemente, a reforma do art. 8º é o passo fundamental para a atualização do nosso sistema legal sobre relações de trabalho.

A Constituição do Trabalho

Edilton Meireles(*)

1. A Constituição do Trabalho

1.1. Definição

É sabido que a Constituição é una e indivisível. Suas regras e princípios formam um único corpo legislativo, que deve ser aplicado e interpretado de forma a não guardar qualquer divergência ou prevalência entre os diversos temas ou ramos do direito nela tratados.

Tal lição, no entanto, não impede, ao menos para fins didáticos ou de estudo, separar no texto constitucional as regras e princípios que regem determinado aspecto de nossa vida, agrupando-os por ramos do direito. Assim é que se pode falar em uma Constituição econômica, cultural, social ou do trabalho, por exemplo[(1)].

Na doutrina, por exemplo, encontramos diversos exemplos de definição da Constituição econômica. *José Afonso da Silva,* no Brasil, define a constituição formal econômica como a "parte da Constituição Federal que contém os que legitimam a atuação dos sujeitos econômicos, o conteúdo e limites desses direitos e a responsabilidade que comporta o exercício da atividade econômica"[(2)].

Vital Moreira, por sua vez, em Portugal, conceitua a Constituição econômica como

> "o conjunto de preceitos e instituições jurídicas que, garantindo os elementos definidores de um determinado sistema econômico, instituem uma determinada forma de organização e funcionamento da economia e constituem, por isso mesmo, uma determinada ordem econômica; ou, de outro modo, aquelas normas ou instituições jurídicas que, dentro de um determinado sistema e forma econômicos, que garantem e (ou) instauram, realizam uma determinada ordem econômica concreta"[(3)].

(*) Juiz do Trabalho atuando na 34ª Vara do Trabalho de Salvador, no TRT da 5ª Região. Doutor em Direito (PUC/SP). Professor Pesquisador da UCSal. Professor colaborador no Mestrado em Direito da UFBA. Autor de diversos livros jurídicos.

(1) CANOTILHO, J. J. Gomes. *Direito constitucional e teoria da constituição.* 5. ed., p. 344-347.

(2) *Curso de direito constitucional positivo.* 21. ed., p. 767.

(3) *Economia e Constituição:* para o conceito de constituição econômica. 2. ed., p. 41.

Poucos doutrinadores, entretanto, mesmo dentre os trabalhistas, ousaram apontar um conceito da Constituição do Trabalho. A esse tema sempre foi dada pouca importância.

José Afonso da Silva, por exemplo, enquanto constitucionalista, preocupou-se em definir o conceito de constituição econômica, mas ao tratar dos direitos sociais do trabalho passou ao largo dessa questão(4). Outros cuidam da constitucionalização da economia, desprezando esse mesmo fenômeno na área trabalhista(5).

Dentre os doutrinadores trabalhistas brasileiros, desconhecemos aquele que tenha procurado sistematizar o Direito do Trabalho a partir do conceito de Constituição do Trabalho, de forma a analisar e aplicar suas regras e princípios a partir do que está contido na Constituição.

Diverso, no entanto, tem sido a literatura alienígena. Não de hoje, doutrinadores italianos, portugueses e espanhóis, sem falar nos alemães, procurando delinear a Constituição do Trabalho.

Sinzheimer, por exemplo, à luz da Constituição de Weimar, conceituou a Constituição do Trabalho como "o ordenamento que chama os trabalhadores a co-exercitar, nos limites estabelecidos pela lei e pelos acordos, os direitos primeiramente pertencentes exclusivamente ao empregador"(6).

Interessante notar que, neste conceito, o autor faz um paralelo entre a limitação do poder do empregador e o do monarca absoluto. A Constituição do Estado limitou o exercício do poder do monarca absoluto por intermédio do parlamento popular, assim como a Constituição do Trabalho limita o poder do empregador por meio de contra-poderes sociais, que seriam exercidos pelos sindicatos ou por meio da co-gestão.

Tal conceito, no entanto, peca por admitir, implicitamente, que o poder do empregador seria algo natural, legitimado por graça divina, em face da sacralização dos meios de produção. Tal conceito, no entanto, como bem percebido por *Thilo Ramm*, chama a atenção para um aspecto que não pode passar despercebido, qual seja, que a Constituição do Trabalho, ocupasse de uma relação de tensão entre o direito e o poder, "da modificação do poder por obra do direito e da falência do direito em face do poder"(7).

Thilo Ramm, entretanto, positivamente, incluiu no conceito de Constituição do Trabalho, as regras que cuidam das associações de trabalhadores e empregadores, os conselhos da empresa e de pessoal, o legislador, o poder executivo, o poder judiciário, o empregador e os trabalhadores, bem como os colaboradores, os representantes de pessoas jurídicas, os familiares cooperantes e, sobretudo, os servido-

(4) *Op. cit.*, p. 284-305 e 767.
(5) ARAÚJO, Luiz Alberto David; NUNES JÚNIOR, Vidal Serrano. *Curso de direito constitucional*, p. 205-215 e 449-450.
(6) *Apud* RAMM, Thilo. *Per una storia della costituzione del lavoro tedesca*, p. 130/131. Tradução livre do autor.
(7) *Ibidem*, p. 133. Tradução livre do autor.

res públicos, já que, independentemente da posição jurídica destes últimos, "um dos pilares da Constituição do Trabalho na República Federal [alemã] é constituído pela proibição de greve nos serviços essenciais"(8).

Esse doutrinador alemão, porém, conclui que o conceito de Constituição do Trabalho deve juntar os fatores jurídicos e reais que determinam a relação de trabalho, nos seus três níveis, quais sejam, singular, entre trabalhador e empregador, empresarial, entre empregador e seus empregados, e supra-empresarial, entre associações sindicais. "Trata-se, assim, de um quadro complexo, não só constituído de normas jurídicas"(9), de modo que o conceito jurídico deve ser completado com a valorização do peso real da norma jurídica, isto é, da força factual da norma. É preciso levar em conta a força normativa dos fatos(10).

Sempre à luz do direito alemão, *Franz L. Neumann* também destaca que o objeto da Constituição do Trabalho "é a disciplina, vale dizer, a limitação do poder de direção do proprietário sobre os trabalhadores"(11). Isso se constata na Constituição alemã quando se verifica, na sua segunda parte, que o trabalhador é, antes de tudo, tutelado contra os abusos do poder de direção. O empregador, ainda, tem seus poderes limitados com os conselhos de empresas e, por fim, pela existência dos sindicatos(12).

Esse Autor destaca, ainda, que a Constituição do Trabalho não se funda apenas na idéia formal da igualdade. Ao contrário, tutela o trabalhador para promover sua emancipação, numa verdadeira discriminação positiva fixada pelo legislador(13).

Em Portugal esse tema também tem sido uma preocupação dos doutrinadores trabalhistas. Além de *J. J. Canotilho Gomes*, que faz referência a Constituição Laboral(14), temos as lições de *José Barros Moura*, que a define como o "conjunto das disposições constitucionais unificadas por terem como referência comum o trabalho ou os trabalhadores"(15).

É bem verdade, no entanto, que aqueles que se debruçam sobre o direito constitucional do trabalho em Portugal pouco se dedicam a definir seu conceito(16).

O mesmo tem ocorrido dentre os doutrinadores espanhóis e italianos, pois, conquanto se dediquem ao estudo da Constituição do Trabalho, eles não se preocupam em apontar seu conceito.

---

(8) *Ibidem*, p. 132. Tradução livre do autor.
(9) *Ibidem*, p. 154. Tradução livre do autor.
(10) *Ibidem*, p. 154.
(11) *Il diritto del lavoro fra democracia e dittadura.* Bolonha: Mulino, 1983. p. 137. Tradução livre do Autor.
(12) NEUMANN, Franz L. *Op. cit.*, p. 137. Tradução livre do Autor.
(13) *Idem.*
(14) *Op. cit.*, p. 344-345.
(15) A *Constituição portuguesa e os trabalhadores* — da revolução à integração na *CEE*, p. 820.
(16) Podemos citar ABRANTES, José João. In: *Contrato de trabalho e direitos fundamentais.* Coimbra: Coimbra, 2005; CAUPERS, João. In: *Os direitos fundamentais dos trabalhadores e a constituição.* Coimbra: Almedina, 1985; e GOUVEIA, Jorge Bacelar. *O código do trabalho e a Constituição portuguesa.* Lisboa: O Espírito das Leis, 2003.

Sem fugir a essa tarefa, preferimos, então, de forma resumida, conceituar a Constituição do Trabalho como o conjunto de regras e princípios constitucionais relativos ao trabalho. Não limitamos o seu objeto às relações de trabalho, pois, mais do que isso, a Constituição busca tratar do trabalho humano, ainda que não assalariado ou que não seja produto de uma relação jurídica.

Isso não implica, no entanto, em afirmar que devemos estudar a Constituição do Trabalho em face de todos os destinatários dessas normas. Óbvio, entretanto, que, no estudo dessas regras e princípios, o estudioso há de levar e conta os fatores reais, isto é, "a força normativa dos fatos"[(17)].

Outrossim, a identificação desse conjunto de regras e princípios que regem o trabalho é de suma importância nas constituições sociais. Isso porque, "quando o Estado social articula sua definição e atuação sobre a integração do conflito social, a Constituição do Trabalho constitui o núcleo de sua constituição material"[(18)].

Como veremos adiante, o Estado social, em verdade, está umbilicalmente vinculado à proteção do trabalho. Neste sentido, a "Constituição do Trabalho não pode ser tratada simplesmente como o estudo das normas constitucionais de um setor do ordenamento, senão como o elemento nuclear caracterizador do projeto constitucional do Estado social"[(19)].

É preciso, no entanto, deixar claro que a Constituição do Trabalho, assim como a econômica, a social, etc., "não constituem realidades autônomas dentro de uma constituição, devendo sempre interpretar-se no contexto geral da constituição"[(20)].

O estudo da Constituição do Trabalho tem por finalidade dar realce aos princípios e regras informadoras das normas que regem o trabalho. Ela, no entanto, é uma parte da Constituição, desta não se separando ou mesmo prevalecendo sobre as demais constituições (econômica, social, cultural, etc.). Isto porque não pode haver conflitos entre os princípios estabelecidos pela Constituição do Trabalho e os adotados pela Constituição como um todo, pois, como dito, essa é una e indivisível.

Aliás, pode-se afirmar que a Constituição do Trabalho não deixa de ser uma parte da constituição econômica, bem como da Constituição social[(21)].

Do texto constitucional brasileiro, no entanto, extrai-se que o constituinte erigiu o trabalho (a valorização social do trabalho), o emprego, os direitos dos trabalhadores, a participação dos trabalhadores na gestão da empresa, etc, como elementos constitutivos "da própria ordem constitucional global e em instrumentos privilegiados de realização do princípio da democracia econômica e social"[(22)].

---

(17) RAMM, Thilo. *Op. cit.*, p. 154.
(18) BUELGA, Gonzalo Maestro. *La constitución del trabajo en el Estado Social*, p. 6. Tradução livre do Autor.
(19) *Idem.*
(20) CANOTILHO, J. J. Gomes. *Op. cit.*, p. 344, nota de rodapé 22.
(21) RAMM, Thilo. *Op. cit.*, p. 163-169.
(22) CANOTILHO, J. J. Gomes. *Op. cit.*, p. 345.

1.2. O Direito do Trabalho nas principais constituições européias

Neste primeiro capítulo não poderíamos deixar de fazer menção ao tratamento dispensado ao trabalho pelas principais Constituições européias.

Tal estudo, por sua vez, nos serve como revelação da importância desse tema nas Cartas Constitucionais, especialmente as mais recentes, e seu papel no desenvolvimento do constitucionalismo social.

1.2.1. Na Constituição italiana

Das mais relevantes Constituições européias, aquela que dá maior destaque e relevo ao trabalho é a Constituição Italiana. Isso porque, logo em seu primeiro artigo, ela dispõe que "A Itália é uma República Democrática fundada no trabalho".

Já em seu art. 4º, n. 1, estabelece que "a República reconhece a todos os cidadãos o direito ao trabalho e promove as condições para tornar efetivo este direito".

Editada em 1947, encontramos na Constituição italiana, em seus arts. 35 a 43, no Título que cuida das Relações Econômicas, diversas disposições que tratam:

- da proteção do trabalho;
- da formação e da elevação profissional dos trabalhadores;
- da promoção das organizações internacionais empenhadas em afirmar e disciplinar os direitos do trabalho;
- de assegurar ao trabalhador direito a uma retribuição proporcional à quantidade e qualidade do seu trabalho, que seja suficiente para garantir para si e para a sua família uma existência livre e digna;
- do direito ao repouso semanal e às férias anuais remuneradas, não podendo renunciar às mesmas;
- da igualdade da mulher trabalhadora, dispondo que as condições de trabalho devem consentir o cumprimento de sua essencial função familiar e assegurar à mãe e à criança uma especial e adequada proteção;
- da proteção do trabalho do menor;
- da proteção de todo cidadão impossibilitado de trabalhar e desprovido dos recursos necessários para viver;
- da proteção no desemprego;
- da proteção dos deficientes e incapacitados;
- da liberdade sindical; e,
- do direito de greve.

1.2.2. Na Constituição francesa

A Constituição francesa em si pouco se refere ao trabalho, conquanto, a partir da definição da República como democrática e social, possa-se alcançar, por meio dos princípios, as regras de proteção do labor.

Contudo, tendo em vista o bloco de constitucionalidade, ou seja, o conjunto de regras que compõem o arcabouço constitucional da República francesa (preâmbulo da Constituição de 1946, A Declaração dos Direitos do Homem e do Cidadão de 1789, a Constituição de 1958 e a Declaração do Meio ambiente de 2004)[23], temos diversas referências ao Direito do Trabalho.

Assim é que o Preâmbulo da Constituição de 1946 faz referência ao dever de trabalhar e ao direito ao trabalho, ao princípio da igualdade no trabalho, à liberdade sindical, ao direito de greve e de participação na gestão da empresa.

1.2.3. Na Constituição alemã

Já a Constituição alemã faz referência à liberdade sindical, ao reconhecimento da negociação coletiva (art. 9º, n. 3) e à liberdade de profissão e proibição do trabalho forçado (art. 12). Dispõe, ainda, sobre a competência legislativa para dispor sobre o Direito do Trabalho e a proteção dos trabalhadores e do emprego (art. 74, n. 12).

1.2.4. Na Constituição espanhola

A Constituição espanhola, no entanto, foi mais pródiga ao tratar do Direito do Trabalho.

Assim é que ela trata da liberdade sindical (arts. 7º e 28), do direito de greve (art. 28, n. 2), da contratação coletiva (art. 28) e do dever e do direito ao trabalho, da liberdade de profissão, de uma remuneração mínima, da não-discriminação (art. 35, n. 1).

1.2.5. Constituição portuguesa

Já mais recente, a Constituição portuguesa, numa tendência de consagrar no texto constitucional mais especificamente os direitos dos trabalhadores, deu maior importância ao Direito do Trabalho.

Assim é que ela cuida da liberdade de escolha da profissão (art. 47, n. 1), bem como, no Título que cuida dos direitos, liberdades e garantias dos trabalhadores (arts. 53 a 57):

- da segurança no emprego, sendo proibidos os despedimentos sem justa causa ou por motivos políticos ou ideológicos;

---

(23) JEAMMAUD, Antoine. *El derecho constitucional en las relaciones de trabajo en Francia*, p. 86-87.

- das comissões de trabalhadores para defesa dos seus interesses e intervenção democrática na vida da empresa;
- da liberdade sindical;
- da contratação coletiva;
- do direito de greve; e
- da proibição do *lock-out*.

A Constituição lusitana, ainda, assegura a participação dos trabalhadores na gestão pública (art. 90), prevê a participação dos trabalhadores no Conselho Econômico e Social (art. 95, n. 2), submete a política agrícola à melhoria das condições sociais dos trabalhadores (art. 96, n. 1, *b*) e estabelece auxílio à constituição de cooperativas de trabalho (art. 100, n. 2, *d*).

2. O trabalho na Constituição

2.1. Introdução

De suma importância para o desenvolvimento do estudo do Direito Constitucional do Trabalho é a identificação do valor trabalho no contexto constitucional.

Esclarecido esse ponto, cumpre identificar, no corpo constitucional, quem são os destinatários das normas constitucional-trabalhistas e quais são as suas principais características.

2.2. O trabalho como instrumento de implantação do estado social

A Constituição Brasileira de 1988 se apresentou como produto das forças políticas que a formularam, sendo ela portadora de um projeto que consagrou a ruptura com a ordem anterior. Neste caminho, a Constituição de 1988, como instrumento transformador, buscou romper com o nosso passado autoritário e com a ordem econômica liberal. E essa ruptura fica bem clara nos arts. 1º e 3º da CF.

A ruptura com o passado autoritário se concretizou com a fundação do Estado Democrático de Direito (art. 1º da CF), fundado na cidadania e no pluralismo político (incisos II e V do art. 1º), tendo como um dos objetivos fundamentais a criação de uma sociedade livre e promotora do bem de todos sem qualquer distinção (incisos I e IV do art. 3º da CF).

Para concretizar o projeto de Estado Democrático de Direito, o constituinte, então, destacou os seus valores fundamentais: a liberdade e a igualdade, elevando-os ao grau mais alto de proteção, como instrumentos de concretização da democracia representativa.

Mas ao lado do Estado Democrático de Direito, o constituinte, rompendo com nosso passado mais liberal do que social, adotou, sem margem de dúvida, o Estado Social. Daí porque a República Brasileira está fundada na dignidade da pessoa humana, nos valores sociais do trabalho e da livre iniciativa (incisos II e IV do art. 1º). E por conta da criação desse Estado Social é que a nossa República tem como objetivos fundamentais a construção de uma sociedade, além de livre, justa e solidária, que busca o desenvolvimento nacional, a erradicação da pobreza e da marginalização, a redução das desigualdades sociais e regionais e a promoção do bem de todos, sem discriminação (incisos I a IV do art. 3º da CF).

Daí porque, conforme preâmbulo da Constituição de 1988, foi dito que esta era fruto da vontade dos

> "representantes do povo brasileiro, reunidos em Assembléia Nacional Constituinte para instituir um Estado Democrático, destinado a assegurar o exercício dos direitos sociais e individuais, a liberdade, a segurança, o bem-estar, o desenvolvimento, a igualdade e a justiça como valores supremos de uma sociedade fraterna, pluralista e sem preconceitos, fundada na harmonia social e comprometida, na ordem interna e internacional, com a solução pacífica das controvérsias".

Mas, no campo social, para superação do *status quo* anterior e concretização do verdadeiro Estado Social, em sua fórmula substancial, o constituinte escolheu o trabalho como instrumento de transformação, elevando-o a valor relevante na nova ordem social. Isso porque, para se alcançar uma nova homogeneidade social, o trabalho é o instrumento de mobilidade social, pois por meio dele se promove uma maior e eqüitativa distribuição dos bens e rendas entre as diversas classes(24).

Partiu, pois, o constituinte do pressuposto de que a nossa sociedade está dividida em classes e que, apesar de impossível de serem unificadas numa sociedade capitalista, cabe ao Direito, numa democracia assente no pluralismo político, atuar para tornar menor a disparidade econômico-social entre os seus membros. Daí porque, ao lado de impor à satisfação da função social à propriedade e à liberdade econômica (valor social da livre iniciativa, inciso IV do art. 1º da CF), o constituinte, avançando, destacou, em vários dispositivos da Constituição, o trabalho como instrumento de homogeneidade social, inclusive assegurando, em contraponto ao poder empresarial, o direito de greve e da negociação coletiva. Tudo isso para, observada a tensão dialética e por meio de regras democráticas, alcançar a democracia econômica e social(25).

Tal premissa, aliás, está no seio da própria criação do Estado Social. Realmente, não se pode perder de vista que "o Direito do Trabalho foi parte fundamental na definição desta tarefa e também na motivação daquela transformação do Estado Liberal para o Estado Social"(26).

Como lembrado por *Antonio Baldassarre*, "não é casual, portanto, que este direito é reconhecido universalmente como o 'centro e arquétipo' dos direitos sociais ou como 'princípio diretivo do Estado Social', mas, ao mesmo tempo, se

(24) BUELGA, Gonzalo Maestro. *Op. cit.*, p. 53.
(25) MOURA, José Barros. *A Constituição portuguesa e os trabalhadores* – da revolução à integração na CEE, p. 814.
(26) GOUVEIA, Jorge Bacelar. *O código do trabalho e a constituição portuguesa*, p. 22.

considere também como o mais controvertido e ruidoso dos direitos *sociais*"[27], ainda que não tenha sido o único que inspirou a nova ordem constitucional-social[28].

O Estado Social, assim, ao mesmo tempo em que foi influenciado pelo Direito do Trabalho, passa a cumprir a função de inserir os trabalhadores no quadro político-institucional do novo sistema constitucional estabelecido[29]. E o faz, não como quem quer proteger os trabalhadores enquanto tais, mas, sim, em benefício dos trabalhadores enquanto cidadãos, isto é, indivíduos portadores de direitos fundamentais.

Há, pois, *uma* "conexão ideológica entre o conceito de Estado de Direito democrático e social com as demandas próprias do movimento obreiro"[30]. O trabalho, desse modo, sem dúvida, exerce papel destacado na formação e implantação do Estado Social. É uma "peça chave do sistema político do Estado social"[31].

Essa assertiva, por sua vez, é facilmente comprovada quando se constata que a nossa República também tem fundamento no valor social do trabalho (inciso IV do art. 1º da CF).

É certo, porém, que a conclusão acima poderia ser desmentida com a lembrança, por exemplo, que o valor social da livre iniciativa também fundamenta a República (inciso IV do art. 1º da CF). Mas a nossa assertiva se reforça, no entanto, quando verificamos que a nossa Ordem Econômica está fundada na valorização do trabalho humano (art. 170 da CF) – como também na livre iniciativa, é bem verdade —, e que a Ordem Social "tem como base o primado do trabalho" (art. 193 da CF).

Tais dispositivos consagram, sem dúvida, o trabalho como o instrumento transformador do Estado Liberal para o Social, pois, ele não só atua como um dos fundamentos da nossa República, como condiciona a nossa Ordem Econômica (que também se pauta na valorização do trabalho humano) e constitui a base de nossa Ordem Social.

Observa-se, ainda, nesse projeto de criação do Estado Democrático e Social de Direito, que a Constituição procurou dar destaque aos seus valores básicos logo no seu Título II. Assim é que, para implantação do Estado Democrático, dispôs sobre suas garantias nos arts. 5º e 12 a 17. Já para a implantação do Estado Social, regulou as garantias do trabalho, preponderantemente, nos arts 7º a 11.

2.3. Garantias do trabalho na Constituição brasileira

Como dito, da leitura do nosso texto constitucional verificamos que o constituinte quis valorar o trabalho como instrumento de concretização do Estado Social.

---

(27) *Los derechos sociales*, p. 98. Tradução livre do autor.
(28) PÉREZ, José Luis Monero. *Fundamentos doctrinales del derecho social en España*, p. 193.
(29) *Idem. Derechos sociales de la ciudadania y ordenamiento laboral*, p. 144.
(30) MORENO, Beatriz González. *El estado social.* Natureza jurídica y estructura de los derechos sociales, p. 39.
(31) PÉREZ, José Luis Monero. *Derechos sociales de la ciudadania y ordenamiento laborala*, p. 1117. Tradução livre do Autor.

Para tanto, o constituinte estabeleceu um sistema de garantias. E são essas garantias que também bem relevam o destaque dado ao valor trabalho.

A partir das lições difundidas por *Gonzalo Maestro Buelga*[32], podemos separar essas garantias em vários grupos[33].

No primeiro grupo de garantias, o constituinte tutelou diretamente o trabalho, assegurando aos seus principais sujeitos os direitos trabalhistas fundamentais, individuais e coletivos, bem como formulando princípios protecionistas. Assim é que temos o art. 7º da CF, com seu elenco de direitos constitucionais trabalhistas, fundado no princípio da proteção e da vedação do retrocesso social (*caput* do art. 7º).

A constitucionalização desses direitos, de caráter muito mais individuais, busca re-equilibrar o ordenamento, já que antes baseada mais em regras ou princípios liberais, ao lado de dar uma maior integração política aos trabalhadores, inserindo-os sobremaneira na ordem constitucional.

No segundo grupo estão as garantias de proteção social, num processo de integração socioeconômica dos trabalhadores. É neste sentido que temos as garantias de formação de uma política agrícola que assegure a habitação ao trabalhador rural (inciso VIII do art. 187), as ações de proteção à saúde do trabalhador (inciso II do art. 200), a proteção do meio ambiente do trabalho (inciso VIII do art. 200), a proteção do trabalhador em desemprego involuntário (inciso III do art. 201), a promoção da integração dos necessitados ao mercado de trabalho (inciso III do art. 203), a política de educação com formação para o trabalho (inciso IV do art. 214), a proteção do menor trabalhador (incisos I a III do § 3º do art. 227), além da proteção dada pela previdência social, entre outras.

Já num terceiro grupo podemos incluir diversas outras garantias, mais diversificadas e heterogêneas, mas que relacionam o trabalho como instrumento de implantação do Estado Social.

Neste último grupo, teríamos num primeiro subgrupo as regras que limitam as classes econômicas, ao lado de estabelecer garantias a favor do trabalho por meio de normas que impõem um re-equilíbrio de forças entre as classes antagônicas (capitalistas e trabalhadores).

Aqui teríamos, então, as regras que impõem uma função social à propriedade, a desapropriação por descumprimento da função social quando não observadas as disposições que regulam as relações de trabalho (inciso II do art. 186), a que agrega à instituição da livre iniciativa o seu valor social (inciso IV do art. 1º) e as que limitam a atuação do poder econômico, como, por exemplo, aquela que submete a ordem econômica à "busca do pleno emprego" (inciso VIII do art. 170).

---

(32) *Op. cit.*, p. 50 e ss.

(33) Aqui estou excluindo as garantias positivas que devem ser prestadas pelo Estado para proteger o trabalho, seja por meio de uma ação fiscalizadora da aplicação da lei, seja pela criação de regras infraconstitucionais para implantação do valor trabalho, seja pela atuação do Poder Judiciário.

Num segundo subgrupo podemos incluir as garantias que permitem uma maior manifestação do poder do trabalho. Assim é que se firmou a garantia da liberdade sindical, ainda que mitigada pela unicidade sindical, e o direito de greve (arts. 8º e 9º da CF).

Aqui, quis o constituinte dar expressão política ao trabalho, colocando os trabalhadores e as entidades sindicais como sujeitos políticos co-partícipes do processo de democratização e de socialização do Estado Brasileiro.

Ao assegurar o amplo direito de greve, conferiu aos trabalhadores um instrumento de autotutela do trabalho. Criou um instrumento de real inserção do trabalho no sistema político, assegurando, ainda, aos trabalhadores, um meio eficaz de interferência no âmbito econômico-empresarial, ao lhe conferir um maior poder de negociação.

Por fim, num terceiro subgrupo, colocamos as garantias de negociação coletiva (inciso XXVI do art. 7º da CF e inciso VI do art. 8º da CF) e de inserção dos trabalhadores na gestão da empresa (inciso XI do art. 7º da CF).

A negociação coletiva atua como o instrumento constitucional "de integração econômica mais importante, pois através dela se opera a distribuição da renda no âmbito do mercado"[(34)]. Serve de instrumento, em suma, de re-equilíbrio do poder social sobre o mercado, conectado ao direito de greve[(35)].

Já com a co-gestão, o trabalhadores vão atuar diretamente no seio da classe econômica. É meio, pois, de concretização do Estado Social em seu aspecto substancial.

É certo, porém, que por meio de outras classificações também verificamos o destaque dado pelo legislador constitucional ao trabalho. E é interessante pelo menos a citação de uma delas, pois pela mesma verificamos o realce constitucional dado ao valor trabalho ou como ele sujeitou o constituinte em sua tarefa criadora da nossa norma fundamental.

Ressaltamos, no entanto, que a inclusão de uma regra ou princípio numa determinada categoria não exclui a possibilidade da mesma se enquadrar em outra, já que, às vezes, a garantia constitucional tem diversas finalidades ou busca a satisfação de vários interesses.

Assim, verificamos no texto constitucional regras relacionadas ao trabalho que a) cuidam dos direitos fundamentais de liberdade públicas, b) dos direitos do cidadão, c) dos direitos específicos dos trabalhadores, d) dos direitos de defesa, e) as normas que condicionam a política socioeconômica e, por fim, f) as regras de organização do Estado.

a) Direitos fundamentais de liberdades públicas

Dentre os direitos fundamentais de liberdades públicas relacionados com o trabalho temos assegurados na Constituição a liberdade sindical (art. 8º), ainda

(34) BUELGA, Gonzalo Maestro. *Op. cit.*, p. 50. Tradução livre do autor.
(35) *Idem.*

que mitigada, o direito de greve (art. 9º) e a liberdade de escolha do trabalho, da profissão ou do ofício (inciso XII do art. 5º).

b) Direitos do cidadão vinculados ao trabalho

No rol dos direitos do cidadão vinculados diretamente com o trabalho, verificamos que a Constituição contém normas expressas de igualdade de tratamento (incisos XXX, XXXI e XXXII do art. 7º, incisos X e XI do art. 37, inciso II do art. 173), o que bem revela sua preocupação neste campo, pois a simples regra geral (*caput* do art. 5º) já seria suficiente, conquanto destaque a preferência de contratação de trabalhador nacional na execução de produções nas emissoras de rádio e televisão (§ 3º do art. 222).

Mas a Constituição Laboral não se preocupou apenas em assegurar a igualdade formal, já que, em cláusula autorizativa de uma política de ação afirmativa, *v. g.*, estabeleceu a proteção do mercado de trabalho da mulher, mediante incentivos específicos (inciso XX do art. 7º). Os incentivos específicos podem ser assim regras de ação positiva, na busca da igualdade material.

Da mesma forma, para atingir a igualdade substancial, o constituinte estabeleceu uma reserva de emprego público às pessoas portadoras de deficiência (inciso VIII do art. 37).

Nesta categoria temos ainda a regra de igualdade de tratamento a ser dispensado aos trabalhadores avulsos (inciso XXXIV do art. 7º), bem como aquela que assegura igual tratamento constitucional aos sindicatos rurais e às colônias de pescadores em relação às entidades sindicais urbanas (parágrafo único do art. 8º).

Como direito do cidadão podemos incluir, ainda, o direito ao trabalho (pleno emprego, proteção contra despedida arbitrária, etc.), inclusive o acesso democrático ao emprego público (inciso I do art. 37), e a cláusula de valorização do trabalho (art. 170 e inciso IV do art. 1º)[36].

Ressalte-se, ainda, que a Carta Magna destacou o direito fundamental à valorização dos profissionais da educação escolar, reservando especial regramento aos da rede pública (inciso V do art. 206) e um piso salarial nacional (inciso VIII do art. 206).

c) Direitos específicos dos trabalhadores subordinados

Nossa atual Constituição, como nunca tratado antes, preocupou-se em incluir no rol dos direitos fundamentais sociais diversos direitos específicos dos trabalhadores. Aliás, de todos os direitos sociais, o do trabalho foi o único pormenorizado na Constituição, o que bem revela sua importância para o constituinte.

---

(36) MELGAR, Alfredo Montoya. *El trabajo en la Constitución* (La experiencia española en el marco iberoamericano), p. 482.

O rol é extenso, geralmente elencado no art. 7º, a exemplo do direito ao aviso prévio proporcional, ao salário mínimo, ao décimo terceiro salário, às férias, à remuneração superior quando do trabalho noturno ou em condições insalubres, perigosas e penosas, ao FTGS, etc.

d) Direitos de defesa

Constatamos, também, na Constituição Laboral um rol específico de direitos de defesa, isto é, de garantias e instrumentos assegurados aos trabalhadores para defesa de seus direitos e interesses.

Neste sentido, a Constituição não se preocupou somente em assegurar aos trabalhadores a sua defesa mediante a representação processual, judicial ou extrajudicial, por intermédio das associações (inciso XXI do art. 5º). Foi além, assegurando às entidades sindicais o direito de substituir processualmente os membros da categoria (inciso III do art. 8º).

Observe-se que esse direito de defesa dos interesses dos trabalhadores, de forma impessoal, foi dado à entidade sindical em prol de todos os membros da categoria que representa e não somente dos seus filiados.

Aqui também, nesta categoria de direitos de defesa, podemos incluir o direito de greve, pois este não deixa de ser um direito de autotutela dos interesses.

Nesta mesma categoria incluímos as diversas ações constitucionais. E aqui deve ser destacado que foi assegurado às entidades sindicais de grau superior também o direito de propor as ações de constitucionalidade e de inconstitucionalidade (inciso IX do art. 103).

Observamos, todavia, que além de assegurar aos trabalhadores, enquanto cidadãos, e as entidades sindicais que lhes representam, o direito de ajuizar as demais ações constitucionais (mandado de segurança, *habeas corpus*, mandado de injunção, etc.), o constituinte incluiu neste rol o dissídio coletivo (§ 2º do art. 114), enquanto procedimento de caráter verdadeiramente legislativo.

Neste rol, ainda, de direitos de defesa, podemos incluir a coletivização dos direitos trabalhistas como meio impeditivo à supressão ou alteração de algumas garantias constitucionais mediante acordos individuais. Daí porque o reconhecimento das convenções e acordos coletivos enquanto produtos da negociação coletiva, ao lado da legalidade de determinados atos, somente se firmado por meio de acordo coletivo ou convenção coletiva do trabalho.

A negociação coletiva, pois, apresenta-se como mais um instrumento de defesa dos trabalhadores, ao lado do direito de greve, já que instrumento de autotutela dos seus interesses.

Incluímos, ainda, neste elenco o direito de representação dos trabalhadores nas empresas com mais de duzentos empregados, como instrumento de defesa dos seus interesses diretamente junto ao empregador (art. 10). Da mesma forma temos a possibilidade de participação dos trabalhadores na gestão da empresa (inciso XI do art. 7º), já que, por meio desta, os empregados passam a ter voz e voto na administração empresarial, inclusive para a defesa de seus interesses.

Por fim, nesta mesma categoria incluímos a regra que impõe uma política de promoção do cooperativismo e outras formas de associativismo (§ 2º do art. 174), inclusive da atividade garimpeira (§§ 3º e 4º do art. 174) e das dedicadas ao crédito (art. 192).

e) Princípios ou normas da política socioeconômica

Encontramos, ainda, na Constituição os princípios ou normas da política sócio-econômica. Aqui temos um rol, disperso pela Constituição, que condiciona o agir do Estado e, em alguns aspectos, da livre iniciativa.

Podemos dividir o rol dos princípios da política socioeconômica em diversas subcategorias. É certo, ainda, que diversos outros princípios, de grande generalidade e não especificamente trabalhistas, como aqueles que impõem a busca da redução da desigualdade social, a erradicação da pobreza e a promoção do bem de todos (incisos II e IV do art. 3º), condicionam a política socioeconômica. E esses princípios também se inserem na Constituição Laboral. Contudo, a partir de outras normas podemos apontar os princípios que condicionam a política socioeconômica no Brasil diretamente vinculadas ao trabalho.

e.i.) Proteção do emprego

Numa primeira subcategoria podemos inserir as regras que protegem o trabalhador contra o desemprego. Neste sentido, tem-se a regra fundamental que impõe ao Estado e à livre iniciativa uma política de busca do pleno emprego (inciso VIII do art. 170). Observe-se: não é só o Estado que deve se preocupar em adotar uma política de garantia do acesso ao emprego (política voltada ao aumento da oferta de emprego). As empresas privadas também estão obrigadas constitucionalmente a atuar na ordem econômica de modo a alcançar o "pleno emprego".

Aqui, inclui-se, nesta tarefa de busca do pleno emprego, o dever do Estado em prestar assistência, a quem dela necessita, de modo a promover a integração ao mercado de trabalho (inciso III do art. 203), inclusive mediante a criação de programas de prevenção e atendimento especializado (ações afirmativas) para os portadores de deficiência física, sensorial ou mental, bem como de integração social do adolescente portador de deficiência, mediante o treinamento para o trabalho, com a eliminação de preconceitos (inciso II do § 1º do art. 227).

Ressaltamos, porém, desde já, que, como veremos em capítulo próprio de modo mais pormenorizado, o princípio do pleno emprego (direito ao trabalho) não autoriza a concluir que o Estado deva assegurar a todos um posto de trabalho, mas determina uma política de incentivo ao emprego, de proteção (manutenção) do emprego e de proteção do trabalhador quando do desemprego involuntário. Daí porque, complementando essa subcategoria de direitos do trabalho, temos as regras que protege o empregado contra despedida arbitrária (inciso I do art. 7º), dá garantias ao trabalhador contra o desemprego em face da automação (inciso XXVII do art. 7º) e dispõe sobre o seguro-desemprego (inciso II do art. 7º e inciso III do art. 201), este com financiamento especial das empresas com alto índice de rotatividade da força de trabalho (§ 4º do art. 239), além da assistência social por meio da promoção à integração ao mercado de trabalho dos necessitados (inciso III do art. 203).

E é em proteção do emprego que a Constituição, desde logo, assegura a estabilidade ao dirigente sindical (inciso VIII do art. 8º), à gestante (alínea *a* do inciso II do art. 10 dos ADCT), aos membros das comissões internas de prevenção de acidentes (alínea *b* do inciso II do art. 10 dos ADCT), aos detentores de mandatos eletivos, ainda que com afastamento dos serviços (art. 38), e aos empregados públicos da Administração Direta, autárquica e fundacional desde que preenchidos os requisitos estabelecidos no art. 19 dos ADCT.

Neste mesmo caminho, para preservação do emprego, a Constituição concedeu anistia a todos os perseguidos políticos entre 18.9.1946 e 4.10.1988, inclusive do setor privado, com direito de retorno ao emprego (art. 8º e seus parágrafos dos ADCT).

e.ii) Seguridade social

Uma segunda subcategoria de normas que condicionam a política socioeconômica seria formada pelas regras relativas à seguridade social, seja pública (art. 201), seja privada (art. 202).

Neste sentido, é assegurado o direito de aposentadoria ao trabalhador (inciso XXIV do art. 7º) e a cobertura no infortúnio e na idade avançada, além do seguro desemprego (que também se inclui na subcategoria anterior), bem como uma política de inclusão previdenciária dos trabalhadores de baixa renda e dos que se dedicam ao trabalho doméstico (§ 12 do art. 201).

Essas são regras, portanto, que impõem uma política pública em matéria de seguridade social.

No âmbito da iniciativa privada, a Constituição traça algumas regras que limitam a sua atuação, especialmente nas entidades de previdência fechada (art. 202).

e.iii) Política agrícola

Outra subcategoria de regra impositiva da política socioeconômica é aquela que condiciona a política agrícola à manutenção de um projeto de assistência ao cooperativismo, além de dever levar em conta a habitação para o trabalhador rural (incisos VI e VIII do art. 187).

A Carta Magna, ainda, tendo em vista o trabalho, estabelece que pode ser desapropriado imóvel rural que não cumpre sua função social (art. 184), ocorrendo essa situação quando inexista o aproveitamento racional e adequado, a utilização adequada dos recursos naturais disponíveis e preservação do meio ambiente, a observância das disposições que regulam as relações de trabalho e a exploração que favoreça o bem-estar dos proprietários e dos trabalhadores (art. 186).

A política fundiária, portanto, inclusive quanto às desapropriações para fins de reforma agrária, deve ter em conta o valor trabalho e os interesses dos trabalhadores. E, neste sentido, a Constituição, em proteção ao trabalhador rural, assegurou a impenhorabilidade do imóvel rural, para pagamento de débitos decorrentes de sua atividade produtiva, desde que trabalhada pela família, cabendo ao Estado dispor de meios para financiar seu desenvolvimento (inciso XXVI do art. 5º).

e.iv) Formação e qualificação profissional

Numa outra subcategoria, que condiciona a política socioeconômica, temos as regras que favorecem a formação e a qualificação profissional.

Nesta subcategoria podemos incluir o direito à re-qualificação para manutenção do emprego que também se extrai da regra de proteção contra automação (inciso XXVII do art. 7º), a educação voltada ao pleno desenvolvimento da pessoa e seu preparo para o exercício da cidadania e sua qualificação para o trabalho (art. 205), com estabelecimento de um plano nacional de educação, de duração plurianual, visando à articulação e ao desenvolvimento do ensino em seus diversos níveis e à integração das ações do Poder Público que conduzam também à formação para o trabalho (inciso IV do art. 214).

Outrossim, a Constituição impõe como dever de todos assegurar à criança e ao adolescente, com absoluta prioridade, além de outros direitos, o de profissionalização (art. 227), garantindo acesso do trabalhador adolescente à escola (inciso III do § 3º do art. 227), além da criação de programas de prevenção e atendimento especializado para os portadores de deficiência física, sensorial ou mental, bem como de integração social do adolescente portador de deficiência, mediante o treinamento para o trabalho, com a eliminação de preconceitos (inciso II do art. 227), o que autoriza uma política de inclusão social (ações afirmativas).

Nesta mesma subárea, a Constituição dá especial destaque à formação profissional de recursos humanos nas áreas de ciência, pesquisa e tecnologia, assegurando aos que deles se ocupem meios e condições especiais de trabalho (§ 3º do art. 218), bem como estabelecendo a criação de uma política de apoio e estímulo às empresas que invistam em pesquisa, criação de tecnologia adequada ao País, formação e aperfeiçoamento de seus recursos humanos e que pratiquem sistemas de remuneração que assegurem ao empregado, desvinculada do salário, participação nos ganhos econômicos resultantes da produtividade de seu trabalho (§ 4º do art. 218).

Da mesma forma, a Constituição estabelece regra especial para formação de pessoal qualificado para a gestão da cultura em suas múltiplas dimensões (inciso III do art. 215).

e.v) Proteção tributária

Outro conjunto de normas incluídas na política assistencial (em sentido amplo) do Estado é aquele que assegura uma proteção tributária. Nesta categoria incluímos a vedação do Poder Público instituir impostos sobre o patrimônio, rendas ou serviços prestados e relacionados com as finalidades essenciais das entidades sindicais dos trabalhadores (alínea *c* do inciso VI do art. 150 c/c § 4º do mesmo dispositivo), bem como a não incidência do imposto territorial rural sobre as pequenas glebas rurais quando explorada pelo trabalho de seu proprietário, desde que não possua outro imóvel (inciso II do § 4º do art. 153).

e.vi) Política assistencial (em sentido amplo)

Numa outra subcategoria, podemos incluir diversas normas que condicionam a política assistencial do Estado, destacando que, muitas das já citadas, também refletem na política socioeconômica.

e.vi.a) Trabalhadores de baixa renda

Aqui, então, incluímos as normas de proteção aos trabalhadores de baixa renda, seja por meio do pagamento de um salário-família (Inciso XII do art. 7º), da garantia de um salário mínimo a quem não pode trabalhar (inciso V do art. 203), da assistência gratuita aos filhos menores em creches e pré-escolas (inciso XXV do art. 7º) e também a inclusão previdenciária dos trabalhadores de baixa renda e dos que se dedicam ao trabalho doméstico (§ 12 do art. 201), além do pagamento de um abono anual por intermédio do PIS — Programa de Integração Social (§ 2º do art. 239).

e.vi.b) Menor, deficiente, mulher e paternidade

Também podemos incluir, nesta subcategoria, as normas que protegem o menor por meio da política de proteção contra exploração ao trabalho infantil (inciso I do § 3º do art. 227 e inciso XXXIII do art. 7º). Dessa regra extrai, assim, a obrigação do Estado em dar assistência ao menor de 16 (dezesseis) anos, desde que desamparado, já que ao mesmo é vedado o trabalho.

Aqui também se incluem as regras de proteção do deficiente (inciso XXXI do art. 7º e inciso II do § 1º do art. 227), do trabalhador em sua condição de pai, haja vista ser assegurado a este a licença-paternidade (inciso XIX do art. 7º), bem como da mulher trabalhadora, seja por meio do direito à licença-maternidade (inciso XVIII do art. 7º), seja por meio da proteção do seu mercado de trabalho (inciso XX do art. 7º).

e.vi.c) Higiene, saúde e segurança

Também nesta subcategoria podemos incluir as regras dirigidas à proteção da higiene, saúde e segurança do trabalhador (inciso XXII do art. 7º e inciso II do art. 200), inclusive em relação ao meio ambiente do trabalho (inciso VIII do art.

200), sem prejuízo do seguro contra acidente de trabalho (inciso XXVIII do art. 7º), fornecido pelo Estado em concorrência com a iniciativa privada (§ 11 do art. 201), além da indenização respectiva (inciso XXVIII do art. 7º), e a vedação do trabalho noturno, perigoso ou insalubre aos menores de 18 anos (inciso XXXIII do art. 7º). Isso sem olvidar que a Constituição também protege o trabalho penoso (inciso XXIII, do art. 7º).

f) Regras de organização do Estado

Por fim, temos as regras de organização do Estado brasileiro. Aqui estamos diante de uma categoria de normas que estabelecem regras para organização e atuação do Estado por meio de todos seus Poderes.

Assim é que se estabeleceu a regra de organização, manutenção e execução do serviço público de inspeção do trabalho (inciso XXIV do art. 21), dirigida diretamente ao Poder Executivo Federal. Impôs-se privativamente à União o dever de legislar sobre Direito do Trabalho (inciso I do art. 22), estabeleceu-se a regra de organização de Tribunais e Varas do Trabalho (inciso IV do art. 92) e a criação do Ministério Público do Trabalho (alínea *b* do inciso I do art. 128).

Além disso, para sua organização, estabeleceu-se o dever do Estado assegurar a participação dos trabalhadores e empregadores nos colegiados dos órgãos públicos em que seus interesses profissionais ou previdenciários sejam objeto de discussão e deliberação (art. 11), participação dos mesmos e dos aposentados na gestão da seguridade social (inciso VII do parágrafo único do art. 194), bem como a participação dos trabalhadores na formação da política agrícola (art. 187) e nos colegiados e instâncias de discussão e deliberação das entidades fechadas de previdência privada patrocinadas pela Administração Direta e Indireta (incluindo as empresas públicas e sociedades de economia mista controladas direta ou indiretamente) ou pelas empresas privadas concessionárias ou permissionárias de prestação de serviços públicos (§§ 4º a 6º do art. 2002).

2.4. Trabalho como valor constitucional superior e a dignidade da pessoa humana

Podemos, assim, concluir que todos esses sistemas e arcabouços jurídicos de garantias constitucionais revelam que o constituinte quis dar ao valor trabalho grande realce ao tê-lo como instrumento e marco realizador do Estado Social. E é a partir dessa premissa, desse valor maior, que devemos interpretar as normas constitucionais, isto é, sem perder de vista que é por meio do trabalho que alcançaremos o Estado Social, protegendo, assim, a dignidade do ser humano.

Óbvio, no entanto, que o princípio da dignidade da pessoa humana continua a ser o vetor central de todo sistema constitucional brasileiro. Numa ordem de valores, ele é o primeiro e o mais indispensável de todos. Mas, dentre todos os direitos fundamentais que procuram a sua realização, não se pode deixar de reconhecer que o trabalho é "um valor essencial para a dignidade do homem e para o livre desenvolvimento da sua personalidade"[37].

Nesta trilha, o contrato de trabalho, como nenhum outro, assume relevante papel constitucional na busca pela dignidade humana. "Tal contrato é, pois, e provavelmente como nenhum outro, constitucionalmente condicionado, por valores assentes na idéia de dignidade humana"[38].

Daí porque "o conceito constitucional da relação de trabalho assenta na idéia de que o trabalhador é uma pessoa, cuja liberdade e cujos direitos não podem ser totalmente sacrificados aos interesses empresariais, havendo, antes, que encontrar soluções que garantam tanto a liberdade de empresa como aqueles direitos dos trabalhadores"[39].

"Estes direitos, enquanto garantias da dignidade e da liberdade dos trabalhadores, terão que ser devidamente acautelados, devendo, pois, ser tidos em conta como limites ao exercício dos poderes patronais"[40].

Desse modo, por conta de tudo quanto dito acima, pode-se concluir, ainda, que "a Constituição impõe ao Direito do Trabalho um reencontro com as suas origens, enquanto ramo do Direito em que o 'social' se impõe como limite ao 'econômico' e em que o lugar central é o da pessoa humana, em todas as suas facetas, como indivíduo, cidadão e trabalhador"[41].

2.5. Os trabalhadores destinatários das normas constitucional-trabalhistas

Delineado o trabalho como um dos valores supremos de preocupação do constituinte, cabe-nos identificar qual o conceito de trabalhador enquanto destinatário das normas constitucional-trabalhistas.

A noção de trabalho está vinculada a uma atividade (econômica) do homem com finalidade de satisfação das necessidades daquele que desenvolve o labor[42]. Seriam, assim, trabalhadores todas as pessoas que desenvolvessem uma atividade, ainda que para sua própria sobrevivência. Aqui, então, estariam incluídos os empregados, os empresários, os autônomos, os agentes políticos, etc.

Luisa Riva Sanseverino, a partir da análise do texto constitucional italiano, sustenta que o valor trabalho referido na Constituição é aquele socialmente útil, ou seja, é aquela atividade que produz "efeitos fora da esfera de quem a realiza"[43]. Desse conceito ficaria excluído, assim, o pequeno produtor-consumidor (de subsistência) ou o artista que produz para si, sem comercializar o produto do seu labor.

(37) ABRANTES, José João. *O código do trabalho e a Constituição*, p. 69.
(38) *Idem*
(39) *Ibidem*, p. 66.
(40) *Idem*.
(41) *Idem*.
(42) CAUPERS, João. *Op. cit.*, p. 74.
(43) *Curso de direito do trabalho*, p. 38.

Pode-se pensar, ainda, em trabalho como aquele que dá suporte essencial à vida daqueles que trabalham. Aqui se incluiriam os pequenos empresários que vivem essencialmente graças ao seu labor (e, nem tanto, do lucro de sua atividade), mas restariam excluídos aqueles que vivem de rendas ou do capital, como os grandes empresários (que vivem dos lucros do capital aplicado na atividade produtiva).

As conceituações mais amplas de trabalho — como atividade econômica ou como atividade socialmente útil —, no entanto, "não teriam a consistência suficiente para titular direitos ou mesmo situações jurídicas ativas dotadas de menor proteção"(44).

Basta imaginar o seguinte, se os direitos dos trabalhadores, tal como definidos mais pormenorizadamente na Constituição, dirigem-se a todos aqueles que desenvolvem uma atividade humana, que diferença existiria entre estes e os demais indivíduos? Teríamos que apenas estariam afastados de sua incidência os indivíduos inativos (menores e incapazes). Ou seja, apenas os direitos dos menores e dos incapazes delimitariam o campo de incidência dos direitos fundamentais dos indivíduos dos direitos fundamentais dos trabalhadores(45).

Da mesma forma, *João Caupers* sustenta que devemos rejeitar a noção de conceito de trabalhador como aquele que sobrevive fundamentalmente graças ao trabalho, inclusive os autônomos, pequenos empresários, etc. Isso porque o fator determinante para o reconhecimento do Direito do Trabalho não seria uma qualidade (como, *v.g.*, de trabalhador subordinado, de deficiente, de menor, etc.), mas, sim, de uma quantidade (empresário de uma empresa com ou sem empregado, produtor rural de pequena ou média propriedade, etc.)(46).

É verdade que, da análise das regras que compõem a nossa ordem laboral de grau constitucional, verificamos que o constituinte se referiu aos trabalhadores de um modo geral. Trabalhadores, aqui, em seu sentido lato, ou seja, toda pessoa física que desenvolve uma atividade produtiva, ainda que para seu mero sustento.

Assim é que há referência ao trabalho autônomo e liberal (inciso XIII do art. 5º), ao trabalho subordinado (art. 7º), ao trabalho avulso (inciso XXXIV do art. 7º), ao trabalho decorrente de um vínculo institucional, de regime administrativo (art. 39 e segs.), ao trabalho do agente político (*v.g.*, art. 93), ao trabalho de subsistência (art. 191), ao trabalho do produtor, parceiro, meeiro e arrendatários rurais e ao do pescador artesanal (§ 8º do art. 195), ao trabalho doméstico (§ 12 do art. 195), etc.

Podemos, no entanto, agrupar essas diversas classes de trabalhadores em três grandes grupos: 1) o dos trabalhadores privados subordinados, 2) o dos servidores públicos (aqui açambarcando os trabalhadores, civis e militares, que mantêm vínculo com o Estado sob regime administrativo e/ou institucional) e 3) o dos trabalhadores autônomos (aqui englobando todos os demais trabalhadores, ou seja,

(44) CAUPERS, João. *Op. cit.*, p. 78.
(45) *Idem.*
(46) *Idem.*

aqueles não submetidos a um regime de direito administrativo e os trabalhadores não-subordinados). Nesta última categoria estariam incluídos o empresário, o pequeno trabalhador rural, o pescador, o garimpeiro, o avulso, etc.

Mas, sem dúvida, apesar de haver referências ao trabalho autônomo, ao trabalho do produtor, do pequeno empresário e ao produzido pelos servidores públicos, o maior destinatário das regras constitucional-trabalhistas é o trabalhador subordinado. Não que o trabalho desenvolvido pelos demais trabalhadores seja de menos importância. Mas, o fato é que, em face da situação fática dos assalariados, o constituinte teve em mira, ao estabelecer suas regras de proteção, os trabalhadores subordinados. A eles se dirigem, em regra, as normas dos arts. 7º a 11 da CF.

É certo que, em diversas passagens, a Constituição faz referência aos trabalhadores de um modo geral, isto é, como a pessoa que desenvolve uma atividade laborativa. Tais preceitos, no entanto, não exclui a conclusão de que, em regra geral, é ao trabalhador subordinado que se dirige o constituinte ao estabelecer as regras de valorização e proteção do trabalho.

Essa conclusão, porém, não afasta a aplicação de algumas regras e princípios constitucionais de valorização e proteção ao trabalho em favor dos demais trabalhadores (autônomos, servidores públicos, etc.), especialmente aqueles que estão em situação próxima à dos assalariados, a exemplo dos trabalhadores dependentes economicamente, como os avulsos e os trabalhadores rurais não-subordinados.

Aliás, quanto a estes últimos, é preciso relembrar que a tendência do Direito do Trabalho é alargar seu raio de incidência de modo a proteger todos aqueles que vivam em dependência econômica[47]. O *Direito do Trabalho* tende a incluir em seu objeto, não só o trabalho subordinado, mas todo *o trabalho* prestado por pessoa física. Isso porque, na Europa, há anos, já se sustenta que "o Direito do Trabalho não seria mais somente o Direito do Trabalho subordinado, correspondente a um emprego no quadro social da empresa, mas o direito de atividade laboral"[48]. E sobre essa tendência, é indispensável a leitura do Relatório da Comissão Boissonnat (*Le travail dans vingt ans*. Paris: Odile Jacob, 1995)[49] e do Relatório Supiot (*Au-delà de l'emploi. Transformations du droit du travail et devenir du droit du travail em Europe.* Paris: Flammarion, 1999)[50].

Tal fenômeno, por sua vez, decorre da constatação de que mesmo o trabalhador autônomo é economicamente dependente e contratualmente débil[51], sendo,

---

(47) *Ibidem*, p. 82-83.

(48) LYON-CAEN, Gerard. *Le droit du travail*. Une technique reversible, p. 25. Tradução livre do Autor.

(49) Publicado no Brasil com o título: BOISSONNAT, Jean. *2015 horizontes do trabalho e do emprego.* São Paulo: LTr, 1998.

(50) Publicado no vernáculo português sob o título *Transformações do trabalho e futuro do trabalho na Europa.* Coimbra: Coimbra, 2003. Recomendo, ainda, a leitura do livro de ATONDO, Ramón Jáurigui *et al. Un futuro para el trabajo en la nueva sociedad laboral*. Valencia: Tirant lo Blanch, 2004.

(51) SANTORO-PASSARELLI, Giuseppe. *Dal conttrato d'opera al lavoro autonomo economicamente dipendente, attraverso il lavoro a progetto,* p. 566.

portanto, merecedor de uma legislação protetora, conquanto, em nosso país, ainda em regra, somente o trabalhador subordinado goza dessa proteção legislativa. Mas, não à toa, a Constituição assegurou iguais direitos trabalhistas aos avulsos (inciso XXXIV do art. 7º) e a Emenda Constitucional n. 45 incorporou à competência da Justiça do Trabalho, numa inversão da ordem natural, o julgamento dos litígios decorrentes da relação de trabalho(52).

E, seguindo essa trilha, podemos, então, sistematizar as regras constitucionais do trabalho sob a ótica de duas perspectivas, conforme lições de *José Barros Moura*: a de proteção do trabalho subordinado e a da "intervenção democrática dos trabalhadores"(53).

A proteção do trabalho subordinado se revela na preocupação do constituinte em definir, como direitos fundamentais, um elenco de direitos, liberdades e garantias sociais, inclusive de natureza coletiva. Direitos estes que não são de todos os indivíduos, mas apenas dos trabalhadores subordinados, ou seja, daqueles que estão numa posição de dependência por não serem titulares dos meios de produção(54). E essa conclusão não se desmente pelas exceções que estendem a outras classes de trabalhadores as mesmas garantias, direitos e liberdades (*v.g.*, aos avulsos).

Já numa segunda perspectiva, o constituinte, como quem querendo superar a concepção clássica de que o Direito do Trabalho é exclusivamente protecionista, por ser o trabalhador um contraente débil ou a parte mais fraca da relação jurídica, consagrou inúmeros direitos de participação dos mesmos nas decisões sociais em vários níveis, inclusive no seio da própria empresa, bem como lhe assegurou o direito de negociar coletivamente, dotando-o de um poder fático de pressão.

Assim é que, por exemplo, a Constituição assegurou aos trabalhadores a participação em todos os colegiados dos órgãos públicos "em que seus interesses profissionais ou previdenciários sejam objeto de discussão e deliberação" (art. 10), inclusive nos colegiados de gestão da seguridade social (inciso VII do parágrafo único do art. 194) e das entidades de previdência privada fechada da qual participe o Estado (§ 6º do art. 202).

Nesta mesma perspectiva, o constituinte assegurou, ainda que de forma excepcional, a participação dos trabalhadores na gestão da empresa (inciso XII, *in fine*, do art. 7º).

O reconhecimento das convenções e acordos coletivos de trabalho (inciso XXVI do art. 7º), ao lado do direito de greve (art. 9º) e de representação no seio da empresa (art. 11), por outro lado, apenas reforçam essa perspectiva, pois dotou os trabalhadores, por meio dessas garantias, de instrumentos para intervir democraticamente nas decisões, públicas ou privadas, que afetem seus interesses.

---

(52) A este respeito, cf. do autor, *Competência e procedimento na justiça do trabalho*, p. 9-10.
(53) MOURA, José Barros. *A Constituição portuguesa e os trabalhadores* – da revolução à integração na CEE, p. 821.
(54) *Idem*.

Tais preceitos, assim, levam-nos a concluir que a Constituição do Trabalho, preferencialmente, atua sobre as relações de trabalho subordinado e têm como sujeitos destinatários, em especial, os trabalhadores subordinados.

Essa conclusão, no entanto, não afasta a incidência dos princípios constitucionais trabalhistas aos demais trabalhadores, especialmente em favor daqueles que estão em situação semelhante ou análoga à dos assalariados privados.

2.6. Outros sujeitos da Constituição Laboral: o estado, o empregador e as entidades sindicais

Sem dúvida, os trabalhadores subordinados são os principais destinatários das normas trabalhistas.

Contudo, não podemos esquecer que a Constituição faz referência a outros sujeitos, que também se revelam importantes para a atuação da ordem laboral, pois portadores de direitos e deveres. Eles seriam o Estado, as entidades sindicais e os empregadores.

O Estado surge na Constituição Laboral como sujeito constitucionalmente obrigado a prestações positivas (de benefícios previdenciários, etc.) e de proteção do trabalho (por meio da legislação protetora e da atuação fiscalizadora), assim como destinatário de normas de organização (da Justiça do Trabalho, do Ministério Público do Trabalho, etc.).

O empregador (preferimos essa expressão por açambarcar não só as empresas, como o tomador dos serviços domésticos), por sua vez, seja público ou privado, é o principal destinatário das obrigações constitucionais do trabalho, conquanto seja titular de direitos constitucionais, a exemplo da possibilidade de sindicalização.

Por fim, temos, ainda, as entidades sindicais que, enquanto pessoas jurídicas de direito privado, são as maiores destinatárias de garantias constitucionais. Nenhuma outra pessoa jurídica goza, no plano constitucional, de tantos direitos como as entidades sindicais. E tal se dá pelo valor que a Constituição destinou ao trabalho, pois, enquanto principal ator de proteção dos direitos e interesses dos trabalhadores, às entidades sindicais devem ser reservadas diversas garantias constitucionais para cumprimento dessa sua finalidade essencial, a exemplo da imunidade tributária em alguns aspectos, a prerrogativa de substituir os membros da categoria, a prerrogativa de impor contribuições aos sindicalizados, a prerrogativa de celebrar convenções e acordos coletivos, entre outros.

Todos os direitos-deveres desses outros sujeitos, portanto, também merecem especial atenção no estudo da Constituição Federal.

2.7. Características da Constituição do Trabalho

A Constituição do Trabalho, como já mencionado, parte do reconhecimento da divisão da sociedade em classes, dando especial destaque aos trabalhadores e aos empregadores (operários e capitalistas). E tanto isso é verdade que, em seu art. 10, longe de assegurar igual direito a eventual outra classe social, garantiu aos trabalhadores e aos empregadores a participação nos "colegiados dos órgãos públicos em que seus interesses profissionais ou previdenciários sejam objeto de discussão e deliberação" (art. 10). Ao trabalhador autônomo, inclusive profissionais liberais, não assegurou essa participação.

E é a partir dessa clássica divisão, ao lado do princípio da dignidade humana, que o Direito Constitucional do Trabalho revela sua primeira característica, qual seja, a busca pela igualdade real, seja por meio do combate à discriminação (incisos XXX, XXXI e XXXII do art. 7º), seja mediante normas de proteção ao contraente débil (*v.g.*, incisos VI e VII do art. 7º), normas que visam a contrabalançar o poder econômico do tomador dos serviços (greve), normas de limitação da supremacia empresarial (negociação, co-gestão) e normas que impõem a discriminação positiva em favor dos trabalhadores (inciso XX do art. 7º).

Outra característica da ordem laboral constitucional é a vedação à "igualdade de armas", isto é, a negação aos empregadores dos mesmos "meios de ação ou de luta que são reconhecidos aos trabalhadores"(55), a exemplo do direito de greve, haja vista ser este uma garantia constitucional, enquanto o *lock-out* não tem o mesmo assento legislativo. Daí porque a opção do legislador infraconstitucional em vedar a paralisação da empresa enquanto meio de ação dos empresários.

Uma terceira característica da constituição laboral é o estabelecimento de regras que tornam irreversíveis os direitos dos trabalhadores, não só ao proibir emenda constitucional tendente a abolir os direitos fundamentais (§ 4º do art. 60), como ao estabelecer o princípio do não-retrocesso social ao dispor que, aos trabalhadores, resta assegurado o elenco de direitos sociais previstos nos diversos incisos do art. 7º, "além de outros que visem à melhoria de sua condição social" (art. 7º, *caput, in fine*).

Neste mesmo sentido, pode ser citado ainda o § 2º do art. 114 da CF, com a redação dada pela EC n. 45/04, que estabeleceu como conduta a ser adotada pelo Poder Judiciário, na atuação do seu poder normativo, a regra de respeito "às disposições mínimas legais de proteção do trabalho, bem como as convencionadas anteriormente".

Tais regras, assim, delineiam com tintas fortes a Constituição Laboral.

3. Referências

ABRANTES, José João. O código do trabalho e a Constituição. In: *Estudos sobre código do trabalho.* Coimbra: Coimbra, 2004.

______. *Contrato de trabalho e direitos fundamentais.* Coimbra: Coimbra, 2005.

ARAÚJO, Luiz Alberto David; NUNES JÚNIOR, Vidal Serrano. *Curso de direito constitucional.* 9. ed. São Paulo: Saraiva, 2005.

ATONDO, Ramón Jáuregui *et al* (coord.). *Un futuro para el trabajo en la nueva sociedad laboral.* Valencia: Tirant lo Blanch, 2004.

(55) *Ibidem*, p. 825.

BAAMONDE, María Emilia Casas *et al* (coords.). *Las transformaciones del derecho del trabajo en el marco de la Constitución española*. Madrid: La Ley, 2006.

BALDASSARRE, Antonio. *Los derechos sociales*. Trad. Santiago Perea Latorre. Bogotá: Universidad Externado de Colombia, 2001.

BOISSONNAT, Jean. *Le travail dans vingt ans*. Paris: Odile Jacob, 1995.

_____ . *2015 horizontes do trabalho e do emprego*. São Paulo: LTr, 1998.

BUELGA, Gonzalo Maestro. *La constitución del trabajo en el Estado Social*. Granada: Comares, 2002.

CANOTILHO, J. J. Gomes. *Direito constitucional e teoria da constituição*. 5. ed. Coimbra: Almedina, 2002.

CAUPERS, João. *Os direitos fundamentais dos trabalhadores e a Constituição*. Coimbra: Almedina, 1985.

GOUVEIA, Jorge Bacelar. *O código do trabalho e a Constituição portuguesa*. Lisboa: O Espírito das Leis, 2003.

JEAMMAUD, Antoine. El derecho constitucional en las relaciones en Francia. In: BAAMONDE, María Emilia Casas *et al* (coord.). *Las transformaciones del derecho del trabajo en el marco de la Constitución Española*. Madrid: La Ley, 2006.

LYON-CAEN, Gérard. *Le droit du travail*. Une technique reversible. Paris: Dalloz, 1995.

MEIRELES, Edilton. *Competência e procedimento na Justiça do Trabalho*. Primeiras linhas da reforma do Judiciário. São Paulo: LTr, 2005.

MELGAR, Alfredo Montoya. El trabajo en la Constitución (La experiência española en el marco iberoamericano). In: MELGAR, Alfredo Montoya (coord.). *El trabajo y la Constitución*. Madrid: MTAS, 2003.

MOREIRA, Vital. *Economia e Constituição:* para o conceito de Constituição Econômica. 2. ed. Coimbra: Coimbra, 1979.

MORENO, Beatriz González. *El estado social. Naturaleza jurídica y estructura de los derechos sociales*. Madrid: Civitas, 2002.

MOURA, José Barros. A Constituição portuguesa e os trabalhadores — da revolução à integração na CEE. In: COELHO, Mário Baptista (coord). *Portugal. O sistema político e constitucional 1974-1987*. Lisboa: Instituto de Ciências Sociais/Universidade de Lisboa, 1989.

NEUMANN, Franz L. *Il diritto del lavoro fra democrazia e dittattura*. Trad. G. Antonio Capobianco, Lorenzo Gaeta e Gaetano Vardaro. Milão: Il Mulino, 1983.

PÉREZ, José Luis Monereo. *Fundamentos doctrinales del derecho social en España*. Madrid: Trotta, 1999.

_____ . *Derechos sociales de la ciudadania y ordenamiento laboral*. Madrid: CES, 1996.

RAMM, Thilo. *Per una storia della costituzione del lavoro tedesca*. Trad. G. Antonio Capobianco, Lorenzo Gaeta, Roberto Romei e Gaetano Vardaro. Milão: Giuffrè, 1989.

SANSEVERINO, Luisa Riva. *Curso de direito do trabalho*. Trad. Elson Guimarães Gottschalk. São Paulo: LTr, 1976.

SANTORO-PASSARELLI, Giuseppe. Dal contratto d'opera al lavoro autonomo economicamente dipendente, attraverso il lavoro a progetto. *Rivista Italiana di Diritto del Lavoro*, Milão, Giuffrè, ano XXIII, 4 v, p. 543-570, 2004.

SILVA, José Afonso da. *Curso de direito constitucional positivo*. 21. ed. São Paulo: Malheiros, 2002.

SUPIOT, Alain *et al*. *Au-delà de l'emploi*. Transformations du droit du travail et devenir du droit du travail en Europe. Paris: Flammarion, 1999.

_____ . *Transformações do trabalho e futuro do trabalho na Europa*. Coimbra: Coimbra, 2003.

Os Direitos Humanos de 5ª Geração enquanto Direitos à Paz e seus Reflexos no Mundo do Trabalho — Inércias, Avanços e Retrocessos na Constituição Federal e na Legislação

Emmanuel Teófilo Furtado(*)

I. As gerações de direitos humanos

Um primeiro problema que se coloca para que bem se possa introduzir o assunto é o da pacificação da semântica dos direitos humanos, vale dizer, o da definição de qual nomenclatura seria não só mais correta como mais oportuna para se abordar os diferenciados tipos de direitos humanos recepcionados no estudo do Direito Constitucional Moderno.

É que parte da doutrina, a exemplo de *Romita*(1), acha mais pertinente o emprego da expressão "família", para indicar os vários escalonamentos que os direitos humanos foram recebendo, à medida que novos horizontes e novas conquistas foram surgindo.

Doutrinadores outros, do porte de *Paulo Bonavides*(2), inicialmente denominaram tais direitos advindos de lutas e conquistas como sendo direitos humanos de gerações, para, em seguida, conceituarem de direitos humanos de dimensões.

Para a corrente à qual se filia *Arion Sayão Romita*, a expressão "geração" não seria correta porque daria uma idéia de que o advento de um novo tipo de direito humano extirparia do cenário jurídico um anteriormente conquistado, por exemplo, o da 2ª "geração" viria para ficar no lugar do direito humano de 1ª geração e assim sucessivamente, o que, no sentir do mencionado jurista não teria propósito, pois o direito humano da igualdade, que vem depois do direito humano à liberdade, não eliminou este, mas sim veio como conseqüência do primeiro para assim coexistirem liberdade e igualdade num mesmo e só Estado democrático.

(*) Mestre e Doutor em Direito do Trabalho. Professor de graduação e mestrado da Faculdade de Direito da Universidade Federal do Ceará. Juiz do Trabalho Titular da 10ª Vara do Trabalho de Fortaleza.

(1) ROMITA, Arion Sayão. *Direitos fundamentais nas relações de trabalho.* São Paulo: LTr, 2007. p. 99.

(2) BONAVIDES, Paulo. *Curso de direito constitucional.* 4. ed. São Paulo: Malheiros, 1993. p. 474 e ss.

Já na ótica de *Bonavides* um só direito poderia possuir várias dimensões, à medida que fosse encarado sob determinado diapasão, como o direito de propriedade, a princípio absolutamente privatista, que o diga o Código Civil anterior ao vigente, direito de propriedade esse que depois, com o atual Álbum Material Civil, passou a dever cumprir uma função social para, por derradeiro, ter que cumprir uma função ambiental.

Dessa forma, teria havido uma evolução doutrinária da expressão "geração" para a expressão "dimensão", pelo fato de esta última retratar melhor o caleidoscópio em que consistem os direitos humanos.

Da minha maneira de ver não concordo que a expressão "família de direitos humanos" seja a mais precisa. É que, nada obstante seja a família por demais valorizada na ordem constitucional, não há uma implicação necessária e suficiente para que uma família se comunique com a outra, ou seja, as famílias existem de forma autônoma e independente, ainda que inseridas numa mesma sociedade. Não há uma conexão, a menos que exista um parentesco entre os grupos familiares, daí que uma família — e o sobrenome que o diga — pode não ter qualquer interdependência, seja genética, seja de origem geográfica com outra família, ainda que residente na mesma rua, bairro ou cidade.

O mesmo não se pode dizer em relação aos direitos humanos, pois um está conectado no outro, é conseqüência da existência do outro, coexiste com o outro, imprescinde do outro para existir.

A palavra dimensão dá uma idéia de nível, vale dizer, de superioridade de uma dimensão em relação à outra, o que por si só arreda sua aplicação no estudo que ora se inicia, uma vez que não há que se falar em igualdade em qualquer regime onde não exista a liberdade, nem muito menos se falar em fraternidade onde não exista igualdade, não se podendo estabelecer uma hierarquia entre tais direitos humanos, o que por si só afasta a idéia de dimensão, que em sua essência é uma palavra que, enfatize-se, dá idéia de hierarquia, de posto, de posicionamento escalonado, onde algo ou alguém está em posição superior ou vantajosa em relação a outrem.

Já a compreensão da palavra geração leva à conclusão de ser a mais oportuna para a empresa que ora empreendemos, senão vejamos.

Na expressão "geração" tanto estão presentes a idéia de conexão entre uma geração e outra como a de que a geração mais nova ou recente não elimina a geração anterior.

Com efeito, hoje com o incremento da longevidade, é possível a coexistência de gerações familiares em até cinco graus, estando todos ligados por conta da 1ª geração e assim sucessivamente, sem que por isso, necessariamente, para que a derradeira geração exista, a 1ª, 2ª ou 3ª hajam sucumbido.

Dessa forma, nem se tem a idéia de existência autônoma de uma geração em relação a outra, desconexão esta presente quando se emprega o termo "família", nem se tem a idéia de hierarquia entre uma e outra geração, como se tem quando se usa a expressão "dimensão", sendo por tais razões que fico com a expressão "gerações de direitos humanos", daí empregá-la no título e demais tópicos deste trabalho, por entender , ainda que não seja a mais moderna, ser a que mais atende ao âmago do estudo que ora se inicia, qual seja, o da seqüência de direitos humanos existentes em nosso ordenamento jurídico.

Ainda a título de introdução deste trabalho, de se dizer que, mesmo que possa a princípio parecer óbvio, todos os direitos aqui tratados, independente da geração sob a qual se configurem, ou que somente de forma oblíqua se enxergue a figura do indivíduo, da pessoa humana, são direitos que têm por destinatário o homem, quer isoladamente considerado, quer socialmente inserido em um meio, quer analisado sob a ótica do meio ambiente que o cerca, quer envolvido na tecnologia que alcançou, quer no avanço genético do qual se apossou, quer, principalmente, pela paz social a que aspira.

1.1. A 1ª geração de direitos humanos

A 1ª geração de direitos humanos congrega os direitos de liberdade, estando em primeiro destaque na trilogia da Revolução Francesa que grifou os direitos de *liberté, égalité, fraternité*.

É que no art. 1º, da Declaração dos Direitos do Homem e do Cidadão, datada de 26 de agosto de 1789, resta dito que os homens nascem e permanecem livres e iguais em direitos, daí se concluir que o primeiro dos direitos é o de nascer e permanecer livre.

O titular de tais direitos de nascer e permanecer livre é o indivíduo e tal liberdade se opõe à força do Estado, mormente o Estado monárquico absolutista, o que encontra respaldo na ideologia do liberalismo político e no individualismo jurídico, congregando direitos fundamentais e garantias individuais — entenda-se direitos civis — e direitos políticos.

O que se quer, pois, em tal momento de advento de tal direito é o absenteísmo estatal, daí serem chamados de direitos individuais ou direitos do homem e do cidadão, externando-se por meio do direito à vida, à liberdade, à propriedade e à participação política.

São também chamados de direitos de defesa (*Abwehrechte*), os quais obrigam uma abstenção por parte do Estado de intervir coletivamente na esfera jurídica do indivíduo.

Assim conclui *Romita*:"Por outra óptica, os direitos fundamentais do primeiro naipe podem ser classificados em: direitos pessoais (vinculados à autonomia, à liberdade e à segurança da pessoa) e direitos políticos (ajustados à idéia de participação). Os primeiros são os voltados à proteção da expansão da personalidade sem interferência do Estado. Os outros são os direitos da pessoa em face do Estado ou no Estado, vale dizer, direitos de tomar parte na vida pública e na vida política, correspondentes ao *status activae civitatis* de *Jellinek*"[(3)].

1.2. A 2ª geração de direitos humanos

A segunda geração de direitos humanos está relacionada à idéia de igualdade. Pode-se dizer que, se por um lado os direitos fundamentais de primeira geração estão jungidos ao Estado liberal, os de segunda geração estão atrelados ao Estado do bem-estar social (*welfare state*).

O objetivo de tais direitos de segunda geração é o de superar a idéia de igualdade meramente formal para atingir a igualdade material ou real, a partir da consideração da pessoa humana enquanto ser social que exatamente por viver em coletividade tem direito à promoção, à comunicação e à cultura.

Seu nascimento se deu como conseqüência da chamada questão social, inerente aos países da Europa do final do século XIX, tendo a denominação de direitos sociais porque não se voltam para a pessoa enquanto indivíduo e considerado de forma abstrata, mas sim concretamente situado no grupo em que interage, estando previstos no art. 6º da Carta da República, quais sejam, a educação, a saúde, o trabalho, o lazer, a segurança, a previdência social, a proteção à maternidade e à infância, a assistência aos desempregados, a habitação.

Diferentemente dos direitos humanos de primeira geração, que pregam o absenteísmo estatal, os de segunda geração exigem uma prestação não de espectador ou passiva por parte do Estado, mas sim uma postura positiva, uma vez que se calcam em princípios de justiça social.

Entretanto, e aí reside o maior problema para a concreção de tais direitos — conforme seja mais pobre o Estado ou má distribuída sua riqueza —, os direitos humanos de segunda geração não podem ser ilimitados, já que, por dependerem de prestações positivas, acabam por se restringirem à chamada reserva do possível (*Vorbehalt des Möglichen*). Uma vez oponíveis ao Estado, só podem ser exigidos se existir verba pública para tanto. Daí se concluir que o Estado há de garantir o chamado"mínimo social" que permita, ao menos, o respeito à dignidade da pessoa humana.

De se anotar que em relação aos direitos sociais os titulares são também devedores, uma vez que são contribuintes, ou seja, interligados ao todo estatal. Assim, enquanto os direitos humanos de primeira geração nada ou quase nada custam aos cofres públicos e via de conseqüência aos contribuintes, os direitos humanos de segunda geração vão pesar, inexoravelmente, ainda que de forma indireta, sobre cada indivíduo, enquanto contribuinte considerado, por menor que seja a sua capacidade contributiva.

Já sob outra ótica, desta feita em idêntica situação que os direitos humanos de primeira geração, os de segunda geração não surgiram por meio de "geração es-

(3) ROMITA. *Op. cit.*, 2007. p. 104.

pontânea", mas sim foram fruto de longas lutas e paulatinas conquistas, dentre as quais vale anotar a Declaração dos Direitos do Homem e do Cidadão (1793), bem assim a Constituição Francesa de 1848, a *Rerum Novarum* de Leão XIII (1891), o pensamento marxista e a Declaração dos Direitos do Povo Trabalhador e Explorado (1918) da então República Socialista Soviética da Rússia.

Daí surgiu o chamado constitucionalismo social, por conta de Constituições como a do México (1917) e da Alemanha (de *Weimar*, de 1919) inserirem em seus textos o trato dos direitos sociais. Também a Declaração Universal dos Direitos do Homem, de 1948, cuidou dos direitos sociais. O Brasil ratificou por meio do Decreto 591, de 6 de julho de 1992, a Resolução n. 2.2000-A(XXI), de 16 de dezembro de 1966, que aprovou o Pacto Internacional dos Direitos Econômicos, Sociais e Culturais, o qual entrou em vigor em 30 de janeiro de 1976.

Com efeito, enquanto inseridos em Estado de bem-estar social, os direitos humanos de segunda geração são direitos de crédito do indivíduo, exercidos frente à coletividade, sendo o titular do direito o indivíduo, e o sujeito passivo o Estado, o qual assume a responsabilidade de satisfazer tais direitos em nome da coletividade.

Vêm à baila, pois, as chamadas liberdades coletivas, a saber, liberdade de associação, reunião, liberdade sindical, de greve, não se devendo olvidar que embora tais direitos sejam dos grupos, são, em última análise, os direitos das pessoas que se afirmam, uma vez que os corpos sociais intermediários congregam meios cujo destinatário é o homem, individualmente considerado.

Destarte, evidenciado fica que tais direitos sociais implicam em obrigações do tipo *facere* para os poderes públicos, os quais ficam obrigados a criar e organizar sistemas de prestações sociais, bem como planejar políticas de bem-estar social que atendam a todos os cidadãos.

No que se refere à exigibilidade dos direitos sociais *Romita* faz sua defesa, primeiro em raciocínio próprio e depois citando o professor alemão, radicado no Brasil, *Andréas Krell*: "Não colhe, porém, a objeção, porque os direitos sociais são dotados de garantias aptas a fazê-los valer em juízo, bastando lembrar a ação civil pública, os vários instrumentos processuais previstos no Código de Defesa do Consumidor, o mandado de injunção, a ação direta de constitucionalidade. Como judiciosamente observa *Andréas J. Krell*, "o fato que os direitos sociais geralmente não são fruíves ou exeqüíveis individualmente não quer dizer que juridicamente não possam, em determinadas circunstâncias, ser exigidos como se exigem judicialmente outros direitos subjetivos"[(4)].

1.3. A 3ª geração de direitos humanos

É da terceira expressão da trilogia da Revolução Francesa, *fraternité*, que vem a compreensão dos direitos humanos de terceira geração, enquanto direitos da

(4) ROMITA. *Op. cit.*, 2007. p. 111.

fraternidade ou de solidariedade, vocacionados a arredar os entraves que dividem as diferentes categorias de cidadãos, quer relacionados a classes sociais, quer tangentes à religião, quer ligados à profissão.

A solidariedade protuberara, pois, como fruto da fraternidade, que se consolidara por conta das lutas e rebeliões sociais que marcaram as centúrias XIX e XX, acabando por unir a classe trabalhadora e fazer surgir o movimento sindical, pois homens e mulheres postos em idêntica situação de miséria e exploração acabam por desenvolver um mesmo sentimento de solidariedade, gerando um apoio recíproco, o que desemboca, como dito, no aparecimento do sindicalismo.

Também conhecida como coesão social, a solidariedade traduz um *esprit de corps,* manifesto por meio da consciência das obrigações recíprocas dos membros do mesmo grupo, espírito de corpo este que tem o condão de gerar uma capacidade de organização eficiente na defesa contra agressões exógenas, tendo, atualmente, um postura imanente e transcendente, a primeira para a resolução de conflitos internos e a segunda envolvendo povos e nações, num âmbito internacional.

Constatada a existência de países desenvolvidos e países subdesenvolvidos (hodiernamente considerados os emergentes como um *tertium genus*) veio à baila a expressão "direito ao desenvolvimento como um direito humano", cuja referência explícita aconteceu por meio da Resolução n. 4 (XXXIII), de 27 de fevereiro de 1977, por força da qual a ONU provocou a UNESCO a desenvolver estudos a respeito do tema.

Essa idéia de direito ao desenvolvimento enquanto direito humano toca tanto a seara coletiva, vale dizer, que envolve os povos e as nações, quanto a seara individual, como claramente pode se constatar por meio do § 1º , do art. 1º , da Resolução n. 41-128, da Assembléia Geral das Nações Unidas, de 4 de dezembro de 1986: "O direito ao desenvolvimento é um direito humano inalienável em virtude do qual toda pessoa humana e todos os povos estão habilitados a participar do desenvolvimento econômico, social, cultural e político, a ele contribuir e dele desfrutar, no qual todos os direitos humanos e liberdades fundamentais possam ser plenamente realizados".

Cabe aqui uma breve diferenciação entre desenvolvimento econômico e crescimento econômico, o primeiro envolvendo a ascensão, quer do indivíduo, quer da coletividade, ao conhecimento, ao progresso, ao acesso aos bens de consumo e à plena observância de seus direitos individuais e sociais; o segundo abarcando o desenvolvimento da economia de um país, o que nem sempre implica na melhoria integral do padrão de vida e acesso a bens e direitos de seus cidadãos.

O exemplo mais contundente do que se diz a respeito de crescimento econômico está na China, onde as taxas anuais giram em torno de 10% ao ano, o que é fenomenal, mas nem por isso a grande maioria da população tem direitos humanos preservados e acesso aos bens e serviços, tendo em vista o Estado forte que ali impera, bem assim a má distribuição de rendas, como também a pouca valorização do trabalho humano. Em tal país crescimento econômico caminha totalmente estanque do desenvolvimento humano, este último enquanto direito humano.

Paulo Bonavides arremata a construção dos direitos da solidariedade, também conhecidos por direitos coletivos e difusos, como sendo os direitos ao desenvolvimento, à paz, ao meio ambiente, à propriedade e à comunicação, valendo lembrar que, por derradeiro, como se verificará em item apartado deste trabalho, *Bonavides* elegeu a paz como direito humano de quinta geração.[5]

O professor *Romita*, dando um fechamento na compreensão das gerações primeiras de direitos humanos, já fazendo uma ligação com as subseqüentes, obtempera: "Os direitos humanos de primeira família, declarados em benefício do homem e do cidadão, referiam-se estritamente ao indivíduo, eram um reflexo pessoal da liberdade pessoal de cada indivíduo. Os direitos da era tecnológica, porém, são reconhecidos em favor dos grupos sociais e da própria humanidade. O trânsito dos antigos direitos naturais para os novos direitos humanos evidencia uma mudança de perspectiva: os direitos individuais ligados ao *status* de cidadão ampliaram seu âmbito de referência para abranger as formações sociais e até mesmo a humanidade como um todo"[6].

1.4. A 4ª geração de direitos humanos

A quarta geração de direitos humanos está ligada à questão do biodireito. Foi, sem dúvida, por conta das atrocidades ocorridas durante a 2ª Grande Guerra Mundial, mormente no que se refere a experimentos genéticos manietados pelos campos de concentração do nazismo que o direito moderno passou a se preocupar com a ética voltada para o trato das experiências com a genética e demais experiências e procedimentos médicos e biológicos, preocupação que deveria redundar na proteção da pessoa humana, quer de forma física, quer em sua dignidade, ocasionando, por sua vez, uma humanização do progresso científico.

Assim é que surge a bioética com o desiderato de cuidar das várias facetas, conseqüências e projeções das descobertas da ciência nessa área, vale dizer, pesquisas e procedimentos relacionados a transplantes de órgãos, fecundação *in vitro*, aborto, descriminalização do suicídio, homossexualismo, utilização de células genéticas, inseminação artificial, útero de aluguel, transformação de sexo, direito à morte, dentre outros.

Destarte, uma definição de biodireito seria a de que é um conjunto principiológico e normativo objetivando a regulação das relações entre os cientistas e o cidadão mediano oriundos do trabalho de pesquisa e investigação científica em dita área de pesquisa, bem assim a aplicação de suas conclusões, tudo convergindo para a formulação de políticas públicas e regulamentação dos interesses econômicos que pairam sobre a questão.

---

(5) BONAVIDES. *Op. cit.*, 1993. p. 481.
(6) ROMITA. *Op. cit.*, 2007. p. 114.

Dessa forma, a bioética trata a pessoa humana como sujeito de direitos fundamentais, entendendo que o tema tem estreita correlação com o futuro da espécie humana, posto que envolve liberdades, direitos e deveres da sociedade e do Estado, mas também a própria preservação da humanidade e de sua essência.

Dos estudos científicos em transcurso na área, dois têm maior relevo, a saber, a terapia gênica e a clonagem humana, sendo a primeira a busca da correção de genes defeituosos pela técnica do DNA recombinante e a segunda a repetição integral do código genético, o que é vedado pelo ordenamento jurídico brasileiro vigente, por meio da Lei n. 11.105, de 24 de março de 2005, a chamada Lei de Biosssegurança, posto que referida clonagem fere o caráter individual do ser humano, o que vai de encontro a sua dignidade de pessoa.

Positivados estão referidos direitos humanos de quarta geração no art. 196 da Carta da República, quando conceitua a saúde como direito de todos e dever do Estado, por meio aplicação de políticas sociais e econômicas que tenham por objetivo a redução do risco de doença e outros complicadores e o acesso igualitário e universal às ações e serviços para sua promoção, proteção e recuperação.

1.5. A 5ª geração de direitos humanos

Em que pese doutrinadores de escólio enquadrarem os direitos humanos de quinta geração como sendo os que envolvem a cibernética e a informática, considerando que o presente trabalho como que incorpora e segue a corrente do ilustre professor *Paulo Bonavides*, que vê na quinta geração o espaço para o direito à paz, deixamos de discorrer sobre tal geração com referido viés da infomática para fazer maior debruço em item apartado que insere tal geração de direitos humanos como contempladora do dito direito à paz.

1.6. A 6ª geração de direitos humanos

Os direitos fundamentais decorrentes da globalização, a saber, o direito à democracia, à informação correta e ao pluralismo estão localizados como direitos humanos de 6ª geração.

É do art. XXI, da Declaração Universal dos Direitos do Homem, que se vê o comando de que toda pessoa tem o direito de tomar parte no governo de seu país, quer de forma direta, quer por meio de seus representantes livremente escolhidos.

Democracia e direitos fundamentais estão estreitamente ligados, pois o objetivo central do Estado Democrático de Direito reside na busca da preservação dos direitos fundamentais, que passa necessariamente pela observância e preservação da dignidade da pessoa humana.

Enquanto princípio estruturante da República Federativa do Brasil, o Estado Democrático de Direito quebra o dualismo "sociedade X Estado" para proclamar que a vida social só é exeqüível por meio de organização responsável e planejada, onde o referido Estado Democrático se efetiva por meio da cooperação social.

A própria forma de encarar a lei não é mais pela feição de arbítrio e força, mas sim como garantidora dos direitos fundamentais dos indivíduos. Somente inserido em Estado livre pode o homem ser livre e livre só é o Estado quando abriga em seu seio um corpo de homens e mulheres livres.

Dessa forma é hoje a democracia um direito fundamental, a qual deve ser apoiada pela comunidade internacional, quer no que se refere ao seu fortalecimento, quer no que tange ao seu desenvolvimento nas nações ainda não democráticas de uma maneira geral.

A liberdade de informação consiste na liberdade de informar e de ser informado, sendo a primeira a liberdade de informação do pensamento, enquanto a liberdade de ser informado refere-se ao direito individual e coletivo de se ter acesso ao conhecimento dos fatos e dos acontecimentos.

O direito à informação, por sua vez, é direito coletivo, de todos e da coletividade, não sendo pessoal nem profissional. É direito da coletividade à informação, o qual só encontra cenário propício em regime democrático, pois em Estados fortes a verdade é ocultada, desde que não interesse ao forte poder posto fazê-la conhecida.

O pluralismo é a composição da sociedade por meio de vários segmentos, grupos ou centros de poder. Somente em Estados ditatoriais não há espaço para tal divisão social, pois tudo gravita em torno do poder posto, que não admite censura, muito menos oposição ou a existência de partidos contrários.

No pluralismo não há espaço, ao contrário, para concepções individualistas da sociedade e do Estado, mas sim para a articulação de grupos de poder situados abaixo do Estado e acima dos indivíduos, com plena valorização dos corpos sociais intermediários enquanto garantidores do indivíduo contra o abuso de poder do Estado, bem como contra possíveis fragmentações individualistas.

No inciso V, do art. 1º, da Carta da República vê-se a inclusão do pluralismo enquanto fundamento do Estado Democrático de Direito, com clara vedação à existência do partido único ou estabelecimento de doutrina oficial.

2. A paz enquanto 5ª geração de direitos fundamentais na construção de *Paulo Bonavides*

O jurista *Paulo Bonavides* vem construindo uma doutrina das mais abalizadas que coloca o direito à paz como quinta geração de direitos fundamentais.

O que se desenvolverá no presente tópico se assenta nas reflexões desenvolvidas pelo autor por ocasião de palestra proferida no II Congresso Latino-Americano de Estudos Constitucionais, realizado em Fortaleza-CE, de 3 a 5 de abril de 2008.

Para ele, ao colocar a paz no rol de direitos da fraternidade, *Karel Vasak* o teria feito de forma incompleta e lacunosa por não haver desvendado nem muito menos desenvolvido as razões que elevam o direito à paz à categoria de norma, o que acabou por fazer dito direito cair no esquecimento.

Apesar de *Vasak* haver dito que havia uma emergência de a paz ter o *status* de norma, por conta do que restara estampado na Declaração das Nações Unidas e no OPANAL (Organização para a Proscrição das Armas Nucleares na América Latina) ele mesmo não percebeu em profundidade a ponto de erigir o direito à paz de forma isolada, e não como braço do direito à fraternidade.

Assim, o direito à paz é olhado de forma tímida pela doutrina, existindo, contudo, a nível jurisprudencial, celebrada decisão da Corte de Costa Rica, em 8 de setembro de 2004, reconhecendo o direito à paz como direito positivado.

Vasak baliza o direito à paz entre as paredes do direito à fraternidade, dando ênfase ao direito ao desenvolvimento, que no seu entender é o mais característico para representar os direitos da terceira geração.

Já *Bonavides*, com o qual estamos, reverbera que a dignidade jurídica da paz advém do reconhecimento universal que lhe é devido enquanto requisito da convivência humana, o que, por sua vez, conserva a espécie e dá segurança aos direitos, justificando que somente se efetivará tal dignidade se a paz vier a ser elevada a direito de quinta geração.

E chega então a indagar como se daria a entronização da paz em tal patamar, respondendo ele mesmo que seria por meio da colocação da mesma nas declarações de direitos, nas cláusulas das Constituições (aqui lembra que nossa Carta da República a inseriu no inciso IV, do art. 4º), no ensino do Direito Constitucional, até que vingue a aceitação de seu *status* de direito fundamental de quinta geração.

Assim, hodiernamente, a paz teria a mesma importância que tivera anteriormente o desenvolvimento, enquanto direito de terceira geração; o desenvolvimento, para o povo, a paz para a humanidade.

Para *Bonavides*, pois, a paz ainda pode e deve ser erguida como direito fundamental de quinta geração.

É que hoje o Direito repousa nas Constituições, quando ontem estava apenas nos códigos. Ontem havia a supremacia da lei, hoje a onipotência dos princípios. Antes havia a lógica da razão, tendo como regra a lei. Hoje o humanismo das idéias, com o valor, o princípio e a Constituição e a justiça escrevendo a evolução do Direito.

A idéia de concórdia seria a bola da vez, trazendo do ponto de vista juspolítico uma ética capaz de governar e conduzir o comportamento da classe dirigente, legitimando seus atos de autoridade e presidindo suas relações de poder.

E diz literalmente o Professor *Bonavides*: "Estuário de aspirações coletivas de muitos séculos, a paz é o corolário de todas as justificações em que a razão humana, sob o pálio da lei e da justiça, fundamenta o ato de reger a sociedade, de modo a punir o terrorista, julgar o criminoso de guerra, encarcerar o torturador, manter invioláveis as bases do pacto social, estabelecer e conservar por intangíveis as regras, princípios e cláusulas da comunhão política"[7].

Assim, o direito à paz seria o direito natural dos povos, o qual estivera em estado de natureza no contratualismo de *Rousseau*, ou que ficara implícito como dogma na paz perpétua de *Kant*.

Sua vocação é a de ser erigida no âmbito do direito constitucional do gênero humano, enquanto paz na dimensão perpétua, seguindo o modelo de *Kant*. Paz enquanto caráter universal e agregadora da sociedade, harmonizando etnias de todas as culturas e sistemas, crença e fé, cujo respeito e preservação se impõem por conta do primado maior da dignidade da pessoa humana.

Dessa forma, aquele que perturbar referida paz, violentando-a ou a negando, estará cometendo crime contra a própria sociedade humana.

O Estado que delinqüir ou escoriar a paz deverá responder perante o tribunal das nações e no futuro perante o tribunal da História.

O direito à paz já está positivado em nosso ordenamento jurídico, no inciso IV, do art. 4º, da Carta da República. Sendo um princípio tem a mesma força normativa dos direitos fundamentais. O que falta agora é somente universalizá-lo, inseri-lo em todas as Constituições.

Dessa forma, assim como outrora fora requerido o direito à igualdade, à moralidade administrativa, à ética na relação política, à democracia no exercício do poder, agora é tempo de requerer o direito à paz, quer a nível internacional e coletivo, quer a nível individual.

E arremata *Bonavides:* "No mundo globalizado da unipolaridade, das economias desnacionalizadas e das soberanias relativizadas e dos poderes constitucionais desrespeitados, ou ficamos com a força do direito ou com o direito da força. Não há mais alternativa. A primeira nos liberta, a segunda nos escraviza. Uma é a liberdade, a outra, o cárcere; aquela é Rui Barbosa em Haia, esta é Bush em Washington e Guantánamo; ali se advogam a Constituição e a soberania, aqui se canonizam a força e o arbítrio, a maldade e a capitulação"[8].

Resta elevada, de tal forma, a paz ao grau de direito fundamental de quinta geração ou dimensão. Assim, o que antes fora um conceito filosófico é hoje um conceito jurídico, tanto mais jurídico quanto maior a força principiológica de sua acolhida nas Constituições.

É a paz que aparelha a democracia, enquanto a guerra é administrada pela ditadura. Se de um lado a paz constrói valores, de outro a guerra os destrói. A paz é sempre jurídica, enquanto a guerra é sempre criminosa. É o poder constituinte mo-

---

(7) Palestra proferida no II Congresso Latino-Americano de Estudos Constitucionais, no período de 3 a 5 de abril de 2008, Fortaleza/CE.
(8) *Ibidem*.

ral hodierno que, reconhecendo a paz, cria um novo direito que corrobora para a sobrevivência do homem no planeta de artefatos nucleares e explosão tecnológica.

Assim, é a paz o grande axioma da democracia participativa e o supremo direito da humanidade.

3. Os reflexos dos direitos humanos da 5ª geração no mundo do trabalho — Inércias, avanços e retrocessos na Constituição Federal e na legislação

Estabelecido, como visto, que o direito à paz é constitucionalmente garantido em nossa ordem jurídica, paz que há de se entender não só a nível internacional, mas também na seara coletiva e mesmo individual, de se concluir que a observância de comandos constitucionais e infraconstitucionais de proteção ao trabalho são geradores da paz social e , via contrária, a não implementação e mesmo a lacuna por omissão do legislador infraconstitucional de regramento de situações de proteção ao trabalhador são geradoras do conflito social, vereda antagônica ao pleno estabelecimento da paz social.

Contudo, o que se tem observado nas últimas quadras é a cada vez mais acre busca pela flexibilização das leis trabalhistas, sentença do neoliberalismo, que prega o "enxugamento" de gorduras, como forma de tornar o estado competitivo, quando, no fundo, pouco se preocupa com a soberania das nações, posto que o que impera é o soberano mercado, que dita as regras e com a força da grana "ergue e destrói coisas belas".

Com bastante propriedade a Ministra do TST, *Kátia Magalhães Arruda* sintetiza o problema, que pela precisão da análise merece transcrição literal:

> Desregulamentar é retirar do âmbito da legislação parte dos direitos trabalhistas, que não mais seriam garantidos por leis, mas sim através da negociação entre as categorias envolvidas. A proposta neoliberal é diluir as normas jurídicas que protegem os trabalhadores com poder de sansão e caráter de eficácia para que cada direito seja negociado entre patrões e empregados. Espelha-se na situação de alguns países que não possuem uma legislação trabalhista específica ou, pelo menos, não é garantido o mesmo número de direitos constantes nos textos normativos brasileiros.
>
> As propostas de desregulamentação têm sido identificadas e defendidas em três níveis básicos: no âmbito específico do trabalho, tanto na possibilidade de intensificar a jornada de trabalho diária quanto na mobilidade interna dos empregados; no âmbito da formalização do emprego, viabilizando a despedida de empregados sem custos e a contratação precária de trabalhadores por prazo fixo ou subcontratados; no âmbito salarial, permitindo que os salários sejam "reduzidos aos seus níveis naturais, isto é, livremente determinados pelo mercado".
>
> Afirma-se que países como o Japão possuem melhores condições de superar a crise por não possuírem legislação protecionista na questão do trabalho, o

crescimento do Japão, colocado aqui apenas em caráter exemplificativo, deve-se muito mais ao seu processo de industrialização ativa do que a uma política flexível de direitos trabalhistas, vale ressaltar que as longas jornadas de trabalho estão produzindo degradações físicas e morais nos japoneses, chegando-se mesmo ao diagnóstico de uma doença denominada karoshi, decorrente de condições de trabalho tão extenuantes, que podem levar a um esgotamento fatal.

Ao contrário do que se apregoa, em países com baixo índice de desemprego, como a Suécia e a Noruega, o Estado não optou por nenhuma postura omissiva na questão da proteção ao trabalho, persistindo as características gerais do Welfare State e a intervenção estatal através de políticas econômicas regulatórias, *Jorge Matoso* esclarece que em outro país em que o desemprego não tem crescido — os Estados Unidos da América —, deve-se avaliar que houve uma redução nas taxas da população economicamente ativa e da participação de mulheres e, mesmo assim, a geração de novos empregos está localizada "majoritariamente, em setores demandantes de empregos com pouca qualificação, baixos salários e produtividade".

Um outro aspecto é que a desregulamentação e o incentivo de soluções negociadas exigem dois requisitos inexistentes no Brasil: um alto nível de educação e cidadania e o fortalecimento dos sindicatos, que passariam a ser os maiores responsáveis pela negociação e defesa dos interesses de suas categorias representadas. Ocorre que o poder de barganha dos sindicatos é inversamente proporcional à expansão do desemprego, o que tem contribuído para o declínio e enfraquecimento dos sindicatos e de seus associados, gerando uma situação abismal: estimula-se a criação e manutenção de direitos pela via negocial, mas desarticula-se a entidade que poderia proteger os trabalhadores[9].

Diante de tal cenário, que é fruto direto da globalização do neoliberalismo, lamentavelmente, até o presente natalício vintenário da Carta da República de 1988, de se apontar número bem mais elevado de retrocessos e inércias que de avanços, embora fosse o desejado que o oposto se desse.

Neste breve panorama, que é o que permite este sucinto trabalho, não há como não fazer menção inicial ao inciso primeiro, do art. 7º, da Carta Política, que foi o que ceifou de vez a estabilidade no emprego.

Para os defensores do neoliberalismo, falar em estabilidade é o mesmo que falar em cruz diante de Satanás. A realidade não mais comportaria tamanho engessamento, tamanho retrocesso, a competitividade feneceria e a empresa estancaria.

Contudo, a maior ânsia do ser humano, em qualquer de suas frentes, é a da segurança, da estabilidade, inclusive no âmbito das relações de trabalho, posto

(9) ARRUDA, Kátia Magalhães. *Direito constitucional do trabalho.* São Paulo: LTr, 1998. p. 89-90.

que é do pleno emprego donde tira o seu sustento e o de sua família. E é dessa sensação de estabilidade que vem a paz, enquanto direito fundamental de 5ª Geração, como visto.

Em que pese haja o constituinte asseverado que haveria a proteção contra a despedida arbitrária, deixou ao legislador infraconstitucional a missão de regulamentar a matéria, o que correu *in albis* durante os vinte anos que ora se celebram, propiciando, na minha forma de enxergar, o maior retrocesso trabalhista da não obstante avançada Constituição Cidadã de 1988.

Como forma de minimizar tal lacuna o Poder Executivo vem de propor Projeto de Lei que tem por escopo reavivar a Convenção n. 158 da OIT, que embora não garanta efetivamente uma estabilidade no emprego, cria mecanismos de maior rigidez para o rompimento da relação de emprego por parte do empregador, o qual, doravante, há que ficar atento a critérios mais objetivos relacionados à má conduta do empregado ou claro comprometimento financeiro da empresa, para só então denunciar o contrato de trabalho.

Sabe-se que tal Convenção já fez parte do cenário jurídico brasileiro à época do governo Fernando Henrique, o qual depois retirou a adesão brasileira a tal norma internacional.

Na minha maneira de ver, por mais que tenha se instalado um clamor da classe empresarial pelo recrudescimento da Convenção n. 158, entendo que adotando o poder patronal critérios precisos, porém justos de contratação, bem como atenta e correta aplicação do poder disciplinar, não há motivos para tão grande torpor, pois praticando o empregado mal comportamento (os critérios objetivos, a meu ver, são os do art. 482 da CLT) ou estando o empregador atingido por crise financeira, aberto estará o caminho para o correto desate contratual.

Embora ainda fique manca a questão da indenização compensatória pela despedida imotivada, cuja deliberação o constituinte deixou para o legislador infraconstitucional, alguns, diferente de mim, entendendo ser a própria multa do FGTS tal indenização, de uma forma ou de outra, ainda que pela via transversa, que não a dita lei de complemento à Constituição, traz a Convenção n. 158 da OIT um refrigério à hoje tênue relação de trabalho, bálsamo este o mais ansiado pelo trabalhador, a saber, uma permanência mais duradoura no emprego, cujos índices no Brasil não chegam a 3 anos, enquanto em países outros, que nem por isso deixam de ser a 3ª potência mundial, como é o caso da Alemanha, propiciam a seus trabalhadores uma permanência média de 10 anos na mesma empresa.

Outra nótula que penso merecer relevo neste cenário não enumerativo, mas modestamente exemplificativo dos avanços e retrocessos trabalhistas na Carta de 1988, refere-se ao aviso prévio.

Do estudo da hermenêutica jurídica, tem-se como maneira mais singela de interpretação, a que se dá de forma gramatical ou literal. Apesar de singela, em determinadas situações não há como bem se interpretar a não ser pela forma gramatical. É o caso, penso, do trato constitucional do aviso prévio. É que ali o constituinte asseverou que o aviso prévio seria proporcional ao tempo de serviço, conforme regulamentação infraconstitucional. Ora, as grandezas matemáticas podem ser direta ou indiretamente proporcionais. Se não houve expressa menção de que a correlação matemática seria indiretamente proporcional é porque trata-se de uma correlação diretamente proporcional. Assim, de se entender, sem carecer de grandes elucubrações, mas somente de uma interpretação literal ou gramatical, que quanto maior for o tempo de serviço do empregado na empresa, maior há de ser o valor que receberá a título de aviso prévio.

Com isso se estaria prestigiando o trabalhador com mais tempo de casa, o qual sendo desligado involuntariamente e sem justa causa da empresa deveria receber paga maior que trabalhador outro de pouco tempo de contrato, o que estaria em plena consonância, dentre outros, com o princípio da isonomia, que determina que sejam tratados igualmente os iguais e desigualmente os desiguais.

Assim, ficaria a questão do aviso prévio na seara do avanço, no sentido de que foi uma conquista trabalhista, já que antes da Carta de 1988 inexistia tal previsão de proporcionalidade entre o tempo de serviço e o valor da paga, mas também se encaixaria na inércia, já que mesmo após 20 anos da Constituição Federal nada se efetivou em tal sentido.

Oxalá possam as próximas quadras trazer a regulamentação de tal ponto e assim se dar a plena aplicabilidade e eficiência da norma constitucional, cujo objetivo central é o de propiciar uma previdência ao trabalhador que se vê diante do fantasma do desemprego, previdência esta tanto maior quanto maior for seu tempo de trabalho naquela empresa que ora o coloca para fora.

Outro aspecto que em nosso ponto de vista iniciou-se com um avanço, mas acabou num retrocesso, foi o da prescrição em relação ao trabalhador rural.

Inicialmente, a Carta Política, numa espécie de resgate da dívida do Direito e da Justiça do Trabalho com o rurícola, estabeleceu que não haveria limite para a recuperação de direitos trabalhistas do trabalhador rural, diferentemente dos 5 anos que o urbano poderia recuperar. Tal medida atendia em cheio à previsão isonômica de tratar diferentemente os diferentes, a saber, urbanos e rurais. Sim, porque é de sabença que o acesso do rural não só ao conhecimento do Direito que o ampara, como também à máquina judiciária — em que pesem as chamadas varas itinerantes — é bem aquém do urbano, isto sem se falar na diminuta organização sindical campesina, salvo honrosas exceções.

Emenda Constitucional igualou a prescrição do rural à do urbano, o que, no meu sentir, evidenciou tremendo retrocesso, pois, como dito, ainda é grande a fronteira entre o trabalho urbano e o trabalho rural e via de conseqüência dificultado é o resgate dos direitos do trabalhador campesino, que por tal razão deveria ser remido do fator tempo para o pleno acesso a suas verbas trabalhistas de todo o contrato de trabalho, sem que viesse a ser tragado pela vitriolagem prescricional.

Também no meu pensar constituiu retrocesso a limitação de acesso ao salário-família ao trabalhador de baixa renda, entendido aquele que ganha até dois salários mínimos. Ora, apesar de toda a política de recuperação do poder de compra do dito mínimo salário, ainda é pífia a sua compleição, não sendo razoável que trabalhador que ganha pouco mais que dita remuneração não tenha acesso a esse *plus* que não deixa de ser uma proteção à maternidade e à infância, direito social estampado no art. 6º da Carta Política.

Da mesma forma injustificável que até o presente momento não haja sido regulamentada a noção do que venha a ser o trabalho penoso, ou pelo menos a indicação de quais atividades se enquadrariam em referida condição de trabalho paulificante. Noção do que seja trabalho penoso todos temos, como, por exemplo, o daquele que labuta limpando fossas, ou manejando britadeira de perfuração de asfalto, mas sem a regulamentação não há como ser deferido, em juízo, referido acréscimo salarial, cujo *quantum* igualmente é desconhecido, gerando uma venda mais barata da força de trabalho daquele que pena mais que outro de diferente categoria para garantir seu sustento e o de sua família.

Também consideramos retrocesso a compensação de horas extrapoladas em prazo que vai até um ano. É que a Constituição previa e a lei infraconstitucional estabelecia que extrapolada a jornada, na mesma semana deveria ocorrer a compensação. Hoje, pela legislação vigente, até um ano após a dação da extrapolação pelo empregado poderá o empregador fazer a compensação, o que gera um efetivo prejuízo para aquele que deu horas a mais e somente quase um ano depois veio a receber a respectiva paga, não em forma de pecúnia, mas em horas a menos de trabalho, em período que pode não interessar ao empregado, quando não vier a lhe trazer efetivo prejuízo por variáveis de sua vida pessoal ou familiar.

Avanço evidente foi o estabelecido pela CLT como gerador da paga de hora extra quando do desrespeito patronal ao intervalo intrajornada.

Não se pode aqui deixar de registrar como avanço, outrossim, o fato de a exigência de experiência prévia no ato da seleção para o emprego não mais poder extrapolar o período de 6 meses. Sem dúvida que, principalmente para o jovem trabalhador que se lança no mercado de trabalho, exigir experiência superior é o mesmo que fadá-lo ao desemprego, pois todos um dia tiveram um primeiro emprego, para o qual inexistia experiência prévia.

Outro avanço que merece nótula se refere ao labor da pessoa de mais idade. É que é inegável que em nossa realidade de trabalho, cedo o laborista começa a ser discriminado por conta de contar com mais anos de vida, muita vez iniciando-se a discriminação na faixa dos quarenta anos de idade, o que configura verdadeira impropriedade, pois inexiste nexo, para a grande maioria das atividades laborativas, entre o contar com mais anos de idade e ser incapaz para o trabalho. Assim, em boa hora veio a norma infraconstitucional fazer coro com o princípio constitucional geral da isonomia, inclusive com a isonomia no mundo do trabalho, especificamente por meio do Estatuto do Idoso (Lei n. 10.741/03), que cuida de forma específica do trabalho de tal longevo em seus arts. 26 a 28, cuja transcrição merece ocorrer pela mira certeira que faz no problema.

[...]

Da Profissionalização e do Trabalho

Art. 26. O idoso tem direito ao exercício de atividade profissional, respeitadas suas condições físicas, intelectuais e psíquicas.

Art. 27. Na admissão do idoso em qualquer trabalho ou emprego, é vedada a discriminação e a fixação de limite máximo de idade, inclusive para concursos, ressalvados os casos em que a natureza do cargo o exigir.

Parágrafo único. O primeiro critério de desempate em concurso público será a idade, dando-se preferência ao de idade mais elevada.

Art. 28. O Poder Público criará e estimulará programas de:

I — profissionalização especializada para os idosos, aproveitando seus potenciais e habilidades para atividades regulares e remuneradas;

II — preparação dos trabalhadores para a aposentadoria, com antecedência mínima de 1 (um) ano, por meio de estímulo a novos projetos sociais, conforme seus interesses, e de esclarecimento sobre os direitos sociais e de cidadania.

III — estímulo às empresas privadas para admissão de idosos ao trabalho.

Assim, como não existiram somente retrocessos e inércias, seria omissão e mesmo inverdade não registrar tal avanço de ordem infraconstitucional que foi o Estatuto do Idoso, que com sensibilidade viu a problemática do trabalhador de mais idade e trouxe o remédio correto para que se espanque de vez do cenário jurídico a discriminação pelo só fato de a pessoa contar com mais anos de vida.

De se considerar não necessariamente um avanço ou retrocesso, mas sim uma inércia, tudo em atendimento ao título do presente tópico, o fato de o lazer haver sido incluído na Carta de 1988 como um dos bens e serviços que o trabalhador poderia garantir com o ganho do salário mínimo e tal aquisição ser absolutamente surreal, pois se sequer o essencial é propiciado ao trabalhador que aufere o mínimo salário, que dizer sobrar dinheiro para seu entretenimento!

O lazer foi incluído como direito social no dito art. 6º da Carta Política, daí haver sido transportado para o inciso do art. 7º que trata dos direitos sociais. Contudo, a inércia a que se faz menção reside no fato de, ao longo desses vinte anos, o salário mínimo não haver garantido ao trabalhador o acesso ao lazer, pois sequer garantiu em sua plenitude o acesso às demais necessidades básicas.

Outro ponto que merece nótula é o da previsão constitucional de incentivo ao mercado de trabalho da mulher. Ora, sabe-se que homem e mulher são detentores de dignidade, daí merecerem tratamento igual. Contudo, conhecedor o constituinte da discriminação que lamentavelmente ainda graça entre os sexos, obviamente que em desfavor da mulher, houve por bem determinar a adoção de práticas que minimizem tal fosso entre o labor masculino e o feminino. Com efeito, é de plena sabença que sói acontecer de a mulher realizar a mesma atividade que o homem e mesmo assim receber salário menor. De ter maior dificuldade de ascensão empresarial se comparada ao homem. De ser com mais freqüência assediada sexualmente. Entretanto, se fizermos um debruço sobre o que se produziu em termos legiferativos para catalisar tal igualdade entre os sexos constataremos que, afora legislação que protege a maternidade e a fertilidade feminina, pouca coisa foi produzida, daí se concluir que em tal seara, se não houve retrocesso, avanço é que mesmo não aconteceu, o que não pode deixar de aqui ser registrado.

Destarte, de se dizer, como muito lamento, que muito não há a ser comemorado nesses 20 anos de existência da Carta da República, pois se de um lado a própria Constituição em si trouxe muitas conquistas para a classe trabalhadora, dentre outras, aqui o ainda não citado seguro-desemprego, por outra vereda a maior de todas as conquistas que poderia ter o laborista, a saber, a garantia do pleno emprego, foi arredada pelo inciso I, do art. 7º, da Carta Política, que se não bastasse haver extirpado o direito à estabilidade no emprego, ainda não veio a ser implementado no que se refere à indenização compensatória, nem muito menos à proteção em si da despedida arbitrária, nada obstante o que se disse acima a respeito da Convenção n. 158 da OIT.

Viu-se que o direito à paz é direito fundamental, direito humano de 5ª geração, devidamente positivado na Constituição Federal Brasileira. Paz, como se viu, a nível internacional, mas também a nível coletivo e de igual sorte a nível individual. Não se pode querer, pois, a plena efetivação da paz se expressiva parte do texto constitucional que protege a classe trabalhadora, por razões quer de omissão do legislador infraconstitucional, quer pela ausência de eficácia, não vieram a ser cumpridos, em grande e expressivo prejuízo para o pólo mais fraco do contrato de trabalho.

Não é chavão, nem muito menos frase de efeito a que assevera que a paz é fruto da Justiça. Assim, onde há Justiça, preparado está o cenário para a paz, que de fato se efetiva.

Ora, se a construção constitucional é a manifestação da *volksgeist*, vale dizer, da vontade popular, que se calca na Justiça, construção que culminou na edificação dos institutos jurídicos que acima mencionamos, e tais institutos não vêm a ser efetivados por quaisquer das razões igualmente declinadas, de se dizer que ferida de morte está a paz, o direito humano à paz, postulado de nossa Carta Política e do Estado Democrático de Direito.

Daí que para a plena efetivação da paz, imperativa a observância dos institutos jurídicos insculpidos no art. 7º da Carta da República, sendo que a ausência de efetividade de qualquer deles é por si só suficiente para abalar e açodar a paz, quer individual, quer coletiva, evidenciando-se uma dupla ferida, a saber, a do não respeito ao direito em si que é descumprido por sua não implementação, e a da não propiciação da paz social, direito de todo indivíduo, de toda a coletividade e de toda a nação.

Espera-se que com esses 20 anos que ora são "comemorados" haja um despertar de quem deva para que venha, a curto prazo, a ser efetivada cada uma das previsões constitucionais do trato trabalhista, de tal sorte que haja uma efetividade geral do texto constitucional, com o que se estará dando lugar à Justiça, da qual redunda, inexoravelmente, a paz, em seus vários níveis, que por sua vez corrobora para a subsistência do próprio gênero humano, bem assim para o progresso dos indivíduos, dos povos e das nações.

A Constituição de 1988 e o Meio Ambiente do Trabalho. O Princípio da Prevenção no Meio Ambiente do Trabalho. Ministério Público do Trabalho e o Licenciamento Ambiental. Estudo Prévio e Relatório de Impacto Ambiental. Audiência Pública. CIPA e os Programas de Prevenção e Controle da Saúde e Segurança do Trabalhador

Fábio de Assis F. Fernandes(*)

1. INTRODUÇÃO

A atual Constituição Federal de 1988, refletindo as preocupações da sociedade internacional com a viabilidade da vida no planeta, alçou o meio ambiente, enquanto bem essencial à sadia qualidade de vida, a direito fundamental, tanto para as presentes como para as futuras gerações, nos termos do art. 225, cabeça, vazado nos seguintes termos:

> "Todos têm direito ao meio ambiente ecologicamente equilibrado, bem de uso comum do povo e essencial à sadia qualidade de vida, impondo-se ao Poder Público e à coletividade o dever de defendê-lo e preservá-lo para as presentes e futuras gerações."

Diante da abrangência da assertiva constitucional contida no artigo citado, evidente que o direito ao meio ambiente ecologicamente equilibrado alcança todos os aspectos que o compõem, nele se incluindo o meio ambiente do trabalho.

Com efeito, dado o caráter extenso de incidência do termo "meio ambiente ecologicamente equilibrado", a classificação que dele se faça atende mais a critérios didáticos e de utilidade prática para a rápida identificação do bem ambiental degradado.

Neste sentido, *Norma Sueli Padilha*(1) afirma resultar

> "... claro que quando a Constituição Federal, em seu art. 225, fala em meio ambiente ecologicamente equilibrado, está mencionando todos os aspectos

(*) Procurador do Trabalho, lotado no Núcleo de Meio Ambiente do Trabalho da Procuradoria Regional do Trabalho da 2ª Região — São Paulo. Especialista em Direito do Trabalho pela PUC/SP, em Direito Ambiental pela Escola Superior de Direito Constitucional/SP e em Direitos Humanos pela Faculdade de Direito da USP. Mestrando em Direito do Trabalho pela PUC/SP.

(1) PADILHA, Norma Sueli. *Do meio ambiente do trabalho equilibrado*. São Paulo: LTr, 2002. p. 32.

do meio ambiente. E, ao dispor, ainda, que o homem para encontrar uma sadia qualidade de vida necessita viver nesse ambiente ecologicamente equilibrado, tornou obrigatória também a proteção do ambiente no qual o homem, normalmente, passa a maior parte de sua vida produtiva, qual seja, o trabalho."

Não obstante o caráter unitário do conceito de meio ambiente, uma vez que se rege por princípios e diretrizes comuns, torna-se imperioso conferir maior efetividade às normas e princípios do direito ambiental ao meio ambiente do trabalho, pois, se, por um lado, a conscientização da sociedade na preservação principalmente do meio ambiente natural — ar, água, solo, fauna, flora, incluindo os ecossistemas — artificial e cultural, atingui um nível elevado nos últimos anos, o mesmo não se pode dizer em relação à proteção do meio ambiente do trabalho. Com efeito, mesmo entre os operadores do direito, vê-se certa incompreensão e até antipatia com as normas de medicina e segurança do trabalho, relegando-se a tais normas uma importância menor em comparação com as que compõem o ordenamento jurídico trabalhista, ligadas à obtenção de conquistas no plano material.

É como se a divisão dos aspectos que compõem o meio ambiente deixasse de ser, como aludimos acima, apenas uma estratégia de facilitação do estudo para a melhor compreensão do fenômeno, e passasse a ter "vida própria" com um distanciamento cada vez maior da parte em relação ao todo, atingindo, dessa forma, uma dimensão que não se coaduna com o seu propósito inicial, de cunho meramente didático-elucidativo. Observe-se que a própria denominação "aspectos" está a revelar peculiaridades dentro do uno.

Nesse diapasão tem-se revelado extremamente nefasto o tratamento compartimentalizado entre os "meios ambientes", cujo emprego de denominações diferenciadas — "macro-ambiente" para designar o meio ambiente natural por excelência e "micro-ambiente" para designar o meio ambiente do trabalho —, deixa de lado, ainda que de forma alegórica, aspectos que fazem parte de uma mesma realidade ontológica e que, por isso mesmo, necessitam de tratamento igualitário visando à proteção sistêmica e integrada do ambiente.

No momento em que a Organização Internacional do Trabalho — OIT afirma estatisticamente que nada menos que 95% dos danos ambientais causados aos mais diversos ecossistemas naturais se originam no micro-ambiente do trabalho, faz-se necessário, o mais rápido possível, dar-se plena eficácia ao princípio da prevenção, de maneira que a variável ambiental trabalhista também seja levada em conta nos estudos de viabilidade dos empreendimentos e nas ações estratégicas do setor público e privado que impliquem em interferências no meio ambiente como um todo, sob pena de não estarmos a imprimir sua defesa eficaz.

Conforme relembra *Júlio César de Sá da Rocha*(2), já em 1988 a OIT, na sua tradicional Conferência em Genebra, "se dice que el médio ambiente de trabajo forma

(2) ROCHA, Júlio César de Sá da. *Direito ambiental e meio ambiente do trabalho*. Dano, prevenção e proteção jurídica. São Paulo: LTr, 1997. p. 30.

parte integrante e importante del médio ambiente considerado em su totalidad y que las mejoras del médio ambiente de trabajo elevaron la calidad del médio ambiente en general".

Em discurso proferido em 21.3.1987 na Comissão de Expertos na Aplicação de Convenções e Recomendações da OIT, na qualidade de Presidente do Grupo de Trabalho denominado *Seguridad en el Medio Ambiente de Trabajo*, na cidade de Genebra, após declarar que "o direito à segurança e à higiene no trabalho é também, num sentido amplo, um direito humano, tal como prevê o Pacto Internacional dos Direitos Econômicos, Sociais e Culturais das Nações Unidas, pois corresponde ao direito à vida e à integridade física das pessoas" asseverou com habitual maestria *Arnaldo Süssekind* o seguinte: "Assim como repercutem no local de trabalho condições adversas do ambiente de trabalho imediato, também os efeitos de inadequados sistemas de produção e, por vezes, de certos sinistros ocorridos em estabelecimentos industriais podem alcançar áreas muito distantes. Em *Thrre-Mile Island, Chernobil, Bhopal* e *Sandoz* os riscos foram muito além do ambiente do trabalho, atraindo a atenção universal por terem invadido o meio ambiente geral".

A Organização Internacional do Trabalho — OIT estima que, no mundo, anualmente, entre 1,9 e 2,3 milhões de pessoas perdem suas vidas enquanto trabalham. São 5.500 mortes diárias — três a cada minuto, em razão de acidentes de trabalho, um milhão e seiscentos mil em razão de doenças relacionadas ao trabalho, dos quais doze mil são crianças.

Segundo a Fundação Jorge Duprat Figueiredo — FUNDACENTRO, isso representa mais que o dobro das mortes ocorridas em razão de guerras e epidemias como a AIDS — SIDA. A exposição a agentes cancerígenos presentes em pesticidas e em outros produtos, por exemplo, está na origem de várias doenças que levam à morte após longo tempo de incubação.

No Brasil, mesmo com a deficiência das estatísticas oficiais que incluem apenas os trabalhadores registrados em carteira, os números são assustadores. Somente em 2002 foram registrados oficialmente 387.905 casos de acidentes e doenças relacionadas ao trabalho, dos quais 2.898 resultaram na morte do trabalhador e 15.029, em casos de incapacidade permanente. Cumpre registrar, para a nossa decepção e tristeza, que diante do incremento considerável ocorrido no ano de 2002, interrompeu-se um processo de queda dos infortúnios profissionais que vinha desde 1999, como nos informa *Arnaldo Süssekind*(3): nesse ano (1999) os acidentes mataram 3.896 trabalhadores, em 2000, 3.094, e em 2001, 2.257, enquanto que a estatística de acidentes do trabalho em geral passou de 387.000 em 1999, para 363.000 em 2000 e 339.000 em 2001. É lastimável que, em conformidade com os dados acima citados, 2.898 (duas mil oitocentas e noventa e oito) vidas de trabalhadores tenham sido ceifadas, justamente no local de trabalho, cuja existência, diz o adágio popular, é para o empregado ganhar a vida, não para encontrar a morte.

---

(3) SÜSSEKIND, Arnaldo Lopes *et al. Instituição de direito do trabalho.* 21. ed. São Paulo: LTr, 2003. v. 2, p. 919.

Além do incalculável prejuízo social, esses números significam uma perda econômica da ordem de 2,3% do PIB brasileiro anual. Segundo a FUNDACENTRO, podem chegar a 4, se considerarmos os acidentes e doenças que não são registrados pelas estatísticas oficiais, como ocorre com os casos envolvendo os trabalhadores do setor informal da economia, do setor público, da área rural e entre os cooperados e autônomos.

Com o presente estudo visamos a enfatizar a conveniência da participação do Ministério Público do Trabalho no processo de licenciamento ambiental, especificamente nas atividades que requeiram o Estudo Prévio e o Relatório de Impacto Ambiental, fazendo-se presente nas audiências públicas e demais eventos que compõem o procedimento citado, com o objetivo de aferir e caracterizar os impactos do empreendimento sobre o meio ambiente do trabalho.

Com isso, se possibilita a verificação *ab initio* das medidas de controle e segurança, visando a dotar o empreendimento dos padrões mínimos de Segurança e Saúde do Trabalho previstos nas Normas Regulamentadoras — NR´s do Ministério do Trabalho e Emprego e que compõem, por assim dizer, o Meio Ambiente do Trabalho, inclusive com a possibilidade, em determinadas circunstâncias, da assinatura de Termo de Ajuste de Conduta, expediente que em tudo se coaduna com a necessária prevenção dos riscos inerentes ao meio ambiente do trabalho.

2. Meio ambiente: conceito doutrinário e legal

Não obstante a expressão "meio ambiente" seja pleonástica, já que meio é precisamente aquilo que envolve, ou seja, o "ambiente", trata-se de expressão consagrada, inclusive constitucionalmente, razão pela qual com ela permaneceremos.

Norma Sueli Padilha(4), após firmar seu entendimento sobre a natureza abrangente e interdisciplinar do conceito de meio ambiente, cita os eminentes juristas *Celso Antônio Pacheco Fiorillo, Marcelo Abelha Rodrigues* e *Rosa Maria Andrade Nery*, que também denotam a amplitude aludida, afirmando que "... o conceito de meio ambiente é amplíssimo, na exata medida em que se associa à expressão ´sadia qualidade de vida`. Trata-se, pois, de um conceito jurídico indeterminado, que, propositadamente colocado pelo legislador, visa a criar um espaço positivo de incidência da norma, ou seja, ao revés, se houvesse uma definição precisa do que seja meio ambiente, numerosas situações, que normalmente seriam inseridas na órbita do conceito atual de meio ambiente, poderiam deixar de sê-lo, pela eventual criação de um espaço negativo inerente a qualquer definição".

O grande mestre *Paulo Afonso Leme Machado*(5) afirma: "Na medida em que o ambiente é a expressão de uma visão global das intenções e das relações dos seres vivos entre eles e com seu meio, não é surpreendente que o Direito do Ambiente seja um direito de caráter horizontal, que recubra os diferentes ramos clássicos do

---

(4) *Ibidem*, p. 21.

(5) MACHADO, Paulo Afonso Leme. *Direito ambiental brasileiro*. 12. ed. São Paulo: Malheiros, 2004. p. 139.

Direito (Direito Civil, Direito Administrativo, Direito Penal, Direito Internacional), e um Direito de interações, que se encontra disperso nas várias regulamentações. Mais do que um novo ramo do Direito com seu próprio corpo de regras, o Direito do Ambiente tende a penetrar todos os sistemas jurídicos existentes para os orientar num sentido ambientalista".

O consagrado constitucionalista e ex-Secretário de Segurança Pública do Estado de São Paulo, *José Afonso da Silva*(6), posiciona-se favoravelmente à utilização da expressão "meio ambiente" ao invés da palavra "ambiente". Argumenta o mestre que a primeira expressão se apresenta mais rica de sentido, ao indicar conexão de valores, do que a simples palavra "ambiente", pois enquanto esta última exprime o conjunto de elementos, aquela expressa o resultado da interação desses elementos. Assim, nas palavras do autor em tela, "... o conceito de meio ambiente há de ser, pois, globalizante, abrangente de toda a Natureza original e artificial, bem como os bens culturais correlatos, compreendendo, portanto, o solo, a água, o ar, a flora, as belezas naturais, o patrimônio histórico, artístico, turístico, paisagístico e arqueológico.

O meio ambiente é, assim, a interação do conjunto de elementos naturais, artificiais e culturais que propiciem o desenvolvimento equilibrado da vida em todas as suas formas. A integração busca assumir uma concepção unitária do ambiente, compreensiva dos recursos naturais e culturais".

Nas palavras de *José Joaquim Gomes Canotilho*(7), "ambiente" traduz-se como *ambiance*, ou seja, como um "mundo humanamente construído e conformado" consistente em tudo o que está presente na natureza, seja ou não decorrente da ação humana.

Sobre o tema, vale colher ainda a lição de *Édis Milaré*(8):

> "A visão holística do meio ambiente leva-nos à consideração de seu caráter social, uma vez definido constitucionalmente como bem de uso comum do povo, caráter ao mesmo tempo histórico, porquanto o ambiente resulta das relações do ser humano com o mundo natural no decorrer do tempo. Esta visão faz-nos incluir no conceito de ambiente, além dos ecossistemas naturais, as sucessivas criações do espírito humano que se traduzem nas suas múltiplas obras. Por isso, as modernas políticas ambientais consideram relevante ocupar-se do patrimônio cultural, expresso em realizações significativas que caracterizam, de maneira particular, os assentamentos humanos e as paisagens de seu entorno."

Em sede legal, o conceito de meio ambiente é dado pelo inciso I do art. 3º da Lei n. 6.938/81, que instituiu a Política Nacional do Meio Ambiente, como um con-

---

(6) SILVA, José Afonso da. *Direito ambiental constitucional*. 3. ed. São Paulo: Malheiros, 2000. p. 20.

(7) CANOTILHO, José Joaquim Gomes. Procedimento administrativo e defesa do ambiente. *RLJ*, 1991, ano 123, n. 3799, p. 290 .

(8) MILARÉ, Edis. *Direito do ambiente*. São Paulo: Revista dos Tribunais, 2000. p. 201.

junto de condições, leis, influências e interações de ordem física, química e biológica, que permite, abriga e rege a vida em todas as suas formas.

E meio ambiente do trabalho, o que vem a ser?

Na concepção de *Celso Antonio Pacheco Fiorillo*(9), meio ambiente do trabalho é o "... local onde as pessoas desempenham suas atividades laborais, sejam remuneradas ou não, cujo equilíbrio está baseado na salubridade do meio e na ausência de agentes que comprometam a incolumidade físico-psíquica dos trabalhadores, independente da condição que ostentem (homens ou mulheres, maiores ou menores de idade, celetistas, servidores públicos, autônomos etc.)".

Cabe apenas ressaltar que a tutela processual do meio ambiente do trabalho de servidores públicos estatuários — não admitidos pela Consolidação das Leis do Trabalho — CLT — contra a pessoa jurídica de direito público, bem como os eventuais e os autônomos não poderá ser buscada perante a Justiça do Trabalho, uma vez que tais demandas não se inserem na competência material da Justiça Especializada, nos termos do art. 114 da Constituição Federal e em consonância com o pronunciamento do Supremo Tribunal Federal, por intermédio de sua 2ª Turma, no julgamento do RE 206.220-1 MG, de 16.3.1999, cujo relator foi o Ministro Marco Aurélio.

Segundo *José Afonso da Silva*(10) "...merece referência em separado o meio ambiente do trabalho, como o local em que se desenrola boa parte da vida do trabalhador, cuja qualidade de vida está, por isso, em íntima dependência da qualidade daquele ambiente. É um meio ambiente que se insere no artificial, mas digno de tratamento especial, tanto que a Constituição o menciona explicitamente no art. 200, VIII, ao estabelecer que uma das atribuições do Sistema Único de Saúde consiste em colaborar na proteção do ambiente, nele compreendido o do trabalho. O ambiente do trabalho é protegido por uma série de normas constitucionais e legais destinadas a garantir-lhe condições de salubridade e de segurança". Mais adiante diz que "o ambiente do trabalho é um complexo de bens imóveis e móveis de uma empresa e de uma sociedade, objeto de direitos subjetivos privados e de direitos invioláveis da saúde e da integridade física dos trabalhadores que o freqüentam".

Sebastião Geraldo de Oliveira(11), por seu turno, afirma: "O meio ambiente do trabalho está inserido no meio ambiente geral (art. 200, VII, da Constituição da República), de modo que é impossível alcançar qualidade de vida sem ter qualidade de trabalho, nem se pode atingir meio ambiente equilibrado e sustentável, ignorando o meio ambiente do trabalho. Dentro desse espírito, a Constituição de 1988 estabeleceu expressamente que a ordem econômica deve observar o princípio da

---

(9) FIORILLO, Celso Antonio Pacheco. *Curso de direito ambiental brasileiro*. 5. ed. São Paulo: Saraiva, 2004. p. 22/23.
(10) *Op. cit.*, p. 23.
(11) OLIVEIRA, Sebastião Geraldo. *Proteção jurídica à saúde do trabalhador*. 4. ed. São Paulo: LTr, 2002. p. 129.

defesa do meio ambiente (art. 170, VI). Como assevera *José Afonso da Silva*, 'o problema da tutela jurídica do meio ambiente manifesta-se a partir do momento em que sua degradação passa a ameaçar não só o bem-estar, mas a qualidade da vida humana, senão a própria sobrevivência do ser humano'".

Rodolfo de Camargo Mancuso[12] define meio ambiente do trabalho como o "... habitat laboral, isto é, tudo que envolve e condiciona, direta e indiretamente, o local onde o homem obtém os meios para prover o quanto necessário para a sua sobrevivência e desenvolvimento, em equilíbrio com o ecossistema. A *contrario sensu*, portanto, quando aquele 'habitat' se revele inidôneo a assegurar as condições mínimas para uma razoável qualidade de vida do trabalhador, aí se terá uma lesão ao meio ambiente do trabalho".

O Procurador Regional do Trabalho *Raimundo Simão de Melo* adverte que o "... meio ambiente de trabalho adequado e seguro é um dos mais importantes e fundamentais direitos do cidadão trabalhador, o qual, se desrespeitado, provoca a agressão a toda a sociedade, que, no final das contas é quem custeia a previdência social..."[13]

Traz-se a lume, agora, o entendimento de *Júlio Cesar de Sá da Rocha*[14] para quem "... o meio ambiente do trabalho é a ambiência na qual se desenvolvem as atividades do trabalho humano. Não se limita ao empregado; todo trabalhador que cede a sua mão-de-obra exerce sua atividade em um ambiente de trabalho. Diante das modificações por que passa o trabalho, o meio ambiente laboral não se restringe ao espaço interno da fábrica ou da empresa, mas se estende ao próprio local de moradia ou ao ambiente urbano."

João José Sady[15] propõe a adaptação da definição legal de meio ambiente contida no art. 3º, I, da Lei n. 6.939/81, acima citada, vinculando-a ao mundo do trabalho, para então extrair que o "meio ambiente do trabalho é o conjunto de condições, leis, influências e interações de ordem física, química e biológica, que permite, abriga e rege a vida das pessoas nas relações de trabalho."

Para o professor *Amauri Mascaro Nascimento* meio ambiente do trabalho é o complexo máquina-trabalho: "as edificações do estabelecimento, EPI, iluminação, conforto térmico, instalações elétricas, condições de salubridade ou insalubridade, de periculosidade ou não, meios de prevenção à fadiga, outras medidas de proteção ao trabalho, jornadas de trabalho e horas extras, intervalos, descansos, férias, movimentação, armazenagem e manuseio de materiais que formam o conjunto de condições de trabalho, etc.".[16]

---

(12) MANCUSO, Rodolfo de Camargo. Ação civil pública trabalhista: análise de alguns pontos controvertidos. *Revista do Ministério Público do Trabalho*. São Paulo: LTr, ano VI, n. 12, set. 96

(13) MELO, Raimundo Simão de. Meio ambiente de trabalho: prevenção e reparação— juízo competente. *Repertório IOB Jurisprudência*, n. 13/97, caderno 2, p. 250. Justiça do Trabalho. *Revista de Jurisprudência Trabalhista*, Porto Alegre, v. 204, 2000, p. 12-18. RDT — *Revista do Direito Trabalhista*, Brasília, v. 10, 2000, p. 3-5.

(14) *Op. cit.*, p. 30.

(15) SADY, João José. *Direito do meio ambiente de trabalho*. São Paulo: LTr, 2000. p. 22.

(16) NASCIMENTO, Amauri Mascaro. A defesa processual do meio ambiente do trabalho: dano, prevenção e proteção jurídica. *Revista LTr*, São Paulo, 63, maio 1997, p. 583-587.

O meio ambiente de trabalho é, na verdade, o local de trabalho do trabalhador, podendo ocorrer em um meio ambiente artificial ou construído, ou mesmo em um ambiente natural, embora sua ocorrência seja menos freqüente, haja vista a existência de alguma intervenção humana que possibilite a sua fruição.

A própria CF/88 trata do assunto no art. 200, VIII, inserido no Título VIII, dedicado à Ordem Social, e Seção II — da Saúde —, nos seguintes termos, *verbis:*

"Art. 200. Ao sistema único de saúde compete, além de outras atribuições, nos termos da lei:

...

VIII — colaborar na proteção do meio ambiente, nele compreendido o do trabalho."

Vale frisar, ainda, no plano do Direito Internacional do Trabalho, a Convenção n. 155 da Organização do Trabalho que trata da Segurança e Saúde dos Trabalhadores. Composta por 22 artigos, utiliza 9 (nove) vezes a expressão "meio ambiente do trabalho" e 4 (quatro) vezes o termo "local de trabalho", demonstrando, com isso, a plena incorporação do conceito a nível internacional.

Referido Diploma Internacional, com vigência em nosso País a partir de 18.5.93, estabelece em seu artigo 3, alínea *c*, que "a expressão ´local de trabalho` abrange todos os lugares onde os trabalhadores devem comparecer ou onde têm que comparecer, e que estejam sob controle, direto ou indireto, do empregador".

Arnaldo Süssekind ao tratar sobre o tema da Ação Prática e Normativa da Organização Internacional do Trabalho pontifica o seguinte: "...Dos estudos realizados pelo PIACT resultou a Convenção n. 155, complementada pela Recomendação n. 164, ambas de 1981, que ampliou o conceito de ambiente de trabalho para fins de segurança e saúde dos trabalhadores. Hoje é necessário considerar tanto a agressão que o local de trabalho pode sofrer, oriunda do meio ambiente circunvizinho, quanto a poluição, por vezes imensurável, que pode ser gerada no estabelecimento industrial". PIACT é abreviatura para Programa Internacional para Melhorar as Condições de Trabalho e Meio Ambiente de Trabalho.

Importante ressaltar, como faz o jurista, professor e Procurador do Estado, *Guilherme José Purvin de Figueiredo*, que referida Convenção n. 155 assegura ao "empregado o direito à interrupção de atividades que represente perigo iminente e grave, sem que tal interrupção implique imputação de qualquer responsabilidade".

Com a permissão do ilustre professor, cabe uma pequena correção à afirmação do consagrado jurista, na medida em que o termo utilizado pela Norma Internacional é *trabalhador* e não *empregado*. Apesar de se tratar apenas de uma palavra, a mesma tem repercussões relevantes no raio de incidência da norma, porquanto, como é sabido, se todo empregado é um trabalhador, nem todo trabalhador será empregado. A diferenciação dimana da espécie de vínculo que se forma entre as partes contratantes: se o contrato celebrado o for por uma pessoa física com outra física ou jurídica e no plano fático existirem a subordinação, pessoalidade, não-eventualidade, onerosidade e alteridade — realização de trabalho em proveito de outrem — estar-se-á diante de um típico contrato de trabalho subordinado restando configurada o que se denomina relação de emprego, cujos sujeitos são o empregado e o empregador. Caso tais elementos configuradores da relação contratual *stricto sensu* não se encontrem presentes ter-se-á a ocorrência de uma relação de trabalho que não dispensará a existência de um contrato de trabalho, aqui tomada em sua acepção ampla, que não se confunde com o contrato de trabalho subordinado. É o caso dos trabalhadores autônomos, dos avulsos e dos eventuais, etc.

Fora da órbita de incidência das normas atinentes à relação de emprego, os servidores admitidos pelo regime estatutário-administrativo, não deixam de ser destinatários das normas de saúde e segurança do trabalho, enquanto trabalhadores que inegavelmente são.

Diante disso, mantém-se a orientação abrangente emanada do termo "trabalhador" a significar a proteção do meio ambiente do trabalho a toda pessoa que execute serviços no estabelecimento do tomador ou no domicílio do trabalhador.

3. Direito à vida, à saúde e ao trabalho

Cumpre-nos dizer que, para que se torne efetivo o direito fundamental à vida assegurado no art. 5º, cabeça, do Texto Constitucional, faz-se mister que se assegure e viabilize o exercício, com a mesma densidade normativa de outros dois direitos tidos como pressupostos para sua existência que são a saúde e o trabalho, sob pena de inviabilizar-se o exercício daquele, dito fundamental, porquanto suporte, por óbvio, de todos os demais.

A garantia constitucional do ambiente ecologicamente equilibrado tem por finalidade tutelar a vida humana. Não qualquer tipo de vida ou sobrevida, mas a vida vivida, ou, para citarmos o texto na forma vazada, "sadia qualidade de vida" para cuja concretização torna-se imprescindível estar presente essa qualidade, também no local onde ocorre uma das principais manifestações do homem com o seu meio, dando-se eficácia aos ditames constitucionais que fixam como direito fundamental, a vida (arts. 1º, III e 5º) e como direitos sociais fundamentais, a saúde e o trabalho (art. 6º).

No art. 196 da Constituição Federal tem-se o disciplinamento do direito social à saúde fixado como "... direito de todos e dever do Estado, garantido mediante políticas sociais e econômicas que visem à redução do risco de doença e de outros agravos e ao acesso universal igualitário às ações e serviços para sua promoção, proteção e recuperação". Dois aspectos importantes podem ser extraídos desse dispositivo constitucional: primeiro, o caráter difuso do direito à saúde, à semelhança do direito ao meio ambiente equilibrado; segundo, o caráter preventivo que deve informar a atuação estatal.

Não é por outro motivo que a nossa Constituição Federal, logo no seu pórtico, enuncia que a República Federativa do Brasil constitui-se em Estado Democrático de Direito, tendo como fundamentos viscerais a cidadania, a dignidade da pessoa humana e os valores sociais do trabalho e da livre iniciativa.

4. Do desenvolvimento sustentável

Aduz-se que a compatibilização dos princípios do trabalho digno e da livre iniciativa deve sofrer a influência do princípio de extraordinária importância para a manutenção da viabilidade da vida em todas as suas formas no planeta. Trata-se do princípio do Desenvolvimento Sustentável, cujo delineamento surgiu na Conferência das Nações Unidas sobre o Meio Ambiente Humano realizada em Estocolmo na Suécia, em 1972 e cuja Declaração a ele se referiu da seguinte forma:

> Princípio 5: " Os recursos não renováveis do Globo devem ser explorados de tal modo que não haja risco de serem exauridos e que as vantagens extraídas de sua utilização sejam partilhadas a toda a humanidade".

Posteriormente, mais precisamente 20 (vinte) anos depois, a Conferência das Nações Unidas sobre o Meio Ambiente e Desenvolvimento voltou a reunir os líderes mundiais e a sociedade civil organizada de diversas partes do mundo, desta feita no Rio de Janeiro em 1992 e também tratou da questão em tela no seu Princípio n. 1 que assim enuncia:

> Princípio 1: "Os seres humanos constituem o centro das preocupações relacionadas com o desenvolvimento sustentável. Têm direito a uma vida saudável e produtiva em harmonia com a natureza".

Como afirma *Celso Antonio Pacheco Fiorillo*(17), o art. 225 da nossa Constituição Federal também acolhe o princípio em comento ao dispor que "Todos têm direito ao meio ambiente ecologicamente equilibrado... impondo-se ao Poder Público e à coletividade o *dever de defendê-lo e preservá-lo para as presentes e futuras gerações*" (grifo nosso).

A livre iniciativa, acrescenta o autor ora citado, passou a ser compreendida de forma mais restrita: "... que significa dizer que não existe a liberdade, a livre iniciativa voltada à disposição de um meio ambiente ecologicamente equilibrado. Este deve ser o objetivo. Busca-se, na verdade, a coexistência de ambos sem que a ordem econômica inviabilize um meio ambiente ecologicamente equilibrado e sem que este obste o desenvolvimento econômico".

Nesse sentido é que a ordem econômica na Constituição Federal (Título VII), embora fundada na livre iniciativa e na valorização do trabalho humano, sofre também o contemperamento da defesa do meio ambiente (art. 170, inciso VI), de-

(17) *Op. cit.*, p. 25.

vendo ser levada a efeito sob os auspícios da justiça social com vistas a assegurar a todos, existência digna (art. 1º, III).

Por isso, afirma *Fiorillo*[18], "... delimita-se o princípio do desenvolvimento sustentável como o desenvolvimento que atenda às necessidades do presente, sem comprometer as futuras gerações", citando expressamente o Princípio n. 3 da Declaração do Rio de Janeiro sobre Meio Ambiente e Desenvolvimento que diz: "O direito ao desenvolvimento deve ser exercido de modo a permitir que sejam atendidas eqüitativamente as necessidades de gerações presentes e futuras".

A tutela jurídica do meio ambiente do trabalho possui duas dimensões: uma mediata ou geral que está contida no art. 225 da Constituição Federal, e outra, dita imediata ou específica, prevista no art. 196, cabeça, *usque* 200, principalmente o inciso VIII, complementado pelos incisos XIII e XIV (limite de jornada), XV (descanso semanal remunerado), XVII (férias), XVIII (licença-gestante), XXII (redução dos riscos inerentes ao trabalho, por meio de normas de saúde, higiene e segurança) e XXXIII (proteção ao trabalho do menor), os quais procuram concretizar o direito à saúde no meio ambiente do trabalho.

Torna-se importante asseverar, como o faz *Norma Sueli Padilha* que: "Para o legislador constitucional, portanto, uma das interfaces do meio ambiente do trabalho é a saúde pública".

E saúde, conforme conceito emanado da Organização Mundial da Saúde — OMS "é um estado de completo bem-estar físico, mental e social, e não somente a ausência de doença ou enfermidade".

Nesse sentido, tem-se a Lei n. 8.080/90, Lei Orgânica da Saúde, cujo art. 3º enuncia o seguinte: "A saúde tem como fatores determinantes e condicionantes, entre outros, a alimentação, a moradia, o saneamento básico, *o meio ambiente, o trabalho,* a renda, a educação, o transporte, o lazer e o acesso aos bens e serviços essenciais; os níveis de saúde da população expressam a organização social e econômica do País." (grifo nosso).

Por outro lado, constitui objetivo do Sistema Único de Saúde, conforme previsão contida no art. 5º, inciso III, da Constituição Federal, a assistência às pessoas por intermédio de ações de promoção, proteção e recuperação da saúde, com a realização integrada das ações assistenciais e das atividades preventivas, estando incluída no campo de atuação do SUS a execução de ações de saúde do trabalhador, *ex vi,* do disposto na alínea *c,* do inciso I do art. 6º do referido Diploma legal.

5. Direito Ambiental e Direito do Trabalho

Por tudo o que aqui já foi exposto, constata-se claramente que o meio ambiente do trabalho sofre incursões tanto do Direito do Trabalho como do Direito Ambiental.

(18) *Ibidem,* p. 27.

Para melhor análise e compreensão do assunto, faremos uma breve digressão para, ao final, expor nossa opinião sobre delicada questão.

A Revolução Industrial desencadeada na Europa no final do século XVIII, caracterizada pela passagem da manufatura à indústria mecânica, é sempre citada como marco de significativa importância nas modificações que advieram na sociedade moderna, pois como o próprio nome está a indicar, produziu uma ampla modificação nos métodos e relações de trabalho. Enfim, foi um processo histórico de radical transformação econômica e social.

Naquela época, os empresários impuseram condições desumanas e degradantes de trabalho aos operários, para aumentar a produção e garantir uma margem de lucro crescente. Não havia a fixação de uma contraprestação mínima à falta de iluminação, má circulação de ar e jornadas diárias de trabalhos que ultrapassavam 15 horas, inclusive de mulheres e crianças, o que gerou inúmeros acidentes. Some-se a isso as já deploráveis condições de vida nas cidades naquela época, com epidemias generalizadas, ausência de condições mínimas de higiene e segurança nas habitações.

Guilherme José Purvin de Figueiredo(19) diz que o "modelo econômico inaugurado com a Revolução Industrial desencadeou tanto o surgimento do proletariado como o início do processo de degradação do meio ambiente natural e humano numa escala nunca dantes vista. Para a nova classe social que nascia, essa degradação ambiental significava sujeição a doenças ocupacionais e a acidentes de trabalho. Em outras palavras, verifica-se um súbito e violento decréscimo na qualidade de vida da população".

Em passagem anterior da mesma obra, o citado autor afirma que a "busca da qualidade de vida é objeto de dois diferentes ramos do direito: o Direito Ambiental e o Direito do Trabalho. Todavia, a despeito de tal coincidência de objetos, motivos de ordem histórica ensejaram a evolução do Direito do Trabalho com muito maior rapidez do que a do Direito Ambiental. *Isso se deve, quiçá, ao fato de que as lesões à saúde e os riscos para a vida dos trabalhadores sempre foram muito mais intensos e flagrantes* do que os similares riscos e lesões ambientais que o restante da população viria a sofrer mais século e meio após o advento da Revolução Industrial — ou seja, quando os recursos naturais (ar e água puros, por exemplo) passaram a escassear" (grifo nosso).

No volume 15, ano III, set./out. 02, da Revista de Direitos Difusos do Instituto Brasileiro de Advocacia Pública o mesmo autor em artigo intitulado "O Papel dos Trabalhadores na Construção de uma Sociedade Economicamente Sustentável", elucida-nos mais ainda a questão ao afirmar que "... Conquanto não seja de todo evidente, a relação entre o Direito Ambiental e o Direito do Trabalho é histórica. A vertente do Direito Ambiental voltada ao controle da poluição física, química e biológica origina-se da legislação trabalhista, já que foi na época da

(19) FIGUEIREDO, Guilherme José Purvin de. *Direito ambiental e a saúde dos trabalhadores.* São Paulo: LTr, 2002. p. 21.

Revolução Industrial que se verificou a aceleração do processo de degradação do meio ambiente natural e humano. Todavia, a ideologia dominante desde então procedeu a uma distinção entre direitos do *trabalhador* e direitos *dos demais cidadãos*. Assim, os primeiros passos do legislador no sentido de procurar controlar a poluição no ambiente laboral foram classificados como mero aspecto do Direito do Trabalho".

"Durante mais de um século, a proteção da saúde do trabalhador será regulada quase que exclusivamente por normas incomodamente inseridas no campo do Direito do Trabalho. São bastante evidentes os contrastes principiológicos entre o Direito Ambiental e o Direito do Trabalho."

Em duas notas de rodapé do corpo do texto, o autor citado justifica as afirmações da seguinte maneira: na primeira, diz que a utilização do termo incomodante é porque, enquanto o Direito do Trabalho insere-se na esfera das relações contratuais próprias do Direito Privado, as normas ambientais chamadas de segurança e higiene do trabalho, como de resto todo o Direito Ambiental, situam-se claramente no âmbito do Direito Público; na segunda nota, referindo-se aos contrastes dos princípios reinantes no Direito do Trabalho e no Direito Ambiental, cita o fato de que a tarifação das lesões à saúde por adicionais e aposentadorias especiais nunca foi contestada pelo Direito do Trabalho.

Norma Sueli Padilha(20) tem a seguinte opinião sobre o assunto: "... o meio ambiente do trabalho embora se encontre numa seara comum ao Direito do Trabalho e ao Direito Ambiental, distintos serão os bens juridicamente tutelados por ambos, uma vez que, enquanto o primeiro se ocupa preponderantemente das relações jurídicas havidas entre empregado e empregador, nos limites de uma relação contratual privatística, o Direito Ambiental, por sua vez, irá buscar a proteção do ser humano trabalhador contra qualquer forma de degradação do ambiente onde exerce sua atividade laborativa".

Celso Antonio Pacheco Fiorillo e *Marcelo Abelha Rodrigues*(21) entendem que "o direito a uma situação de trabalho (art. 6º — direito ao trabalho — direito social) não possui o mesmo objeto de tutela que o meio ambiente do trabalho. Neste, o objeto jurídico tutelado é a saúde e segurança do trabalhador, qual seja da sua vida, na medida que ele, integrante do povo, titular do direito ao meio ambiente, possui direito à sadia qualidade de vida. O que se procura salvaguardar é, pois, o homem trabalhador, enquanto ser vivo, das formas de degradação e poluição do meio ambiente onde exerce o seu labuto, que é essencial à sua qualidade de vida. Trata-se, pois, de um direito difuso".

Não obstante seja inegavelmente difuso o direito ao meio ambiente ecologicamente equilibrado, isto não impedirá, em absoluto, a tutela individual visando à reparação singularmente verificada pelo indivíduo, mesmo porque, como já vimos anteriormente, o direito a um meio ambiente do trabalho ecologicamente equi-

---

(20) *Op. cit.*, p. 46.

(21) FIORILLO, Celso Antonio Pacheco; RODRIGUES, Marcelo Abelha. *Manual de direito ambiental e legislação aplicável*. São Paulo: Max Limonad, 1997. p. 66.

librado, além de constar do art. 225 da Constituição Federal, também consta do Capítulo II que cuida dos Direitos Sociais.

Como já tivemos oportunidade de nos manifestar em Seminário sobre Ação Civil Pública na Defesa do Meio Ambiente realizado na PUC/SP no curso de especialização em Direito do Trabalho: "ocorrida a emissão de poluentes na atmosfera, podemos ter uma ação civil pública para que a empresa adquira e instale os filtros necessários ao resguardo da saúde da população em geral, bem como uma ou mais ações de reparação pelos danos causados à saúde de pessoas singularmente consideradas em função dos poluentes emitidos pela referida empresa.

Todavia, não poderá haver a duplicidade de reparações a título individual possuindo o Código de Defesa do Consumidor regras específicas sobre a coisa julgada em relação às ações individuais e coletivas, constantes dos arts. 103 e 104, aplicáveis à Ação Civil Pública, nos termos do art. 21 da Lei n. 7.347/85".

Em outra passagem dissemos: "o direito do consumidor, por exemplo, pode ser difuso, como pode também ser coletivo ou individual homogêneo, dependendo da espécie de tutela que se queira buscar. Assim, se se busca de forma preventiva que certo fornecedor retire determinada mercadoria posta no mercado com violação do direito de informação dos consumidores, estar-se-á diante de um direito difuso; porém, se referido a um certo número de consumidores, o interesse aí já será coletivo *stricto sensu* e poderá ser manejado pelo órgão de defesa do consumidor. E finalmente, se o que se busca é a reparação pelos danos concretamente causados à saúde de certas pessoas, fala-se de interesses individuais homogêneos."

Assim, nessa questão, preferimos cerrar fileira com os ilustres professores *Guilherme José Purvin de Figueiredo* e *João José Sady*.

O primeiro afirma o seguinte ao comentar a conclusão do eminente jurista *Celso Antonio Pacheco Fiorillo* acima transcrita: "Aqui fazemos apenas um reparo, na medida em que entendemos que o direito a um meio ambiente de trabalho saudável também é um direito social, como o é o direito à saúde e, portanto, não faz sentido excluí-lo do rol dos direitos elencados no art. 6º da Constituição da República"[22].

João José Sady, por sua vez, de forma clara e precisa afirma o seguinte:

> "Muito bem. O direito à preservação do meio ambiente (inclusive o do Trabalho) é de caráter difuso. A reparação do prejuízo causado pelo dano, todavia, não se esgota na indenizabilidade do dano causado ao ambiente propriamente dito, mas inclui a reparação do prejuízo infligido ao terceiro vitimado pelo mesmo fato.
>
> A verdade é que o simples caráter metaindividual que dá o perfil fundamental do direito ambiental não exclui o reflexo do dano geral no patrimônio deste ou daquele indivíduo."

(22) *Op. cit.*, p. 205.

Mais adiante afirma o mesmo autor de forma lapidar:

"Parece-nos que a diferenciação estudada por *Fiorillo* e *Rodrigues* é extremamente perspicaz, mas não deve ser mal interpretada para induzir à conclusão de que essas nuanças venham a excluir o entrelaçamento dessa proteção à qualidade de vida do prestador de serviços subordinados como parte do campo do Direito do Trabalho.

Ao contrário, os grandes problemas do enlace entre Direito do Trabalho e Direito Ambiental podem ser resolvidos a partir de outros raciocínios. O caráter difuso do direito envolvido não exclui a potencialização dos interesses individuais nele envolvidos."

E conclui o autor em comento, com uma afirmação muito propícia e com a qual comungamos integralmente:

"Fundamental é perceber que esse é um ponto de encontro onde o Direito do Trabalho se redescobre em face de um problema de grande monta que tem remanescido submerso. Não se fala mais em mero conjunto de normas regulamentares, mas em um campo do Direito onde diversos ramos da ciência se encontram para enfrentar uma das maiores problemáticas trazidas com a Revolução Industrial."

6. A atuação extrajudicial do Ministério Público do Trabalho

Segundo a concepção tradicional, a tutela jurisdicional deveria alcançar somente direitos e interesses individuais, porém, a reboque das enormes transformações ocorridas no mundo capitalista, que reina como opção única após a crise do socialismo(23), este cenário vem mudando drasticamente em função do fenômeno da massificação. Com efeito, se temos a massificação da notícia, da produção, do consumo, enfim das relações sociais, necessária a existência de instrumentos legais que viabilizem a tutela desses interesses metaindividuais.

Tem-se, assim, ao lado do processo judicial tradicional, em que se discutem interesses individuais, um outro tipo de processo que busca solucionar novas formas de conflito: os oriundos dos interesses coletivos *lato sensu*.

Momento importante na viabilização destes interesses deu-se com a recepção, pelo ordenamento jurídico pátrio, da Lei n. 7.347, de 24.7.85, que disciplina a ação civil pública de responsabilidade por danos causados ao meio ambiente, ao consumidor, a bens e direitos de valor artístico, estético, histórico, turístico e paisagístico, à ordem econômica, bem como a *qualquer outro interesse difuso ou coletivo*, isto após a inclusão do inciso IV ao art. 1º da Lei da Ação Civil Pública pela Lei n. 8.078/90.

Não obstante a existência deste instrumento legal, a atuação do Ministério Público continuou a ocorrer, com mais ênfase, na área criminal, sendo sua incur-

---

(23) Não ousamos dizer que as idéias socialistas morreram, até porque muitos dos avanços e conquistas adotados estrategicamente pelo capitalismo são bandeiras históricas daquele regime.

são na área civil e trabalhista de menor intensidade e expressão, até mesmo em decorrência do entendimento consolidado de que o bem jurídico tutelado penalmente é do interesse primário da sociedade e só de modo reflexo do sujeito passivo da ação delituosa.

Foi com a Constituição Federal de 1988, porém, alçando a nível constitucional referido instrumento e, principalmente, possibilitando, por meio do inciso III do art. 129, a defesa pelo Ministério Público de qualquer interesse difuso ou coletivo, que o *Parquet* laboral ganhou fôlego para a utilização deste instrumento legal na defesa dos interesses difusos, coletivos e individuais homogêneos que sói ocorrer na seara trabalhista.

Nesse sentido, avulta em importância a investigação pré-processual de denúncias de macro-lesões a estes interesses, inclusive os que envolvam o meio ambiente do trabalho.

Como já disse o ex-Subprocurador-Geral do Trabalho, hoje Ministro do C. TST, Dr. *Ives Gandra da Silva Martins Filho*[24], o Ministério Público, de órgão apêndice do Poder Executivo, passou, em razão das novas e relevantes atribuições cometidas ao órgão pela CRFB/88, a situar-se como órgão extra-poderes, de controle dos demais poderes e colocado como função essencial à Justiça.

É, assim, o Ministério Público, segundo a dicção do art. 127 da Carta Magna, instituição permanente, essencial à função jurisdicional do Estado, incumbindo-lhe a defesa da ordem jurídica, do regime democrático e dos interesses sociais e individuais indisponíveis.

E como quem quer o fim precisa oferecer os meios, dentre as funções institucionais da entidade houve por bem o legislador elevar, a nível constitucional, de forma ampliada, a legitimidade do *Parquet* para o ajuizamento da Ação Civil Pública já prevista de forma mais restrita na Lei n. 7.347/85, nos termos do art. 129, III da Constituição Federal.

A Lei Complementar Federal n. 75, de 20.5.93, Lei Orgânica do Ministério Público da União, do qual é ramo o Ministério Público do Trabalho, em sintonia com o comando constitucional citado, dispôs sobre a instauração do inquérito civil e de outros procedimentos administrativos para assegurar a observância dos direitos sociais dos trabalhadores (arts. 7º, I, e 84, II).

6.1. O inquérito civil público e o procedimento investigatório

Sabe-se que, ao lado da sua atuação judicial, o Ministério Público do Trabalho — MPT, vem desenvolvendo, por meio das Coordenadorias de Defesa dos Interesses Difusos, Coletivos e Individuais Homogêneos — CODIN, existentes em todas

(24) MARTINS FILHO, Ives Gandra da Silva. *Manual esquemático de direito e processo do trabalho*. 3. ed. São Paulo: Saraiva, 1992, p. 116.

as 24 (vinte e quatro) Procuradorias Regionais, relevantes serviços à sociedade e à própria Justiça por meio da chamada atuação extrajudicial, utilizando-se do Inquérito Civil previsto constitucionalmente no art. 129, III, na Lei n. 7.347/85, e na Lei Orgânica do Ministério Público da União, Lei Complementar n. 75/93, arts. 7º, I, e 84, cabeça e inciso II.

Com efeito, a Lei n. 7.347, de 24.7.85 que disciplina a ação civil pública de responsabilidade por danos causados ao meio ambiente, ao consumidor, a bens e direitos de valor artístico, estético, turístico e paisagístico, à ordem econômica, bem como a qualquer outro interesse difuso ou coletivo, dispõe em seu art. 5º, § 6º, *verbis*:

> "Art. 5º A ação principal e a cautelar poderão ser propostas pelo Ministério Público, pela União, pelos Estados e Municípios. Poderão também ser propostas por autarquia, empresa pública, fundação, sociedade de economia mista ou por associação que:
>
> ...
>
> § 6º Os órgãos públicos legitimados poderão tomar dos interessados compromisso de ajustamento de sua conduta às exigências legais, mediante cominação que terá eficácia de título executivo extrajudicial."

Segundo noticia *Francisco Antônio de Oliveira*(25), o inquérito civil público, como instrumento de investigação, foi concebido, pela primeira vez, em palestra denominada "A Tutela Jurisdicional dos Interesses Difusos e o Ministério Público como operador social", proferida a 21.6.80 pelo então Promotor de Justiça *José Fernando da Silva Lopes*, que assim declarou: "Como órgão do Estado, o Ministério Público, a exemplo do que ocorre com o trabalho desenvolvido pela polícia judiciária através do inquérito policial, poderá *valer-se dos organismos da administração para realizar atividades investigatórias preparatórias — inquérito civil — muitas vezes indispensáveis para recolher suficientes elementos de prova.*"

O inquérito civil público, pois, nada mais é do que um procedimento administrativo inquisitorial que visa a recolher provas que possam subsidiar a formação do convencimento do membro do *Parquet*, podendo resultar no ajuizamento, ou não, de ação, entre as quais a própria Ação Civil Pública, caso não haja a composição administrativa do conflito.

7. O princípio da prevenção no meio ambiente do trabalho. A CIPA e os programas preventivos obrigatórios. Normas regulamentadoras

O princípio da *prevenção* que consta do art. 225 da Constituição Federal pode ser assim resumido: quando uma atividade representa ameaça de danos ao meio ambiente ou à saúde humana, medidas de precaução devem ser tomadas, mesmo se algumas relações de causa e efeito não forem plenamente estabelecidas cientifi-

(25) OLIVEIRA, Francisco Antônio de. *Ação civil pública*: enfoques trabalhistas. São Paulo: Revista dos Tribunais, 1998. p. 174.

camente. Este princípio decorre da irreversibilidade do dano ambiental na grande maioria dos casos, isto é, estamos a tratar de um dano que uma vez ocorrido não comporta o retorno ao *stato quo ante*, procurando adotar-se, em razão disso, e em se tratando de empreendimentos que se utilizam de recursos ambientais, cujas atividades possam causar efetiva ou potencialmente degradação ambiental, uma postura essencialmente cautelosa e preventiva.

No meio ambiente do trabalho as coisas não se passam de forma diferente, uma vez que a existência de condições inadequadas, causam danos irreparáveis à saúde do trabalhador, sem prejuízo de reflexos ambientais externos, a quem não é parte na relação de trabalho.

Bem por isso, e com um pionerismo louvável, a vetusta Consolidação das Leis do Trabalho — CLT, e posteriormente o Ministério do Trabalho e Emprego, utilizando a competência que lhe é atribuída pelo art. 200 da CLT, ao regulamentar a matéria de Saúde e Segurança do Trabalho, adota uma postura fundamentalmente de prevenção e controle dos riscos ambientais.

Com efeito, o Capítulo V do Título II da CLT, intitulado — Da Segurança e Saúde do Trabalho — foi concebido segundo essa concepção preventiva, assim como as Normas Regulamentadoras aprovadas pela Portaria n. 3.214/78, em especial as NR 2, 3, 4, 5, 7 e 9 que cuidam do Programa de Prevenção de Riscos Ambientais — PPRA, utilizadas, neste estudo, como paradigma do Estudo Prévio de Impacto Ambiental.

7.1. O princípio da prevenção na Consolidação das Leis do Trabalho. CLT e Normas Regulamentadoras (NR's)

Apesar de tão criticada, a CLT, a partir de 1977, vem acompanhando a evolução legislativa que trata da proteção do meio ambiente, de forma eminentemente preventiva, envolvendo a conscientização e a educação ambiental.

Comprovando esse caráter pró-ativo verifica-se da simples leitura dos artigos abaixo citados que compõem o Capítulo V do Título II, intitulado Da Segurança e Saúde do Trabalho, leia-se, Meio Ambiente do Trabalho.

O art. 157, incisos I e II, diz que cabe às empresas "cumprir e fazer cumprir as normas de segurança e medicina do trabalho" e "*instruir* os empregados, através de ordens de serviço, quanto às *precauções* a tomar no sentido de *evitar* acidentes do trabalho ou doenças ocupacionais" (grifo nosso).

No art. 158, por sua vez, incisos I e II, fixa-se como obrigação dos empregados "observar as normas de segurança e medicina do trabalho" e "colaborar com a empresa na aplicação dos dispositivos desta capítulo".

Os arts. 160 e 161 da Consolidação tratam da inspeção prévia e do embargo ou interdição em dispositivos vazados da seguinte forma:

"Art. 160. Nenhum estabelecimento poderá iniciar suas atividades sem prévia inspeção e aprovação das respectivas instalações pela autoridade regional competente em matéria de segurança e saúde do trabalhador.

§ 1º Nova inspeção deverá ser feita quando ocorrer modificação substancial nas instalações, inclusive equipamentos, que a empresa fica obrigada a comunicar, prontamente, à Delegacia Regional do Trabalho.

§ 2º É facultado às empresas solicitar prévia aprovação, pela Delegacia Regional do Trabalho, dos projetos de construção e respectivas instalações".

"Art. 161. O Delegado Regional do Trabalho, à vista do laudo técnico do serviço competente que demonstre grave e iminente risco para o trabalhador, poderá interditar estabelecimento, setor de serviço, máquina ou equipamento, ou embargar obra, indicando na decisão, tomada com a brevidade que a ocorrência exigir, as providências que deverão ser adotadas para prevenção de infortúnios de trabalho."

A semelhança do comando contido no art. 160 com o Estudo Prévio de Impacto Ambiental (EPIA) é muito grande, podendo-se afirmar que o objetivo de ambos é a prevenção da degradação ambiental, haja vista possibilitarem a "identificar e avaliar sistematicamente os impactos ambientais gerados nas fases de implantação e operação da atividade" (art. 5º, II da Resolução CONAMA n. 1/86).

O art. 161 citado, caso efetivamente aplicado, se constituiria em um instrumento fantástico para a eficaz prevenção do meio ambiente do trabalho.

O § 4º do art. 161 prevê a responsabilização inclusive penal de quem, após determinada a interdição ou embargo, ordenar ou permitir o funcionamento do estabelecimento ou de algum de seus setores, se, em conseqüência, resultarem danos a terceiros. A previsão de responsabilização apenas no caso da ocorrência de dano a terceiros se revela tímida em relação à gravidade da infração, razão pela qual pode o Ministério Público do Trabalho, por meio de Termo de Ajuste de Conduta, reforçar essa obrigação com a previsão de multa vigorosa pelo seu descumprimento.

Tratando especificamente sobre Inspeção Prévia temos a Norma Regulamentadora n. 1 que após reafirmar a obrigatoriedade contida no artigo 160, dispõe sobre o Certificado de Aprovação de Instalações — CAI que será emitido pelo Órgão Regional do Ministério do Trabalho e Emprego após a realização da Inspeção Prévia.

O item 2.4 da referida NR diz que "a empresa deverá comunicar e solicitar a aprovação do Órgão Regional do MTb, quando ocorrerem modificações substanciais nas instalações e/ou nos equipamentos de seu(s) estabelecimento(s)". Tratase de um estímulo à atuação pró-ativa do empreendedor, mormente em épocas de grandes inovações tecnológicas.

Por fim o item 2.6 afirma "que a inspeção prévia e a declaração de instalações, referidas nos itens 2.1 e 2.3, constituem os elementos capazes de assegurar que o novo estabelecimento inicie suas atividades livre de riscos de acidentes e/ou doenças do trabalho, razão pela qual o estabelecimento que não atender ao disposto naqueles itens fica sujeito ao impedimento de seu funcionamento, conforme estabelece o art. 160 da CLT, até que seja cumprida a exigência deste artigo".

O art. 162 prevê a obrigação das empresas em manterem Serviços Especializados em Engenharia de Segurança e em Medicina do Trabalho (SEESMT), cuja finalidade é a de promover a saúde e proteger a integridade do trabalhador no local de trabalho com a eliminação dos riscos físicos, químicos, biológicos ou ergonômicos.

O disciplinamento do SEESMT é previsto na Norma Regulamentadora (NR) 4. Desta, gostaríamos de destacar as alíneas *f, g e j* do item 4.12, cuja dicção encontra-se abaixo:

"4.12. Compete aos profissionais integrantes dos Serviços Especializados em Engenharia de Segurança e em Medicina do Trabalho:

....

f) promover a realização de atividades de *conscientização, educação e orientação dos trabalhadores* para a *prevenção* de acidentes do trabalho e doenças ocupacionais, tanto através de campanhas quanto de programas de duração permanente; (grifo nosso)

g) esclarecer e conscientizar os empregadores sobre acidentes do trabalho e doenças ocupacionais, estimulando-os em favor da *prevenção*; (grifo nosso)

j) as atividades dos profissionais integrantes dos Serviços Especializados em Engenharia de Segurança e em Medicina do Trabalho são *essencialmente prevencionistas*, embora não seja vedado o atendimento de emergência, quando tornar-se necessário. Entretanto, a elaboração de planos de controle de efeitos de catástrofes, de disponibilidade de meios que visem ao combate a incêndios e ao salvamento e de imediata atenção à vítima deste ou de qualquer outro tipo de acidente estão incluídos em suas atividades" (grifo nosso)

A alínea 4.13 da NR 04 dispõe que os Serviços Especializados em Engenharia de Segurança e em Medicina do Trabalho deverão manter entrosamento permanente com a Comissão Interna de Prevenção de Acidentes (CIPA), dela valendo-se como agente multiplicador.

Os arts. 163 *usque* 165 da CLT tratam da Comissão Interna de Prevenção de Acidentes (CIPA), tendo por objetivo, segundo o item 5.2 da NR-5 que cuida do assunto "observar e relatar condições de risco nos ambientes de trabalho e solicitar medidas para reduzir até eliminar os riscos existentes, discutir os acidentes ocorridos, encaminhando aos Serviços Especializados em Engenharia de Segurança e em Medicina do Trabalho e ao empregador o resultado da discussão, solicitando medidas que previnam acidentes semelhantes e, ainda, orientar os demais trabalhadores quanto à prevenção de acidentes".

A efetiva implantação e funcionamento da CIPA, não obstante a estabilidade conferida ao representante do empregado, depende da disposição do empregador, pois como vimos da leitura do item 5.2 da NR, a mesma não tem poder de mando, apenas sugere, relata e solicita.

Importante atribuição da CIPA foi a exigência introduzida pela Portaria MTA/DSST n. 5, de 17.8.92, com alterações pela Portaria MTb/SSST n. 25, de 29.12.94. Trata-se da instituição do chamado "Mapa de Riscos Ambientais" que a CIPA deverá elaborar, em colaboração com o SEESMT, após ouvir os trabalhadores, identificando todos os riscos existentes no ambiente do trabalho.

Prosseguindo, tem-se o art. 168 da CLT que fixa a obrigatoriedade da realização de exames médicos na admissão, na demissão e periodicamente, cuja natureza dependerá da atividade empreendedora, na forma da instruções do Ministério do Trabalho e Emprego — MTE.

A propósito tem-se a Norma Regulamentadora n. 7 que trata do Programa de Controle Médico de Saúde Ocupacional (PCMSO), cujo objeto é a promoção e preservação da saúde do trabalhador. Referido Programa é parte integrante do conjunto mais amplo da empresa no campo da saúde dos trabalhadores, devendo estar articulado com o disposto nas demais Normas Regulamentadoras.

Importante disposição encontra-se na alínea 7.2.3. da NR-7, ao estabelecer:

> "O PCMSO deverá ter caráter de *prevenção, rastreamento e diagnóstico* precoce dos agravos à saúde relacionados ao trabalho, inclusive de natureza subclínica, além da constatação da existência de casos de doenças profissionais ou danos irreversíveis à saúde dos trabalhadores." (grifo nosso)

Entre outras obrigações incluem-se a realização de exames admissional, periódico, de retorno ao trabalho, de mudança de função e demissional.

Finalizando esse estudo das medidas preventivas contidas tanto na CLT quanto nas Normas Regulamentadoras, faremos menção à NR-9 que trata do Programa de Prevenção de Riscos Ambientais, o qual, segundo a alínea 9.1.1 visa à preservação da saúde e da integridade dos trabalhadores, por meio da *antecipação, reconhecimento, avaliação e controle* da ocorrência de riscos ambientais de trabalho, tendo em consideração a proteção do meio ambiente e dos recursos naturais.

Repete disposição contida também no Programa de Controle Médico de Saúde Ocupacional (PCMSO), dizendo que o PPRA é parte integrante de um conjunto amplo de iniciativas da empresa na preservação da saúde e da integridade dos trabalhadores, devendo estar articulado com o disposto nas demais Normas Regulamentadoras, especialmente com o PCMSO da NR-7.

O Programa de Prevenção de Riscos Ambientais deverá conter planejamento anual com estabelecimento de metas, prioridades e cronograma, além de estratégia e metodologia de ação, observando-se uma forma específica de registro, manutenção e divulgação dos dados. Deve prever também a periodicidade e forma de avaliação do desenvolvimento do PPRA.

A alínea 9.2.2.1 da NR-9 traz importante disposição ao prever que o documento-base do Programa, suas alterações e complementações deverão ser apresentados e discutidos na CIPA, sendo sua cópia anexada ao livro de atas desta Comissão.

Além disso, a CLT ainda fala nos arts. 170 a 201 em Edificações, Iluminação, Conforto Térmico, Instalações Elétricas, Movimentação, Armazenamento e Manuseio de materiais, Máquinas e Equipamentos, Caldeiras, Fornos e Recipientes sob pressão, Atividades Insalubres ou Perigosas e Prevenção à Fadiga, tudo a demonstrar a existência de várias normas que protegem a saúde e a integridade do homem trabalhador. Falta, a nosso ver, dar-se maior efetividade a esse conjunto de normas.

8. O Estudo Prévio de Impacto Ambiental (EPIA) e o Relatório de Impacto Ambiental (RIMA). Audiência pública. Termo de ajuste de conduta. Participação do MPT

Pode-se dizer que o licenciamento ambiental é o instrumento de gestão ambiental previsto na Política Nacional do Meio Ambiente, Lei n. 6.938/81, que visa a compatibilizar os princípios do desenvolvimento sustentável e o da preservação do meio ambiente. Definição completa do instituto pode ser consultada na Resolução n. 237 do CONAMA — Conselho Nacional do Meio Ambiente.

O Estudo Prévio de Impacto Ambiental nada mais é do que um estudo realizado por equipe multidisciplinar nos empreendimentos e atividades consideradas efetiva ou potencialmente causadoras de significativa degradação do meio para aferir-se a viabilidade do mesmo, conferindo-lhe, ao final, a licença ambiental.

O Relatório de Impacto Ambiental, por seu turno, é o próprio EIA redigido de forma compreensível para o público, porquanto este é elaborado segundo critérios técnicos, conferindo-se eficácia ao princípio da informação ambiental.

Importante constatar que o EIA/RIMA, a exemplo do que acontece com a Inspeção Prévia, o Programa de Controle Médico de Saúde Ocupacional (PCMSO) e Programa de Prevenção de Riscos Ambientais — PPRA, constituem instrumentos que visam a garantir a proteção do meio ambiente e o controle da poluição, compreendendo-se nesta a degradação da qualidade ambiental resultante de atividades que direta ou indiretamente prejudiquem a saúde, a segurança e o bem-estar da população ou que afetem as condições sanitárias do meio ambiente, conforme definição contida no art. 3º, III, alíneas *a* e *d* da Lei n. 6.938/81. Pode-se dizer, assim, que o EIA/RIMA está para o licenciamento ambiental, assim como a Inspeção Prévia está para o licenciamento trabalhista previsto no art. 160 da CLT e disciplinado na Norma Regulamentadora n. 2 do Ministério do Trabalho e Emprego.

A audiência pública tem por finalidade expor aos interessados — leia-se sociedade em geral — contida no Relatório de Impacto Ambiental, recolhendo críticas e sugestão com relação à instalação do empreendimento.

9. Considerações finais

Como vimos, todo o arcabouço doutrinário e legal relativo à proteção jurídica do meio ambiente, assenta-se no princípio da prevenção.

Por outro lado, e de igual forma, procede-se com relação à tutela ambiental trabalhista, cujo foco, em última análise é a saúde do trabalhador.

Faz-se mister conferir maior eficácia e o devido valor à postura preventiva constante das normas previstas na CLT e nas Normas Regulamentadoras.

Dar eficácia ao princípio da prevenção no meio ambiente do trabalho significa zelar pela saúde e segurança direta do homem-trabalhador e também assegurar a tutela do meio ambiente "externo", haja vista que a grande maioria dos danos ambientais origina-se no meio ambiente do trabalho.

Entendemos que a presença do Ministério Público do Trabalho nas etapas que compõem o licenciamento ambiental contribuirá para tornar mais eficaz o princípio da prevenção no meio ambiente do trabalho, utilizando-se da valiosa colaboração do Ministério do Trabalho e Emprego, de maneira que este assuma a função de Órgão Licenciador na Área Trabalhista como prevê a legislação.

10. Conclusão. Proposição final

Considerando a legitimidade do MPT para a tomada de compromisso de ajustamento de conduta às exigências legais, mediante assinatura de termo de compromisso pelo investigado ou inquirido, com base no art. 5º, § 6º, da Lei n. 7.347/85, que possibilita de forma imediata o restabelecimento da ordem jurídica trabalhista, com força de título executivo extrajudicial, conforme dispõe o art. 876 da CLT, preconizamos a presença do MPT no processo de licenciamento ambiental para que se obtenha o controle da higidez do meio ambiente do trabalho já no nascedouro do empreendimento com o que se confere efetividade ao princípio da prevenção no meio ambiente do trabalho. Aponta-se ainda como justificativa para a atuação do *Parquet* laboral ora proposta, as seguintes vantagens:

- Diminuir o fosso existente entre o chamado "macro ambiente" e o "micro ambiente", aquele consistente no meio ambiente natural e este formado, entre outros, pelo meio ambiente do trabalho, dando-se eficácia ao princípio da prevenção no direito ambiental do trabalho;
- Possibilidade de proteção do meio ambiente do trabalho na fase inicial do empreendimento, inclusive com a colheita de prova e a possibilidade de cele-

bração de Termo de Ajuste de Conduta, servindo como um desestímulo à degradação ou ao descuido da questão ambiental;

• Propagador da Educação Ambiental na Área Trabalhista, com o que se procura mais uma vez dar efetividade ao princípio da prevenção no meio ambiente do trabalho (art. 225, VI da Constituição Federal);

• Maior interação com outros órgãos, cuja articulação se mostra profícua e até mesmo pode-se dizer como condição de eficácia da atuação dos órgãos estatais. Em uma palavra, PARCERIA para se ter EFICÁCIA.

Bibliografia

AMARAL, Gustavo. *Direito, escassez e escolha*: em busca de critérios jurídicos para lidar com a escassez de recursos e as decisões trágicas. Rio de Janeiro: Renovar, 2001.

ANTUNES, Paulo de Bessa. *Direito ambiental*. 6. ed. Rio de Janeiro: Lumen Juris, 2002.

ARENDT, Hannah. *A condição humana*. 1. ed. São Paulo: Universidade de São Paulo, 1981.

BENJAMIM, Antônio Hermam V. Introdução ao direito ambiental brasileiro. In: *Manual prático da promotoria de justiça do meio ambiente e legislação ambiental*. 2. ed. São Paulo: IMESC, 1999.

BOBBIO, Norberto. *A era dos direitos*. 8. ed. Trad. Carlos Nélson Coutinho. Rio de Janeiro: Campus, 1992.

BOFF, Leonardo. *Fórum Mundial de Educação*, Porto Alegre, 22 de janeiro de 2003.

BRUNDTLAND, Gro Harlem (org.). Nosso futuro comum. *Relatório da Comissão Mundial sobre Meio Ambiente e Desenvolvimento*. Rio de Janeiro: FGV, 1988.

CANOTILHO, José Joaquim Gomes. Procedimento administrativo e defesa do ambiente. *RLJ*, 1991, ano 123, n. 3799.

CAPRA, Fritjof. *A teia da vida*. 8. ed. São Paulo: Cultrix, 2003.

FIGUEIREDO, Guilherme José Purvin de. *Direito ambiental e a saúde dos trabalhadores*. São Paulo: LTr, 2002.

FIORILLO, Celso Antonio Pacheco. *Curso de direito ambiental brasileiro*. 5. ed. São Paulo: Saraiva, 2004.

FIORILLO, Celso Antonio Pacheco; RODRIGUES, Marcelo Abelha. *Manual de direito ambiental e legislação aplicável*. São Paulo: Max Limonad, 1997.

HABERMAS, Jurgen. Uma conversa sobre questões da teoria política. *Novos estudos*,São Paulo, n. 47, 1997.

HUSEK, Carlos Roberto. *Curso de direito internacional público*. 5. ed. São Paulo: LTr, 2005.

KRANZ, Patrícia. *Pequeno guia da Agenda 21 local*. Rio de Janeiro: Secretaria Municipal de Meio Ambiente, 1995.

MACHADO, Paulo Afonso Leme. *Direito ambiental brasileiro*. 12. ed. revista, atualizada e ampliada. São Paulo: LTr, 2004.

MANCUSO, Rodolfo de Camargo. Ação civil pública trabalhista: análise de alguns pontos controvertidos. *Revista do Ministério Público do Trabalho*. São Paulo: LTr, ano VI, n. 12, set. 96.

MELO, Raimundo Simão de. *Direito ambiental do trabalho e a saúde do trabalhador:* responsabilidades legais, dano material, dano moral e dano estético. São Paulo: LTr, 2004.

______. Meio ambiente de trabalho: prevenção e reparação — juízo competente. *Repertório IOB Jurisprudência*, n. 13/97, caderno 2, p. 250. Justiça do Trabalho. *Revista de Jurisprudência Trabalhista*, Porto Alegre, v. 204, 2000, p. 12-18. *RDT — Revista do Direito Trabalhista*, Brasília, v. 10, 2000, p. 3-5.

MENDES, René. Subsídios para um debate em torno da revisão do atual modelo de organização da saúde ocupacional no Brasil. *Revista Brasileira de Saúde Ocupacional*, v. 16, n. 64, p. 15, 1988.

MILARÉ, Edis. *Direito do ambiente*. São Paulo: Revista dos Tribunais, 2000.

MILARÉ, Edis; COIMBIRA, José de Ávila Aguiar. Antropocentrismo x ecocentrismo na ciência jurídica. *Revista de Direito Ambiental*, São Paulo, RT, ano V, n. 36, out./dez. 2004. p. 9-42.

NOVAIS, Washington. In: *O Estado de S. Paulo*, 7 de janeiro de 2000. p. 2.

OLIVEIRA, Sebastião Geraldo. *Proteção jurídica à saúde do trabalhador*. 4. ed. São Paulo: LTr, 2002.

PADILHA, Norma Sueli. *Do meio ambiente do trabalho equilibrado*. São Paulo: LTr, 2002.

PIOVESAN, Flávia. *Direitos humanos globais, justiça internacional e o Brasil*. 2000. Disponível em: <http://www.walkinmedia.com.br /fesmp/ftp_out/15_07> Acesso em: 15.6.2005.

______. *Democracia, direitos humanos e globalização econômica:* desafios e perspectivas para a construção da cidadania no Brasil. 2000. Disponível em: <http://www.iedc.org.br/publica/500anos/flavia.htm> Acesso em: 22.6.2005.

RAMALHO, José Ricardo; SANTANA, Marco Aurélio. *Sociologia do trabalho*. São Paulo: Jorge Zahar, 2004.

ROCHA, Júlio César de Sá da. *Direito ambiental do trabalho*. São Paulo: LTr, 2002.

______. *Direito ambiental e meio ambiente do trabalho*. Dano, prevenção e proteção jurídica. São Paulo: LTr, 1997.

SADY, João José. *Direito do meio ambiente de trabalho*. São Paulo: LTr, 2000.

SILVA, José Afonso da. *Direito ambiental constitucional*. 3. ed. São Paulo: Malheiros, 2000.

SILVA, Luiz de Pinho Pedreira da. *Principiologia do direito do trabalho*. 2. ed. São Paulo: LTr, 1999.

SOUTO, Daphnis Ferreira. *Saúde no trabalho:* uma revolução em andamento. Rio de Janeiro: Senac Nacional, 2004.

SPYROPOULOS, Georges. *L´évolution des conditions de travail dans le monde*. Número especial "Changer le travail?" Paris: Avenirs 2000, 1978.

SÜSSEKIND, Arnaldo. *Convenções da OIT*. 2. ed. São Paulo: LTr, 1998.

______. *Direito internacional do trabalho*. 3. ed. São Paulo: LTr, 2000.

______. *et al. Instituição de direito do trabalho*. 21. ed. São Paulo: LTr, 2003. v. 2.

TOBENÃS, Juan Castan. *Los derechos del hombre*. Madrid: Reus, 1969.

VIANNA, Segadas *et al. Instituição de direito do trabalho*. 21. ed. São Paulo: LTr, 2003. v. 2.

VIEIRA, Liszt. *Cidadania e sociedade civil no espaço público democrático*. Disponível em: <http://www.lisztvieira.pro.br/texto_cidadania_sociedade_civil.htm>. Acesso em: 15.6.2005.

A Proibição da Discriminação na Constituição Federal de 1988 e a Ausência de Normas Infraconstitucionais Adequadas para Regulação deste Importante Princípio

Firmino Alves Lima(*)

A Constituição Federal de 1988 trouxe importantíssimos subsídios legislativos para o combate da discriminação no trabalho. No entanto, nesses 20 anos que o texto constitucional estará completando em 5 de outubro próximo, suas inovações e sua ousadia não foram acompanhados pelo Poder Legislativo. Resultado desta realidade é que os dados sobre discriminação nas relações do trabalho no Brasil são, no mínimo, escandalosos, sendo que os relatórios da OIT sobre a discriminação no País deveriam envergonhar qualquer cidadão brasileiro.

Este artigo pretende traçar alguns comentários bem superficiais sobre os principais aspectos constitucionais contra a discriminação no trabalho, e a correlação com os diplomas legais existentes que procuram regular este importante princípio.

1. As disposições da Constituição Federal de 1988 em relação à proibição da discriminação no trabalho

O texto constitucional de 1988 trouxe importantes conceitos para o combate da discriminação nas relações de trabalho, sendo que foi um texto ousado em comparação com os anteriores e que possui fortíssimos fundamentos para uma legislação infraconstitucional mais efetiva, não somente para combater os atos discriminatórios, mas também para incentivar as chamadas discriminações positivas que procuram corrigir as práticas discriminatórias mais comuns. Em relação ao texto constitucional anterior, foi extremamente ampliador na proibição da discriminação com várias disposições normativas inovadoras em relação à Carta de 1967/69.

O nosso texto constitucional atual adota uma norma fundamental que expõe claramente a preocupação do Estado brasileiro no combate à discriminação

(*) Juiz do Trabalho Titular de Vara na 15ª Região, mestre e doutorando em Direito do Trabalho pela Universidade de São Paulo, Ex-Presidente da Associação dos Magistrados do Trabalho da 15ª Região e integrante da Comissão de Direitos Humanos da Associação Nacional dos Magistrados da Justiça do Trabalho — Anamatra.

de modo geral, com ampla aplicação no combate à discriminação nas relações de trabalho.

O art. 3º da Constituição Federal de 1988 aponta que:

> Art. 3º Constituem objetivos fundamentais da República Federativa do Brasil:
>
> I — construir uma sociedade livre, justa e solidária;
>
> II — garantir o desenvolvimento nacional;
>
> III — erradicar a pobreza e a marginalização e reduzir as desigualdades sociais e regionais;
>
> IV — promover o bem de todos, sem preconceitos de origem, raça, sexo, cor, idade e quaisquer outras formas de discriminação.

O texto é absolutamente claro para demonstrar que o combate à discriminação é um dos objetivos fundamentais da República, e que este combate deve ser pautado pelas seguintes premissas:

a) respeito aos princípios da liberdade, justiça social e solidariedade;

b) respeito ao desenvolvimento nacional, bem como no combate à pobreza, à exclusão social e às diferenças sociais e regionais

c) deverá procurar o bem geral sem preconceitos e combater quaisquer outras formas de discriminação.

Tratam-se de direitos sociais inespecíficos, assim considerados por *Manuel Carlos Palomeque López* aqueles direitos constitucionais de caráter geral e, por isso, não especificadamente laborais, os quais podem ser exercitados pelos sujeitos das relações do trabalho, no seu âmbito, por adquirirem um conteúdo ou dimensão laboral superveniente, produzindo uma impregnação laboral de titularidade geral ou inespecífica(1). É importante apontar ainda que o texto constitucional ainda traz em seu art. 5º, dedicado aos direitos fundamentais, a proibição de trato anti-isonômico no art. 5º, *caput*, com a ressalva específica da igualdade em direitos, sem distinção de qualquer natureza.

> Art. 5º Todos são iguais perante a lei, sem distinção de qualquer natureza, garantindo-se aos brasileiros e aos estrangeiros residentes no País a inviolabilidade do direito à vida, à liberdade, à igualdade, à segurança e à propriedade, nos termos seguintes:

O texto constitucional de 1988 adota um princípio do Direito Internacional de proibição da discriminação(2) no qual as suas enumerações são tão somente exem-

---

(1) LÓPEZ, Manuel Carlos Palomeque. O direito constitucional à igualdade e à não discriminação por razão de gênero nas relações de trabalho em Espanha. *Revista do Instituto Goiano de Direito do Trabalho*, Goiânia, ano 7, n. 9, p. 95, nov. 2001.

(2) BOSSUYT, Marc. *L'interdiction de la discrimination dans le droit international des droits d'homme*. Bruxelas: Établissements Émile Bruylent, 1976. p. 56.

plificativas, deixando claro, por duas vezes em normas de caráter fundamental, que todas as formas de discriminação não são aceitas. Portanto, dentro do nosso ordenamento, é possível entender que qualquer rol de motivos é tão somente exemplificativo, e não taxativo. Não obstante tais apontamentos no *caput* do art. 5º, ele ainda aponta várias situações claras de proibição da discriminação em geral, em destaque:

a) igualdade de homens e mulheres em direitos e deveres (inciso I);

b) proibição de privação de direitos por motivos de crença religiosa, convicção filosófica ou política (inciso VIII);

c) inviolabilidade da intimidade, da vida privada, da honra e da imagem das pessoas (inciso X);

d) proibição e tipificação do crime de racismo como sendo de natureza inafiançável e imprescritível (inciso XLII);

e) asseguração de condições de manutenção dos filhos e amamentação para as presidiárias (inciso L);

f) proibição da identificação criminal do civilmente identificado (inciso LVIII);

g) defesa da intimidade ou do interesse social contra o princípio publicístico do processo (inciso LX).

Um outro aspecto fundamental de nosso texto constitucional é a adoção de direitos fixados em princípios por ela adotados, e o princípio da proibição de discriminação é claramente adotado no texto constitucional. Por outro lado, a recepção de tratados internacionais em que nossa República for parte é outro importantíssimo princípio a ser observado. Este último ponto, gerador de inúmeras controvérsias, teve a celeuma amplificada com as exigências estabelecidas pelo § 3º do art. 5º, introduzido pela Emenda Constitucional n. 45/04, conhecida como "Reforma do Judiciário", ainda não concluída. No entanto, cabe aqui assinalar que, sem sombra de dúvidas, os inúmeros documentos internacionais que combatem a discriminação de diversas formas, se adequam ao princípio adotado no artigo 4º da Constituição Federal de 1988 de que nossas relações internacionais são regidas pela prevalência dos direitos humanos e do repúdio ao racismo.

Feitas tais considerações sobre direitos inespecíficos do trabalho, a Constituição Federal de 1988 também enumerou importantes direitos específicos do trabalho, retomando alguns direitos inespecíficos como direitos voltados ao trabalho. O art. 7º da Carta destaca como principais proibições de atos discriminatórios:

a) despedida arbitrária ou sem justa causa (inciso I) (ainda que a despedida arbitrária não deva ser tecnicamente conceituada como discriminação, a Convenção n. 111 da OIT adota o tratamento desigual como fundamento da discriminação assim como outros diplomas;

b) licença gestante (inciso XVIII) e licença-paternidade (XIX);

c) proteção do mercado de trabalho da mulher (inciso XX);

d) proibição de diferença de salários, de exercício de funções e de critério de admissão por motivo de sexo, idade, cor ou estado civil (inciso XXX);

e) proibição de discriminação no tocante a salários e critérios de admissão do trabalhador portador de deficiência (inciso XXXI);

f) proibição de distinção entre trabalho manual, técnico e intelectual (inciso XXXII).

E no art. 8º, VIII, consta a proibição contra dispensa de empregado dirigente ou representante sindical.

Por fim, ainda que não seja um direito específico para as relações de trabalho privadas, merece destaque a previsão constitucional para ações afirmativas de admissão de deficientes com a reserva de percentual dos cargos e empregos públicos para as pessoas portadoras de deficiência, definindo os critérios de sua admissão. Tal norma, não obstante não seja prevista especificadamente para os trabalhadores privados, tem uma importância crucial no reconhecimento da constitucionalidade de ações afirmativas em uma modalidade de relação de trabalho.

Como é possível verificar, o rol de proteção contra atos discriminatórios é bem amplo. Por outro lado, ao adotar o combate à discriminação como objetivo fundamental da República Federativa do Brasil, e adotando uma série de princípios de natureza específica ou inespecífica para as relações de trabalho, nosso texto constitucional se amolda perfeitamente à natureza dinâmica dos fenômenos discriminatórios. E podemos enumerar os seguintes princípios gerais:

a) combate à discriminação como um dos objetivos da República;

b) proibição da discriminação de qualquer espécie e por qualquer motivo nas relações do trabalho;

c) intensa preocupação na proibição de determinados grupos historicamente discriminados, em especial a mulher, a discriminação pela cor da pele e o deficiente;

d) reconhecimento como lícitas as formas de discriminação positiva como as ações afirmativas para combate a situações discriminatórias reiteradas já consolidadas, promovendo igualdade de tratamento e de oportunidades;

e) uma importante possibilidade de abertura do texto para incorporação de normas advindas de tratados internacionais como normas de nível constitucional.

Esse poderoso alicerce constitucional permite a adoção de importantes medidas contra a discriminação nas relações do trabalho. No entanto, como passa a ser visto adiante, nosso ordenamento infraconstitucional não acompanhou adequadamente este belíssimo referencial contra a discriminação no plano constitucional.

2. Nosso panorama infraconstitucional atual contra a discriminação

Como pode ser observado, nosso texto constitucional expressamente veda inúmeros fatores e formas de discriminação. No plano infraconstitucional, a produção legislativa nacional contra a discriminação realizada pela União, a quem cabe legislar sobre matéria trabalhista, no mínimo deve ser considerada tímida.

Nesses vinte anos de vigência da Carta, poucos diplomas legais foram editados para colocar em prática os princípios por ela estabelecidos e acima apontados. Passa-se a descrever e comentar alguns dos mais importantes textos legais contra a discriminação em vigor.

2.1. Lei n. 9.029 de 13 de abril de 1995

No escasso panorama de normas contra a discriminação no trabalho existente no País, a Lei n. 9.029/95 se destaca como um dos mais importantes diplomas legais contra a discriminação nas relações do trabalho, e possui importantes mecanismos antidiscriminatórios, os quais merecem ser analisados. Ela é uma norma geral, ainda que sua intenção inicial quando apresentada no Congresso Nacional não fosse esta.

Como este autor já apontou anteriormente, a referida Lei está bem distante do que seria uma norma aceitável para combater a discriminação nas relações de trabalho de modo geral(3). Suas disposições são bastante tímidas, e carecem, principalmente, de uma definição do que seja discriminação, tarefa que não é fácil, porém amplamente enfrentada por vários diplomas de outros países, em destaque, os europeus. Trata-se de norma muitas vezes de aplicação difícil, em muitos casos omissa, e que contém erros terminológicos graves que dificultam o combate à discriminação no trabalho.

Teve sua origem em três sinceros e preocupados projetos de lei com a realidade social das mulheres(4), porém, como foi um amálgama de três projetos de lei distintos, sua fusão, não obstante a intenção do responsável pela sua fusão tenha sido a melhor possível, e diante do trâmite legislativo, ganhou uma feição disforme, mais parecendo uma colcha de retalhos não muito semelhantes. Essa norma revela o verdadeiro desperdício de normas constitucionais tão amplas e bem elaboradas para o combate à discriminação, que não são aproveitadas pelo legislador ordinário, o que parece ser uma regra em nosso País, com poucas exceções.

O art. 1º da Lei n. 9.029/95 possui uma redação abrangente a qual proíbe a adoção de qualquer prática discriminatória, no entanto sem defini-la e enumera

---

(3) LIMA, Firmino Alves. *Mecanismos antidiscriminatórios nas relações do trabalho*. São Paulo: LTr, 2006. p. 259.

(4) O projeto nasceu da reunião de três projetos de lei apresentados pelas Deputadas Benedita da Silva (229/91), Jandira Feghali (677/91) e Maria Luisa Fontenelle (3.466/92) principalmente focados contra a discriminação das trabalhadoras gestantes, sendo que foram reunidos na Comissão de Trabalho da Câmara pelo seu então presidente, o Deputado Chico Vigilante, e recebeu uma série de projetos complementares de diversos parlamentares até sua aprovação em 1995.

um rol de motivações da discriminação. Nesse caso, a previsão normativa de proibição é centrada na existência de uma distinção prejudicial que limita o exercício e o gozo de direitos de acesso e manutenção da relação empregatícia. A Lei pretende ser geral, mas adota uma relação de motivos para discriminação, sendo que seria melhor que adotasse a fórmula dos arts. 3º, IV e 5º *caput* da Constituição Federal de 1988, ainda que o princípio da proibição exemplificativa e contra qualquer ato discriminatório deva nortear sua interpretação.

A previsão de penalidades da Lei n. 9.029/95 talvez seja seu aspecto mais negativo, eis que peca por erros terminológicos graves e enumera medidas que não sejam as melhores como efetivas no combate da discriminação. Para uma norma de cunho trabalhista, a adoção de normas criminais não parece ser recomendável, bem como adiciona medidas administrativas como a proibição de empréstimos junto a entidades oficiais, além das medidas de readmissão (não usa a expressão reintegração, ainda que deva ser assim compreendida), ou pagamento de salários dobrados, não limitando a duração desta medida.

Como pode ser visto em rápidas pinceladas, a norma efetivamente não detém bons recursos para combater a discriminação de modo geral. Como norma abrangente, seria mais interessante que ela fosse substituída por uma norma mais ampla, com definição de algumas situações discriminatórias e com sanções mais efetivas, principalmente se forem necessárias medidas de urgência e de proteção para coletividades discriminadas.

2.2. A Lei n. 7.853/89 e o Decreto n. 3.298/99

A Lei n. 7.853, de 24 de outubro de 1989, dispõe sobre o apoio às pessoas portadoras de deficiência, sua integração social, sobre a coordenadoria para integração da pessoa portadora de deficiência, institui a tutela jurisdicional de interesses coletivos e difusos dessas pessoas, disciplina a atuação do Ministério Público, define crimes e dá outras providências sobre as pessoas portadoras de deficiência. Um ponto positivo desta norma é a enumeração de valores básicos, já no parágrafo primeiro do art. 1º, merecendo destacar a enumeração dos princípios constitucionais de proteção como a igualdade de tratamento e oportunidades, a justiça social, o respeito à dignidade da pessoa humana e o bem-estar, entre outros.

Também enumera que as suas disposições *visam a garantir às pessoas portadoras de deficiência as ações governamentais necessárias ao seu cumprimento e das demais disposições constitucionais e legais que lhes concernem, afastadas as discriminações e os preconceitos de qualquer espécie, e entendida a matéria como obrigação nacional a cargo do Poder Público e da sociedade*. A norma formula princípios gerais que irão reger todas as questões concernentes aos portadores de deficiência, indicando, claramente, quais as motivações da proibição de discriminação dessas pessoas. Por outro lado, a norma estabelece que o Estado assume um papel ativo na proteção dos portadores de deficiência, afirmando o Poder Público como o responsável por assegurar o pleno exercício dos direitos básicos dos portadores de deficiência, transformando as ações governamentais em caráter prioritário e adequado.

A referida norma pretende assegurar os seguintes resultados:

a) o apoio governamental à formação profissional e garantia de acesso aos serviços concernentes;

b) fomentar e manter empregos, inclusive a tempo parcial;

c) promoção de meios eficazes que propiciem a inserção dos portadores de deficiência e

d) a adoção de legislação específica que discipline a reserva de mercado de trabalho, tanto na Administração Pública como no setor privado.

Ela possui regulação pelo Decreto n. 3.298, de 20 de dezembro de 1995(5), portanto muito tempo depois de sua edição, demonstrando a ocorrência de descaso legislativo em regular a delicada situação dos portadores de deficiência. Contudo, a norma que foi publicada é bastante minuciosa e merece muita atenção e elogios. O decreto é reconhecido como a primeira aparição de um dispositivo legal tão minucioso e inovador sobre a questão do trabalho do portador de deficiência, apresentando novos conceitos muito específicos e ricos em detalhes(6).

2.3. A Lei n. 9.799/99 e a discriminação por gênero sexual

A Lei n. 9.799 de 26 de maio de 1999 altera a Consolidação das Leis do Trabalho em uma série de disposições e regras sobre o acesso da mulher ao mercado de trabalho. A referida lei teve origem no Projeto n. 382/91(7), da deputada *Rita Camata*, que teve um longo trâmite na Câmara dos Deputados e no Senado Federal, tendo sido sancionado somente em 1999, com 4 artigos vetados pelo então presidente Fernando Henrique Cardoso(8). A proposição inicial foi regulamentar o acesso da mulher ao emprego, positivando, em nível infraconstitucional, a disposição constitucional do art. 7º, inciso XX, o qual trata da proteção do mercado de trabalho da mulher, norma esta que adveio de emenda apresentada pela própria deputada na Assembléia Nacional Constituinte, como ela assevera na justificativa de seu projeto de lei(9).

Este diploma cria na Consolidação das Leis do Trabalho o art. 373-A, o qual veda uma série de práticas de contratação de empregadas, por possuírem evidentes efeitos discriminatórios nas mulheres, merecendo elogios pela enumeração de uma série de práticas discriminatórias comuns e previstas em seis abrangentes

(5) BRASIL. Decreto n. 3.298/99. *Presidência da República*. Disponível em: <www.planalto.gov.br> Acesso em: 22 nov. 2004.
(6) NAHMIAS NETO, Sandro. *O direito ao trabalho da pessoa portadora de deficiência*. São Paulo: LTr, 2004. p. 82.
(7) CONGRESSO NACIONAL. *Diário do Congresso Nacional*. Brasília, Edição de 9 abr. 1991. p. 3311.
(8) BRASIL. Mensagem de Veto n. 673 de 26 de maio de 1999. *Presidência da República*. Disponível em: <www.planalto.gov.br> Acesso em: 30.3.2008.
(9) CONGRESSO NACIONAL. *Diário do Congresso Nacional*. Brasília, Edição de 9 abr. 1991. p. 3312.

incisos e um parágrafo único. Este último autoriza, com muito acerto, a possibilidade de adoção de medidas de cunho positivo, visando a implementar uma série de atitudes favoráveis à igualdade de oportunidades das mulheres no mercado de trabalho.

Uma interessante estratégia de combate à discriminação adotada por essa Lei n. 9.799/99 visa a aproximar-se do conceito de *transversalidade* adotado pela União Européia contra a discriminação feminina no trabalho. Tal política advoga a associação com entidades de formação profissional, sociedades civis, sociedades cooperativas, órgãos e entidades públicas ou entidades sindicais, para o desenvolvimento de ações conjuntas, visando ao incentivo ao trabalho da mulher. Tal associação é um ponto importantíssimo da norma em questão, por fomentar um diálogo social e uma melhor consciência dos problemas enfrentados pela mulher no trabalho, servindo-se da troca de informações e aprimoramento social no combate a essa modalidade de discriminação. Esse, talvez, seja um dos pontos mais positivos desta norma.

Apesar de ser um diploma louvável, longe está de atingir a regulação completa dos pontos mais importantes da discriminação feminina. Ela atinge alguns aspectos, mas deveria melhor se ater contra a prática da discriminação por efeito adverso, conhecida na terminologia européia como discriminação indireta, ou mesmo discriminação reflexiva, da qual as mulheres sofrem muito.

Marie-Thérèse Lanquetin define a discriminação indireta como aquela verificada nos fenômenos discriminatórios que se dissimulam sob a aparente aplicação de critérios neutros. Por isso, as razões do ato diferenciador não podem, segundo a mencionada autora, ser percebidas ou contestadas *a priori*, podendo somente ser notados no seu resultado, portanto, seu efeito reflexivo(10). *Joaquim Barbosa Gomes* define como discriminação por impacto desproporcional ou adverso toda e qualquer prática empresarial, política governamental ou semi-governamental, de cunho legislativo ou administrativo, ainda que não provida de intenção discriminatória no momento de sua concepção, se em conseqüência de sua aplicação resultarem efeitos nocivos de incidência especialmente desproporcional sobre certas categorias de pessoas(11).

3. Normas internacionais de aplicação no Brasil

3.1. Questão da forma de ingresso de tais normas no nosso ordenamento jurídico

O Brasil é signatário de uma série de tratados de direitos humanos e antidiscriminatórios, originários da Organização das Nações Unidas, da Organização dos Estados Americanos e outras organizações internacionais, em especial da Organização Internacional do Trabalho. Eles prescrevem uma série de direitos e proibições perfeitamente aplicáveis em nosso ordenamento e podem servir decisivamente

(10) LANQUETIN, Marie-Thérèse. *Op. cit.*, p. 812.

(11) GOMES, Joaquim Barbosa. *Ação afirmativa e princípio constitucional da igualdade*: o direito como instrumento de transformação social — a experiência nos EUA, cit., p. 24.

como fundamento para o combate à discriminação, inclusive para fundamentar decisões judiciais.

A primeira questão que emerge no estudo de tratados internacionais é muito importante e complexa, no sentido de saber como tais tratados ingressam na ordem jurídica interna brasileira, e qual sua natureza jurídica. O melhor entendimento dado à questão é compreender seu ingresso como norma constitucional, mesmo antes do advento da Emenda Constitucional n. 45. Os tratados internacionais sobre direitos humanos recebem um tratamento especial no nosso ordenamento constitucional, a partir da Constituição Federal de 1988, em especial no § 2º do art. 5º. Os direitos derivados de tratados internacionais que a República Federativa do Brasil integrou na sua Constituição, ou manifestou sua adesão mediante ratificação posterior, ingressam no nosso ordenamento constitucional em nível de normas constitucionais quando devidamente ratificados com o depósito dos respectivos instrumentos de ratificação na organização correspondente, como dispõe o § 2º do art. 5º, da Constituição Federal de 1988.

Flávia Piovesan faz uma interpretação sistemática e teleológica do § 2º do art. 5º, especialmente em face da força expansiva dos valores da dignidade da pessoa humana e dos direitos fundamentais como parâmetros axiológicos a orientar a compreensão do fenômeno constitucional. Uma outra justificativa para tal assertiva vem da efetiva disposição da nossa atual Carta Constitucional de integrar o Brasil no Sistema Internacional de Direitos Humanos proclamado pela Declaração Universal, conforme art. 4º, II. Além disso, a ordem constitucional brasileira tem, como fundamento de sua existência, a dignidade da pessoa humana (art. 1º, III) como núcleo básico e informador do ordenamento jurídico brasileiro e como critério e parâmetro de valoração a orientar a interpretação e compreensão do sistema constitucional instalado com a atual carta.

A Emenda Constitucional n. 45, promulgada em 8.12.2004, trouxe signficativa alteração na celeuma já existente acima apontada. Com efeito, a referida Emenda introduziu o § 3º no art. 5º, o qual menciona expressamente que ingressarão como norma constitucional, desde que aprovadas mediante o *quorum* específico para as alterações da carta política.

Assim, não vislumbra-se a possibilidade do entendimento de que os tratados recepcionados anteriores à Emenda Constitucional n. 45 ingressaram no ordenamento jurídico pátrio como leis ordinárias federais, pois assim não eram exigidos antes da alteração promovida pela referida Emenda. É importante frisar que a adição das exigências previstas no parágrafo terceiro somente vem a reforçar o caráter constitucional, mas em nenhum momento vem a diminuir o caráter dos diplomas já aprovados. *Flávia Piovesan* defende esse posicionamento com muita clareza e afirma que não seria razoável sustentar que os tratados de direitos humanos já ratificados fossem recepcionados como lei federal, enquanto os demais adquirissem hierarquia constitucional exclusivamente pelo quorum peculiar[(12)]. No enten-

(12) PIOVESAN, Flávia. Reforma do judiciário e direitos humanos. In: TAVARES, André Ramos; LENZA, Pedro; ALARCÓN, Pietro de Jesus Lora (coord.) *Reforma do judiciário*. São Paulo: Método, 2005. p. 67-81.

der da renomada jurista, o § 3º somente veio a fortalecer o entendimento em prol da incorporação automática dos tratados de direitos humanos e que a nova norma não veio destruir de modo algum o entendimento de que o § 2º, por si só, autoriza o reconhecimento dos tratados como norma constitucional.

Assim, resta claro o entendimento que os tratados que tratam da discriminação e de que o Brasil é signatário antes de 8.12.2004, ou seja antes do evento da Emenda Constitucional n. 45, possuem natureza constitucional de norma fundamental.

3.2. Principais tratados e documentos internacionais sobre discriminação nas relações do trabalho

A Declaração Universal dos Direitos do Homem é o primeiro documento internacional a utilizar a expressão *discriminação* com feição própria, sem ser considerada um sinônimo de *distinção*. Na Carta das Nações Unidas de 1945, foi utilizada a expressão *discrimination* para a versão inglesa conforme emendas propostas pelas delegação brasileira, da República Dominicana e do México, mas *distinction* para a versão francesa(13).

Arnaldo Süssekind afirma que a Declaração Universal dos Direitos do Homem não se constitui em um tratado efetivamente, mas sim, considerada uma fonte de máxima hierarquia no mundo do Direito por consagrar princípios fundamentais da ordem jurídica internacional que devem caracterizar a civilização contemporânea(14). Logo, verifica-se que a mencionada declaração, não obstante seu valor político-filosófico como norma maior do Direito Internacional, não tem valor jurídico efetivo, sendo mais uma referência principiológica.

Diferente é a situação dos pactos internacionais de direitos humanos, firmados em 16 de dezembro de 1966, das Nações Unidas. O primeiro pacto reconhecido no Brasil é o Pacto Internacional dos Direitos Econômicos, Sociais e Culturais, o qual estabelece em seu art. 2º que *Os Estados Membros no presente Pacto comprometem-se a garantir que os direitos nele enunciados se exercerão sem discriminação alguma por motivo de raça, cor, sexo, língua, religião, opinião política ou de qualquer outra natureza, origem nacional ou social, situação econômica, nascimento ou qualquer outra situação*(15). O referido pacto foi adotado pela Resolução n. 2.200-A da Assembléia Geral das Nações Unidas, em 16 de dezembro de 1966. E foi aprovado pelo Decreto Legislativo n. 226, de 12.12.1991, sendo assinado pelo Brasil em 24 de janeiro de 1992. Entrou em vigor no Brasil em 24.2.1992, tendo sido promulgado pelo Decreto n. 591, de 6.7.1992.

No mesmo sentido, o segundo diploma de origem das Nações Unidas e formalmente reconhecido pelo Estado brasileiro é o *Pacto Internacional dos Direitos*

---

(13) BOSSUYT, Marc. *Op. cit.*, p. 13.

(14) SÜSSEKIND, Arnaldo. *Direito internacional do trabalho.* 2. ed. Rio de Janeiro: Renovar, 2001.

(15) NAÇÕES UNIDAS. Pacto Internacional de Direitos Econômicos, Sociais e Culturais. *Biblioteca Virtual de Direitos Humanos.* Universidade de São Paulo. Disponível em: <http://www.direitoshumanos.usp.br/counter/Onu/Sist_glob_trat/texto/texto_2.html> Acesso em: 30.3.2008.

Civis e Políticos, que foi uma norma também adotada pela Resolução n. 2.200-A da Assembléia Geral das Nações Unidas, em 16 de dezembro de 1966. Ela foi aprovada pelo mesmo Decreto Legislativo n. 226, de 12.12.1991, tendo sido ratificado o tratado pelo Brasil em 24 de janeiro de 1992, estando em vigor no Brasil em 24.4.1992, e promulgada pelo Decreto n. 592, de 6.7.1992. A referida norma tem várias passagens que proíbem a discriminação, merecendo destaque o art. 26, que tem redação semelhante à do 1º Pacto subscrito pelo Brasil.

Merecem destaque, igualmente, as diversas convenções internacionais contra várias formas de discriminação, a saber a *Convenção Relativa à Luta Contra as Discriminações na Esfera do Ensino*, que entrou em vigor em 22 de maio de 1962, em conformidade com o art. 14.

Um dos mais importantes tratados para eliminação da discriminação é a *Convenção Internacional sobre a Eliminação de Todas as Formas de Discriminação Racial*, de 21 de dezembro de 1965(16), diploma de grande relevância internacional. Trata-se de uma convenção internacional contra a discriminação racial, portanto pretendendo abordar todos os aspectos que envolvem a discriminação racial no planeta, como forma de aboli-la definitivamente. Ela se encontra em vigência no Brasil desde 4 de janeiro de 1969, e é um poderoso instrumento para coibir práticas discriminatórias por motivos de raça.

Em 18 de dezembro de 1979, a Assembléia das Nações Unidas aprovou a Convenção sobre a Eliminação de Todas as Formas de Discriminação contra a Mulher(17). Essa norma tem uma ampla possibilidade de aplicação dentro das relações de trabalho na medida em que a discriminação feminina nestas relações é muito alta no Brasil. Vigente no nosso Direito desde 1º de fevereiro de 1984, o Decreto n. 89.460, de 20 de março de 1984, ressalvou os arts. 15, § 4º, e 16, § 1º alíneas (a), (c), (g) e (h), a não aplicação da Convenção nos casos de: concessão de liberdade de movimento e liberdade de escolha de domicílio; o mesmo direito de contrair matrimônio; os mesmos direitos e responsabilidades durante o casamento e, na sua dissolução; os mesmos direitos pessoais como marido e mulher; e mesmos direitos patrimoniais. Tais disposições da convenção contrastavam com a ordem jurídica vigente (Constituição Federal de 1967/69). Contudo, atualmente são aplicáveis, principalmente após a adoção do atual Código Civil pela Lei n. 10.406 de 10 de janeiro de 2002.

---

(16) NAÇÕES UNIDAS. Convenção internacional sobre a eliminação de todas as formas de discriminação racial (1968). *Biblioteca virtual de direitos humanos*. Universidade de São Paulo. Disponível em: <http://www.direitoshumanos.usp.br/counter/Onu/Minorias_discriminacao/texto/texto_1.html> Acesso em: 30.03.2008. Adotada pela Resolução n. 2.106-A da Assembléia das Nações Unidas, em 21 de dezembro de 1965. Aprovada pelo Decreto Legislativo n. 23, de 21.6.1967. Ratificada pelo Brasil em 27 de março de 1968. Entrou em vigor no Brasil em 4.1.1969. Promulgada pelo Decreto n. 65.810, de 8.12.1969. Publicada no DO 10.12.1969.

(17) NAÇÕES UNIDAS. Convenção sobre a eliminação de todas as formas de discriminação contra as mulheres (1979). *Biblioteca Virtual de Direitos Humanos*. Universidade de São Paulo. Disponível em: <http://www.direitoshumanos.usp.br/counter/Onu/Mulher/texto/texto_3.html> Acesso em: 30.3.2008. Adotada pela Resolução n. 34/180 da Assembléia das Nações Unidas, em 18 de dezembro de 1979. Aprovada pelo Decreto Legislativo n. 93, de 14.11.1983. Ratificada pelo Brasil em 1º de fevereiro de 1984 (com reservas). Promulgada pelo Decreto n. 89.460, de 20.3.1984.

Uma norma que se destaca no panorama jurídico nacional é a Convenção Interamericana para a Eliminação de Todas as Formas de Discriminação Contra as Pessoas Portadoras de Deficiência, adotada na cidade de Guatemala, em 7 de junho de 1999, no vigésimo nono período ordinário de sessões da Assembléia Geral e assinada pelo Brasil[(18)] quando da sua promulgação. O texto interamericano busca a defesa das pessoas portadoras de deficiência ou também hodiernamente consideradas como pessoas com necessidades especiais. A Convenção considera como ato discriminatório a existência de diferenciação, exclusão ou restrição, voltada contra as pessoas portadoras de deficiência e assimilados, e que tais atos tenham o efeito ou propósito de impedir ou anular o reconhecimento, gozo ou exercício, por parte das pessoas portadoras de deficiência, de seus direitos humanos e liberdades fundamentais.

3.3. As convenções da Organização Internacional do Trabalho — OIT

Os diplomas da Organização Internacional do Trabalho sobre a discriminação no trabalho são muito importantes, em especial a Convenção n. 111, que é um poderoso instrumento contra a discriminação.

A Convenção n. 111 da Organização Internacional do Trabalho é, sem sombra de dúvidas, a mais importante norma antidiscriminatória nas relações do trabalho atualmente vigente no plano internacional e no plano interno brasileiro. Nenhuma norma interna é um instrumento tão abrangente como a referida convenção, o mesmo ocorrendo no âmbito da OIT. Sua importância reside no fato de que possua um conceito de discriminação, muito válido para a época em que foi criada (1958), no entanto, para a ausência de conceito no ordenamento jurídico interno, ela ajuda bastante.

> Art. 1º 1. Para os fins da presente convenção o termo "discriminação" compreende:
>
> a) Toda distinção, exclusão ou preferência fundada na raça, cor, sexo, religião, opinião política, ascendência nacional ou origem social, que tenha por efeito destruir ou alterar a igualdade de oportunidade ou de tratamento em matéria de emprego ou profissão.
>
> b) Qualquer outra distinção, exclusão ou preferência que tenha por efeito destruir ou alterar a igualdade de oportunidades ou tratamento em matéria de emprego ou profissão que poderá ser especificada pelo Membro interessado depois de consultadas as organizações representativas de empregadores e trabalhadores, quando estas existam, e outros organismos adequados.

---

(18) COMISSÃO INTERAMERICANA DE DIREITOS HUMANOS. Disponível em: <http://www.cidh.oas.org/Basicos/base8a.htm> Acesso em: 30.3.2008. Em vigor no Brasil mediante Decreto Legislativo n. 198, de 13 de junho de 2001; entrando em vigor em 14 de setembro de 2001, e promulgada pelo Decreto n. 3.956 de 8 de outubro de 2001.

2. As distinções, exclusões ou preferências fundadas em qualificações exigidas para determinado emprego não são consideradas como discriminação.

3. Para os fins da presente convenção as palavras "emprego" e "profissão" incluem o acesso à formação profissional, ao emprego e às diferentes profissões, bem como às condições de emprego[19].

A definição de discriminação adotada para os efeitos da referida convenção é apontada para as situações que venham a destruir ou alterar a igualdade de oportunidades ou de tratamento em matéria de emprego ou profissão, causada pelos motivos apontados no diploma. Trata-se de uma conceituação bastante ampla e que vem buscar a defesa da igualdade de oportunidades ou de tratamento, sendo a igualdade o objeto da proteção antidiscriminatória. Historicamente, a Convenção n. 111 passa a ser uma das primeiras normas internacionais de conceituação da discriminação (muito antes que as normas das Nações Unidas) que descreve esse fenômeno e seus efeitos proporcionando uma lista mínima e geral de motivações das ações consideradas discriminatórias. Sua proteção está voltada para todas as situações que envolvem o trabalho, sendo que a Recomendação n. 111 da OIT, em seu art. 2º, menciona as condições de trabalho, incluindo-se a jornada de trabalho, períodos de descanso, descansos semanais remunerados, saúde e segurança do trabalho, seguridade social e prestações sociais relacionadas ao emprego[20]. A situação da dispensa também é prevista implicitamente na norma, eis que a Recomendação n. 111, no seu item 2, *b*, inciso "iv", também prevê a segurança no emprego[21].

Outra norma da OIT que prevê a proteção contra a discriminação é a Convenção n. 98, voltada para a proteção dos direitos de sindicalização e negociação coletiva, sendo que em seu primeiro artigo expõe que o texto confere proteção aos trabalhadores contra atos de discriminação com relação a seu emprego[22].

A Convenção n. 97 da OIT trata de uma situação importantíssima na atualidade, a discriminação nas relações de trabalho relativas aos trabalhadores migrantes. A Convenção n. 97 foi aprovada na 32ª Reunião da Conferência Internacional do Trabalho (Genebra – 1949), entrando em vigor no plano internacional em 22.1.1952. No Brasil, foi aprovada pelo Decreto Legislativo n. 20/65, do Congresso Nacional, foi ratificada em 18 de junho de 1965, promulgada pelo Decreto n. 58.819, de 14.7.1966, vigente no território nacional desde 18 de junho de 1966[23]. Seu art. 6º prega, por parte dos Estados membros, a aplicação de um tratamento aos trabalhadores migrantes que não seja inferior ao aplicado aos seus próprios nacionais, sem discriminação de nacionalidade, raça, religião ou sexo, em determinados assuntos

---

(19) SÜSSEKIND, Arnaldo. *Convenções da OIT*. São Paulo: LTr, 1994. p. 244.

(20) ORGANIZAÇÃO INTERNACIONAL DO TRABALHO. Recomendação n. 111. *ILOLEX — Base de dados sobre as normas internacionais do trabalho*. Disponível em: <http://www.ilo.org/ilolex/english/recdisp2.htm> Acesso em: 3 dez. 2004.

(21) *Ibidem*.

(22) *Ibidem*.

(23) SÜSSEKIND, Arnaldo. *Convenções da OIT*, cit., p. 190.

ali previstos[24]. Esse artigo não apresenta qualquer definição do que seja essa discriminação, apenas formula a sua proibição pelos motivos ali expostos.

A Convenção n. 158 da OIT é um texto que causou e ainda causará muita polêmica no Brasil, pelo fato de ter sido denunciado pela Presidência da República logo após seu ingresso no ordenamento jurídico brasileiro. A Convenção foi aprovada em 1982, passando a estar em vigência internacional a partir de 23.11.1985. Agora, a matéria volta à discussão no Congresso Nacional. A referida Convenção estabelece no seu art. 4º que não se terminará uma relação de trabalho de um trabalhador a menos que exista para ele uma causa justificada relacionada com a sua capacidade ou a sua conduta, fundada nas necessidades de funcionamento da empresa, estabelecimento ou serviço[25]. O art. 5º define que entre os motivos que não constituem causa justificada para a terminação da relação de trabalho se encontram os seguintes: (a) filiação sindical ou participação em atividade sindical nos modos ali propostos; (b) ser candidato a representante dos trabalhadores; (c) apresentar queixa contra um empregador; (d) a raça, a cor, o sexo, o estado civil, as responsabilidades familiares, a gravidez, a religião, as opiniões políticas, a ascendência nacional ou origem social; e (e) a ausência do trabalho durante a licença-maternidade[26]. Trata-se de exclusões claras da possibilidade de dispensa por motivo aceitável, sendo uma importante norma antidiscriminatória contra atos dessa natureza. O retorno de sua vigência no território nacional deve ser aguardado com intensa expectativa.

A Convenção n. 159 da OIT é um texto importantíssimo, pois trata da reabilitação profissional e o emprego de pessoas deficientes. A referida convenção foi aprovada na 69ª reunião da Conferência Internacional do Trabalho em 1983, em Genebra, entrando em vigência no plano internacional em 20.6.1985. No Brasil, ela foi aprovada pelo Decreto Legislativo n. 51, de 25.8.89, ratificada em 18 de maio de 1990, promulgada pelo Decreto n. 129, de 22.5.1991, e vigente em nosso território desde 18 de maio de 1991[27]. Dois aspectos são fundamentais na referida Convenção. O primeiro deles reside na política de reabilitação profissional e emprego estabelecida na parte II do texto convencionado, mais especificadamente no art. 4º. Nele ficou estabelecido que a política deverá ter como base a igualdade de oportunidades entre os trabalhadores deficientes e os demais trabalhadores. O segundo aspecto relevante é o reconhecimento expresso pelo mesmo artigo, mais adiante, de que "as medidas positivas especiais com a finalidade de atingir a igualdade efetiva de oportunidades e de tratamento entre os trabalhadores deficientes e os demais trabalhadores, não devem ser vistas como discriminatórias em relação a estes últimos"[28]. Interessante destacar a adoção da terminologia "medidas positivas especiais" para as ações afirmativas, e sua expressa previsão como não sendo medida discriminatória.

---

(24) *Ibidem,* p. 191.
(25) *Ibidem,* p. 513.
(26) SÜSSEKIND, Arnaldo. *Convenções da OIT,* cit., p. 513.
(27) *Ibidem,* p. 367.
(28) *Ibidem,* p. 369.

4. As necessidades que deverão ser atendidas com a regulação das normas constitucionais que proíbem a discriminação no trabalho

Caminhando em grau de conclusão, cabe a este trabalho expor algumas necessidades que deverão ser atendidas por normas infraconstitucionais que venham a regular os princípios estabelecidos na Constituição Federal de 1988 e ainda não atendidos de forma satisfatória.

O primeiro aspecto é definir legalmente o que seja discriminação nas relações do trabalho, qualificando condutas tipicamente discriminatórias como outros diplomas conseguem realizar com razoável êxito, principalmente as diretivas européias de 2002 e as normas que surgiram nos países integrantes daquela União. Em especial, situações como a discriminação por efeito adverso, assédio moral e sexual, discriminação por motivos mistos, devem ser expressamente previstas em normas legais e devidamente proibidas.

O segundo aspecto a ser tratado é a criação de mecanismos antidiscriminatórios mais eficientes, como sanções de cunho material, processual, administrativo e até mesmo previsões de indenizações específicas e delimitações de abrangência. Igualmente, outras sanções mais criativas deverão ser adotadas na proteção de trabalhadores estrangeiros no nosso País.

O terceiro aspecto a ser abordado é a previsão de mecanismos de promoção social que visem a conferir igualdade real de oportunidades e reparar danos discriminatórios já consolidados na sociedade, em especial a adoção de ações afirmativas nas relações do trabalho, bem como incentivo para adoção de tais mecanismos.

O quarto e último aspecto a ser tratado pela lei é a adoção de uma proteção contra a discriminação integrada com políticas públicas amplas de combate aos fenômenos discriminatórios. Sem a adoção de uma política transversal, o combate à discriminação sempre será insuficiente, e ainda, continuarão a ocorrer massivas situações discriminatórias dentro do nosso País.

Nosso texto constitucional é muito bom ao tratar da discriminação, cabe agora, no plano infraconstitucional, regular adequadamente os princípios ali muito bem positivados, para que os princípios da dignidade da pessoa humana, da justiça social, e da igualdade entre os brasileiros sejam efetivamente concretizados.

A Tutela das Relações de Trabalho em Sentido Amplo por meio de Hermenêutica Constitucional Concretizadora dos Direitos Trabalhistas Fundamentais Individuais

Flávia Moreira Guimarães Pessoa(*)

1. Introdução

O presente trabalho tem por objetivo analisar a caracterização dos Direitos fundamentais trabalhistas individuais previstos no art. 7º da Constituição, procurando verificar a possibilidade de aplicação das tais normas às relações de trabalho *lato sensu*. Com efeito, a Constituição estabelece, no *caput* do seu art. 7º, que são Direitos dos trabalhadores urbanos e rurais, além de outros que visem à melhoria de sua condição social, todos aqueles indicados em seus incisos.

É interessante assinalar que a Constituição não fala em empregados urbanos e rurais, referindo-se genericamente a "trabalhadores". É clara a distinção entre as figuras, uma vez que empregado é uma espécie do gênero mais amplo trabalhador. Tal redação poderia dar margem ao entendimento de que os Direitos estabelecidos no art. 7º são aplicáveis a todos os trabalhadores, mas essa leitura do referido dispositivo constitucional acabou não prevalecendo.

Agora, quando se comemoram 20 anos da promulgação da Constituição, cumpre discutir a possibilidade de aplicação dos Direitos fundamentais trabalhistas individuais a todos os trabalhadores e não apenas aos empregados.

Ao estabelecer os Direitos trabalhistas "além de outros que visem à melhoria de sua condição social", a Constituição deixa claro que o rol apresentado estabelece apenas os Direitos mínimos, que poderão ser aumentados pela legislação infraconstitucional.

O presente trabalho procura, então, verificar, em cada caso, a aplicabilidade ou não dos Direitos previstos nos incisos do art. 7º da Constituição Federal às demais espécies de trabalhadores não empregados. O estudo se justifica em razão das mudanças sofridas pela realidade trabalhista, que deslocou o eixo da relação

(*) Juíza do Trabalho Substituta (TRT 20ª Região), Coordenadora e Professora da Pós-Graduação em Direito do Trabalho (TRT 20ª Região/UFS), Especialista em Direito Processual pela UFSC, Mestre em Direito, Estado e Cidadania pela UGF, Doutoranda em Direito Público pela UFBA.

de emprego tradicional para novas formas de trabalho. As transformações na sociedade prosseguem assim por muitos caminhos distintos, mas que, em conjunto, levam ao "novo paradigma do mundo do trabalho". Com efeito, as organizações sindicais se distanciam das antigas e medievais corporações de ofícios. A tecnologia cria novas formas e novas ênfases(1). Como acontece hoje em todos os campos da atividade humana, o mundo do trabalho busca adaptar-se à nova realidade advinda do impacto conjunto da revolução tecnológica e da globalização da economia que pôs em xeque as bases em que se assentavam as relações do trabalho assalariado, tanto na dimensão institucional quanto nas abordagens científicas, nos campos da administração, da economia, da sociologia e, até, da psicologia.

A globalização(2) está longe de esgotar-se como tema de discussão, não obstante o tanto que sobre ela já se escreveu. O que importa agora destacar, porém, não são os reflexos da globalização, dos avanços tecnológicos, do desemprego. Ao contrário, o que é relevante frisar dentro deste contexto é que a aplicação direta dos Direitos fundamentais na relação de trabalho *lato sensu* pode servir de escudo protetor contra ondas de flexibilização que, elaboradas com o intuito de promover o crescimento econômico, não logram resolver o problema do desemprego, até porque esse é, nos dias atuais, essencialmente estrutural.

Eis, assim, a importância da contextualização do tema dentro do novo paradigma do mundo do trabalho. Com efeito, a interpretação tradicional no sentido de que os Direitos inseridos no art. 7º da Constituição Federal apenas são aplicáveis aos empregados não mais pode subsistir diante da necessidade de tutela jurídica às novas formas de trabalho em sentido amplo que são a tônica da sociedade

---

(1) No final do século passado, cerca de 40% dos trabalhadores alemães (um dos primeiros países industrializados) trabalhavam essencialmente no "setor primário", e apenas 35% no "setor secundário". Hoje, menos de 5% permanecem no setor primário, enquanto que surgiu o chamado "setor terciário", ou de "serviços", que ocupa mais de 50% da população total, e que parece ser a tendência dominante em todos os países, com a possível exceção do Japão e da Coréia do Sul.Os serviços dominam todos os setores de produção econômica, que cada vez são mais dependentes de pesquisa e tecnologia, de controle de qualidade, de financiamentos seletivos, de qualidade dos serviços, de distribuição eficiente, enfim da qualidade da mão-de-obra refletida na qualidade total dos serviços. Sem isto, perde-se a competitividade. Se o emprego diminui na indústria, ele aumenta no setor de serviços. Outra modalidade de trabalho que vem assistindo a um grande crescimento ao longo dos últimos anos é a do teletrabalho, ou o trabalho realizado fora do escritório, por muitos conhecido também como "empresa virtual". Embora apresente ainda alguns problemas, tais como dificuldades de enquadramento no plano de cargos e nos esquemas de promoção, o teletrabalho tende a aumentar como nova modalidade de emprego. Pelo lado do trabalhador, apresenta vantagens de economia do tempo gasto em locomoção da residência para o escritório ou fábrica (problema crítico nos grandes centros urbanos), além de poder realizar suas atividades em casa, administrando o tempo disponível em conjunto com as atividades domésticas. Pelo lado da empresa, representa economia de instalações e material de consumo. (MOURA, 1998, p. 44)

(2) Segundo *Moura* (1998, p. 81-82) a globalização leva por terra os limites tradicionais e demais formas de demarcação de áreas de interesse. Operacionalmente, a globalização permite uma grande agilidade na administração. Não apenas a matéria-prima, mas até os manufaturados são importados de qualquer parte do mundo, onde quer que o custo seja mais baixo. Por outro lado, a força das empresas transnacionais é cada vez mais surpreendente.pois lideram o progresso tecnológico, comandam os processos de pesquisa e desenvolvimento, determinam o limite do acesso público às informações e capacidade de consumo. Segundo o autor, ainda, a globalização prejudica, muitas vezes, a sobrevivência da indústria nacional, que fica à mercê da competição desigual com certos países produtores. Por fim, destaca ainda que a globalização onera fortemente os trabalhadores, tirando-lhes ou reduzindo-lhes empregos e salários, criando o paradoxo da produção cada vez mais abundante de bens e serviços, a preços cada vez mais competitivos, mas tendo como resultado a drástica diminuição de empregos, o rebaixamento dos salários .

atual. Fixado tal ponto, adentra-se no conteúdo específico da interpretação constitucional concretizadora dos Direitos fundamentais, o que se empreende no tópico seguinte.

2. A EVOLUÇÃO DO RACIOCÍNIO JUDICIÁRIO: DO DIREITO NATURAL À HERMENÊUTICA CONSTITUCIONAL CONCRETIZADORA DOS DIREITOS FUNDAMENTAIS

O presente item procura apontar o desenvolvimento das teorias sobre o papel da interpretação. Parte da perspectiva de que é possível compreender a ciência do Direito a partir da evolução do raciocínio judiciário, com base no pressuposto de que o ordenamento jurídico pode ser entendido como "o conjunto de regras acolhidas (ou que têm a possibilidade de serem acolhidas) por um juiz" (BOBBIO, 1995, p. 28).

Nessa busca de sistematização, adota-se a divisão proposta por *Perelman*, que distingue três fases na formação da ideologia judiciária ocidental: a primeira, desde seus primórdios até a Revolução Francesa; a segunda entre a Revolução Francesa e a Segunda Guerra Mundial e a terceira a partir do final da Segunda Guerra (PERELMAN, 1998, p. 184)[(3)].

Na primeira fase, não havia separação de poderes, sendo o soberano detentor das funções de administrar, legislar e julgar. Ainda não existia um corpo completo de leis, de forma que o julgador norteava-se pelo critério de "justiça", devendo fundamentar-se em regras jurídicas, morais, religiosas etc. Prevaleciam, à época, os primados e a legitimidade do chamado Direito natural, cujo fundamento evoluiu, no decorrer dos tempos: tomava por base a natureza humana, na Antigüidade Clássica; ancorou-se no poder divino, durante a Idade Média[(4)] e terminou por assentar-se na razão, com o iluminismo, na Idade Moderna.

A partir da Revolução Francesa, afirmaram-se os pressupostos da separação de poderes, bem como a exigência de motivação das decisões. Além disso, foram fixadas, em primeiro plano, a legalidade e a segurança jurídica como parâmetros para a coexistência social harmônica e a interferência estatal legítima. Nessa fase, prevaleceu o positivismo jurídico, na versão tradicional, sendo as decisões judiciais formuladas com base em um raciocínio lógico-dedutivo formal.

Nesta fase inclui-se tanto o positivismo jurídico tradicional — representado pela Escola da Exegese quanto o positivismo jurídico normativista kelseniano e o positivismo da *common law*, explicitado na obra de *Herbert Hart*. Convém, entretanto, assinalar que, muito embora situados na mesma fase, a análise do fenômeno

(3) As datas assinaladas não são inflexíveis, servindo apenas como referência para fixação do momento histórico.

(4) Na Idade Média, o Direito Romano difundiu-se com o nome de direito comum, o qual, por seu turno, se contrapunha ao *jus proprium*, ou seja, aquele direito próprio das diversas instituições sociais. Contudo, conforme assinala *Machado Neto* (1975, p. 83), durante toda a Idade Média, os fundamentos do direito natural jamais deixaram de ser a inteligência e a vontade divinas. Como maiores expoentes da Idade Média, devem ser destacados Santo Agostinho — da primeira fase, chamada patrística — e Santo Tomás de Aquino, no período conhecido como escolástico.

da decisão judicial na Escola da Exegese é substancialmente distinta do estudo levado a efeito por *Kelsen* e *Hart*.

A partir da Segunda Guerra Mundial, com a verificação de que a decisão judicial, para ser justa, não poderia limitar-se à lógica dedutiva tradicional, os teóricos passaram a buscar novas perspectivas para a problemática da decisão. Teve início, assim, o terceiro momento do raciocínio judicial.

Essa fase, segundo *Perelman* (1998, p. 185), relaciona-se a uma reação que, sem chegar a ser um retorno ao Direito natural, ao modo próprio dos séculos XVII e XVIII, confia ao juiz a missão de buscar, para cada litígio particular, uma solução eqüitativa e razoável, pedindo-lhe ao mesmo tempo que permaneça, para consegui-lo, dentro dos limites autorizados por seu sistema de Direito. Nesta fase, é permitido ao Juiz, para realizar a síntese buscada entre a equidade e a lei, tornar esta mais flexível graças à intervenção crescente das regras de Direito não escritas, representadas pelos princípios gerais do Direito e pelo fato de se levar em consideração os tópicos jurídicos. Essa nova concepção acresce a importância do Direito pretoriano, fazendo do juiz o auxiliar e o complemento indispensável do legislador. Desta forma, *Perelman* destaca que se assiste à aproximação entre a concepção continental do Direito e a concepção anglo-saxã. (PERELMAN, 1998, p. 185).

Assiste-se, portanto, a um período de maior aproximação entre Direito e moral, muito embora não se trate propriamente de retorno ao Direito natural. Essa nova fase busca a aplicação dos valores, quer por via dos princípios de Direito, quer pela tópica jurídica.

De acordo com a vertente tópico-retórica do pós-positivismo, a estrutura das decisões jurídicas se funda no esforço de persuasão e convencimento. Esse novo modelo de legitimação das decisões judiciais tem como pressuposto o reconhecimento da natureza dialética e argumentativa do Direito. A forma de pensar tópico-retórica visa, assim, a dar ênfase aos mecanismos persuasivos que formam o discurso jurídico, buscando o consenso, para dar suporte e legitimidade à decisão judicial.

Outra vertente do pós-positivismo de fundamental relevância é aquela que busca recuperar a força normativa dos princípios de Direito, com todo seu potencial valorativo. O estudo da teoria da decisão judicial recebeu grande contribuição de *Ronald Dworkin* que criou um modelo segundo o qual o trabalho do juiz é reconstruir racionalmente a ordem jurídica vigente, identificando os princípios fundamentais que lhe dão sentido.

A exemplo de *Dworkin*, *Alexy* desenvolve sua teoria inserindo os princípios no seu modelo de sistema jurídico. Além disso, comunga também com a preocupação de *Dworkin*, no sentido de restringir o âmbito da discricionariedade judicial. Entretanto, sob o ponto de vista da decisão judicial, a grande diferença entre os dois é que *Alexy* desenvolve uma teoria procedimental para a obtenção da resposta correta, evitando, dessa forma, o recurso ao juiz *Hércules* desenvolvido por *Dworkin*.

Dentro deste panorama do pensamento jurídico contemporâneo, não há como se olvidar os estudos hermenêuticos de *Heidegger* e *Gadamer*, que analisaram e difundiram o conceito da pré-compreensão. *Heidegger* (1988, p. 207) entende que a interpretação de algo como algo se funda, essencialmente, numa posição prévia, visão prévia e concepção prévia. A interpretação, assim, segundo o autor, nunca é a apreensão de um dado preliminar isenta de pressuposições.

Para *Gadamer*, de igual forma, toda experiência hermenêutica pressupõe uma inserção no processo de transmissão da tradição. Há um movimento antecipatório da compreensão, a pré-compreensão, que constitui um momento essencial do fenômeno hermenêutico e é impossível ao intérprete desprender-se do círculo da compreensão. O autor entende como processo hermenêutico unitário a compreensão, a interpretação e a aplicação e considera que o trabalho do intérprete se dá a partir de uma fusão de horizontes, porque compreender é sempre o processo de fusão dos horizontes presumivelmente dados por si mesmos. Compreender uma tradição implica projetar um horizonte histórico que vai originar um novo horizonte presente. Um texto histórico somente é interpretável a partir da historicidade do intérprete (GADAMER, 1997, p. 460).

As análises até aqui empreendidas são fundamentais para a concretização dos Direitos fundamentais, pois, dado ao caráter aberto e amplo da Constituição, os problemas de interpretação surgem com maior freqüência do que em outros setores do Direito, em que as normas são mais detalhadas.

Nesse sentido, expõe *Konrad Hesse* (1992, p. 35) que o objetivo da interpretação constitucional é deduzir o resultado constitucionalmente correto por meio de um procedimento racional e controlável e fundamentar esse mesmo resultado, criando certeza e previsibilidade jurídicas e não apenas a solução de determinado caso concreto.

A teoria tradicional da interpretação persegue revelar a vontade objetiva da norma ou a vontade subjetiva do legislador mediante a análise do texto, de seu processo de criação, além do sentido e finalidade da norma. Porém, demonstra *Hesse* (1992, p. 38) que essa idéia tradicional apresenta uma série de dificuldades, em especial porque os métodos de interpretação tradicional não oferecem orientação suficiente, já que deixam em aberto qual orientação seguir quando conduzem a resultados de interpretação diferentes.

Pode-se afirmar que a interpretação constitucional é concretização. Procurando precisar esta última idéia, *Canotilho* (2003, p. 1201) aponta que concretizar a Constituição traduz-se no processo de densificação de regras e princípios constitucionais. Densificar uma norma, por outro lado, significa preencher, complementar e precisar o espaço normativo de um preceito constitucional, especialmente necessitado de concretização, a fim de tornar possível a solução, por esse preceito, dos problemas concretos. Segundo *Hesse* (1998, p. 61) interpretação constitucional é concretização e "o conteúdo da norma interpretada concluiu-se primeiro na interpretação".

Na linha de uma hermenêutica constitucional concretizadora, o presente trabalho analisa o pensamento de *Konrad Hesse.*

O procedimento de concretização proposto por *Hesse* (1998, p. 63) prevê que no avanço tópico, guiado e limitado normativamente, devem ser achados e demonstrados pontos de vista dirigentes que são buscados e fundamentam a decisão final da maneira mais convincente possível. Se esses pontos de vista contêm premissas materialmente apropriadas, elas possibilitam deduções que conduzem ou contribuem para a resolução de problemas. O intérprete, então, deve escolher os pontos de vista — *topoi* — apropriados, excluindo os demais.

Hesse (1992, p. 45) refere que aos princípios de interpretação constitucional corresponde a missão de orientar o processo de interpretação. Dentre esses princípios, o autor ressalta, em primeiro lugar, o princípio da unidade da Constituição, pelo qual a Constituição deve ser sempre interpretada de tal maneira que se evitem contradições com as outras normas da mesma Constituição (HESSE, 1992, p. 45).

Em íntima relação com o primeiro, *Hesse* relaciona o princípio da concordância prática, que estabelece os limites dentro da ponderação de valores, na hipótese de conflito entre os bens jurídicos protegidos pela norma constitucional (HESSE, 1992, p. 46).

Hesse (1992, p. 47) destaca, ainda, o princípio da correção funcional, segundo o qual, se a Constituição regula de uma determinada maneira a repartição de atribuições dos agentes das funções estatais, o órgão de interpretação deve manter-se fiel às funções previamente estabelecidas. Segundo *Hesse* (1992, p. 47) esse princípio é aplicável em particular às relações entre o legislador e o tribunal constitucional, limitando-se as atividades deste último, vedando-se uma interpretação que conduza a uma restrição da liberdade conformadora do legislador além dos limites estabelecidos pela Constituição.

Outro princípio destacado é o da eficácia integradora. Assim, se a Constituição se propõe a criação e manutenção da unidade política, tal fato exige outorgar preferência à interpretação que promova e mantenha a dita unidade.

Por fim, o último critério apontado por *Hesse* (1992, p. 47) é o da força normativa da Constituição, que pugna que se dê preferência à solução dos problemas jurídico-constitucionais que conduzam à máxima efetividade da norma constitucional. De acordo com o princípio da máxima efetividade o intérprete constitucional deve ter compromisso com a efetividade da Constituição de forma que, entre interpretações possíveis, deverá preferir aquela que permita a atuação da vontade constitucional, evitando-se ao máximo soluções que "se refugiem no argumento da não auto-aplicabilidade da norma ou na ocorrência de omissão do legislador" (BARROSO; BARCELOS, 2006, p. 364).

Fixadas as balizas essenciais da hermenêutica constitucional concretizadora, passa-se no item seguinte, a analisar a definição e conteúdo dos direitos fundamentais, como pressuposto para análise dos direitos trabalhistas individuais fundamentais.

3. Definição e conteúdo dos direito fundamentais

A conceituação do que sejam direitos fundamentais é particularmente difícil, tendo em vista a ampliação e transformação dos direitos fundamentais do homem no envolver histórico. Aumenta essa dificuldade o fato de se empregarem várias expressões para designá-los, como "direitos naturais", "direitos humanos", "direitos públicos subjetivos", "liberdades fundamentais"(5) etc.

A expressão dreitos fundamentais, consoante assinala *José Afonso da Silva* (2005, p. 56) não significa esfera privada contraposta à atividade pública, mas sim "limitação imposta pela soberania popular aos poderes constituídos do Estado que dela dependem". Da definição exposta pelo autor, verifica-se sua posição no sentido de limitar a expressão ao campo de abrangência da proteção dos particulares contra o Estado.

Uma noção mais atualizada dos direitos fundamentais, porém, conduz à conclusão de que estes representam a constitucionalização dos direitos humanos que gozaram de alto grau de justificação ao longo da história e que são reconhecidos como condição para o exercício dos demais direitos. Haveria, dessa forma, "um conteúdo mínimo de direitos fundamentais que caracterizam o Direito de um Estado Democrático" (SAMPAIO, 2006, p. 17).

Segundo *José Afonso da Silva* (2005, p. 58), os direitos fundamentais teriam os seguintes caracteres: a) historicidade; b) imprescritibilidade; c) irrenunciabilidade. São, assim, os direitos fundamentais históricos, o que rechaça qualquer fundamentação no direito natural. São imprescritíveis dada a sua natureza de direitos personalíssimos de natureza em geral não patrimonial; são, por fim, irrenunciáveis, embora possam deixar de ser exercidos.

Quanto ao conteúdo dos direitos fundamentais, esse foi sendo paulatinamente alterado, a partir da verificação do seu caráter histórico. Com efeito, consoante assinala *Canotilho* (1989, p. 425), os direitos fundamentais "pressupõem concepções de Estado e de Constituição decisivamente operantes na atividade interpretativo-concretizadora das normas constitucionais".

Inicialmente, no constitucionalismo liberal, os direitos fundamentais eram considerados os direitos de liberdade do indivíduo contra o Estado, constituindo-se essencialmente nos direitos de autonomia e defesa. Os postulados desta teoria

(5) Consoante assinala *Virgílio Afonso da Silva* (2005, p. 55) a expressão direitos naturais refere-se "àqueles inerentes à natureza do homem; direito inatos que cabem ao homem só pelo fato de ser homem". Já direitos humanos é a expressão preferida nos documentos internacionais, sendo terminologia pouco usada na doutrina, salvo para referir-se aos direitos civis ou liberdades civis. Os direitos públicos subjetivos constituem "um conceito técnico-jurídico do Estado Liberal, preso, como a concepção direitos individuais, à concepção individualista do homem (SILVA, 2005, p. 55). Liberdades fundamentais ou liberdades públicas são expressões ligadas à concepção dos direitos públicos subjetivos e direitos individuais".

liberal vem bem expostos por *Canotilho* (1989, p. 426) que aponta os seguintes: 1) os direitos fundamentais são direitos do particular contra o Estado; 2) revestem concomitantemente o caráter de normas de distribuição de competências entre o indivíduo e o Estado; 3) apresentam-se como pré-estaduais, sendo vedada qualquer ingerência do Estado; 4) a substância e o conteúdo dos direitos fundamentais, bem como sua utilização e fundamentação, ficariam fora da competência regulamentar do Estado; 5) a finalidade e o objetivo dos direitos fundamentais é de natureza puramente individual.

A teoria da ordem dos valores, associada à doutrina de *Smend* e à filosofia de valores, definia os direitos fundamentais como valores de caráter objetivo, o que levava a conseqüências indicadas por *Canotilho* (1989, p. 427): 1) o indivíduo deixa de ser a medida dos direitos, pois os direitos fundamentais são objetivos; 2) no conteúdo essencial dos direitos fundamentais está compreendida a tutela de bens de valor jurídico igual ou mais alto; 3) por meio da ordem de valores dos direitos fundamentais respeita-se a totalidade do sistema de valores do direito constitucional; 4) os direitos fundamentais só podem ser realizados no quadro dos valores aceitos por determinada comunidade; 5) a dependência do quadro de valores leva à relativização dos direitos fundamentais; 6) além da relativização, a transmutação dos direitos fundamentais em realização de valores justifica intervenções concretizadoras dos entes públicos, de forma a obter eficácia ótima dos direitos fundamentais.

A teoria institucional dos direitos fundamentais, capitaneada por *Peter Haberle* parte da afirmação de que osdireitos fundamentais não se esgotam em sua vertente individual, mas possuem um caráter duplo, ou seja, individual e institucional. Cabe, desse modo, à teoria, "o mérito de ter salientado a dimensão objetiva institucional dos direitos fundamentais" (CANOTILHO, 1989, p. 428) embora se esqueça de outras dimensões dos direitos fundamentais, como a esfera social.

A teoria social dos direitos fundamentais parte da tripla dimensão destes direitos: individual; institucional e processual. Essa dimensão processual "impõe ao Estado não só a realização dos direitos sociais, mas permite ao cidadão participar da efetivação das prestações necessárias ao seu livre desenvolvimento" (SAMPAIO, 2006, p. 30).

A teoria democrática funcional defende que os direitos são concedidos aos cidadãos para serem exercidos como membros da comunidade e no interesse público. Por outro lado, consoante ressalta *Canotilho* (1989, p. 429) "a liberdade não é a liberdade pura e simples, mas a liberdade como meio de prossecução e segurança do processo democrático, pelo que se torna patente o seu caráter funcional". A teoria parte assim da idéia de um cidadão ativo, com direitos fundamentais colocados a serviço do princípio democrático.

Expostas as teorias historicamente relevantes que procuraram definir os direitos fundamentais, importa assinalar que, numa perspectiva atual reconhecem-se os direitos fundamentais como tendo uma dupla dimensão: subjetiva e objetiva. Em sua significação objetiva "os direitos fundamentais representam as bases do consenso sobre os valores de uma sociedade democrática, ou seja, sua função é a de sistematizar o conteúdo axiológico objetivo do ordenamento democrático escolhido pelos cidadãos". Já em sua dimensão subjetiva, os direitos fundamentais "têm a função de tutelar a liberdade, a autonomia e a segurança dos cidadãos, não só em suas relações com o Estado, mas em relação aos demais membros da sociedade" (SAMPAIO, 2006, p. 34-35).

4. Os Direitos fundamentais trabalhistas individuais insertos no art. 7º da Constituição Federal

Cumpre, agora, pormenorizar o estudo sobre o conteúdo do art. 7º da Constituição, ressaltando que o seu *caput* estabelece a consagração do princípio da proteção, ao estabelecer o rol como o mínimo de direitos aplicáveis.

Estabelece, inicialmente, o inciso I do art. 7º da Constituição a proteção da relação de emprego contra despedida arbitrária ou sem justa causa, o que deverá ser feito nos termos de lei complementar, que preverá indenização compensatória, dentre outros direitos. Porém, a lei complementar que deveria regulamentar o referido inciso até hoje não foi formulada. Em conseqüência, o inciso ainda não tem eficácia plena(6), já que faz expressa referência que a proteção se dará "nos termos de lei complementar". O ato das disposições constitucionais transitórias, já prevendo a demora na promulgação da lei complementar, estabeleceu aumento na multa rescisória do Fundo de Garantia do Tempo de Serviço, além de fixar hipóteses de estabilidade provisória da gestante e do membro da comissão interna de prevenção de acidentes.

Questiona-se se o disposto no art. 7º, inciso I, constitui direito fundamental do trabalhador, independentemente de sua qualificação como empregado. Nesse aspecto, convém observar que a adoção de mecanismos que busquem evitar a despedida abusiva ou sem justa causa vem ao encontro dos princípios básicos de proteção da dignidade do trabalhador. Afinal, sua força de trabalho é a sua forma de sobrevivência. Contudo, deve-se ter em mente que, a partir do momento em que

(6) *José Afonso da Silva* (1998, p. 86-91) distingue as normas em eficácia plena, contida e limitada, as quais, por seu turno, se dividem em normas de princípio institutivo e de princípio programático. Segundo o autor, a norma constitucional de eficácia plena dispõe precisamente sobre a matéria que se trata, disciplinando a conduta positiva ou negativa a ser seguida. A aplicabilidade das normas constitucionais de eficácia plena é imediata, sendo desnecessária e redundante a atividade do corpo legislativo ordinário. Tem os seguintes caracteres essenciais: a) contêm vedações ou proibições; b) conferem isenções, imunidades e prerrogativas; c) não designam órgãos ou autoridades especiais para execução do comando constitucional; d) não indicam procedimentos solenes para sua execução; e) não demandam do legislador ordinário. Já as normas de eficácia contida têm conteúdo que pode ser limitado pelo legislador ordinário, tendo os seguintes caracteres: a) são normas que, em regra, solicitam a intervenção do legislador ordinário, fazendo remissão a uma legislação futura; b) sua eficácia será plena enquanto não houver intervenção legislativa; c) são de aplicabilidade direta e imediata; d) alguma delas já contém um conceito ético judicizado; e) sua eficácia pode ser afastada pela incidência de outras normas constitucionais. Por sua vez, as normas de eficácia limitada são dispositivos que não se encontram à disposição do destinatário para, desde sua criação, regular o objeto sobre o qual versa o enunciado. As de princípio institutivo visam a dar corpo a órgãos e instituições, e as de princípio programático são aquelas que evidenciam o caráter compromissório das Constituições modernas.

se repute o direito como universal para todas as categorias de trabalhadores, estar-se-ia a desconsiderar as condições peculiares de cada tipo, em especial em relação às relações de trabalho autônomo. Por tais motivos, pode-se concluir que o inciso não expressa um direito fundamental do trabalhador *lato sensu*.

O inciso II do art. 7º da Constituição estabelece o seguro-desemprego, em caso de desemprego involuntário. Trata-se de dispositivo regulamentado pela Lei n. 7.998/90, que em seu art. 3º estabelece os requisitos para concessão do benefício. Não se trata de direito fundamental do trabalhador, mas de medida que visa a garantir a sobrevivência do trabalhador no período de desemprego, mas que não constitui direito do trabalhador *lato sensu*.

O Direito estabelecido no inciso III do art. 7º da Constituição, o Fundo de Garantia do Tempo de Serviço, é tradicional na legislação brasileira desde sua instituição em 1966. O FGTS foi criado, naquele ano, pela Lei n. 5.107, inicialmente como sistema alternativo ao sistema estabilitário e indenizatório da CLT. O inciso II do art. 7º da Constituição, porém, generalizou o sistema do FGTS, deixando o regime de ser opcional. Assim, embora figure no rol do art. 7º como um Direito do trabalhador, na realidade sua inserção na Constituição significou a superação do regime de estabilidade decenal preconizado pelo art. 492 da CLT e da indenização prevista no art. 478 do mesmo diploma legal.

Portanto, o Fundo de Garantia do Tempo de Serviço não é um direito fundamental do trabalhador, sendo, ao contrário, uma criação do legislador brasileiro para elidir a estabilidade decenal do empregado.

A Constituição prevê, em seu art. 7º, inúmeras garantias relativas ao salário do trabalhador. Nesse aspecto, o inciso IV estabelece o salário mínimo, fixado em lei, nacionalmente unificado, capaz de atender, segundo seus termos, "a suas necessidades vitais básicas e às de sua família com moradia, alimentação, educação, saúde, lazer, vestuário, higiene, transporte e previdência social, com reajustes periódicos que lhe preservem o poder aquisitivo, sendo vedada sua vinculação para qualquer fim".

Por sua vez, o inciso V estabelece o "piso salarial proporcional à extensão e à complexidade do trabalho" e o inciso VI a "irredutibilidade do salário, salvo o disposto em convenção ou acordo coletivo". O inciso VII estabelece a "garantia de salário, nunca inferior ao mínimo, para os que percebem remuneração variável". Por fim, o inciso X fixa a proteção do salário na forma da lei, constituindo crime sua retenção dolosa.

O plexo de garantias salariais inseridas nos incisos IV a VII do art. 7º deve ser entendido como direito fundamental do homem trabalhador, independentemente da sua condição de empregado. Com efeito, a natureza alimentar da remuneração paga ao trabalhador, qualquer que seja a espécie, conduz à conclusão de que essas garantias são mínimas e essenciais. Ressalte-se, por outro lado, que, quando se menciona o salário mínimo, deve-se entender o salário mínimo hora, uma vez que muitas atividades autônomas desenvolvem-se em unidades de tempo inferiores a um mês.

O inciso VIII do art. 7º da Constituição Federal estabelece o direito ao décimo terceiro salário com base na remuneração integral ou no valor da aposentadoria. Consiste em "parcela contraprestativa paga pelo empregador ao empregado, em caráter de gratificação legal, no importe da remuneração devida em dezembro de cada ano ou no último mês contratual, caso rompido antecipadamente a dezembro o pacto" (DELGADO, 2004, p. 740).

Questão importante é saber se a parcela se insere entre os direitos fundamentais do trabalhador. Nessa análise há que se separar a hipótese de qualquer gênero de trabalhador daquele outro que embora autônomo, possua vínculo com caráter de continuidade em relação ao tomador de serviços. Com efeito, para aquele trabalhador que desempenha um trabalho eventual, não há como se considerar o pagamento relativo ao 13º salário. Contudo, para aquele que desenvolve uma relação de continuidade no correr do ano, não há empecilho para tal pagamento, sendo, ao contrário, medida que se impõe.

O inciso IX do art. 7º da Constituição estabelece a remuneração do trabalho noturno superior ao trabalho diurno. Cuida-se de tratamento diferenciado conferido ao trabalhador noturno em razão da exigência de labor em período em que o ambiente físico externo induz ao repouso. Além disso, a proteção constitucional também se justifica em razão da maior dificuldade de inserção social daquele que trabalha em horário distinto da maioria da população. O adicional remuneratório noturno é um direito fundamental do trabalhador. É necessário salientar, contudo, que as regras da Consolidação das Leis do Trabalho no tocante a esse adicional não podem ser utilizadas de forma analógica para a fixação da remuneração devida a outras categorias que não se inserem na relação de emprego. Para isso, é necessária prévia lei regulamentadora do tema.

Estabelece o inciso XI do art. 7º da Constituição a participação do trabalhador nos lucros, ou resultados, desvinculada da remuneração, e, excepcionalmente, a participação na gestão da empresa, conforme definido em lei. Nem a participação nos lucros e resultados nem a participação na gestão da empresa constituem direitos fundamentais do trabalhador, não gozando das características da historicidade e caráter basilar de direito.

Fixa o inciso XII do art. 7º da Constituição o salário-família pago em razão do dependente do trabalhador de baixa renda, nos termos da lei. Atualmente, o benefício é devido, nos termos do art. 65 da Lei n. 8.213/91, ao segurado empregado, exceto ao doméstico, e ao segurado trabalhador avulso. O Direito ao salário-família não constitui direito fundamental do trabalhador. Na verdade, trata-se de parcela ineficaz como medida para promover a inserção social do trabalhador e sua prole e inadequada quanto à forma de instituição.

A Constituição estabelece, no inciso XIII do art. 7º, a duração do trabalho normal não superior a oito horas diárias e quarenta e quatro semanais, facultada a compensação de horários e a redução da jornada, mediante acordo ou convenção coletiva de trabalho. Fixa, ainda, no inciso XIV, a jornada de seis horas para o trabalho realizado em turnos ininterruptos de revezamento, salvo negociação coletiva. Por sua vez, o inciso XVI estabelece a remuneração do serviço extraordinário superior, no mínimo, em cinqüenta por cento à do normal. A Constituição de 1988 inovou ao reduzir a jornada de quarenta e oito para quarenta e quatro horas semanais, fixando, além disso, a jornada nos turnos ininterruptos de revezamento. Outro ponto de avanço foi a fixação do adicional remuneratório mínimo em 50% para a realização de horas extras.

Não restam dúvidas de que as regras sobre a duração do trabalho insertas na Constituição constituem direito fundamental de todos os trabalhadores, devendo ser observados os critérios constitucionais para a fixação de carga horária máxima de trabalho. Há, porém, uma ressalva, em relação ao tratamento jurídico do adicional remuneratório de horas extras. Isso porque, em geral, na prestação de serviços fora dos moldes da relação de emprego, não existe controle da jornada de trabalho do prestador de serviços, o que tornaria incompatível a fixação de adicional remuneratório de horas extras.

A Constituição consagra o repouso semanal remunerado, preferencialmente aos domingos no inciso XV do art. 7º e estabelece, no inciso XVII, o gozo de férias anuais remuneradas com, pelo menos, um terço a mais do que o salário normal. Da mesma forma que o repouso semanal remunerado, também as férias são fixadas com o objetivo de assegurar a saúde do trabalhador e sua inserção familiar e comunitária. A exemplo das regras relativas à duração do trabalho, também a proteção ao descanso do trabalhador pode ser considerada como direito fundamental a ser garantido a todas as categorias de trabalhadores e não somente aos empregados. Há que salientar, porém, especialmente em relação às férias, que esse direito somente se poderá efetivar em relação às prestações de serviços de natureza contínua no decorrer do ano, não havendo como se verificar nas relações de trabalho meramente eventuais.

A Constituição estabelece a proteção à maternidade e à paternidade. Em seu art. 7º, inciso XVIII, fixa a licença à gestante, sem prejuízo do emprego e do salário, com a duração de cento e vinte dias. O inciso XIX do art. 7º prevê a licença-paternidade, nos termos fixados em lei. Nos termos da Constituição, tanto a licença-maternidade quanto a paternidade constituem direito fundamental do trabalhador, independentemente da sua condição de empregado. Em última análise, cuida-se de proteção à infância e, desta forma, trata-se de ônus para toda a sociedade, impondo-se o seu respeito.

O art. 7º estabelece, em seu inciso XXI, o aviso prévio proporcional ao tempo de serviço, sendo no mínimo de trinta dias, nos termos da lei. Trata-se de garantia de mão dupla, que atinge empregados e empregadores, sendo ambos obrigados a conceder o aviso. Cuida-se, portanto, de direito fundamental do trabalhador nas hipóteses de relação jurídica de trabalho de natureza continuativa e por tempo indeterminado. É que o prestador de serviços desenvolve suas atividades de modo continuado e deve conceder aviso prévio de que não mais deseja continuar na prestação de serviços. Tem também o direito de ser pré-avisado da intenção de resilição contratual.

O art. 7º da Constituição estabelece, também, em seu inciso XXII, a redução dos riscos inerentes ao trabalho, por meio de normas de saúde, higiene e segurança. Por outro lado, o inciso XXVIII determina a obrigatoriedade de seguro contra acidentes de trabalho, a cargo do empregador, sem excluir a indenização a que este está obrigado, quando incorrer em dolo ou culpa.

Os direitos estabelecidos nos incisos XXII e XXVIII do art. 7º da Constituição constituem direitos fundamentais dos trabalhadores, não apenas dos empregados. Convém salientar que, neste caso, a redução dos riscos inerentes ao trabalho deve ser aplicada a qualquer tipo de trabalho humano, eventual ou contínuo, subordinado ou não, tendo em vista a necessidade de se assegurar a dignidade do homem trabalhador.

A Constituição estabelece, no seu inciso XXIII do art. 7º, o adicional de remuneração para as atividades penosas, insalubres ou perigosas, na forma da lei. Pode-se afirmar que os adicionais de insalubridade, periculosidade e penosidade não constituem direitos fundamentais do trabalhador. Na realidade, o direito fundamental está em assegurar-se ao trabalhador um meio ambiente que não tenha agentes insalubres, perigosos ou penosos. Com efeito, ao se aceitar a tarifação estabelecida pela regulamentação dos adicionais, está-se a tolerar o trabalho humano em tais condições, o que, sem dúvida, não pode ser alçado à condição de direito fundamental do empregado. Assim, a existência dos adicionais e a conseqüente permanência dos agentes insalubres, perigosos e penosos é uma característica para funcionamento do sistema econômico, sem, contudo, configurar direito fundamental do trabalhador.

Estabelece o inciso XXIV do art. 7º da Constituição o direito à aposentadoria. O próprio texto constitucional estabelece as condições e requisitos para sua concessão. A aposentadoria é um Direito fundamental do trabalhador. Com efeito, trata-se de um benefício de ordem previdenciária, sujeito, portanto, às contribuições do trabalhador e sua filiação ao regime de previdência social. Como o trabalhador, em geral, conta apenas com a sua força de serviço, é necessário algum mecanismo para assegurar sua subsistência no momento em que a prestação de serviços se torna mais dificultosa. Assim, a aposentadoria é um dos direitos básicos do homem trabalhador.

O inciso XXV do art. 7º da Constituição prevê que é assegurada a assistência gratuita aos filhos e dependentes desde o nascimento até cinco anos de idade em creches e pré-escolas. O inciso refere-se à educação infantil. A previsão do art. 7º, inciso XXV, da Constituição Federal constitui direito fundamental do trabalhador. Tal direito deverá ser assegurado prioritariamente pelo Estado e subsidiariamente pela iniciativa privada, por meio da instalação de creches patrocinadas pelos empregadores. Convém, entretanto, observar que, antes da necessária regulamentação, a exigência inserta no inciso sob exame somente se sustenta nas hipóteses em que as normas coletivas da categoria regulamentem o dever de criação de creches e educação pré-escolar patrocinadas pelo empregador.

O art. 7º, inciso XXVI, da Constituição preceitua o reconhecimento das convenções e acordos coletivos de trabalho. Tal reconhecimento é importante na medida em que o Direito do Trabalho, além das regras de ordem heterônoma, convive, também, com diversas regras de ordem autônoma.

O reconhecimento de convenções e acordos coletivos é um direito fundamental do trabalhador, intimamente ligado aos direitos fundamentais coletivos dos trabalhadores, como o direito de sindicalização e de greve.

De acordo com o inciso XXIX do art. 7º da Constituição, o direito de ação, quanto aos créditos resultantes das relações de trabalho, tem o prazo prescricional de cinco anos para os trabalhadores urbanos e rurais, até o limite de dois anos após a extinção do contrato de trabalho. A redação do dispositivo foi dada pela Emenda Constitucional n. 28/00, pois anteriormente os créditos trabalhistas rurais eram imprescritíveis no curso da relação de emprego. A inserção do inciso XXIX no art. 7º causa estranheza porque se está a tratar de extinção do direito de ação e não propriamente de direito assegurado ao empregado.

A redação inicial do dispositivo parece fazer crer que o que se estabelece é o direito de ação. Porém, logo se verifica que tal interpretação não corresponde à realidade, uma vez que a pretensão foi realmente a de elevar ao nível constitucional os prazos prescricionais dos créditos trabalhistas. Ressalte-se, neste aspecto, que, se não fosse para estabelecer o prazo prescricional, o inciso seria completamente desnecessário, porquanto o direito de ação já se encontra previsto no art. 5º, inciso XXXV, da Constituição. Não se trata, assim, de direito fundamental do trabalhador, sendo, ao contrário, medida apenas conjuntural, de verificação dos prazos hábeis ao reconhecimento da prescrição.

O art. 7º da Constituição fixa um rol de medidas antidiscriminatórias e protetivas, com o objetivo de favorecer o mercado de trabalho para categorias especialmente prejudicadas. Com esse objetivo, estabelece, em seu inciso XX, a proteção do mercado de trabalho da mulher, mediante incentivos específicos, nos termos da lei. Outrossim, no inciso XXVII, fixa a proteção em face da automação, na forma da lei.

Em relação à vedação de práticas discriminatórias, estabelece, o art. 7º, em seu inciso XXX, a proibição de diferença de salários, de exercício de funções e de critério de admissão por motivo de sexo, idade, cor ou estado civil. Já no inciso XXXI fixa a proibição de qualquer discriminação no tocante a salário e critérios de admissão do trabalhador portador de deficiência. Por fim, no inciso XXXII preceitua a proibição de distinção entre trabalho manual, técnico e intelectual,ou entre os profissionais respectivos.

Assim, ao vedar práticas discriminatórias e ao promover o mercado de trabalho, a Constituição atende à promoção do princípio da igualdade, já analisado neste trabalho. Trata-se, portanto, de direitos fundamentais dos trabalhadores, aplicáveis não apenas às hipóteses de relação de emprego, mas também às diversas formas de relação de trabalho.

Estabelece o inciso XXXIII do art. 7º da Constituição a proibição de trabalho noturno, perigoso ou insalubre a menores de dezoito e de qualquer trabalho a menores de dezesseis anos, salvo na condição de aprendiz, a partir de quatorze anos. Trata-se da proteção constitucional contra o trabalho infantil e adolescente, aperfeiçoada pela Emenda Constitucional n. 20, que aumentou de quatorze para dezesseis anos a idade mínima para o trabalho. Conforme se verifica, a previsão constitucional de proteção à infância e à adolescência vai ao encontro de todo o normativo internacional protetivo, configurando-se, assim, direito fundamental dos trabalhadores.

O inciso XXXIV do art. 7º da Constituição estabelece a igualdade de direitos entre o trabalhador com vínculo empregatício permanente e o trabalhador avulso. Esse último é aquele trabalhador que presta serviços a inúmeras empresas, por meio de entidade de classe, por intermédio desta e sem vínculo empregatício. Assim, caracterizam o trabalho avulso a intermediação do sindicato ou órgão específico de colocação de mão-de-obra, a curta duração dos serviços e a prevalência da forma de rateio para a remuneração.

A igualdade de direitos, propiciada pela Constituição de 1988, entre avulsos e empregados fortalece a tese de que também alguns direitos, dado o seu caráter de direitos fundamentais, devem ser assegurados às categorias não inseridas nas relações de emprego.

5. O Reconhecimento dos Direitos Fundamentais Trabalhistas Individuais Insertos no Art. 7º da Constituição Federal aos Trabalhadores em Sentido Amplo

Como já foi referido, este trabalho tem como proposta apresentar os parâmetros mínimos de proteção ao trabalhador *lato sensu*, a serem aplicados com base no reconhecimento dos direitos fundamentais trabalhistas. Neste aspecto, ressalte-se a possibilidade de se reconhecer os Direitos fundamentais aos trabalhadores independentemente de qualquer alteração legislativa.

Essa aplicação direta dos Direitos fundamentais pode ser reconhecida pela jurisprudência, a partir do desenvolvimento de interpretações que primem pelo reconhecimento dos princípios da dignidade da pessoa humana, a partir de uma hermenêutica constitucional concretizadora. A partir de tal hermenêutica, reconhece-se que os direitos fundamentais trabalhistas são aplicáveis a todas as categorias de trabalhadores, não apenas àqueles que sejam empregados.

Assim, podem-se apontar como aplicáveis às relações de trabalho dos trabalhadores autônomos economicamente dependentes os seguintes direitos trabalhistas fundamentais indicados no art. 7º da Constituição Federal: incisos IV (salário mínimo hora), V (proporcionalidade da contraprestação à extensão e complexidade do trabalho), VI (irredutibilidade da contraprestação), VII (garantia do salário mínimo), IX (contraprestação noturna superior à diurna), X (proibição da retenção dolosa da contraprestação), XIII (limitação da jornada de trabalho), XV (repouso semanal remunerado), XVI (remuneração superior do trabalho extraordinário), XVIII (licença à gestante), XIX (licença-paternidade), XX (proteção do mercado da mulher),XXI (aviso-prévio), XXII (redução dos riscos inerentes ao trabalho), XXIV (aposentadoria), XXV (assistência gratuita aos filhos e dependentes), XXVI (reconhecimento dos acordos e convenções coletivas), XXVII (proteção em face da automação), XXVIII (seguro contra acidentes de trabalho), XXX (proibição de diferença de salários, de exercício de funções e de critério de admissão por motivos discriminatórios), XXXI (proibição de discriminação com o portador de deficiência), XXXII (proibição de distinção entre trabalhadores intelectuais e manuais), XXXIII (proibição de trabalho noturno, insalubre ou perigoso ao menor de dezoito anos e de qualquer trabalho ao menor de dezesseis anos).

Além dos direitos trabalhistas fundamentais individuais citados, são também aplicáveis às relações de trabalho que guardem relação de continuidade, os Direitos a férias e ao décimo terceiro salário.

Com base em tais *standards* mínimos, pode-se empreender uma tutela mínima às relações de trabalho em sentido amplo, por meio do reconhecimento da aplicação direta dos direitos fundamentais trabalhistas individuais às relações de trabalho não empregatícias.

6. Referências

ALEXY, Robert. *Teoria de los derechos fundamentales.* Madrid: Centro de Estudios Politicos Y Constitucionales, 2002.

______. *Teoria de la argumentación jurídica*: la teoria del discurso racional como teoria de la fundamentación jurídica. Trad. de Manuel Atienza e Isabel Espejo. Madrid: Centro de Estudios Constitucionales, 1997.

______. *Tres escritos sobre los derechos fundamentales y la teoría de los principios.* Trad de Carlos Bernal Pulido. Serie de Teoria Juridica Y Filosofia del Derecho n. 28. Bogotá: Universidad Externado de Colombia, 2003.

ANDRADE, José Carlos Vieira de. Os Direitos, liberdades e garantias no âmbito das relações entre particulares. In: SARLET, Ingo Wolfgang (org.). *Constituição, direitos fundamentais e direito privado.* Porto Alegre: Livraria do Advogado, 2003.

BARROSO, Luís Roberto; BARCELOS, Ana Paula. O começo da história. A nova interpretação constitucional e o papel dos princípios no direito brasileiro. In: BARROSO, Luís Roberto. (org.). *A nova interpretação constitucional*: ponderação, direitos fundamentais e relações privadas. Rio de Janeiro: Renovar, 2006.

BOBBIO, Noberto. *O positivismo jurídico:* lições de filosofia do Direito. Trad. de Márcio Pugliesi, Edson Bini e Carlos E. Rodrigues. São Paulo: Ícone, 1995.

BOROWSKI, Martin. *La estructura de los derechos fundamentales.* Trad. de Carlos Bernal Pulido. Serie de Teoria Juridica y Filosofia del Derecho n. 25. Bogotá: Universidad Externado de Colombia, 2003.

CANARIS, Claus-Wilhelm. *Direitos fundamentais e direito privado.* Trad. de Ingo Wolfgang Sarlet e Paulo Mota Pinto. Coimbra: Almedina, 2003.

CANOTILHO, José Joaquim Gomes. *Direito constitucional e teoria da Constituição.* 6. ed. Coimbra: Almedina, 2003.

______. Dogmática de direitos fundamentais e direito privado. In: SARLET, Ingo Wolfgang (org.). *Constituição, direitos fundamentais e direito privado*. Porto Alegre: Livraria do Advogado, 2003.

COSTA, Judith Hofmeister Martins. O direito privado como um "sistema em construção": as cláusulas gerais no Projeto do Código Civil brasileiro. *Jus Navigandi*, Teresina, ano 4, n. 41, maio 2000. Disponível em: <http://jus2.uol.com.br/doutrina/texto.asp?id=513> Acesso em: 24 jun. 2006.

DWORKIN, Ronald. *Los derechos en serio*. Trad. Marta Guastavino. Barcelona: Ariel, 1995.

FERREIRA, Olavo Augusto Vianna Alves. O devido processo legal substantivo e o Supremo Tribunal Federal nos 15 Anos da Constituição Federal. *Revista Jurídica*, v. 6, n. 60, maio 2004. Disponível em: <http://www.presidencia.gov.br/ ccivil_03/ revista/Rev_60/Artigos/ Art_Olavo.htm> Acesso em 19.3.06.

GADAMER, Hans-Georg. *Verdade e método*. Petrópolis: Vozes, 1997.

GODOY, Dagoberto Lima. *Reforma trabalhista no Brasil:* princípios, meios e fins. São Paulo: LTr, 2005.

HART, Herbert L. A. *O conceito de direito*. Trad. de A. Ribeiro Mendes. Lisboa: Fundação Calouste Gulbenkian, 1994.

HEIDEGGER, Martin. *Ser e tempo*. Petrópolis: Vozes, 1988. Parte I.

HESSE, Konrad. *A força normativa da Constituição*. Trad. Gilmar Ferreira Mendes. Porto Alegre: Sérgio Antonio Fabris, 1991.

______. *Escritos de direito constitucional*. 2. ed. Madri: Centro de Estúdios Constitucionales, 1992.

______. *Elementos de direito constitucional da República Federativa da Alemanha*. Trad. Luís Afonso Heck. 20. ed. Porto Alegre: SAFE, 1998.

KRELL, Andréas. Realização dos direitos fundamentais sociais mediante controle judicial da prestação de serviços públicos básicos (uma visão comparativa). *Revista de Informação Legislativa*. Brasília, a. 36, n. 144, p. 239/260, out./dez. 1999.

LORENTZ, Lutiana Nacur. *A norma da igualdade e o trabalho das pessoas portadoras de deficiência*. São Paulo: LTr, 2006.

LUNO, Antônio-Enrique Pérez. *La universalidad de los derechos humanos y el Estado constitucional*. Serie de Teoria Juridica y Filosofia del Derecho n. 23. Bogotá: Universidad Externado de Colombia, 2002.

______. *Los derechos fundamentales*. 8. ed. Madrid: Tecnos, 2005.

MEIRELES, Edilton. *Abuso do direito na relação de emprego*. São Paulo: Saraiva, 2004.

MOURA, Paulo C. *A crise do emprego:* uma visão além da economia. Rio de Janeiro: Mauad, 1998.

MULLER, Julio Guilherme. *Direitos fundamentais processuais*. Dissertação de Mestrado apresentada à Universidade Federal do Paraná. Curitiba: 2004.

PERELMAN, Chaïm. *Ética e direito*. Trad. de Maria Ermantina Galvão. São Paulo: Martins Fontes, 1996.

______. *Lógica jurídica:* nova retórica. Trad. de Vergínia K. Pupi. São Paulo: Martins Fontes, 1998.

RODRIGUEZ, Américo Plá. *Princípios de direito do trabalho*. Trad. Wagner Giglio. 3. ed. São Paulo: LTr, 2000.

ROMITA, Arion Sayão. *Direitos fundamentais nas relações de trabalho*. São Paulo: LTr, 2005.

SARLET, Ingo Wolfgang. *A eficácia dos direitos fundamentais*. 6. ed. Porto Alegre: Livraria do Advogado, 2006.

SARMENTO, Daniel. A vinculação dos particulares aos direitos fundamentais no direito comparado e no Brasil. In: BARROSO, Luís Roberto (org.). *A nova interpretação constitucional*: ponderação, direitos fundamentais e relações privadas. Rio de Janeiro: Renovar, 2006.

______. *Direitos fundamentais e relações privadas*. Rio de Janeiro: Lumen Juris, 2004.

SILVA, Virgílio Afonso. *A constitucionalização do direito:* os direitos fundamentais nas relações entre particulares. São Paulo: Malheiros, 2005.

SILVA NETO, Manoel Jorge e. *Curso de direito constitucional*. Rio de Janeiro: Lumen Juris, 2006.

______. *O princípio da máxima efetividade e a interpretação constitucional*. São Paulo: LTr, 1999.

STEINMETZ, Wilson. *A vinculação dos particulares a direitos fundamentais*. São Paulo: Malheiros, 2004.

VIEHWEG, Theodor. *Tópica e jurisprudência*. Trad. de Tércio Sampaio Ferraz Jr. Coleção Pensamento Jurídico Contemporâneo. Brasília: Ministério da Justiça, 1979.

A Função Realizadora do Poder Judiciário e as Políticas Públicas no Brasil

Flávio Dino de Castro e Costa(*)

1. As políticas públicas no Brasil — tragédias, dores e funerais

Em dois anos e meio coordenando os Juizados Especiais Federais no Distrito Federal, todos os dias deparava-me com casos que denunciavam o imenso déficit na implementação de políticas públicas em nosso País(1). Um pai, com visíveis problemas mentais, transitando pelos corredores em busca de um benefício assistencial para sustentar seus dois pequenos filhos, deixados pela mãe. Um portador do vírus HIV que lutava por uma aposentadoria há oito anos, em meio a lágrimas e internações. Uma mãe que postulava pensão em virtude da morte do seu filho que a sustentava trabalhando na construção civil, vítima de um simples prego no pé não adequadamente tratado ("vá para casa, não é nada grave...").

Para além de considerações de doutrina jurídica, esses casos parecem-me mais pujantes para, no pórtico deste estudo, destacar uma pré-compreensão essencial: a tarefa de realização dos direitos fundamentais no Brasil é escandalosamente incompleta. Essa incompletude, por sua vez, está intimamente ligada à falta de implementação de políticas públicas no País. Isso porque tais políticas devem (ou ao menos deveriam) ter como principal objetivo garantir aos cidadãos a fruição de direitos.

No Brasil, um dos principais obstáculos para a promoção de garantias fundamentais é a ausência de regulamentação. Vários são os dispositivos constitucionais que completarão 20 anos sem nenhuma aplicação por causa de omissão legislativa. Ademais, mesmo em casos de direitos constitucionais de aplicabilidade imediata — situações em que, vale frisar, a aplicação prescinde de regulamentação —, é comum a omissão do poder público apoiada em alegadas lacunas normativas.

Nesse contexto, o Poder Judiciário tem destacado papel na garantia de direitos, ainda que estes não se encontrem devidamente regulamentados. E, em vários

(*) Deputado Federal (PCdoB/MA), ex-secretário-geral do Conselho Nacional de Justiça, mestre em Direito Público (UFPE), ex-presidente da Associação dos Juízes Federais do Brasil (AJUFE).

(1) Em todo o texto, utilizamos a expressão "política pública" como sendo o "conjunto de atos e de não-atos que uma autoridade pública decide pôr em prática para intervir (ou não intervir) num domínio específico" (*Dicionário enciclopédico de teoria e de sociologia do direito*. Rio de Janeiro: Renovar, 1999. p. 605).

momentos, sua atuação foi decisiva. Destaca-se, nesse sentido, o direito dos trabalhadores rurais à integralidade dos benefícios previdenciários, que, ainda quando não previsto expressamente em lei, era reconhecido pelo Judiciário. Outro exemplo paradigmático foi o reconhecimento pelo Supremo Tribunal Federal[(2)] da obrigação, por parte do Município de Santo André/SP, de garantir o efetivo acesso e atendimento em creches e unidades de pré-escola para crianças de zero a seis anos.

Parece, portanto, premissa clara e necessária a idéia de que a função jurisdicional do Estado não pode ser reduzida ao mero cumprimento de leis. Mais que isso, deve buscar a realização da Justiça e a promoção de direitos. Em vista desses objetivos, é preponderante a atuação do Judiciário na implementação de políticas públicas.

Nessa esteira, a proposta do presente artigo é analisar quais os papéis e quais os limites do Poder Judiciário na busca da superação desse panorama claramente inconstitucional de omissão estatal, por intermédio da alteração de políticas públicas.

Considero imprescindível destacar nesta introdução que não pretendo, de modo idealista e ingênuo, sustentar o papel central de soluções jurídicas para a problemática exposta. Como leciona *Pietro Barcelona*, "não basta transformar as expectativas em direitos se não se toca nas condições prático-materiais que determinam seu aparecimento e definem os âmbitos em que eles podem ser efetivados".[(3)]

2. O Judiciário é um intruso na "casa alheia"?

Ainda no campo das considerações introdutórias, uma questão é obrigatoriamente posta quando se debate acerca da função do Judiciário no controle das atividades típicas dos demais ramos do Estado: até onde isso não se torna inconstitucional, por violar a independência entre os Poderes?

Somente é possível enfrentar este problema destruindo um mito, consistente "na atribuição a *Montesquieu* de um modelo teórico reconduzível à teoria dos três poderes rigorosamente separados", como expõe *Canotilho*[(4)]. Para tanto, é imprescindível situarmos o princípio em foco no âmbito da filosofia liberal, recompondo-se a partir daí a sua historicidade, como faremos a seguir.

A principal marca do Iluminismo — movimento no bojo do qual emerge o liberalismo — é uma visão racionalista e antropocêntrica do mundo. A Revelação divina deixa assim de ser o principal parâmetro da verdade, ocorrendo um processo de secularização das ciências que tem repercussões inclusive no terreno das

---

(2) Agravo Regimental no Recurso Extraordinário n. 410.715/SP, julgado em 22 de novembro de 2005.

(3) *Apud* NOGUEIRA, Marco Aurélio. *Em defesa da política.* São Paulo: SENAC, 2001. p. 94. A citação vem a propósito de questões como o escorchante pagamento de juros da dívida pública, sustentado por sucessivas metas de superávit primário, que embaraçam fortemente a capacidade de o Estado implementar políticas públicas.

(4) CANOTILHO, José Joaquim Gomes. *Direito constitucional*. Coimbra: Almedina, 1998. p. 108.

teorias e práticas políticas, na medida em que desaparecem as bases de justificação de um poder estatal ilimitado. A impregnação da filosofia liberal por estes postulados pode ser identificada nitidamente em *Locke*[(5)] e *Montesquieu*[(6)] — os dois teóricos fundamentais do princípio da tripartição funcional do Estado.

No tocante a *Locke*, é importante sublinhar que a sua visão sobre o pacto que funda o Estado é diversa da exposta por *Hobbes*. Para este, o estado de natureza que antecede ao mencionado pacto é caracterizado pela "guerra de todos contra todos", decorrente do incontrolável apetite egoísta dos homens. Para saírem desta situação incômoda, os indivíduos renunciam à liberdade total e instituem o Estado, limitado somente pelo seu dever de evitar a sua própria dissolução — já que se constitui no único meio de assegurar a paz.

Em contraste com esta concepção, *Locke* não admite a identidade entre estado de natureza e estado de guerra, pois aponta a existência de algum grau de sociabilidade anterior à fundação do Estado, decorrente da propriedade[(7)].

Isto significa que existem direitos que antecedem ao surgimento do Estado, que não são alienados pelos indivíduos quando celebram o pacto social, e que constituem balizas intransponíveis aos governantes. Em conseqüência, o Estado que assim nasce não pode agir arbitrariamente, já que — sendo fruto de uma delegação outorgada pelos indivíduos — não pode ir além dos poderes nos quais cada um deles é investido no estado de natureza.[(8)]

---

(5) O inglês John Locke viveu entre 1632 e 1704, tendo aliado uma intensa atuação política à sua atividade de elaboração teórica. Exerceu diversos cargos públicos no governo de Guilherme de Orange, instalado no poder com a Revolução Gloriosa. Foi um período marcado por sucessivas vitórias da idéia de um Governo jungido a limites ditados pelos direitos dos indivíduos e controlado pelo Parlamento. Estas referências são imprescindíveis, na medida em que a obra de Locke está umbilicalmente entrelaçada com estes acontecimentos históricos. Cabral de Moncada, referindo-se a Locke, acentua que ele "foi um pensador com o seu pensamento político fortemente condicionado por uma situação histórica bem determinada e ao serviço da vida." (*Filosofia do direito e do estado*. Coimbra: Coimbra, 1995. p. 216). Renato Janine Ribeiro, no mesmo sentido, na apresentação de uma edição brasileira de *O espírito das leis* (São Paulo: Martins Fontes, 1993), enfoca esta característica de muitos que se dedicam à Filosofia Política: "Dificílimo, tratando de Montesquieu — mas isto talvez valha para todo filósofo político —, recortar com precisão um espaço em que a vocação é do cientista e outro em que é do político." (*op. cit*, p. XXXVII).

(6) Charles-Louis de Secondat, barão de Montesquieu, viveu entre 1689 e 1755. Sua obra mais importante é "O Espírito das Leis", na qual apresenta uma teoria geral da sociedade, consoante leciona Norberto Bobbio: "Desde o primeiro capítulo da grande obra de Montesquieu, intitulado 'Das Leis em Geral', fica claro que seu interesse é principalmente a descoberta das leis que governam o movimento e as formas das sociedades humanas, para tornar possível a elaboração de uma teoria da sociedade." (*A teoria das formas de governo*. Brasília: Universidade de Brasília, 1995. p. 128).

(7) A este propósito, Francisco Teixeira ensina que "para ele [Locke] o Estado não é a única instância criadora da sociabilidade. Ancorado em conhecimentos econômicos, ele descobre o nascimento e o desenvolvimento de uma certa socialização entre os indivíduos, ainda no estado de natureza. E não só isso: ele acreditava que essa socialização tendia a se desenvolver, na medida em que avançasse a troca de mercadorias [...] Mas, o que é mais importante destacar desse trecho citado por Locke, é o fato de que a integração social, mediada pelo mercado, antecede a sociabilidade criada pelo Estado..." (TEIXEIRA, Francisco José Soares. *Economia e filosofia no pensamento político moderno*. Campinas: Pontes, 1995. p. 50).

(8) "O grande objetivo da entrada do homem em sociedade consistindo na fruição da propriedade em paz e segurança, e sendo o grande instrumento e meio disto as leis estabelecidas nessa sociedade, a primeira lei positiva e fundamental de todas as comunidades consiste em estabelecer o poder legislativo [..] [O Legislativo] não é, nem poderia ser, absolutamente arbitrário sobre a vida e a fortuna das pessoas ... porque ninguém pode transferir a outrem mais poder do que possui, e ninguém tem poder arbitrário absoluto sobre si mesmo ou sobre outrem, para destruir a própria vida ou tirar a vida ou a propriedade de outrem [...] O poder do legislativo, em seus limites extremos, restringe-se ao bem público da sociedade." (*Ibidem*, p. 86-87).

Assim, emergem do pensamento lockeano dois meios de contenção do poder do Estado: o direito de resistência[9] e a técnica da "divisão de poderes". Por esta, abusos são combatidos mediante a distribuição das funções estatais entre diferentes mãos. O capítulo XII do "Segundo Tratado sobre o Governo" é dedicado à análise dos Poderes Legislativo, Executivo e Federativo, referindo-se este último à política externa do Estado. No § 143, inserto no mencionado capítulo, fica bem evidenciada a conveniência de adoção da "divisão de poderes".

Montesquieu por sua vez, trilhando vereda diversa, alcançou o mesmo resultado. Com efeito, como ponto de partida, vejamos a tipologia das formas de governo por ele adotadas, apresentada logo no pórtico do Livro Segundo de "O Espírito das Leis":

> "Existem três espécies de governo: o Republicano, o Monárquico e o Despótico. Para descobrir sua natureza, basta a idéia que os homens menos instruídos têm deles. Suponho três definições, ou melhor, três fatos: 'o governo republicano é aquele no qual o povo em seu conjunto, ou apenas uma parte do povo, possui o poder soberano; o monárquico, aquele onde um só governa, mas através de leis fixas e estabelecidas; ao passo que, no despótico, um só, sem lei e sem regra, impõe tudo por força de sua vontade e de seus caprichos."[10]

A preocupação de *Montesquieu* com o problema da limitação do poder revelase com o estabelecimento da dualidade entre governos moderados e despóticos. Os primeiros, que recebem uma valoração positiva, tanto poderiam ser Repúblicas quanto Monarquias[11], segundo suas palavras:

> "O inconveniente não ocorre quando o Estado passa de um governo moderado para outro governo moderado, como da república para a monarquia, ou da monarquia para a república; e sim quando cai e é lançado do governo moderado para o despotismo."[12]

A leitura do capítulo X do Livro Terceiro (intitulado "Diferença entre a obediência nos governos moderados e nos governos despóticos") reforça esta dualidade e a rejeição ao despotismo — como governo imoderado:

> "Nos Estados despóticos, a natureza do governo requer uma extrema obediência; e a vontade do príncipe, uma vez conhecida, deve produzir seu efei-

---

(9) Tal direito deste modo é explicitado por Locke: "...sendo o legislativo somente um poder fiduciário destinado a entrar em ação para certos fins, cabe ainda ao povo um poder supremo para afastar ou alterar o legislativo quando é levado a verificar que age contrariamente ao encargo que lhe confiaram [...]. E, nessas condições, a comunidade conserva perpetuamente o poder supremo de se salvaguardar dos propósitos e atentados de quem quer que seja, mesmo dos legisladores, sempre que forem tão levianos ou maldosos que formulem planos contra as liberdades e propriedades dos súditos; [...] sempre que alguém experimente trazê-los [os homens] a semelhante situação de escravidão, terão sempre o direito de preservar o que não tinham o poder de alienar, e de livrar-se dos que invadem esta lei fundamental, sagrada e inalterável da própria preservação em virtude da qual entraram em sociedade." (*Ibidem*, p.93).

(10) MONTESQUIEU. *O espírito das leis*. São Paulo: Martins Fontes, 1993. p. 19.

(11) A moderação no governo monárquico é assegurada pela existência de poderes intermediários, que impedem abusos por parte do monarca, consoante Montesquieu expõe no capítulo IV do Livro Segundo (*Ibidem*, p. 27-28)

(12) *Ibidem*, p. 131.

to tão infalivelmente quanto uma bola lançada contra outra deve produzir o seu.

Não há temperamento, modificação, acomodamentos, termos, equivalentes, conferências, reprimendas; nada de igual ou de melhor para propor; o homem é uma criatura que obedece a outra criatura que quer.[...] Ali a parte do homem, como a dos animais, é o instinto, a obediência, o castigo."[13]

A essência do governo moderado está em "combinar os poderes, regulá-los, temperá-los, fazê-los agir, dar, por assim dizer, maior peso a um deles, para colocá-lo em condições de resistir a outro."[14]

Como consectário deste princípio da moderação, apresenta-se a teoria da tripartição funcional do Estado. *Montesquieu* dedica a esta teoria o Livro Décimo Primeiro de "O Espírito das Leis", no qual consigna:

"A liberdade política só se encontra nos governos moderados. Ela (...) só existe quando não se abusa do poder; mas trata-se de uma experiência eterna que todo homem que possui poder é levado a dele abusar; ele vai até onde encontra limites. Quem diria! Até a virtude precisa de limites. Para que não se possa abusar do poder, é preciso que, pela disposição das coisas, o poder limite o poder".[15]

Neste aspecto, a vinculação da obra de *Montesquieu* à experiência inglesa — na qual *Locke* foi personagem exponencial, consoante demonstrado — é evidente. Significativamente, o capítulo VI do mesmo Livro Décimo Primeiro é denominado "Da constituição da Inglaterra".

Os três Poderes, segundo *Montesquieu*, são o legislativo, o executivo das coisas que dependem do direito civil e o executivo das que dependem do direito das gentes. Este último corresponde ao poder federativo, de acordo com a nomenclatura utilizada por *Locke*. Tais poderes jamais deveriam ser enfeixados pelos mesmos homens, sob pena de perecer a liberdade.

Como constatamos com esta análise, o princípio da tripartição tem uma matriz histórica que o vincula intimamente a uma finalidade, qual seja a tutela da liberdade, mas para o seu alcance não se cogitou (nem se cogita) da necessidade de uma separação *rígida* entre os poderes estatais — tese que pertence exclusivamente ao campo dos mitos.

Neste sentido, *Madison* consignou no Federalista n. 47:

"...ele [*Montesquieu*] não queria dizer que esses poderes não devem ter nenhuma ingerência parcial, ou nenhum controle sobre os atos uns dos outros. O que quis dizer (...) não podia ser senão isto: que quando todo o poder de um braço é exercido pelas mesmas mãos que possuem todo o poder de outro, os princípios fundamentais de uma constituição livre estão subvertidos."[16]

---

(13) *Ibidem,* p. 39.
(14) *Ibidem,* p. 75.
(15) *Ibidem,* p. 170.
(16) MADISON, James *et al. Os artigos federalistas,* 1787-1788. Rio de Janeiro: Nova Fronteira, 1993. p. 333.

Na realização deste princípio nos Estados "moderados" (segundo a terminologia montesquieuniana), esta ingerência parcial sempre se fez presente(17), de modo que não existe incompatibilidade principiológica entre o exercício do controle jurisdicional sobre a atuação dos demais Poderes e o postulado inscrito no art. 2º da nossa Constituição. Ao contrário: nos últimos cem anos cada vez mais o Judiciário é chamado a exercer tal papel, como demonstraremos a seguir.

3. Os convites ao Judiciário

Afastado o princípio da tripartição funcional como óbice a uma presença mais ativa do Judiciário no concerto do Estado, vejamos quais são os fatores e elementos que convidam-no crescentemente a tal intervenção.

3.1. A expansão do Estado (inclusive do Judiciário) no século 20

No alvorecer do Direito moderno, em congruência com a ideologia então dominante acerca das funções do Estado, o papel atribuído às normas jurídicas não ia além de consagrar regras de conduta que protegessem a liberdade, a propriedade e a economia de mercado. Contudo, no século 20 foi explicitada a impossibilidade de o Estado se manter restrito às funções antes tidas como as necessárias à manutenção e expansão do sistema capitalista. Diante do acirramento de crises econômicas e da insuficiência das "leis de mercado" para solucioná-las, bem como da constituição da classe trabalhadora como sujeito histórico autônomo — mudando a intensidade e a qualidade das reivindicações de direitos — o aparelho estatal foi progressivamente expandido e tornado mais complexo.

O Estado, desde então, passou a ter não somente as clássicas funções inerentes ao binômio "proteção-repressão". Ele deve intervir na esfera econômica, realizar programas sociais, combater as desigualdades, amparar os consumidores etc. Neste modelo estatal "alargado", que se convencionou chamar de *Welfare State*, é evidente que o Direito sofreu impulsos na mesma direção, como instrumento imprescindível para o alcance das metas enfocadas. Em conseqüência, as normas jurídicas diversificaram-se, passaram a regular uma maior quantidade de temas e a incidir sobre um conjunto maior de relações sociais.

Assim, o Direito no Estado Providência é um regulador global, implicando expressivas mudanças qualitativas. Três interessam-nos mais diretamente neste momento. Em primeiro lugar, o agigantamento dos aparatos administrativos e das tarefas legislativas. Em segundo, a configuração do sistema jurídico como um espaço heterogêneo, plural e contraditório. Em terceiro lugar, a ampliação da incidência do código "lícito-ilícito", alcançando uma maior quantidade de conflitos interindividuais e também políticas públicas (necessárias à tutela dos direitos sociais, coletivos e difusos).

---

(17) No mesmo Federalista n. 47, Madison faz uma detalhada demonstração de como esta "ingerência" ocorria na Inglaterra e em vários Estados dos EUA (*Ibidem*, p. 332-337).

Estes três fatores estão na base da "explosão de litigiosidade" que os sistemas judiciais vivenciaram no século 20, exigindo que eles se transformassem no "terceiro gigante", de que fala *Mauro Cappelletti*: "...a dura realidade da história moderna logo demonstrou que os tribunais (...) não podem fugir de uma inflexível alternativa. Eles devem de fato escolher uma das duas possibilidades seguintes: a) permanecer fiéis, com pertinácia, à concepção tradicional, tipicamente do século XIX, dos limites da função jurisdicional, ou b) elevar-se ao nível dos outros poderes, tornar-se enfim o terceiro gigante, capaz de controlar o legislador mastodonte e o leviatanesco administrador".(18)

É importante frisar que a mencionada "explosão" não diz respeito somente ao número de processos ou à quantidade de direitos discutidos. A ampliação da conflituosidade conduz a uma mudança de qualidade nos conflitos submetidos à jurisdição. Temos não mais meros conflitos de interesses, mas também conflitos de valores. Em uma ação demarcatória de terras particulares não há conflitos de valores, já que o valor debatido é o mesmo, qual seja o direito de propriedade. Em vez disso, os juízes passaram a se defrontar com oposição entre valores: propriedade x função social, propriedade x direitos dos consumidores, propriedade x direitos ambientais, direito à terra x direitos ambientais. Situações como essas são inovadoras porque se trata, em última análise, de conflitos distributivos. Ao decidirem ações dessa natureza, mais do que meramente resolverem uma lide, os juízes estão dirimindo conflitos distributivos: distribuição de poder e de riquezas. Dessa forma, as instituições judiciárias são chamadas a arbitrar conflitos que, tradicionalmente, não integravam os seus âmbitos de competência, já que tal arbitragem competia aos ramos mais especificamente políticos do Estado (Executivo e Legislativo).

Tal realidade de expansão do Estado não se alterou com a hegemonia aparentemente inabalável que o neoliberalismo(19) alcançou nas últimas décadas do século 20, caracterizada pelas sucessivas vitórias eleitorais de partidos conservadores nos países ocidentais e pela queda dos governos comunistas no leste europeu(20). *Robert Kurz* dedicou várias páginas a demonstrar como a necessidade de crescente regulação jurídica, problemas sociais e ecológicos, demandas por agregados infraestruturais e as políticas de protecionismo comercial conduzem exatamente ao

---

(18) CAPPELLETTI, Mauro. *Juízes legisladores*. Porto Alegre: Sergio Fabris, 1993. p. 46-47.

(19) Este termo generalizou-se para denominar os que, pelo menos retoricamente, defendem um Estado "mínimo", pouco intervencionista, confiando-se primordialmente ao mercado as tarefas de produção e distribuição de riquezas. Hayek, um dos mais importantes teóricos do que se convencionou chamar de neoliberalismo, sustentava que ao Estado deveriam ser reservados poucos âmbitos de atuação: proteção contra violência, epidemias, inundações ou avalanches, estradas (curtas), pesos e medidas, estatísticas, mapas, proteção e sigilo da vida privada, tributação, certo número de infortúnios. (HAYEK *apud* ARNAUD, André-Jean. *O direito entre modernidade e globalização*. Rio de Janeiro: Renovar, 1999. p. 126-127). Refletindo o apogeu desta ideologia, entre 1990 e 1997, em todo o mundo, foi alienado um patrimônio estatal avaliado em US$ 513 bilhões, segundo estima o periódico francês Le Monde Diplomatique (*Revista Época*, agosto de 1998).

(20) Referimo-nos especialmente à ascensão, nos anos 70 e 80, do Partido Republicano nos EUA (com Ronald Reagan e George Bush), do Partido Conservador na Inglaterra (com Margaret Thatcher e John Major) e da Democracia-cristã na Alemanha (com Helmut Kohl). Integra este processo também o enfraquecimento do chamado eurocomunismo, bastante forte eleitoralmente até os anos 70 na França e na Itália. No caso dos países do "socialismo real", o símbolo maior da derrocada foi a derrubada do muro de Berlim, em 1989.

oposto daquilo que os neoliberais defendem (ao menos como retórica). Conclui o citado ensaísta: "... quanto mais total for o mercado, tanto mais total será o Estado[21] (...). Em todos os países, a quota do Estado equivale hoje, em média, a cerca de 50% do produto social bruto, e, em todo o Mundo, mais da metade da população depende direta ou indiretamente da economia estatal."[22]

Ou seja, como aponta *Nicolao Dino:* "O minimalismo estatal é, pois, em certo sentido, uma falácia, um engodo, uma inebriante cortina de fumaça destinada a ocultar e, principalmente, entreter possíveis adversários".[23]

3.2. A nova textura das normas jurídicas e a morte do juiz neutro

Ao contrário da tese montesquieuniana, o juiz não é, nem nunca foi, a "boca inanimada da lei". É inevitável a presença do elemento subjetivo no ato jurisdicional, na medida em que *aplicar* é indissociável dos atos de *interpretar* e *criar*. Aquilo que se diz ser uma percepção racional do direito positivo é, em verdade, um ato de vontade. Juízes neutros somente são encontráveis nos cemitérios (não como visitantes...).

A atividade judicial exige do magistrado, em maior ou menor grau, um papel criador, atribuindo relevância ou não a um determinado fato, solucionando casos de lacunas e antinomias ("casos difíceis"), especificando o sentido de conceitos jurídicos indeterminados (termos vagos, que só adquirem um sentido — dentre muitos possíveis — no momento da aplicação)[24]. Estes últimos, contemporaneamente, representam um convite expressivo a um papel mais proeminente do Judiciário. A multiplicação de atores em conflito nas sociedades de massa, aliada à superação da pauta típica de direitos do Estado liberal, acarretaram extraordinário grau de generalização e abstração nas categorias conceituais que marcam o discurso jurídico. Isto é uma marca inevitável da legislação em sociedades complexas, atingindo inclusive âmbitos tidos como imunes, a exemplo do Direito Penal. Comparemos o art. 121 do Código Penal brasileiro com o art. 68 da Lei de Crimes Ambientais: no primeiro caso, o crime é "Matar alguém"; no segundo, "Deixar, aquele que tiver o dever legal ou contratual de fazê-lo, de cumprir obrigação de relevante interesse ambiental".

Mesmo com o constante recurso a essa técnica legislativa (termos vagos), a ordem normativa permanece "incompleta": a legislação não abarca todos os fatos

(21) Olhando a realidade brasileira não há como discordar: uso rotineiro de medidas provisórias, demandas crescentes por financiamentos públicos via BNDES e por subsídios fiscais, imprescindibilidade de políticas sociais compensatórias mantidas pelos Governos, ações "de massa" no Judiciário, entre outros indicadores, ratificam a continuidade da tendência de papel expandido do Estado. No panorama global, o novo ciclo de guerras imperialistas neste princípio de século 21 comprova que os Estados estão bem vivos...

(22) KURZ, Robert. *Os últimos combates*. Petrópolis: Vozes, 1997. p. 95-102.

(23) *Revista de Informação Legislativa*, n. 160, out./dez. 2003, p. 206.

(24) Celso Antônio Bandeira de Mello auxilia a compreender o alcance desta expressão assentando: "...ao lado de conceitos unissignificativos, apoderados de conotação e denotação precisas, unívocas, existem conceitos padecentes de certa imprecisão, de alguma fluidez e que, por isso mesmo, se caracterizam como plurissignificativos" (MELLO, Celso Antônio Bandeira de. *Curso de direito administrativo*. São Paulo: Malheiros, 1993. p. 415).

que ocorrem na sociedade. Deste modo, freqüentemente os juízes têm que escolher entre a aplicação da norma geral exclusiva ou da norma geral inclusiva, para usar conceitos de *Norberto Bobbio*. Na primeira hipótese, qualificando o comportamento humano não regulado como sendo avesso à ordem jurídica e, portanto, ilícito; na segunda, considerando o não regulado como semelhante ao regulado e, por conseguinte, incluído na incidência da norma reguladora.

Escolhas e vontade estão na essência do fazer judicial — que isso fique bem sublinhado, assim como as conseqüências daí advindas. Como ensina *Joaquim Falcão:* "Na democracia, dificilmente os juízes podem, como ocorreu no autoritarismo, lavar as mãos nas neutras águas de um formalismo legal imaginário. Sobretudo quando as sentenças tomam posições diante da discricionariedade político-administrativa do Executivo. A interpretação judicial, pretenda-se ou não, há que ser um ato politicamente responsável. Sem o que, aliás, inexiste Poder Judiciário. Existe só 'judiciário'."[25]

3.3. O dirigismo constitucional — uma proposta que não morreu

O constitucionalismo do século 20, em ruptura (e ao mesmo tempo em continuidade) com o momento histórico precedente, redefiniu o papel das Constituições escritas nas sociedades. Aquelas passaram a cuidar não somente de garantias (sintoma de continuidade), mas também de programas vinculantes (sintoma de ruptura) a serem obrigatoriamente perseguidos por todos os destinatários das normas constitucionais, sobretudo os agentes do Estado. No contexto europeu da segunda metade do século passado, pesaram sobremaneira, nesse processo de redefinição, as desilusões e desconfianças com determinados resultados da luta política, tais como governos autoritários, racistas e beligerantes, além de crises econômicas e sociais.

De modo similar, em nosso País, no contexto de superação da ditadura militar, a base material para o desenvolvimento da doutrina do dirigismo constitucional era enorme: aversão às políticas de contingência e a "casuísmos" normativos; desejo de salvaguardar eficazmente as instituições democráticas, colocando-as acima de mudanças legislativas ordinárias; diversificadas demandas sociais e políticas, amordaçadas pelo regime autoritário; persistência da crise econômica e da perda de renda em face da inflação, empobrecendo crescentes segmentos sociais.

Assim, os constituintes de 1987/1988 agiram movidos pela pretensão de alterar o *status quo*, atribuindo novas tarefas ao Estado e alargando o próprio conceito de cidadania. Aprovaram, então, uma Constituição dirigente, segundo a expressão consagrada por *Canotilho*, com o propósito explícito de servir de programa permanente para a ação pública, impregnando-a de compromissos como Justiça, Igualdade e Bem-Estar Social. A leitura dos arts. 1º, 3º e 170 da Carta sustenta suficientemente a análise empreendida.

(25) FALCÃO, Joaquim. A política econômica dos juízes. *Folha de São Paulo*, 26.10.2001.

Não ignoramos que nos anos que se seguiram à aprovação da Constituição atravessamos uma crise constitucional[26], de que são eloqüentes sintomas as 47 emendas constitucionais (incluídas as emendas de revisão) aprovadas em 16 anos — certamente um recorde mundial. Igualmente sabemos que a Carta de 1988 em larga medida nunca deixou de ser uma Constituição nominal, como *Loewenstein* classifica as Constituições que não são plenamente capazes de dirigir o processo político-social.[27]

Entretanto, proclamamos que a proposta de uma Constituição dirigente permanece viva, por vários motivos. Por primeiro, pela visão do processo de expansão do Estado que descrevemos no item 3.1., ainda não esgotado consoante as assertivas e prognósticos de *Robert Kurz*. Em segundo lugar, pela constatação de que — não obstante a grande quantidade de emendas acima mencionada — o texto de 88 não foi atingido nas partes mais intensamente programáticas, permanecendo no mínimo como um conjunto de "promessas irrealizadas" que alimentam a luta contra-hegemônica. Reportando-se à situação colombiana, *Rodrigo Uprimny* e *Mauricio García-Villegas* argumentam: "... o Direito pode ser usado para reativar a esperança coletiva (...). As constituições progressistas são, por um lado, uma concessão do aparelho estatal em benefício das pessoas e, nesse sentido, traduzem-se num remédio contra a rebeldia e, por outro, também significam uma possibilidade de efetiva melhoria dos direitos cidadãos, tal como as normas o manifestam, e assim são uma promoção de mudanças e um remédio contra o conformismo."[28]

O terceiro motivo pelo qual afirmamos que a Constituição dirigente não morreu articula-se com as concepções do seu arauto mais conhecido em nosso País, o próprio *Canotilho*. Referimo-nos especialmente às reflexões expostas na obra "*Canotilho* e a Constituição dirigente", entre as quais destacamos: "Compreendo perfeitamente que, quando estamos a falar em direito mitigado, em direito reflexivo, em direito pós-moderno, em direito desregulado, verdadeiramente estamos a passar por uma outra fase que ainda não é possível obter no Brasil. No fundo, estamos a imaginar uma teoria da Constituição já pós-moderna, em que não existe centro, em que o Estado é um herói local, em que o Estado é um herói humilde, em que nós somos uma parcela de outro esquema organizativo. Estamos a esquecer que no Brasil a centralidade é ainda no Estado de Direito democrático e social, que

(26) Abordei o tema no artigo Globalização e crise constitucional (*Revista de Direito Administrativo* n. 211, Renovar/FGV, jan./mar. 1998).

(27) Na Teoría de la Constitución, Loewenstein apresenta o que chama de uma classificação ontológica das Constituições, segundo o papel das Cartas escritas na realidade sócio-política. A Constituição normativa é assim caracterizada: "sus normas dominan el proceso politico o, la inversa, el proceso del poder se adapta a las normas de la constitución y se somete a ellas". Quanto à Constituição nominal destaca o autor: "una constitución podrá ser juridicamente válida, pero si la dinâmica del proceso político no se adapta a sus normas, la constitución carece de realidad existencial". Finalmente, no que tange à semântica, diz: "em lugar de servir a la limitación del poder, la constitución es aquí el instrumento para estabilizar y eternizar la intervención de los dominadores fácticos de la localización del poder político". (*Teoría de la Constitución*. 2. ed. Barcelona: Ariel, 1983).

(28) Tribunal constitucional e emancipação social na Colômbia. In: SANTOS, Boaventura de Sousa (org.). *Democratizar a democracia*. São Paulo: Civilização Brasileira, 2002. p. 320.

a centralidade é ainda no texto constitucional, que é carta de identidade do próprio País, que são estes direitos, apesar de pouco realizados, que servem como uma espécie de palavra de ordem para a própria luta política."[29]

O vigor do conceito em tela representa a manutenção de um enfático convite para que o Judiciário seja mais partícipe da arena pública, ainda que se reserve um lugar central para os Parlamentos na densificação dos programas constitucionais. Com efeito, como de certo modo já adiantado no item 3.1., o dirigismo constitucional acarreta o estabelecimento de mais e novos parâmetros jurídicos de controle da validade das políticas públicas, fortalecendo inclusive o controle sobre as omissões legislativas. Em suma, abrem-se largos caminhos para que a discricionariedade dos agentes políticos seja limitada pela ação do Judiciário.

3.4. As garantias na e da Constituição

Ernesto Benda, ex-presidente do Tribunal Constitucional da Alemanha, referindo-se ao Estado de Direito, diz: "La memoria de las largas luchas por um así concebido Estado de Derecho, que sólo al paso del tiempo pudo dejar atrás al autoritario Estado-policía, pero también la contemplación de otros países carentes de tales garantías, nos prohíbe subestimar un tal concepto de Estado formal de Derecho".[30]

Esta advertência presta-se a que destaquemos, no início deste tópico, a importância das garantias formais restauradas e/ou instituídas pela Constituição de 1988, em favor de sua autoridade e dos direitos dos cidadãos. Na esteira da recomendação de *Benda*, lembremo-nos da crônica incapacidade das nossas elites dominantes de se conformarem com as regras do Estado de Direito, quando estas lhe parecem desfavoráveis. Entre tantos episódios, basta a referência historicamente mais próxima: o regime de exceção instaurado após o golpe de 1964, com seus atos institucionais, suas emendas constitucionais outorgadas, suas violações a direitos individuais e sua pretensão de se colocar acima do controle jurisdicional — como dispunha o AI-5.

Assim, não podemos menosprezar normas como aquelas que limitam o poder do constituinte derivado ou como a que consagra o princípio da inafastabilidade da jurisdição: "a lei não excluirá da apreciação do Poder Judiciário lesão ou ameaça a direito" (art. 5º, XXXV, CF).

Neste passo, a Constituição de 1988, de todas quantas tivemos, foi a que instituiu um sistema mais largo de garantias. Estas atuam como um poderoso chamado a que o Judiciário atue mais intensamente no arbitramento de conflitos, em planos praticamente ilimitados.

---

(29) CANOTILHO. *Constituição dirigente*. Jacinto Nelson de Miranda Coutinho (org.). Rio de Janeiro: Renovar, 2003. p. 35.

(30) *Manual de derecho constitucional*. Madri: Marcial, 1996. p. 488.

Além das garantias já citadas, vejamos o controle de constitucionalidade das leis. Ao lado da manutenção do sistema difuso — tradicional e essencial em nosso Direito — a nova Carta fortaleceu exponencialmente o sistema concentrado, com destaque para a ampliação da legitimidade ativa em Ações Diretas de Inconstitucionalidade e a criação de novas ações, a exemplo da Arguição de Descumprimento de Preceito Fundamental.

O exame do que ocorreu com a nova configuração das Ações Diretas de Inconstitucionalidade é bastante elucidativo acerca das transformações sofridas pelo Judiciário. No STF, aquelas saltaram de cento e cinquenta e oito em 1989 para duzentos e cinquenta e cinco em 2000 — representando um crescimento de 61%. É interessante notar, ainda, que daquelas protocoladas no ano de 2000, 29,64% foram ajuizadas por partidos políticos, 26,88% por Governadores de Estado e 24,51% por confederações sindicais ou entidades de classe, totalizando 81,03%. Agregue-se a isto mais um dado: todos os partidos políticos que naquele ano propuseram ADINs ou situavam-se no campo da oposição ao Governo Federal da época, ou possuíam representação parlamentar insignificante. Com estas informações, pode-se dimensionar o quanto o papel do STF foi expandido, no tocante à arbitragem de conflitos políticos, de maneira que os agentes vencidos na arena estritamente política buscam — amparados na Constituição — o Judiciário como caminho para a reversão do quadro. Esse processo permanece em curso, com duzentas e oitenta e nove ADINs propostas no ano de 2003, devendo-se apenas registrar que o Procurador-Geral da República passou a liderar o *ranking*, com 40,48% das ações diretas apresentadas.

São centenas os exemplos de políticas públicas que foram alteradas por força de ADINs, nem sempre acarretando resultados ampliadores das citadas políticas. A título exemplificativo, citamos o art. 19 da Lei n. 10.260/01: "A partir do primeiro semestre de 2001, sem prejuízo do cumprimento das demais condições estabelecidas nesta Lei, as instituições de ensino enquadradas no *art. 55 da Lei n. 8.212, de 24 de julho de 1991,* ficam obrigadas a aplicar o equivalente à contribuição calculada nos termos do art. 22 da referida Lei na concessão de bolsas de estudo, no percentual igual ou superior a 50% dos encargos educacionais cobrados pelas instituições de ensino, a alunos comprovadamente carentes e regularmente matriculados." Apreciando a ADIn n. 2545/DF, o STF suspendeu o dispositivo, assentando: "O art. 19 da Lei n. 10.260/01, quando determina que o valor econômico correspondente à exoneração de contribuições seja obrigatoriamente destinado a determinada finalidade está, na verdade, substituindo por obrigação de fazer (conceder bolsas de estudo) a obrigação de dar (pagar a contribuição patronal) de que as entidades beneficentes educacionais estão expressamente dispensadas."

Ainda no terreno do controle de constitucionalidade, houve outra expressiva alteração com a criação da Arguição de Descumprimento de Preceito Fundamental (ADPF), prevista pelo art. 102, § 1º, da Constituição e regulamentada pela Lei n. 9.882/99. A imensa potencialidade desse instrumento, no tocante ao controle e implementação de políticas públicas, foi revelada com a recente decisão acerca da interrupção da gravidez de fetos anencefálicos, proferida pelo Ministro Marco

Aurélio na ADPF n. 54 — posteriormente cassada por questões processuais. Esta decisão alterava radicalmente a feição de uma política pública obviamente relevante — em relação à qual subsistem acentuadas dificuldades de deliberação nas instâncias políticas, em virtude de implicações morais e religiosas. Realçamos que a decisão determinava "não só o sobrestamento dos processos e decisões não transitadas em julgado, como também o reconhecimento do direito constitucional da gestante de submeter-se à operação terapêutica de parto de fetos anencefálicos, a partir de laudo médico atestando a deformidade, a anomalia que atingiu o feto." Em sendo um direito constitucional, o Sistema Único de Saúde era obrigado a atender às demandas daquela natureza, modificando-se uma linha substantiva na política de saúde no Brasil.

Na mesma trilha de expansão das funções judiciárias, outros instrumentos processuais foram criados ou aprimorados pela Constituição, a exemplo do mandado de segurança coletivo e do mandado de injunção ("conceder-se-á mandado de injunção sempre que a falta de norma regulamentadora torne inviável o exercício dos direitos e liberdades constitucionais e das prerrogativas inerentes à nacionalidade, à soberania e à cidadania", dispõe o inciso LXXI do art. 5º da Constituição). Este último, sobretudo destinado a proteger o cidadão das omissões dos legisladores, teve a sua efetividade bastante limitada pela jurisprudência auto-restritiva do STF[31]. Entretanto, a sua manutenção no texto fundamental sempre abre ensejo a eventuais reenquadramentos, como aliás a própria ADPF vem atravessando — após contundentes resistências subseqüentes à sua regulamentação.[32] Na nossa perspectiva, este hipotético reenquadramento em torno do mandado de injunção é necessário, à vista do tipo de relação que há entre o Judiciário e o Parlamento no Brasil — não havendo qualquer indício de que "apelos" daquele conduzam a deliberações parlamentares.

No mesmo âmbito, abordamos, finalmente, a ação civil pública, arma que mais amiúde tem produzido efeitos no controle da conduta comissiva ou omissiva da Administração. Isso decorre da largueza de sua aplicabilidade, qual seja a "proteção do patrimônio público e social, do meio ambiente e de outros interesses difusos e coletivos", conforme o art. 129, III, da Constituição. Entre muitos casos em que o manejo da ação civil pública resultou na implementação de políticas públicas, recordemo-nos do fornecimento gratuito de medicamentos anti-HIV, ordenado judicialmente antes mesmo que houvesse lei tratando do assunto. Seguem mais dois exemplos, bastante instigantes:

TRIBUNAL — QUARTA REGIÃO

AGA — AGRAVO REGIMENTAL NO AGRAVO DE INSTRUMENTO

---

(31) "O mandado de injunção nem autoriza o Judiciário a suprir a omissão legislativa ou regulamentar, editando o ato normativo omitido, nem, menos ainda, lhe permite ordenar, de imediato, ato concreto de satisfação do direito reclamado..." (MI n. 168-5/RS). Com algumas exceções, tem entendido o STF que o provimento do mandado de injunção implica tão-somente a notificação do Parlamento para que supra a omissão, em geral sem que se produza qualquer resultado prático.

(32) Foi proposta inclusive uma ADIn contra a Lei n. 9.882/99 (ADIn n. 2231-8).

Processo: 200404010145703 UF: SC

Órgão Julgador: QUARTA TURMA

Data da decisão: 23.6.2004

DJU DATA: 4.8.2004

Relator(a) : Juiz Edgard A Lippmann Junior

Decisão

A turma, por maioria, negou provimento ao agravo regimental, nos termos do voto do relator. vencido o des. Athayde, entendendo descaber a invasão do poder judiciário nas políticas públicas, no mérito da administração.

Ementa: AÇÃO CIVIL PÚBLICA. DUPLICAÇÃO DE RODOVIA FEDERAL. INTERVENÇÃO DO PODER JUDICIÁRIO NA ADMINISTRAÇÃO PÚBLICA. POSSIBILIDADE. ANTECIPAÇÃO DE TUTELA — A moderna jurisprudência admite a intervenção do Poder Judiciário na Administração Pública, viabilizando a antecipação de tutela para determinar a execução de obra relativa a duplicação de rodovia federal, ante a responsabilidade civil do Estado sobre mortes e mutilações decorrentes de acidentes de trânsito havidos na rodovia de sua competência.

TRIBUNAL — QUARTA REGIÃO

Classe: AC — APELAÇÃO CIVEL - 478166

Processo: 200204010006100 UF: PR

Órgão Julgador: TERCEIRA TURMA

Data da decisão: 27.5.2003

DJU DATA: 4.6.2003

Relator(a): Juiza Marga Inge Barth Tessler

Ementa: AÇÃO CIVIL PÚBLICA. DIREITO DO CONSUMIDOR. CORRETA INFORMAÇÃO ACERCA DOS RISCOS E POTENCIAIS DANOS QUE O CONSUMO DE BEBIDAS ALCOÓLICAS CAUSA À SAÚDE. INSCRIÇÃO NECESSÁRIA NOS RÓTULOS DE BEBIDAS ALCOÓLICAS. 1. É possível e exigível do Judiciário, impor determinada conduta ao fornecedor, sem que esta esteja expressamente prevista em lei, desde que afinada com as políticas públicas diretamente decorrentes do texto constitucional e do princípio da plena informação ao consumidor (art. 6º, II, III e IV, da Lei n. 8.078/90), pois traduz-se em dever do Estado, do qual o Judiciário é poder, de acordo com o art. 196 da Constituição. 2. O consumo de alcoólicos não interessa só à comunicação social, propaganda e ao comércio de tais produtos, interessa sob o aspecto da saúde pública, da proteção do menor e do adolescente, da segurança veicular, do direito de informação e de proteção ao consumidor. 3. O comando do art. 9º, do Código do Consumidor, indica os direitos básicos do consumidor à informação adequada e clara sobre o produto e sobre os riscos que apresenta, sobretudo, tratando-se de produto potencialmente nocivo à saúde, cuja informação deve ser feita de maneira ostensiva, a despeito da previsão do art. 4ª, § 2º, da Lei n. 9.294/96 determinar que os rótulos de bebidas alcoólicas conterão advertência para que os consumidores evitem o consumo excessivo de álcool. 4. Inocorre preclusão de matéria que diz com as condições da ação, caso da legitimidade, sobretudo nas ações civis públicas onde se perseguem direitos difusos, cujo interesse depreende-se da propriedade, das relações privatístivas em geral, o que, in casu, revelou-se pelo interesse demonstrado pela embargante, tantas vezes reiterado de defender a posição dos associados que são fabricantes de bebidas, tese da co-ré União. 4. Condenada a ré União a exigir na rotulagem de todas as bebidas alcoólicas produzidas ou comercializadas no território pátrio, do teor alcoólico e do alerta em expressão gráfica adequada, de que "O ÁLCOOL PODE CAUSAR DEPENDÊNCIA E EM EXCESSO É PREJUDICIAL À SAÚDE" e a ABRABE a expedir esta informação a todas as suas associadas e comunicar aos demais produtores de alcoólicos, quanto à necessária adequação. 5. Provido o recurso.

3.5. A promessa de efetividade dos direitos fundamentais

O último "convite" à atuação judicial ampliada que selecionamos diz respeito à promessa, feita pelo próprio texto constitucional, de que os direitos fundamentais por ele albergados não seriam condenados ao "mundo dos mortos". Estabelece a Constituição: "As normas definidoras dos direitos e garantias fundamentais têm aplicação imediata" (art. 5º, § 1º).

Nas interpretações acerca deste preceito, não há dissensos expressivos quanto à chamada eficácia mínima das normas instituidoras de direitos fundamentais, sintetizada em quatro efeitos e/ou aptidões: a) revogação dos atos subconstitucionais anteriores que com elas sejam incompatíveis; b) limitação da liberdade do legislador; c) atuação como parâmetros interpretativos para todo o sistema jurídico; d) vedação à atuação legislativa ou administrativa em sentido contrário ao nelas prescrito. Nessas quatro hipóteses, é cabível a intervenção judicial a fim de concretizar tais efeitos e/ou aptidões, daí o "convite" acima referido.

Entretanto, em se cuidando dos direitos fundamentais prestacionais[33] permanecem as discussões para definir-se se a aplicação imediata em tela alcança a extração, diretamente pelo Judiciário, de efeitos positivos e concretos em favor dos cidadãos, independentemente da mediação legislativa. Em outras palavras, debate-se o alcance do "convite", perquirindo-se se é possível ao Judiciário criar ou alterar os contornos de uma política pública, a pretexto de garantir o gozo de um direito fundamental prestacional. A resposta predominante é negativa, normalmente sendo invocados a discricionariedade administrativa e o respeito à "reserva do possível" como fundamentos. Em que medida funcionam esses e outros limites à interferência do Judiciário no campo das políticas públicas?

4. O que limita os passos do Judiciário (para o bem e para o mal)

Nesta última parte do estudo, vamos nos dedicar a analisar alguns fatores que têm embaraçado os passos do Judiciário em direção a um papel ainda mais

(33) Utilizamos a expressão "direitos prestacionais" em oposição aos "direitos de defesa". Aqueles reclamam uma atuação positiva do Estado, visando a assegurar as condições materiais para sua fruição (por exemplo, direito à moradia). Os segundos, implicam um dever de abstenção de particulares ou do Estado (*v.g.* não discriminar negativamente por motivo racial). A auto-aplicabilidade destes é ordinariamente aceita.

protagonista e efetivo na concretização dos direitos fundamentais, como consideramos que a sociedade brasileira almeja. Destacaremos, aqui, a discricionariedade e a doutrina da "reserva do possível" como motivadores da autocontenção judicial.

Deixaremos de lado, por agora, aspectos como condutas ímprobas ou relações perniciosas com segmentos socialmente poderosos, não porque sejam fatores que possam ser descartados de plano, mas sim por não serem práticas hegemônicas no aparelho judicial brasileiro. Os casos identificados e devidamente comprovados (segundo o devido processo legal) são numericamente pouco expressivos, abalando muito mais a imagem da instituição do que constituindo um indicador capaz de alterar a essência das coisas. Obviamente tais casos devem ser incisivamente combatidos, inclusive por intermédio da instituição de novos mecanismos de controle disciplinar (*v.g.* atuação do Conselho Nacional de Justiça e aperfeiçoamento da legislação sobre crimes de responsabilidade).

4.1. A discricionariedade — um território interditado?

Na doutrina brasileira, tradicionalmente é enunciado que o Judiciário não pode controlar o mérito dos atos administrativos, isto é, não pode elidir os critérios de conveniência e oportunidade eleitos pelas autoridades da Administração, colocando no lugar os seus próprios critérios. Na vida forense, cotidianamente sentenças são proferidas com esse fundamento, o qual impede ou dificulta que os juízes controlem políticas públicas.

Parece-nos que, de fato, assim deve ser, *a princípio*. É certo que o Judiciário não é uma agência subalterna em relação aos demais ramos do Estado, porém isso não significa que seja superior — no sentido de necessariamente possuir, de modo legítimo, a "última palavra" sobre as políticas públicas. A aceitação aos "convites" multicitados não pode ocorrer de modo atabalhoado, imotivado e autoritário, com o juiz pondo em primeiro plano preconceitos de índole "aristocrática" contra o mundo da política.

Duas atitudes são imprescindíveis para o juiz: em primeiro lugar, não olvidar as regras de imparcialidade procedimental, assegurando a apresentação de argumentos por parte da Administração e a produção de provas que os sustentem; em segundo lugar, confrontar a consistência de tais argumentos com a consistência da fundamentação que pode ser exposta na decisão judicial. Este juízo de ponderação eliminará muitas hipóteses de alteração do mérito do ato administrativo, em face da superioridade comparativa dos argumentos expendidos pela Administração.

Neste passo, vemos a discricionariedade como um terreno *relativamente* interditado à atuação judicial. Em outras palavras, consideramos que o mérito dos atos que concretizam (ou não concretizam) políticas públicas é suscetível de controle judicial, excepcionalmente. As técnicas jurídicas que podem viabilizar, legitimar e conferir consistência a tal controle são diversas. Mencionamos as mais expressivas e já consolidadas em nosso Direito: as teorias dos motivos determinantes e do desvio de finalidade, bem como os princípios da proporcionalidade e da razoabilidade. Em termos legais, estas técnicas recebem o seguinte tratamento:

Lei n. 4.717/65

Art. 2º São nulos os atos lesivos ao patrimônio das entidades mencionadas no artigo anterior, nos casos de:

d) inexistência dos motivos;

e) desvio de finalidade.

Parágrafo único. Para a conceituação dos casos de nulidade observar-se-ão as seguintes normas:

d) a inexistência dos motivos se verifica quando a matéria de fato ou de direito, em que se fundamenta o ato, é materialmente inexistente ou juridicamente inadequada ao resultado obtido;

e) o desvio de finalidade se verifica quando o agente pratica o ato visando a fim diverso daquele previsto, explícita ou implicitamente, na regra de competência.

Lei n. 9.784/99

Art. 2º A Administração Pública obedecerá, dentre outros, aos princípios da legalidade, finalidade, motivação, razoabilidade, proporcionalidade, moralidade, ampla defesa, contraditório, segurança jurídica, interesse público e eficiência.

Parágrafo único. Nos processos administrativos serão observados, entre outros, os critérios de:

VI — adequação entre meios e fins, vedada a imposição de obrigações, restrições e sanções em medida superior àquelas estritamente necessárias ao atendimento do interesse público.

A propósito da aplicação desses postulados, na jurisprudência há milhares de referências, das quais destacamos uma como emblemática das enormes possibilidades de controle abertas pelas técnicas em foco. No Resp n. 443310/RS, rel. ministro Luiz Fux, DJ 3.11.2003, o STJ leciona:

"...

2. A atuação da Administração Pública, deve seguir os parâmetros da razoabilidade e da proporcionalidade, que censuram o ato administrativo que não guarde uma proporção adequada entre os meios que emprega e o fim que a lei almeja alcançar.

3. A razoabilidade encontra ressonância na ajustabilidade da providência administrativa consoante o consenso social acerca do que é usual e sensato. Razoável é conceito que se infere a *contrario sensu*; vale dizer, escapa à razoabilidade 'aquilo que não pode ser'.

A proporcionalidade, como uma das facetas da razoabilidade revela que nem todos os meios justificam os fins. Os meios conducentes à consecução das finalidades, quando exorbitantes, superam a proporcionalidade, porquanto medidas imoderadas em confronto com o resultado almejado.

..."

4.2. A "reserva do possível" (uma leitura em países periféricos)

Suponhamos que um juiz aquiesça aos convites para adotar uma postura de "ativismo judicial", construa uma identidade mais livre dos padrões normativistas e se convença, em um determinado caso, de que a discricionariedade pode ser afastada de modo consistente mediante o manuseio de uma das técnicas arroladas no tópico anterior. Caso se trate de impor uma abstenção à autoridade administrativa normalmente não se apresentam outras dificuldades. Contudo, quando se cuida de determinar o cumprimento de um direito prestacional ergue-se a limitação concernente à "reserva do possível".

Segundo tal doutrina, há um limite fático ao exercício dos direitos sociais prestacionais, concernente à disponibilidade material e jurídica de recursos financeiros necessários ao adimplemento da obrigação. Demais disso, "... a prestação reclamada deve corresponder ao que o indivíduo pode razoavelmente exigir da sociedade, de tal sorte que, mesmo em dispondo o Estado dos recursos e tendo o poder de disposição, não se pode falar em uma obrigação de prestar algo que não se mantenha nos limites do razoável".[(34)]

Não discordamos dessas teses se, por exemplo, cogitarmos de uma decisão judicial, proferida em uma ação civil pública, que — em nome do direito à moradia previsto no art. 6º da Constituição — determina ao Governo Federal a construção de dois milhões de casas no espaço de um ano. A mobilização de recursos financeiros para tanto implicaria um impacto orçamentário não previsto nem previsível, de grande monta, resultando provavelmente no cancelamento de outras políticas referentes à concretização de outros direitos igualmente fundamentais.

Todavia, na trilha do que defende *Andreas J. Krell*, entendemos que "a discussão européia sobre os limites do Estado Social e a redução de suas prestações e a contenção dos respectivos direitos subjetivos não pode absolutamente ser transferida para o Brasil, onde o Estado Providência nunca foi implantado"[(35)]. Assim, a "reserva do possível" é um limite realmente existente, mas que não deve ser visto no Brasil do mesmo modo que nos países centrais, os quais possuem distribuição de renda menos assimétrica, políticas públicas mais universalizadas e controles sociais (não-jurisdicionais) mais efetivos.

Em conseqüência, a margem de manobra do Judiciário, no exercício do controle em exame, é bem mais larga no nosso País (sem que evidentemente seja absoluta). Dois parâmetros devem ser observados na atividade judicial nesse âmbito, quais sejam a garantia de um "padrão mínimo social" aos cidadãos e o razoável impacto da decisão sobre os orçamentos públicos. Em nome do citado "padrão mínimo social", entendemos que os juízes não devem hesitar em inclusive determinar a realização de obras públicas, quando isso se revelar imprescindível e fac-

(34) SARLET, Ingo Wolfgang. *A eficácia dos direitos fundamentais*. Porto Alegre: Livraria do Advogado, 1998. p. 261.

(35) KRELL. Andreas. *Direitos sociais e controle judicial no Brasil e na Alemanha*: os [des]caminhos de um direito constitucional 'comparado'. Porto Alegre: Sérgio Antonio Fabris, 2002.

tível. Quanto ao impacto no orçamento público, a razoabilidade deve ser demonstrada à luz do caso concretamente analisado, podendo ser adotadas saídas criativas, como a fixação de prazos flexíveis e compatíveis com o processo de elaboração orçamentária. O que é fundamental é não ignorar este aspecto, sob pena de a decisão ser frágil e condenada à cassação ou à inexecução. Por outro lado, os aspectos orçamentários relativos aos direitos prestacionais não devem ser mitificados, transformados em uma "esfera sagrada", pois não é assim quando o Judiciário declara a inconstitucionalidade de tributos e frustra parcelas expressivas das receitas públicas, em favor — do ponto de vista imediato — de setores socialmente mais fortes. Com efeito, em tais casos nunca se cogitou de o Judiciário decidir de outro modo em nome da "reserva do possível".

Um bom exemplo de adequado enfrentamento da temática, assim como do controle sobre a discricionariedade, é a jurisprudência sobre o benefício assistencial previsto no art. 203, inciso V, da Constituição: "a garantia de um salário mínimo de benefício mensal à pessoa portadora de deficiência e ao idoso que comprovem não possuir meios de prover à própria manutenção ou de tê-la provida por sua família, conforme dispuser a lei". Esta, a Lei n. 8.742/93, refere-se aos requisitos da incapacidade para o trabalho *e* para a vida independente, associada à renda *per capita* no núcleo familiar não superior a 1/4 do salário-mínimo. Contudo, a respeito desses requisitos legais, o STJ tem decidido:

"AGA 521467/SP

Relator(a) Ministro Paulo Medina

Órgão Julgador

T6 — SEXTA TURMA

Data do Julgamento: 18.11.2003

Data da Publicação/Fonte

DJ 9.12.2003

Ementa: AGRAVO REGIMENTAL EM AGRAVO DE INSTRUMENTO. ASSISTÊNCIA SOCIAL. BENEFÍCIO DE PRESTAÇÃO CONTINUADA. COMPROVAÇÃO DE RENDA PER CAPITA NÃO SUPERIOR A 1/4 DO SALÁRIO MÍNIMO. DESNECESSIDADE.

1. A impossibilidade da própria manutenção, por parte dos portadores de deficiência e dos idosos, que autoriza e determina o benefício assistencial de prestação continuada, não se restringe à hipótese da renda familiar per capita mensal inferior a 1/4 do salário mínimo, podendo caracterizar-se por concretas circunstâncias outras, que é certo, devem ser demonstradas.

2. Agravo regimental a que se nega provimento."

"RESP 360202/AL

Relator(a) Ministro GILSON DIPP

Órgão Julgador

T5 — QUINTA TURMA

Data do Julgamento: 4.6.2002

Data da Publicação/Fonte

DJ 1º.7.2002

Ementa: PREVIDENCIÁRIO. BENEFÍCIO DE PRESTAÇÃO CONTINUADA. ART. 20, § 2º DA LEI N. 8.742/93. PORTADOR DO VÍRUS HIV. INCAPACIDADE PARA O TRABALHO E PARA PROVER O PRÓPRIO SUSTENTO OU DE TÊ-LO PROVIDO PELA FAMÍLIA. LAUDO PERICIAL QUE ATESTA A CAPACIDADE PARA A VIDA INDEPENDENTE BASEADO APENAS NAS ATIVIDADES ROTINEIRAS DO SER HUMANO. IMPROPRIEDADE DO ÓBICE À PERCEPÇÃO DO BENEFÍCIO. RECURSO DESPROVIDO. I — A pessoa portadora do vírus HIV, que necessita de cuidados freqüentes de médico e psicólogo e que se encontra incapacitada, tanto para o trabalho, quanto de prover o seu próprio sustento ou de tê-lo provido por sua família — tem direito à percepção do benefício de prestação continuada previsto no art. 20 da Lei n. 8.742/93, ainda que haja laudo médico-pericial atestando a capacidade para a vida independente. II — O laudo pericial que atesta a incapacidade para a vida laboral e a capacidade para a vida independente, pelo simples fato da pessoa não necessitar da ajuda de outros para se alimentar, fazer sua higiene ou se vestir, não pode obstar a percepção do benefício, pois, se esta fosse a conceituação de vida independente, o benefício de prestação continuada só seria devido aos portadores de deficiência tal, que suprimisse a capacidade de locomoção do indivíduo — o que não parece ser o intuito do legislador. III — Recurso desprovido."

Nesta mesma direção é a orientação quase unânime na Justiça Federal, não havendo, contudo, até o momento, um pronunciamento explícito do STF.

Outro exemplo decorre de experiência pessoal: em 2004, tive a oportunidade de apreciar um caso de um estudante que se enquadrava em requisitos estatuídos em Resolução Administrativa da UnB para a fruição de direito à residência estudantil, esbarrando entretanto na inexistência de vagas. A decisão foi no seguinte teor:

"1. Determina a nossa Constituição que a educação é direito de todos e dever do Estado (art. 205). A 'igualdade de condições para o acesso e permanência na escola' é princípio que rege o ensino (art. 206, inciso I). Ademais, deve o Estado garantir o "acesso aos níveis mais elevados do ensino, da pesquisa e da criação artística, segundo a capacidade de cada um" (art. 208, inciso V). Tais preceitos, longe de veicularem enunciações puramente formais, impõem a adoção de medidas que reduzam as barreiras econômicas que impedem o acesso e a permanência citadas. O Poder Executivo reconhece que os deveres constitucionais em foco exigem determinadas políticas públicas, a exemplo do FIES e do Programa 'Universidade para Todos' (instituído recentemente pela MP n. 213, de 10.9.2004). No caso das universidades públicas, as obrigações constitucionais enfocadas devem concretizar-se com a adoção de programas assistenciais dirigidos aos mais carentes, a fim de que estes possam efetivamente exercer os seus direitos formalmente enunciados. Assim não fosse, gerar-se-ia a perversa situação de toda a sociedade financiar o ensino público superior exclusivamente em benefício dos segmentos mais ricos da população.

2. Analisando a presente lide com base nestas premissas, verifico que o demandante reside em local muito distante do Plano Piloto e da UnB — acarretando onerosos deslocamentos — e tem sua hipossuficiência expressamente reconhecida pela instituição, inclusive participando do Programa Bolsa Alimentação (fl. 16). Por outro lado, afirma a UnB que 'semestralmente deixamos de atender vários alunos que se enquadram neste perfil', estando assim caracterizada situação claramente inconstitucional. Destaco que não há obstáculo a esta declaração por este Juízo, pois — em se tratando de programa administrativo de custo evidentemente suportável pelo Erário — não incide a doutrina da 'reserva do possível' (que em tese impede o Judiciário de influir demasiadamente na definição de políticas públicas prioritárias, em homenagem ao princípio da separação de poderes).

3. Há *periculum in mora* na presente controvérsia, uma vez que o próprio fluir do semestre letivo, sem a freqüência regular do aluno, gera danos de difícil reparação.

4. Com esses fundamentos, DEFIRO A LIMINAR pleiteada, determinando que a UnB ofereça ao autor vaga em residência universitária ou custeie a sua moradia em local próximo à UnB, em padrões equivalentes aos fornecidos aos demais estudantes carentes e consoante as mesmas regras regimentais de uso. Na última hipótese, o custeio não poderá ultrapassar o valor de R$ 15.600,00 por ano, limite máximo de competência deste Juizado."

Verificamos então que aquilo que é possível ao Judiciário fazer, em sociedades com nível mais alto de implementação de direitos, é menos do que em países em situação oposta, como o Brasil — em que a meta de um "padrão mínimo social" exige que os juízes façam mais.

5. Conclusão

Concluímos assim o itinerário a que nos propusemos. Iniciamos com a abordagem do contexto que obrigatoriamente dialoga com os textos normativos. Demonstramos como um papel mais proeminente do Judiciário não se choca contra o princípio da tripartição funcional do Estado. Realçamos os "convites" a um sistema judicial mais protagonista e ativista, formulados por processos políticos e sociais. Finalmente, apontamos os limites à atuação judicial, assim como os limites dos limites.

Resta-nos, em conclusão, sublinhar que as teses expostas no presente artigo não representam a negação da luta política (em sentido estrito) como meio para a efetivação dos direitos já proclamados e a conquista de outros. Ao contrário disso, desenvolvemos a nossa argumentação tendo a esfera da política como referência obrigatória. Cuida-se apenas de construir e reafirmar caminhos que podem auxiliar o processo histórico de emancipação da humanidade, inclusive submetendo a arena política a novos e crescentes tensionamentos — gerando movimentos e saltos adiante.

Os juízes não podem tudo, nem devem poder. Mas podem muito, e devem exercer esse poder em favor da grandiosa e inesgotável utopia de construção da felicidade de cada um e de todos.

A Saúde do Trabalhador na Constituição Federal e na Legislação Infraconstitucional — Avaliação Crítica

José Antônio Ribeiro de Oliveira Silva(*)

1. Introdução

O direito à saúde é um dos mais importantes direitos sociais que foram reconhecidos à pessoa humana, estando há quase um século catalogado nas Constituições contemporâneas como um direito fundamental(1).

Esse direito é tão relevante a ponto de os direitos de liberdade, ditos de primeira geração, perderem grande parte de seu sentido se a pessoa não tem uma vida saudável que lhe permita fazer suas escolhas. Basta lembrar que, estando doente, a pessoa não pode trabalhar e, se desempregada, não terá forças para exercer o seu direito humano fundamental ao trabalho. Outrossim, conforme a doença que lhe tenha acometido, não poderá exercer determinadas atividades, diminuindo o seu leque de escolha quando da procura de trabalho e, conseqüentemente, o valor da liberdade preconizada no inciso XIII do art. 5º da Constituição Federal.

De modo que *a saúde do trabalhador*, como espécie da saúde em geral, *é um direito humano* e, como tal, deve ser observado rigorosamente tanto pelo empregador quanto pelo Estado em sua atividade regulatória e de fiscalização.

Ocorre que o Estado brasileiro não tem dado a devida importância a esse direito, deixando de regulamentar aspectos fundamentais de sua proteção, descumprindo mandamentos constitucionais de conferir eficácia plena a normas de eficácia limitada, e, por outro lado, regulamentando — por meio da atividade legislativa — determinadas matérias sem a observância dos princípios norteadores da vida social, retirando eficácia da proteção conferida a alguns direitos, cuja função maior é permitir o gozo de uma boa saúde pelos trabalhadores.

(*) Juiz do Trabalho, Titular da Vara de Orlândia (SP), Mestre em Direito Obrigacional Público e Privado pela UNESP, Doutorando em Direito Social pela Universidad de Castilla-la Mancha (Espanha), Membro do Conselho Técnico da Revista do Tribunal Regional do Trabalho da 15ª Região (Subcomissão de Doutrina Internacional) e Professor do CAMAT — Curso Avançado para a Magistratura do Trabalho em Ribeirão Preto (SP).

(1) Os direitos sociais foram erigidos em norma constitucional pela primeira vez em 1917, com a Constituição do México, e logo em seguida com a Constituição de Weimar, na Alemanha, em 1919. A Constituição brasileira de 1988 traz um rol de direitos sociais em seu art. 6º, destacando-se ali os direitos à educação, à saúde, ao trabalho e à previdência social.

Neste pequeno artigo pretende-se desenvolver um estudo dessa temática, apresentando, primeiro, uma noção do direito à saúde, em geral, bem como do direito à saúde do trabalhador, como espécie. Posteriormente, pretende-se fornecer uma noção de direitos humanos, entendidos como os valores fundamentais de todo e qualquer sistema jurídico, com alicerce no *princípio da dignidade da pessoa humana*, para, a partir daí, sustentar que a saúde do trabalhador também se trata de um direito humano, sendo este seu fundamento último. É necessário também identificar o conteúdo essencial desse direito, para se verificar o alcance de sua proteção.

Por fim, serão estudadas algumas hipóteses de omissão legislativa que levam à *síndrome de inefetividade das normas constitucionais*[(2)] de eficácia limitada, pela falta de regulamentação da matéria pelo legislador infraconstitucional, como, por exemplo, a não-regulamentação do adicional de penosidade; e, ainda, hipóteses de regulamentação tida por inconstitucional, por retirar eficácia da proteção conferida a alguns direitos dos trabalhadores, como, por exemplo, o direito à *limitação* da jornada de trabalho.

O que se busca neste artigo é definir algumas maneiras de se conferir plena efetividade na proteção à saúde do trabalhador, em respeito ao direito fundamental a uma vida digna, fundamento último de qualquer sistema jurídico.

2. O DIREITO À SAÚDE DO TRABALHADOR

Para se compreender o conteúdo do direito à saúde do trabalhador, mister uma análise prévia que ofereça pelo menos uma noção do que é o direito à saúde, enquanto gênero.

A saúde era entendida simplesmente como o estado de quem se encontra sadio, sem doença[(3)]. Todavia, a partir de 1946, com a criação da OMS (Organização Mundial da Saúde) — cuja existência oficial começou em 7 de abril de 1948, quando da ratificação de sua constituição por vinte e seis países[(4)] —, houve um passo à frente na definição da saúde, haja vista que aquela agência especializada da ONU forneceu um *conceito positivo* do direito, em sua carta de fundação, qual seja: "a saúde é um estado de completo bem-estar físico, mental e social, e não somente a ausência de afecções ou enfermidades"[(5)].

---

(2) LENZA, Pedro. *Direito constitucional esquematizado*. 11. ed. rev., atual. e ampl. São Paulo: Método, 2007. p. 245.

(3) Segundo os léxicos, a expressão saúde provém do latim *salute*, que significa salvação, conservação da vida. Por isso sempre foi tida como o estado da pessoa cujas funções orgânicas, físicas e mentais se acham em situação normal, ou como o estado do que é sadio ou são. FERREIRA, Aurélio Buarque de Holanda. *Novo dicionário da língua portuguesa*. 2. ed., rev. e aum., 23. impr. Rio de Janeiro: Nova Fronteira, 1986. p. 1556.

(4) ROSEN, George. *Uma história da saúde pública*. Tradução de Marcos Fernandes da Silva Moreira, com a colaboração de José Ruben de Alcântara Bonfim. São Paulo: Hucitec, Universidade Estadual Paulista, 1994. p. 344-345. A OMS assumiu os poderes e os deveres da Organização de Saúde da Liga das Nações, que havia sido criada em 1923.

(5) *Constitución de la Organización Mundial de la Salud*. Disponível em: <http://www.who.int/gb/bd/S/S_documents.htm> Acesso em: 16 mar. 2007.

Em seguida a Declaração Universal dos Direitos Humanos, proclamada pela Assembléia Geral das Nações Unidas, em 10 de dezembro de 1948, *assegurou como um direito humano a saúde e o bem-estar*, em seu art. XXV, n. 1, sendo que o Pacto Internacional sobre Direitos Econômicos, Sociais e Culturais, aprovado na XXI Sessão da Assembléia Geral das Nações Unidas, em Nova York, no dia 19 de dezembro de 1966, reconheceu em seu art. 12, n. 1, *o direito de toda pessoa a desfrutar o mais elevado nível possível de saúde física e mental.*

Mas, no sistema jurídico brasileiro, somente na Constituição Federal de 1988 é que a saúde foi positivada como um direito fundamental. Numa análise das Constituições mais recentes, nem a Constituição de 1946 nem a de 1967, tampouco as Emendas Constitucionais que se inauguraram a partir de 1969 (Primeira Emenda) trataram do tema saúde no rol dos direitos fundamentais. A atual Constituição *inovou*, portanto, em matéria de direitos fundamentais sociais, como se depreende da análise de seu art. 6º, no qual se assegurou o direito à saúde como um direito social de todos os brasileiros.

Demais, ela criou um título específico para a Ordem Social (Título VIII). Neste, assegurou o direito à saúde como um *direito de seguridade social*, mais precisamente como um "direito de todos e dever do Estado, garantido mediante políticas sociais e econômicas que visem à redução do risco de doença e de outros agravos e ao acesso igualitário às ações e serviços para sua promoção, proteção e recuperação", nos termos de seu art. 196. Cuidou como de relevância pública as ações e serviços de saúde (art. 197), que, segundo o art. 198, constituem um sistema único (SUS). Dentre as atribuições do SUS, arroladas no art. 200, destaca-se a de colaborar na *proteção do meio ambiente, nele compreendido o do trabalho* (inciso VIII).

E a Lei n. 8.080, de 19.9.90 — Lei Orgânica da Saúde —, que regulamenta o Serviço Único de Saúde, dispõe em seu art. 3º que:

> A saúde tem como fatores determinantes e condicionantes, entre outros, a alimentação, a moradia, o saneamento básico, o meio ambiente, o trabalho, a renda, a educação, o transporte, o lazer e o acesso aos bens e serviços essenciais; os níveis de saúde da população expressam a organização social e econômica do País.

Sendo assim, *a saúde é o mais completo bem-estar físico, mental e social* que o Estado brasileiro deve proporcionar às pessoas, porquanto o ser humano tem um direito fundamental ao gozo do grau máximo de saúde que se pode alcançar em determinado tempo e lugar.

E *também o direito à saúde do trabalhador deve ser examinado nessa perspectiva,* por ser uma espécie daquela. A assertiva de que a saúde do trabalhador é espécie da saúde geral, ou que se trata de conteúdo deste continente, pode ser extraída da interpretação das normas destinadas à disciplina da matéria, em nível constitucional e principalmente na legislação infraconstitucional.

Como já exposto, a Constituição de 1988, de forma inédita, positivou a saúde como um direito fundamental social (arts. 6º e 196 a 200). Relativamente à saúde do trabalhador, além da disciplina mais avançada do que nas Constituições anteriores (art. 7º, incisos XXII e XXVIII[(6)]), as quais se referiam apenas a higiene e segurança do trabalho, *a Constituição atual contém um capítulo específico sobre a proteção do meio ambiente* (art. 225), um dos fatores fundamentais à garantia da saúde, quiçá o mais importante, preconizando que *no meio ambiente geral está compreendido o meio ambiente do trabalho* (art. 200, inciso VIII).

E na legislação infraconstitucional brasileira verifica-se, igualmente, a confluência do direito à saúde do trabalhador com o direito à saúde em geral, pelo exame da Lei Orgânica da Saúde (Lei n. 8.080/90). O art. 3º da indigitada lei é de extrema relevância, ao conformar o núcleo essencial desse direito, positivando os fatores determinantes e condicionantes do direito à saúde, dentre os quais *o meio ambiente e o trabalho*. A saúde do trabalhador é, assim, *uma espécie da saúde geral*, tanto que o SUS tem de prover, dentre suas atividades, as predispostas à proteção e recuperação dessa saúde (art. 6º, I, *c*, e § 3º — o qual elenca tais atividades).

3. A saúde do trabalhador como um direito humano

Sendo a saúde um direito humano e a saúde do trabalhador uma espécie daquela, há de se buscar o fundamento da proteção a esse direito na idéia de direitos humanos.

Antônio Augusto Cançado Trindade observa que a idéia de direitos humanos é tão antiga como a própria história das civilizações, tendo se manifestado em culturas distintas e em momentos históricos sucessivos, na afirmação da dignidade da pessoa humana, na luta contra todas as formas de dominação, exclusão e opressão, na luta contra o despotismo e a arbitrariedade, na asserção da participação na vida comunitária e do princípio da legitimidade[(7)].

Ocorre que o avanço do reconhecimento e respeito aos direitos da humanidade não foi simétrico, porquanto alguns países os incorporaram a seus estatutos básicos antes de outros, havendo muito ainda a se conquistar em inúmeros países. Com efeito, pode-se mesmo afirmar que os direitos humanos são uma *conquista histórica*. Por isso *Celso Lafer* preconiza que esses direitos tiveram reconhecimento em cada época, representando, assim, uma conquista histórica e política[(8)]. São uma construção, uma invenção da humanidade, ligada à organização da comunidade política[(9)].

O postulado ético de *Immanuel Kant* está no princípio de toda explanação sobre os direitos humanos, no momento em que aquele filósofo enunciou que *o ho-*

(6) Estes dispositivos asseguram o direito social dos trabalhadores urbanos e rurais *à redução dos riscos inerentes ao trabalho*, por meio de normas de saúde, higiene e segurança (art. 7º, XXII), bem como o direito ao seguro contra acidentes do trabalho e à reparação dos danos por parte do empregador (inciso XXVIII).

(7) TRINDADE, Antonio Augusto Cançado. *Tratado de direito internacional dos direitos humanos*. Porto Alegre: Sergio Antonio Fabris, 1997. v. I, p. 17.

(8) LAFER, Celso. *A reconstrução dos direitos humanos:* um diálogo com o pensamento de Hannah Arendt. São Paulo: Companhia das Letras, 1988. p. 124.

(9) *Ibidem*, p. 134.

mem não pode ser empregado como um meio para a realização de um fim, *pois é um fim em si mesmo*, haja vista que, apesar do caráter profano de cada indivíduo, ele é sagrado, *porquanto na sua pessoa pulsa a humanidade*. Este postulado conduz à dignidade da pessoa humana[(10)]. Daí decorre que toda pessoa:

> [...] tem *dignidade* e não um *preço*, como as coisas. A humanidade como espécie, e cada ser humano em sua individualidade, é propriamente insubstituível: não tem equivalente, não pode ser trocado por coisa alguma[(11)] (destaques no original).

Por isso *Miguel Reale*, o maior jusfilósofo brasileiro, afirmou que o valor da pessoa humana é mesmo um *valor-fonte*, o fundamento último da ordem jurídica, na medida em que *o ser humano é o valor fundamental*, algo que vale por si mesmo, identificando-se seu ser com sua valia[(12)].

Os direitos humanos são, portanto, *valores fundamentais de todo e qualquer sistema jurídico*, pelo menos num Estado Democrático de Direito. Repousam sobre o valor maior da *dignidade da pessoa humana*, um princípio praticamente absoluto para o mundo do direito.

José Afonso da Silva anota que a *dignidade da pessoa humana* é um valor supremo, que atrai o conteúdo de todos os direitos fundamentais do homem, desde o direito à vida[(13)].

Os direitos humanos são *direitos naturais*, que pertencem ao indivíduo — que não pode ser dividido — e precedem a qualquer sociedade política. Não se pode olvidar, ainda, que inúmeros direitos encontram-se positivados nas Constituições atuais, mas sem que haja a eles respeito efetivo, mormente quanto aos direitos humanos denominados de sociais.

Destarte, é possível afirmar que a saúde do trabalhador *trata-se de um direito humano*. Como tal é inalienável, imprescritível e irrenunciável. E é *um direito natural* de todos os trabalhadores, em todos os tempos e lugares, ainda que sua positivação tenha ocorrido tardiamente. Se a saúde do trabalhador é algo a ele inerente, imanente, em respeito à sua dignidade essencial e até mesmo para uma boa prestação de serviços ao empregador, *trata-se de um direito natural*, no sentido de intrínseco à conformação de sua personalidade e de seu desenvolvimento enquanto

---

(10) O postulado ético de Kant foi exposto em sua obra *Fundamentação da metafísica dos costumes*, uma introdução à *Crítica da Razão Prática*. Para Immanuel Kant, "o homem — e, de uma maneira geral, todo o ser racional — existe como fim em si mesmo, e não apenas como meio para o uso arbitrário desta ou daquela vontade. [...] Os seres, cuja existência não assenta em nossa vontade, mas na natureza, têm, contudo, se são seres irracionais, um valor meramente relativo, como meios, e por isso denominam-se *coisas*, ao passo que os seres racionais denominam-se *pessoas*, porque a sua natureza os distingue já como fins em si mesmos, ou seja, como algo que não pode ser empregado como simples meio e que, portanto, nessa medida, limita todo o arbítrio (e é um objeto de respeito)". KANT, Immanuel. *Fundamentação da metafísica dos costumes*. Tradução de Leopoldo Holzbach. São Paulo: Martin Claret, 2006. p. 58-59.

(11) COMPARATO, Fábio Konder. *A afirmação histórica dos direitos humanos*. 3. ed. rev. e ampl. São Paulo: Saraiva, 2003. p. 21-22.

(12) REALE, Miguel. *Filosofia do direito*. 14. ed. atual. São Paulo: Saraiva, 1991. p. 210.

(13) SILVA, José Afonso da. *Curso de direito constitucional positivo*. 27. ed., rev. e atual. até a Emenda Constitucional n. 52, de 8.3.2006. São Paulo: Malheiros, 2006. p. 105.

pessoa. É um direito imprescindível para o ser humano. De tal forma que assim se insere no continente maior dos direitos humanos, como conteúdo destes, vale dizer, como *um dos valores fundamentais do sistema jurídico*, sem o qual a dignidade da pessoa humana estará seriamente ameaçada.

Demais, as normas de proteção à saúde do trabalhador são de *ordem pública*. De maneira que a saúde do trabalhador, como direito básico, *fundamental*, tem de ser atendida em quaisquer circunstâncias, em nome do princípio-guia do sistema jurídico brasileiro, qual seja, *o da dignidade da pessoa humana*, indissociável do próprio direito à vida, o fundamento último de todo Estado de Direito, social ou não.

Essa complementaridade entre os direitos à vida (integridade físico-funcional e moral), à saúde do trabalhador e ao meio ambiente do trabalho também pode ser extraída de uma interpretação sistemática da Constituição Federal (arts. 1º, 5º, 6º, 7º, 200 e 225), na qual se encontra, portanto, um *fundamento máximo* ao direito em estudo. Nestes dispositivos se encontra, então, a nítida interdependência entre os direitos referidos — vida, saúde do trabalhador e meio ambiente do trabalho equilibrado —, interpretação levada a efeito com base no princípio ontológico da *dignidade da pessoa humana*, um valor praticamente absoluto no sistema jurídico nacional.

De tal modo que a saúde do trabalhador, como espécie do gênero, compõe, ineludivelmente, o chamado *conteúdo essencial da dignidade da pessoa humana*, não podendo, jamais, ser postergada sua proteção e, em caso de doença, o tratamento mais adequado deve ser o mais breve possível.

4. Conteúdo essencial do direito à saúde do trabalhador

O direito à saúde do trabalhador é dotado de *um conteúdo essencial*, identificado nas condições mínimas que devem ser atendidas para a sua satisfação, já que componente do rol de necessidades básicas do ser humano. Tal direito tem um conteúdo essencial bastante extenso, configurando *um direito individual subjetivo* à sua proteção.

A saúde do trabalhador é um direito humano fundamental de natureza negativa e positiva, que exige tanto do empregador quanto do Estado não somente a abstenção de práticas que ocasionem a doença física ou mental do trabalhador, mas também uma positividade, isto é, a adoção de medidas preventivas de tal doença. Por isso devem ser bem identificados *os dois aspectos essenciais* do mencionado direito: a) *o direito à abstenção*; b) e *o direito à prestação*, por sua vez subdividido em direito à prevenção e direito à reparação.

Se para a garantia do direito à saúde o Estado tem de cumprir algumas obrigações básicas, *também no campo da saúde do trabalhador ele tem de cumprir estas mesmas obrigações*, porquanto se trata de espécie da saúde geral. Por isso o SUS tem diversas atribuições relacionadas à saúde laboral, de acordo com o art. 6º, § 3º, da Lei n. 8.080/90.

No que se refere às obrigações básicas do empregador, para a garantia do direito à saúde do trabalhador, ele tem de cumprir todas as prescrições normativas sobre o tema, estejam elas na Constituição, nas leis infraconstitucionais, nas regulamentações, nas chamadas normas "coletivas", ou nas disposições de caráter internacional, como os tratados, convenções e recomendações. Porém, é melhor identificar as normas aí contidas com aqueles dois aspectos dantes mencionados, do direito à abstenção e à prestação, incluindo neste o direito à prevenção.

No tocante ao primeiro aspecto, tem o trabalhador o *direito de abstenção* do empregador *quanto ao fator tempo de trabalho*: a) não-exigência de prestação de horas extras habituais (art. 7º, XIII e XIV, da CF); b) não-exigência de labor nos intervalos intra e interjornadas; c) não-exigência de trabalho nos dias de repouso semanal e feriados, tampouco nos períodos de férias (art. 7º, XV e XVII); d) não-exigência de trabalho da mulher durante o período de licença-maternidade (art. 7º, XVIII); e) não-exigência de trabalho noturno, perigoso ou insalubre a menores de 18 anos (art. 7º, XXXIII).

E também *direito à abstenção quanto ao fator saúde mental ou psíquica*, sendo que o direito de não-agressão a essa saúde compreende: a) o não-tratamento rigoroso, vexatório, quando das ordens e fiscalização do serviço; b) e a não-exigência de produtividade superior às forças físicas e mentais do trabalhador.

Quanto às *prestações* a que está obrigado o empregador, tratam-se de um imenso caudal de normas, envolvendo: a) a obrigação de prevenção; b) e a obrigação de reparação. Esta envolve a responsabilidade do empregador pelos danos de natureza física ou funcional (inclusive mental) causados ao empregado, em decorrência de acidente do trabalho ou doença ocupacional.

Relativamente à prevenção, o Brasil possui uma das mais avançadas e extensas legislações de proteção à saúde do trabalhador, especialmente no que se relaciona ao meio ambiente do trabalho, destacando-se as seguintes NRs: a) NR-3 — embargo de obra ou interdição de estabelecimento, setor de serviço, máquina ou equipamento; b) NR-4 — Serviços Especializados em Engenharia de Segurança e em Medicina do Trabalho — SESMT; c) NR-5 — CIPA — Comissão Interna de Prevenção de Acidentes; d) NR-6 — fornecimento gratuito de equipamento de proteção individual — EPI; e) NR-7 — Programa de Controle Médico de Saúde Ocupacional — PCMSO; f) NR-9 — PPRA — Programa de Prevenção de Riscos Ambientais; g) NR-17 — importante regulamentação sobre ergonomia; h) NR-31 — instituída pela Portaria MTE n. 86, de 3.3.2005, tendo por objetivo estabelecer os preceitos a serem observados na organização e no ambiente de trabalho no meio rural, ou seja, nas atividades da agricultura, pecuária, silvicultura, exploração florestal e aqüicultura. E a principal obrigação do Estado quanto a esta matéria é a de *fiscalizar o cumprimento das normas de proteção* por parte do empregador.

No entanto, as matérias "abstenção quanto ao fator saúde mental" e "prestações de prevenção e reparação" fogem aos estreitos limites deste artigo, no qual se pretende analisar as omissões legislativas e regulamentações inconstitucionais quanto ao tema "tempo de trabalho", com aportes sobre a falta de regulamentação do adicional de penosidade.

5. Omissão legislativa na proteção do direito à saúde do trabalhador

Serão verificadas a seguir as omissões mais significativas do legislador brasileiro, no que toca à saúde do trabalhador, primeiro em relação ao trabalho penoso, posteriormente quanto ao fator tempo de trabalho, em seus múltiplos aspectos.

5.1. Falta de definição de trabalho penoso

No campo da proteção à saúde do trabalhador, uma das omissões mais destacadas é a relativa à falta de regulamentação legal que *defina o conceito de trabalho penoso, estabeleça limites para o seu exercício* e estipule o adicional de penosidade, prometido pelo inciso XXIII do art. 7º da Constituição Federal, desde 1988.

Em sede doutrinária, a psicóloga *Leny Sato* relacionou os trabalhos em condições penosas, baseando-se em estudos técnicos, destacando-se os seguintes: a) esforço físico intenso no levantamento, transporte, movimentação, carga e descarga de objetos, materiais, produtos e peças; b) posturas incômodas, viciosas e fatigantes; c) esforços repetitivos; d) alternância de horários de sono e vigília ou de alimentação; e) excessiva atenção ou concentração; f) contato com o público que acarrete desgaste psíquico; g) confinamento ou isolamento. Observa *Leny Sato* que "essas condições de trabalho têm em comum o fato de exigirem esforço físico e/ou mental, provocarem incômodo, sofrimento ou desgaste da saúde. Elas podem provocar problemas de saúde que não são necessariamente doenças"(14). O trabalho penoso provoca desgaste acentuado no trabalhador e, por via de conseqüência, ocasiona, em regra, problemas na coluna e articulações, doenças do coração, problemas do estômago e intestino, transtornos mentais, fadiga e outras doenças(15).

Entrementes, as atividades penosas ainda não foram definidas por lei. Existem, há muito tempo, vários projetos de lei no Congresso Nacional na tentativa de disciplinar legalmente a matéria. O Projeto n. 1.015/88, apresentado pelo então Deputado Federal Paulo Paim, no longínquo 21 de setembro de 1988, procura definir o que são atividades penosas, merecendo transcrição o seu primeiro artigo, que trata da matéria:

> Art. 1º Serão consideradas atividades penosas aquelas que, por sua natureza, condições ou métodos de trabalho, exijam dos empregados, esforço e condicionamento físicos, concentração excessiva, atenção permanente, isolamento e imutabilidade da tarefa desempenhada em níveis acima dos limites de tolerância fixados em razão da natureza e da intensidade do trabalho a que estão submetidos.

---

(14) SATO, Leny. Conceito de trabalho penoso. *Revista CIPA*, São Paulo, v. 15, n. 179, p. 41, 1994.

(15) *Ibidem, loc. cit.*

O art. 2º do referido Projeto estipula que o Ministério do Trabalho deve aprovar o quadro de atividades penosas, no prazo de cento e vinte dias a partir da publicação da lei. O seu art. 3º prevê um adicional de 30% (trinta por cento) sobre o salário do empregado que trabalhe em condições penosas. Merecem destaque, ainda, os arts. 4º e 8º do mencionado projeto. O primeiro deles disciplina que a percepção do adicional de penosidade *não isenta o empregador do pagamento dos adicionais de insalubridade e periculosidade*, uma vez sendo também devidos qualquer destes. De acordo com o art. 8º, a "Justiça do Trabalho, considerando as circunstâncias e características de determinada atividade, poderá declará-la como penosa", constituindo *louvável inovação* esta de se permitir a criação jurisprudencial, a qual é muito mais dinâmica do que a atividade legislativa e, portanto, pode atender às mudanças sociais e do mercado de trabalho sem que se tenha de esperar o longo trâmite legislativo para a adequação da matéria à realidade. Para se ter a noção da importância da idéia sustentada, note-se que o PL n. 1.015/88 foi apensado ao PL n. 1.003/88, assim como vários outros projetos de lei, sendo que o referido PL n. 1.003 está pronto para a ordem do dia, ou seja, para ser levado a Plenário, desde 11.12.1997, *simplesmente há mais de uma década.*

Há um outro projeto — PL n. 1.326/88 — que, embora não cuide de definir as atividades penosas, estipula adicional de 100% para as horas extras prestadas nas referidas atividades. O mencionado PL, que visa a regulamentar o disposto no inciso XVI do art. 7º da Constituição, sobre a remuneração do serviço extraordinário, prevê que o adicional de horas extras será de 100% nas atividades consideradas penosas ou perigosas. No entanto, a última ação deste PL ocorreu em 23.5.1994, quando se o considerou pronto para a ordem do dia, mas até hoje não houve votação em Plenário. Há um PL mais recente, de n. 6.519/02, o qual prevê adicional de 60% para as horas extras prestadas em atividades penosas, insalubres ou perigosas. Contudo, este PL foi apensado ao de n. 1.326/88, sendo que, assim, ambos têm tido a mesma sorte de aguardar no "banco de espera" do zeloso Congresso Nacional, a exemplo do que ocorre também com os PLs ns. 1.003/88 e 1.015/88.

Recentemente, foi apresentado o Projeto de Lei n. 7.663, de 13 de dezembro de 2006, o qual pretende, dentre outras matérias[16], regulamentar o adicional de penosidade. Pelo referido PL, seria acrescido à CLT o art. 196-A e seus parágrafos, com o seguinte conteúdo:

> Art. 196-A. Considera-se penoso o trabalho exercido em condições que exijam do trabalhador esforço físico, mental ou emocional superior ao despendido normalmente, nas mesmas circunstâncias, ou que, pela postura ou atitude exigida para seu desempenho, sejam prejudiciais à saúde física, mental e emocional do trabalhador, desde que não estejam previstas como insalubres ou perigosas.

---

(16) Este PL tem por objeto fixar a jornada semanal de trabalho em 40 horas semanais, exigir negociação coletiva para a realização de horas extras, exigir cartão de ponto inclusive para as micro e pequenas empresas, obrigar ao pagamento cumulativo dos adicionais de insalubridade e periculosidade, bem como regulamentar o adicional de penosidade.

§ 1º Em 90 (noventa) dias o Ministério do Trabalho e Emprego expedirá Portaria com o Quadro das Atividades Penosas.

§ 2º O trabalho em atividades penosas ensejará a percepção do adicional de 30% (trinta por cento) sobre a remuneração do empregado, observado o disposto nos arts. 457 e 458 do Estatuto Consolidado, independentemente de receber ou fazer jus a adicional de insalubridade e/ou periculosidade.

Conquanto seja melhor essa definição de atividades penosas, quando comparada com a do PL n. 1.015/88, o recente PL não possibilita à Justiça do Trabalho declarar determinada atividade como penosa, considerando as suas circunstâncias e características, como autoriza o art. 8º daquele, o que, como já se afirmou, constitui excepcional inovação.

Enfim, não há, ainda, uma definição legal de atividades penosas e por isso os trabalhadores que têm esforço físico intenso, muito maior do que o ordinário, ou dos quais se exigem esforços repetitivos, ou ainda aqueles que precisam ter excessiva atenção ou concentração no desempenho de suas tarefas, *continuam sem ter acréscimo salarial* por conta dessa sobrecarga física ou psíquica de trabalho. E assim *não se estabelecem limites* para o exercício de trabalho penoso, o que se mostra uma incompreensível omissão legislativa.

5.1.1. O trabalho penoso dos adolescentes

Apesar da omissão legislativa quanto à matéria, é induvidoso que os menores de 18 anos não podem, em hipótese alguma, ativar-se em atividades insalubres, perigosas ou *penosas.* A proibição de trabalho noturno, perigoso ou insalubre a menores de dezoito anos encontra-se prevista no art. 7º, inciso XXXIII, da Constituição Federal. No entanto, *João de Lima Teixeira Filho* anota que, a estes três tipos de atividade proibida, o Estatuto da Criança e do Adolescente acrescenta a *vedação do trabalho penoso* no seu art. 67, inciso II — embora não defina o que é penosidade —, e proíbe o trabalho do adolescente "em horários e locais que não permitam freqüência à escola" (art. 67, inciso IV, do Estatuto)[(17)].

Não há falar em inconstitucionalidade do art. 67, inciso II, do ECA, muito pelo contrário, em sua plena constitucionalidade, integrando a norma do art. 7º, inciso XXXIII, da Lei Fundamental, porquanto *o fundamento da proibição do trabalho penoso aos adolescentes* é exatamente o mesmo que alicerça a proibição em relação ao trabalho perigoso ou insalubre, qual seja, a proteção de sua saúde e de sua formação física e psíquica.

Sendo assim, os fiscais do trabalho, na área administrativa, os procuradores do trabalho, os advogados e o judiciário trabalhista precisam atuar de maneira *coordenada* para que o imperativo constitucional do art. 7º, inciso XXXIII, da Constituição brasileira — integrada pelo art. 67, II, do ECA — seja efetivamente cum-

(17) TEIXEIRA FILHO, João de Lima *et al. Instituições de direito do trabalho.* 16. ed. atual. por Arnaldo Süssekind e João de Lima Teixeira Filho. São Paulo: LTr, 1996. v. 2. p. 967-968.

prido, por se tratar de *um direito humano dos adolescentes trabalhadores.* Se o legislador não cumpre sua função, *deve a jurisprudência trabalhista criar a definição do que pode ser considerado trabalho penoso,* levando em conta principalmente os seguintes aspectos: a) intenso esforço físico ou repetitivo; b) e excessiva atenção ou concentração no trabalho. Desse modo será possível dar concretude ao dispositivo constitucional.

5.1.2. O trabalho penoso dos cortadores de cana-de-açúcar

No Brasil todo, mas principalmente no interior do Estado de São Paulo, há um trabalho *excessivamente penoso* que não pode ser ignorado. Trata-se do *corte manual de cana-de-açúcar,* serviço no qual os cortadores de cana têm um esforço físico desmedido, incomensuravelmente maior do que o despendido pelos outros trabalhadores, além de repetirem os mesmos movimentos inúmeras vezes ao dia. Referidos trabalhadores precisam dar cerca de mil golpes de podão para cortar uma tonelada de cana. Há um estudo demonstrando que o cortador de cana tem uma intensa movimentação diária em seu trabalho, concluindo que

> [...] ao final da jornada de trabalho de oito horas, (o trabalhador) terá executado de 10.000 a 12.000 movimentos do membro superior. Mas é importante lembrar que há uma movimentação simultânea da coluna vertebral, especialmente dos segmentos lombares e cervicais, bem como da articulação do ombro[18].

A isso se soma o fato de que o cortador de cana precisa executar de vinte e cinco a trinta movimentos de levantar e abaixar o membro superior por minuto (cerca de 14.400 movimentos numa jornada de oito horas diárias). Associada à intensa movimentação dos membros superiores ainda há a transmissão mecânica do impacto da lâmina do podão no colmo da cana-de-açúcar ao braço do trabalhador[19].

Não resta dúvida, portanto, de que *o corte manual de cana-de-açúcar é um trabalho penoso.* Nessa atividade, portanto, não podem, em hipótese alguma, atuar menores de 18 anos.

Entrementes, a omissão legislativa não se resume à falta de definição do que seja atividade penosa e fixação do correspondente adicional, mas diz respeito, principalmente, ao estabelecimento de limites ao exercício de trabalho penoso — como apontado anteriormente, de modo exemplificativo — e, inclusive, no que toca à *remuneração* paga em tal atividade.

De todos sabido que a remuneração no corte manual de cana-de-açúcar — assim como em outras atividades agrícolas, como a colheita de laranja, café etc. — é calculada com base na produção auferida pelo trabalhador. Ora, tal ajuste remuneratório é um "incentivo" a que o trabalhador ultrapasse os limites de suas forças

---

(18) GOMES, Jorge da Rocha; FISCHER, Frida Marina; BEDRIKOW, Bernardo. Trabalho da criança e do adolescente no corte da cana-de-açúcar. *Revista Brasileira de Saúde Ocupacional,* São Paulo, v. 26, n. 97-98, 2001, p. 17.
(19) *Ibidem, p.* 16.

físicas e mentais, a fim de receber um salário maior, algo mais do que o mero salário de subsistência. Tanto que têm sido freqüentes os relatos de trabalhadores que, em razão das condições de trabalho, adquiriram doença ocupacional — especialmente LER —, nos processos em trâmite nas Varas do Trabalho do interior do Estado de São Paulo.

Tem havido, inclusive, mortes por causa do excesso de fadiga destes trabalhadores, como amplamente noticiado na imprensa, o que levou à investigação da Relatoria Nacional para o Direito Humano ao Trabalho[20] na região de Ribeirão Preto (SP), para a apuração de violações de direitos humanos dos trabalhadores do setor canavieiro, em conjunto com o Ministério Público do Trabalho da 15ª Região, com o apoio da Pastoral do Migrante de Guariba, de sindicatos de trabalhadores rurais e de Sub-delegacias Regionais do Trabalho. Do conjunto de evidências relatado, concluiu a Relatoria que é possível "relacionar a morte dos trabalhadores direta e indiretamente à exaustão no trabalho", lembrando que o Japão demorou 10 anos para reconhecer a existência da morte súbita no trabalho, ocasionada por sobrecarga, denominada *karoshi.*

Se há estudo comprovando que para a colheita de dez toneladas de cana-de-açúcar por dia o trabalhador desfere cerca de 10.000 mil golpes de podão, mostra-se bastante evidente que as mortes se relacionam com o excesso de trabalho porque os cortadores que faleceram tinham cortado 12 ou mais toneladas de cana por dia, sendo que um cortador faleceu após cortar 25 toneladas de cana em um só dia.

Não há dúvida, portanto, de que *deve ser coibido o ajuste de remuneração por produção nesse tipo de atividade*, podendo o Estado brasileiro responder por sua incompreensível omissão, já que tem a obrigação de editar normas para a proteção da saúde dos trabalhadores, nos termos do inciso XXII do art. 7º da Constituição Federal.

Enquanto o Estado brasileiro não cumpre sua obrigação, a Norma Regulamentadora n. 17, embora não aplicável no meio rural por falta de disposição expressa, pode ser utilizada num processo analógico, para se coibir esse tipo de ajuste remuneratório. Segundo a letra "a" do item 17.6.3 da NR-17, o empregador não pode promover qualquer sistema de avaliação dos trabalhadores que prestam serviços nas atividades de digitação, "baseado no número individual de toques sobre o teclado, inclusive o automatizado, para efeito de remuneração e vantagens de qualquer espécie". E a letra "b" desta mesma norma limita o número máximo de toques reais pelo digitador, que não deve ser superior a oito mil por hora trabalhada.

---

(20) A Relatoria Nacional para o Direito Humano ao Trabalho integra o Projeto Relatores Nacionais em DHESC, coordenado pela Plataforma Brasileira de Direitos Humanos Econômicos, Sociais e Culturais — DHESC — Brasil, com apoio institucional do Programa de Voluntários das Nações Unidas (UNV/PNUD) e da Procuradoria Federal dos Diretos do Cidadão — PGR/MPF. Seu objetivo é contribuir para que o Brasil adote medidas de proteção e efetivação dos direitos humanos, com fulcro na Constituição Federal de 1988 e nos tratados internacionais de direitos humanos dos quais o Brasil é signatário. In: *Relatório da missão realizada pela Relatoria Nacional para o Direito Humano ao Trabalho,* no período de 24 a 27 de outubro de 2005, na região de Ribeirão Preto (SP), para apuração de violações de direitos humanos de trabalhadores (as) canavieiros(as).

Guardadas as devidas proporções, o trabalho do cortador de cana é muito mais fatigante, quer pelo ambiente em que o trabalho é prestado, quer pelo esforço físico empreendido. De modo que o Estado brasileiro deve suprir tal omissão urgentemente.

5.2. Falta de proibição da realização de horas extras habituais

Conquanto se tratem de normas de eficácia plena as dos incisos XIII e XIV do art. 7º da Constituição Federal, tem havido uma prática abusiva de horas extras que retira todo o efeito protetivo destas normas, razão pela qual não se entende a omissão do Estado brasileiro em proibir a realização de horas extras "habituais".

Ora, a luta pela preservação da saúde dos trabalhadores teve como ponto de partida a *limitação do tempo de trabalho*. Como observa *Márcio Túlio Viana*, citando *Javillier*, com o tempo as horas de trabalho, que em algumas fábricas atingiam 16 por dia, foram diminuindo, não só em beneficio dos que estavam empregados, mas como "instrumento de luta contra o desemprego"[21]. Daí a luta pela fixação da jornada de trabalho em 10 horas diárias, o que se alcançou na Inglaterra em 1847, após o que os operários ingleses passaram a lutar pela fixação da jornada em oito horas diárias.

Acolhendo essa luta, o nascente Direito Internacional do Trabalho a incorporou em seus objetivos, tanto que a primeira Convenção da OIT, já no ano de 1919, limitou a duração normal do trabalho em oito horas diárias, fazendo restrições ao trabalho extraordinário. Em continuidade, no ano de 1935, para combater o desemprego em massa, que segundo *Arnaldo Süssekind* "atingira dimensões preocupantes", a OIT aprovou a Convenção n. 47, adotando a jornada semanal de 40 horas. No entanto, essa Convenção tinha sido ratificada por apenas seis países até 1980[22]. Por isso, objetivando atender ao postulado da Declaração Universal dos Direitos Humanos, preferiu a OIT, já na década de 1980, adotar a Recomendação n. 116/82, "que propõe a redução progressiva da duração do trabalho até alcançar a semana de 40 horas, com severas restrições ao trabalho extraordinário"[23].

No Brasil, a Constituição-cidadã de 1988 alçou os direitos trabalhistas ao patamar de direitos humanos, quando preconizou que a República Federativa brasileira tem como fundamentos a dignidade da pessoa humana e os valores sociais do trabalho (art. 1º, incisos III e IV) e assegurou que os direitos e garantias nela previstos não excluem outros que emanem do regime e dos princípios por ela adotados, ou dos tratados internacionais de que o Brasil seja parte (art. 5º, § 2º). Outrossim, do extenso rol do seu art. 7º, inserido no título dos direitos e garantias

---

(21) VIANA, Márcio Túlio. Adicional de horas extras. In: BARROS, Alice Monteiro de (coord.). *Curso de direito do trabalho:* estudos em memória de Célio Goyatá. 3. ed. rev., atual. e ampl. São Paulo: LTr, 1997. p. 109.

(22) Atualmente a Convenção conta com quatorze ratificações, destacando-se os seguintes países: Austrália, Rússia, Finlândia, Lituânia, Noruega, Nova Zelândia, Suécia e Ucrânia. Disponível em: <http://www.ilo.org/ilolex/spanish/convidsp1.htm> Acesso em: 12 mar. 2007.

(23) SÜSSEKIND, Arnaldo. *Direito internacional do trabalho.* 3. ed. atual. e com novos textos. São Paulo: LTr, 2000. p. 380.

fundamentais, um dos comandos mais importantes é o de *limitação da jornada diária de trabalho.* Daí vem o preceito de que o trabalho normal não dure mais do que oito horas diárias, não podendo ultrapassar a quarenta e quatro horas semanais (inciso XIII), jornada que deve ser limitada a seis horas diárias no labor em regime de turnos ininterruptos de revezamento (inciso XIV).

Portanto, a previsão de remuneração maior para o serviço extraordinário, de no mínimo 50% em relação ao valor da hora normal (inciso XVI), não pode, em absoluto, ser interpretada de forma isolada, mas de modo sistemático com os demais dispositivos constitucionais que tratam da matéria, interpretação que leva indubitavelmente à conclusão de que só há permissão para o trabalho extraordinário se, *ordinariamente,* forem respeitados os limites diário e semanal de duração do labor. Não há espaço, assim, para a exigência de horas extras "habituais" dos empregados brasileiros, urbanos ou rurais, prática que implica em desrespeito manifesto à norma constitucional. A única maneira de prorrogar diariamente a jornada de trabalho, autorizada pela própria Constituição, é a faculdade de compensação de horários, mediante acordo ou convenção coletiva de trabalho, faculdade esta que não foi estendida para o labor em turnos ininterruptos de revezamento. Basta uma interpretação sistemática dos incisos XIII e XIV do art. 7º da CF/88 para se chegar a essa obviedade.

No mesmo sentido, o Ministro do TST *Vantuil Abdala,* em artigo intitulado "Horas Extras Habituais — Nunca Mais", publicado no Suplemento Trabalhista da LTr, ano XXV, n. 106/89, entende que a Constituição de 1988 não permite a contratação de horas extras habituais, limitadas a duas diárias, conforme previa o art. 59 da CLT. Assevera o Ministro que

> [...] quando o empregador celebra com o empregado um contrato para a prestação de horas extras, permanentemente, a duração normal do trabalho já não é mais de oito horas. A jornada normal passa a ser de nove ou dez horas, conforme o número de horas extras pactuadas[(24)].

A hora extra, exatamente por ser extraordinária, jamais poderia ser habitual. Segundo os léxicos, extraordinário é o que não é ordinário, ou seja, o que é "fora do comum; excepcional, anormal"; o que é "raro, singular", ou, ainda, o que "só ocorre em dadas circunstâncias, não rotineiro, imprevisto"[(25)]. Daí se vê que a prestação de serviços em sobrejornada jamais poderia ser fato comum ou corriqueiro. Muito pelo contrário, as horas extras somente poderiam ser exigidas do trabalhador na ocorrência de *fatos excepcionais* que, portanto, não ocorrem no cotidiano da atividade empresarial.

A própria Consolidação das Leis do Trabalho, em seu art. 61, disciplina que as horas extraordinárias podem ser exigidas no caso de *necessidade imperiosa,* para fazer face a motivo de força maior e para atender à realização ou conclusão de serviços inadiáveis ou que devem ser executados sob pena de prejuízo manifesto.

---

(24) *Apud* VIANA, Márcio Túlio. Adicional de horas extras. In: BARROS, Alice Monteiro de (coord.). *Curso de direito do trabalho:* estudos em memória de Célio Goyatá. p. 110.

(25) FERREIRA, Aurélio Buarque de Holanda. *Novo dicionário da língua portuguesa,* p. 746.

Demais, o § 3º deste mesmo dispositivo disciplina que a prestação de horas extras para a recuperação do tempo perdido, resultante de causas acidentais ou de força maior, não poderá exceder de *dez horas diárias* e não poderá ocorrer em período superior a *quarenta e cinco dias por ano*. Na interpretação lógica e sistemática destas normas se pode concluir que o legislador se preocupou em definir parâmetros a fim de que o serviço extraordinário tivesse *limites objetivos*, dado que a limitação do tempo de trabalho não pode conviver com horas extras "habituais".

Omisso, portanto, o Estado brasileiro, ao não ter, ainda, editado norma proibitiva da realização de horas extras "habituais", inclusive com penalizações ao empregador ou tomador de serviços que insistir nessa prática nefasta.

5.2.1. *A relação direta entre horas extras e acidentes do trabalho*

Além dos argumentos já expendidos contra a exigência de sobrejornada habitual, de se ter presente que a maioria dos acidentes do trabalho ocorre no lapso de prestação de horas extras, sobretudo a partir da nona hora diária, em que é maior o cansaço, a fadiga e, por óbvio, menor a atenção e a concentração do empregado. Estudos recentes indicam um aumento no risco de acidentes em função do tempo de trabalho. *O maior risco ocorre em torno da nona hora da jornada diária. Com 12 horas de trabalho este fator de risco aumenta em dobro e com 14 horas de trabalho contínuo ele aumenta em três vezes*[26].

Pois bem, há nisso tudo uma relação direta de causa e efeito. Se o Brasil é um dos campeões mundiais de acidentes do trabalho é porque *está nas primeiras colocações no jogo desumano da exigência de sobrejornada.*

É estarrecedor o número de acidentes do trabalho que ocorrem todos os anos no Brasil, apresentando os contornos de uma guerra civil. As estatísticas do Ministério da Previdência e Assistência Social revelam que a maior parte dos acidentes típicos ocorre nas mãos dos trabalhadores, que são seu principal instrumento de trabalho. No ano de 2005, 115.289 acidentes atingiram os dedos dos trabalhadores, 37.551 suas mãos (exceto punho ou dedos) e 7.931 o punho. Somados, esses acidentes equivalem a mais de 40% dos 393.921 acidentes típicos ocorridos no ano de 2005[27].

Outrossim, embora não haja estudos específicos a respeito, é possível sustentar que grande parte das doenças ocupacionais é, pelo menos, agravada pela prestação diuturna de horas extras, pois durante estas *há uma conjugação dos fatores de risco à saúde do trabalhador com a fadiga advinda da sobrejornada.* E, em se tratando de

(26) MELLO, Marco Túlio de; SANTOS, Eduardo Henrique Rosa; TUFIK, Sérgio. Acidentes automobilísticos, direção e sonolência excessiva. Coletânea de textos técnicos. v. 1. In: *Seminário em ergonomia e qualidade de vida no setor de transporte,* 2001, São Paulo. Brasília: Confederação Nacional dos Transportes, Sistema SEST/SENAT, 2001. p. 14-15.

(27) Estatística de 2005, sobre a quantidade de acidentes no trabalho registrados, por motivo, segundo os subgrupos da CBO (Classificação Brasileira de Ocupações) e a parte do corpo atingida. DATAPREV. Tabelas 30.6 e 30.13, respectivamente. Anuário estatístico de acidentes do trabalho. Disponível em: <http://www.previdenciasocial.gov.br/pg_secundarias/previdencia_social_13.asp> Acesso em: 16 fev. 2007.

lesões por esforços repetitivos — LER —, é indubitável que a prestação de horas extras potencializa, ao máximo, a chance de aquisição da doença, principalmente se não concedidas as pausas necessárias para a recuperação da força muscular e das energias mentais.

De tal modo que, uma vez mais, as horas extras não podem ser exigidas com habitualidade, mas apenas quando da ocorrência de fatos *extraordinários* que justifiquem sua prestação.

5.2.2. *Horas extras no trabalho noturno e em turnos de revezamento*

E, se deve haver um limite para as horas extras, *a fortiori* deve existir proibição ou limitação muito mais rigorosa no que toca à exigência de horas extras *no período noturno e no regime de labor em turnos ininterruptos de revezamento*, nos quais o desgaste físico e psíquico do trabalhador é muito mais intenso, levando a situações de fadiga.

A fadiga decorrente da *alteração do ritmo vigília-sono* ocorre porque os seres humanos, em sua grande maioria, têm atividades durante o período diurno e durante o período noturno apresentam uma maior disposição para o repouso (sono), até mesmo pelas alterações de sua temperatura corporal. Por isso nem todos os trabalhadores se adaptam ao trabalho noturno, dado que as mudanças no padrão já referido, normalmente levam a alterações comportamentais, principalmente em relação ao sono, tornando-se um fator de risco para o aumento de acidentes e para as doenças ocupacionais.

Estudos recentes, com avaliações por meio do exame de polissonografia, demonstraram que *os trabalhadores em turnos têm uma redução de duas horas ou mais por dia no tempo total de sono*[28].

Aqui se faz necessária uma abordagem, ainda que rápida, das *extensas jornadas de trabalho na área de saúde pública*. É extremamente comum o regime de trabalho conhecido como 12 x 36 — 12 horas de trabalho por 36 horas de descanso —, sendo que enfermeiros, médicos e outros profissionais dessa área são os maiores defensores desse sistema, inclusive porque lhes possibilita ter mais de um emprego. Ocorre que assim trabalham 12 horas *diariamente*, muitos deles no período noturno. O problema se agrava em relação aos médicos, que fazem constantemente plantões, trabalhando 24 horas contínuas ou até mais.

Em importante artigo sobre os *plantões médicos*, o sono e a ritmicidade biológica, *Menna-Barreto* e outros relatam que, nos plantões médicos, os turnos de 24 horas começam à noite, após um dia normal de trabalho no consultório, o que muitas vezes leva os médicos envolvidos em tal regime a trabalharem, quase sem dormir, por mais de 36 horas[29]. Os referidos autores observam que *o trabalho em turnos ou*

---

(28) MELLO, Marco Túlio de; SANTOS, Eduardo Henrique Rosa; TUFIK, Sérgio. Acidentes automobilísticos, direção e sonolência excessiva. Coletânea de textos técnicos. In: *Seminário em ergonomia e qualidade de vida no setor de transporte*, v. 1, p. 14-15.

(29) GASPAR, S.; MORENO, C.; MENNA-BARRETO, L. Os plantões médicos, o sono e a ritmicidade biológica. *Revista da Associação Médica Brasileira*, São Paulo, v. 44, n. 3, 1998. p. 239.

no regime de plantões provoca uma dessincronização entre o ciclo vigília-sono e outros ritmos biológicos, bem como entre o ciclo dia/noite e outros ciclos ambientais. E essa dessincronização temporária, produzida por mudanças abruptas nas jornadas de trabalho, manifestam-se com o surgimento de distúrbios do sono, produzindo o que se chama de *déficit de sono*[30].

Estudos de atos médicos reais ou simulados revelaram que *durante o trabalho noturno os médicos não cumpriam parte dos procedimentos necessários* e, em testes mais monótonos, observou-se que *residentes privados de sono tiveram um número de erros duas vezes maior do que em situações normais* (sem privação de sono), na leitura de registros de ECG (Eletrocardiograma). Outro estudo revelou que residentes que tinham dormido menos de duas horas na noite anterior tinham uma condição de desempenho inferior aos demais residentes, e que despendiam, em média, 30% a mais de tempo nos mesmos atos cirúrgicos. Os autores concluem seu artigo asseverando que

> [...] merecem atenção especial os médicos que trabalham em plantões noturnos e, freqüentemente, fazem jornadas superiores a 30 horas, especialmente nos dias em que acumulam um plantão noturno intercalado entre dois períodos diurnos de trabalho. Esses esquemas de trabalho, razoavelmente comuns na comunidade médica, produzem fadiga e favorecem o aparecimento de erros[31].

Todos esses fundamentos levam à *conclusão inexorável de que não se pode permitir jornadas extensas no período noturno ou que compreendam parte do período noturno*, como ocorre no regime de turnos de revezamento. E que, salvo em hipóteses excepcionais, de força maior ou caso fortuito, não se deve tolerar a prestação de horas extras nos trabalhos noturnos e em turnos de revezamento, nos quais o desgaste físico e psíquico do trabalhador é muito mais intenso, causando-lhe muitas vezes *fadiga crônica*.

Por isso mesmo que o Constituinte de 1988 limitou a jornada de trabalho a *seis horas diárias* para quem trabalha em turnos ininterruptos de revezamento (art. 7º, inc. XIV, da Constituição Federal). Essa limitação se faz necessária porque a mais importante medida de promoção da saúde para quem trabalha em turnos é a concernente à redução ou limitação do tempo de trabalho.

Destarte, não se deve permitir, *em nenhuma hipótese*, acordo de compensação que majore a jornada de trabalho para sete ou oito horas diárias no regime de turnos de revezamento, sendo que uma interpretação sistemática do art. 7º da Constituição Federal conduz necessariamente a essa conclusão. E não se deve tolerar, *salvo em hipóteses excepcionais*, como as referidas no art. 61, *caput*, da CLT — e nos dias estritamente necessários — prestação de horas extras nesse regime e no período noturno. É a saúde do trabalhador muito mais importante do que o sobressalário por ele esperado na prestação de sobrejornada, de tal modo que nem mesmo mediante acordo ou convenção coletiva de trabalho se deve permitir pac-

---

(30) *Ibidem*, p. 240.
(31) *Ibidem*, p. 244.

tuação de jornada superior a seis horas diárias, quer para quem trabalhe em turnos ininterruptos de revezamento, quer para quem trabalhe em turnos alternados que não compreendem as vinte e quatro horas do dia, mas se ativa nos períodos diurno e noturno.

Neste passo impende analisar o PL n. 7.663/06, que propõe o acréscimo do § 3º ao art. 58 da CLT, para esclarecer que trabalho em regime de turnos ininterruptos de revezamento somente se dá quando "o empregado é obrigado a trabalhar em três turnos, em sistema de alternância", bem como para permitir a majoração do limite de seis horas diárias por negociação coletiva, desde que observada a jornada máxima semanal de 36 (trinta e seis) horas. Aqui também se verifica uma incongruência do referido PL, posto que, como já se anotou, o inciso XIV do art. 7º da Constituição Federal não permitiu a compensação de horário de trabalho no regime de turnos de revezamento, deixando evidente que a jornada em tal regime deve ser de no máximo seis horas diárias, tanto que não se referiu a limite semanal. Demais, se o PL propõe a redução da jornada semanal para quarenta horas — proposta de nova redação ao *caput* do art. 58 da CLT — e se é claro como a luz do dia que o trabalho em turnos é muito mais prejudicial à saúde dos trabalhadores, pela dessincronização do ciclo vigília-sono, não se mostra nem um pouco razoável permitir jornada semanal de trinta e seis horas neste trabalho e, por outro lado, limitar tal jornada a quarenta horas no trabalho em turnos fixos.

Devem, portanto, ser proibidos os sistemas de trabalho denominados 12 x 36 — principalmente no período noturno — e 24 x 48 horas, e revistos os plantões nas áreas de saúde e segurança pública, os quais são fixados de modo a exigir extensas jornadas de trabalho dos profissionais dessas áreas.

5.2.3. Horas extras no trabalho insalubre, perigoso ou penoso

Se há intensa fadiga no trabalho extraordinário realizado no período noturno e em turnos de revezamento, maior ainda é a fadiga na prestação de horas extras em atividades insalubres, perigosas e penosas, pela combinação do desgaste da sobrejornada com o advindo da exposição aos agentes nocivos à saúde do trabalhador.

Como já se afirmou, ainda não houve uma definição legal do que se entende por atividades penosas. Mesmo assim, não resta dúvida de que *não se pode permitir a prestação de horas extras em trabalho penoso*, o qual, por si só, já é desgastante, fatigante. Também não se pode permitir a exigência de horas extras para o trabalhador que se ativa em atividades insalubres e perigosas, porquanto os agentes insalubres e periculosos — assim como as condições do trabalho penoso —, somados ao maior desgaste físico e mental durante o trabalho extraordinário, *potencializam a fadiga*. Por isso mesmo, já há vedação expressa de trabalho extraordinário nos locais insalubres em alguns países, como Chile, Costa Rica, Guatemala, Nicarágua, Panamá, dentre outros.

Com este fundamento é que a CLT exige, desde 1943, para *quaisquer prorrogações do trabalho* nas atividades insalubres, "licença prévia das autoridades competentes em matéria de higiene do trabalho", as quais, para tanto, deverão proceder ao necessário exame nos estabelecimentos e à verificação dos métodos e processos de trabalho empregados, "quer diretamente, quer por intermédio de autoridades sanitárias federais, estaduais e municipais, com quem entrarão em entendimento para tal fim".

Esta norma é de suma relevância para a proteção da saúde do trabalhador que tem de se ativar em condições insalubres. Por isso *deve ser cancelada*, o mais rápido possível, a *Súmula n. 349 do Tribunal Superior do Trabalho* que, equivocadamente, dispensa essa autorização da Delegacia Regional do Trabalho (DRT) para o *acordo de compensação de horário de trabalho* em atividade insalubre, desde que celebrado por acordo coletivo ou convenção coletiva.

Segundo *Mauricio Godinho Delgado*, a Súmula n. 349 do TST, ao firmar entendimento de que o art. 60 da CLT não foi recepcionado pela nova Constituição (art. 7º, XIII), trilhou caminho hermenêutico criticável, porque não há "qualquer incompatibilidade entre o texto constitucional vigorante e a exigência celetista de vistoria administrativa prévia para pactuação de sobrejornada ou compensação de horários em situações laborais insalubres". Isso porque "uma larga multiplicidade de normas constitucionais coloca a saúde e segurança do obreiro em patamar destacado e superior a interesses protegidos por outras normas jurídicas", razão pela qual a saúde e segurança laborais constituem "parte integrante e exponencial de uma política de saúde pública no país"(32).

A fortiori, a prestação de horas extras em ambiente insalubre somente poderia ocorrer em situações excepcionais, mediante autorização da DRT local, após a necessária inspeção prévia.

Nesse ponto, bastante louvável o PL n. 7.663/06, ao propor nova redação ao art. 60 da CLT para enfatizar a exigência de licença prévia das autoridades competentes, designadas pelo Ministério do Trabalho e Emprego, não somente para as prorrogações, mas também para as compensações de horário de trabalho nas atividades insalubres. Digna de aplausos também a proposta de acréscimo de dois parágrafos ao referido dispositivo legal, o primeiro para obrigar o empregador a remunerar as horas excedentes com o adicional de 100% (cem por cento) se não observar a mencionada exigência, e o segundo para tornar nulo o acordo de compensação de horário de trabalho se celebrado sem a autorização da autoridade competente.

No entanto, o PL perde a grande oportunidade de exigir a referida autorização prévia *também para as prorrogações ou compensações de horário nas atividades perigosas e, sobretudo, nas atividades penosas.* Como o projeto ainda está em andamento no Congresso Nacional, há tempo de suprir a omissão apontada.

---

(32) DELGADO, Mauricio Godinho. *Curso de direito do trabalho*. 4. ed. São Paulo: LTr, 2005. p. 870.

Interessante proposta do referido PL é a da *redução da jornada de trabalho nas atividades insalubres e perigosas*, matéria já disciplinada em outros países, por exemplo, na Argentina, onde a jornada de trabalho nos locais insalubres está limitada a seis horas por dia ou trinta e seis por semana desde 1929, com o advento da Lei n. 11.544, de 12.9.1929. Disposição idêntica foi prevista no art. 198 do Código do Trabalho do Paraguai e no art. 148 do Código do Trabalho da República Dominicana, havendo redução da jornada também em Angola, Cuba, Iraque, Colômbia, Albânia e Nicarágua. O Código do Trabalho do Irã, de 1990, consagra proteção ainda mais ampla, *inclusive para o trabalho penoso*, pois limita a jornada nos trabalhos penosos e insalubres a seis horas por dia ou trinta e seis por semana, *proíbe a realização de horas extras em tais trabalhos* e aumenta as férias anuais para cinco semanas nessas atividades. E o Código do Trabalho da Hungria, de 1992, também limita a jornada nos trabalhos insalubres a seis horas diárias, além de proibir o trabalho extra nessas atividades[33].

O PL n. 7.663/06 propõe nova redação ao art. 194 da CLT, a fim de que o empregado passe a fazer jus à cumulação dos adicionais de insalubridade e periculosidade — proposta de nova redação ao § 2º do art. 193 da CLT —, além de acrescentar um parágrafo único a este dispositivo, para prever a *redução da jornada de trabalho nas atividades insalubres e/ou perigosas*, na seguinte proporção: 1º) trinta minutos de redução em relação à jornada normal, nas atividades insalubres em grau mínimo; 2º) uma hora de redução em relação à jornada normal, nas atividades insalubres em grau médio; 3º) duas horas de redução em relação à jornada normal, nas atividades insalubres em grau máximo e perigosas.

Duas críticas a esta proposta, a primeira apenas quanto à redação, porque deveria constar no inciso III do mencionado parágrafo único a expressão "e/ou", a fim de que a redução de duas horas se dê tanto na atividade insalubre em grau máximo quanto na atividade perigosa; a segunda, mais grave, porque *o referido projeto esqueceu-se do trabalho penoso* — definido na proposta do art. 196-A —, não fixando o tempo de redução da jornada de trabalho nas atividades penosas. Criticável esta omissão porque, com já se viu, *o trabalho penoso é tão prejudicial à saúde do trabalhador quanto o trabalho insalubre*, sendo até mais fatigante do que este. Ainda há tempo de ser sanada tal omissão.

6. Regulamentação legislativa inconstitucional, quanto ao tema

Embora o presente artigo se ocupe de apontar omissões na legislação infraconstitucional que impedem o exercício ou tornam ineficazes os direitos sociais garantidos na Constituição Federal, há pelo menos duas regulamentações flagrantemente inconstitucionais que precisam ser analisadas, porque diretamente relacionadas com o direito humano fundamental à limitação do tempo de trabalho, tema principal deste estudo.

---

(33) OLIVEIRA, Sebastião Geraldo de. *Proteção jurídica à saúde do trabalhador*. 4. ed. São Paulo: LTr, 2002. p. 114-115.

Tratam-se das normas do *caput* e do § 2º do art. 59 da CLT, a seguir examinadas.

6.1. O art. 59, *caput*, da CLT

É possível que se objete quanto à interpretação dada aos incisos XIII e XIV do art. 7º da Constituição Federal, argumentando-se que no *caput* do art. 59 da CLT se possibilitou a prestação de horas extras de forma habitual, desde que limitadas a duas diárias, mediante acordo escrito entre empregado e empregador ou mediante negociação coletiva.

No entanto, *Mauricio Godinho Delgado* explica que antes da Constituição de 1988 havia uma distinção doutrinária entre "jornada suplementar extraordinária" e "jornada meramente suplementar". A primeira equivaleria àquela prorrogação caracterizada como não ordinária, fora do comum, excepcional, anormal, que corresponderia àquelas prorrogações excepcionais aventadas pelo art. 61 da CLT. A *jornada meramente suplementar* equivaleria àquela prorrogação caracterizada como acréscimo regular, comum, rotineiro, normal, pactuado no contexto do contrato de emprego, que corresponderia a duas modalidades de prorrogações: a sobrejornada por acordo bilateral escrito de prorrogação ou por instrumento coletivo (art. 59, *caput*, da CLT) e a sobrejornada por acordo de compensação (art. 59, § 2º, da CLT). Prossegue anotando que, no entanto, *a Constituição de 1988*, ao normatizar o tema, *referiu-se apenas a dois tipos de sobrejornada:* a suplementar por acordo de compensação (art. 7º, XIII) e a sobrejornada extraordinária (art. 7º, XVI). Não mencionou a Constituição a jornada meramente suplementar por acordo bilateral ou coletivo, sendo que "esta omissão constitucional tem conduzido à ponderação de que a nova Carta Magna pretendeu restringir a situações estritamente excepcionais, no país, a prática lícita de prestação de efetivas horas extras". Em outras palavras, *as horas extras "habituais" configurariam irregularidade trabalhista,* "à luz de tal leitura da Carta de 1988" (34).

Com efeito, esta norma que previa a prorrogação contratual da jornada de trabalho — *caput* do art. 59 da CLT — *não foi recepcionada* pela Constituição vigente. Ora, como já visto, os trabalhadores brasileiros têm direito fundamental (humano) à não-prestação de horas extras *ordinariamente*.

De tal modo que somente há espaço para a exigência de labor em mais de oito horas diárias quando presentes as outras hipóteses de prorrogação da jornada normal de trabalho, desde 1943 previstas na CLT, quais sejam:

a) mediante compensação de horário de trabalho, desde que observado o limite máximo de dez horas diárias, de acordo com o § 2º do art. 59 da CLT, em sua redação original (*compensação semanal*);

b) até duas horas diárias, *durante o período máximo de 45 dias por ano*, por ato unilateral do empregador, para recuperação do tempo de serviço perdido com a interrupção forçada do trabalho, resultante de causas acidentais ou de força

(34) DELGADO, Mauricio Godinho. *Curso de direito do trabalho*, p. 890-891.

maior, mediante autorização prévia da autoridade competente, nos termos do art. 61, § 3º, da CLT;

c) até o limite de doze horas diárias, *nos dias estritamente necessários*, por ato unilateral do empregador, para atender à realização ou conclusão de serviços inadiáveis, ou cuja inexecução possa acarretar prejuízo manifesto, devendo o empregador isso comunicar, no prazo de 10 dias, à autoridade competente (art. 61, *caput* e §§ 1º e 2º, da CLT);

d) sem limite, em caso de força maior, *nos dias estritamente necessários*, por ato unilateral do empregador, que deverá isso comunicar, no prazo de 10 dias, à autoridade competente (art. 61, *caput* e § 1º, da CLT).

Aqui também, numa interpretação sistemática dos dispositivos citados, somente haverá espaço para a exigibilidade de horas extras "extraordinárias" e não de forma ordinária como vem ocorrendo. Ora, se até mesmo para o caso de paralisação das atividades do empregador o excedimento da jornada de trabalho pode durar somente 45 dias por ano, no caso de excesso de produção, o fato mais corriqueiro, não poderá haver excedimento da jornada em mais do que os tais 45 dias por ano. *Se o empregador precisa de horas extras todos os dias, meses a fio, é porque tem necessidade de outro(s) empregado(s)* e não pode exigir horas extras *ordinarizadas*. Interpretar de outra forma os dispositivos em estudo é negar o mandamento constitucional de limitação da jornada de trabalho, diária e semanal.

Com base nesses fundamentos se pode tecer *severa crítica ao Projeto de Lei n. 7.663/06*, porque, a despeito de procurar instituir normas na CLT para a limitação do tempo de trabalho e a proteção da saúde do trabalhador, *de maneira inexplicável*, continua permitindo a contratação de horas extras "habituais" entre empregado e empregador, ainda que exija para tanto autorização mediante negociação coletiva, na redação proposta ao *caput* do art. 59 da Consolidação.

Ora, essa permissão de horas suplementares ordinárias, mesmo que observado o limite de duas horas diárias, está na contramão da história evolutiva de proteção à saúde do trabalhador, contrariando a própria *mens legis* do mencionado PL. Nem mesmo a previsão de adicional de 100% (cem por cento) a partir da segunda hora extra — de acordo com a proposta de nova redação ao § 1º do art. 59 — muda a consideração de incompatibilidade da proposta com o espírito do Projeto, até porque a simples majoração do adicional, como largamente verificado na prática, não tem o condão de inibir a exigência de horas extras por parte do empregador. Basta recordar que a Constituição Federal, em 1988, elevou o adicional de horas extras para 50% (cinqüenta por cento), de acordo com o inciso XVI do seu art. 7º, e, no entanto, a prática de horas extras só fez aumentar nas duas décadas seguintes.

Sendo assim, a redação do art. 59 da CLT deve ser alterada sim, mas para a *proibição da contratação regular de horas extras*, havendo, nesse ponto, incompreensível omissão legislativa de adequação da norma referida aos ditames da Constituição Federal.

6.2. Acordo de compensação de horário de trabalho — banco de horas

No tocante à matéria, o que se pretendeu quando da elaboração da CLT foi que, mediante acordo, individual ou coletivo, pudesse haver majoração da jornada em determinados dias da semana — observando-se o limite de duas horas diárias — com o escopo de se evitar a prestação de serviços aos sábados, instituindo-se o "acordo de compensação de horário de trabalho", velho conhecido da doutrina justrabalhista. Essa foi a finalidade da norma, trazendo para o sistema brasileiro a chamada *semana inglesa* de trabalho, na qual há compensação de horas para que o trabalhador tenha folga também no dia de sábado[(35)].

Pode-se objetar que houve mudança significativa no referido acordo de compensação, com a alteração do § 2º do art. 59 da CLT, primeiro, para possibilitar a compensação de horas extraordinárias pelo período de cento e vinte dias[(36)]; posteriormente, com a malsinada compensação anual, segundo a qual o excesso de horas trabalhadas pode ser objeto de compensação no período máximo de um ano, desde que se observe o limite máximo de dez horas diárias[(37)].

Ora, a instituição do denominado *banco de horas*, que passou a ser objeto de negociação coletiva em diversas categorias profissionais e econômicas, apresenta-se, em verdade, como um *completo desvirtuamento do instituto da compensação* objeto de análise. Permitir-se que o empresário exija trabalho extraordinário dos empregados durante vários meses do ano, com a faculdade de compensar a sobrejornada com a redução do horário de trabalho em outros dias, quase sempre a seu bel prazer, significa, singelamente, a transferência dos riscos da atividade econômica para o empregado, em manifesta afronta à norma de ordem pública preconizada no *caput* do art. 2º da Consolidação. É evidente que o capitalista exigirá prestação de horas extras nos períodos de "pico" de produção ou de vendas e as compensará nos períodos de baixa produtividade ou de escassez nas vendas.

Por isso *Jorge Luiz Souto Maior* defende a idéia de que a instituição do banco de horas, "para cumprimento da retórica de que se trata de instrumento de com-

(35) Redação original do § 2º do art. 59 da CLT: "§ 2º Poderá ser dispensado o acréscimo de salário se, por força de acordo ou contrato coletivo, o excesso de horas em um dia for compensado pela correspondente diminuição em outro dia, de maneira que não exceda *o horário normal da semana* nem seja ultrapassado o limite máximo de dez horas diárias." Disponível em: <http://www.planalto.gov.br> Acesso em: 10 jan. 2007.

(36) O art. 6º da Lei n. 9.601/98 alterou o art. 59 da Consolidação das Leis do Trabalho — CLT, que passou a vigorar com a seguinte redação:

Art. 59 [...]

§ 2º Poderá ser dispensado o acréscimo de salário se, por força de acordo ou convenção coletiva de trabalho, o excesso de horas em um dia for compensado pela correspondente diminuição em outro dia, de maneira que não exceda, *no período máximo de cento e vinte dias*, à soma das jornadas semanais de trabalho previstas, nem seja ultrapassado o limite máximo de dez horas diárias. Disponível em: <http://www.planalto.gov.br> Acesso em: 10 jan. 2007.

(37) Depois a Medida Provisória n. 1.952-18, de 9 de dezembro de 1999, alterou o § 2º do art. 59, para que tivesse a seguinte redação: "Poderá ser dispensado o acréscimo de salário se, por força de acordo ou convenção coletiva de trabalho, o excesso de horas em um dia for compensado pela correspondente diminuição em outro dia, de maneira que não exceda, *no período máximo de um ano*, à soma das jornadas semanais de trabalho previstas, nem seja ultrapassado o limite máximo de dez horas diárias." A última redação deste dispositivo, idêntica à dada pela MP n. 1.952-18, foi atribuída pela Medida Provisória n. 2.164-41, de 24 de agosto de 2001. Disponível em: <http://www.planalto.gov.br> Acesso em: 10 jan. 2007.

bate ao desemprego em épocas de baixa produção, deveria obedecer ao critério de primeiro se conceder a folga ao empregado, para possibilitar, posteriormente, a compensação com horas de trabalho em regime suplementar". Do contrário, "apenas concede-se ao empregador um prazo maior para quitar a dívida trabalhista constituída pelo trabalho extraordinário prestado por seu empregado, com o benefício, ainda, de não remunerar o adicional da hora extra"(38).

Disso resulta que o trabalhador terá duplo prejuízo com o chamado *banco de horas:* primeiro, porque prestará inúmeras horas extras sem receber o adicional correspondente; segundo, porque *essa prestação continuada de horas extras certamente afetará sua saúde.*

Não resta, portanto, alternativa que não seja a de acusar a flagrante *inconstitucionalidade* da Medida Provisória n. 2.164-41, de 24.8.2001, que deu nova redação ao § 2º do art. 59 da CLT, para permitir o chamado "banco de horas" pelo período de um ano. Comentando sobre o "banco de horas", *Jorge Luiz Souto Maior* assevera que, por mais que se queira ver nele uma boa intenção,

> [...] é irresistível considerá-lo inconstitucional, por ser um incentivo à utilização do trabalho em jornada extraordinária, contrariando o ideal maior de favorecimento do pleno emprego, fixado como princípio da ordem econômica no inciso VIII do art. 170 da Constituição Federal(39).

A permissão do banco de horas se trata de uma violação irresponsável da Constituição Federal, tanto na norma particular a respeito da compensação (semanal) quanto nos princípios que são os esteios da sociedade brasileira, porque se não há dignidade da pessoa humana trabalhadora, se não há respeito aos seus direitos trabalhistas mínimos, tudo está perdido: *não há igualdade, vida ou liberdade que se preze.*

Daí não se entender *a grave omissão do Governo atual,* pois que, embora não tenha reeditado a medida provisória que permitiu a compensação anual das horas extras, não cuidou de proibir terminantemente a instituição do banco de horas. Somente em 13 de dezembro de 2006 um deputado da base parlamentar aliada fez proposta de dar cobro ao malsinado instituto, propondo nova redação ao § 2º do art. 59 da CLT, a fim de exigir negociação coletiva para a compensação de horário de trabalho e *restabelecendo a compensação semanal* (PL n. 7.663/06). Espera-se que o Governo atual envide todos os esforços necessários para que a base parlamentar aliada possa obter êxito na aprovação do referido PL, pelo menos no que toca à abolição do chamado banco de horas.

7. Propostas para a efetividade do direito à saúde do trabalhador

Nos tópicos anteriores se procedeu a uma análise das normas de proteção do direito à saúde do trabalhador, apontando-se as omissões legislativas que o impe-

(38) MAIOR, Jorge Luiz Souto. *O direito do trabalho como instrumento de justiça social.* São Paulo: LTr, 2000. p. 329-330.
(39) *Ibidem,* p. 329.

dem de ter plena eficácia. Em seguida se formulará propostas de normas a serem implementadas no sistema jurídico brasileiro, bem como de novas formas de atuação pelos atores jurídicos, a fim de que o direito à saúde do trabalhador ganhe efetividade.

7.1. Limitação das horas extras

Não obstante a incontestabilidade de todos os fundamentos expendidos anteriormente, a prestação de trabalho além do limite fixado pelas normas constitucionais, por lei ou por convenções e acordos coletivos de trabalho têm sido fato corriqueiro, não somente no Brasil, mas também em outros países, inclusive do chamado primeiro mundo. Entretanto, aqui esse desrespeito aos limites de jornada tem sido praticado diuturnamente, com a aquiescência dos sindicatos, dos fiscais do trabalho, e por que não dizer do próprio judiciário trabalhista, tanto que se criou a já referida tese da sobrejornada *habitual* para efeito de pagamento de reflexos de horas extras em outras verbas. Há, então, uma *cultura nacional de horas extras*. No entanto, têm sido propostos limites para a referida prática.

O ideal é que houvesse uma sistemática proibição da realização de sobrejornada, como já visto. Todavia, em casos excepcionais não há como se proibir a exigência de horas extras por parte do empregador, tanto que o legislador, sensível aos casos de *necessidade imperiosa*, regulamentou a matéria no já citado art. 61 da CLT. Em caso de força maior, na hipótese de serviços inadiáveis, ou ainda no caso de haver possibilidade efetiva de manifesto prejuízo caso o serviço não seja realizado ou concluído em determinado dia, o trabalhador tem de se esforçar para que o serviço ou tarefa sejam concluídos, mesmo que para tanto precise se ativar além da jornada legal ou convencional.

Por outro lado, não se pode tolerar que diariamente, por anos a fio, o empregador continue exigindo do trabalhador prestação de horas extras sem qualquer justificativa, impedindo-o de estar com sua família, de exercer seu direito fundamental ao lazer, ou de se aprimorar mediante estudo. Essa prática faz com que o trabalhador muitas vezes adoeça, até sem perceber, considerando-se que somente nos últimos anos as doenças psíquicas têm sido estudadas e diagnosticadas como sendo diretamente relacionadas ao trabalho.

Em outros países já há, por conta disso, limites para a prestação de horas extras. Por exemplo, na França, onde há um limite de 35 horas de trabalho por semana, limita-se a prestação de horas extras a *180 por ano*, ou o que se estabelecer em acordo coletivo. Na Noruega há um limite de *200 horas extras por ano*. Na Polônia, o tempo máximo de trabalho é de 40 horas semanais e o limite máximo de horas extras é de *150 por ano*. Em Portugal, cujos limites diário e semanal de tempo de trabalho são iguais aos do Brasil, limita-se a prestação de horas extras a 2 por dia e a *200 horas por ano*. E na Espanha, cuja jornada semanal é de 40 horas, há um *expressivo limite à prestação de horas extras*, permitindo-se *apenas 80 horas extras por ano*.

Com base em estudo sobre o tema e também respaldada numa pesquisa nacional realizada com trabalhadores de diversas categorias profissionais, a CUT[40] — Central Única dos Trabalhadores — lançou *recente luta pela limitação de horas extras*, propondo uma alteração do art. 59 da CLT, com o objetivo de que o referido dispositivo fixe os seguintes *totais máximos de horas extras*: a) 2 horas extras por dia; b) 30 horas extras por mês; c) 110 horas extras por semestre. E explica a razão desses percentuais: a idéia é de que as "quotas máximas de horas extras" sejam proporcionalmente decrescentes ao longo de períodos maiores; assim, se a jornada diária é de 7,33 horas (que corresponde a uma jornada semanal de 44 horas), a quota máxima de hora extra a ser permitida é de 27%, ou seja, de 2 horas diárias; se a jornada máxima mensal é de aproximadamente 183 horas, a quota máxima é de 16%, isto é, de 30 horas extras por mês; se a jornada semestral é de 1.100 horas, a quota é de 10%, ou 110 horas extras por semestre[41].

É impressionante o resultado da pesquisa feita pela CUT, haja vista que, do universo total de trabalhadores, 77,8% dos pesquisados afirmam trabalhar em horas extras, o que significa afirmar que, *a cada 10 trabalhadores, 8 se ativam em sobrejornada*. Desse total, 25% afirmam realizar hora extra freqüentemente. Com base nessa pesquisa nacional tem-se, num cálculo rápido, que em 31 de dezembro de 2004 havia 7.851.894 trabalhadores *formais*[42] ativando-se, *habitualmente*, em horas extras. Admitindo-se que cada um destes trabalhava uma hora extra por dia, tem-se que 981.486 trabalhadores não conseguiram emprego em 2004 porque quase oito milhões de empregados cumpriam, pelo menos, uma hora extra diária — *a cada oito trabalhadores se ativando em uma hora extra por dia se tem um desempregado*. A se considerar os trabalhadores informais, os quais *normalmente não têm qualquer limite de jornada de trabalho*, estes números serão muito mais elevados.

Deveras importante a pesquisa também no que se relaciona ao aspecto *doença do trabalho*, porquanto, do total de pesquisados, 43,3%, ou seja, 1.299 trabalhadores disseram ter sentido algum distúrbio de saúde nos últimos dois anos, em função do trabalho que exercem. Desse total, 61,9% afirmaram sofrer dores musculares, 53,7% estresse, 29,5% distúrbios do sono, 17,1% lesões, 16% depressão e 5,6% outros distúrbios. Quando perguntados sobre os fatores associados aos problemas

(40) Acresça-se a este estudo da CUT que, na Alemanha — cuja jornada diária é de 8 horas —, embora a jornada semanal seja de 48 horas, nos convênios coletivos se têm estabelecido jornadas de 35 a 38,5 horas por semana. Na Itália, os convênios coletivos estabelecem jornada semanal nunca superior a 40 horas. No Japão, a jornada média laboral é de 40 horas semanais, havendo limite de 8 diárias. Na Rússia, também há o limite de 40 horas semanais. E na Venezuela há três classes de jornada: a) diurna — em que a própria Constituição fixa a duração máxima da jornada em oito horas diárias e quarenta e quatro semanais, como no Brasil; b) noturna — jornada de sete horas diárias e trinta e cinco horas semanais; c) e mista — jornada de sete horas e meia por dia e de quarenta e duas horas por semana. Dados da OIT — Perfis nacionais de direito do trabalho. Disponíveis em: <http://www.ilo.org/public/spanish/dialogue/ifpdial/info/national/it.htm> Acesso em: 21 fev. 2007.

(41) CUT. *Hora Extra:* o que a CUT tem a dizer sobre isto. Secretaria de Política Sindical da CUT — Brasil. São Paulo: CUT Brasil, 2006. p. 163.

(42) Isso porque, segundo o Ministério do Trabalho e Emprego, em 31 de dezembro de 2004 havia 31.407.576 empregados formalmente registrados em nosso país. Dados da RAIS de 2004. A RAIS — Relação Anual das Informações Sociais — foi instituída pelo Decreto n. 76.900, de 2 de dezembro de 1975. Em 14 de dezembro de 2000 foi publicada a Portaria n. 945, que dispõe sobre normas gerais de declaração da RAIS e forma de entrega. Disponível em: <http://anuariorais.caged.com.br/emprego_excel.asp?saida=imp&tipo_div=Setor> Acesso em: 19 fev. 2007.

de saúde e sua relação com o trabalho desenvolvido, *o ritmo do trabalho é apontado como o maior problema* por 67,3% dos pesquisados; em segundo lugar aparece a pressão da chefia com 37,6%, que, se somada ao assédio moral (11,6%), atinge um percentual de 49,2%; em terceiro surge o excesso de horas trabalhadas com 24,5%. Por último, *59,4% dos trabalhadores defendem que haja limites para a prática de horas extras.*

De tal modo que, se não podem ser terminantemente proibidas as horas extras, devem estas ser *limitadas ao máximo*, pois o efeito danoso que provocam na saúde dos trabalhadores é incontestável.

A proposta aqui defendida é até mais ousada do que a da CUT, pois se propõe que o limite para as horas extras seja o seguinte: *as horas extraordinárias devem ser limitadas a 45 dias por ano e às hipóteses do art. 61 e parágrafos da CLT.* De tal modo que o trabalhador não cumpriria mais do que *100 horas extras por ano*, quantidade ainda superior ao limite imposto pela Espanha, que é de 80 horas extras por ano.

7.2. Indenização suplementar pela violação dos períodos de repouso

No tocante aos *períodos de repouso*, como os intervalos intra e interjornadas, neles não se pode permitir, em hipótese alguma, a exigência de trabalho, sendo que o único limite aceitável, portanto, é o de se respeitar *integralmente* os lapsos previstos nas normas correspondentes.

Igualmente, não se pode tolerar a exigência de trabalho em dias de repouso semanal (preferencialmente os domingos), feriados e principalmente nos períodos de férias. Se a negociação coletiva não pode permitir trabalho no tempo destinado ao repouso, como vem decidindo a jurisprudência trabalhista, não pode também a Justiça do Trabalho ficar inerte quanto ao desrespeito a esses limites temporais, pois que diuturnamente se tem verificado a prestação de trabalho nos intervalos, em domingos, feriados e durante as férias.

Não basta a condenação do empregador ao pagamento de horas extras, de domingos e feriados em dobro e da chamada "dobra" sobre as férias (art. 9º da Lei n. 605/49; arts. 71, § 4º e 137, *caput*, da CLT). De modo que se propõe *a condenação do empregador a uma indenização suplementar.*

De acordo com o art. 404 do Código Civil de 2002, a indenização pelo inadimplemento das obrigações de pagamento em dinheiro compreende as chamadas perdas e danos, as quais devem ser pagas com atualização monetária e abrangem juros de mora, custas processuais *e honorários de advogado,* sem prejuízo da pena convencional. O parágrafo único deste dispositivo se trata de *louvável inovação* do novo Estatuto Civil brasileiro, segundo o qual, quando os juros de mora não forem suficientes para cobrir o prejuízo suportado, e não havendo pena convencional estipulada, "pode o juiz conceder ao credor indenização suplementar". Portanto, há autorização expressa no sistema jurídico brasileiro para que o juiz, até de ofício, arbitre *uma indenização suplementar* toda vez que haja prejuízo ao credor, não reparado integralmente pelas estipulações legais.

Essa norma é tão significativa para a seara trabalhista, que deveria ser incluída *urgentemente* na Consolidação das Leis do Trabalho. Até que isso ocorra, pode-se utilizar a norma do Direito comum como fonte subsidiária do Direito do Trabalho, nos moldes do parágrafo único do art. 8º da CLT. Se do trabalhador foi exigido trabalho no intervalo mínimo destinado ao seu repouso e à sua alimentação, ao seu sono, ao seu lazer, enfim, ao tempo necessário para que desenvolva as atividades de afirmação como pessoa humana, *tem ele o direito de ser indenizado por estes prejuízos*. Se não teve tempo para recompor suas energias físicas e mentais, se adoeceu e até se acidentou por conta disso, além das indenizações previstas em lei, também *tem o direito de ser indenizado de forma suplementar pelos prejuízos à sua vida de relação e à sua saúde*. Esta indenização suplementar será arbitrada pelo juiz de acordo com o bom senso, a eqüidade e os princípios da proporcionalidade e da razoabilidade.

Também seria possível aplicar uma multa ao empregador, conforme previsão do art. 652, letra "d", da CLT, arbitrando-se o seu valor com base no art. 733 deste mesmo Estatuto, o qual preconiza que: "As infrações de disposições deste Título, para as quais não haja penalidades cominadas, serão punidas com multa de 1 (um) a 100 (cem) valores de referência regionais, elevada ao dobro na reincidência". No entanto, a jurisprudência trabalhista tem sido refratária à aplicação deste dispositivo legal, com o argumento de que, por se tratar de penalidade, necessária a previsão expressa da hipótese de incidência e do valor da multa.

Por fim, estas propostas de arbitramento de uma indenização suplementar ou de aplicação de multa podem ser feitas em relação a quaisquer das outras hipóteses de agressão à saúde do trabalhador aqui examinadas, inclusive no caso de *exigência de horas extras* "habituais", que impeçam o trabalhador de desenvolver algum projeto pessoal, de estudar, qualificar-se ou mesmo de exercer o seu direito constitucional ao lazer. Há ate quem defenda a possibilidade de condenação do empregador a uma indenização por dano moral, por lesão do direito fundamental ao lazer, como é o caso de *Otavio Amaral Calvet*[43].

7.3. Limitação do trabalho da mulher, dos adolescentes, dos aprendizes e dos estagiários

Em relação à exigência de trabalho extraordinário da mulher, diante da *igualdade jurídica* por ela conquistada frente ao homem, aplicam-se-lhe, em linhas gerais, todas as observações já feitas nos tópicos anteriores, quanto ao trabalho em horas extras e quanto ao trabalho no tempo destinado ao repouso[44]. No que con-

(43) CALVET, Otavio Amaral. *Direito ao lazer nas relações de trabalho*. São Paulo: LTr, 2006. p. 111-116.

(44) De tal forma que a exigência de convenção ou acordo coletivo para o seu labor em horas extras, estipulada no art. 374 da CLT pelo Decreto-lei n. 229/67 já não mais se aplica; igual sorte tem a determinação de que a prorrogação do horário de trabalho somente seria permitida mediante autorização por atestado médico oficial, que deveria ser anotado na CTPS da mulher (art. 375), pois ambos os artigos foram revogados pela Lei n. 7.855, de 24.10.89; também o art. 376, segundo o qual "somente em casos excepcionais, por motivo de força maior", poderia ser exigido trabalho extraordinário da mulher, não mais se aplica, tendo sido revogado expressamente pela Lei n. 10.244, de 27.6.2001.

cerne ao trabalho noturno da mulher, era proibido pelo art. 379, mas havia exceções, que foram se avolumando até que a Lei n. 7.189/84 permitiu o referido trabalho às mulheres maiores de 18 anos, salvo no setor da indústria — com exceções -, e finalmente o dispositivo foi revogado pela Lei n. 7.855/89, que também revogou o art. 380 da CLT[45]. Por fim, não há mais proibição do trabalho da mulher em atividades insalubres e perigosas, diante da revogação do art. 387, "b", da CLT pela Lei n. 7.855/89.

No que toca aos períodos de descanso da mulher, são idênticas as normas em relação aos homens, *ex vi* dos arts. 382, 383 e 385 da CLT. Merecem destaque, no entanto, as normas dos arts. 384 e 386 consolidados, a seguir transcritos:

> Art. 384. Em caso de prorrogação do horário normal, será obrigatório um descanso de 15 (quinze) minutos no mínimo, antes do início do período extraordinário do trabalho.
>
> Art. 385. [...]
>
> Art. 386. Havendo trabalho aos domingos, será organizada uma escala de revezamento quinzenal, que favoreça o repouso dominical.

Em razão dessas normas, *Sergio Pinto Martins* sustenta que a mulher tem direito a um intervalo de 15 minutos antes do período extraordinário de trabalho, bem como a uma escala de revezamento quinzenal que lhe possibilite o repouso aos domingos de 15 em 15 dias, caso trabalhe em tais dias[46]. Além disso, a mulher tem direito a dois descansos especiais, de 30 minutos cada um, durante a jornada de trabalho, para amamentar o próprio filho, até que este complete seis meses de idade, período que poderá ser dilatado, a critério da autoridade competente (art. 396 e parágrafo único da CLT).

Agora, se não pode haver prestação habitual de horas extras pelo homem, da mulher, por mais forte razão, não se pode exigir horas extras "habituais". Tanto que o art. 373 da CLT disciplina que a duração normal do trabalho da mulher será de oito horas diárias, exceto nos casos para os quais tenha sido fixada *duração inferior* a este limite. Com efeito, a ilação é de que não se deveriam exigir horas extras da mulher, salvo nas hipóteses excepcionais já examinadas (art. 61 da CLT). Observa *Márcio Túlio Viana* que a norma do art. 373 poderia ser taxada de inconstitucional, por impedir à mulher o que é permitido ao homem. "Mas não: inconstitucional é o artigo que permite ao homem as horas extras habituais, como vimos linhas atrás. Basta comparar um e outro com a regra da Constituição"[47].

A fortiori, não se deve nunca permitir a exigência de trabalho da mulher no período de licença-maternidade, sob pena de, além das indenizações legais, *ter-se de pagar uma indenização suplementar pelos danos incomensuráveis à sua saúde*.

---

(45) Este artigo exigia atestados de bons antecedentes e de capacidade física e mental para as mulheres empregadas em casas de diversões, hotéis, restaurantes, bares e estabelecimentos congêneres.

(46) MARTINS, Sergio Pinto. *Direito do trabalho*. 15. ed., atual. até dez. 2001. São Paulo: Atlas, 2002. p. 537.

(47) VIANA, Márcio Túlio. Adicional de horas extras. In: BARROS, Alice Monteiro de (coord.). *Curso de direito do trabalho:* estudos em memória de Célio Goyatá, p. 123.

Relativamente ao *trabalho dos adolescentes*, a estes se destina uma proteção especial, pois a eles está proibido o trabalho noturno, de acordo com o inc. XXXIII do art. 7º da Constituição brasileira. E, quanto à *duração do seu trabalho*, é matéria regulada pelas disposições gerais da CLT, com as restrições estabelecidas no Capítulo IV do Título III, destinado à proteção do trabalho do menor de 18 anos, nos termos do seu art. 411. Por óbvio, o trabalho do adolescente não pode ser executado no regime de turnos ininterruptos de revezamento, podendo apenas ser dividido em dois turnos de oito horas cada, no período compreendido entre as 5 e as 22 horas. Observar-se-á, ainda, o intervalo mínimo de repouso não inferior a onze horas entre uma jornada e outra (art. 412 da CLT), bem como os limites mínimo e máximo de intervalo intrajornada (art. 71, *caput*, da CLT). Demais, *é expressamente vedado o trabalho extraordinário do adolescente*, exceto em duas hipóteses: 1ª) para a realização ou conclusão de serviços inadiáveis ou cuja inexecução possa acarretar manifesto prejuízo (art. 61 da CLT), até duas horas extras diárias, "mediante convenção ou acordo coletivo"; 2ª) "excepcionalmente, por motivo de força maior", até o máximo de quatro horas diárias, "desde que o trabalho do menor seja imprescindível ao funcionamento do estabelecimento", nos moldes do art. 413 da CLT.

Pode haver compensação do horário de trabalho, mas *mediante negociação coletiva*, a qual não pode estabelecer, em relação ao adolescente, o famigerado "banco de horas", porque, do contrário, estar-se-ia violando o espírito das normas de proteção ao trabalho do menor de 18 anos. A compensação pode ser pactuada para a supressão do trabalho aos sábados ou em outros dias da semana.

Observa *Teixeira Filho* que:

> É permitida a prorrogação do trabalho do menor de 18 anos, ficando facultado fazê-lo até duas horas diárias, mediante convenção ou acordo coletivo e isso com a finalidade de facilitar a adoção do chamado sistema da semana inglesa, com redução ou supressão do trabalho aos sábados. Deve-se ter em conta, entretanto, que as prorrogações de trabalho só podem ter lugar quando houver prévio exame médico[48].

Por fim, além da negociação coletiva, do atestado médico autorizando o trabalho no regime de compensação, que deve ser anotado na CTPS do adolescente, a ele deve ser concedido um intervalo de 15 (quinze) minutos, no mínimo, antes do período extraordinário de trabalho, toda vez que dele forem exigidas horas extras, nos termos do art. 413, parágrafo único, c/c o art. 384 da Consolidação. E suas férias devem ser concedidas em um único período, ou seja, não podem ser fracionadas, tendo o adolescente estudante direito a fazer coincidir seu período de gozo de férias com as férias escolares (arts. 134, § 2º, e 136, § 2º, da CLT).

Tratando-se de *aprendizes* — maiores de 14 e menores de 24 anos, nos termos do art. 428 da CLT, com a redação que lhe foi dada pela Lei n. 11.180, de 23 de setembro de 2005 — a duração do seu trabalho *não poderá exceder de seis horas diárias*,

---

(48) TEIXEIRA FILHO, João de Lima. *Instituições de direito do trabalho*, p. 968.

sendo *terminantemente vedadas a prorrogação e a compensação de jornada de trabalho,* nos moldes do art. 432 consolidado. A única exceção quanto a esta matéria, para os aprendizes, é a que consta do § 1º deste dispositivo legal: "§ 1º O limite previsto neste artigo poderá ser de até oito horas diárias para os aprendizes que já tiverem completado o ensino fundamental, se nelas forem computadas as horas destinadas à aprendizagem teórica".

Relativamente à *limitação do tempo de trabalho dos estagiários,* nem a Lei n. 6.494/77, nem o Decreto n. 87.497/82, que a regulamenta, tratam do tempo em que o estagiário pode permanecer à disposição do tomador dos serviços (escritórios de advocacia, hospitais, instituições financeiras etc.).

Além dos requisitos formais e materiais explícitos na referida lei, é possível sustentar que há um outro requisito material, implícito e decorrente da própria finalidade do contrato de estágio, numa interpretação sistemática da Lei do Estágio e da Constituição Federal. O estágio deve propiciar não somente efetiva complementação do ensino, mas também *permitir que o estudante-estagiário tenha tempo suficiente para o estudo e o estabelecimento da inter-relação entre a teoria do ensino e a prática advinda do estágio.* Em outras palavras: o tempo de estágio não pode ser um entrave à própria formação acadêmica, já que visa à sua complementação, de modo que deve haver um limite de tempo em sua prática.

Ocorre que a lei específica não trata do tema. A despeito disso, não pode o intérprete daí inferir que não há qualquer limitação à exigência de labor por parte do tomador de serviços. Deve, antes, procurar no sistema uma forma de integrar a lacuna legal, a fim de que o estágio realmente cumpra sua função, em conformidade com as normas e princípios constitucionais de proteção ao trabalhador, porquanto o estagiário também o é.

Propõe-se, portanto, que *seja aplicada ao estagiário,* por analogia, nos termos do art. 8º, *caput,* da CLT e dos arts. 1º, III e IV, 6º e 205 da Constituição Federal, *a disposição do art. 432 da Consolidação,* de modo que a duração do seu trabalho *não exceda de seis horas diárias.*

Nesse sentido, o Projeto de Lei do Senado Federal n. 473, de 2003, que propõe nova regulamentação do contrato de estágio, disciplina, em seu art. 5º, que *a jornada máxima da atividade de estágio* não seja superior a: 1º) seis horas diárias e trinta horas semanais para alunos da educação superior e da educação profissional; 2º) três horas diárias e quinze horas semanais para alunos do ensino médio. O PL admite a jornada de quarenta horas semanais apenas no estágio supervisionado relativo a cursos que utilizem metodologias integradas de ensino, estruturados em períodos alternados de teoria e prática (§ 1º do art. 5º); e assegura ao estagiário período de *recesso de quinze dias,* a ser gozado preferencialmente durante o período de férias escolares, na hipótese de o estágio ter duração igual ou superior a um ano (§ 2º).

Espera-se que o referido projeto seja aprovado com esses limites de jornada de trabalho, inclusive porque tem uma outra norma muito importante, a qual determina a aplicação, ao estagiário — embora não seja empregado —, de *toda a legislação concernente à saúde e à segurança do trabalho* (art. 8º).

8. Considerações finais

Sendo a saúde do trabalhador, como espécie da saúde geral, um direito humano, um valor fundamental do sistema jurídico, alicerçado no princípio ontológico da dignidade da pessoa humana, é necessário que a ela se dê a máxima atenção. Para tanto, mister seja identificado o seu conteúdo mínimo, em seus dois aspectos essenciais: a) o direito à abstenção, por exemplo, de exigência de horas extras habituais; b) e o direito à prestação, com as medidas de prevenção estipuladas pelas normas regulamentadoras.

Aprofundando esse estudo, não se pode compreender a omissão do legislador brasileiro em definir o trabalho penoso e estabelecer limites para o seu exercício, por exemplo, para os adolescentes e na atividade agrícola de corte de cana-de-açúcar. Igualmente, incompreensível a omissão quanto à proibição da realização de horas extras "habituais", principalmente porque durante as horas extras aumenta o risco de acidentes do trabalho, risco que é ainda maior no trabalho noturno e em turnos, bem como no trabalho insalubre, perigoso e penoso. Demais, inadmissível que o *caput* do art. 59 da CLT ainda não tenha sido revogado, e que ainda se permita a malsinada figura do banco de horas.

Urge, pois, que projetos de lei em tramitação no Congresso Nacional sejam adequados a essa temática, e que sejam adotadas outras propostas em busca da efetividade do direito à saúde do trabalhador, pois que se trata de seu bem jurídico de maior valor, dada sua nítida interdependência com o direito à vida, o princípio de tudo.

Referências

CALVET, Otavio Amaral. *Direito ao lazer nas relações de trabalho.* São Paulo: LTr, 2006.

COMPARATO, Fábio Konder. *A afirmação histórica dos direitos humanos.* 3. ed. rev. e ampl. São Paulo: Saraiva, 2003.

CUT. *Hora extra:* o que a CUT tem a dizer sobre isto. Secretaria de Política Sindical da CUT — Brasil. São Paulo: CUT Brasil, 2006.

DELGADO, Mauricio Godinho. *Curso de direito do trabalho.* 4. ed. São Paulo: LTr, 2005.

FERREIRA, Aurélio Buarque de Holanda. *Novo dicionário da língua portuguesa.* 2. ed. rev. e aum., 23. impr. Rio de Janeiro: Nova Fronteira, 1986.

GASPAR, S.; MORENO, C.; MENNA-BARRETO, L. Os plantões médicos, o sono e a ritmicidade biológica. *Revista da Associação Médica Brasileira,* São Paulo, v. 44, n. 3, 1998.

GOMES, Jorge da Rocha; FISCHER, Frida Marina; BEDRIKOW, Bernardo. Trabalho da criança e do adolescente no corte da cana-de-açúcar. *Revista Brasileira de Saúde Ocupacional,* São Paulo, v. 26, n. 97-98, 2001.

KANT, Immanuel. *Fundamentação da metafísica dos costumes*. Tradução de Leopoldo Holzbach. São Paulo: Martin Claret, 2006.

LAFER, Celso. *A reconstrução dos direitos humanos:* um diálogo com o pensamento de Hannah Arendt. São Paulo: Companhia das Letras, 1988.

LENZA, Pedro. *Direito constitucional esquematizado.* 11. ed. rev. atual. e ampl. São Paulo: Método, 2007.

MAIOR, Jorge Luiz Souto. *O direito do trabalho como instrumento de justiça social.* São Paulo: LTr, 2000.

MARTINS, Sergio Pinto. *Direito do trabalho.* 15. ed., atual. até dez. 2001. São Paulo: Atlas, 2002.

MELLO, Marco Túlio de; SANTOS, Eduardo Henrique Rosa; TUFIK, Sérgio. Acidentes automobilísticos, direção e sonolência excessiva. Coletânea de textos técnicos. In: *Seminário em ergonomia e qualidade de vida no setor de transporte.* São Paulo. Brasília: Confederação Nacional dos Transportes, Sistema SEST/SENAT, 2001. v. 1.

OLIVEIRA, Sebastião Geraldo de. *Proteção jurídica à saúde do trabalhador.* 4. ed. São Paulo: LTr, 2002.

REALE, Miguel. *Filosofia do direito.* 14. ed. atual. São Paulo: Saraiva, 1991.

ROSEN, George. *Uma história da saúde pública.* Tradução de Marcos Fernandes da Silva Moreira, com a colaboração de José Ruben de Alcântara Bonfim. São Paulo: Hucitec, UNESP, 1994.

SATO, Leny. Conceito de trabalho penoso. *Revista CIPA,* São Paulo, v. 15, n. 179, 1994.

SILVA, José Afonso da. *Curso de direito constitucional positivo.* 27. ed., rev. e atual até a Emenda Constitucional n. 52, de 8.3.2006. São Paulo: Malheiros, 2006.

SÜSSEKIND, Arnaldo. *Direito internacional do trabalho.* 3. ed. atual. e com novos textos. São Paulo: LTr, 2000.

TEIXEIRA FILHO, João de Lima *et al. Instituições de direito do trabalho.* 16. ed. atual. por Arnaldo Süssekind e João de Lima Teixeira Filho. São Paulo: LTr, 1996. v. 1.

TRINDADE, Antonio Augusto Cançado. *Tratado de direito internacional dos direitos humanos.* Porto Alegre: Sergio Antonio Fabris, 1997. v. 1.

VIANA, Márcio Túlio. Adicional de horas extras. In: BARROS, Alice Monteiro de (coord.). *Curso de direito do trabalho:* estudos em memória de Célio Goyatá. 3. ed. rev., atual. e ampl. São Paulo: LTr, 1997.

Trabalho Doméstico, Constituição e Cidadania: Perspectivas para uma Transformação Social por Meio do Direito do Trabalho

José Aparecido dos Santos(*)

1. Introdução

Parece-me evidente que no Brasil há muito se constituíram bases de exclusão de largos segmentos sociais, desprovidos de um mínimo de dignidade compatível com qualquer projeto da modernidade. Nas áreas periféricas do capitalismo tardio, sedimentaram-se ou se "naturalizaram" elementos materiais e simbólicos que dificultam a superação de condições estruturais de subcidadania de uma extraordinária quantidade de pessoas. Por que a sociedade brasileira possui tanta dificuldade para construir uma efetiva "cidadania" por meio do trabalho livre, aspecto central do projeto da modernidade e do capitalismo central? Essa é uma pergunta que deveríamos nos fazer diariamente, pois na sua resposta está em questão o papel do Direito do Trabalho na tarefa de construir um "projeto coletivo de cidadania" e de transformar essa realidade.

Nesse contexto, o trabalho doméstico é exemplar, pois registra características destacáveis dos progressos e retrocessos da nossa sociedade em matéria de condições de trabalho e de cidadania. O trabalho doméstico constitui uma das "franjas" do sistema capitalista e um de seus mais sutis paradoxos. Com efeito, nada mais se aproxima da servidão pessoal do que o trabalho doméstico e, enquanto essa modalidade de trabalho é diminuta na maior parte das sociedades capitalistas centrais, nos países periféricos, especialmente no Brasil, aumenta de forma impressionante e assume relevância social e econômica.

O trabalho doméstico está em constante crescimento no Brasil, aspecto que contraria aqueles "estudiosos" que, em razão do aumento de direitos dos respectivos trabalhadores com a Constituição da República de 1988, alardeavam a sua progressiva extinção. A pesquisa do Instituto Brasileiro de Geografia e Estatística — IBGE(1) a respeito do trabalho doméstico nas regiões metropolitanas de Recife, Sal-

(*) Juiz Titular da 17ª Vara do Trabalho de Curitiba, Paraná, Mestrando em Direito pela Pontifícia Universidade Católica do Paraná e autor da obra "Curso de cálculos de liquidação trabalhista" da Editora Juruá. E-mail: joseasantos@trt9.gov.br.

(1) Disponível em: <http://www.ibge.gov.br/home/estatistica/indicadores/trabalhoerendimento/ pme_nova/ apresentacao_trabalha_domesticos.pdf> Acesso em: 24.3.2008.

vador, Belo Horizonte, Rio de Janeiro, São Paulo e Porto Alegre em março de 2006 indica que o trabalho doméstico representava 8,1% da população ocupada. Em março de 2002 os domésticos representavam 7,7% da população empregada naquelas regiões, o que comprova que houve crescimento. O referido estudo ainda indica que:

> Por razões histórico-culturais, este contingente de trabalhadores, caracteriza-se pela predominância de mulheres (94,3%) e de pretos e pardos (61,8%). O serviço doméstico remunerado é, ainda, considerado uma das formas de inserção no mercado de trabalho mais precárias pelos baixos índices de formalização e reduzidos níveis de rendimentos. O estudo mostra, também, que a jornada de trabalho desempenhada pelos trabalhadores domésticos (37,6 horas) é inferior à observada para a média da população (41,9 horas). Além disso, constatou-se que as pessoas com até 17 anos de idade representavam apenas 1,9% dos trabalhadores domésticos nas seis regiões metropolitanas investigadas.[(2)]

Destaca-se o fato de o trabalho doméstico naquela pesquisa representar 17,5% da população ocupada feminina. De outra parte, pela metodologia adotada, foi classificado como trabalhador doméstico aquele que prestasse serviço doméstico remunerado em dinheiro ou por meio de benefícios, em uma ou mais unidades domiciliares, incluídos a empregada doméstica, a faxineira, a diarista, a babá, a cozinheira, a lavadeira, a passadeira, a arrumadeira, a acompanhante de idoso, a acompanhante de doente, a acompanhante de criança à escola, entre outros.

O estudo do IBGE também indica a baixíssima escolaridade da maioria dos trabalhadores domésticos e que apenas 34,3% desses trabalhadores possuíam a "carteira assinada"[(3)]. Além disso, a pior remuneração também era dos domésticos, os quais recebiam aproximadamente 35% do salário médio estimado para a população ocupada. Um terço dos domésticos recebia menos de um salário-mínimo e essa proporção, entre os sem a CTPS assinada, subia para 40,4%. Enquanto em média os trabalhadores recebiam R$ 6,27 por hora trabalhada, os domésticos recebiam R$ 2,55. Chama a atenção também na pesquisa o elevado nível de rotatividade dos domésticos, pois o tempo de permanência no emprego era significativamente inferior ao dos demais trabalhadores.

Outra pesquisa do IBGE[(4)] demonstra que em agosto de 2006 29,6% das mulheres que trabalhavam eram a principal responsável pelo seu domicílio, das quais 50,6% viviam sem cônjuge, mas com filhos. Desse último porcentual, quase metade (21,9% do total de trabalhadoras ativas[(5)]) era constituída por trabalhadoras do-

---

(2) Conforme comentário do IBGE sobre a referida pesquisa, disponível em: <http://www.ibge.gov.br/home/estatistica/indicadores/trabalhoerendimento/pme_nova/perfil_ trabalha_domesticos.pdf> Acesso em: 24.3.2008.

(3) A referida pesquisa demonstra que a ausência de anotação da CTPS entre os domésticos é significativamente maior do que na relação com os demais trabalhadores. Nas referidas regiões metropolitanas, "apenas" 26% da mão-de-obra empregada na atividade privada trabalhava sem a CTPS assinada.

(4) Disponível em: <http://www.ibge.gov.br/home/estatistica/indicadores/trabalhoerendimento/ pme_nova/apresentacao_mulher_responsavel.pdf> Acesso em: 24.3.2008.

(5) Conforme comentário do IBGE, disponível em: <http://www.ibge.gov.br/home/estatistica/indicadores/trabalhoerendimento/pme_nova/trabalho_mulher_responsavel.pdf>, p. 3. Acesso em: 24.3.2008.

mésticas. Para essas trabalhadoras o grau de formalização do trabalho (anotação da CTPS) é ainda menor quando comparado com o das demais trabalhadoras.

Em resumo, o trabalho doméstico é o típico universo da exclusão brasileira: feminino, negro ou pardo e de baixa escolaridade, precário, mal remunerado e com crescente responsabilidade pelo sustento do domicílio(6). A única "vantagem" dos domésticos estaria na quantidade de horas trabalhadas na semana, as quais eram de 37,6 horas para os domésticos, enquanto que para a população em geral a média seria de 41,9 horas.

Todo esse quadro evidencia a profunda desigualdade inerente ao trabalho doméstico e, como não poderia deixar de ser, indica a desqualificação social da trabalhadora doméstica, inferiorização que tende a crescer à medida que a sociedade cada vez mais atribui maior valor ao consumo segmentizado. A crescente equivalência valorativa entre cidadania e consumo contribui significativamente para diminuir a auto-estima dessas trabalhadoras. Isso se dá porque, como destaca *Fabrício Maciel*, a constituição de mercados diferenciados por classes e segmentos de classe opera de tal modo uma construção simbólica dos espaços que acarreta o não-reconhecimento do mercado inferior e de todos os que nele estão envolvidos. Por isso, esse autor afirma que:

> Nesse contexto, operado por um código ocupacional dual, a luta pela posse de bens imateriais complexifica ainda mais a luta pela sobrevivência, causando impactos individuais profundos exatamente por seu caráter implícito e não percebido no cotidiano, o que lhe possibilita impressionante eficácia objetiva com resultados psíquicos quase sempre irreversíveis, que atuam no sentido de impedir qualquer articulação individual em direção a melhoras nas condições de vida. Isso ocorre devido a uma timidez social, que funciona como uma privação moral da potencialidade pública, conseqüente da condição humilhada do trabalhador socialmente diferenciado para baixo. O ponto central é que *a eficácia desta diferenciação simbólica é fundamental para a perpetuação da pobreza, uma vez que naturaliza os inferiorizados como inferiores, bloqueando assim suas mentes e impedindo qualquer tematização ou questionamento acerca da desigualdade que possibilite ação política ou econômica efetiva em direção a uma mudança.*(7) [sem grifos no original]

O que está no cerne do problema, portanto, é o auto-referencial desses trabalhadores, cuja pobreza se naturaliza à medida que os quadros simbólicos tendem a lhes introjetar o estigma da inferioridade(8). Como o próprio direito é uma impor-

(6) Trabalhos empíricos demonstram que para os segmentos precarizados, entre os quais as domésticas estão incluídas, "a desigualdade social se tornou invisível e natural ao mesmo tempo" (KÜHN, Thomas. *Condução da vida cotidiana e desigualdade social:* um estudo explorativo em Salvador da Bahia, p. 310). Assim, essas pessoas tendem a se confinarem em seu espaço vital e a um acomodamento (aceitação da respectiva condição de desigualdade), ao mesmo tempo em que se lançam em uma silenciosa busca de reconhecimento.

(7) MACIEL, Fabrício. *Todo trabalho é digno?* Um ensaio sobre moralidade e reconhecimento na modernidade periférica, p. 317.

(8) É ao mesmo tempo curioso e ilustrativo que na pesquisa mostrada por Fabrício Maciel, os trabalhadores domésticos sejam justamente aqueles que maior crença demonstram na meritocracia. 95% dos domésticos concordam com a afirmação de que "quem é dedicado e competente sempre chega lá" (*op. cit.*, p. 303), 70% afir-

tante parte constituinte da referência social desses trabalhadores, o sentimento e a consciência de possuir direitos similares aos dos demais trabalhadores funcionam como mecanismos de melhoria da auto-estima (compartilhamento da idéia de pertencimento) e como possibilidade de quebra da tendência à "naturalização" das desigualdades.

2. O PAPEL DOS DIREITOS TRABALHISTAS NO PROJETO EMANCIPATÓRIO DOS DOMÉSTICOS

Até muito recentemente o trabalhador doméstico era concebido por nosso sistema jurídico como um não-ser. Não é por outro motivo que, conquanto tenham sido tentadas algumas regulamentações locais do trabalho doméstico[9], todas inteiramente descumpridas, a primeira regulamentação de âmbito nacional com algum tipo de proteção ao doméstico só foi tentada pelo Decreto-lei n. 3.078, de 27.2.1941. Ainda assim, essa lei não teve nenhuma eficácia, pois a maior parte da doutrina e da jurisprudência entendeu que por falta de regulamentação ela não entrou em plena vigência.

Mesmo entre aqueles que entenderam que o Decreto-lei n. 3.078/1941 teve vigência e eficácia, muitos entenderam[10] que essa vigência cessou com a promulgação da CLT. Por essa curiosa interpretação, e como a CLT apenas se limitou a afirmar que suas disposições não se aplicavam ao doméstico (art. 7º, *a*), o que se fez por caminhos hermenêuticos foi consagrar a absoluta ausência de qualquer tipo de proteção jurídica ao trabalho doméstico.

A anomia só foi extirpada pela Lei n. 5.859, de 11.12.1972, regulamentada pelo Decreto n. 71.885, de 9.3.1973. Só aí o trabalhador doméstico passou a ter direito de registro do contrato de trabalho na CTPS e a ser segurado obrigatório da Previdência Social, entre outros e parcos direitos. Embora com essa lei tenha melhorado a sua condição social, o trabalhador doméstico continuou desqualificado em relação aos demais trabalhadores, visto que apenas uma reduzida gama de direitos lhe foi assegurada.

A Constituição da República de 1988 procurou diminuir esse déficit histórico, mas não equiparou os domésticos aos demais trabalhadores urbanos e rurais, pois no parágrafo único do art. 7º enumerou os direitos daqueles, procurando ampliá-los. É evidente em nosso sistema jurídico, portanto, uma tentativa de paulatina-

---

mam que justiça é dar a cada um de acordo com seu merecimento e somente 30% acredita que seja favorecer os mais pobres (*op. cit.*, p. 307) e 65% afirmaram que no Brasil o pobre pode subir na vida desde que se esforce (*op. cit.*, p. 313). Como é dado evidente que entre os domésticos a ascensão social pelo mérito é praticamente nula, esses dados refletem uma imobilizadora baixa estima e aponta um mecanismo classificatório implícito, que justifica que cada um tenha e permaneça "no seu lugar", tecendo hierarquias intransponíveis e que são suavizadas por imaginários laços pessoais. Assim, para os trabalhadores domésticos passa a ser justificável que ganhem pouco e se sintam permanentemente humilhados, pois afinal "são da casa". A nossa "tendência de se crer no poder fetichista do crescimento econômico" (SOUZA, Jessé. *A construção social da subcidadania*: para uma sociologia política da modernidade periférica, p. 17) parece contaminar de forma mais candente os domésticos, os quais ficam imobilizados pela ilusão de uma futura e inalcançável "repartição do bolo".

(9) A esse respeito: MORAES FILHO, Evaristo. *Temas atuais de trabalho e previdência*, p. 140-141.

(10) LAMARCA, Antonio. *Curso expositivo de direito do trabalho:* introdução e sistema, p. 121.

mente ampliar o reconhecimento social dos trabalhadores domésticos por meio de atribuição de novos direitos.

Esse é um aspecto essencial no projeto constitucional de cidadania, pois é a generalização dos direitos que possibilita a verdadeira coesão social e cria condições de convivência democrática. Como bem destacou *Norberto Bobbio*, são justamente os inúmeros debates sobre os direitos do homem, instituidores de um projeto humano comum, que constituem o "sinal premonitório' do progresso moral da humanidade"[11], daí seu otimismo com a generalização do reconhecimento dos direitos do homem. Que direitos do homem seriam os nossos se condenassem uma significativa parcela de nossa população à inferioridade jurídica e moral?

Muitos juristas que escreveram sobre o trabalho doméstico parecem não se dar conta dessa realidade social. Alguns, inclusive, alimentam preconceitos e extravasam concepções ideológicas conservadoras na tentativa de justificar o injustificável. Procura-se, principalmente, apresentar motivos pelos quais os trabalhadores domésticos devam ter tratamento inferior ao dos demais trabalhadores. Veja-se uma dessas justificativas:

> O trabalhador comum, regra geral, não reside no emprego; toma condução — uma, duas e até mais — para chegar ao lugar de trabalho. Paga as refeições do próprio bolso, ou, quando muito, tem o talão-restaurante, que cobre apenas parte da refeição. Ou, quando reside próximo ao emprego, o que é raríssimo, come em casa. Depende de transporte coletivo e nas viagens de ida e volta perde muitas horas, enfrentando filas nos ônibus, trens, metrôs e, no final da jornada de trabalho, tudo recomeça com novas filas e horas de desconforto, para a volta ao lar. A *Doméstica*, que mora no emprego, levanta-se de manhã, sempre mais tarde do que o trabalhador comum, prepara o café, alimenta-se, principiando o dia sem as dificuldades enfrentadas pelo trabalhador, com os meios de transporte. Partilha, a seguir, da vida da casa.
>
> Prepara o almoço e come o mesmo tipo de comida dos patrões e a mesma sobremesa. À tarde prepara o jantar, ou lanche, de que também participa na qualidade de comensal.
>
> À noite, terminando o trabalho está livre e, caso durma no emprego, tem quarto confortável, independente, com rádio ou televisão. Pode ainda ler os jornais, que os patrões já leram. E revistas.[12]

O autor prossegue na descrição da "boa vida" da empregada doméstica, reconhecida a condição feminina dessa atividade, e descreve como lhe é generosamente permitido "partilhar" da vida da casa. É até possível imaginar as trabalhadoras domésticas à mesa, junto com os patrões, a provar uma saborosa sobremesa. O referido autor acaba por concluir que:

> Assim, na prática, a tipologia da Doméstica e o ambiente em que se encontra apresentam características bem diferentes dos que se encontram entre os tra-

---

(11) BOBBIO, Norberto. *A era dos direitos*, p. 69.
(12) CRETELLA JÚNIOR, José. *O empregado doméstico na nova Constituição*, p. 12-13.

balhadores urbanos, e os trabalhadores rurais, cada uma com seu tipo especial de trabalho.

Aplicar, como quer o legislador constituinte, as mesmas regras para a relação empresário-trabalhador e patroa-empregada, é utopia, divorciada da realidade, que trará desastrosas conseqüências imediatas e futuras: despedidas em massa.

As conseqüências imediatas já se fazem sentir. Famílias estão mudando de hábitos, adquirindo congeladores (os "freezers") e fornos micro-ondas, dispensando antigas empregadas e, em lugar, contratando "quituteiras", (ou comprando pratos congelados), diaristas ou faxineiras, e, até mesmo horistas, algumas vezes por semana. [sem grifos no original][13]

Essa visão de mundo é equivocada no que diz respeito à avaliação da realidade, pois, ao contrário do que *Cretella Júnior* afirma, a maior parte das trabalhadoras domésticas não reside com os patrões[14], mas participa das mesmas dificuldades de transporte dos demais trabalhadores. Além disso, esse romântico "partilhamento" da vida familiar é no mínimo exagerado. Não é raro vermos em demandas judiciais casos de maus-tratos contra empregadas domésticas, privadas de acesso ao mesmo tipo de refeição e a quem até o básico (o arroz, por exemplo) é fornecido em qualidade diversa daquela ingerida pelos patrões.

De outra parte, os sinistros vaticínios com os quais os pobres são sempre atormentados não se confirmaram, pois, conforme foi referido no item precedente, a quantidade de trabalhadores domésticos no Brasil só cresce. Mais realista foi *Evaristo de Moraes Filho* ao afirmar:

Mas a verdade é que, por mais que se aperfeiçoem os instrumentos mecânicos e por mais suaves que fiquem as tarefas domésticas, dificilmente desaparecerá da face da terra esta espécie de prestador de serviços, inigualável quando bom e insubstituível por qualquer máquina; mas também insuportável e indesejável, quando mau. Observe-se, no entanto, que à medida que uma economia se desenvolve, com maiores índices de industrialização, de renda *per capita*, de aperfeiçoamento da tecnologia, os empregados domésticos vão rareando, ficando só para as camadas mais altas da sociedade. Mas abundante nos países subdesenvolvidos, como mão-de-obra não qualificada, despreparada; naqueles outros países, pela própria competição e pela raridade, apresenta-se como mão-de-obra especializada, preparada, nitidamente destacável na população ativa nacional. Os altos níveis salariais nas profissões produtivas atraem grande número de domésticos para o mercado comum de trabalho, ao mesmo tempo que se refletem nas condições do contrato de serviços domésticos, forçando a alta salarial, o que faz com que muitas famílias se vejam obrigadas a dispensar as suas empregadas.[15]

---

(13) CRETELLA JÚNIOR, José. *O empregado doméstico na nova Constituição*, p. 14-15.

(14) A referida pesquisa do IBGE (conforme comentário disponível em: <http://www.ibge.gov.br/home/estatistica/indicadores/trabalhoerendimento/pme_nova/perfil_trabalha_ domesticos.pdf>, p. 11. Acesso em: 24.3.2008). revela que nas seis regiões metropolitanas pesquisadas, em março de 2006, apenas 3,4% dos domésticos moravam no domicílio onde trabalhavam.

(15) MORAES FILHO, Evaristo. *Temas atuais de trabalho e previdência*, p. 138.

Não é sem perplexidade que *Cretella Júnior* constata que, em que pese a boa vida que levam, as ingratas empregadas domésticas querem exercer direitos e não gostam de serem reconhecidas como tais. Com efeito, aquele autor afirma que:

> Por outro lado, as empregadas domésticas, animadas com as perspectivas abertas pela Constituição e incitadas por falsos amigos procuram, junto a colegas, mais esclarecimentos sobre "seus direitos", reivindicando-os perante as patroas, esquecendo-se, porém, momentaneamente, quase sempre, das vantagens decorrentes de sua peculiar relação de emprego. Note-se que as domésticas têm, sem exceção, um traço característico: não declinam para ninguém sua situação e, se atendem ao telefone, dizem que são secretária, pessoa da casa, nunca usando a palavra "empregada", preferindo dizer "o nome". Em suma, envergonham-se da condição de Doméstica, não obstante recebam das patroas tratamento humano, como se fosse da família.[16]

É, efetivamente, de estranhar que ninguém queira essa boa vida para si próprio ou para seus filhos! O tratamento "como se fosse da família", expressão que por si só revela sua insinceridade, em razão de o verbo estar no subjuntivo passado, é estranhamente recusado pelos trabalhadores domésticos, os quais por motivos obscuros preferem direitos e, principalmente, salário digno. Esses trabalhadores que não sabem reconhecer o "seu digno lugar" na sociedade, procuram não demonstrá-lo para as pessoas com os quais se relacionam, mas ao mesmo tempo querem exercer direitos inerentes a essa condição. Quão penosa é a vida dos empregadores domésticos!

Só estranha o comportamento das domésticas quem nunca tenha se debruçado sobre os sentimentos humanos nem conhecido sua constante busca por dignidade e reconhecimento. O sustentáculo de todo aquele tortuoso raciocínio é a idéia de direitos como um "favor" concedido pelas classes dominantes ou pelo Estado. Como destaca *Aldacy Rachid Coutinho:*

> Ora, empregado não é digno de favor do que lhe não pertence, mas digno de direitos reconhecidos, assegurados, fundamentais. É pessoa real — embora possa parecer ficção estar vivo diante da garantia de subsistência própria e de sua família com um salário mínimo — que (sobre)vive do trabalho e não só objetivação de força de trabalho.[17]

Martins Catharino aponta[18] outros aspectos que justificariam a não-aplicação da CLT aos domésticos: a) a ausência de substrato econômico, pois prestado o trabalho em unidade de consumo e não de produção; b) interpessoalidade das relações, prestada no âmbito residencial. Essas justificativas demonstram o tortuoso mecanismo pelo qual as questões meta-jurídicas (ideológicas) são inseridas no campo jurídico sem que os intérpretes o indiquem. Assim, dá-se roupagem jurídica àquilo que é puramente ideológico e conservador das desigualdades sociais.

(16) CRETELLA JÚNIOR, José. *O empregado doméstico na nova Constituição*, p. 16.
(17) COUTINHO, Aldacy Rachid. *A autonomia privada*: em busca da defesa dos direitos fundamentais dos trabalhadores, p. 171.
(18) CATHARINO, José Martins. *Compêndio de direito do trabalho*, v. 1, p. 319.

Por meio desse processo, aquilo que seria uma desvantagem para o trabalhador (laborar sob condições de submissão pessoal não invejadas por nenhum outro membro da sociedade) converte-se em motivo para que lhe sejam solapados direitos. A desvantagem social é erigida em vantagem jurídica (fetichização), e esta passa a justificar a desigualdade.[19]

De outra parte, se o fato de trabalhar em unidade de consumo pudesse justificar proteção distinta e inferior, mesmo com uma subordinação muito mais intensa, teríamos que reconhecer que em qualquer trabalho realizado fora de unidade direta de produção deveriam ser reduzidos os direitos dos respectivos trabalhadores. Por que esse raciocínio não se aplica aos demais trabalhadores de unidades de consumo? É evidente que estão em jogo apenas relações de poder e de reconhecimento social.

Em realidade, o que importa para a eliminação das desigualdades é a construção de um imaginário da classe trabalhadora que possa romper com a notória inferioridade psicológica e social em que estão imersos os trabalhadores braçais e precarizados, entre os quais os domésticos. Para isso, é necessária, por meio do reconhecimento do outro, a instituição de uma dignidade homogênea pelo trabalho, e não se constrói a idéia de dignidade com a estipulação de enormes diferenças normativas. Como bem aponta *Jessé de Souza:*

> [...] É essa "dignidade" efetivamente compartilhada por classes que lograram homogeneizar a economia emocional de todos os seus membros numa medida significativa, que me parece ser o fundamento profundo do reconhecimento social infra e ultrajurídico, o qual, por sua vez, permite a eficácia social da regra jurídica da igualdade e, portanto, da noção moderna de cidadania. E essa dimensão da "dignidade" compartilhada, no sentido não jurídico de "levar o outro em consideração", e que Taylor chama de respeito atitudinal, que tem que estar disseminada de forma efetiva em uma sociedade, para que possamos dizer que, nesta sociedade concreta, temos a dimensão jurídica da cidadania e da igualdade garantida pela lei. Para que haja eficácia legal da regra jurídica da igualdade é necessário que a percepção da igualdade na dimensão da vida cotidiana esteja efetivamente internalizada.[20]

O que está em questão, portanto, é a real internalização da igualdade social, para o que o sistema jurídico muito pode contribuir, visto que a imoblização estrutural a que as classes mais pobres foram lançadas e a baixa auto-estima impedem uma articulação "de baixo para cima". Se igualdade é um conceito polêmico e dúbio, ela não pode ser abandonada como ideal da sociedade, como bem destaca *Ronald Dworkin:*

---

(19) Se esta crítica também tem seu caráter ideológico, em sua defesa há que se lembrar que nesse caso o que se apresenta é a ideologia da Constituição. De qualquer modo, a exposição dos aspectos ideológicos é crucial, pois "a questão da ideologia desempenha um papel central na formação do direito moderno" (CÀRCOVA, Carlos María. *A opacidade do direito*, p. 126).

(20) SOUZA, Jessé. *A construção social da subcidadania:* para uma sociologia política da modernidade periférica, p. 166.

Não podemos esquecer a igualdade. Não podemos abandonar o ideal abstrato porque o mais fundamental compromisso de uma comunidade política legítima — compromisso de que sua legitimidade depende — é em si um compromisso igualitário abstrato. Nenhum governo será legítimo quando não demonstra igual preocupação pelo destino de todas as pessoas sobre as quais afirma seu domínio e das quais requer fidelidade, e é imperativo considerarmos juntos, como teóricos e cidadãos, as implicações práticas dessa inegável responsabilidade política. Devemos explorar e debater, por exemplo, que distribuição dos recursos e oportunidades de uma comunidade é consistente ou inconsistente com sua igual preocupação com todos.(21)

O compromisso igualitário da Constituição da República, portanto, precisa ser reafirmado sob pena de corroer os sustentáculos do Estado Democrático de Direito e para isso é necessário que progressiva e continuamente novos direitos sejam reconhecidos aos trabalhadores domésticos. Essa construção normativa deve ocorrer tanto no campo legislativo como no jurisprudencial, mas todos esses espaços devem estar marcados pelo texto constitucional, o qual operacionaliza e informa axiologicamente os fins pretendidos. Com efeito, como destaca *Clemérson Clève:*

> [...] a Constituição, atualmente, é o grande espaço, o grande *locus*, onde se opera a luta jurídico-política. O processo constituinte é, hoje, um processo que se desenvolve sem interrupção, inclusive após a promulgação pelo Poder Constituinte, de sua obra. A luta, que se trava no seio da Assembléia Constituinte, após a elaboração do documento constitucional, apenas se transfere para o campo da prática constitucional (aplicação e interpretação). Por isso, a Constituição pode ser visualizada como processo e como espaço de luta.(22)

O nosso desafio é, nesse e por meio desse espaço de luta, alcançar novos espaços que possam atribuir maior dignidade jurídica aos grupos socialmente mais desfavorecidos, justamente para reverter as condições simbólicas que os induzem à (auto)estigmatização imobilizadora. Isso não é possível por meio de mera criação de condições mínimas de sobrevivência, pois a "transformação dos direitos sociais em mínimo existencial significa a metamorfose dos direitos de justiça em direitos de liberdade"(23). Ora, em sociedades do capitalismo periférico como a brasileira, em que condições de desigualdade se solidificaram por meio de variados mecanismos simbólicos, o mero reconhecimento de direitos de liberdade são insuficientes para uma perspectiva transformadora, daí se observar que as teorias oriundas do centro não geram nenhuma vantagem para a nossa complexa e específica (des)ordem social.

3. A Constituição impede a ampliação dos direitos dos trabalhadores domésticos?

Ainda que indiretamente, o disposto no art. 7º, parágrafo único, da Constituição da República, costuma ser utilizado como argumento a favor da restrição de

(21) DWORKIN, Ronald. *A igualdade importa?*, p. 247.
(22) CLÈVE, Clèmerson Merlin. *A fiscalização abstrata de constitucionalidade no direito brasileiro*, p. 18.
(23) TORRES, Ricardo Lobo. *A metamorfose dos direitos sociais em mínimo existencial*, p. 3.

direitos aos trabalhadores domésticos. Com efeito, esse dispositivo se encontra assim redigido:

> Art. 7º São direitos dos trabalhadores urbanos e rurais, além de outros que visem à melhoria de sua condição social:
>
> [...]
>
> Parágrafo único. São assegurados à categoria dos trabalhadores domésticos os direitos previstos nos incisos IV, VI, VIII, XV, XVII, XVIII, XIX, XXI e XXIV, bem como a sua integração à previdência social.

O fato de esse parágrafo prescrever um elenco inferior de direitos aos domésticos, se comparado aos direitos dos trabalhadores urbanos e rurais, contudo, não pode ser visto como impossibilidade de que outros direitos lhes sejam concedidos por meio da legislação ordinária.

Primeiramente, há que se lembrar que o parágrafo único do art. 7º deve ser historicamente contextualizado. Tratou-se de ampliar direitos dos domésticos e não de restringi-los. Assim, esse dispositivo constitucional já enuncia um projeto de avanço social.

Em segundo lugar, o *caput* do art. 7º, que irradia valores para todo o restante do texto, claramente afirma a possibilidade de acréscimo de outros direitos que "visem à melhoria de sua condição social". Trata-se não apenas de cláusula que veda o retrocesso social, mas que também impõe o avanço social em todas as fronteiras em que isso seja possível.

4. Espaço legislativo de luta: avanços e caminhos por percorrer

O avanço legislativo na melhoria das condições dos trabalhadores domésticos foi realizado depois de 1988 por meio de dois documentos: a) Convenção n. 132, aprovada pelo Decreto Legislativo n. 47, de 23.9.1981, mas depositado e ratificado apenas em 23.9.1998, e que passou a vigorar a partir de 23.9.1999[24], o qual regula especificamente o direito de férias; b) Lei n. 11.324, de 19.7.2006, que alterou dispositivos da Lei n. 5.859/72. Procuraremos nos itens seguintes discutir alguns pontos em que esses dispositivos representaram um avanço social para os domésticos e outros em que ainda se mostra necessário uma mobilização transformadora.

4.1. Férias do trabalhador doméstico

Como a Constituição da República assegura o direito dos domésticos às férias, surgiu controvérsia a respeito de dois aspectos: a) a quantidade de dias (20 dias

(24) COUTINHO, Aldacy Rachid. *As férias depois da Convenção n.132 da OIT*, p. 13.

úteis, como previsto na Lei n. 5.859/72 ou 30 dias corridos como previsto no art. 130, I, da CLT); b) se os domésticos fazem jus a férias proporcionais previstas na CLT, mas não referidas expressamente na Lei n. 5.859/72.

Prevalecia o entendimento de que o empregado doméstico fazia jus a 20 dias úteis de férias e não possuía direito às férias proporcionais, em face da regra específica (Lei n. 5.859/72) que lhe é aplicável e da impossibilidade de lhe serem estendidas outras regras previstas na CLT. Esse entendimento, contudo, deixou de ter sentido a partir de 23.9.1999, quando entrou em vigência no Brasil a Convenção n. 132 da OIT, a qual expressamente determina (art. 2º) sua aplicação a todos os trabalhadores, à exceção dos marítimos. O governo brasileiro poderia excluir algumas categorias da aplicação dessa norma, mas para isso seriam necessárias consultas às categorias profissional e econômica e formulação de expressa ressalva, o que não se deu. Assim, as prescrições da Convenção n. 132 da OIT aplicam-se indistintamente a todos os trabalhadores brasileiros (exceto os marítimos) desde 23.9.1999. Entre essas prescrições encontra-se a seguinte:

> Art. 11.
>
> Toda pessoa empregada que tenha completado o período mínimo de serviço que pode ser exigido de acordo com o § 1º do art. 5º da presente Convenção deverá ter direito, em caso de cessação da relação empregatícia, ou a um período de férias remuneradas proporcional à duração do período de serviço pelo qual ela não gozou ainda tais férias, ou a uma indenização compensatória, ou a um crédito de férias equivalente.

Em vista desse dispositivo, há que se concluir que o trabalhador doméstico passou a fazer jus às férias proporcionais na mesma condição dos trabalhadores urbanos e rurais[25]. É esse também o entendimento que o TST tem adotado:

> EMPREGADA DOMÉSTICA — FÉRIAS PROPORCIONAIS — A Convenção n. 132 da OIT, ratificada pelo Brasil, tendo como destinatários todos os trabalhadores, à exceção dos marítimos; derrogando o art. 3º, da Lei n. 5.859, de 11.12.1972 quanto à duração mínima das férias anuais e reconhecendo o direito a férias proporcionais na extinção do contrato após decorridos, pelos menos 6 meses, assegura tais vantagens ao trabalhador doméstico. Matéria regulada em normatividade infraconstitucional não comporta revisão em procedimento sumaríssimo. Inteligência do art. 896, § 6º, da CLT. (TST — RR 267/2003-001-13-40.8 — 2ª T. — Rel. Juiz Luiz Carlos Gomes Godoi — DJU 5.8.2005).

Quanto ao período de fruição de férias, o art. 3º da Lei n. 5.859/72 dispunha que o trabalhador doméstico faz jus a vinte dias úteis para cada período aquisitivo completado. Essa norma, contudo, perdeu sua eficácia a partir do momento em que o Brasil ratificou a Convenção n. 132 da OIT sem fazer a ressalva prevista no respectivo art. 2º, e também porque avisou ao proceder ao depósito do instrumen-

(25) Nesse sentido: COUTINHO, Aldacy Rachid. *As férias depois da Convenção n. 132 da OIT*, p. 39.

to de ratificação que aplicaria no Direito interno a regra de concessão de 30 (trinta) dias de férias a cada período aquisitivo trabalhado[26].

Além disso, a Lei n. 11.324, de 19.7.2006, alterou a redação do art. 3º da Lei n. 5.859/72, o qual passou a ficar assim redigido:

> Art. 3º O empregado doméstico terá direito a férias anuais remuneradas de 30 (trinta) dias com, pelo menos, 1/3 (um terço) a mais que o salário normal, após cada período de 12 (doze) meses de trabalho, prestado à mesma pessoa ou família.

Assim, também para o doméstico as férias são de 30 (trinta) dias corridos, e não mais de 20 (vinte) dias úteis. Contudo, a Lei n. 11.324/06 incorreu em inconstitucionalidade ao estipular que:

> Art. 5º O disposto no art. 3º da Lei n. 5.859, de 11 de dezembro de 1972, com a redação dada por esta Lei, aplica-se aos períodos aquisitivos iniciados após a data de publicação desta Lei.

Como foi visto, o período de férias de 30 dias é devido desde 23.9.1999 e a Lei n. 11.324/06 não poderia ter revogado nesta parte a Convenção n. 132 para estipular que esse direito era devido apenas para os períodos aquisitivos iniciados depois de 20.7.2006. Com efeito, tal estipulação constituiria retrocesso social, expressamente vedado pelo *caput* do art. 7º da Constituição da República, o qual permite apenas a inclusão de outros direitos que visem à melhoria das condições sociais dos trabalhadores.

De outra parte, os direitos são regulados pelas regras vigentes na época em que são adquiridos e não da época em que se possa iniciar sua formação. Assim, as férias são de 30 dias para todos os trabalhadores domésticos que tenham completado o período aquisitivo a partir de 23.9.1999, o que demonstra o equívoco e a inconstitucionalidade do art. 5º da Lei n. 11.324/06.

4.2. Desconto de utilidades

Inúmeros equívocos cercam o fornecimento de utilidades aos trabalhadores, em especial as fornecidas a empregados domésticos. Um desses equívocos monumentais sempre residiu na tendência de alguns de afirmar que é possível efetuar descontos a título de moradia ou de alimentação em relação de emprego doméstico, ou seja, de efetuar o pagamento de parte dos salários por meio de utilidades.[27] Na maior parte das vezes tais "descontos" eram procedidos de forma totalmente contrária aos fins visados pela legislação trabalhista.

Primeiramente, é de lembrar que sempre prevaleceu o entendimento de que ao empregado doméstico se aplicam apenas os direitos expressamente estabeleci-

(26) COUTINHO, Aldacy Rachid. *Op. cit.*, p. 28.

(27) Há que se ter em conta que aquilo que se denomina "desconto" da utilidade salarial nada mais é do que uma forma de contabilizar o pagamento de parte dos salários por meio de utilidades. A esse respeito: SANTOS, José Aparecido dos. *Curso de cálculos de liquidação trabalhista*, p. 142-150.

dos na Lei n. 5.859/72 e na Constituição da República, entre os quais não se verifica a integração decorrente do art. 458 da CLT. Assim, por coerência com a interpretação restritiva de direitos dos trabalhadores domésticos adotada pela maioria, deveria também ser observada a restrição dos direitos dos empregadores domésticos. Assim, a dedução de porcentuais do salário a título de habitação e alimentação seria vedada por inexistência de previsão na Lei n. 5.859/72.

Em segundo lugar, temos que o emprego doméstico comporta peculiaridades no que diz respeito às utilidades fornecidas. É de observar que, em geral, a maior parte desses fornecimentos decorre mais da necessidade do serviço do que do próprio interesse do empregado. Tornou-se comum os empregadores domésticos descontarem de seus empregados parcelas a título de alimentação e moradia, sem que sejam observados critérios mínimos de adequação dessas utilidades aos preceitos celetistas.

Em regra os trabalhadores domésticos não têm intervalo regular para café, almoço e jantar, até porque são os responsáveis em regra pela preparação dos alimentos. Assim, o fornecimento da refeição a essa classe de trabalhadores visa, antes de tudo, a viabilizar a realização do serviço, pois seria impossível à família obter as refeições se nos respectivos horários a doméstica fosse à sua residência, preparasse sua refeição e só depois do almoço e descanso retornasse ao emprego.

Acreditamos que um aspecto importante para averiguar se a utilidade é ou não salarial é verificar sua adequação a um princípio de disponibilidade[28]. Com efeito, o clássico parâmetro "para" ou "pelo serviço" não é suficiente para esclarecer a verdadeira natureza jurídica da utilidade, visto que no caso concreto nem sempre é fácil verificar se a concessão ocorreu para a realização do serviço ou em decorrência dela. Contudo, para que seja salarial qualquer benefício deve corresponder a um bem que tenda a se incorporar ao patrimônio do empregado, de forma que ele possa utilizá-lo livremente. Se é o empregador quem, por seu critério exclusivo, escolhe a utilidade, determina os meios de utilização e prescreve de forma restrita a forma como o empregado há de desfrutá-la, não há que se falar em salário. É o que ocorre com as utilidades fornecidas aos domésticos, em relação às quais é diminuta a vantagem econômica dos trabalhadores e prepondera a utilidade técnica para os empregadores (critério de preponderância), razão pela qual o fornecimento de alimentação não pode ser considerado pagamento de salário.

Exemplo diametralmente oposto são os vales-refeição. Nesse caso, o empregado recebe a utilidade e dela dispõe da forma como bem entender. Utiliza-o na data que lhe convém, adquire a mercadoria que lhe convier, de sorte que a utilidade transforma-se em autêntico "plus" que resulta em acréscimo patrimonial, podendo o empregado inclusive cedê-la para terceiros, caso queira.

Não é isso o que se dá com os trabalhadores domésticos, os quais em regra utilizam a refeição por eles preparada com o fito exclusivo de permanecer em serviço, sem dispor livremente dessa utilidade. A alimentação fornecida não repre-

(28) A esse respeito: SANTOS, José Aparecido dos. *O conceito de salário em utilidades*, p. 162-164.

senta efetivo acréscimo salarial direto e só muito indiretamente pode traduzir alguma vantagem para o trabalhador doméstico. Em qualquer desses casos, é indevido o desconto salarial, pois sempre prepondera a vantagem para o empregador. A outra face da mesma moeda é que também se torna indevida eventual integração dos alimentos fornecidos.

Semelhante raciocínio se aplica à "moradia" fornecida a trabalhadores domésticos. Quase sempre se trata de cubículos minúsculos nos quais tais trabalhadores são alojados. Mesmo quando se trata de dependências apropriadas, o alojamento está inserido de tal modo no estabelecimento familiar que deles os trabalhadores não podem dispor adequadamente: não podem receber visitas sem prévia autorização e não dispõem do espaço como efetiva moradia. Nesses casos, em regra a permanência no local de trabalho visa mais à realização dos serviços do que propriamente constitui um benefício para o trabalhador, razão por que a maioria dos domésticos prefere "pernoitar" em sua própria residência, ainda que lhe custe considerável perda de tempo no transporte.

Recordo-me especificamente de um caso de uma jovem trabalhadora doméstica, de aproximadamente quinze anos de idade, que (sem exagero) se alimentava apenas com os restos dos pratos das crianças da casa e que dormia em colchonete no chão do quarto das crianças para que, se fosse necessário, as atendesse durante a noite. Em resposta ao pedido judicial de pagamento de salários, o qual nunca foi regularmente realizado, a empregadora alegou ser devido apenas 45% do salário mínimo, pois a trabalhadora já havia recebido alimentação e moradia, os quais nos porcentuais previstos para a respectiva região chegavam a 55% do salário mínimo.

Essa ausência de reconhecimento da dignidade do outro, extremada em alguns casos, mas sutil na maioria dos demais, não pode ser tolerada pelos aplicadores do Direito. Por isso, penso que somente naqueles casos em que o trabalhador receba de forma totalmente autônoma a utilidade e possa dela dispor livremente é que seja possível falar em "desconto" da utilidade salarial.

Felizmente, a Lei n. 5.859/72 com a alteração promovida pela Lei n. 11.324/06, passou a contar com regra que confirma esse raciocínio ao fixar que:

> Art. 2º-A. É vedado ao empregador doméstico efetuar descontos no salário do empregado por fornecimento de alimentação, vestuário, higiene ou moradia.
>
> § 1º Poderão ser descontadas as despesas com moradia de que trata o *caput* deste artigo quando essa se referir a local diverso da residência em que ocorrer a prestação de serviço, e desde que essa possibilidade tenha sido expressamente acordada entre as partes.
>
> § 2º As despesas referidas no *caput* deste artigo não têm natureza salarial nem se incorporam à remuneração para quaisquer efeitos.

Trata-se do reconhecimento expresso da natureza instrumental das utilidades fornecidas para uso no local de trabalho, em relação às quais prepondera o objetivo de propiciar os serviços e não de remunerar o trabalho.

4.3. Estabilidade de gestante

A Lei n. 5.859/72 possui o seguinte dispositivo, introduzido pela Lei n. 11.324, de 19 de julho de 2006:

> Art. 4º-A. É vedada a dispensa arbitrária ou sem justa causa da empregada doméstica gestante desde a confirmação da gravidez até 5 (cinco) meses após o parto.

Foi notável nesse aspecto o avanço no campo legislativo para proteção da trabalhadora doméstica, quase sempre dispensada depois de comunicar sua gravidez. Como foi referido no item 3 precedente, em que pese o disposto no art. 7º, parágrafo único, da Constituição da República, o *caput* desse dispositivo constitucional expressamente estabelece a possibilidade de se criarem outros direitos em favor do trabalhador por meio de legislação ordinária. Assim, é válido o estabelecimento de estabilidade provisória por meio de lei.

Esse é um avanço que investe contra o paternalismo e contra a idéia de que o "ambiente familiar" impede a aquisição de direitos como esses. Trata-se de "contratualizar" o contrato de trabalho doméstico, de modo a evitar que os vínculos pessoais impeçam a proteção de bens jurídicos elevados, os quais a Constituição da República procura preservar, entre os quais os direitos alimentares dos recém-nascidos.

4.4. Salário-família

O art. 7º, parágrafo único, da Constituição da República, não inclui o salário-família entre os direitos dos empregados domésticos. Por meio do Projeto de Lei de Conversão n. 14, de 2006 (MP n. 284/06), que em parte redundou na Lei n. 11.324/06, o Congresso Nacional tentou inserir o seguinte dispositivo na Lei n. 8.213/91:

> Art. 65. O salário-família será devido, mensalmente, ao segurado empregado, inclusive ao doméstico, e ao segurado trabalhador avulso, na proporção do respectivo número de filhos ou equiparados nos termos do § 2º do art. 16 desta Lei, observado o disposto no art. 66 desta Lei.

Esse dispositivo, contudo, foi vetado pelo Presidente da República, Luiz Inácio Lula da Silva, sob alegação de que "a inclusão do empregado doméstico no *caput* do referido artigo apresenta-se eivada de vício de inconstitucionalidade, pois contraria frontalmente o § 5º do art. 195 da Constituição que determina expressamente que 'nenhum benefício ou serviço da seguridade social poderá ser criado, majorado ou estendido sem a correspondente fonte de custeio total'". Afirmou-se também que haveria afronta ao art. 201 da Constituição da República, pois o regime é contributivo e seria criada despesa estimada em R$ 318 milhões ao ano, sem indicação de fonte de custeio complementar.

Eis aqui um ponto em que a legislação precisa avançar. Com efeito, as questões levantadas pelo veto são inaceitáveis, pois os valores envolvidos são ínfimos se comparados com os benefícios sociais que seriam obtidos. Acima de tudo, a previsão de pagamento de salário-família aos domésticos constituiria um sinal claro de reconhecimento dessa categoria como igual aos demais trabalhadores e se refletiria positivamente na melhoria de sua auto-imagem.

4.5. FGTS e indenização de 40%

O referido Projeto de Lei de Conversão n. 14, de 2006, também pretendia inserir o seguinte dispositivo na Lei n. 5.859/72:

> Art. 3º-A. A inclusão do empregado doméstico no Fundo de Garantia do Tempo de Serviço — FGTS, de que trata a Lei n. 8.036, de 11 de maio de 1990, se dará mediante requerimento do empregador, na forma do regulamento.

Esse dispositivo também foi vetado. Seria compreensível eventual veto a esse dispositivo legal, por constituir um mecanismo mais burocrático e que dificulta relações mais simples como a de trabalho doméstico. É preciso criar mecanismos para simplificar o recolhimento do FGTS para os domésticos ou criar indenização substitutiva equivalente. O que é de lamentar, contudo, são as razões que o Presidente da República apresentou para o veto:

> A alteração do art. 3º-A da Lei n. 5.859, de 1972, torna obrigatória a inclusão do empregado doméstico no sistema da Lei n. 8.036, de 1990. Com isso, tem-se não apenas a obrigatoriedade do FGTS como a da multa rescisória de quarenta por cento sobre os depósitos do FGTS, o que acaba por onerar de forma demasiada o vínculo de trabalho do doméstico, contribuindo para a informalidade e o desemprego, maculando, portanto, a pretensão constitucional de garantia do pleno emprego.
>
> Neste sentido, é necessário realçar que o caráter de prestação de serviços eminentemente familiar, próprio do trabalho doméstico, não se coaduna com a imposição da multa relativa à despedida sem justa causa. De fato, o empregado doméstico é legalmente conceituado 'como aquele que presta serviços de natureza contínua e de finalidade não lucrativa à pessoa ou à família, no âmbito residencial destas' (art. 1º da Lei n. 5.859, de 1972). Desta feita, entende-se que o trabalho doméstico, por sua própria natureza, exige um nível de fidúcia e pessoalidade das partes contratantes muito superior àqueles encerrados nos contratos de trabalho em geral.
>
> Desta feita, qualquer abalo de confiança e respeito entre as partes contratuais, por mais superficial que pareça, pode tornar insustentável a manutenção do vínculo laboral. Assim, parece que a extensão da multa em tela a tal categoria de trabalhadores acaba por não se coadunar com a natureza jurídica e sociológica do vínculo de trabalho doméstico.

Os mesmos preconceitos acima analisados, a mesma justificativa ideológica utilizada para solapar direito dos mais pobres da sociedade, são manejados sem nenhum pudor. Mais uma vez, procurar-se diminuir socialmente os trabalhadores domésticos pelo fato de estarem mais próximos de uma relação de servidão (relações pessoais e de confiança), afirmando que como tal inferioridade está na base da "natureza jurídica e sociológica do vínculo de trabalho doméstico", devem aqueles trabalhadores se contentar com a sua posição social, o "seu lugar" no mundo dos direitos.

Não há dúvida de que se deve avançar para que o trabalhador doméstico possa, ao ser despedido sem justa causa, ter algum tipo de compensação. É para isso que serve o FGTS e a indenização de 40%. Por que o trabalhador doméstico não deve receber esse tipo de compensação a que fazem jus todos os demais trabalhadores? Qual o estigma que os condena ao sofrimento econômico em um dos momentos mais difíceis da vida de um ser humano, que é o de inserção no desemprego?

As peculiaridades da relação de emprego doméstico (simplicidade) e a necessidade de desburocratização exigem adaptações, é verdade. Poderia ser pensado um sistema semelhante àquele de recolhimento das contribuições previdenciárias dos trabalhadores domésticos, efetuado automaticamente mediante débito na conta bancária. Também pode ser pensada a mera indenização do tempo trabalhado, na forma do art. 477, *caput*, da CLT. O que é inadmissível é condenar os domésticos a um permanente estado de minoridade social pelo mero fato de trabalharem em condições de subordinação e de pessoalidade ainda mais acentuadas e desgastantes do que as enfrentadas pelos demais trabalhadores.

4.6. Seguro-desemprego

O Presidente da República também vetou os dispositivos do Projeto de Lei de Conversão n. 14, de 2006, que estendiam ao doméstico o direito ao seguro-desemprego. Nesse ponto foi indisfarçável a intenção de apenas não atribuir direitos aos domésticos, talvez para não aumentar as despesas desse programa. Não houve preocupação com justificativas, pois se alegou apenas que o projeto não exigia a comprovação de recolhimento de FGTS para o recebimento de benefício.

De fato, o projeto exigia apenas a comprovação do recolhimento das contribuições previdenciárias para que o trabalhador doméstico pudesse receber o seguro-desemprego. Não se exigia comprovação de recolhimento do FGTS, provavelmente para simplificar o sistema e facilitar o acesso dos trabalhadores, dada a enorme inadimplência que se verifica nesse setor. Contudo, qual é a justificativa lógica, legal ou sociológica para que se exija comprovação do recolhimento do FGTS do doméstico, mormente se o próprio Presidente da República já havia vetado a possibilidade de o doméstico ter direito ao FGTS?

Mais uma vez o estigma da inferioridade social se abate sobre o doméstico. É necessário alterar esse quadro e assegurar a esses trabalhadores o direito ao seguro-desemprego como mecanismo de aprimoramento das relações sociais.

5. Espaço jurisprudencial de luta: a (des)construção dos direitos dos trabalhadores domésticos — a diarista

A Constituição é um processo que constrói no ato de se construir. Ao mesmo tempo em que o texto constitucional indica os caminhos do percurso, é necessário que toda a sociedade desenvolva uma ação consciente e racional voltada aos fins centrais nele fixados. As múltiplas facetas da Constituição não podem desviar os sentidos das principais finalidades de todo o sistema político, entre as quais se encontram a implantação de uma efetiva cidadania, a dignidade humana e o valor social do trabalho (art. 1º), com a evidente pretensão de transformar a deficiente estrutura da sociedade brasileira(29). Subjacente a todos esses valores está uma pretensão de igualdade, fundada em ideal de homogeneidade racional que importe em um padrão de critérios aferíveis e por meio dos quais todos se reconheçam como iguais em direitos e obrigações.

O reconhecimento da diferença não pode se transformar em pretexto para que se sedimentem preconceitos e desigualdades(30). Só se reconhece de forma real e sincera a existência de diferença entre os seres humanos pelo prévio reconhecimento de um conjunto mínimo e razoavelmente homogêneo de condições de igualdade. O próprio reconhecimento da diferença já é em si o estabelecimento de um critério de igualdade. O trabalho tanto do legislador como dos tribunais é justamente o de oferecer instrumentos racionais que reafirmem a cada dia o princípio da igualdade. Como assinala *Ronald Dworkin:*

> Afinal, a distribuição de propriedade e liberdade entre os cidadãos de uma comunidade política é produto de uma ordem legal. Essa distribuição depende maciçamente das leis que a comunidade aprovou — não apenas das que governam a propriedade, o furto, o contrato e o delito, mas também da legislação fiscal, trabalhista, dos direitos civis e da regulamentação ambiental, e das leis sobre praticamente tudo o mais —, e depende ainda de como essas leis são aplicadas pelos órgãos executivos do governo e interpretadas pelos órgãos judiciais. Quando o governo aprova ou suspende um conjunto dessas leis em vez de outro, ou quando aplica ou interpreta essas leis de uma maneira e não de outra, ou quando renuncia a mudar as leis vigentes ou sua aplicação ou interpretação correntes, ele determina, em grande medida, as oportunidades que diferentes cidadãos terão de levar as vidas que desejam. Em qualquer ocasião do tipo, não é apenas previsível que a ação ou inação do governo melhorará a posição de alguns cidadãos e piorará a de outros, mas

(29) "A Constituição não configura, portanto, apenas expressão de um ser, mas também de um dever ser; ela significa mais do que o simples reflexo das condições fáticas de sua vigência, particularmente a forças sociais e políticas. Graças à pretensão de eficácia, a Constituição procura imprimir ordem e conformação à realidade política e social" (HESSE, Konrad. *A força normativa da Constituição*, p. 15).

(30) Com referência ao tratamento dado aos indígenas, Carlos Càrcova demonstra que "na América Latina o reconhecimento da diversidade abriu espaço na legislação de maneira difícil, preconceituosa e discriminadora" (CÀRCOVA, Carlos María. *A opacidade do direito*, p. 77). Em sentido análogo, o reconhecimento da existência de diferenças em modalidades específicas de relações de trabalho tem servido de justificativa (i)moral para condenar considerável parte da população à permanência em níveis de insignificância cultural, social e econômica.

também, em um grau considerável, quais posições dos cidadãos serão melhoradas ou pioradas. [...] [31]

Por isso, o Poder Judiciário não se pode furtar de sua responsabilidade pelo avanço ou retrocesso social nem poderá atribuir apenas ao Legislativo o papel de construir mecanismos que importem em desarticular a profunda desigualdade da sociedade brasileira. Afinal, os tribunais constróem o âmbito da normatividade. A Constituição se constrói também pela concretização que os tribunais fazem das regras jurídicas postas, ou seja, não com base em abstrações que possam ser extraídas do texto, mas sempre com base na realidade concreta que se pretende alterar ou manter[32].

Um exemplo típico em que os tribunais podem aprofundar desigualdades e naturalizar a pobreza ou, ao contrário, aderir a um projeto de construção do reconhecimento simbólico e jurídico dos mais excluídos, a depender da interpretação (construção normativa) que adotem, reside precisamente na controvérsia a respeito do reconhecimento da existência de vínculo de emprego com a diarista doméstica. Aqui todos os preconceitos e todos os estigmas sociais se voltam contra numerosa quantidade de pessoas que faz parte da "ralé" instrumentalizada de nossa sociedade.

Há autores que afirmam que a diarista não pode ser considerada empregada por se lhe faltar o requisito de "continuidade"[33]. Curiosamente, afirma-se que por faltar o requisito de continuidade os domésticos diaristas "somente podem ser considerados trabalhadores autônomos"[34], pois se "a diarista escolhe, com liberdade, o dia e horário do trabalho, ao negociar com a dona-de-casa a prestação do serviço, cristalina fica a inexistência de subordinação e a presença do elemento volitivo autônomo imprescindível para pactos de natureza civil"[35]. É visível aqui que a expressão gramatical é utilizada muito mais para encobrir a realidade do texto e impor a um grupo social os interesses das classes mais privilegiadas do que propriamente para oferecer aportes compatíveis com os comandos constitucionais[36].

---

(31) DWORKIN, Ronald. *A igualdade importa?*, p. 247-248.

(32) [...] a concretização por uma série de razões não pode ser um procedimento cognitivo. A normatividade comprova-se apenas na regulamentação de questões jurídicas concretas. Ela é exigida somente no processo de tais regulamentações e só com isso adquire eficácia. Normas jurídicas não são dependentes do caso, mas referidas a ele, sendo que não constitui problema prioritário se se trata de um caso efetivamente pendente ou de um caso fictício [...] (MÜLLER, Friedrich. *Métodos de trabalho no direito constitucional*, p. 48).

(33) A título de exemplo: BARROS, Alice Monteiro de. *Trabalho doméstico*, p. 392-397, em que se faz uma interpretação de "serviços contínuos" com base no dicionário e não segundo bases jurídicas e em que são citados vários juristas que defendem igual entendimento.

(34) PAMPLONA FILHO, Rodolfo; VILLATORE, Marco Antônio César. *Direito do trabalho doméstico*: doutrina, legislação, jurisprudência, prática, p. 47-48.

(35) *Ibidem*, p. 48-49.

(36) "Toda expressão possui um número considerável de implicações não manifestadas. *O sentido gira em torno do dito e do calado*. Desta forma, o êxito de uma comunicação depende de como o receptor possa interpretar o sentido latente. A forma gramatical e o significado de base, por vezes, em lugar de ajudarem na busca do sentido latente, servem para encobri-lo. Por isso, devem ser vistos como parcelas do ato interlocutório" (WARAT, Luis Alberto. *O direito e sua linguagem*, p. 65).

Primeiramente, observa-se que essa construção normativa atenta contra qualquer idéia racional de subordinação ou de autonomia, por mais simples que seja. Nem as mais conservadoras concepções de mundo permitem afirmar que alguém que trabalhe na casa de outrem, em horário previamente combinado e para fazer serviços determinados pelo tomador dos serviços, sem deter os meios de produção e sem correr os riscos da atividade seja um autônomo. A se adotar esses contornos para a autonomia não haveria nenhum trabalhador subordinado neste País.

Em segundo lugar, a discriminação contra os domésticos tem por fundamento "jurídico" uma única distinção lingüística, na medida em que a Lei n. 5.859/72 adotou a seguinte definição de empregado doméstico:

> Art. 1º Ao empregado doméstico, assim considerado aquele que presta *serviços de natureza contínua* e de finalidade não lucrativa à pessoa ou à família no âmbito residencial destas, aplica-se o disposto nesta lei. [sem grifos no original]

A CLT, por sua vez, define empregado da seguinte forma:

> Art. 3º Considera-se empregado toda pessoa física que prestar *serviços de natureza não eventual* a empregador, sob a dependência deste e mediante salário. [sem grifos no original]

A forçada contraposição entre "serviços de natureza não eventual" e "serviços de natureza contínua" tem justificado um tratamento que beira à marginalização. Opera aqui um dos mais enganosos mitos positivistas, qual seja a da suprema "racionalidade do legislador"(37). Esse "ente" onipotente e onisciente teria imaginado duas situações totalmente diversas e, por esse motivo, utilizado palavras completamente diferentes nos dois textos. Por isso, os textos legais são operativos, de tal modo que não foram utilizadas palavras inúteis nem foram utilizadas palavras distintas com o mesmo significado. Em qualquer caso a diferença textual entre "contínua" e "não eventual" revelaria uma intencionalidade. Assim, torna-se necessário que os "intérpretes" procurem delimitar a vontade dessa entidade suprema e metafísica, à qual se curvam quaisquer outros interesses, por mais nobres que sejam. Nessa perspectiva, não importam os valores pretendidos pela posterior Constituição da República, pois este ente (também abstrato e apartado da realidade social) não mantém diálogo com aquele.

Por esse curioso mecanismo interpretativo, passa-se a atribuir à "não-eventualidade" um caráter antitético em relação à "continuidade". Ora, todas as dubiedades e todas as controvérsias que cercam o conceito de "não-eventualidade" se aplicam por igual ao conceito de "continuidade", daí por que *Orlando Gomes* e *Elson Gottschalk* há muito utilizavam(38) essas expressões como sinônimas. Entre duas interpretações possíveis (continuidade como sinônimo de não-eventualidade ou continuidade como antítese de não-eventualidade), prefere-se aquela que

(37) A esse respeito: FERRAZ JÚNIOR, Tércio Sampaio. *Introdução ao estudo do direito*, p. 280-281.
(38) GOMES, Orlando; GOTTSCHALK, Elson. *Curso de direito do trabalho*, p. 85.

aumenta nossas deformidades sociais e que, de forma até evidente, colide com os fins pretendidos no art. 1º da Constituição da República.

Por esse mecanismo ideológico, inverte-se a máxima de um sistema capitalista para transmudá-lo para um regime pré-capitalista. Com efeito, em vez do princípio básico de que "o direito fundamental do capital é a igualdade na exploração da força de trabalho por todos os capitalistas"(39), consagra-se um princípio da igualdade às avessas por meio dos quais todos, mesmo das camadas intermediárias e até inferiores da sociedade, passam a ter o direito de explorar o trabalho doméstico dos economicamente mais vulneráveis. Assim, como no regime escravagista o que distinguia a liberdade era a propriedade de um escravo, daí por que o liberto procurava adquirir escravos tão logo obtinha a liberdade, no Brasil contemporâneo possuir empregados converteu-se em sinal de distinção social, com tal importância que esse exercício de poder justifica o contínuo e incessante barateamento do respectivo custo.

Como sempre, são os socialmente excluídos os mais afetados por essas interpretações. Assim, a diarista, o garçom que trabalha em todo final de semana, o vigia de carros em restaurantes que labora dois ou três dias apenas etc., acabam privados de um mínimo de direitos. Para eles não há necessidade de proteção jurídica, pois por uma inversão desprovida de amparo na realidade passam a ser "autônomos", que podem cuidar de si próprios e negociar livremente com o tomador dos serviços as condições de seu trabalho. Como é possível falar em trabalhador doméstico autônomo? Estamos perdendo o senso de razoabilidade e a idéia do que seja subordinação?

A respeito da expressão "serviços de natureza contínua", *Sérgio Pinto* afirma que não "há como descartar o elemento continuidade em algo que acontece uma vez por semana, durante 10 (dez) anos!"(40) Penso que é possível ir mais longe: não há como descartar a continuidade para quem trabalhe um mês nessas circunstâncias, desde que o comportamento das partes revele a intenção de prosseguimento (permanência) da prestação de serviços. Por isso, tem razão esse jurista ao afirmar que a "lei não usa a expressão trabalho cotidiano ou diário, o que mostra que o trabalho prestado pode não ser diário, mas em alguns dias da semana, implicando ser periódico"(41). Se esse raciocínio é adotado para as demais relações de emprego, qual o sentido social de utilizar outra e discriminatória interpretação para os trabalhadores domésticos? Como é possível afirmar que "contínua" seja em todos os dias da semana e "não eventual" possa ser apenas um dia da semana? Que construção socialmente distorcida dos sentidos do texto é essa?

O que me parece evidente na redação do art. 1º da Lei n. 5.859/72 é que se procurou caracterizar como empregado doméstico aquele cujos trabalhos revelem certa durabilidade, para utilizar a expressão de *Plá Rodriguez*. Essa, em um primeiro momento, parece também ser a opinião de *Evaristo de Moraes Filho:*

---

(39) MARX, Karl. *O capital:* crítica da economia política, v. I, p. 336.
(40) GONÇALVES, Odonel Urbano. *Manual do empregado e do empregador doméstico*, p. 26.
(41) MARTINS, Sérgio Pinto. *Manual do trabalho doméstico*, p. 20.

Analisando o conceito legal, vemos que o empregado doméstico é: a) toda pessoa física; b) que presta serviços não eventuais, isto é, continuativos; c) à pessoa do empregador ou sua família, no seu âmbito residencial; d) sem que haja, por parte deste, escopo de lucro.[42]

Curiosamente, depois de reconhecer explicitamente algo corrente na obra de vários juristas, ou seja, que continuidade e não-eventualidade são termos juridicamente equivalentes, logo em seguida o próprio *Evaristo de Moraes Filho* afirma:

> b) Os serviços prestados devem ser contínuos, permanentes, não eventuais ou ocasionais. Não é considerado empregado doméstico o prestador de serviços a várias famílias, sob forma de diarista ou de avulso. Esses são considerados autônomos, por conta própria, para todos os efeitos, quer trabalhistas quer previdenciários. Não são empregados domésticos a passadeira semanal ou o limpador de cortinas e de vidros que comparece uma, duas ou quatro vezes por mês. [...][43]

Mais uma vez, as palavras são utilizadas como cortina de fumaça que encobre a realidade para impedir os mais fracos de adquirirem direitos. O próprio *Evaristo de Moraes Filho* indica os motivos desse inconsciente e inconsistente tratamento desigual, visto que

> [...] por se tratar, na quase totalidade das tarefas, de ocupação manual não especializada que concentra grande número de mulheres, baixo, muito baixo é o seu prestígio social. Some-se a isso a sua origem histórica e etimológica, dos serviços domésticos serem prestados pelos escravos e pelos servos, e facilmente se concluirá pela discriminação social de que sofre esta particular categoria dos trabalhadores.[44]

A construção dos direitos dos trabalhadores é um processo histórico por meio do qual se desenha a cada dia o mapa da inclusão ou da exclusão social. Esses direitos não são extraídos por meio de uma apreensão natural das "peculiaridades" do tipo de subordinação que envolve as partes, mas estão em relação direta com a construção de uma "consciência coletiva" do trabalho decente e de seu reconhecimento social, condição básica para o exercício da cidadania. Por isso adverte *Aldacy Rachid Coutinho:*

> Ora, os direitos são construídos, diuturnamente, a cada nova ação social, como conquista e resultado de processos reivindicatórios, servindo como instrumento de coesão social. Não são inatos, naturais ou inerentes à pessoa, capturados historicamente. Afinal, "detrás de todo derecho está la historia de alguien, alguien cuya sangre, si uno lee con atención, escurre entre líneas. El texto no engendra texto, la vida sí. La cuestión, una cuestión de política e

(42) MORAES FILHO, Evaristo. *Temas atuais de trabalho e previdência*, p. 134.
(43) *Ibidem*, p. 134.
(44) *Ibidem*, p. 136.

historia y por tanto de derecho, es la experiencia de quién sustenta que norma", assevera *Catherine MacKinnon*.[45]

A ampliação de direitos dos trabalhadores domésticos e, principalmente, sua aplicação generalizada, é condição necessária para o reconhecimento da dignidade desse expressivo segmento social. Isso pode e deve ser realizado de modo a preservar as peculiaridades da respectiva relação de trabalho, condição, aliás, que em princípio deve ser observada em qualquer tipo de regulamentação legal. *Cesarino Júnior* há muito já afirmava ser favorável

> [...] à extensão da legislação trabalhista aos empregados domésticos, com apenas algumas alterações que a adapte à natureza do trabalho. Na realidade, por que o empregado doméstico não deve ganhar um salário mínimo, ter uma razoável duração diária do trabalho, descanso semanal e anual, entre outros direitos? O caráter protecionista do Direito Social deve abranger todos os hipossuficientes.[46]

Não é exagerado ir além desse ponto para afirmar que a proteção deveria ser tanto maior quanto maior fosse a hipossuficiência, e poucos estão tão submetidos ao poder pessoal do empregador quanto o trabalhador doméstico e, por isso, mesmo, carentes de proteção que transforme essa relação pré-capitalista e quase medieval em uma autêntica relação de modernidade, ou seja, em relação contratual com base na autonomia privada, sob a proteção da lei.

É verdade que as peculiaridades do trabalho doméstico podem requerer diferenças pontuais e qualitativas nos direitos dos trabalhadores, mas isso não significa que se devam impor menos direitos para os trabalhadores domésticos. A afetividade e a confiança não podem ser justificativas morais nem jurídicas para solapar direitos, até porque a troca nesse aspecto é equivalente, pois o empregador também recebe o afeto que dá, experiência que não fica restrita ao trabalho doméstico. O que pode justificar eventual diferença é a necessidade de desburocratizar o cumprimento dos deveres patronais, como forma de tornar mais eficazes as regras legais. Assim, por exemplo, parece-me que seriam necessárias regras facilitadoras do recolhimento do Fundo de Garantia por Tempo de Serviço (FGTS) na conta vinculada do trabalhador doméstico ou a substituição desse direito pelo pagamento de indenização equivalente ao período trabalhado, na forma do art. 477, *caput*, da CLT, o que eliminaria entraves para as respectivas relações de trabalho. De outra parte, a dispensa de emissão de comunicado de dispensa para que os empregados domésticos recebessem o seguro-desemprego e a substituição das exigências formais por um sistema mais simples também seria o mais apropriado.

O que não se justifica é afirmar que o trabalhador doméstico, por se encontrar em peculiar estado de subordinação, convivendo com a intimidade dos membros da família, não deva ter direito ao FGTS nem ao seguro-desemprego. Por esse mecanismo, tipicamente ideológico, uma desvantagem social (trabalhar sob forte

---

(45) COUTINHO, Aldacy Rachid. *A autonomia privada:* em busca da defesa dos direitos fundamentais dos trabalhadores, p. 173.
(46) CESARINO JÚNIOR, Antônio Ferreira. *Direito social*, p. 209.

impacto do poder pessoal do empregador) converte-se em argumento sofístico para aumentar a desvantagem jurídica e econômica daquele que se encontra em situação desprivilegiada.

6. Conclusão

Os 20 (vinte) anos de vigência da Constituição da República indicam um excessivamente lento acréscimo de direitos dos trabalhadores domésticos. Grande parte desses trabalhadores está à margem da proteção legal, desprovidos de direitos básicos. É necessário assegurar a esses trabalhadores meios de atingir a cidadania plena, o que só é possível pela aquisição de aportes simbólicos que possibilitem a inclusão dessa classe em igual nível social ao do restante da classe trabalhadora.

Mesmo para aqueles que contam com a proteção legal (os empregados domésticos com "carteira assinada"), o diferente tratamento jurídico que lhes é conferido os conduz a uma esfera de subcidadania, de inferioridade perante os demais trabalhadores, com tal introjeção inconsciente que acabam por ficar estigmatizados e imobilizados. Uma das estratégias transformadoras dessa realidade seria ampliar a proteção dos empregados domésticos e assegurar o reconhecimento do vínculo de emprego com um largo e precarizado segmento, constituído por diaristas, trabalhadores a tempo parcial, trabalhadores de final de semana e outros, prestem ou não serviços no âmbito familiar.

Urge que sejam adotadas medidas no campo legislativo para ampliar esses direitos, mas é necessário, antes de tudo, que os tribunais se preocupem de, na construção normativa da realidade social, levar em consideração o nosso atraso, a nossa desigualdade e o anseio constitucional de transformação. Como bem assinalou *Norberto Bobbio:*

> Com relação às grandes aspirações dos homens de boa vontade, já estamos demasiadamente atrasados. Busquemos não aumentar esse atraso com nossa incredulidade, com nossa indolência, com nosso ceticismo. Não temos muito tempo a perder.[47]

7. Referências bibliográficas

BARROS, Alice Monteiro de. Trabalho doméstico. In: DALLEGRAVE NETO, José Affonso (coord.). *Direito do trabalho:* estudos. São Paulo: LTr, 1997.

BOBBIO, Norberto. *A era dos direitos*. Trad.: Carlos Nelson Coutinho. Rio de Janeiro: Elsevier, 2004. Título original: L'età dei Diritti.

CÀRCOVA, Carlos María. *A opacidade do direito.* Trad.: Edílson Alkmin Cunha. São Paulo: LTr, 1998. Título original: La opacidad del derecho.

CATHARINO, José Martins. *Compêndio de direito do trabalho.* 3. ed. São Paulo: Saraiva, 1982.

(47) BOBBIO, Norberto. *A era dos direitos*, p. 81.

CLÈVE, Clèmerson Merlin. *A fiscalização abstrata de constitucionalidade no direito brasileiro*. São Paulo: RT, 1995.

COUTINHO, Aldacy Rachid. A autonomia privada: em busca da defesa dos direitos fundamentais dos trabalhadores. In: SARLET, Ingo Wolfgand (org.). *Constituição, direitos fundamentais e direito privado*. 2. ed. Porto Alegre: Livraria do Advogado, 2006.

_____. As férias depois da Convenção n. 132 da OIT. *Revista do Tribunal Regional do Trabalho da 9ª Região*, n. 48, jul./dez. 2002, p. 13-44.

CRETELLA JÚNIOR, José. *O empregado doméstico na nova Constituição*. Rio de Janeiro: Forense, 1989.

DWORKIN, Ronald. A igualdade importa? In: GIDDENS, Anthony (org.). *O debate global sobre a terceira via*. Trad.: Roger Maioli dos Santos. São Paulo: Unesp, 2007.

FERRAZ JUNIOR, Tércio Sampaio. *Introdução ao estudo do direito:* técnica, decisão, dominação. 2. ed. São Paulo: Atlas, 1994.

GOMES, Orlando; GOTTSCHALK, Elson. *Curso de direito do trabalho*. 12. ed. Rio de Janeiro: Forense, 1991.

GONÇALVES, Odonel Urbano. *Manual do empregado e do empregador doméstico*. São Paulo: LTr, 1997.

HESSE, Konrad. *A força normativa da Constituição*. Trad.: Gilmar Ferreira Mendes. Porto Alegre: Sérgio Antonio Fabris, 1991. Título original: Die normative Kraft der Verfassung.

KÜHN, Thomas. Condução da vida cotidiana e desigualdade social: um estudo explorativo em Salvador da Bahia. In: SOUZA, Jessé; MATTOS, Patrícia (org.). *Teoria crítica no século XXI*. São Paulo: Anablume, 2007.

LAMARCA, Antonio. *Curso expositivo de direito do trabalho*: introdução e sistema. São Paulo: RT, 1972.

MACIEL, Fabrício. Todo trabalho é digno? Um ensaio sobre moralidade e reconhecimento na modernidade periférica. In: SOUZA, Jessé (org.). *A invisibilidade da desigualdade brasileira*. Belo Horizonte: UFMG, 2006.

MARTINS, Sérgio Pinto. *Manual do trabalho doméstico*. 8. ed. São Paulo: Atlas, 2006.

MARX, Karl. *O capital:* crítica da economia política. Trad. Reginaldo Sant'Anna. 23. ed. Rio de Janeiro: Civilização Brasileira, 2006. Título original: Das Kapital: Kritik der politischen Ökonomie Buch.

MORAES FILHO, Evaristo. *Temas atuais de trabalho e previdência*. São Paulo: LTr, 1976.

MÜLLER, Friedrich. *Métodos de trabalho do direito constitucional*. Trad.: Peter Naumann. 3. ed. rev. e ampl. Rio de Janeiro: Renovar, 2005.

PAMPLONA FILHO, Rodolfo; VILLATORE, Marco Antônio César. *Direito do trabalho doméstico:* doutrina, legislação, jurisprudência, prática. 2. ed. São Paulo: LTr, 2001.

SANTOS, José Aparecido dos. O conceito de salário em utilidades. *Revista do TRT da 9ª Região*, Curitiba, v. 21, n. 2, 2º semestre de 1996.

______. *Curso de cálculos de liquidação trabalhista*. Curitiba: Juruá, 2002.

SOUZA, Jessé. *A construção social da subcidadania:* para uma sociologia política da modernidade periférica. Belo Horizonte: UFMG, 2003.

TORRES, Ricardo Lobo. A metamorfose dos direitos sociais em mínimo existencial. In: SARLET, Ingo Wolfgang (org.). *Direitos fundamentais sociais:* estudos de direito constitucional, internacional e comparado. Rio de Janeiro: Renovar, 2003.

WARAT, Luis Alberto. *O direito e sua linguagem*. 2. ed. Porto Alegre: Sérgio Antônio Fabris, 1995.

A Garantia do Emprego Vinte Anos Depois

José Carlos Arouca(*)

1. O art. 7º, inciso I da Constituição de 1988

A Assembléia Nacional Constituinte com o pecado de origem, faltando-lhe o requisito da exclusividade, desdobrou-se em três grandes grupos, a esquerda comandada por um PMDB muito distante da postura ideológica de hoje, a direita que ainda defendia o regime militar e o "Centrão" assim batizado pelo figurino copiado do antigo Partido Social Democrático (PSD) de *Ulisses Guimarães*.

Dentre os temas mais empolgantes e destacados no capítulo dos direitos sociais foi sem sombra de dúvida a estabilidade no emprego.

O projeto inicial do relator *Bernardo Cabral* (PMDB-AM, depois PFL), limitava-se a definir como direito social "contrato de trabalho protegido contra despedida imotivada ou sem justa causa, nos termos da lei". Na segunda versão, foi mais minucioso e reducionista: "Garantia de emprego protegida contra despedida imotivada, assim entendida a que não se fundar em: a) contrato a termo, nas condições e prazos da lei; b) falta grave, assim conceituada em lei; c) justa causa, baseada em fato econômico instransponível, fato tecnológico ou infortúnio de empresa, de acordo com critérios estabelecidos na legislação do trabalho". O Centrão investiu com todo seu poder de persuasão para dar à estabilidade equivalência à indenização assim como a ditadura militar fizera tomando como ponto de convergência o Fundo de Garantia: "Estabilidade no emprego, após doze meses, mediante garantia de indenização correspondente a um mês de salário por ano de serviço prestado, nos casos de demissão sem justa causa, e, nos casos de força maior, de indenização na forma da lei"(1).

O texto aprovado resultou de acordo com a fusão de emendas de vinte e três constituintes, entre os quais *Afif Domingos* (PL-SP), representando o Centrão e *Mário Covas* (PMDB-SP) liderando o grupo de esquerda: "Relação de emprego protegida contra despedida arbitrária ou sem justa, nos termos da lei complementar, que preverá indenização compensatória, dentre outros direitos". Em razão do acordo ficou acertado que o Ato das Disposições Transitórias adotaria esta ressalva: "Até

(*) Desembargador aposentado do TRT da 2ª Região, advogado, membro da Academia Nacional de Direito do Trabalho e do Instituto de Direito Social Cesarino Jr.

(1) *Jornal da Constituinte*, n. 14 (31 de agosto a 6 de setembro). Brasília: Imprensa Oficial, 1987. p. 14.

que seja promulgada a lei complementar a que se refere o art. 7º, I, da Constituição: I — fica limitada a proteção nele referida ao aumento, para quatro vezes, da porcentagem prevista no art. 6, *caput* e § 1º, da Lei n. 5.107, de 13 de setembro de 1966; II — fica vedada a dispensa arbitrária ou sem justa causa: a) do empregado eleito para cargo de direção de comissões internas de prevenção de acidentes, desde o registro de sua candidatura até um ano após o final de seu mandato; b) da empregada gestante, desde a confirmação da gravidez até cinco meses após o parto". Mesmo assim, a votação foi equilibrada, com 528 votos favoráveis, contra 373 contrários e 4 abstenções(2).

O texto ficou no topo do dispositivo que potencializava os direitos sociais dos trabalhadores. Mas a garantia do emprego devia seguir junto com o Fundo de Garantia do Tempo de Serviço, colocado no inciso III, mas sem a ressalva que lhe dera a Constituição de 1967: "estabilidade, com indenização ao trabalhador despedido, ou fundo de garantia equivalente", mantida na Emenda de 1969.

2. Estabilidade no emprego. A Lei Eloi Chaves

No início da década de 1920, o quadro socioeconômico do Brasil podia ser visto a partir de uma população de pouco mais de trinta milhões de habitantes, dos quais 3.642.382 eram imigrantes, principalmente italianos, espanhóis e portugueses. A indústria no Brasil, antes da Primeira Guerra voltava-se para o consumo interno, não tendo significado econômico. O País produzia bens primários para exportação, especialmente o café. Depois a indústria têxtil cresceu significativamente, ampliando o quadro de operários. Mesmo assim, o censo industrial de 1920 revelou a existência de 648.153 estabelecimentos rurais e apenas 13.336 industriais.

Leôncio Basbaum conta quatro fatores que marcaram o início do século XX: a) a transformação do capitalismo que se assume acentuadamente imperialista, concentrador, especulativo e dominante; b) a Primeira Guerra Mundial (1914-1918) que acaba por impor um novo desenho geográfico e outra ordem econômica; c) a revolução russa de 1917, que coloca no poder uma nova classe, o proletariado; d) a crise mundial de 1929/1930, que se inicia nos Estados Unidos e logo se expande para todas as nações provocando o desemprego e a fome. Quanto ao Brasil, alinha três fatores que determinam sua história: a) a fundação do Partido Comunista Brasileiro que dá novos rumos ao movimento sindical; b) a notável contradição entre o incipiente capitalismo industrial do País e a estrutura arcaica rural que dominava a política nacional; c) a Revolução de 1930 que altera o quadro político, o poder central e dos Estados, substituindo a burguesia agrária conservadora do eixo São Paulo-Minas Gerais pelo caudilhismo getulista. Apenas 20,6% da terra destinava-se ao cultivo, mas cultura entendida como plantação agrícola não passava de 0,8%(3). O movimento do campo para a cidade, na cuidadosa análise de *Nelson Werneck*

---

(2) *Jornal da Constituinte, op. cit.*, 1988, n. 37 (29.2 a 6.3.88, p. 3 e ss.

(3) *História sincera da República.* v. 2, de 1988 a 1930. São Paulo: Alfa-Ômega, 1976. p. 51/53.

Sodré, vai se processando cada vez mais acentuadamente. E como conseqüência, a ascensão industrial se dá na região onde a lavoura produzira o acúmulo de capitais, resultante dos saldos comerciais oriundos de sua exportação"[4].

O modo de vida do operariado, registra *Edgard Carone* com extraordinária precisão, refletia o sistema de trabalho. A burguesia industrial tinha como meta o lucro imediato e a mão-de-obra não significava nada mais do que um componente indispensável para seu atingimento. Por isto era altamente considerável o contingente de menores a partir de cinco anos e de mulheres empregados nas indústrias, recebendo salários ainda mais baixos[5]. Os imigrantes no relato de *Basbaum*, principalmente os espanhóis e italianos, tiveram um papel de inestimável relevo não somente pelo fato de participarem das organizações operárias, às quais traziam uma longa experiência, e de editarem jornais, mas principalmente por elevarem o significado da palavra operário, que pouco a pouco ia deixando de ser ultrajante e pejorativa e, principalmente, porque souberam inculcar no espírito do operário brasileiro e dos ex-escravos, uma consciência de classe operária"[6].

Em 1920, já havia no País, nas maiores cidades, cerca de um milheiro de sindicatos e organizações congêneres de quase todas as categorias profissionais, isto quando a soma do proletariado não chegava a 500 mil trabalhadores. O movimento operário organizado, até 1920, sofreu a influência e o comando dos anarquistas imigrantes, que contribuíram decisivamente para a eclosão das greves que se iniciaram em São Paulo a partir de julho de 1917, irradiando-se para o interior e outros Estados, do Rio de Janeiro até Pernambuco. As reivindicações básicas eram: a) melhores salários; b) jornada de trabalho de 8 horas diárias; c) descanso semanal remunerado; d) abolição das multas; e) igualdade de salários entre homens e mulheres; f) proibição do trabalho para menores de 14 anos; g) revogação da lei de expulsão; h) medidas contra a carestia.

Em 1920 as greves no Rio de Janeiro, em São Paulo e em Pernambuco foram seguidas de prisões, fechamento de sindicatos e expulsão de estrangeiros. No mês de abril do mesmo ano realiza-se no Rio de Janeiro o 3º Congresso Operário Brasileiro.

A oligarquia dominante via-se obrigada a fazer alguma concessão à nova classe que surgia e ameaçava seu domínio. A previdência social podia até ser um modo de impedir a luta de classes. No dia 24 de janeiro de 1923 foi publicado o Decreto n. 4.682 que criou as Caixas de Aposentadoria e Pensões dos Ferroviários. Entrou para a história do Direito do Trabalho com o nome do deputado, autor do projeto, *Eloi Chaves*. O art. 42 estabelecia que "Depois de 10 anos de serviços efetivos, o empregado das empresas a que se refere a presente lei só poderá ser demitido no caso de falta grave constatada em inquérito administrativo, presidido por um engenheiro da Inspetoria e Fiscalização das Estradas de Ferro".

---

(4) *Síntese da história da cultura brasileira.* São Paulo: Difel, 1984. p. 317.
(5) *República Velha, I.* Instituições e classes sociais (1989-1930). São Paulo: Difel, 1978. p. 207.
(6) *Op. cit.*, p. 178.

Seguiu-se o Decreto n. 5.109, de 20 de dezembro de 1926, que estendeu o regime de previdência para todas as estradas de ferro do País, a cargo da União, dos Estados, dos Municípios, ou de particulares, bem assim a todas as empresas de navegação marítima ou fluvial e as de exploração de portos, públicas ou privadas. Depois, com o Decreto n. 19.497, já em 1930 foram beneficiados os trabalhadores das empresas de telegrafia e radiotelegrafia. Logo após, no mesmo ano, o Decreto n. 19.554 estendeu a garantia de estabilidade para os marítimos.

A disciplinação foi dada pelo Decreto n. 20.465, de 1 de outubro de 1931[7].

A garantia foi pouco a pouco estendida para outros grupos profissionais[8].

Correta, assim, a afirmação de *José Martins Catharino*: "A estabilidade, logo que surgiu, poderia ser definida: uma providência favorável em favor da previdência. Tanto é verdade o que afirmamos que o legislador não tratou das reivindicações dos empregados relativamente à estabilidade. Esta era utópica, até o momento em que os órgãos da Previdência não se robusteceram. Depois, então, foi que a estabilidade deixou de se confundir com a aposentadoria, e passou a merecer a atenção de todos, afim de que realmente existisse"[9].

Enfim, foi criada nossa previdência social e para torná-la efetiva, a estabilidade no emprego.

3. A Lei n. 62 de 1935

Em 1935 a Lei n. 62, de 5 de junho, deu à estabilidade natureza de norma de proteção ao trabalho, desvinculando-a da Previdência Social. A reação do patronato foi imediata. Como observou *Evaristo de Moraes Filho*, enquanto norma previ-

---

(7) Art. 53. Após dez anos de serviços prestados à mesma empresa, os empregados a que se refere a presente lei só poderão ser demitidos em caso de falta grave, apurada em inquérito feito pela administração da empresa, ouvido o acusado com a assistência do representante do sindicato de classe, cabendo recurso para o Conselho Nacional do Trabalho. § 1º O empregado contra o qual for argüida falta grave poderá ser desde logo suspenso de suas funções pela empresa, mas a demissão somente se dará após deliberação do Conselho Nacional do Trabalho, se este reconhecer a falta argüida. § 2º No caso de reconhecer o Conselho Nacional do Trabalho a não existência de falta grave ao empregado, fica a empresa obrigada a readmiti-lo no serviço e a indenizá-lo dos salários durante o período de sua suspensão. § 3º O empregado demitido, com mais de 10 anos de serviços, poderá continuar como associado da Caixa, pagando em dobro, até perfazer o período de 35 anos, a contribuição correspondente ao vencimento que recebia ao ser dispensado, se assim o requerer no prazo máximo de 60 dias da demissão. O associado nestas condições, a partir de 55 anos de idade, perceberá uma renda vitalícia equivalente à importância da aposentadoria a que teria direito se continuasse em serviço no cargo que ocupava ao ser exonerado, feita a conveniente habilitação perante a Caixa. § 4º Não se compreendem neste artigo os cargos de confiança imediata dos Governos ou das administrações superiores das empresas. Art. 54. Considera-se falta grave: a) qualquer ato de improbidade, que torne o empregado incompatível com o serviço da empresa; b) embriaguez habitual ou em serviço; c) mau procedimento ou desídia habitual no desempenho das respectivas funções; d) violação do segredo do qual, por força do cargo, o empregado esteja de posse; e) atos reiterados de indisciplina ou ato grave de insubordinação; f) abandono do serviço sem causa justificada; g) atos lesivos da honra e boa fama praticados em serviço contra qualquer pessoa ou ofensas físicas, nas mesmas condições, salvo em casos de legítima defesa própria ou de outrem. Art. 55. O empregado que, dispensado do serviço, por conveniência da empresa, obtiver a sua readmissão continuará no gozo de todos os direitos anteriores, inclusive a contagem do tempo em que nela serviu, independente de pagamento de nova jóia.

(8) Decreto n. 22.096/32 (pessoal de mineração), Decreto n. 24.615/34 (bancários).

(9) *Da estabilidade no direito brasileiro*. São Paulo: Saraiva, 1942. p. 6.

denciária não despertara atenção. Além do mais, não chegara às indústrias. Mas era patente, escreve, "a estreita relação entre essa política de permanência no emprego e os benefícios que a lei proporcionava aos ferroviários. Tornava-se necessário manter os níveis de contribuição para os cofres das Caixas garantindo a continuidade dos salários dos futuros beneficiados, com a constância dos seus empregos e com níveis salariais cada vez mais altos. Só com uma política de pleno emprego se tornaria possível a adoção e a firmeza da nova organização previdenciária que se instalava no país".

Antes, a Lei Sindical de 1931, Decreto n. 19.770, de 19 de março, no art. 13 já vedava "aos patrões ou empresas despedir, suspender, rebaixar de categoria, de salário ou de ordenado a operário ou empregado, pelo fato de associar-se ao sindicato de sua classe, ou por ter, no seio do mesmo sindicato, manifestado idéias ou assumido atitudes em divergência com os seus patrões. § 1º No caso de demissão, ao operário ou empregado será paga indenização correspondente ao salário ou ordenado de dois meses, indenização esta que será mensalmente mantida enquanto perdurar a suspensão; no caso de rebaixamento de categoria, de salário ou de ordenado, prevalecerá o critério adotado para as suspensões, impostas tais penas pela autoridade competente, com recurso para o ministro do Trabalho, Indústria e Comércio. § 2º Em se tratando de operário garantido pelo direito de vitaliciedade, pagar-se-á ao que for demitido uma quantia correspondente a cinco anos de salário ou de ordenado, e ao que for rebaixado de categoria ou sofrer redução de salário ou ordenado, uma quantia correspondente a três anos, depois do competente processo administrativo".

A Constituição de 1934, no art. 131 conferiu estabilidade aos redatores, operários e demais empregados da imprensa e no art. 150, aos professores, como condição para o reconhecimento dos estabelecimentos de ensino particulares. O termo estabilidade tinha ingresso pela primeira vez num texto constitucional, embora beneficiando somente duas classes: empregados das empresas jornalísticas e professores.

Comentando a Lei n. 62, nos diz *Evaristo de Moraes Filho* "um grupo de classistas apresentou, na Câmara dos Deputados o projeto n. 21, tendo à frente o deputado *Vasco de Toledo*. Regulava somente a letra *g* do § 1º do art. 121, não falava em estabilidade. Coube a *Mozart Lago* emitir parecer sobre o projeto, concluindo por oferecer um substitutivo. Nada dispunha também sobre a estabilidade, embora muito mais extenso e completo do que o anterior. Antes de discutido o seu substitutivo, chega-lhe às mãos o projeto n. 70 de autoria de outro grupo de deputados, classistas ou não, com o nome de *Waldemar Falcão* como primeiro assinante. Regulava a dispensa do empregado do comércio e lhe dava estabilidade com dois anos de serviço. No art. 3º, no entanto, assegura-lhe o direito de efetividade. A competência para julgamento era do Conselho Nacional do Trabalho, apesar de já existirem as Juntas. Revogavam-se as antigas disposições do Instituto dos Comerciários (art. 33, do Decreto n. 24.273, de 1934) (...) Novo substitutivo, à vista do exposto, foi apresentado pelo deputado *Vasco de Toledo*, quando chega à Câmara um ofício da Federação dos Sindicatos Patronais do Distrito Federal contra a aprovação da matéria, por inoportuna, aconselhando a aguardar o Código do Trabalho. Resignando as funções de relator, foi *Mozart Lago* substituído pelo deputado paulista *Moraes Andrade*, que elaborou novo substitutivo, o de n. 125, aceito unanimemente pela Comissão de Legislação Social e enviado ao plenário. Muitas foram as emendas a ele apresentadas, prejudicando-lhe o andamento. Mas a estabilidade com 10 anos, para os que ainda dela não gozavam, já se encontrava no projeto e no parecer justificativo de *Moraes Andrade*". Aprovado em plenário, veio a constituir a famosa Lei n. 62, de 5 de junho de 1935, que logo subiu à sanção do Executivo, exercido interinamente por *Antonio Carlos Ribeiro de Andrade*. A ementa da Lei não se referia a estabilidade, mas somente à indenização assegurada ao empregado da indústria ou do comércio. Dispunha o art. 10: "Os empregados que ainda não gozarem da estabilidade que as leis sobre institutos de aposentadoria e pensões têm criado, desde que contem 10 anos de serviço efetivo no mesmo estabelecimento, nos termos desta lei, só poderão ser demitidos por motivos devidamente comprovados de falta grave, desobediência, indisciplina ou causa de força maior, nos termos do art. 5º." E completava o art. 13, os dois únicos sobre a matéria numa lei de 17 artigos: "O empregado que for acusado de falta grave poderá ser suspenso, até decisão final do processo de investigação. — Parágrafo único. Provada a inexistência de falta grave, o empregado readmitido receberá integralmente os vencimentos e vantagens a que teria direito se não houvesse sido suspenso"[(10)].

Muito se discutiu sobre a constitucionalidade do diploma, pois o art. 121, § 1º da Constituição de 1934 só previa a indenização reparatória. Neste sentido o parecer de *Waldemar Ferreira* que ecoou na Suprema Corte, sensibilizando também o antigo Conselho Nacional do Trabalho. A reação patronal foi grande e os artifícios utilizados sem conta, a começar pela "prática de contratos a curto prazo, periodicamente renovados: e também a da dispensa do empregado que está prestes a atingir os dez anos de serviço efetivo", como a *Revista LTr* registrou na glosa de 1938 referida por *Evaristo de Moraes Filho*[(11)].

4. A estabilidade na CLT

Em 1943 foi costurada a Consolidação das Leis do Trabalho, entrando a estabilidade no art. 492: "O empregado que contar mais de 10 (dez) anos de serviço na mesma empresa não poderá ser despedido senão por motivo de falta grave ou circunstância de força maior, devidamente comprovadas". Falta grave seria a mesma justa causa do art. 482, mas potencializada pela intensidade ou reiteração. O empregado acusado de falta grave poderia ser suspenso de suas funções até o final do processo, mas a sua despedida só se tornaria efetiva após a conclusão do inquérito acolhendo a procedência da acusação. Reconhecida a inexistência da falta ficava o empregador obrigado a readmitir o empregado no serviço e a pagar-lhe os salários a que teria direito no período de suspensão, a menos que a reintegração

(10) GLOSAS. *A árdua questão da estabilidade*. São Paulo: LTr, n. 42, p. 813/814 (comentário à matéria publicada na Revista em setembro de 1937).
(11) *Op. cit.*, p. 824.

fosse desaconselhável, diante do grau de incompatibilidade resultante do dissídio, hipótese em que seria convertida a obrigação em indenização dobrada. A indenização em dobro seria devida, também, no caso de extinção da empresa ou fechamento do estabelecimento, sem a ocorrência de motivo de força maior. Mas não haveria estabilidade no exercício dos cargos de diretoria, gerência ou outros de confiança imediata do empregador. De resto, a despedida com o fim de obstar ao empregado a aquisição de estabilidade implicava no pagamento em dobro da indenização. Para a instauração do inquérito para apuração de falta grave, o empregador devia ajuizar reclamação dentro de 30 dias, contados da data da suspensão do empregado.

A Carta de 1937 colocara lado a lado estabilidade e indenização, o que se repetiu com outra roupagem na Constituição de 1946[(12)].

Em 1963, *Evaristo de Morais Filho* apresentou seu Anteprojeto de Código do Trabalho, encomendado pelo Ministro da Justiça *João Mangabeira* do Gabinete *Hermes Lima*, observando, a propósito do tema: "tínhamos dois caminhos a seguir quanto ao instituto da estabilidade, em vigor entre nós desde 1923: ou abandoná-lo ou reforçá-lo. Preferimos este último caminho, julgando-o absolutamente intocável e dentro das linhas maiores da doutrina e da legislação contemporânea". O art. 567 mantinha a estabilidade decenal, mas o 530 inovava, assim dispondo: "Depois de um ano de serviço, despedido sem justa causa ou motivo de força maior, poderá o empregado optar entre o recebimento da indenização legal ou o cumprimento do contrato pelo empregador". Além do mais, o § 1º permitia a reintegração após julgamento em qualquer instância. Não se esperava outra coisa de quem antes já se definira, escrevendo: "Não se compara o risco que correm as partes contratantes, em face do desemprego súbito: o empregado perde tudo que lhe resta na vida, todo o seu patrimônio representado na sua única propriedade, humana e personalíssima, que é sua força de trabalho, o empregador perde somente um colaborador, que é logo substituído por outro, mal o primeiro vira as costas, sem maiores perigos para a organização"[(13)].

Como se sabe *Evaristo* foi aposentado pela ditadura instalada no País e seu anteprojeto foi desprezado.

5. FGTS. O fim da estabilidade

Com o golpe militar de 1964, assanharam-se os conservadores e grande parte do patronato que leram no Ato Institucional n. 1 o fuzilamento da estabilidade: "Art. 7º Ficam suspensas, por seis meses, as garantias constitucionais ou legais de

(12) Carta de 1937. Art. 137.A legislação do trabalho observará, além de outros, os seguintes preceitos: (...)f) nas empresas de trabalho contínuo, a cessação das relações de trabalho a que o trabalhador não haja dado motivo, e quando a lei não lhe garanta a estabilidade no emprego, cria-lhe o direito a uma indenização proporcional aos anos de serviço.
CF 1946. art. 157, XII. estabilidade na empresa ou na exploração rural, e indenização ao trabalhador despedido, nos casos e nas condições que a lei estatuir.

(13) *Anteprojeto de Código do Trabalho*. Rio de Janeiro: Imprensa Oficial, 1963. p. 49 e 186/187.

vitaliciedade e estabilidade". Foi tanta a inquietação produzida que o chamado Comando Supremo da Revolução procurou aquietar os trabalhadores: "... tendo tomado conhecimento de que indivíduos ligados ao peleguismo e que infestam os meios sindicais estão desenvolvendo campanhas e boatos nos meios operários, vem uma vez por todas esclarecer os seguintes pontos: 1) A Revolução vitoriosa levada a cabo pelas Forças Armadas, com o apoio do povo, considera irreversíveis as conquistas sociais legítimas contidas na legislação trabalhista em vigor; 2) Os trabalhadores continuarão em pleno gozo de seus direitos, agora mais do que antes, porque estão livres da influência político-partidária; 3) A Justiça do Trabalho permanece em pleno funcionamento, em sua missão de defesa dos interesses e de harmonizar as divergências entre empregados e empregadores; 4) O Comando Supremo da Revolução está certo de que os trabalhadores brasileiros saberão negar ouvidos a esses boatos, desprezando os elementos perturbadores, e saberão cumprir seus deveres e obrigações, inseparáveis que são dos direitos constantes da legislação trabalhista brasileira".

A Federação das Indústrias do Estado de São Paulo, como porta voz do capitalismo brasileiro, não desistiu e passou ao ataque, divulgando parecer de sua assessoria jurídica, para concluir que a estabilidade não passava de um mito a ser derrubado e esquecido. Com isto, sem perceber que contribuía decisivamente para a desnacionalização de nossa indústria, acreditava combater o projeto *Adylio Vianna* que dava mais vigor à estabilidade: Sua proclamação deixava clara a posição dos industriais: "A estabilidade, salvo a garantia do emprego e ainda assim nos casos e condições previstas em lei se assemelha a um mito porque não tem outra realidade. Nenhuma empresa dispensa o concurso e a valia do trabalho de um bom empregado. Mas sucede, e não é incomum que o trabalhador, muitas vezes, não tenta outro caminho que se lhe depare e no curso do qual pode alcançar situação mais próspera, porque fica preso ao mito da estabilidade, esse símbolo ou enigma que não tem melhor consistência do que aquele já exposto. E é muito possível que a inteligência e o honesto propósito dos que se disponham a enfrentar o enigma encontrem uma fórmula que concilie os interesses dos trabalhadores e das empresas, em termos do mais amplo interesse para a economia nacional."[14]

A extinção da estabilidade foi anunciada antes mesmo do tiro certeiro partido da Lei n. 5.107, no mês de setembro de 1966. O Presidente *Castelo Branco*, no início do ano, discursando, revelou o propósito já assumido pela ditadura: "Burlado pelos patrões e deformado pela escassa minoria dos trabalhadores que o alcançam, o instituto da estabilidade tornou-se um verdadeiro instituto de inquietação. A situação atual estimula o empregador a usar artifícios e a buscar de qualquer modo a dispensa por justa causa, a fim de se livrar do ônus latente, ou então, a evitar que o empregado atinja 10 anos, indenizando-o antes de completar esse tempo, pelo receio da indisciplina e descaso pela produtividade do trabalhador que atinge a estabilidade". Três meses depois, em maio, o Ministro da Fazenda *Octávio Gouvêa de Bulhões* confessava que "se houver ambiente favorável ao seu entendimento, em

---

(14) AROUCA, José Carlos. *O Fundo de Garantia do Tempo de Serviço*. São Paulo: edição mimeografada da Federação dos Trabalhadores nas Indústrias da Alimentação do Estado de São Paulo, dez. 1966. p. 1.

comum acordo com o Ministro do Planejamento, *Roberto Campos*, baixará as determinações a serem seguidas pelo Ministro do Trabalho" para cuidar-se da extinção da estabilidade.

Em julho o Marechal *Costa e Silva* explicava: "A estabilidade, antes de 1950, inexistia praticamente, qualquer problema em relação a estabilidade. Coincidentemente, porém, após o Congresso de Araxá, no qual as classes empregadoras se reuniram para propor soluções atinentes às questões sociais, iniciou-se, em muitas empresas, a praxe de despedir empregados com oito ou nove anos de serviços a fim de que não se tornassem estáveis. A essa praxe passou a corresponder, para alguns empregados, a atitude de desídia, negligência e indisciplina após a conquista da estabilidade. Criou-se, assim, um problema de caráter social. A estabilidade tem por objetivo a segurança individual e familiar do trabalhador, e sua integração na empresa é um direito a não ser desempregado, quando em virtude da idade, reduzem-se as possibilidades de emprego. Entretanto, em muitas empresas, tornou-se ela um fator de insegurança, face a ameaça de despedida, pelo só fato de se aproximar o empregado do decênio. (...) Esse anteprojeto (Fundo de Garantia) tem sofrido as mais severas críticas tanto dos empregadores, como, da mesma forma, da maioria das organizações de trabalhadores. Trata-se, entretanto de um anteprojeto lançado ao debate público e que terá, necessariamente, de ser submetido ao Congresso Nacional, que com certeza, assim como o Poder Executivo, acabará por zelar pelos trabalhadores, preservando e aperfeiçoando suas conquistas sociais".[15]

E foi aprovado com a maioria que restou de um Congresso amordaçado, dando na Lei n. 5.107, de 1966 que instituiu o regime do Fundo de Garantia do Tempo de Serviço, como direito dos trabalhadores por suposta opção livre para renunciar ao direito à estabilidade no emprego. Era a opção patronal imposta pelo empregador como condição para contratar ou manter o contrato de trabalho[16]. Como compensação para os dirigentes sindicais acomodados era ampliada a estabilidade do art. 543, § 3º da CLT, além de permitir que, sendo optantes, quando afastados de seus empregos, tivessem os depósitos efetuados em conta vinculada, a cargo de seu sindicato.

A Constituição de 1967 equiparou estabilidade, indenização e o Fundo: "estabilidade, com indenização ao trabalhador despedido, ou Fundo de Garantia equivalente".

O FGTS não custou nada para as empresas. De fato, significou 8% da folha de pagamento, mas, em contrapartida, ficaram livres de inúmeros encargos: 2% para o Fundo de Indenizações Trabalhistas, 1% para o Fundo de Assistência ao Desempregado, 1% para o BNH, 0,5% para a Legião Brasileira de Assistência, 0,5% de redução da contribuição para o Sesi/Sesc, e o que sobrou, 3%, foi repassado para os custos.

---

(15) AROUCA. *Op. cit.*, p. 38.
(16) *Op. cit.*, p. 7.

E foi para atender às pressões do capitalismo americano que a ditadura militar de 1964 liquidou a estabilidade, substituindo-a por um Fundo que, à evidência, não garantia o emprego. De fato, em 1945, a Missão Abbink foi enviada ao Brasil pelo governo norte-americano com o fim de estudar as causas de nossas crises financeiras e prescrever os remédios necessários, como revela *Evaristo de Moraes Filho*. "O relatório Abbink caracterizou-se por sua preocupação, muito patriótica, aliás, de complementarizar a economia brasileira à norte-americana e conservar-nos na posição tradicional de País produtor de matérias-primas, ou de industrialização sob controle externo. Para isto, empenhou-se em duas importantes reivindicações: a) abolir a estabilidade, substituindo-a por um seguro-desemprego; b) abolir a exigência de 2/3 de empregados brasileiros em cada empresa".(17)

Saiu em defesa da estabilidade *Cesarino Jr.*, perplexo e enfático: "A Lei n. 5.107 não acaba apenas com a estabilidade, mas igualmente com as indenizações. Significa isto que os patrões ficam inteiramente livres para despedir, a seu inteiro talante e capricho, quem bem lhes parecer. Significa isto que, num retrocesso de todos os pontos de vista lamentável, fica restaurada a ditadura nas empresas"(18). Da mesma forma, *José Martins Catharino*, para quem bastou lembrar a sensível advertência de *Commons*: "Se uma grande empresa com uns 10.000 dependentes perde um trabalhador perde um décimomilésimo de sua força de trabalho, o trabalhador perde 100% de seu emprego".(19)

Se o Fundo serviu para a liquidação do chamado "passivo trabalhista", para impor o absolutismo do empregador na relação de emprego, também contribuiu decisivamente para a rotatividade da mão-de-obra, como conclui *Vera Lúcia B. Ferrante:* "Por outro lado, o fato de ter o FGTS favorecido a rotatividade de empregados e acelerado a possibilidade de demissões dos empregados de mais idade, teria criado elementos para que se elevasse a taxa de exploração da força de trabalho e indiretamente se criassem elementos internos para a acumulação"(20). *Roberto Brás Matos Macedo* e *José Paulo Z. Chahad*, em trabalho de pesquisa que teve o patrocínio do Ministério do Trabalho, mesmo timidamente, admitem que o FGTS provocou a rotatividade: "... conclui-se que a instituição do FGTS trouxe, do lado do empregador, mecanismos de rescisão de contrato de trabalho que culminaram por estimular o aumento da rotatividade da mão-de-obra, observando-se essa apenas pelo lado das rescisões de contrato de trabalho ...". Reforçando a conclusão, acrescentam: "... há indícios de que o FGTS contribuiu e contribui para uma maior rotatividade da mão-de-obra, introduzindo esse estímulo tanto do lado do empregador como do empregado".(21)

O Instituto de Direito Social, que hoje leva o nome de seu fundador *Cesarino Jr.*, promoveu em 1979 um simpósio para discutir o tema. Sua conclusão principal

---

(17) A estabilidade dos trabalhadores: sua evolução no Brasil. *Revista Civilização Brasileira*, São Paulo, maio 1966, p. 392.

(18) *Estabilidade e fundo de garantia*. Rio de Janeiro: Forense, 1965. p. 65.

(19) *Em defesa da estabilidade*. Despedida x estabilidade. São Paulo: LTr, 1968. p. 64.

(20) *FGTS*: ideologia e repressão. São Paulo: Ática, 1978. p. 132.

(21) *FGTS e a rotatividade*. Brasília: Nobel e Ministério do Trabalho, 1985. p. 77 e 163/164.

foi: "O regime do Fundo de Garantia do Tempo de Serviço e a estabilidade são hoje, doutrinariamente incompatíveis, mas podem e devem, mediante reformulações, ser compatibilizados". Era, na verdade, a última tentativa de restabelecimento do direito que fora sufocado. Ninguém podia negar que "O Fundo de Garantia do Tempo de Serviço não é um regime de garantia da relação de emprego", mas, que, ao contrário, favorecia o desemprego, tanto que as estatísticas do Ministério do Trabalho acusaram uma taxa de rotatividade superior a 52% em 1968.(22)

Os juristas convocados por *Cesarino Jr.*, é claro, não foram ouvidos pelos economistas entronados no poder da ditadura militar. *Roberto Santos* lembrou que o Ministro *Mário Henrique Simonsen*, em sua obra "A Nova Economia Brasileira", incluiu entre "as grandes conquistas do período 1964/67 aquilo a que chama a substituição do antigo sistema de indenizações e estabilidade do trabalhador pelo Fundo de Garantia do Tempo de Serviço"(23).

Ninguém, de boa fé, atrevia-se a defender um Fundo que não garantia nada e ninguém. *Marco Aurélio Mendes de Farias Melo*, hoje Ministro do Supremo Tribunal Federal, em 1987 escrevia: "Os trabalhadores, receosos de perderem o emprego, na maioria das vezes o meio único de que dispõem para prover a própria subsistência e o da respectiva família, ficam emudecidos. O empregador encontrou e continua encontrando campo propício à imposição de algumas condições de trabalho, e dentre estas destaca-se a adoção do sistema do Fundo. A particularidade já levou a dizer que o trabalhador não opta, mas sim é optado"(24).

No governo *Geisel* a Lei n. 6.514, de dezembro de 1977 atenuou a estabilidade, dando aos representantes dos trabalhadores nas CIPAs apenas garantia de emprego, como se escreveu no art. 165 da CLT: "Os titulares da representação dos empregados nas CIPAs não poderão sofrer despedida arbitrária, entendendo-se como tal a que não se fundar em motivo disciplinar, técnico, econômico ou financeiro". O diferenciador encontrado foi permitir ao empregador despedir e deixar que o empregado reclamasse sua reintegração. O expediente teve o efeito esperado, transformando a estabilidade, de resto já sufocada pelo Fundo de Garantia do Tempo de Serviço, em simples indenização, pois a ação como regra seguia lenta seu caminho e só bem depois de vencido o prazo de duração do mandato é que chegava ao fim, impedindo a reintegração no emprego.

6. Repensando a estabilidade. O Projeto DIAP

O Departamento Intersindical de Assessoria Parlamentar — DIAP fortaleceu-se com seu primeiro projeto, de extraordinário alcance social: Garantia do Emprego, ao invés de estabilidade, palavra que fora amaldiçoada e bastava para conduzir à rejeição do projeto. Apenas as lideranças do PDS (ex-Arena) e do PFL (dissidência do PDS), *José Lourenço* e *Amaral Netto* recusaram-se a assiná-lo. A pri-

(22) *Estabilidade e fundo de garantia do tempo de serviço.* São Paulo: Simpósio, 1979, Anais, p. 72.
(23) *Estabilidade e FGTS no Brasil. Repercussões econômicas e sociais. Op. cit.*, p. 43.
(24) *Jornal dos Trabalhadores no Comércio do Brasil,* Brasília, mar. 87.

meira assinatura ficou reservada para a liderança do MDB, majoritário naqueles tempos de ensaio da democracia revivida. Foi por isto que ficou conhecido com seu nome de batismo: Projeto *Pimenta da Veiga*.

Corria o ano 1986, e em tudo sentia-se o anseio de liberdade, de desmanche do modelo autoritário imposto pelos militares e seus aliados civis, do centro e da direita. A reação conservadora respondeu com força redobrada, tendo apoio decisivo do presidente *José Sarney* e de seu ministério, e o emprego continuou sem nenhuma garantia(25).

7. Convenção n. 158. Vida, paixão e morte

Em 1982, quando nem se desconfiava do triunfo aparente do neoliberalismo, *Arnaldo Süssekind* ainda acreditava no retorno da estabilidade: "A economia liberal não se preocupava com o trabalhador, como ser humano, e por isto mesmo afastava a idéia de sua integração na empresa. A lei da oferta e da procura ditava as regras do jogo, tornando o mercado de trabalho atraente para o empregador. Já a permanência do trabalhador no emprego contribui, como bem assinalaram *Paul Durand* e *André Vitu*, para a dignidade da pessoa humana; incorpora-se à concepção nova, segundo a qual o trabalho não pode ser considerado mercadoria...."(26) *Roberto Santos*, mais tarde, escreveu que somente as causas disciplinares constituem, em regra, os motivos socialmente válidos para a dispensa individual, enquanto as dispensas coletivas, necessariamente, deveriam ter como causa razões econômicas, técnicas e fatalisticas(27).

Afinal, em 22 de junho de 1982, a 68ª Sessão da Conferência Internacional do Trabalho aprova a Convenção n. 158 que veda as dispensas arbitrárias. O Brasil votou contra, por determinação do Ministro do Trabalho, *Murilo Macedo*, o que não causou nenhum espanto, afinal vivíamos em plena ditadura.

Certo que a cidadania não se completa sem o direito ao trabalho, que dignifica a pessoa humana (CF. art. 1º, II, III e IV). Assim, a empresa antes de tudo tem um objetivo social, integrando-se com seus empregados numa peça indispensável à erradicação da pobreza e da marginalização (CF. art. 3º, III). Todavia, a globalização da economia, a par do desenvolvimento tecnológico, para os neoliberais determinou o fim do trabalho subordinado. Quer dizer, o emprego tradicional passou a ser coisa do passado, só restando espaço no chamado mercado informal. Para os modernos neoliberais que defendem a inevitabilidade da nova ordem não conta o subemprego nem o trabalho escravo.

---

(25) *Jornal do Comércio*. Rio de Janeiro, 20.6.86.
AROUCA, José Carlos. *O projeto I:* garantia do emprego, DIAP de frente para a história, 20 anos a serviço da cidadania. (obra coletiva). Distrito Federal, ed. própria, 2003. p. 48. Fui o relator da minuta de Anteprojeto, relembrado vinte anos depois.

(26) A Convenção da OIT sobre despedida arbitrária. *Rev. LTr*, São Paulo, v. 46, dez. 1982, p. 427.

(27) Despedida arbitrária e tutela do emprego: mudanças requeridas. *Rev. LTr*, São Paulo, v. 47, maio 1983, p. 546/547.

Foi neste quadro que chegou ao Brasil a Convenção n. 158 da OIT, aprovada por meio do Decreto Legislativo n. 68 de 17 de setembro de 1992, sendo ratificada somente em 4 de janeiro de 1995, quando a Missão Permanente do Brasil em Genebra procedeu ao depósito do instrumento de ratificação na OIT. Sua eficácia jurídica deu-se a partir do Decreto n. 1.855, de 10 de abril de 1996, com a publicação do texto oficial.

A Convenção proíbe a dispensa arbitrária ou sem justa causa. Mas logo se entendeu que não viera para valer, pois segundo a corrente que se mostrou majoritária, dependeria de lei complementar para adquirir eficácia[28]. Para outros a garantia não ia além da indenização compensatória. Havia até quem defendesse ter chegado tarde, porque já existia o Fundo de Garantia do Tempo de Serviço.

Pela Convenção não se admite a dispensa discriminatória do empregado, especialmente fundada em opiniões políticas, filiação sindical, representação de classe, insurgimento contra violações de leis ou regulamentos e também quando a razão invocada seja uma moléstia ou lesão.

A demissão do empregado será reputada arbitrária, tratando-se de contrato por prazo indeterminado, quando não se fundar em motivos relacionados com o comportamento ou desempenho ou então baseados em necessidades da empresa.

Na categoria de motivos ligados à atuação pessoal do trabalhador, comportamento teria a ver com a disciplina, relacionamento com os companheiros de trabalho, superiores, absenteísmo, enquanto desempenho interliga-se à produtividade, à qualidade do trabalho. Já na categoria de interesses da empresa compreendem-se motivos econômicos, tecnológicos, estruturais ou análogos. Mas restringe-se o poder potestativo, absolutista do empregador que se vê obrigado a justificar as razões do despedimento. O trabalhador, por sua vez, pode exigir o direito de defender-se da acusação. E, principalmente, pode reclamar — no Brasil perante a Justiça do Trabalho — postulando a anulação de sua dispensa e conseqüente reintegração no emprego. O ônus da prova será sempre do empregador. No caso de dispensa fundada em interesse da empresa o julgador avaliará a prova para verificar se o motivo invocado foi suficiente. Por exemplo, prova-se satisfatoriamente a repetida retração do mercado, mas ainda assim a dispensa será arbitrária quando for atingido um trabalhador com maior antiguidade, mais encargos familiares, etc.

A dispensa, enfim, poderá ser anulada trazendo de volta o emprego, a menos que a medida se revele inconveniente, dado o grau de incompatibilidade entre as partes, quando a garantia será substituída por indenização compensatória.

8. Demissões coletivas. Convenção n. 158 e a proteção em face da automação

Pouco se discutiu o alcance da Convenção para frear a continuação das demissões coletivas. A Constituição, no inciso XXVII do art. 8º, assegurou "proteção

---

(28) O art. 69 da Constituição que exige maioria absoluta dos congressistas para aprovação.

em face da automação na forma da lei". Não se percebeu que neste ponto a Convenção poderia compor o vácuo legislativo.

Conforme o texto, em se tratando de dispensas coletivas, motivadas por razões econômicas, tecnológicas, estruturais ou análogas, deverá o empregador dar ciência ao órgão local do Ministério do Trabalho, no caso à Superintendência Regional do Trabalho, notificando previamente o sindicato de classe e informando-o quanto ao volume de dispensas, categorias a serem afetadas e as razões determinantes, possibilitando-lhe, assim, a realização de consultas sobre medidas a serem adotadas para evitar ou limitar as dispensas e atenuar suas conseqüências danosas, em especial mediante a colocação em novos postos de trabalho. Significa isto que o sindicato poderá manter negociações objetivando atenuar a extensão das dispensas e, sendo o caso, obter benefícios adicionais como pagamento de indenização, manutenção dos planos de seguro-saúde, etc., o que, de resto, já se conhece no dia-a-dia da experiência brasileira, inclusive com os discutidos planos de demissão, muitas vezes, apenas supostamente voluntária.

A ação direta de inconstitucionalidade logo ajuizada, restringia-se aos dez primeiros artigos da Convenção, o que até permite entender terem os mentores da Confederação Nacional dos Industriais, seu autor, admitido, quando menos, a constitucionalidade dos demais dispositivos, que cuidam das dispensas coletivas. Ao que parece, não se deu conta de que a par da proteção da relação de emprego individualmente considerada, a Convenção dava efetividade ao inciso XXVII do art. 7º de nossa Constituição, até hoje, tal e qual o inciso I, à espera de regulamentação, impondo regras restritivas às dispensas coletivas. A proteção contra dispensas coletivas dada pela Convenção n. 154 não fere o absolutismo das empresas, mas exige delas um mínimo de lealdade, ainda mais quando se assiste o fenômeno que para os adeptos do neoliberalismo é coisa natural: a redução dos empregos, o desmonte da legislação de proteção ao trabalho. Indispensável, porém, em nome da boa-fé, que a empresa, antes de causar um dano à coletividade, prevendo a necessidade de dispensas em função de motivos econômicos, tecnológicos, estruturais ou análogos, represente ao sindicato e à autoridade administrativa para assuntos do trabalho, informando as razões determinantes, o número de pessoas que serão atingidas, a época em que isto se dará, como estabelece o art. 13 da Convenção. Claro que a notificação ao órgão local do Ministério do Trabalho, na qualidade de autoridade administrativa, nada tem a ver com o papel repressor exercido ao tempo da ditadura, quando executava as intervenções solicitadas pelo Dops e o delegado outra coisa não fazia senão correr atrás de dirigentes assustados. Cumpriria à autoridade exercer o papel de mediadora para, em nome da sociedade, minimizar a extensão do conflito. De sua parte, o sindicato, como representante dos trabalhadores, promoveria a negociação coletiva para impedir as dispensas, reduzir o número de atingidos ou atenuar o tamanho do conflito.

9. Indenização compensatória

O Fundo de Garantia, como se viu, não se presta para garantir o emprego e muito menos para compensar o dano causado pelo empregador. Entendemos que o objetivo fundamental do inciso I do art. 7º da Constituição é a vedação de dispensas arbitrárias, não dependendo de lei complementar para ter efetividade. Esta deveria dispor unicamente sobre a indenização compensatória. Nesta linha o pensamento de *Antônio Álvares da Silva*[29].

Com efeito, a Constituição de 1988 deu autonomia ao Fundo de Garantia, desvinculando-o da estabilidade e da indenização. Isto se deveu, induvidosamente, ao propósito de se garantir o emprego contra dispensas arbitrárias ou sem justa causa, ou seja, a estabilidade possível naquele momento. Nesta linha, *José Alberto do Couto Maciel* invoca o depoimento de *Carlos Alberto Chiarelli* (PFL-RS), que, como deputado, participou da Assembléia Constituinte: "Conta *Chiarelli* que contra a redação da Comissão de Sistematização, acolhida em votação dramática e emocionante, garantindo o emprego, sem quaisquer dúvidas, e de acordo com a legislação que é consagrada por todos os países capitalistas avançados socialmente, levantaram-se os setores empresariais, levando a crer que o que estava se votando seria um verdadeiro ato revolucionário". Conclui *Couto Maciel*: "A garantia no emprego, que efetivamente foi votada, admite a despedida, mas esta terá de ter um motivo que a justifique não ficando ao livre arbítrio patronal"[30].

Os constituintes de 1988 acreditaram que seria bom proteger a relação de emprego contra dispensas arbitrárias ou sem justa causa. A aprovação da emenda passou por negociações que culminaram com a ressalva que exigiu lei complementar para disciplinar o dispositivo. Para uns, seria disciplinar o que a redação do texto constitucional esgotava: a garantia do emprego; para outros, a indenização compensatória, como acentua *José Alberto Couto Maciel*[31]. *Antônio Álvares da Silva* lembra que para a aprovação de um tratado internacional não se exige quorum qualificado, única distinção entre lei comum e lei complementar. Além do mais, o art. 5º da Constituição Federal, em seu § 2º é taxativo, dispondo que os direitos e garantias expressos na Constituição não excluem outros decorrentes do regime e dos princípios por ela adotados ou dos tratados internacionais em que o Brasil seja parte. Acrescente-se a isto a regra do § 1º do mesmo dispositivo, segundo a qual as normas definidoras de direitos e garantias fundamentais têm aplicação imediata e mais, o princípio do art. 7º, preciso ao dispor que são direitos dos trabalhadores, não só os que vêm nele elencados, mas, também, outros que visem à melhoria de sua condição social.

Mas a Convenção n. 158 não foi além de um exercício de hermenêutica que dividiu os juristas, a comprovar que o Direito do Trabalho cada vez mais assume feição nitidamente ideologizada, na medida em que o intérprete, quase sempre, imprime-lhe a força de seu comprometimento político. No breve tempo de vida, a Convenção, para muitos, não passou de mais uma inutilidade, pois a multa sobre os depósitos do FGTS e as imunidades atribuídas à gestante e ao cipeiro bastavam

(29) *Questões polêmicas de direito do trabalho.* São Paulo: LTr, 1996. v. VIII: A Convenção n. 158 da OIT e a garantia no emprego, p. 43.
(30) *Garantia no emprego (já) em vigor.* São Paulo: LTr, 1994. p. 134/135.
(31) *Op. cit.*, p. 134/135.

para garantir a relação de emprego até que lei complementar viesse dispor sobre indenização compensatória.

Antes mesmo de ser denunciada, o Supremo Tribunal Federal decretou a suspensão liminar de sua aplicação em face da ação direta de inconstitucionalidade promovida pela Confederação Nacional da Indústria, da qual foi relator o Ministro *Celso Mello*, que assim fundamentou a decisão que teve sete votos favoráveis e quatro contrários: "Na realidade, o preceito consubstanciado no art. 7º, I, da Carta Política, restringe o direito potestativo do empregador em tema de rescisão unilateral do contrato individual de trabalho, exigindo, para efeito de legítima extinção do vínculo laboral, a ocorrência de uma causa de justificação. A infringência dessa regra constitucional imporá ao empregador o dever de prestar ao empregado, injusta ou arbitrariamente demitido, uma indenização compensatória, dentre outros direitos, afastado, no entanto, o acesso do trabalhador ao regime da estabilidade plena. Esse entendimento, reflete-se em voto proferido nesta Corte pelo eminente ministro *Moreira Alves* que sustentou, em face do que dispõe o art. 10 do ADCT e do que prescreve o art. 7º, I, da Carta Política, que, enquanto não sobrevier a ainda faltante lei complementar exigida pelo texto constitucional, a única proteção dispensada ao empregado despedido resumir-se-á ao pagamento de uma indenização compensatória de valor equivalente a 40% sobre o total depositado em conta vinculada[(32)].

Passados apenas sete meses, o Presidente *Fernando Henrique Cardoso* com o Decreto n. 2.100, de 20 de dezembro de 1996, denunciou a ratificação mediante nota enviada ao Diretor-Geral da Repartição Internacional do Trabalho, decretando unilateralmente sua exclusão de nosso ordenamento jurídico a partir do dia 20 de novembro de 1997. *Arnaldo Süssekind* não aceitou o autoritarismo praticado em plena democracia, quando, ao arrepio das normas legais vigentes, a Comissão Permanente de Direito do Trabalho, que integrava, não foi ouvida, e dela se afastou[(33)].

10. A garantia de emprego 20 anos depois

A imprensa repetidamente nos mostra os efeitos da globalização neoliberal: dispensas em massa, praticadas sem nenhuma sensibilidade, sem o menor com-

---

(32) ADIn 1.480-3-DF. O Supremo Tribunal Federal, acolhendo o voto do Ministro Relator Celso de Mello, por sete votos contra três deferiu o pedido de suspensão "até a decisão final da medida todos os sentidos que as normas ora impugnadas possam ter que não a interpretação conforme a Constituição de que sendo elas meramente programáticas e subordinando a sua aplicabilidade à legislação nacional, não são auto-aplicáveis, continuando em vigor, em sua plenitude, as normas constitucionais e infraconstitucionais de nosso país que atualmente disciplinam a despedida arbitrária ou sem justa causa dos trabalhadores" (*Revista LTr*, São Paulo, v. 61, set. 1997, p. 1163.

(33) Denúncia de Convenção da OIT ratificada pelo Brasil, *LTr Suplemento Trabalhista*, n. 43/97, p. 215. Merece destaque este trecho de sua lúcida análise: "as convenções de caráter normativo da OIT, precisamente porque têm por finalidade a integração das suas normas na legislação dos Estados que as ratificam, atribuem a faculdade da denúncia ao Membro, isto é, ao Estado e não ao respectivo governo". Lembra, a propósito, que a OIT distingue Membro e governo, dispondo em sua Constituição, no art. 1º, que Membros são os Estados a ela filiados, representados na Conferência Geral por dois delegados do governo, um dos empregadores e um dos trabalhadores (art. 3º). "Portanto — conclui — a aprovação da convenção da OIT pelo Congresso Nacional não importa em autorizar o Poder Executivo a denunciá-la se e quando lhe aprouver, porque, juridicamente, Estado e Governo são entidades distintas".

promisso social, diante de fusões, automação, reestruturação para melhor competir e obtenção de lucros maiores.

Dia 13 de fevereiro de 2008 o Presidente *Luiz Inácio Lula da Silva* enviou ao Congresso mensagem para a ratificação da Convenção n. 158 da OIT, reabrindo a discussão que não chegou ao fim diante da denúncia isolada do Presidente *Fernando Henrique Cardoso.*

Portanto, agora, o Poder Legislativo terá oportunidade para sanar sua omissão que atravessou anos a fio. Por certo o Supremo Tribunal mais uma vez será chamado a se manifestar sobre a constitucionalidade da Convenção.

A reação volta com a mesma força e os mesmos fundamentos. Já temos em nosso ordenamento jurídico, pelo menos esboçada no inciso I do art. 7º da Constituição, razoável proteção à relação de emprego contra dispensa arbitrária ou sem justa causa; a indenização compensatória, também, ainda que imobilizada em sua provisoriedade dada pelo art. 10, inciso I, do Ato das Disposições Constitucionais Transitórias, isto é quatro vezes a porcentagem prevista no art. 6º, *caput* e § 1º, da Lei n. 5.107, de 1966, ou, trocando em miúdos, o acréscimo originalmente de 10% incidente sobre os depósitos do Fundo de Garantia do Tempo de Serviço devido ao trabalhador demitido sem justa causa (Lei n. 8.036/1990, art. 18, § 1º). Não bastasse tanto, a indenização compensatória na forma da lei segundo a Constituição, na redação do inciso I do art. 7º, subordina-se a aprovação de Lei Complementar. Não será, contudo, a forma da lei que inviabilizará a Convenção, já que a teor do § 2º do art. 5º da Constituição os direitos e garantias adotados por tratados internacionais assinados pelo Brasil compõem nosso ordenamento jurídico. E mais, quando envolverem direitos humanos, como consigna o § 3º, aprovados em cada casa do Congresso Nacional, em todos os turnos, por três quintos dos votos, assumem equivalência à emenda constitucional. Os trabalhadores via de regra só têm a força de trabalho para o sustento próprio e familiar, de modo que a retribuição salarial tem natureza alimentar, e assim, sem sombra de dúvida, a proteção do único bem que possuem para ter um lugar digno na sociedade constitui um direito humano.

De outra parte o que depende da lei complementar para completar o alcance do dispositivo constitucional é a indenização reparatória da demissão que não revestir da arbitrariedade, ou seja, razões de ordem não só disciplinar (demissão por justa causa), mas também baseada nas necessidades de funcionamento da empresa, estabelecimento ou serviço, como prevê o art. 4º da Convenção.

Não teria sentido garantir o emprego se, configurada a arbitrariedade da demissão ou a descaracterização da justa causa, não pudesse o empregado ter acesso ao Poder Judiciário para reparar a lesão do direito com sua reintegração no emprego. Nesta linha o art. 10 da Convenção que permite a anulação da dispensa e readmissão do trabalhador. Se, porém, deu causa à rescisão do contrato de trabalho pelo cometimento de uma das faltas catalogadas no art. 483 da CLT, não terá direito a nenhuma compensação que, todavia, será devida quando fundada em razão de ordem técnica ou econômica (necessidades de funcionamento da empresa, estabelecimento ou serviços) e que será o levantamento dos depósitos realizados em sua conta vinculada ao FGTS na forma do art. 20, inciso I da Lei n. 8.036 de 1990.

Concluindo, abre-se a oportunidade para o Poder Legislativo e quem sabe o Judiciário darem efetividade à garantia do inciso I do art. 7º de nossa Constituição de modo que não continue como simples e inútil enfeite.

Bibliografia

AROUCA, José Carlos. *O Fundo de Garantia do Tempo de Serviço*. São Paulo, ed. mimeografada, Federação dos Trabalhadores nas Indústrias da Alimentação do Estado de São Paulo, 1966.

______. *Garantia do emprego, DIAP de frente para a história, 20 anos a serviço da cidadania*, Brasília, ed. própria, 2003.

BASBAUM, Leôncio. *História sincera da República.* v. 2, de 1988 a 1930. São Paulo: Alfa-Ômega, 1976.

CARONE, Edgar. *República velha, I:* Instituições e classes sociais (1989-1930). São Paulo: Difel, 1978.

CATHARINO, José Martins. *Estabilidade no direito brasileiro.* São Paulo: Saraiva, 1942.

______. *Em defesa da estabilidade.* Despedida x estabilidade. São Paulo: LTr, 1968.

CESARINO JR. *Estabilidade e fundo de garantia.* Rio de Janeiro: Forense, 1968.

FERRANTE, Vera Lúcia B. *FGTS*: ideologia e repressão. São Paulo: Ática, 1978.

JORNAL do Comércio. Rio de Janeiro, 20.6.86.

JORNAL dos Trabalhadores no Comércio do Brasil. Brasília, mar. 87.

JORNAL da Constituinte. Brasília, n. 37, 29.2 a 6.3.88.

MACEDO, Roberto Brás Matos; CHAHAD, José Paulo Z. *FGTS e a rotatividade.* Brasília: Nobel e Ministério do Trabalho, 1985.

MACIEL, José Alberto do Couto. *Garantia no emprego (já) em vigor.* São Paulo: LTr, 1994.

MORAES FILHO, Evaristo. Glosas. A árdua questão da estabilidade. *Revista LTr*, São Paulo, n. 42, p. 909 (comentários à matéria publicada na Revista em setembro de 1937).

______. *Anteprojeto de Código do Trabalho.* Rio de Janeiro: Imprensa Oficial, 1963.

______. *A estabilidade dos trabalhadores*: sua evolução no Brasil. São Paulo: Revista Civilização Brasileira, maio 1966.

SANTOS, Roberto. *Estabilidade e FGTS no Brasil.* Repercussões econômicas e sociais. São Paulo: Anais, 1979.

______. Despedida arbitrária e tutela do emprego: mudanças requeridas. *Rev. LTr*, São Paulo, v. 47, maio 1983.

SILVA, Antônio Álvares. *Questões polêmicas de direito do trabalho.* São Paulo: LTr, 1996. v. VIII: A Convenção n. 158 da OIT e a garantia no emprego.

SODRÉ, Nelson Werneck. *Síntese da história da cultura brasileira.* São Paulo: Difel, 1984.

SÜSSEKIND, Arnaldo Lopes. A Convenção da OIT sobre despedida arbitrária. *Rev. LTr,* São Paulo, v. 46, dez. 1982.

______. Denúncia de Convenção da OIT ratificada pelo Brasil. *LTr Suplemento Trabalhista,* São Paulo, n. 43/97.

Os Direitos Fundamentais e a Constitucionalização do Direito do Trabalho

Júlio Ricardo de Paula Amaral(*)

1. Introdução

Nos dias de hoje, a questão relativa aos direitos e liberdades públicas dos cidadãos, e, sobretudo, dos cidadãos-trabalhadores, mostra-se dotada de grande relevância. Isso decorre, por um lado, em face das diversas modificações nos sistemas de produção, o que passou a exigir uma alteração na postura dos empregadores no sistema de administração das empresas, e, por outro lado, com aquilo que se costumou denominar como *constitucionalização do Direito do Trabalho*, que visa a atribuir uma maior efetividade na proteção dos direitos fundamentais dos trabalhadores. Não se pode negar que essas questões, de forma quase que inevitável, poderão gerar a colisão entre direitos dos trabalhadores e dos empregadores.

Em face disso, mostra-se necessária, portanto, a verificação da incidência dos direitos fundamentais no âmbito das relações jurídicas estabelecidas entre trabalhadores e empregadores. Num primeiro momento, a resposta pode parecer simples, mas não pode ser abordada de forma tão superficial, tendo em vista que se faz imprescindível a análise dos fundamentos jurídicos que se devem utilizar para eventual adoção deste procedimento, especialmente diante das características das normas vigentes no Direito do Trabalho. Essa é a finalidade do presente estudo.

E, com o objetivo de verificar a forma pela qual poderá ocorrer a incidência dos direitos fundamentais nas relações de Direito do Trabalho — *eficácia horizontal dos direitos fundamentais* —, necessariamente deverão ser superadas algumas etapas que logicamente se apresentam, com o estabelecimento de algumas premissas metodológicas ao estudo, sobretudo realizando uma abordagem mais ampla acerca do que se costuma denominar como *direitos fundamentais*, bem como uma análise de toda a sua sistemática.

(*) Doutorando em Direito Social pela Universidad de Castilla — La Mancha (UCLM — Espanha), Mestre em Direito — Diploma de Estudos Avançados — pela Universidade de Castilla — La Mancha (UCLM — Espanha), Mestre em Direito Negocial pela Universidade Estadual de Londrina (PR) — UEL, Pós-graduado em Direito e Processo do Trabalho pela Faculdade de Direito da Universidade de Coimbra (FDUC — Portugal), Juiz do Trabalho na 9ª Região, Diretor Cultural da Associação dos Magistrados do Trabalho da 9ª Região — Paraná (biênio 2008/2010).

De igual sorte, faz-se uma abordagem da eficácia dos direitos fundamentais no âmbito das várias relações jurídicas, tanto nas relações jurídico-públicas como naquelas estabelecidas entre os sujeitos particulares. Analisa-se aquilo que se passou a denominar como *eficácia vertical*, bem como a vinculação positiva dos poderes públicos aos direitos e liberdades públicas dos cidadãos. Por outro lado, procede-se à verificação *da eficácia horizontal* dos direitos fundamentais, ou a sua aplicação no contexto das relações entre sujeitos privados.

Depois de verificadas as questões relativas à incidência dos direitos fundamentais em ambas as espécies de relações jurídicas — *públicas e privadas* —, no terceiro capítulo do presente estudo, passa-se a abordar a maneira pela qual poderá ocorrer a aplicação dos direitos fundamentais nas relações trabalhistas, e, ainda, a forma como isso se dará. Concentram-se os esforços na finalidade de analisar se as liberdades públicas dos cidadãos — *as quais são mantidas pelo trabalhador durante a prestação de serviços* — são aplicáveis de forma direta e imediata ou, se para tanto, requerem a intervenção dos poderes públicos, nomeadamente do legislador.

É relevante mencionar que, em determinadas ocasiões, em face da dinâmica que envolve as relações trabalhistas, inevitavelmente os direitos individuais dos trabalhadores entrarão em conflito com outros direitos, bens e valores constitucionalmente protegidos, tanto em benefício de outros trabalhadores, da coletividade, do Estado, como aqueles assegurados aos empregadores.

Ocorre, porém, que nem os direitos atribuídos aos trabalhadores nem os direitos estabelecidos aos empregadores se mostram como sendo absolutos, razão pela qual, em determinadas ocasiões, tais direitos comportarão alguma espécie de limitação ou restrição, em benefício de um outro bem ou valor também assegurado por normas constitucionais. Haverá, neste instante, a colisão entre direitos dos sujeitos envolvidos nas relações trabalhistas que, de uma forma ou de outra, deverão ser solucionados pelos órgãos jurisdicionais, como de fato acontece no cotidiano do Poder Judiciário, incumbido de compor as lides trabalhistas.

Justamente em decorrência dos conflitos de direitos e interesses dos trabalhadores e empregadores, e, lembrando-se que a matéria pode ser abordada de forma bem mais profunda, visto que recheada de controvérsias em sede doutrinária e jurisprudencial, pode-se dizer que, de maneira sintética, é desta forma que se pretende analisar a incidência dos direitos fundamentais no seio das relações jurídicas estabelecidas entre trabalhadores e empregadores.

2. Definição dos direitos fundamentais

Não se trata de tarefa das mais fáceis traçar uma definição do que vêm a ser os denominados *direitos fundamentais.* Mas, com o intuito de cumprir fielmente o objetivo traçado para o presente estudo, mostra-se como sendo imprescindível a busca de um conceito no âmbito da doutrina jurídica.

Num primeiro momento, porém, há de se ressaltar que, de forma geral, costuma-se utilizar diversas denominações de forma sinônima, com o intuito de designar aquela categoria de direitos atribuídos às pessoas, apenas pela razão delas existirem. Dentre essas expressões, podem ser mencionadas algumas, tais como: *direitos humanos, direitos morais, direitos naturais, liberdades públicas, direitos das pessoas, direitos subjetivos públicos*, entre outras diversas expressões utilizadas para nominar o conjunto dos direitos fundamentais.

Embora se mostre como questão de grande interesse para o estudo jurídico de maneira geral, ressalta-se que, no presente momento, os esforços serão concentrados sobre a distinção das expressões *direitos humanos* e *direitos fundamentais*, em face de serem estas dotadas de maior utilidade para os fins objetivados nesse estudo(1).

No mister de proceder a uma distinção, *Gregorio Robles* afirma que a expressão *direitos humanos* ou *direitos do homem*, também denominados de forma clássica como *direitos naturais*, e atualmente concebidos como *direitos morais*, na realidade não são verdadeiros direitos — protegidos por meio de ações processuais perante um juiz —, mas servem de critérios norteadores à boa convivência dos indivíduos, tendo em vista que "os direitos humanos, ou melhor dizendo, determinados direitos humanos, positivam-se, adquirindo a categoria de verdadeiros direitos protegidos processualmente e passam a ser direitos fundamentais, no âmbito de determinado ordenamento jurídico"(2). Na concepção do ilustre jurista, pode-se concluir que os direitos fundamentais são uma espécie de positivação dos direitos humanos.

Por sua vez, *Gomes Canotilho* reconhece que "as expressões 'direitos do homem' e 'direitos fundamentais' são freqüentemente utilizadas como sinônimas". Sustenta, porém, que "segundo a sua origem e significado poderíamos distinguilas da seguinte maneira: 'direitos do homem' são direitos válidos para todos os povos e em todos os tempos (dimensão jusnaturalista-universalista); 'direitos fundamentais' são os direitos do homem, jurídico-institucionalmente garantidos e limitados espacio-temporalmente". Ressalta, ainda, que "os direitos do homem arrancariam da própria natureza humana e daí o seu caráter inviolável, intemporal e universal; os direitos fundamentais seriam os direitos objetivamente vigentes numa ordem jurídico-concreta"(3).

Segundo *Pérez Luño*, existe uma propensão doutrinária no sentido de se utilizar a expressão *direitos fundamentais* para designar aqueles direitos positivados no ordenamento jurídico interno, ao passo que a designação *direitos humanos* seria

---

(1) Acerca das várias expressões mencionadas, confira-se: ALCALÁ, Humberto Nogueira. *Teoría y dogmática de los derechos fundamentales.* México: Universidad Nacional Autónoma de México, 2003. p. 55-58; MARTÍNEZ, Gregorio Peces-Barba. *Leciones de derechos fundamentales.* Madrid: Dykinson, 2004. p. 19-29; PALOMBELLA, Gianluigi. Derechos fundamentales. Argumentos para una teoría. Doxa — Biblioteca Virtual Miguel de Cervantes de la Universidad de Alicante, *Alicante*, n. 22, 1999. p. 525-579; PARCERO, Juán Antonio Cruz. *Derechos morales*: concepto y relevancia, *Isonomía*. México, n. 15, 2001. p. 55-79; MARTÍNEZ, María del Pilar Hernandez. Constitución y derechos fundamentales. *Boletín Mexicano de Derecho Comparado*, México, n. 84, 1995. p. 1041-1051.

(2) ROBLES, Gregorio. *Los derechos fundamentales y la ética en la sociedad actual.* Madrid: Civitas, 1997. p. 20 e ss.

(3) CANOTILHO, José Joaquim Gomes. *Direito constitucional e teoria da Constituição.* 7. ed. Coimbra: Almedina, 2003. p. 393.

mais comum para designar aqueles direitos naturais constantes das declarações e convenções internacionais, bem como àquelas essenciais exigências pertinentes à dignidade, liberdade e igualdade da pessoa, que ainda não constam de um estatuto jurídico-positivo(4).

Independentemente da divergência existente no âmbito da doutrina jurídica, importa mencionar que é justamente a expressão *direitos fundamentais* aquela adotada pelas Constituições de Portugal, Brasil e Espanha, sendo que tais Estados se baseiam na *dignidade da pessoa humana*(5), fundamento da existência dessa categoria de direitos, razão pela qual, para fins do presente estudo, doravante, adotar-se-á a designação *direitos fundamentais*.

Há de se ressaltar, porém, que, embora tenha sido definida a denominação a ser utilizada, não se tem até esse instante uma definição sobre essa categoria de direitos, o que é imprescindível para o presente estudo. O que vêm a ser, portanto, os direitos fundamentais?

Analisando os vários enfoques dos direitos fundamentais, *José Carlos de Vieira Andrade* afirma que "aquilo a que se chama ou a que é lícito chamar direitos fundamentais pode, afinal, ser considerado por várias perspectivas". Sob uma perspectiva *filosófica* ou *jusnaturalista*, sustenta que "os direitos fundamentais podem ser vistos enquanto direitos naturais de todos os homens, independentemente dos tempos e dos lugares". Numa perspectiva *estadual* ou *constitucional*, são considerados "os direitos mais importantes das pessoas, num determinado tempo e lugar, isto é, num Estado concreto ou numa comunidade de Estados". Ressalta, ainda, que sob uma perspectiva *universalista* ou *internacionalista*, os direitos fundamentais "podem ser considerados direitos essenciais das pessoas num certo tempo, em todos os lugares ou, pelo menos, em grandes regiões do mundo"(6).

Embora o ilustre constitucionalista português proceda a sua análise a partir de vários enfoques, facilmente se percebe a convergência existente em sua concepção, no sentido de serem os direitos fundamentais aqueles atribuídos a *todos os homens*, ou *direitos mais importantes das pessoas*, ou, ainda, *direitos essenciais das*

---

(4) Acerca de tal questão, o referido autor sustenta "o termo 'direitos humanos' aparece como um conceito de contornos mais amplos e imprecisos que a noção de 'direitos fundamentais'". Dessa forma, "os direitos humanos devem ser entendidos como um 'conjunto de faculdades e instituições que, em cada momento histórico, tornam concretas as exigências da dignidade, da liberdade e da igualdade humanas, as quais devem ser reconhecidas positivamente pelos ordenamentos jurídicos a nível nacional e internacional'". Por outro lado, "a noção de 'direitos fundamentais' tende a aludir 'aqueles direitos humanos garantidos pelo ordenamento jurídico positivo, na maior parte dos casos em sua normativa constitucional, e que devem gozar de uma tutela reforçada". In: LUÑO, António-Enrique Pérez. *Los derechos fundamentales*, p. 44.

(5) Nesse sentido, a Constituição portuguesa dispõe que "Portugal é uma República soberana, baseada na dignidade da pessoa humana e na vontade popular e empenhada na construção de uma sociedade livre, justa e solidária" (CP, art. 1º). Por sua vez, a Constituição brasileira dispõe que "a República Federativa do Brasil, formada pela união indissolúvel dos Estados e Municípios e do Distrito Federal, constitui-se em Estado Democrático de Direito e tem como fundamentos: /.../ III — a dignidade da pessoa humana; /.../" (CRFB/1988, art. 1º, III). E, por fim, a Constituição espanhola dispõe que "la dignidad de la persona, los derechos inviolables que le son inherentes, el libre desarrollo de la personalidad, el respeto a la ley y a los derechos de los demás son fundamento del orden político y de la paz social" (CE, art. 10, 1).

(6) ANDRADE, José Carlos Vieira de. *Os direitos fundamentais na Constituição portuguesa de 1976*. 3. ed. Coimbra: Almedina, 2004. p. 15.

pessoas. O Homem, o Ser humano, a pessoa é a figura ou foco central. A formulação, porém, apenas diverge, entre si, basicamente no que tange ao lugar e tempo de vigência de tais direitos, conforme cada uma das perspectivas, mas, a essência não se altera.

Segundo *Luigi Ferrajoli*, numa definição puramente *formal* ou *teórica*, seria possível considerar como direitos fundamentais "aqueles direitos subjetivos que correspondam universalmente a 'todos' os seres humanos enquanto dotados do *status* de pessoas, de cidadãos ou sujeitos com capacidade de agir", sendo que, nesse caso, deve-se entender por *direitos subjetivos* toda aquela expectativa *positiva* — faculdade de agir — ou *negativa* — suscetibilidade de sofrer lesão — atribuída a um sujeito por meio de uma norma jurídica[(7)]. O ilustre autor vincula a idéia de direitos fundamentais com os direitos subjetivos.

Numa concepção ampla, *César Hines* sustenta que "os direitos fundamentais em um Estado constitucional e democrático de Direito formam parte do conjunto de valores e princípios que regulam a atividade do poder público, estabelecendo uma inclinação especial para sua satisfação, tanto como uma proteção apreensível por cada indivíduo, quanto como fins gerais aderidos à concepção mesma do Estado que se fortaleceria na medida em que os faça efetivos"[(8)].

Sob uma *dimensão subjetiva*, há de se mencionar que os direitos fundamentais determinam o estatuto jurídico dos cidadãos, seja em suas relações com o Estado ou com os particulares. Embora originariamente tenham sido concebidos como forma de defesa dos cidadãos frente ao Estado, esses direitos tendem a tutelar a liberdade, autonomia e segurança das pessoas perante os demais membros do corpo social. No princípio, imaginava-se que não havia razão para serem aplicados os direitos fundamentais nas relações entre os privados, justamente em face da existência de uma igualdade formal entre tais pessoas. Ocorre, porém, que, em que pese haja uma igualdade formal, as relações jurídicas na sociedade comportam situações em que não existe uma igualdade material, razão pela qual, a partir do Estado Social de Direito, houve uma mudança dessa concepção, aplicando-se os direitos fundamentais a todos os setores do ordenamento jurídico[(9)].

Depois de se ter apresentado essa pluralidade de conceitos, verifica-se que, regra geral, os direitos fundamentais podem ser concebidos como atributos naturais atinentes ao homem, ligados essencialmente aos valores da dignidade, liberdade e igualdade, decorrentes da sua própria existência, com fundamento na *dignidade da pessoa humana*[(10)]. Importa ressaltar, ainda, que esses direitos não são graciosamen-

---

(7) FERRAJOLI, Luigi. *Derechos y garantías*. La ley del más débil. 4. ed. Madrid: Trotta, 2004. p. 37.

(8) HINES, César. Limitaciones de los derechos fundamentales. *Revista de Ciencias Jurídicas de la Universidad de Costa Rica*, San José, n. 106, 2005, p. 36-37.

(9) LUÑO, António-Enrique Pérez. *Los derechos fundamentales*, p. 22-23.

(10) Longe de ter a pretensão de esgotar o tema, mas apenas com a finalidade de situar o leitor, pode-se dizer que "a dignidade da pessoa humana é princípio fundamental, de que todos os demais princípios derivam e que norteia todas as regras jurídicas. /../ O ser humano não pode ser tratado como objeto. É o sujeito de toda a relação social e nunca pode ser sacrificado em homenagem a alguma necessidade circunstancial ou, mesmo, a propósito da realização de fins últimos de outros seres humanos ou de uma coletividade indeterminada". Ressalta, ainda, que "o fim primeiro e último do poder político é o ser humano, ente supremo sobre todas as

te atribuídos pelo Estado — que deve respeitá-los, promovê-los e garanti-los —, mas apenas têm o seu reconhecimento no ordenamento jurídico-positivo.

2.1. Eficácia dos direitos fundamentais

A eficácia dos direitos fundamentais, tal como ocorre com qualquer outra norma no âmbito constitucional, somente pode ser aferida em termos jurídicos, a partir da aptidão do seu conteúdo normativo para atingir a finalidade do seu objeto, consubstanciando-se este na garantia de um determinado campo de liberdade pessoal do indivíduo[11], sem interferências indevidas do Estado ou de sujeitos particulares.

Nesse contexto, pode-se dizer que o estudo da eficácia dos direitos fundamentais — *eficácia vertical e eficácia horizontal* — está intimamente ligado à verificação daqueles sujeitos que estão vinculados ou obrigados por essa categoria de direitos, bem como quais os argumentos utilizados para a respectiva vinculação destes entes. De igual sorte, mostra-se como questão primordial, caso de fato exista tal obrigação, analisar a forma de vinculação dos sujeitos aos direitos fundamentais. São estas, portanto, as questões essenciais que deverão ser abordadas no presente momento.

2.1.1. Eficácia vertical

Quando se menciona a *eficácia vertical dos direitos fundamentais* se está a referir quanto à vinculação dos poderes públicos a essa categoria de direitos. Ocorre, todavia, que não há muita controvérsia acerca da sua incidência nas relações de natureza jurídico-públicas, tendo em vista que, originariamente, segundo a concepção da doutrina liberal, os direitos fundamentais se mostram justamente como sendo meios de defesa do cidadão perante o Estado, identificando este como o maior *ameaçador* dos direitos e liberdades dos indivíduos.

Aliás, a obrigatoriedade da vinculação pode ser encontrada no corpo das Constituições de diversos países. Sintonizado com a abrangência do estudo que ora se desenvolve, pode-se mencionar que, em Portugal e na Espanha, existe ex-

---

circunstâncias. Não há valor que possa equiparar-se ou sobrepor-se à pessoa humana, que é reconhecida como integridade, abrangendo aspectos físicos como também seus aspectos imateriais. /.../ A supremacia da dignidade da pessoa humana acarreta a equiparação de todos os seres humanos". In: JUSTEN FILHO, Marçal. Conceito de interesse público e a "personalização" do direito administrativo. *Revista Trimestral de Direito Público*, São Paulo, n. 26, 1999, p. 125.

Costuma-se dizer que "a dignidade está fortemente vinculada aos direitos fundamentais, em face de sua razão de ser, fim e limite dos mesmos. /.../ A dignidade ao operar não só como um direito individual, mas também como um direito objetivo, serve de limite aos direitos fundamentais, o qual se traduz no dever geral de respeitar os direitos alheios e próprios". In: ARROYO, César Landa. Dignidad de la persona humana. Cuestiones Constitucionales: *Revista Mexicana de Derecho Constitucional*, México, n. 7, 2002, p. 129.

(11) FREIJEDO, Francisco Bastida *et al. Teoría general de los derechos fundamentales en la Constitución española de 1978*. Madrid: Tecnos, 2004. p. 179.

pressa menção no âmbito das respectivas Constituições(12). No Brasil, em que pese não exista disposição específica no sentido de vincular os entes públicos aos direitos fundamentais, há o expresso reconhecimento dos direitos constantes do Título II — *Dos direitos e garantias fundamentais* — e, além disso, sem qualquer exclusão de direitos e garantias constantes de documentos internacionais ratificados pelo Brasil(13).

Não há, pois, controvérsias doutrinárias acerca da vinculação do Estado aos direitos fundamentais, ou, ainda, àquilo que costumeiramente passou a ser designado como *eficácia vertical*(14).

Há de se ressaltar, entretanto, que os direitos fundamentais vinculam os poderes públicos em toda a sua extensão, ou seja, em todo o alcance de sua delimitação. Tendo em vista que os direitos fundamentais são considerados como componentes essenciais da ordem constitucional, exige-se a sua não-eliminação na relação que se possa apresentar com outros bens ou direitos constitucionais, assim como não ser objeto de uma restrição superior àquela necessária em sua eficácia na vida da comunidade. Importa mencionar, ainda, que da vinculação dos poderes públicos aos direitos fundamentais se compreende que estes não podem ser limitados da forma que lhes aprouver, mas deve haver a menor restrição possível, com vistas a atingir o fim perseguido(15).

Percebe-se, portanto, que incumbe aos poderes públicos de forma geral — *Executivo, Legislativo e Judiciário* —, cada um a sua maneira, contribuírem para a proteção e promoção dos direitos fundamentais(16). Há de se ressaltar que, em que pese haja a incumbência do Executivo no sentido de desenvolver políticas públicas a fim de promover os direitos e garantias dos cidadãos, e, ainda, embora os órgãos jurisdicionais possuam grande relevância na garantia dos direitos fundamentais, por meio do exercício da função jurisdicional(17), e, sendo essa uma das atividades que mais contribuem para a eficácia dos direitos, a doutrina costuma

---

(12) Nesse sentido, a Constituição de Portugal preconiza que "os preceitos constitucionais respeitantes aos direitos, liberdades e garantias são directamente aplicáveis e vinculam as entidades públicas e privadas" (CRP, art. 18, n. 1). Por sua vez, a Constituição da Espanha, em seu art. 53, n. 1, dispõe que "los derechos y libertades reconocidos en el Capítulo segundo del presente Título vinculan a todos los poderes públicos. Sólo por ley, que en todo caso deberá respetar su contenido esencial, podrá regularse el ejercicio de tales derechos y libertades, que se tutelarán de acuerdo con lo previsto en el artículo 161, 1, a)".

(13) O art. 5º, § 2º da Constituição do Brasil dispõe que "os direitos e garantias expressos nesta Constituição não excluem outros decorrentes do regime e dos princípios por ela adotados, ou dos tratados internacionais em que a República Federativa do Brasil seja parte".

(14) Para um estudo mais aprofundado do tema, consulte-se: GONZÁLEZ, Javier Mijangos y. El concepto de poder público y la protección de los derechos fundamentales frente a particulares. *Derecho y Sociedad*, Lima, 2004, n. 22, p. 117-130.

(15) CRUZ, Rafael Naranjo de La. *Los límites de los derechos fundamentales en las relaciones entre particulares:* la buena fe, p. 100.

(16) FREIJEDO, Francisco Bastida *et al. Teoría general de los derechos fundamentales en la Constitución española de 1978*, p. 182-189.

(17) Segundo Naranjo de La Cruz, "os direitos fundamentais não vinculam já só aos órgãos administrativos e jurisdicionais, senão também ao legislativo, como conseqüência do caráter supremo da norma constitucional no ordenamento jurídico". In: CRUZ, Rafael Naranjo de La. *Los límites de los derechos fundamentales en las relaciones entre particulares:* la buena fe. Madri: Centro de Estudios Políticos y Constitucionales, 2000. p. 168.

atribuir uma importância maior ao Poder Legislativo, mencionando-se, na grande maioria das vezes, a *vinculação positiva do legislador aos direitos fundamentais.*

Conforme salienta *Prieto Sanchís*, é inevitável a intervenção legislativa no campo das liberdades públicas dos cidadãos, tendo em vista que os direitos fundamentais normalmente aparecem no corpo das Constituições ou documentos internacionais como meras declarações de direitos, sendo que apenas oferecem ao legislador ordinário as diretrizes gerais para o seu regime jurídico, e, para a sua plena eficácia, mostra-se de vital relevância a sua concretização por meio de normas jurídicas[(18)].

Em síntese, nota-se que a discussão agora já não mais se circunscreve à adequada utilização dos direitos fundamentais pelos cidadãos, mas quanto à necessária intervenção do Estado na remoção de eventuais obstáculos que, de uma forma ou de outra, impeçam ao indivíduo o pleno exercício de seus direitos e liberdades. Resta assinalar, entretanto, que a interferência do Estado para propiciar o gozo de tais prerrogativas pelo cidadão, não ocorre de forma facultativa, mas se revela como uma obrigação imposta por meio de normas inseridas na Constituição. O Estado, portanto, tem o dever constitucional de não apenas proteger, mas também promover o pleno e efetivo gozo dos direitos fundamentais.

2.1.2. *Eficácia horizontal*

Tendo em vista a natureza originária com que foram concebidos os direitos fundamentais — *direitos de defesa do cidadão perante o Estado* —, mostra-se sendo uma questão um pouco mais tormentosa aquela referente à sua aplicação no campo das relações jurídico-privadas, ou a vinculação dos particulares a essa categoria de direitos, o que se costumou denominar como *eficácia horizontal dos direitos fundamentais*, sendo que, no âmbito da doutrina jurídica alemã — onde a questão foi originariamente abordada —, tratou-se do tema utilizando a expressão *Drittwirkung der Grundrechte.*

Há de se ressaltar que a expressão *eficácia horizontal* se utiliza para demonstrar que os direitos fundamentais produzem efeitos nas relações privadas, em clara oposição à *eficácia vertical*, na qual somente resultam oponíveis às ações praticadas pelos entes públicos, ao contraste entre subordinação e coordenação. Na linguagem jurídica alemã — ordenamento jurídico onde esta discussão alcançou o seu

(18) O ilustre autor sustenta que ao legislador ordinário "se lhe atribui a legitimidade democrática e, com isso, a liberdade política de conformar a convivência social de acordo com determinados valores ou postulados ideológicos; e é evidente que o exercício dessa liberdade política se projeta com freqüência no âmbito das liberdades públicas, precisamente porque a filosofia do legislador supõe sempre um determinado ponto de vista sobre o conceito e a função dos direitos fundamentais, e, também, sobre sua plena realização. Produz-se, então, uma tensão lógica entre a ideologia constitucional, que cristalizou juridicamente uma série de direitos fundamentais, e os valores e finalidades do legislador de cada momento, cuja expressão jurídica é a lei. Por conseguinte, o sistema de garantias dos direitos fundamentais há de fazer frente, em primeiro lugar, à atividade; o que em verdade constitui uma tarefa difícil, já que se trata de buscar um equilíbrio entre a inquestionável liberdade política do legislador e a não menos indiscutível resistência jurídica das decisões constitucionais". In: SANCHÍS, Luis Prieto. *Justicia constitucional y derechos fundamentales.* Madri: Trotta, 2003. p. 140.

maior nível de desenvolvimento — utiliza-se a expressão *Drittwirkung* com a finalidade de se referir aos efeitos dos direitos fundamentais perante terceiros. No âmbito jurídico anglo-saxão, em adição ao *horizontal effect*, introduziu-se a nomenclatura *Privatisation of human rights*[19].

Em seus ensinamentos, *Luigi Ferrajoli* recorda que, depois da Segunda Guerra Mundial, passa-se a refletir acerca dos direitos fundamentais, onde se "descobre ou se redescobre" a sua dimensão objetiva como ponto inicial para uma melhor reflexão acerca da *Drittwirkung*. Diante disso, o ilustre autor italiano sustenta que se reconhece, portanto, "o valor da Constituição como conjunto de normas substanciais dirigidas a garantir a divisão dos poderes e os direitos fundamentais de todos, ou seja, exatamente os dois princípios que haviam sido negados pelo fascismo e que são a negação deste"[20].

Dessa forma, justamente com a finalidade de desenvolver essa teoria — *Drittwirkung der Grundrechte* —, em meados do século XX (1950), na Alemanha, *Hans Carl Nipperdey* — Presidente do Tribunal Federal do Trabalho, no período compreendido entre 1954 e 1963 —, publicou o seu célebre ensaio sobre a *igualdade salarial da mulher — Gleicher Lohn der Frau für gleiche Leistung* —, abordando pela primeira vez a eficácia horizontal dos direitos fundamentais, e, nesse caso, em especial, a incidência do princípio da igualdade no âmbito das relações de trabalho, visto que preconizava "igual salário para mulheres de mesma performance".

Reconhecendo que o *perigo* não se encontra apenas na esfera pública, mas também no âmbito privado, *Peces-Barba Martinez* sustenta que "o Poder político não é o único capaz de causar danos às pessoas nos âmbitos protegidos pelos direitos". Ressalta que "existem poderes sociais, e inclusive outros indivíduos capazes de produzir malefícios e danos dos quais devemos proteger os direitos fundamentais". Mais adiante, afirma que "a vida, a integridade física, as condições de trabalho, a liberdade de ensino, o direito de reunião e de manifestação à liberdade pessoal, a inviolabilidade do domicílio e das comunicações, não são direitos que devam temer principalmente o Poder político em uma sociedade democrática"[21].

Retomando, há de se mencionar, porém, que a idéia de uma *dimensão objetiva dos direitos fundamentais* apareceu pela primeira vez na jurisprudência constitucional alemã, no ano de 1958, por meio da famosa sentença *Lüth*[22]. Importa mencio-

---

(19) LINETZKY, Andrés Jana. *La eficacia horizontal de los derechos fundamentales*. Centro de Estudios de la Justicia/Facultad de Derecho de la Universidad de Chile, Santiago, 2001. Disponível em: <http://www.derecho.uchile.cl/cej> Acesso em: 11 de janeiro de 2006.

(20) FERRAJOLI, Luigi. *Los fundamentos de los derechos fundamentales*. Madrid: Trotta, 2001. p. 54.

(21) MARTÍNEZ, Gregorio Peces-Barba. *Lecciones de derechos fundamentales*. Madrid: Dykinson, 2004. p. 339

(22) Há de se mencionar que o reconhecimento da eficácia horizontal dos direitos fundamentais — ainda que isso tenha ocorrido de *forma mediata* —, teve origem na Sentença 'Luth-Urteil', datada do ano de 1958, versando acerca do direito à liberdade de expressão. Durante o Festival de Cinema de 1950, em Hamburgo, na Alemanha, Erich Lüth — então Presidente do Clube de Imprensa de Hamburgo —, por meio de uma carta aberta à imprensa, incitou o boicote de um filme supostamente anti-semita — Jüd Süß —, sob o argumento de que o referido filme tinha sido produzido durante o período do regime nazista. Houve, ainda, a expressa crítica a outros filmes produzidos a serviço da ideologia nacional-socialista. Em face de tais críticas, o produtor do filme

nar, todavia, que, mesmo antes da sentença *Lüth*, o Tribunal Supremo Federal e a Magistratura Federal do Trabalho *(Bundesarbeitsgericht)*, já haviam começado a tratar da questão relativa à eficácia dos direitos fundamentais nas relações jurídicas entre os particulares[(23)].

Enfatizando a dignidade da pessoa humana, em obra específica acerca dos direitos fundamentais incidentes no âmbito das relações trabalhistas, *José João Abrantes* sustenta que "hoje, a eficácia dos direitos e liberdades fundamentais nas relações de direito privado é, pois, exigida, por um lado, pela 'dignidade da pessoa humana' encarada no quadro do Estado Social de Direito e, por outro, pela nova 'dimensão objetiva' atualmente reconhecida àqueles direitos"[(24)].

Nesse sentido, a Corte Interamericana de Direitos Humanos, por meio da Opinião Consultiva n. 18, de 17 de setembro de 2003, em consulta realizada pelos Estados Unidos Mexicanos, em seu parágrafo n. 147, dispõe que "a obrigação imposta pelo respeito e garantia dos direitos humanos frente a terceiros se baseia também em que os Estados são os que determinam seu ordenamento jurídico, o qual regula as relações entre particulares e, portanto, o direito privado, pelo que devem também velar para que nessas relações privadas entre terceiros se respeitem os direitos humanos, já que do contrário, o Estado pode resultar responsável pela violação dos direitos"[(25)].

Diante disso, em face do reconhecimento de que não apenas o Estado figurava como sujeito *ameaçador* dos direitos e liberdades dos indivíduos, mas percebendo a urgente necessidade de proteção dos direitos fundamentais também nas relações jurídicas entre os particulares — *em evidente evolução depois da Segunda Guerra Mundial, com o fim dos regimes totalitaristas, sobretudo na Alemanha* —, e, ain-

---

— *Veit Harlan* — que havia recebido a dura crítica apresentou uma ação por ilícito civil, com fundamento no art. 826 do BGB, segundo o qual "o que dolosamente causa dano a outro de maneira contrária aos bons costumes está obrigado a repará-lo". Por sua vez, depois de ter sido condenado em primeiro grau e mantida a decisão em sede de recurso, *Lüth* recorreu ao Tribunal Constitucional argumentando que o direito à liberdade de expressão obrigava considerar legítima a sua forma de agir, tendo obtido êxito nessa etapa. In: TORRES, Jesús García; JIMÉNEZ-BRANCO, Antonio. *Derechos fundamentales y relaciones particulares.* Madri: Civitas, 1986. p. 21-26.

Em sua obra, José João Abrantes transcreve partes da decisão proferida no caso *Lüth*, nos seguintes termos: "'Sem dúvida que os direitos fundamentais se destinam em primeiro lugar a proteger a esfera de liberdade dos indivíduos perante intervenções do poder público, são direitos de defesa do cidadão face ao Estado /.../.

Não obstante isto, é igualmente certo que a Constituição, que não é um ordenamento desprovido de valores, também instituiu, no título referente aos direitos fundamentais, uma ordem objetiva de valores. /.../ Este sistema de valores, que tem o seu cerne no livre desenvolvimento da personalidade humana /.../, deve reger, como decisão constitucional básica, em todos os âmbitos do Direito; dele recebem diretrizes e impulso a legislação, a administração e a jurisdição.

Dessa forma, ele influi, evidentemente, também sobre todo o Direito Civil; nenhuma disposição jurídico-civil deve estar em contradição com tal sistema e todas elas deverão ser interpretadas em conformidade com o seu espírito". In: ABRANTES, José João. *Contrato de trabalho e direitos fundamentais.* Coimbra: Almedina, 2005. p. 76-77.

(23) GRAU, Maria Venegas. *Derechos fundamentales y derecho privado.* Los derechos fundamentales en las relaciones entre particulares y el principio de autonomía privada, p. 139-141.

(24) ABRANTES, José João. *Contrato de trabalho e direitos fundamentais*, p. 72.

(25) COSTA RICA. Corte Interamericana de Direitos Humanos. Opinião Consultiva n. 18, de 17 de setembro de 2003, San José, Costa Rica. Disponível em: <http://www. corteidh.or.cr/serieapdf/seriea_18_esp.pdf> Acesso em: 6 de março de 2006.

da, concebendo uma dimensão objetiva a essa categoria de direitos, a doutrina e a jurisprudência passaram a refletir acerca da eficácia horizontal dos direitos fundamentais[26].

Tal como já verificado em item anterior do presente estudo, os poderes públicos estão vinculados de forma positiva e negativa quanto aos direitos fundamentais, uma vez que, em determinado instante, deve se abster de imiscuir na esfera individual de liberdade do cidadão, e, noutro instante, incumbe-lhe a promoção e proteção dos direitos e garantias dos cidadãos[27]. A grande diferença existente entre os poderes públicos e os particulares, no que tange à forma de tratamento, é o fato de que, em relação a estes últimos, há apenas uma vinculação *negativa* aos direitos fundamentais.

Pode-se concluir, portanto, nos dias de hoje, que já não mais há que se negar a vinculação dos particulares aos direitos fundamentais — *eficácia horizontal* —, tendo em vista que, ainda que tenha ocorrido de forma cautelosa, a doutrina e a jurisprudência passaram a reconhecer que estes podem ser vulnerados por atos praticados nas relações jurídico-privadas, pelo que, tal como ocorre nas relações jurídico-públicas, também deve haver a proteção de tais direitos no âmbito das relações privadas. Ademais, some-se a isso o fato de que as normas constitucionais de diversos países — *Espanha, Portugal e Brasil* —, de forma expressa ou por meio de uma interpretação sistemática, contemplam a obrigação estatal de proteger os direitos fundamentais nas relações mantidas entre particulares. Isso não é nada mais que compreender a realidade dos fatos, e, por conseguinte, a prática de atos visando coibir as lesões dos direitos fundamentais.

Não há, pois, controvérsia quanto à aplicação dos direitos fundamentais nas relações entre os privados, restando, agora, a verificação da forma da incidência de tais direitos e garantias no âmbito dessas relações — *eficácia direta ou indireta* —, razão pela qual, essa questão será objeto dos próximos itens do presente estudo.

2.2. Incidência dos direitos fundamentais nas relações de Direito do Trabalho

Inicialmente, pode-se mencionar que, enfrentando poucas controvérsias, a doutrina costuma entender que a questão relativa à *Drittwirkung der Grundrechte* se amolda, de forma quase natural, no âmbito do contrato de trabalho. Segundo *Teresa Moreira*, essa *'naturalidade'* se deve ao fato de que a empresa, enquanto uma

(26) Em excelente análise acerca da evolução da jurisprudência no tema relacionado à eficácia horizontal dos direitos fundamentais, confira-se: VALADÉS, Diego. *La protección de los derechos fundamentales frente a particulares.* Obra coletiva coordenada por MARTÍN, Nuria González. *Estudios jurídicos en homenaje a Marta Morineau.* México: Universidad Nacional Autónoma de México, 2006. t. II: Sistemas jurídicos contemporáneos. Derecho comparado. Temas diversos, p. 589-616.

(27) GARCÍA, Pedro Vega. *La eficacia frente a particulares de los derechos fundamentales (la problemática de la Drittwirkung der Grundrechte).* Obra coletiva coordenada por CARBONELL, Miguel. *Derechos fundamentales y el Estado. Memoria del VII Congreso Iberoamericano de Derecho Constitucional.* México: Universidad Nacional Autónoma de México, 2002. p. 692-693.

estrutura de poder, mostra-se detentora de diversas faculdades de atuação, razão pela qual possui uma elevada potencialidade de afrontar os direitos fundamentais dos trabalhadores(28).

Sob essa perspectiva, não há como negar a aplicação dos direitos fundamentais no âmbito da empresa, tendo em vista que isso é fato aceito desde as discussões iniciais do texto constitucional. De forma muito precisa, *Escribano Gutiérrez* afirma que "a Constituição não poderia ficar às portas da fábrica, mas, pelo contrário, haveria de estar presente também nas relações entre empresários e trabalhadores". Desta maneira, sustenta o ilustre autor, apesar de algumas dúvidas iniciais que foram suscitadas acerca da aplicação dos direitos fundamentais nas relações privadas, até com certa rapidez, que os tribunais passaram a apresentar posicionamentos favoráveis a essa tese(29).

Adotando esse posicionamento, a Sentença n. 186/00, de 10 de julho, do Tribunal Constitucional da Espanha, dispõe que "o empresário não fica apoderado para levar a cabo, sob o pretexto das faculdades de vigilância e controle que lhe confere o art. 20.3 LET, intromissões ilegítimas na intimidade de seus empregados nos centros de trabalho". Ressalta, também, que "os equilíbrios e limitações recíprocas que se derivam para ambas as partes do contrato de trabalho supõem, pelo que agora interessa, que também as faculdades organizativas empresariais se encontram limitadas pelos direitos fundamentais do trabalhador, ficando obrigado o empregador a respeitar aqueles". Mais adiante, a referida decisão menciona que "a jurisprudência constitucional tem mantido, como não poderia ser de outro modo, que o exercício das faculdades organizativas e disciplinares do empregador não pode servir em nenhum caso para a produção de resultados inconstitucionais, lesivos dos direitos fundamentais do trabalhador, nem à sanção do exercício legítimo de tais direitos por parte daquele"(30).

Costuma-se afirmar, nesse contexto, que os direitos fundamentais também compõem estruturas básicas do Direito do Trabalho, levando-se em conta as características especiais de uma relação jurídica, em que não só a pessoa do trabalhador se encontra comprometida, mas atentando para o fato de que o trabalhador está inserido numa organização alheia e submetido a uma autoridade que, mesmo situada no âmbito privado, não deixa de ser um *poder social com relevância jurídica*(31).

Aliás, a própria estrutura do contrato de trabalho demonstra necessidade de atuação dos direitos fundamentais no âmbito desse tipo de pacto, tendo em vista que, ao celebrar um pacto dessa natureza, o trabalhador cede ao empregador a sua força de trabalho, pelo que resta evidente que a relação que se origina não pode

---

(28) MOREIRA, Teresa Alexandra Coelho. *Da esfera privada do trabalhador e o controlo do empregador*. Coimbra: Coimbra, 2004. p. 57-58.

(29) GUTIÉRREZ, Juan Escribano. El derecho a la intimidad del trabajador. A propósito de la STC n. 186/00, de 10 de julio. Relaciones Laborales. *Revista Crítica de Teoría y Práctica*, Madrid, n. 1, 2001, p. 85-86.

(30) ESPANHA. Tribunal Constitucional. Sentença n. 186, de 10 de julho de 2000. Boletín Oficial del Estado, n. 192, publicado em 11 de agosto de 2000. Disponível em: <http://www.tribunalconstitucional.es> Acesso em: 6 abr. 2006.

(31) BRAVO-FERRER, Miguel Rodríguez-Piñero y . Constitución, derechos fundamentales y contrato de trabajo. *Relaciones Laborales: Revista Crítica de Teoría y Práctica*, Madri, n. 1/02, 1996, p. 15.

deixar de ser qualificada como uma *relação de dependência.* O próprio objeto do contrato de trabalho — disposição da mão-de-obra de um sujeito em benefício de outro — é o que "torna inevitável todo um conjunto de notáveis limitações à liberdade pessoal do trabalhador"[32].

Não se pode olvidar que as novas tecnologias e os novos modelos de organização da empresa, calcados em princípios de efetividade de produção em face da competitividade, ampliam de forma extraordinária as várias prerrogativas do empregador, gerando uma reinserção do *princípio da autoridade* no desenvolvimento das relações de trabalho[33], razão pela qual a tutela aos direitos da pessoa do trabalhador, sobretudo os direitos de liberdade, privacidade e dignidade, adquirem uma nova e renovada atualidade.

Nesse sentido, a Corte Interamericana de Direitos Humanos, por meio da Opinião Consultiva n. 18, de 17 de setembro de 2003, em consulta realizada pelos Estados Unidos Mexicanos, em seu § 140, dispõe que "em uma relação trabalhista regida pelo direito privado, deve-se ter em conta que existe uma obrigação de respeito aos direitos humanos entre particulares. Isto é, da obrigação positiva de assegurar a efetividade dos direitos humanos protegidos, que existe na cabeça dos Estados, derivam-se efeitos em relação a terceiros (*erga omnes*). Essa obrigação foi desenvolvida pela doutrina jurídica e, particularmente, pela teoria da '*Drittwirkung*', segundo a qual os direitos fundamentais devem ser respeitados tanto pelos poderes públicos como pelos particulares em relação com outros particulares"[34].

Tratando, ainda, acerca da incidência dos direitos fundamentais no âmbito das relações de trabalho, *José João Abrantes* sustenta que isso demonstra a "mais marcante manifestação de uma nova concepção dessa relação, caracterizada pela

(32) ABRANTES, José João. Contrato de trabalho e direitos fundamentais. Obra coletiva coordenada por MOREIRA, Antônio. *II Congresso Nacional de Direito do Trabalho.* Coimbra: Almedina, 1999. p. 105-106.

(33) Nesse sentido, Molina Navarrete e Olarte Encabo ressaltam que, "justamente por isso, não se pode surpreender a comum imagem deste âmbito jurídico co-normativo relativo à tutela dos direitos fundamentais não especificamente trabalhistas como um dos mais dinâmicos e evolutivos do Direito 'vivo' do Trabalho". Prosseguem afirmando que "temas tais como a definição da extensão e limites dos diferentes testes médico-sanitários para a seleção dos futuros trabalhadores de uma empresa ou para a vigilância da saúde naquela relação já existente; a proteção efetiva e eficaz dos direitos à dignidade pessoal e liberdade sexual perante a multiforme gama de comportamentos do 'assédio sexual'; a tutela da intimidade ou, de forma mais ampla, da privacidade do trabalhador; as conseqüências da liberdade religiosa e ideológica na relação de trabalho, a delimitação dos espaços de exercício legítimo da liberdade de expressão dos trabalhadores dentro e fora da empresa..., são todos eles temas de extraordinária transcendência, de extrema conflituosidade e de máxima atualidade em nosso país como no resto dos países europeus, pelo que suscitam múltiplos e continuamente renovados problemas jurídicos". In: NAVARRETE, Cristóbal Molina; ENCABO, Sofía Olarte. Los derechos de la persona del trabajador en la jurisprudencia del Tribunal Constitucional. *Relaciones Laborales: Revista Crítica de Teoría y Práctica,* Madrid, n. 17, 1999. p. 11.

(34) De igual sorte, com essa mesma concepção, a Corte Interamericana de Direitos Humanos, por meio da Opinião Consultiva n. 18, de 17 de setembro de 2003, em seu § 147, estabelece que "a obrigação de respeito e garantia dos direitos humanos, que normalmente tem seus efeitos nas relações entre os Estados e os indivíduos submetidos à sua jurisdição, também projeta seus efeitos nas relações interindividuais. /.../ Esses efeitos de obrigação de respeito dos direitos humanos nas relações entre particulares, especificam-se no marco da relação trabalhista privada, na qual o empregador deve respeitar os direitos humanos de seus trabalhadores". In: COSTA RICA. Corte Interamericana de Direitos Humanos. Opinião Consultiva n. 18, de 17 de setembro de 2003, San José, Costa Rica. Disponível em: <http://www. corteidh.or.cr/serieapdf/seriea_18_esp.pdf> Acesso em: 6 mar. 2006.

depuração desses seus elementos comunitário-pessoais e em que a qualidade de vida e de trabalho, bem como a realização pessoal do trabalhador, são elementos dominantes"[35].

Na verdade, ocorreu — e ainda está ocorrendo, num processo dinâmico — o fenômeno da *constitucionalização* do Direito do Trabalho, sendo que o trabalhador deixou de ser considerado exclusivamente como um sujeito que, por meio de um contrato de trabalho — negócio jurídico de natureza privada —, põe à disposição de outra pessoa a sua força de trabalho, mas, com tal ocorrência, houve uma mudança no foco de proteção, passando-se a proteger também o trabalhador-cidadão, reconhecendo-lhe todos os direitos inerentes aos demais cidadãos, previstos na Constituição, promovendo a dignidade da pessoa humana no âmbito de uma relação trabalhista.

Ao contrário do que aconteceu na primeira fase da constitucionalização do Direito do Trabalho, em que houve a consagração dos chamados *direitos fundamentais específicos dos trabalhadores*, atualmente a doutrina caminha noutro sentido, com a finalidade de estabelecer a denominada *cidadania na empresa*[36], ou seja, com a finalidade de dar ênfase ao que se passou a designar como *direitos fundamentais ou laborais inespecíficos*[37], consubstanciados naqueles direitos do cidadão de forma geral, exercitados na empresa, como trabalhadores, mas, também, e, sobretudo, como cidadãos.

Em síntese, o fenômeno da *constitucionalização do Direito do Trabalho* tem por finalidade evitar que o homem-trabalhador seja tratado como mercadoria ou coisa[38], pondo em relevo a pessoa que trabalha, dispensando-lhe o mesmo tratamento constitucional quanto aos demais sujeitos, não como um trabalhador, mas como cidadão[39].

Segundo o entendimento de *Fernando Valdés*, juntamente com os direitos tipicamente trabalhistas — *tais como a greve e a liberdade sindical* —, vários daqueles direitos descritos na Constituição podem ser denominados como "direitos fundamentais da pessoa do trabalhador", sendo que, mesmo possuindo um alcance geral, encontram as relações de trabalho como um fértil terreno para uma especial

(35) O referido autor sustenta que "é sabido, aliás, que a própria legislação (ordinária) do trabalho compreende dispositivos cujo fundamento só é referenciável à tutela de um 'espaço de liberdade' do trabalhador.
Todavia, mesmo esses afloramentos de uma atitude de salvaguarda da liberdade civil do prestador de trabalho tendem muitas vezes a ser contrabalançados por certas concepções fiduciárias do vínculo laboral e por teses comunitário-pessoais da empresa, que, sob a premissa de um interesse superior e comum a ambas as partes da relação, admitem especiais limitações a essa liberdade". In: ABRANTES, José João. *Contrato de trabalho e direitos fundamentais,* p. 106.

(36) ABRANTES, José João. *Contrato de trabalho e direitos fundamentais,* p. 107.

(37) LÓPEZ, Manuel Carlos Palomeque. Los derechos laborales inespecíficos. *Minerva — Revista de Estudos Laborais,* Coimbra, n. 2, 2003, p. 173-194.

(38) Neste sentido, vale a pena conferir: BAAMONDE, Maria Emilia Casas. ¿Una nueva constitucionalización del Derecho del Trabajo? *Relaciones Laborales: Revista Crítica de Teoría y Práctica,* Madrid, n. 11, 2004, p. 5-16; PEREIRA, Antônio Garcia. A grande e urgente tarefa da dogmática juslaboral: a constitucionalização das relações laborais. Obra coletiva coordenada por MOREIRA, Antônio. *V Congresso Nacional de Direito do Trabalho.* Coimbra: Almedina, 2003. p. 275-293.

(39) BRAVO-FERRER, Miguel Rodríguez-Piñero y . Constitución, derechos fundamentales y contrato de trabajo. *Relaciones Laborales: Revista Crítica de Teoría y Práctica,* Madrid, n. 1/2, 1996. p. 15.

aplicação[40]. Nessa mesma esteira, referindo-se à mesma categoria de direitos, *Vicente Pachés* afirma que "são direitos inerentes à pessoa humana cujo reconhecimento e exercício se pode produzir tanto no desenvolvimento estritamente privado do indivíduo, como quando esteja inserido no âmbito de uma relação de Direito do Trabalho"[41].

Também quanto a esse tema, é importante relembrar a lição de *Isaiah Berlin,* no sentido de que no seio de um Estado Social de Direito, a evolução e o desenvolvimento dos direitos fundamentais deve ser orientado para fins de *garantia da liberdade,* como um *poder de autodeterminação* em todos os âmbitos da vida social. Há de deixar de considerar o homem *in abstrato — aquele situado fora do contexto social em que vive* —, passando a considerá-lo *in concreto,* ou seja, em suas diversas vertentes, e, ainda, situado em determinados cenários da realidade em que vive[42].

Em sua precisa abordagem acerca do tema, *José João Abrantes* ressalta que quanto se trata dos direitos fundamentais dos trabalhadores, não mais se está no terreno meramente contratual, mas no plano da *pessoa,* existente em cada trabalhador, tendo em vista que, em verdade, a celebração de um contrato de trabalho não resulta na cessão ou privação de direitos dos trabalhadores assegurados na Constituição. Finalizando a sua análise, afirma que, "na empresa, o trabalhador mantém, em princípio, todos os direitos de que são titulares todas as outras pessoas"[43].

Exatamente no caminho da doutrina acima mencionada, a Sentença n. 88/85, de 19 de julho, do Tribunal Constitucional da Espanha, dispõe que "a celebração de um contrato de trabalho não implica em modo algum na privação para uma das partes — o trabalhador — dos direitos que a Constituição lhe reconhece como cidadão, entre outros o direito a expressar e difundir livremente os pensamentos, idéias e opiniões, e cuja proteção fica garantida perante eventuais lesões mediante o impulso dos oportunos meios de reparação, que no âmbito das relações laborais se instrumenta, nesse momento, através do processo do trabalho". Prosseguindo na sustentação desta tese, arremata salientando que "nem as organizações empresariais formam mundos separados e estanques do resto da sociedade nem a liberdade de Empresa que estabelece o art. 38 do texto constitucional legitima que aqueles que prestam serviços naquelas por conta e sob a dependência de seus titulares devam suportar despojos transitórios ou limitações injustificadas de seus direitos fundamen-

---

(40) DAL-RÉ, Fernando Valdés. Poderes del empresario y derechos de la persona del trabajador. *Relaciones Laborales: Revista Crítica de Teoría y Práctica,* Madrid, n. 8, 1990, p. 11.

(41) Segundo o referido autor, "produz-se assim uma 'impregnação laboral' dos direitos de titularidade geral ou inespecífica pelo fato de sua utilização por trabalhadores assalariados (também eventualmente por empresários), a propósito e no âmbito de um contrato de trabalho. Em definitiva, são direitos que se reconhecem ao trabalhador enquanto pessoa, eles preexistem ao estabelecimento do vínculo contratual; não é este o que os origina, ainda que nele tenham manifestações específicas. Ou seja, são direitos atribuídos com caráter geral aos cidadãos, que são exercitados no seio de uma relação jurídica trabalhista pelos cidadãos que, num mesmo instante, são trabalhadores e, portanto, convertem-se em verdadeiros direitos trabalhistas em face dos sujeitos e da natureza da relação jurídica em que se fazem valer. Direitos do 'cidadão trabalhador', a final de contas, que se exercita como 'trabalhador cidadão'". In: PACHÉS, Fernando Vicente. *El derecho del trabajador al respeto de su intimidad.* Madrid: Consejo Económico y Social, 1998. p. 36-37.

(42) BERLIN, Isaiah. *Cuatro ensayos sobre la libertad.* Tradução de Belén Urrutia, Julio Bayón e Natalia Rodríguez Salmones. Madrid: Alianza, 1988. p. 58.

(43) ABRANTES, José João. *Contrato de trabalho e direitos fundamentais,* p. 107.

tais e liberdades públicas, que tem um valor central e nuclear no sistema jurídico constitucional"[44].

Note-se, portanto, que as relações de trabalho se mostram, com toda certeza, como um dos campos das relações jurídico-privadas nas quais os direitos fundamentais estão mais suscetíveis de alcançar uma maior relevância, e, por conseguinte, maior vulnerabilidade. Isso decorre da própria natureza do trabalho assalariado, em que a pessoa do trabalhador envida os seus esforços para a realização de uma atividade em proveito alheio. Essa relação jurídica, de forma quase inquestionável, em face da situação de sujeição de uma das partes em relação à outra, pressupõe maiores riscos que em outras relações entre sujeitos privados, no que tange aos direitos do trabalhador, tanto como *pessoa* como na qualidade de *cidadão*[45].

Tal como ocorre nas relações jurídicas mantidas com os poderes públicos, os particulares também não podem afrontar os direitos fundamentais. A liberdade e a dignidade dos indivíduos são bens intangíveis, sendo certo que a autonomia da vontade somente poderá atuar até aquele lugar em que não haja ofensas ao conteúdo mínimo essencial desses direitos e liberdades. E isso não é diferente no âmbito de uma relação trabalhista.

2.3. Eficácia direta ou imediata dos direitos fundamentais nas relações trabalhistas

Em relação à questão que ora se apresenta, depois de verificada a grande aceitação doutrinária e jurisprudencial da teoria da *Drittwirkung der Grundrechte*, consiste na análise acerca da forma pela qual deverá ocorrer a eficácia dos direitos fundamentais nas relações trabalhistas — *aplicação indireta ou mediata, ou incidência de forma direta ou imediata* —, e, além disso, convém verificar quais são os motivos justificadores desta forma de incidência das normas Constitucionais.

A determinação do efetivo alcance aos direitos fundamentais no âmbito das relações trabalhistas requer, sem qualquer dúvida, uma verificação acerca de uma questão prévia. Segundo as palavras de *Molina Navarrete* e *Olarte Encabo*, depois de aceita por imperativo de ordem constitucional a vigência dos direitos constitucionais no campo privado, há de se responder a seguinte indagação: "são igualmente e plenamente efetivos, de forma direta e automática, os direitos fundamentais nas relações entre particulares, ou seja, nas relações jurídico-privadas?"[46]

Tal como acontece nos demais campos das relações jurídico-privadas, a maioria da doutrina entende pela aplicação direta ou imediata dos direitos fundamentais no âmbito das relações trabalhistas, tendo em vista que, apenas e somente

(44) ESPANHA. Tribunal Constitucional. Sentença n. 088, de 19 de julho de 1985. Boletín Oficial del Estado, n. 194, publicado em 14 de agosto de 1985. Disponível em: <http://www.tribunalconstitucional.es>. Acesso em: 8 abr. 2006.

(45) MURCIA, Joaquín García. *La revisión de los convenios colectivos a través del recurso de amparo.* Madrid: Tecnos, 1992. p. 86.

(46) NAVARRETE, Cristóbal Molina; ENCABO, Sofía Olarte. *Los derechos de la persona del trabajador en la jurisprudencia del tribunal constitucional*, p. 13.

desta maneira, seria possível a efetiva proteção dos direitos e liberdades públicas dos trabalhadores, no contexto da dinâmica relação trabalhista. Importa mencionar que tal posicionamento também encontra os seus ecos no âmbito da jurisprudência.

Tratando da questão relativa à eficácia direta e imediata dos direitos fundamentais, o Supremo Tribunal Federal do Brasil julgou o Recurso Extraordinário n. 161.243/DF, de 29 de dezembro de 1996, em que determinou a incidência do princípio da igualdade nas relações trabalhistas. A referida decisão era pertinente a processo em que trabalhador brasileiro — *empregado numa companhia aérea em território francês* — pleiteava direitos trabalhistas previstos em regulamentos da empresa, mas, o referido instrumento, somente concedia tais direitos aos trabalhadores de nacionalidade francesa. A empresa, portanto, havia estabelecido um critério diferenciador dos destinatários e beneficiados pelos direitos, qual seja, a nacionalidade do indivíduo, em que pese os trabalhadores de ambas as nacionalidades prestassem serviços semelhantes.

O Ministro relator do referido processo — Recurso Extraordinário n. 161.243/DF —, reconheceu que existia a possibilidade de tratamento desigual entre os trabalhadores, desde que também existisse um fundamento para tal espécie de tratamento, mas, não naquele caso. Citando a lição de *Bandeira de Mello*, afirmou que, "em síntese, no caso, o elemento usado para desigualar é simplesmente singularizador do destinatário; acresce que não há conexão lógica e racional que justifique o tratamento diferenciado, e, ademais, não me parece ocorrer, no tratamento diferenciado, afinidade com o sistema normativo vigente". Por fim, concluiu no sentido de que "porque não ocorrentes os fatores que justificariam o tratamento diferenciado, tem-se que iguais foram tratados desigualmente, o que é ofensivo ao princípio isonômico que a Constituição consagra e que é inerente ao regime democrático e à República"[47].

A intangibilidade do conteúdo essencial dos direitos fundamentais dos trabalhadores, bem como a flagrante desigualdade existente entre os sujeitos envolvidos nas relações trabalhistas — *empregados e empregadores* —, em face da grande concentração de poder nas mãos do empresário no seio destas relações, podem ser considerados como motivos justificadores para a aplicação da eficácia direta ou imediata dos direitos fundamentais no âmbito do contrato de trabalho[48].

Em sua obra acerca da intimidade privada do trabalhador, ressalta *Vicente Pachés* que a *Drittwirkung* jamais passa despercebida no campo das relações trabalhistas, tendo em vista que a empresa, enquanto estrutura de poder, atribui um grande complexo de faculdades de atuação ao empregador, sendo que, "por seu próprio conteúdo e significado, apresenta uma especial potencialidade lesiva para o exercício real e efetivo dos direitos fundamentais dos trabalhadores". Afirma,

(47) BRASIL. Supremo Tribunal Federal — 2ª Turma — RE n. 161.243/DF — Relator Ministro Carlos Velloso — julgamento em 29.10.1996 — DJ 19.12.1997, p. 057. Disponível em: <http://www.stf.gov.br> Acesso em: 9 abr. 2006.

(48) ABRANTES, João José. *Contrato de trabalho e direitos fundamentais*. Coimbra: Almedina, 2005. p. 131.

ainda, que esse potencial lesivo tem a sua gênese na flagrante desigualdade existente entre trabalhadores e empregadores[49].

Tratando justamente sobre a desigualdade das partes, e, ainda, abordando acerca da obrigação que tem o Estado de garantir os direitos fundamentais, inclusive no âmbito das relações trabalhistas, a Sentença n. 129/89, de 17 de julho, do Tribunal Constitucional da Espanha, dispõe que "esta garantia por parte dos poderes públicos, e em particular por parte do legislador, da vigência dos direitos fundamentais, pode resultar singularmente presente no âmbito laboral, onde há desigual distribuição do poder social entre trabalhador e empresário, e a distinta posição que estes ocupam nas relações laborais eleva em certo modo o risco de eventuais menoscabos dos direitos fundamentais do trabalhador"[50].

De igual sorte, percebe-se a preocupação com a situação de inferioridade do trabalhador perante o empregador, reconhecendo a evidente situação de desequilíbrio entre estes sujeitos. Segundo *Teresa Moreira*, mesmo tratando da questão no âmbito jurídico de Portugal, mas ressaltando que isso é ponto comum no ordenamento jurídico de diversos outros países, não se pode negar que a inferioridade substancial dos empregados diante dos empregadores, faz com que estes "fiquem vinculados às normas constitucionais que reconhecem estes direitos, isto é, aos direitos, liberdades e garantias não só da pessoa enquanto trabalhador, mas também do trabalhador enquanto pessoa, ou seja, aos direitos, liberdades e garantias atribuídos a todos os cidadãos"[51].

Neste contexto, por mais que alguns segmentos doutrinários tentem trilhar caminho diverso, importa mencionar que o Direito não mais tem como ignorar o fenômeno dos poderes privados, mas, ao contrário disso, deve combater essa realidade e dar uma resposta adequada, sendo que não se concebe a vida da adesão incondicional ao dogma da *autonomia privada*. Longe de servir para o desenvolvimento da liberdade, esta — *autonomia privada* — tem garantido a imunidade destes poderes dentro de uma sociedade na qual aparecem cada vez mais difusas as fronteiras entre o público e o privado[52].

É interessante ressaltar que, mesmo estando o contrato de trabalho inserido no contexto das relações jurídicas de natureza privada, e, por conseguinte, observando as normas e princípios inerentes ao direito privado, inclusive a autonomia da vontade, na verdade não pode haver a pactuação de cláusulas que possam ensejar afrontas aos direitos e liberdades públicas dos trabalhadores, pelo que tais cláusulas serão nulas, não produzindo efeitos na relação jurídico-trabalhista[53].

---

(49) PACHÉS, Fernando Vicente. *El derecho del trabajador al respeto de su intimidad*, p. 25.

(50) ESPANHA. Tribunal Constitucional. Sentença n. 128, de 17 de julho de 1989. Boletín Oficial del Estado, n. 189, publicado em 9 de agosto de 1989. Disponível em: <http://www.tribunalconstitucional.es>. Acesso em: 9 abr. 2006.

(51) MOREIRA, Teresa Alexandra Coelho. *Da esfera privada do trabalhador e o controlo do empregador*, p. 60.

(52) NAVARRETE, Cristóbal Molina; ENCABO, Sofía Olarte. *Los derechos de la persona del trabajador en la jurisprudencia del tribunal constitucional*, p. 16.

(53) Exemplificando essa afirmação, pode-se mencionar que cláusulas de renúncia à greve, ou qualquer atividade sindical ou partidária, ou ainda a outros direitos, como a maternidade ou o casamento, a objeção de consciência, etc., são obviamente nulas; o mesmo se diga, em princípio, da cláusula pela qual um trabalhador

Tal como ocorre nas relações jurídicas mantidas com os poderes públicos, os particulares também não podem afrontar os direitos fundamentais. A liberdade e a dignidade dos indivíduos são bens intangíveis, sendo certo que a autonomia da vontade somente poderá atuar até aquele lugar em que não haja ofensas ao conteúdo mínimo essencial destes direitos e liberdades. E isso não será diferente no âmbito de uma relação trabalhista.

Em obra específica acerca do tema, *Teresa Moreira* afirma que "a relação estabelecida entre os trabalhadores e empregadores é um dos exemplos mais claros de uma situação de poder real de um dos sujeitos contratuais sobre o outro e, por este fato, a vinculação das entidades privadas prevalece sobre a autonomia privada". Prosseguindo, ressalta que "não se pode admitir que os poderes atribuídos ao empregador não estejam sujeitos à referência dos preceitos constitucionais"(54).

Há de se mencionar, entretanto, que, até mesmo para aquela corrente doutrinária que entende pela aplicação mediata ou indireta dos direitos fundamentais em relação às entidades privadas, torna-se freqüente o reconhecimento no sentido de que, no campo das relações jurídico-privadas, em que existe uma clara situação de desigualdade das partes — *tal como ocorre na relação mantida entre empregado e empregador* —, deve-se abrir uma exceção, promovendo a aplicação de forma imediata ou direta dos direitos, liberdades e garantias previstas na Constituição(55).

Percebe-se, portanto, que somente por meio da aplicação direta e imediata dos direitos fundamentais nas relações trabalhistas será possível a efetiva proteção aos direitos e liberdades públicas dos trabalhadores, em face do dinamismo destas vinculações. Essa conclusão pode ser atribuída à intangibilidade do conteúdo essencial dos direitos fundamentais dos trabalhadores, e, ainda, diante da flagrante desigualdade que ocorre entre os envolvidos — *empregados e empregadores* — nas relações de trabalho. Pode-se mencionar, por fim, que o empregador, em decorrência desta relação jurídica, é detentor de direitos e faculdades que, exercidos de forma inadequada, mostram-se como potenciais fatores de afrontas e violações à liberdade, privacidade e dignidade dos trabalhadores.

3. Conclusão

Não há como se negar que a questão relativa aos direitos e liberdades públicas dos indivíduos, e, em especial, os direitos dos cidadãos trabalhadores, nos dias de hoje, mostra-se como sendo um dos principais temas no âmbito do Direito do Trabalho.

---

ao serviço de uma firma se obriga a não trabalhar, durante um certo prazo após a cessação do contrato, no mesmo ramo de negócio, também nos merecendo reservas, por exemplo, a legitimidade da exigência feita pelo empregador a um trabalhador, no sentido de que não use emblemas de um partido político, por ser tal suscetível, em seu entender, de perturbar a paz da empresa. In: ABRANTES, José João. *Contrato de trabalho e direitos fundamentais*, p. 113-114.

(54) MOREIRA, Teresa Alexandra Coelho. *Da esfera privada do trabalhador e o controlo do empregador*, p. 60.

(55) CAUPERS, João. *Os direitos fundamentais dos trabalhadores e a Constituição*. Coimbra: Almedina, 1985. p. 171.

Isso advém, por um lado, das diversas transformações nos métodos de produção das empresas, e, por outro lado, pela chamada *constitucionalização do Direito do Trabalho*, com o intuito de estabelecer maior efetividade aos direitos fundamentais dos trabalhadores. Isso, certamente, é capaz de gerar a colisão de interesses constitucionalmente protegidos em benefício de trabalhadores e empregadores.

Diante da relevância das questões mencionadas, de forma gradual, mas progressiva, a doutrina e a jurisprudência passaram a tratar acerca da incidência dos direitos fundamentais nas relações jurídicas estabelecidas entre trabalhadores e empregadores, a fim de proteger os direitos individuais dos trabalhadores, e, também, de certa forma, os direitos pertencentes aos empregadores(56).

Com a finalidade de alcançar a análise pretendida — *eficácia horizontal dos direitos fundamentais nas relações trabalhistas* —, dentre uma pluralidade de conceitos, verificou-se que os direitos fundamentais podem ser concebidos como atributos naturais atinentes ao homem, ligados essencialmente aos valores da dignidade, liberdade e igualdade, decorrentes da sua própria existência, com fundamento na *dignidade da pessoa humana*. Ademais, percebeu-se que esses direitos não são graciosamente atribuídos pelo Estado — *que deve respeitá-los, promovê-los e garanti-los* —, mas apenas têm o seu reconhecimento no ordenamento jurídico-positivo.

Atualmente, as normas constitucionais da maioria dos países reconhecem e, de forma constante, têm evoluído em matéria de reconhecimento, garantias e meios de proteção dos direitos fundamentais dos cidadãos. As discussões evoluem na medida em que avançam as novas tecnologias, havendo um grande aumento das circunstâncias e agentes que potencialmente podem afrontar os direitos e liberdades públicas dos indivíduos. Isso ocorre, como não poderia deixar de ser, também no âmbito das relações trabalhistas.

Quando a Constituição deixou de ser compreendida como um sistema de garantias, convertendo-se num sistema de valores fundamentais, com princípios de justiça social e direitos econômicos e sociais, deu-se lugar ao desenvolvimento de uma rica jurisprudência dos tribunais constitucionais na Europa — *particularmente na Alemanha* — sobre o conteúdo concreto dos direitos fundamentais, tendo ocorrido a formulação de novas e velhas teorias constitucionais, fortalecendo o Estado Constitucional.

Importa ressaltar, por outro lado, que mesmo desempenhando diversas funções essenciais para o desenvolvimento das relações jurídicas, não há como imaginar que os direitos fundamentais sejam direitos absolutos, tendo em vista que, se isso fosse tido como verdadeiro, seria possível admitir que os direitos de um cidadão estariam legitimados a ofender direitos de outros cidadãos em face de um exercício ilimitado, o que não se concebe. Os direitos fundamentais, portanto, poderão sofrer limitações, mas isso somente ocorrerá desde que haja uma justificati-

---

(56) Mais acerca do tema, consulte-se: AMARAL, Júlio Ricardo de Paula. *Eficácia dos direitos fundamentais nas relações trabalhistas*. São Paulo: LTr, 2007. p. 52-75.

va plausível para o estabelecimento das respectivas restrições, e, ainda, somente depois de uma ponderação entre os direitos eventualmente conflitantes.

Em outros tempos, na vigência das lições da doutrina liberal, os direitos fundamentais eram vistos como direitos de defesa do cidadão perante o Estado, mas, com o passar do tempo, essa concepção já não mais atendia às necessidades da sociedade. É importante mencionar que não apenas bastava uma *não-intervenção* dos poderes públicos na esfera da liberdade dos cidadãos, tendo em vista que havia a necessidade de interferência do Estado, a fim de que fossem preservados os direitos e garantias dos indivíduos, tal como concebido pela doutrina do Estado Social.

Segundo essa concepção, o cidadão não apenas deve possuir segurança no sentido de que o Estado não *invadirá* a esfera de liberdade individual — *tal como ocorria no âmbito da doutrina liberal* —, mas, além disso, e, sobretudo, o indivíduo deve ter a certeza de que poderá fazer uso adequado daquelas situações vantajosas que abstratamente lhe estão asseguradas no ordenamento jurídico, sendo que, para isso, caso seja necessário, deve ocorrer a intervenção estatal para plena realização dos direitos. Eis aí a *vinculação positiva* dos poderes públicos aos direitos fundamentais.

Em face disso, pode-se dizer que incumbe ao Poder Legislativo, por meio da atuação de sua primordial função, disciplinar normativamente os direitos fundamentais enunciados na Constituição, estabelecendo uma organização, e, ainda, apresentando eventuais limitações ao seu inadequado ou indevido exercício, oferecendo, assim, um marco jurídico para a sua eficaz garantia.

Em síntese, a discussão agora já não mais se circunscreve à adequada utilização dos direitos fundamentais pelos cidadãos, mas quanto à necessária intervenção do Estado na remoção de eventuais obstáculos que, de uma forma ou de outra, impeçam ao indivíduo o pleno exercício de seus direitos e liberdades. Resta assinalar, entretanto, que a interferência do Estado para propiciar o gozo de tais prerrogativas pelo cidadão, não ocorre de forma facultativa, mas se revela como uma obrigação imposta por meio de normas inseridas na Constituição. O Estado, portanto, tem o dever constitucional de não apenas proteger, mas também promover o pleno e efetivo gozo dos direitos fundamentais.

Ocorre, entretanto, que, com a evolução acerca da doutrina dos direitos fundamentais, de forma gradativa passou-se a reconhecer que não apenas o Estado figurava como sujeito *ameaçador* dos direitos e liberdades dos indivíduos, mas percebeu-se a urgente necessidade de proteção dos direitos fundamentais também nas relações jurídicas entre os particulares — *em evidente evolução depois da Segunda Guerra Mundial, com o fim dos regimes totalitaristas, sobretudo na Alemanha* —, e, ainda, concebeu-se uma dimensão objetiva a essa categoria de direitos, a doutrina e a jurisprudência passaram a refletir sobre a *eficácia horizontal dos direitos fundamentais.*

Atualmente, portanto, já não mais há que se negar a vinculação dos particulares aos direitos fundamentais — *eficácia horizontal* —, tendo em vista que, ainda que tenha ocorrido de forma cautelosa, a doutrina e a jurisprudência passaram a reconhecer que estes podem ser vulnerados por atos praticados nas relações jurídico-privadas, pelo que, tal como ocorre nas relações jurídico-públicas, também deve haver a proteção de tais direitos no âmbito das relações privadas.

No que tange à eficácia horizontal dos direitos fundamentais, há várias teorias que tratam acerca do tema, mas, em síntese, a discussão basicamente fica polarizada entre aqueles que entendem pela aplicação indireta e mediata, ou, por outro lado, por aqueles que compreendem que a incidência se dá de forma direta e imediata dos direitos fundamentais no âmbito das relações jurídicas entre os sujeitos particulares.

A corrente doutrinária que sustenta a tese da eficácia indireta ou mediata não se opõe à aplicação dos direitos fundamentais nas relações entre os sujeitos particulares, mas nega a sua incidência de forma imediata ou direta. Costuma-se entender que as relações jurídicas entre os privados dependem sempre de certo poder de disposição, razão pela qual a aplicação direta daquela categoria de direitos restringiria a autonomia individual, o que também, de certa forma, afrontaria a Constituição. Em face disso, somente poderia ocorrer a incidência dos direitos fundamentais por meio da atuação do legislador neste sentido, conformando-os ou adaptando-os à sua aplicação neste campo das relações jurídicas.

Por outro lado, tem-se a corrente doutrinária que entende pela aplicação direta ou imediata dos direitos fundamentais frente aos particulares, tomando-se por fundamento o caráter normativo da Constituição — *em face de que a 'carta magna' normatizar toda a convivência humana* —, razão pela qual deverá ocorrer incidência em todas as relações jurídicas, tanto públicas como privadas, no intuito de proteger a *dignidade da pessoa humana*. Ademais, também não se pode negar que, nas relações jurídicas entre particulares, há indivíduos ou corporações que detêm poderes suficientemente ativos para afrontar os direitos fundamentais de outros cidadãos, sendo que, em algumas circunstâncias, até mesmo com maior vigor que os poderes estatais para tal fim.

Por diversos motivos já mencionados, não se pode deixar de concluir que as relações de trabalho se mostram, com toda certeza, como um dos campos das relações jurídico-privadas nas quais os direitos fundamentais estão mais suscetíveis de alcançar uma maior relevância, e, por conseguinte, maior vulnerabilidade. Isso decorre da própria natureza do trabalho assalariado, em que a pessoa do trabalhador envida os seus esforços para a realização de uma atividade em proveito alheio. Essa relação jurídica, de forma quase inquestionável, em face da situação de sujeição de uma das partes em relação à outra, pressupõe maiores riscos que em outras relações entre sujeitos privados, no que tange aos direitos do trabalhador, tanto como pessoa como na qualidade de cidadão.

Além disso, somente por meio da aplicação direta e imediata dos direitos fundamentais nas relações trabalhistas será possível a efetiva proteção aos direitos e liberdades públicas dos trabalhadores, em face do dinamismo destas relações. Essa conclusão pode ser atribuída à intangibilidade do conteúdo essencial dos direitos fundamentais dos trabalhadores, e, ainda, diante da flagrante desigualdade que ocorre entre os envolvidos — *empregados e empregadores* — no âmbito das relações de trabalho. Pode-se mencionar, por fim, que o empregador, em decorrência desta relação jurídica, é detentor de direitos e faculdades que, exercidos de forma inadequada, mostram-se como potenciais fatores de afrontas e violações à liberdade, privacidade e dignidade dos trabalhadores.

Importa ressaltar, porém, que, mesmo que se apregoe por diversas vezes a possibilidade de violação dos direitos fundamentais dos trabalhadores pelos seus respectivos empregadores, na verdade, poder-se-á verificar que, por vezes, é exatamente o contrário aquilo que pode acontecer. Ademais, não se pode deixar de mencionar que, por maior importância que possuam no âmbito constitucional, os direitos fundamentais não são absolutos, e, como tal, ao contrário do que se possa imaginar, comportam limitações.

Sendo assim, mesmo considerando a sua importância no âmbito do ordenamento jurídico, os direitos fundamentais não possuem caráter absoluto, não podendo ser exercitados ao *bel prazer* do seu titular. Em diversas ocasiões, será perfeitamente possível a ocorrência de colisão dos direitos fundamentais com outros bens e direitos assegurados pelas normas constitucionais, razão pela qual se deve buscar um critério necessário e apto para a resolução da tensão entre os referidos direitos, o que implica no estabelecimento de limitações e restrições ao exercício dos direitos. Mas essa é questão que poderá ser abordada em outra oportunidade!

Bibliografia

ABRANTES, João José. *Contrato de trabalho e direitos fundamentais.* Coimbra: Almedina, 2005.

______. *Contrato de trabalho e direitos fundamentais.* Obra coletiva coordenada por MOREIRA, Antônio. *II Congresso Nacional de Direito do Trabalho.* Coimbra: Almedina, 1999.

ALCALÁ, Humberto Nogueira. *Teoría y dogmática de los derechos fundamentales.* México: Universidad Nacional Autónoma de México, 2003.

AMARAL, Júlio Ricardo de Paula. *Eficácia dos direitos fundamentais nas relações trabalhistas.* São Paulo: LTr, 2007.

ANDRADE, José Carlos Vieira de. *Os direitos fundamentais na Constituição portuguesa de 1976.* 3. ed. Coimbra: Almedina, 2004.

ARROYO, César Landa. Dignidad de la persona humana. *Cuestiones Constitucionales*: Revista Mexicana de Derecho Constitucional, México, n. 7, 2002.

BAAMONDE, Maria Emilia Casas. ¿Una nueva constitucionalización del Derecho del Trabajo? *Relaciones Laborales: Revista Crítica de Teoría y Práctica*, Madrid, n. 11, 2004.

BERLIN, Isaiah. *Cuatro ensayos sobre la libertad.* Tradução de Belén Urrutia, Julio Bayón e Natalia Rodríguez Salmones. Madrid: Alianza, 1988.

BRASIL. Supremo Tribunal Federal — 2ª Turma — RE n. 161.243/DF — Relator Ministro Carlos Velloso — julgamento em 29.10.1996 — DJ 19.12.1997. Disponível em: <http://www.stf.gov.br> Acesso em: 9 abr. 2006.

BRAVO-FERRER, Miguel Rodríguez-Piñero y. Constitución, derechos fundamentales y contrato de trabajo. *Relaciones Laborales: Revista Crítica de Teoría y Práctica*, Madrid, n. 01/02, 1996.

CANOTILHO, José Joaquim Gomes. *Direito constitucional e teoria da constituição*. 7. ed. Coimbra: Almedina, 2003.

CARBONELL, Miguel. *Derechos fundamentales y el Estado. Memoria del VII Congreso Iberoamericano de Derecho Constitucional*. México: Universidad Nacional Autónoma de México, 2002.

CAUPERS, João. *Os direitos fundamentais dos trabalhadores e a Constituição*. Coimbra: Almedina, 1985.

CORRAL, Benito Alaéz *et al*. *Teoría general de los derechos fundamentales en la Constitución española de 1978*. Madrid: Tecnos, 2004.

COSTA RICA. Corte Interamericana de Direitos Humanos. Opinião Consultiva n. 18, de 17 de setembro de 2003, San José, Costa Rica. Disponível em: <http://www. corteidh.or.cr/serieapdf/seriea_18_esp.pdf > Acesso em: 6 mar. 2006.

CRUZ, Rafael Naranjo de La. *Los límites de los derechos fundamentales en las relaciones entre particulares: la buena fe*. Madrid: Centro de Estudios Políticos y Constitucionales, 2000.

DAL-RÉ, Fernando Valdés. Poderes del empresario y derechos de la persona del trabajador. *Relaciones Laborales: Revista Crítica de Teoría y Práctica*, Madrid, n. 8, 1990.

ENCABO, Sofía Olarte; NAVARRETE, Cristóbal Molina. Los derechos de la persona del trabajador en la jurisprudencia del Tribunal Constitucional. *Relaciones Laborales: Revista Crítica de Teoría y Práctica*, Madrid, n. 17, 1999.

ESPANHA. Tribunal Constitucional. Sentença n. 88, de 19 de julho de 1985. Boletín Oficial del Estado, n. 194, publicado em 14 de agosto de 1985. Disponível em: <http://www.tribunal constitucional.es> Acesso em: 8 abr. 2006.

______. Tribunal Constitucional. Sentença n. 128, de 17 de julho de 1989. Boletín Oficial del Estado, n. 189, publicado em 9 de agosto de 1989. Disponível em: <http://www.tribunalconstitucional.es> Acesso em: 9 abr. 2006.

______. Tribunal Constitucional. Sentença n. 186, de 10 de julho de 2000. Boletín Oficial del Estado, n. 192, publicado em 11 de agosto de 2000. Disponível em: <http://www.tribunal constitucional.es> Acesso em: 6 abr. 2006.

FERRAJOLI, Luigi. *Derechos y garantías*. La ley del más débil. 4. ed. Madrid: Trotta, 2004.

______. *Los fundamentos de los derechos fundamentales*. Madrid: Trotta, 2001.

FREIJEDO, Francisco Bastida *et al*. *Teoría general de los derechos fundamentales en la Constitución española de 1978*. Madrid: Tecnos, 2004.

GARCÍA, Pedro de Vega. La eficacia frente a particulares de los derechos fundamentales (la problemática de la Drittwirkung der Grundrechte). Obra coletiva coordenada por CARBONELL, Miguel. *Derechos fundamentales y el Estado. Memoria del VII Congreso Iberoamericano de Derecho Constitucional*. México: Universidad Nacional Autónoma de México, 2002.

GONZÁLEZ, Javier Mijangos y. El concepto de poder público y la protección de los derechos fundamentales frente a particulares. *Derecho y Sociedad*, Lima, 2004, n. 22.

GRAU, Maria Venegas. *Derechos fundamentales y derecho privado*. Los derechos fundamentales en las relaciones entre particulares y el principio de autonomía privada. Madri: Marcial Pons, 2004.

GUTIÉRREZ, Juan Escribano. El derecho a la intimidad del trabajador. A propósito de la STC 186/00, de 10 de julio. *Relaciones Laborales: Revista Crítica de Teoría y Práctica*, Madri, n. 01, 2001.

HINES, César. Limitaciones de los derechos fundamentales. *Revista de Ciencias Jurídicas de la Universidad de Costa Rica*, San José, n. 106, 2005.

JIMÉNEZ-BRANCO, Antonio; GARCÍA TORRES, Jesús. *Derechos fundamentales y relaciones particulares*. Madrid: Civitas, 1986.

JUSTEN FILHO, Marçal. Conceito de interesse público e a "personalização" do direito administrativo. *Revista Trimestral de Direito Público*, São Paulo, n. 26, 1999.

LINERA, Miguel Angel Presno *et al*. *Teoría general de los derechos fundamentales en la Constitución española de 1978*. Madrid: Tecnos, 2004.

LINETZKY, Andrés Jana. *La eficacia horizontal de los derechos fundamentales.* Centro de Estudios de la Justicia/Facultad de Derecho de la Universidad de Chile, Santiago, 2001. Disponível em: <http://www.derecho.uchile.cl/cej> Acesso em: 11 jan. 2006.

LÓPEZ, Manuel Carlos Palomeque. Los derechos laborales inespecíficos. *Minerva — Revista de Estudos Laborais,* Coimbra, n. 2, 2003.

LUÑO, António-Enrique Pérez. *Los derechos fundamentales.* 8. ed. Madrid: Tecnos, 2004.

MARTÍN, Nuria González. *Estudios jurídicos en homenaje a Marta Morineau.* t. II: Sistemas jurídicos contemporáneos. Derecho comparado. Temas diversos. México: Universidad Nacional Autónoma de México, 2006.

MARTÍNEZ, Gregorio Peces-Barba. *Lecciones de derechos fundamentales.* Madrid: Dykinson, 2004.

MARTÍNEZ, María del Pilar Hernandez. Constitución y derechos fundamentales. *Boletín Mexicano de Derecho Comparado,* México, n. 84, 1995.

MENÉNDEZ, Ignacio Villaverde *et al. Teoría general de los derechos fundamentales en la Constitución española de 1978.* Madrid: Tecnos, 2004.

MOREIRA, Antônio. *V Congresso Nacional de Direito do Trabalho.* Coimbra: Almedina, 2003.

MOREIRA, Teresa Alexandra Coelho. *Da esfera privada do trabalhador e o controlo do empregador.* Coimbra: Coimbra, 2004.

MURCIA, Joaquín García. *La revisión de los convenios colectivos a través del recurso de amparo.* Madrid: Tecnos, 1992.

NAVARRETE, Cristóbal Molina; ENCABO, Sofía Olarte. Los derechos de la persona del trabajador en la jurisprudencia del Tribunal Constitucional. *Relaciones Laborales: Revista Crítica de Teoría y Práctica,* Madrid, n. 17, 1999.

PACHÉS, Fernando de Vicente. *El derecho del trabajador al respeto de su intimidad.* Madrid: Consejo Económico y Social, 1998.

PALOMBELLA, Gianluigi. Derechos fundamentales. Argumentos para una teoría. *Doxa — Biblioteca Virtual Miguel de Cervantes de la Universidad de Alicante,* Alicante, n. 22, 1999.

PARCERO, Juan Antonio Cruz. Derechos morales: concepto y relevancia. *Isonomía.* México, n. 15, 2001.

PEREIRA, Antônio Garcia. A grande e urgente tarefa da dogmática juslaboral: a constitucionalização das relações laborais. Obra coletiva coordenada por MOREIRA, Antônio. *V Congresso Nacional de Direito do Trabalho.* Coimbra: Almedina, 2003.

ROBLES, Gregorio. *Los derechos fundamentales y la ética en la sociedad actual.* Madrid: Civitas, 1997.

RODRÍGUEZ, Paloma Requejo *et al. Teoría general de los derechos fundamentales en la Constitución española de 1978.* Madrid: Tecnos, 2004.

SANCHÍS, Luis Prieto. *Justicia constitucional y derechos fundamentales.* Madrid: Trotta, 2003.

SARASOLA, Ignácio Fernández *et al. Teoría general de los derechos fundamentales en la Constitución española de 1978.* Madrid: Tecnos, 2004.

VALADÉS, Diego. La protección de los derechos fundamentales frente a particulares. Obra coletiva coordenada por MARTÍN, Nuria González. *Estudios jurídicos en homenaje a Marta Morineau.* México: Universidad Nacional Autónoma de México, 2006. t. II: Sistemas jurídicos contemporáneos. Derecho comparado. Temas diversos.

Direitos Sociais da Constituição Cidadã e as Armadilhas Ideológicas que Levam à Sua Inefetividade: Uma Leitura a Partir da Teoria Crítica

Luciana Caplan(*)

Introdução

O presente trabalho pretende analisar como vinte anos após a promulgação da chamada Constituição Cidadã(1), observa-se algum avanço na efetividade dos direitos sociais, porém bastante tímido, diante da promessa da Carta Magna.

Especificamente no campo do Direito do Trabalho, a Constituição da República foi apresentada como um reencontro com a possibilidade democrática: "Os instrumentos jurídicos nela existentes podem ser a base de sustentação legal das ações que visem á transformação social(2)".

Quais, então, os motivos pelos quais esta promessa não se concretizou?

1. A questão da (in)efetividade dos direitos sociais

Uma vez que esta análise da questão da (in)efetividade dos direitos sociais previstos na Constituição Federal de 1988, em especial dos direitos dos trabalha-

(*) Juíza do Trabalho Substituta do TRT da 15ª Região. Mestre em Direito Político e Econômico pela Universidade Presbiteriana Mackenzie (São Paulo) e Doutora em Derechos Humanos y Desarrollo pela Universidad Pablo de Olavide (Sevilha, Espanha).

(1) Termo usado pelo Deputado Ulysses Guimarães, Presidente da Assembléia Nacional Constituinte, quando de sua promulgação. Ver íntegra do discurso em: <http://www.fugpmdb.org.br/c_cidada.htm>. Manteve a denominação entre os juristas em razão das inúmeras conquistas no plano jurídico, com garantia de direitos fundamentais antes não assegurados nos textos constitucionais.

(2) PASSOS, Edésio. *Novos direitos constitucionais dos trabalhadores*. São Paulo: LTr, 1988. p. 7. E prossegue o autor: "No plano da luta concreta, do cotidiano dos trabalhadores organizados, a lei sempre tem desempenhado papel de freio às reivindicações, pretensões e interesses, além de se ter constituído em um meio de repressão. Os avanços conquistados no campo da legalidade têm sido não somente raros, como de limitada aplicação" (*Idem*). Neste sentido, recordemos que a Consolidação das Leis do Trabalho surgiu num contexto de interesse do Estado brasileiro (então desenvolvimentista) pelo investimento de capital estrangeiro, tendo regulado as regras do jogo e atrelado a atividade sindical à fiscalização estatal, assegurando assim mais que os interesses dos trabalhadores, o interesse do capital. Não olvidemos que se trata de consolidação e, portanto, não significou, no plano concreto, grandes conquistas de direitos, eis que já eram reconhecidos, em sua maioria, em leis esparsas.

dores e trabalhadoras, funda-se na Teoria Crítica, é certo que não se pode olvidar que o plano jurídico-normativo não é suficiente para assegurar, no plano concreto, a efetividade de acesso aos bens materiais e imateriais que visa a garantir. Aqui, o primeiro ponto a ser considerado.

Ora, os direitos são produtos culturais oriundos de lutas sociais em busca de garantia de acesso a bens materiais e imateriais que assegurem dignidade à vida de cada ser humano. Uma vez compreendidos dentro do contexto sócio, político, social, ético e histórico em que se inserem, constata-se que se trata de um instrumento a mais na luta pela concretização de espaços de construção de práticas assecuratórias da dignidade humana, porém não são suficientes, sozinhos, para tanto[3].

As normas não possuem caráter descritivo mas caráter normativo, ou seja, refletem o DEVER SER e não o SER. Embora a questão pareça de grande obviedade, na prática, ao buscar isolar o Direito da realidade, buscando-se uma ciência jurídica pura e desvinculada dos contextos em que se desenvolvem as relações humanas e, em especial, da política, muitas vezes a discussão é limitada à garantia do direito, sem que se estenda à busca da concretização deste direito por meio do acesso aos bens.

Considerando que a efetividade ou eficácia social de uma norma diz respeito à sua real obediência e aplicação no plano dos fatos[4], ela não se confunde com a eficácia jurídica, já que esta diz respeito à aplicabilidade, exigibilidade ou executoriedade da norma, enquanto mera possibilidade de aplicação jurídica[5].

Para *Sarlet*[6]: "[...] a eficácia jurídica consiste justamente na possibilidade de aplicação da norma aos casos concretos, com a conseqüente geração dos efeitos jurídicos que lhe são inerentes".

Portanto, a norma só será eficaz quando possível sua aplicação a casos concretos de forma a gerar efeitos jurídicos e na medida de sua aplicabilidade. Desta forma, a vigência, enquanto qualidade da norma que lhe assegura existência jurídica e a torna de observância obrigatória é requisito para a eficácia[7].

Quanto à efetividade, devemos considerar que suas condições não se exaurem nos limites da realidade formal da normatividade jurídica, mas aproximam-se das questões sociais, econômicas e políticas[8].

A efetividade dos direitos — surgidos em um contexto específico de divisão social, sexual, étnica e territorial do trabalho humano que condiciona de forma

(3) FLORES, Joaquín Herrera. *La complejidad de los derechos humanos. Bases teóricas para una definición crítica.* Texto mimeografado. Sem data.

(4) SARLET, Ingo Wolfgang. *A eficácia dos direitos fundamentais.* 6. ed. rev., atual. e ampl. Porto Alegre: Livraria do Advogado, 2006. p. 245.

(5) *Ibidem*, p. 246.

(6) *Idem*.

(7) *Ibidem*, p. 244-247. O autor esclarece que a vigência não se confunde com a validade da norma (conformidade com os requisitos do ordenamento jurídico no que diz respeito à produção da norma), de forma que a eficácia relaciona-se com a vigência e não com a validade da norma, podendo haver norma inválida eficaz (norma inconstitucional antes de ser declarada como tal, por exemplo).

(8) WOLKMER, Antônio Carlos. *Constitucionalismo e direitos sociais no Brasil.* São Paulo: Acadêmica, 1989. p. 14.

desigual o acesso aos bens — depende de sua eficácia no combate à forma desigual de divisão e acesso aos bens materiais e imateriais necessários à vida digna[9]. Portanto, sua efetividade não é garantida por comportamentos privados, mas demanda a construção de políticas públicas.

Afinal, o acesso aos bens está condicionado a determinantes decorrentes do processo de divisão social e hierárquica do trabalho e, portanto, diante das mais variáveis posições ocupadas pelos seres humanos neste processo, o direito apresenta-se como insuficiente para garantir o acesso aos bens. Este acesso demanda garantias outras, em especial de natureza econômica, social e ética.

Assim, há classes sociais e grupos vitimizados pela organização patriarcal vigente, por exemplo, na sociedade ocidental. Mulheres costumam ser pior remuneradas que os homens e, muitas vezes, não lhes é assegurado acesso aos mesmos cargos e funções. A lei assegura o tratamento igualitário, porém este não ocorre, não por falta de norma a respeito, mas em razão do sistema de valores vigente que admite a discriminação como prática aceitável, em especial quando velada, disfarçada.

É uma situação em que a lei não é suficiente para assegurar às mulheres discriminadas o acesso igualitário ao bem em questão (posto de trabalho e/ou remuneração justa).

O mesmo se diga quanto ao acesso à moradia, por exemplo. A norma que garante este direito assegura o respeito a todos aqueles que, no plano concreto, contem com moradia. No entanto, a norma não dá uma moradia a quem não a possui. A lei não é capaz de superar as restrições impostas pelas relações socioeconômicas vigentes...

O fato do direito não ser capaz de, per si, assegurar o acesso aos bens não o torna inócuo. Porém, reconhecer este fato é fundamental para compreender, por um lado, a situação de efetividade (ou não) dos direitos, em especial dos direitos sociais fundamentais. Assim, embora ferramentas não apenas úteis, como necessárias — diria mais, de forma redundante: fundamentais! — os direitos sociais devem ser compreendidos dentro dos limites impostos por sua natureza normativa.

Não bastasse a insuficiência da previsão legal, ainda que em âmbito constitucional, para a sua efetividade, devemos considerar, ainda, a construção de armadilhas ideológicas visando àsua ineficácia.

Deve ser considerada a influência da ideologia hegemônica sobre o direito, considerando-se a inserção das relações humanas a ele subordinadas num contexto social, político, econômico e cultural a partir do qual as normas são — ou deveriam ser — pensadas e praticadas. Mesmo em se considerando que o mundo não é feito das idéias, tal como pretendia *Hegel*, mas que as idéias surgem a partir do mundo real (*Marx*)[10], não é possível ignorar a íntima relação existente entre a prática e a teoria, a partir do sistema de valor hegemônico em cada sociedade.

---

(9) *Ibidem*, p. 80.

(10) MASCARO, Alysson Leandro. *Introdução à filosofia do direito:* dos modernos aos contemporâneos. São Paulo: Atlas, 2002. p. 71-124.

A forma como os direitos são pensados reflete na forma como são (ou não são) levados à efetividade prática.

Ocorre que as teorias sustentadas pelos grupos que detêm o poder hegemônico acabam por ser mais aceitas que as teorias defendidas pelos grupos excluídos ou vitimizados. Este processo pode ocorrer em diferentes graus.

É certo que os teóricos sustentam, na maior parte das vezes, a neutralidade de seu pensamento e seu compromisso com a produção de idéias "verdadeiras" que não estão, de maneira nenhuma, contaminadas pelo contexto da existência histórica e social de seu pensador. Mas, como nos ensina *Marilena Chauí*[11]:

> Um dos traços fundamentais da ideologia consiste, justamente, em tomar as idéias como independentes da realidade histórica e social, de modo a fazer com que tais idéias expliquem aquela realidade, quando na verdade é essa realidade que torna compreensíveis as idéias elaboradas.

A ideologia predominante em nossa sociedade é a liberal burguesa, nascida na modernidade. Evidencia-se sua prevalência diante da hegemonia[12] burguesa conquistada a partir do sucesso da Revolução Francesa[13]. Daí o lugar de destaque aos direitos civis e políticos — direitos eminentemente individuais[14] — sobre os demais direitos (sejam considerados enquanto direitos humanos ou direitos fundamentais[15]).

Carl Schmitt, por exemplo, foi um dos teóricos a negar aos direitos sociais a qualidade de direitos fundamentais. Para ele, nem todos os direitos fundamentais estão garantidos nas Constituições dos Estados. Assim, o fato de estar na Constituição não atribui a um direito a qualidade de fundamental nem sua ausência na Carta Política retira tal característica de um direito que o seja[16].

---

(11) CHAUÍ, Marilena. *O que é ideologia*. 29. ed. São Paulo: Brasiliense, 1989. p. 10-11.

(12) "O termo *hegemonia* deriva do grego *eghestai*, que significa 'conduzir', 'ser guia', 'ser líder'; ou também do verbo *eghemoneuo*, que significa 'ser guia', 'preceder', 'conduzir', e do qual deriva 'estar à frente', 'comandar', 'ser o senhor'. Por *eghemonia*, o antigo grego entendia a direção suprema do exército. Trata-se, portanto, de um termo militar. Hegemônico era o chefe military, o guia e também o comandante do exército. Na época das guerras do Peloponeso, falou-se de cidade hegemônica para indicar a cidade que dirigia a aliança das cidades gregas na luta entre si". GRUPPI, Luciano. *O conceito de hegemonia em Gramsci*. 4. ed. Rio de Janeiro: Graal, 1978. p. 1. Estamos trabalhando com o termo hegemonia a partir da compreensão gramsciana, ou seja, do ponto de vista do filósofo que mais insistiu sobre este conceito. Para ele, a hegemonia do proletariado importava em uma transformação, com a construção de uma nova sociedade com uma nova estrutura econômica e uma nova organização política, mas também uma nova orientação ideológica e cultural. Segundo Gruppi: "[...] o conceito de hegemonia é apresentado por Gramsci em toda sua amplitude, isto é, como algo que opera não apenas sobre a estrutura econômica e sobre a organização política da sociedade, mas também sobre o modo de pensar, sobre as orientações ideológicas e inclusive sobre o modo de conhecer". *Ibidem*, p. 2-3.

(13) Para Gramsci, a Revolução Francesa, tal como a reforma protestante — e ao contrário do *Risorgimento* italiano — envolveu estratos profundos da sociedade, inclusive as massas camponesas, operando não apenas na estrutura econômica, social e política, mas também na orientação cultural e ideológica da sociedade francesa. Ver *Ibidem*, p. 3.

(14) Embora os direitos civis e políticos tenham forte impacto nas relações sociais, não há dúvidas de que são pensados pela ideologia dominante exclusivamente a partir do prisma individualista, sem consideração de seu efeito do ponto de vista coletivo.

(15) Será desenvolvida a seguir a questão atinente à dicotomia entre direitos humanos e fundamentais, que se justifica como mais uma armadilha ideológica destinada a impedir a efetivação dos direitos sociais.

(16) SCHMITT, Carl. *Teoría de la Constitución*. 2ª reimp. Madri: Alianza, 1996. p. 169.

O autor alemão afirma que os direitos fundamentais são os direitos do homem individual, livre e oponíveis ao Estado com anterioridade e superioridade[17], concluindo[18]: "Direitos fundamentais em sentido próprio são tão somente os direitos liberais da pessoa humana individual. Direitos individuais em sentido próprio são, pois, só os direitos de liberdade individual, mas não as exigências sociais[19]".

Não sendo considerados "esferas de liberdade", os direitos sociais não são tidos como fundamentais. Por isso, enfatiza *Schmitt*[20]:

> Os direitos de coalizão, de greve ou de *lock-out* não são direitos de liberdade no sentido do Estado liberal do Direito. Quando um grupo social consegue que lhe deixem, seja por prescrições expressas da lei constitucional, seja por tolerância tácita da prática, tais possibilidades de luta, desapareceu a hipótese fundamental do Estado liberal de Direito, e então "Liberdade" já não significa a possibilidade de atuação, ilimitada em princípio, do indivíduo, mas o livre aproveitamento da força social mediante organizações sociais[21].

Seguindo seu pensamento, há na doutrina nacional vários autores que também negam a qualidade de fundamentais aos direitos sociais. *Torres*, por exemplo, afirma[22]:

> Vê-se, pois, que se a emergência dos direitos sociais modificou a equação liberdade/igualdade e deu novo colorido à temática da justiça social, nem por isso transferiu a lógica e as garantias dos direitos da liberdade para os sociais, nem metamorfoseou os direitos sociais em autênticos direitos fundamentais.

Esta discussão ocorre em razão de um processo ideológico. Afinal, os direitos econômicos, sociais e culturais, de sua parte, remetem a uma outra racionalidade, distinta da liberal burguesa, afeta a necessidades coletivas e, portanto, atenta às demandas de grupos vitimizados e excluídos que propugnam pelo respeito, no plano concreto, à sua dignidade[23]. Em se tratando de grupos que não ocupam a

---

(17) *Ibidem*, p. 170.

(18) *Idem*.

(19) Tradução livre. Na obra consultada: "Derechos fundamentales en sentido propio son tan sólo los derechos liberales de la persona humana individual. [...] Derechos individuales en sentido propio son pues, sólo los derechos de libertad individual, pero no las exigencias sociales".

(20) *Ibidem*, p. 171.

(21) Tradução livre. Na obra consultada: "Los derechos de coalición, de huelga o de *lock-out* no son derechos de libertad en el sentido del Estado liberal del Derecho. Cuando un grupo social logra que se le dejen, sea por prescripciones expresas de la ley constitucional, sea por tolerancia tácita de la práctica, tales posibilidades de lucha, ha desaparecido el supuesto fundamental del Estado liberal de Derecho, y entonces "Libertad" ya no significa la posibilidad de actuación, ilimitada en principio, del individuo, sino el libre aprovechamiento de la fuerza social mediante organizaciones sociales".

(22) TORRES, Ricardo Lobo. O mínimo existencial e os direitos fundamentais. *Revista de Direito Administrativo*. Rio de Janeiro, jul./set. 1989, v. 177. p. 34.

(23) No entanto, não podemos nos esquecer da dimensão individual que adquirem, muitas vezes, os direitos econômicos, sociais e culturais. Veja-se, por exemplo, o caso do direito à saúde e à educação que afetam não apenas os grupos, mas também os indivíduos considerados isoladamente. No campo do Direito do Trabalho, esta questão é ainda mais visível.

posição hegemônica na sociedade, as teorias por eles formuladas não possuem a força da ideologia "oficial"[(24)].

É possível identificar, nas teorias tradicionais, alguns entraves ideológicos à efetividade dos direitos sociais. O primeiro deles é o que remete à dicotomia entre direitos humanos e fundamentais do ponto de vista ontológico e não apenas didático. Superada a questão da dicotomia, surge o segundo entrave: o que trata das "gerações" de direitos humanos. Em terceiro, a distinção entre direitos positivos e negativos e suas conseqüências em termos de exigibilidade. Por fim, a prevalência da racionalidade privatista com rechaço ao direito público. Cada um deles passa a ser analisado separadamente.

2. Dicotomia entre direitos humanos e fundamentais

É relevante quanto ao tema considerar que a crescente internacionalização dos direitos humanos positivados[(25)], ao lado da internalização em nível constitucional de muitos deles, levou ao predomínio da opção teórica que afirma a dicotomia entre direitos humanos e direitos fundamentais.

Assim, embora os termos estejam intimamente ligados, parte da doutrina preocupa-se em diferenciá-los e parte da doutrina busca identificá-los, atenta, principalmente, ao problema da efetividade destes direitos em decorrência da teorização realizada. Para os autores que se alinham com a primeira corrente, a fundamentação dos direitos fundamentais não se confunde com a dos direitos humanos.

Para *Comparato*[(26)], os direitos humanos são inerentes à pessoa humana e seu conceito forma-se na igualdade essencial entre todas as pessoas. Em resultando de sua própria natureza, não são criações políticas. Por outro lado[(27)], os direitos fundamentais são os direitos humanos reconhecidos como tais pelas autoridades que possuem poder político para editar normas nacionais (Constituições e leis) e internacionais (tratados internacionais). Enquanto os direitos fundamentais existem

---

(24) Neste caso, estes teóricos atuam como o que Gramsci, em GRAMSCI, Antonio. Caderno 12. *Cadernos do Cárcere*. [v. II]. 3. ed. Rio de Janeiro, Civilização Brasileira, 2000. p. 21, denomina intelectuais orgânicos, ou seja, atuam como prepostos do grupo dominante para o exercício de funções subalternas da hegemonia social (sociedade civil) e do governo político. Diz o filósofo italiano: "Todo grupo social, nascendo no terreno originário de uma função essencial no mundo da produção econômica, cria para si, ao mesmo tempo, organicamente, uma ou mais camadas de intelectuais que lhe dão homogeneidade e consciência da própria função, não apenas no campo econômico, mas também no social e político" (*ibidem*, p. 15). Ou seja, os intelectuais orgânicos são criados em razão das necessidades de um determinado grupo social, muitas vezes na forma de "especializações" de aspectos parciais da atividade primitiva deste grupo social que os cria (*ibidem*, p. 16). Interpretando Gramsci, Bosi afirma que os intelectuais orgânicos são aqueles que desempenham o papel de fornecer cimento ideológico aos estratos dominantes (*ibidem*, p. 12). A questão adquire relevância já que os intelectuais são vistos como organizadores da hegemonia e construtores de ideologias, efetivando o vínculo orgânico entre o modo de produção e as superestruturas, de forma a unificar todas as classes sociais em torno da classe dirigente e suas aspirações.

(25) BOBBIO, Norberto. *A era dos direitos*. 18ª tir. Rio de Janeiro: Campus, 1992. p. 2.

(26) COMPARATO, Fábio Konder. *A afirmação histórica dos direitos humanos*. 2. ed. rev. e ampl. São Paulo: Saraiva, 2001. p. 19.

(27) *Ibidem*, p. 56.

em decorrência da positivação, o fundamento dos direitos humanos, para além da ordem estatal, seria a

> [...] consciência ética coletiva, a convicção, longa e largamente estabelecida na comunidade, de que a dignidade da condição humana exige o respeito a certos bens ou valores em qualquer circunstância, ainda que não reconhecidos no ordenamento estatal, ou em documentos normativos internacionais.

Ferrajoli(28) trabalha com a categoria de direitos fundamentais, construindo um conceito teórico. Para ele, são direitos fundamentais os direitos subjetivos, ou seja, a expectativa de um sujeito em decorrência de norma jurídica, seja positiva (de prestações) ou negativa (de não sofrer lesões), que correspondem a todos os seres humanos enquanto pessoas, cidadãos ou pessoas com capacidade de trabalhar(29). O que caracteriza, pois, estes direitos fundamentais é sua universalidade a todos a quem corresponde determinado *status*, independentemente dos bens, valores ou necessidades tutelados por eles. Com isto, *Ferrajoli* pretende a construção de um conceito de Teoria Geral do Direito que seja, do ponto de vista ideológico, neutro(30).

Em sua construção teórica, faz a distinção entre: a) direitos humanos, que correspondem a todos os seres humanos, indistintamente; b) direitos públicos, que correspondem apenas aos cidadãos (entre eles, *Ferrajoli* identifica o direito ao trabalho); c) direitos civis, que correspondem a todas as pessoas com capacidade de trabalhar e d) direitos políticos, que correspondem apenas aos cidadãos com capacidade de trabalhar(31). Todos estes são, para *Ferrajoli*, direitos fundamentais diante da característica de universalidade em relação à classe de sujeitos a que se referem(32).

Para *Pérez Luño*(33), os direitos fundamentais são os direitos humanos positivados nas constituições estatais, ou seja, são direitos humanos plasmados normativamente no direito positivo. Como tal, os direitos humanos são aqueles encontrados no plano das declarações e convenções internacionais.

Canotilho(34) vislumbra os direitos fundamentais como estruturantes do Estado de direito no plano interno e os direitos humanos ou direitos do homem como núcleo básico de direito internacional vinculativo das ordens jurídicas internas. Para ele(35), "Estado de direito é o Estado que respeita e cumpre os direitos do

(28) FERRAJOLI, Luigi. *Derechos y garantías:* la ley del más débil. 4. ed. Madrid: Trotta, 2004.

(29) *Ibidem*, p. 37. Com isso, Ferrajoli vincula a questão dos direitos fundamentais a categorias jurídicas, quais sejam, personalidade, cidadania e capacidade de agir. Neste passo, nada obstante a construção de uma teoria geral, a questão dos direitos fundamentais toma feição diversa em conformidade com o ordenamento jurídico em que se insere, em conformidade com a forma como é, em cada ordenamento, disciplinada a aquisição de personalidade, de cidadania e de capacidade do ser humano.

(30) *Ibidem*, p. 38.

(31) *Ibidem*, p. 40.

(32) *Idem*.

(33) LUÑO, Antonio Enrique Pérez. *Derechos humanos, estado de derecho y Constitución*. 9. ed. Madrid: Tecnos, 2005. p. 33.

(34) CANOTILHO, José Joaquim Gomes. *Direito constitucional e teoria da Constituição*. 4. ed. Coimbra: Almedina, s.d. p. 232.

(35) *Ibidem*, p. 233.

homem consagrados nos grandes *pactos internacionais* [...], nas grandes *declarações internacionais* e noutras grandes *convenções* de direito internacional".

Segundo o mestre português[(36)], os direitos do homem são válidos para todos os povos em todos os tempos — adotando uma dimensão jusnaturalista-universalista —, enquanto que os direitos fundamentais são os direitos garantidos jurídico-institucionalmente com limitação espacial e temporal, objetivamente vigentes em uma ordem jurídica concreta.

O diferencial na doutrina de *Canotilho* é a interpretação do art. 16 da Constituição portuguesa, que trata de direitos fundamentais formalmente constitucionais e de direitos materialmente fundamentais. Os primeiros seriam os direitos consagrados, reconhecidos, enunciados e protegidos por normas constitucionais e, os demais, direitos fundamentais constantes de leis e regras de Direito Internacional.

A presença no texto constitucional deixa de ser condição para reconhecimento do direito como fundamental. Esta classificação, no entanto, cria o problema de distinguir dentre os direitos da legislação infraconstitucional os que devem ser assim considerados[(37)], embora seja compatível com a teoria de *Ferrajoli* e possa ser resolvida a questão a partir do critério da universalidade em relação à pessoa, ao cidadão ou à pessoa com capacidade de trabalhar.

Sarlet[(38)], em seu alentado estudo sobre a eficácia dos direitos fundamentais, também vislumbra a necessidade de clarificação da distinção entre direitos fundamentais e direitos humanos. Adota a distinção tradicional[(39)], mas de maneira mais elaborada, segundo a qual os direitos do homem correspondem aos direitos naturais; os direitos humanos são os direitos do ser humano positivados em esfera internacional[(40)] e os direitos fundamentais, os direitos do ser humano reconhecidos ou outorgados, protegidos e positivados na esfera do Direito Constitucional de cada Estado.

Aqui já se inicia um afastamento, embora ainda pequeno, da fundamentação dos direitos humanos em relação ao jusnaturalismo. Para *Sarlet*, os direitos humanos já não são mais os direitos naturais do homem, mas os direitos do ser humano positivados na ordem internacional. É pequeno o afastamento diante da fundamentação precipuamente jusnaturalista do próprio Direito Internacional. Porém, a identificação dos direitos humanos com direitos reconhecidos e positivados na ordem supranacional já afasta a categoria da questão exclusivamente moral, tal como apresentada por *Comparato*, por exemplo.

---

(36) *Ibidem*, p. 387.
(37) *Ibidem*, p. 397.
(38) SARLET, Ingo Wolfgang. *A eficácia dos direitos fundamentais...*, p. 35.
(39) *Ibidem*, p. 35 e 36.
(40) Refere-se "[...] àquelas posições jurídicas que reconhecem ao ser humano como tal, independentemente de sua vinculação com determinada ordem constitucional, e que, portanto, aspiram à validade universal, para todos os povos e tempos, de tal sorte que revelam um inequívoco caráter supranacional (internacional)." *Ibidem*, p. 36.

A distinção tradicional entre direitos humanos e direitos fundamentais, portanto, máxime porque fundada em preceitos de índole jusnaturalista, acaba adquirindo uma funcionalidade negativa no tocante à efetivação destes direitos no plano concreto. Isto porque, de um lado, os direitos humanos permanecem como categoria quase etérea, um tanto poética, relegada ao plano do Direito Internacional e, portanto, sem a coercibilidade necessária à sua efetivação, dependendo da boa vontade das relações internacionais.

Por outro lado, os direitos fundamentais são relegados ao plano da política nacional, desvinculados da realidade global e das relações que os Estados estabelecem entre si no plano internacional e, vistos como algo distinto dos direitos humanos, sem as características de exigibilidade e indisponibilidade, nada obstante, no plano do direito nacional, seja inquestionável a coercibilidade.

Assim, é possível e saudável a distinção entre direitos humanos e direitos fundamentais, desde que acompanhada do reconhecimento da íntima relação entre as categorias. São direitos fundamentais os direitos humanos reconhecidos nos ordenamentos jurídicos estatais e, como tal, eles mantêm as características originárias, acrescendo garantias de efetivação inerentes a seu novo *status:* o constitucional[41].

E, neste caso, estamos falando de uma natureza atribuída politicamente à norma, com toda a força do poder constituinte[42].

A partir desta compreensão, não há hierarquia entre direitos humanos e direitos fundamentais, mas uma diferenciação quanto ao tipo de garantia que eles representam: num dos casos, precipuamente da ordem de relações internacionais e, no outro, do próprio Estado.

Apenas recentemente o Brasil admitiu claramente esta relação entre direitos humanos e direitos fundamentais. *Piovesan*[43] já sustentava, antes da Emenda Constitucional n. 45 de 8 de dezembro de 2004, a atribuição de hierarquia constitucional aos direitos enunciados em tratados internacionais que estariam incluídos no elenco dos direitos constitucionalmente garantidos e, portanto, com aplicabilidade imediata, por força do disposto nos parágrafos primeiro e segundo do art. 5º da Constituição da República.

No entanto, a redação do parágrafo terceiro do mesmo dispositivo constitucional, inserido na Carta Magna por força da emenda em epígrafe, não deixa dúvi-

---

(41) A lição de Piovesan vem a fortalecer este entendimento: "É necessário que o aprimoramento do sistema internacional de proteção dos direitos humanos, mediante sua justicialização, requer dos Estados que criem mecanismos internos capazes de implementar as decisões internacionais no âmbito interno. De nada adiantará a justicialização do Direito Internacional, sem que o Estado implemente, devidamente, as decisões internacionais no âmbito interno, sob pena, inclusive, de afronta ao princípio da boa-fé". PIOVESAN, Flávia. *Temas de direitos humanos.* 2. ed. rev, ampl e atual. São Paulo: Max Limonad, 2003. p. 15.

(42) Para melhor compreensão da potência do poder constituinte da forma como adotado no texto, ver NEGRI, Antonio. *O poder constituinte:* ensaio sobre as alternativas da modernidade. Rio de Janeiro: DP&A, 2002. Em especial p. 7-56.

(43) PIOVESAN, Flávia. *Temas de direitos humanos...*, p. 4 e, antes disso, PIOVESAN, Flávia. *Direitos humanos e o direito constitucional internacional.* 5. ed. rev, ampl e atual. São Paulo: Max Limonad, 2002. p. 75 e ss.

das de que o constituinte derivado exige o mesmo quorum qualificado exigido para as emendas constitucionais (art. 60, § 2º, Constituição Federal de 1988) na aprovação dos tratados internacionais de direitos humanos para que possam ser assim interpretados[(44)].

Se, por um lado, a nova exigência constitucional dificulta que sejam garantidos constitucionalmente direitos humanos consagrados em tratados firmados pelo país, não há dúvidas de que resgata a natureza política dos direitos humanos e sua indissociabilidade em relação aos direitos fundamentais. Este reconhecimento é capaz de outorgar maior efetividade aos direitos, em especial porque se deve passar a reconhecer, em relação aos direitos fundamentais, as características dos direitos humanos, entre as quais a inalienabilidade, a irrenunciabilidade e a imprescritibilidade.

3. A teoria de gerações: os direitos sociais são direitos fundamentais?

O segundo obstáculo ideológico à efetividade dos direitos humanos e que afeta, diretamente, aos direitos econômicos, sociais e culturais (e, por conseqüência, aos direitos civis e políticos eis que, diante da indivisibilidade dos direitos, não é possível a integral efetivação de uma categoria sem a integral efetivação da outra) é a divisão dos direitos humanos em "gerações". Diante da íntima relação entre direitos humanos e fundamentais, trata-se de armadilha ideológica que acaba por refletir na práxis atinente aos direitos sociais fundamentais.

Bonavides[(45)] apresenta a teoria, indicando os direitos de primeira a quarta gerações, a saber: 1) primeira geração: direitos da liberdade, ou seja, direitos civis e políticos: tem por titular o indivíduo e são oponíveis ao Estado; 2) segunda geração: direitos da igualdade, ou seja, direitos econômicos, sociais e culturais, bem como direitos coletivos ou de coletividades: exigem do Estado prestações materiais que podem ser limitadas por exigüidade, carência ou limitação de meios e recursos; 3) terceira geração: direitos da fraternidade, ou seja, direito ao desenvolvimento, à paz, ao meio ambiente, de propriedade sobre o patrimônio comum da humanidade e de comunicação: não se destinam a um indivíduo ou grupo, mas ao gênero humano como um todo; 4) quarta geração: direitos da cidadania e da globalização política, ou seja, direito à democracia, à informação e ao pluralismo: correspondem à derradeira institucionalização do Estado social.

---

(44) Assim determina o § 3º do art. 5º do texto constitucional com redação dada pela EC n. 45/04: "§ 3º Os tratados e convenções internacionais sobre direitos humanos que forem aprovados, em cada Casa do Congresso Nacional, em dois turnos, por três quintos dos votos dos respectivos membros, serão equivalentes às emendas constitucionais" em: <http://www.senado.gov.br/sf/legislacao/const/> Acesso em: 3 jan. 2007, às 21h05min. Os tratados internacionais, em nosso ordenamento jurídico, são celebrados pelo Presidente da República (art. 84, inciso VIII, da CF/88) e referendados pelo Congresso Nacional (art. 49, inciso I, CF/88). Portanto, o referendo é válido, à ausência de requisito distinto, se aprovado por maioria simples. No caso dos tratados que versem sobre direitos humanos, o constituinte derivado entendeu por bem exigir a atenção ao quorum especial de aprovação de Emenda Constitucional para que seja atribuído peso constitucional aos direitos ali assegurados.

(45) BONAVIDES, Paulo. *Curso de direito constitucional*. 19. ed. atual. São Paulo: Malheiros, 2006. p. 560-572.

A idéia geracional dos direitos humanos acaba por importar em uma noção de progresso e evolução, como se a conquista de uma das "gerações" fosse o caminho certo para a conquista da "geração" seguinte[46][47]. Com ela, acaba-se por esquecer que a efetivação universal de direitos civis e políticos não pode acontecer de forma plena sem a dos direitos econômicos, sociais e culturais. E vice-versa[48]. Não há uma categoria cuja efetividade deva ser conquistada antes como condição para a efetividade da outra. Aliás, a idéia hegemônica que embasa os direitos civis e políticos perde força quando estes são efetivados apenas em conjunto com os direitos econômicos, sociais e culturais.

No entanto, como ensina *Gallardo*[49]:

> [...] as 'gerações' de direitos não constituem um contínuo nem este contínuo, se existisse, é portador de um 'progresso'. O que se chama 'gerações de direitos humanos' remete a *racionalidades encontradas* que podem resultar mutuamente excludentes e que supõem rupturas. Entre o abstrato direito à vida e o direito a um salário que cubra as necessidades familiares e existenciais dos trabalhadores existe não apenas uma diferença de conteúdo, mas especificamente um distinto critério (racionalidade ou discernimento) sobre a existência social e uma diversa apreciação sobre a legitimidade das lutas que sustentam estes critérios. Esquematicamente, o primeiro critério observa *indivíduos* que entram em relações e se apóia nesta observação para propor direitos humanos básicos. O segundo discernimento repara em *relações* que constituem individuações (e setores) para exigir um tratamento não discriminatório. A primeira luta, liberal-burguesa, forma complexamente parte do sentido comum moderno. A segunda move-se na contramão deste sentido material e resulta indispensável, por isso, que não seja acometida inercialmente (desde o jusnaturalismo, por exemplo) mas como expressão de uma vontade cultural e política daqueles setores que necessitam transformar as relações sociais que constituem e reproduzem sua vulnerabilidade sociohistórica[50].

---

(46) Afirma Gallardo: "Derechos humanos está ligado a pugnas y fracturas sociohistóricas, no a un continuo 'cultural' o algún tipo constante de acumulación". In: GALLARDO, Helio. *Derechos humanos como movimiento social*. Bogotá: Ediciones desde abajo, 2006. p 45. Tradução livre: "Direitos humanos estão ligados a lutas e fraturas sócio-históricas, não a um contínuo 'cultural' ou algum tipo constante de acumulação".

(47) BONAVIDES, Paulo. *Curso de direito constitucional...*, p. 563 é incisivo ao afirmar que: "Os direitos fundamentais passaram na ordem institucional a manifestar-se em três gerações sucessivas, que traduzem sem dúvida *um processo cumulativo e qualitativo* [...]". Grifo nosso.

(48) Segundo Piovesan: "[...] uma geração de direitos não substitui a outra, mas com ela interage. [...] afasta-se a idéia da sucessão 'geracional' de direitos [...] acolhe a idéia da expansão, cumulação e fortalecimento dos direitos humanos consagrados, todos essencialmente complementares e em constante dinâmica de interação. [...] sem a efetividade dos direitos econômicos, sociais e culturais, os direitos civis e políticos se reduzem a meras categorias formais, enquanto que, sem a realização dos direitos civis e políticos, ou seja, sem a efetividade da liberdade entendida em seu mais amplo sentido, os direitos econômicos e sociais carecem de verdadeira significação". PIOVESAN, Flávia. *Temas de direitos humanos*... p. 36-37.

(49) GALLARDO, Helio. *Derechos humanos como movimiento social...*, p. 9-10.

(50) Tradução livre. No original: "[...] las 'generaciones' de derechos no constituyen um continuo ni este continuo, si existiera, es portador de um 'progreso'. Lo que se llama 'generaciones de derechos humanos' remiten a racionalidades encontradas que pueden resultar mutuamente excluyentes y que suponen rupturas. Entre el abstracto derecho a la vida y el derecho a un salário que cubra las necesidades familiares y existenciales de los

Aqui surge de maneira mais evidente o conflito entre a racionalidade hegemônica e a racionalidade de resistência, abrindo espaço para a separação de direitos que, na verdade, são indissociáveis. O grande desafio é, a partir desta indivisibilidade, a construção de políticas públicas que sejam capazes de lidar com o conflito entre as diversas racionalidades[51].

Afinal, características individuais — como a propriedade — determinaram, a partir da "primeira geração de direitos humanos", relações de inclusão e exclusão enquanto que, para a "segunda geração de direitos humanos", as relações sociais devem adaptar-se às necessidades humanas dos indivíduos que passam a ter diferenças produzidas pelas próprias relações ditadas pelos "primeiros" direitos[52]. Debe-se atentar ao fato de que muitas das desigualdades cuja correção é visada pelos direitos de "segunda geração" são geradas exatamente pela observância dos direitos de "primeira geração", em especial o direito à propriedade.

Ademais, tradicionalmente, a "primeira geração de direitos humanos" funda-se numa espécie de caráter sagrado de uma determinada economia política e do que *Gallardo* chama de determinados impérios de gênero e geracionais. Pois, para ele, a petição de direitos econômicos, sociais e culturais é levantada contra esta lógica naturalizada como sacra, em especial pelas lutas travadas pelos trabalhadores a partir do século XIX[53].

Não se pode, portanto, deixar de considerar que a teoria de gerações não é neutra, nem inocente, nem possui efeitos apenas retóricos ou pedagógicos[54]. Ela está ligada a uma idéia de condição humana universal que desconsidera que os direitos humanos surgem e se desenvolvem em contextos específicos do modo de relações dominado pelo capital e tem diferentes posições quanto à forma como logram impor-se a ele.

Os direitos sociais, enquanto garantias jurídicas resultantes de processos de luta pela dignidade humana são direitos humanos e, como tal, revestidos de todas as características que são a eles atribuídas. Detêm, ainda, toda a proteção de direi-

---

trabajadores existe no solo una diferencia de contenido, sino específicamente un distinto criterio (racionalidad o discernimiento) sobre la existencia social y una diversa apreciación sobre la legitimidad de las luchas que sostienen estos criterios. Esquemáticamente, el primer criterio observa individuos que entran en relaciones y se apoya en esta observación para proponer derechos humanos básicos. El segundo discernimiento repara en relaciones que constituyen individuaciones (y sectores) para exigir un trato no discriminatório. La primera lucha, liberal-burguesa, forma complejamente parte del sentido común moderno. La segunda se mueve a contrapelo de este sentido material y resulta indispensable por ello que no sea acometida inercialmente (desde el iusnaturalismo, por ejemplo) sino como expressión de una voluntad cultural y política de aquellos sectores que necesitan transformar las relaciones sociales que constituyen y reproducen su vulnerabilidad sociohistórica".

(51) Para Gallardo, esta tarefa pode ser impossível no modo de produção capitalista: "[...] el enfrentamiento entre las racionalidades que sostienen diversas demandas de derechos no ha podido ser satisfecha por la organización capitalista del mundo (tal vez no pueda serlo) [...]". GALLARDO, Helio. *Derechos humanos como movimiento social...*, p. 104. Tradução livre: "[...] o enfrentamento entre as racionalidades que sustentam diversas demandas de direitos não pôde ser satisfeito pela organizaçào capitalista do mundo (talvez não possa sê-lo)".

(52) *Ibidem*, p. 63.

(53) *Ibidem*, p. 62.

(54) FLORES, Herrera. *Los derechos humanos como productos culturales:* crítica del humanismo abstracto. Madri: Los Libros de la Catarata, 2005. p. 35.

tos fundamentais quando assim reconhecidos politicamente e garantidos pela Constituição do Estado. Portanto, ainda que sua concretização seja obstaculizada por valores hegemônicos e seus processos de divisão do trabalho, devem ser assim considerados.

Esta obstaculização ocorre em função dos processos ideológicos que impedem a construção de conteúdos de ação social alternativos aos dominantes com a conseqüente alteração da metodologia da ação social hegemônica[(55)]. Quando estes obstáculos não são superados, os direitos sociais adquirem um viés regulador e deixam de ter função emancipatória.

Um dos processos ideológicos é o que desemboca na teoria geracional que, portanto, deve ser descartada. A idéia de compartimentalização dos direitos humanos deve ser rechaçada a fim de que não seja obstada a efetividade dos direitos sociais. Afirma *Piovesan*[(56)]:

> Sob a ótica da normativa internacional, está definitivamente superada a concepção de que os direitos sociais, econômicos e culturais não são direitos legais[1]. [...] São eles autênticos e verdadeiros direitos fundamentais, acionáveis, exigíveis e demandam séria e responsável observância. Por isso, devem ser reivindicados como direitos e não como caridade, generosidade ou compaixão.

4. Direitos negativos e positivos. A exigibilidade dos direitos sociais

Em terceiro lugar, há que se considerar que, como constatam *Abramovich* e *Courtis*[(57)], não é raro que seja negado valor jurídico aos direitos sociais, que restam caracterizados como meras declarações de boas intenções, de compromisso político ou de engano tranqüilizador[(58)]. As normas legais que prevêem estes direitos são tidas como de natureza política e programática e não como catálogos de obrigações jurídicas para o Estado, ao contrário do que ocorre com os direitos civis e políticos, considerados como únicos passíveis de serem exigidos judicialmente.

O professor *José Afonso da Silva*[(59)] construiu nefasta teoria sobre a eficácia dos direitos fundamentais que, sem dúvida alguma, colaborou do ponto de vista acadêmico e doutrinário para o atraso brasileiro na construção de um Estado de Bem-Estar Social que, do ponto de vista do texto constitucional, se apresentava como absolutamente factível. Para ele, embora não haja norma constitucional destituída

(55) *Ibidem*, p. 123.

(56) PIOVESAN, Flávia. Proteção internacional dos direitos econômicos, sociais e culturais. In: SARLET, Ingo Wolfgang (org.). *Direitos fundamentais sociais:* estudos de direito constitucional, internacional e comparado. Rio de Janeiro: Renovar, 2003. p. 240-241.

(57) ABRAMOVICH, Víctor; COURTIS, Christian. *Los derechos sociales como derechos exigibles*. Madri: Trotta, 2002. p. 19.

(58) Também Pérez Luño registra a negação de caráter jurídico aos direitos sociais ao fundamento de que os direitos civis e políticos dirigem-se a assegurar a atuação livre dos indivíduos, enquanto que os direitos sociais pretendem a intervenção do Estado para satisfação de exigências. Ver LUÑO, Antonio Enrique Pérez. *Derechos humanos, estado de derecho y constitución...*, p. 87.

(59) SILVA, José Afonso da. *Aplicabilidade das normas constitucionais*. 3. ed. São Paulo: Malheiros, 1998. p. 81-82.

de eficácia, de forma que todas irradiam efeitos, inovando a ordem jurídica com sua entrada em vigor, a eficácia não se manifesta de maneira uniforme, podendo não ser constatada na plenitude dos efeitos jurídicos pretendidos pelo constituinte, em especial quando ausente normatividade infraconstitucional prevista ou requerida.

Assim, classifica as normas constitucionais, segundo sua eficácia, em três grupos: I — normas constitucionais de eficácia plena, que são as normas constitucionais que, desde a entrada em vigor da Constituição, produzem todos os seus efeitos essenciais, porque criada pelo legislador normatividade suficiente; II — normas constitucionais de eficácia contida, que também incidem imediatamente, mas prevêem meios ou conceitos que permitem manter sua eficácia contida em certos limites e circunstâncias; e III — normas constitucionais de eficácia limitada ou reduzida, que não produzem com a entrada em vigor pura e simples seus efeitos porque o legislador não estabeleceu normatividade bastante para isso, ficando a tarefa para o legislador ordinário[(60)].

Estas últimas dividir-se-iam entre normas declaratórias de princípios institutivos ou organizativos e as declaratórias de princípios programáticos[(61)], sendo estas últimas[(62)]:

> [...] aquelas *normas constitucionais através das quais o constituinte, em vez de regular, direta e imediatamente, determinados interesses, limitou-se a traçar-lhes os princípios para serem cumpridos pelos seus órgãos (legislativos, executivos, jurisdicionais e administrativos), como programas das respectivas atividades, visando à realização dos fins sociais do Estado.*

Esta compreensão, aliada ao entendimento de que os direitos sociais — aqui compreendidos os direitos econômicos, sociais e culturais — são normas programáticas, acabou por fornecer o aporte teórico necessário à realização de práticas inibidoras da efetividade dos direitos humanos e fundamentais econômicos, sociais e culturais.

Carlos Miguel Herrera ressalta que[(63)]:

> [...] se se encontram enunciados normativos sobre os "direitos sociais" na maior parte das constituições ocidentais redigidas nos últimos trinta anos, a doutrina dominante na maioria dos países europeus mostra-se sempre disposta a sustentar que eles não seriam autênticos direitos, exigíveis no sentido técnico-jurídico do termo, mas, ao contrário, "objetivos", "fins", "princípios", não justiciáveis perante (e pelos) tribunais[(64)].

---

(60) *Ibidem*, p. 82-83.
(61) *Ibidem*, p. 86.
(62) *Ibidem*, p. 138.
(63) HERRERA, Carlos Miguel. Estado, constitución y derechos sociales. *Revista Derecho del Estado*, Bogotá, n. 15, 2003. p. 75.
(64) Tradução livre. No original: "[...] si se encuentran enunciados normativos sobre los "derechos sociales" en la mayor parte de las constituciones occidentales redactadas en los últimos treinta años, la doctrina dominante en la mayoría de los países europeos se muestra siempre dispuesta a sostener que ellos no serían auténticos derechos, exigibles en el sentido técnico-jurídico del término, sino más bien "objetivos", "fins", "principios", no justiciables ante (y por) los tribunales".

Ademais, dois são os principais argumentos para este tratamento diferenciado entre direitos civis e políticos e direitos econômicos, sociais e culturais: a natureza de prestação positiva dos chamados direitos sociais e a insuficiência do regramento constitucional quanto a eles.

Em primeiro lugar, portanto, está a compreensão de que os direitos civis e políticos geram exclusivamente obrigações negativas ou de abstenção enquanto que os direitos econômicos, sociais e culturais importam em obrigações positivas ou de prestação, comprometedoras do erário e, portanto, dependentes da disponibilidade de recursos para tanto(65). O Estado não poderia ser obrigado por uma autoridade judicial a fazer algo, embora possa ser compelido a deixar de fazer(66).

Este argumento é, no entanto, falacioso. Como ressaltam *Abramovich* e *Courtis*(67), é possível reconhecer que a faceta mais visível dos direitos econômicos, sociais e culturais diga respeito a obrigações de fazer. No entanto, não é difícil verificar também a existência de obrigações de não-fazer. Por outro lado, a efetividade dos direitos civis e políticos importa, muitas vezes, em obrigações de fazer e onera ao erário(68). Portanto, só podemos concluir que tanto os direitos civis e políticos como os direitos econômicos, sociais e culturais constituem complexos de obrigações positivas e negativas(69).

Todos os direitos, sejam civis e políticos, sejam econômicos, sociais e culturais, ao demandar atuação estatal mediante adoção de políticas públicas ou de medidas jurisdicionais, importam em custos.

A respeito da questão, observaram *Holmes* e *Sunstein*(70):

> Americanos simplesmente supõe que nossos ofícios públicos — nacional, estadual e local — colocarão rotineiramente os recursos públicos e os gastarão para salvar ou impulsionar o valor de direitos privados. Apesar da indesejada incidência elevada de crimes nos Estados Unidos, por exemplo, a maioria dos cidadãos sente-se segura a maior parte do tempo, em boa medida em razão dos esforços da polícia, protetores remunerados publicamente de uma de nossas mais básicas liberdades: segurança pessoal ou física. [...] Sem efetivo governo, os cidadãos americanos não seriam capazes de desfrutar sua pro-

(65) ABRAMOVICH, Víctor; COURTIS, Christian. *Los derechos sociales como derechos exigibles...*, p. 21 e 32.

(66) HERRERA, Carlos Miguel. *Estado, Constitución y derechos sociales...*, p. 75.

(67) ABRAMOVICH, Víctor; COURTIS, Christian. *Los derechos sociales como derechos exigibles...*, p. 25.

(68) Interessantes os exemplos mencionados em PIOVESAN, Flávia; GOTTI, Alessandra Passos; MARTINS, Janaína Senne. *A proteção internacional dos direitos econômicos, sociais e culturais...*, p. 105-106: "Cabe ainda realçar que tanto os direitos sociais, econômicos e culturais, como os direitos civis e políticos demandam do Estado prestações positivas e negativas, sendo equivocada e simplista a visão de que os direitos sociais só demandariam prestações positivas, enquanto que os direitos civis e políticos demandariam prestações negativas, ou a mera abstenção estatal. A título de exemplo, cabe indagar qual o custo do aparato de segurança, mediante o qual se asseguram direitos civis clássicos, como os direitos à liberdade e à propriedade, ou ainda qual o custo do aparato eleitoral, que viabiliza os direitos políticos, ou, do aparato de justiça, que garante o direito ao acesso ao Judiciário. Isto é, os direitos civis e políticos não se restringem a demandar a mera omissão estatal, já que a sua implementação requer políticas públicas direcionadas, que contemplam também um custo".

(69) ABRAMOVICH, Víctor; COURTIS, Christian. *Los derechos sociales como derechos exigibles...*, p. 32.

(70) HOLMES, Stephen; SUNSTEIN, Cass R. *The cost of rights*: why liberty depends on taxes. Nova Iorque: W.W. Norton & Cia, 1999. p. 14-15.

priedade privada da forma como o fazem. De fato, eles desfrutariam pouco ou nada de seus direitos individuais garantidos constitucionalmente. A liberdade pessoal, como valorada e experimentada pelos americanos, pressupõe cooperação social administrada pelos oficiais do governo. [...][71]

A atuação governamental é fundamental na garantia da efetivação dos direitos, sejam quais forem, de forma que todos têm custos. Concluem[72]:

> À verdade óbvia de que os direitos dependem do governo, deve ser adicionado um corolário lógico, rico de implicações: direitos custam dinheiro. Direitos não podem ser protegidos ou reforçados sem financiamento e suporte públicos. Isto é tão verdadeiro quanto a direitos velhos como a direitos novos [...] Tanto o direito ao bem-estar e o direito à propriedade privada têm custos públicos. O direito à liberdade contratual tem custos públicos não menores que o direito à saúde, o direito à liberdade de expressão não menos que o direito à moradia decente. Todos direitos fazem reivindicações sobre o tesouro público.[73]

Não se pode desconsiderar, ainda, que quanto aos direitos do trabalho, em sua maioria, não apenas não importam em despesa ao erário como configuram-se como fonte de arrecadação, de forma que não se sustenta a idéia de aplicabilidade restringida por este motivo.

O segundo argumento[74] a respaldar a negação de efetividade e exigibilidade aos direitos sociais repousa na alegação de que apenas os direitos civis e políticos encontram-se positivados integralmente nas Constituições, enquanto que os direitos econômicos, sociais e culturais demandariam regulação por legislação infraconstitucional para poderem ser diretamente exigíveis, passando a contar com plena garantia[75].

Também esta afirmação não resiste a uma análise mais minuciosa. Muitas são as experiências constitucionais em que os direitos sociais não dependem de atuação legislativa para efetividade e, por outro lado, uns tantos direitos de liberdade demandam a intervenção do legislador[76].

---

(71) Tradução livre. No original: "Americans simply assume that our public officials — national, state, and local — will routinely lay hold of public resources and expend them to salvage, or boost the value of, private rights. Despite the undesirably high incidence of crime in United States, for instance, a majority of citizens feel relatively secure most of the time, in good measure due to the efforts of the police, publicy salaried protectors of one of our most basic liberties: personal or physical security. [...] Without effective government, American citizens would not be able to enjoy their private property in the way they do. Indeed, they would enjoy few or none of their constitutionally guaranteed individual rights. Personal liberty, as Americans value and experience it, presupposes social cooperation managed by governmente officials. [...]"

(72) *Ibidem*, p. 15.

(73) Tradução livre. No original: "To the obvious truth that rights depend on government must be added a logical corollary, one rich with implications: righst cost money. Rights cannot be protected or enforced without public funding and support. This is just as true of old rights of new rights [...] Both the right to welfare and the right to private property have public costs. The right to freedom of contract has public costs no less than the right to health care, the right to freedom of speech no less than the right to decent housing. All rights make claims upon the public treasury."

(74) LUÑO, Antonio Enrique Pérez. *Derechos humanos, estado de derecho y Constitución...*, p. 94.

(75) Ver o posicionamento de Carl Schmitt neste sentido, no estudo de BERCOVICI, Gilberto. *Constituição e Estado de Exceção Permanente:* atualidade de Weimar. Rio de Janeiro: Azougue, 2004. p. 32.

(76) LUÑO, Antonio Enrique Pérez. *Derechos humanos, estado de derecho y Constitución...*, p. 94.

Qual a razão destes argumentos? Ora, os direitos humanos e os direitos fundamentais, enquanto produtos culturais, vão sendo criados em determinados entornos de relações, respondendo às exigências da forma de relação hegemônica, a metodologia de ação social. Ocorre que tais direitos estão imersos naquilo que *Herrera Flores*[77] chama de "circuito de reação cultural". Quando os circuitos estão abertos, os produtos culturais não assumem mera função passiva de adaptação aos sistemas de relações, mas podem intervir sobre eles, construindo novas metodologias de ação social, ou seja, novas relações hegemônicas, em processos culturais propriamente ditos. Quando estão fechados, e não é permitida a ação social sobre a metodologia hegemônica, são chamados de processos ideológicos.

Segundo *Piovesan*[78], esta alegada não acionabilidade de direitos sociais é ideológica, carecendo de amparo científico, eis que se encontram — tal como os direitos civis e políticos — assegurados em tratados internacionais, caracterizando-se como verdadeiros direitos fundamentais e devendo ser implementados à luz do princípio da indivisibilidade dos direitos, conforme reafirmado pela ONU na "Declaração de Viena" de 1993[79].

No entanto, a própria autora reconhece que, por força do regramento destes documentos internacionais, os direitos civis e políticos têm a chamada auto-aplicabilidade enquanto que os direitos econômicos, sociais e culturais apresentam a chamada "realização progressiva", ou seja, condicionam-se à atuação do Estado que deve adotar todas as medidas, **até o máximo de seus recursos disponíveis**, seja por esforço próprio, seja mediante cooperação e assistência internacionais, para alcançar progressivamente a efetivação destes direitos[80].

Ademais, foram firmados em 1966[81], em documentos apartados, o Pacto dos Direitos Civis e o Pacto dos Direitos Sociais, sendo que este último, nada obstante a previsão de relatórios a serem encaminhados pelos Estados Partes, não prevê mecanismo de comunicação interestatal nem permite a sistemática das petições individuais[82], o que demonstra preocupação nitidamente distinta em relação à efetivação dos direitos humanos destas categorias. No entanto, a distinta maneira de disciplinar cada "categoria" de direitos humanos tem natureza política e não decorre de qualquer característica intrínseca destes direitos[83].

---

(77) FLORES, Joaquín Herrera. *Los derechos humanos como productos culturales...*, p. 99.

(78) PIOVESAN, Flávia; GOTTI, Alessandra Passos; MARTINS, Janaína Senne. *A proteção internacional dos direitos econômicos, sociais e culturais...*, p. 94.

(79) *Ibidem*, p. 96.

(80) *Ibidem*, p. 99-100.

(81) "Em 16 de dezembro de 1966, a Assembléia Geral das Nações Unidas adotou dois pactos internacionais de direitos humanos, que desenvolveram pormenorizadamente o conteúdo da Declaração Universal de 1948: o Pacto Internacional sobre Direitos Civis e Políticos, e o Pacto Internacional sobre Direitos Econômicos, Sociais e Culturais. Ao primeiro deles, foi anexado um Protocolo Facultativo, atribuindo ao Comitê de Direitos Humanos, instituído por aquele Pacto, competência para receber e processar denúncias de violação de direitos humanos, formuladas por indivíduos contra qualquer dos Estados-Partes." In: COMPARATO, Fábio Konder. *A afirmação histórica dos direitos humanos...*, p. 277.

(82) Tal como ocorre por força de Protocolo Facultativo com o Pacto dos Direitos Civis e Políticos de 1966. PIOVESAN, Flávia; GOTTI, Alessandra Passos; MARTINS, Janaína Senne. A *proteção internacional dos direitos econômicos, sociais e culturais...*, p. 100-101.

(83) Na verdade, melhor seria compreender os direitos positivos e negativos conforme lição de GALLARDO, Helio. *Derechos humanos como movimiento social...*, p. 19: para ele, "[...] derechos negativos, entendidos como

Nas sábias palavras de *Gallardo*[84]:

> Esto indica que la 'cultura de derechos humanos' oficial contiene su indiferencia hacia ellos o, peor, su manipulación: se utiliza la bandera de los derechos humanos para violarlos o se posterga su cumplimiento para algún futuro cuando las circunstancias hayan cambiado y se hace todo lo que se puede para que estas circunstancias no cambien.

No caso do Direito do Trabalho, não se justifica a negativa de aplicabilidade imediata das normas constitucionais nem a necessidade de regulamentação infraconstitucional para sua efetividade. As normas são claras e o ordenamento ordinário poderia, tão somente, esclarecer alguma questão ou ampliar direitos ali assegurados de maneira que a aplicação pode ser direta.

Ademais, no ordenamento jurídico brasileiro, a Constituição de 1988 inovou, alargando a dimensão de direitos e garantias ao integrar, pela primeira vez, na declaração de direitos fundamentais, os direitos sociais[85], de onde se pode concluir que o constituinte adotou o princípio da indivisibilidade e interdependência dos direitos humanos e direitos fundamentais, reconhecendo a impossibilidade de dissociar os direitos de liberdade dos direitos de igualdade[86]. Ainda assim, a doutrina se debate acerca da aplicabilidade do art. 5º, § 1º acerca da aplicabilidade imediata destas normas.

Como se justifica este tratamento diferenciado aos direitos civis e políticos e aos direitos econômicos, sociais e culturais em termos de eficácia e efetividade?

Fariñas Dulce[87] afirma que o estudioso dos direitos humanos deve ter em mente seu conceito de caráter histórico, ou seja

> Os direitos humanos devem ser compreendidos, em definitivo, como respostas históricas a problemas de convivência, a concretos conflitos e lutas sociais ou a diferentes carências ou necessidades humanas, as quais aparecem também como históricas, relativas, instrumentais, socialmente condicionadas e, às vezes inclusive, "falsamente" induzidas pelo poder[88].

Os direitos são sempre originados de processos e lutas sociais. Como tal, o distinto grau de efetividade afeto aos direitos civis e políticos e aos direitos econô-

---

aquellos fueros de libertad individual en los cuales el Estado *no debe intervenir*, excepto para potenciarlos y protegerlos, y derechos positivos, o de empoderamiento individual y social, respecto de los cuales el Estado, u outro dispositivo, *debe actuar* para asegurar su cumplimiento". Tradução livre: "[...] direitos negativos, entendidos como aqueles foros de liberdade individual nos quais o Estado *não deve intervir*, exceto para potenciá-los e protegê-los, e direitos positivos, ou de empoderamento individual e social, acerca dos quais o Estado, ou outro dispositivo, *deve atuar* para assegurar seu cumprimento".

(84) *Ibidem*, p. 21.

(85) As Constituições anteriores tratavam de normas relativas a estes direitos de forma dispersa no âmbito da ordem econômica e social. PIOVESAN, Flávia. *Direitos humanos e o direito constitucional internacional...*, p. 57.

(86) *Idem*.

(87) DULCE, María José Fariñas. *Los derechos humanos*: desde la perspectiva sociológico-jurídica a la "actitud postmoderna". Madri: Dykinson, 1997. p. 5-6.

(88) Tradução livre. No original: "Los derechos humanos deben ser comprendidos, en definitiva, como respuestas históricas a problemas de convivencia, a concretos conflictos y luchas sociales o a diferentes carencias o necesidades humanas, las cuales aparecen también como históricas, relativas, instrumentales, socialmente condicionadas y, a veces incluso, "falsamente" inducidas por el poder".

micos, sociais e culturais decorre exatamente de elementos atrelados à historicidade destes direitos e às relações de força ou políticas que dizem respeito aos conflitos sociais que levaram ao seu reconhecimento.

O ordenamento jurídico garante o conjunto de valores hegemônicos a partir dos quais se afirma como deve ser a sociedade e como os indivíduos e os grupos podem obter os bens necessários a uma vida digna. Estes valores estão marcados pelos processos de divisão social, sexual, étnica e territorial do fazer humano e, por sua vez, atribuem a estes processos a qualidade de justos[(89)].

As Constituições políticas liberais foram reflexo da ascensão hegemônica de uma determinada parcela da sociedade civil sobre a estrutura de dominação absolutista do Estado, estando relacionadas a horizonte de interações entre Estado e segmentos societários distinto daquele relacionado às Constituições sociais que evidenciam a dinâmica de crescimento e dirigismo estatal[(90)].

A expressão "direitos fundamentais" foi utilizada, pela primeira vez, na França, no século XVIII, mas foi no Direito Constitucional alemão que alcançou importante lugar na relação entre o indivíduo e o Estado. Inicialmente, era utilizada para abarcar os direitos atinentes à liberdade, segurança e propriedade, considerados emergentes dos conflitos decorrentes dos excessos do regime absolutista. Buscava-se, especialmente, a não atuação estatal. Em fins do século XVIII e início do século XIX, as novas relações de trabalho propiciaram o surgimento de movimentos sociais que postulavam uma atuação positiva do Estado a fim de assegurar o equilíbrio social e econômico[(91)].

Mas foi a partir da Primeira Guerra Mundial que as Constituições passam a ser elaboradas com a inclusão dos direitos sociais ou direitos de prestação, ligados ao princípio da igualdade material, ao lado dos tradicionais direitos individuais[(92)]. Com isto, os direitos econômicos, sociais e culturais adquiriram *status* constitucional no século XX, a princípio no México (1917), Rússia (1918) e Alemanha (1919)[(93)].

No dizer de *Gomes*[(94)]: "[...] o direito à abstenção estatal converte-se em direito à atuação estatal voltada a prestações de índole social, quando se proclama a igualdade como direito basilar".

A construção teórica que embasou este pensamento levou ao que *Herrera Flores*[(95)] chama de mal-estar da dualidade: os direitos humanos — e também os direitos fundamentais, portanto — prestam-se ao atendimento de exigências de proteção cidadã contra a hegemonia do Estado, mas também às demandas políti-

(89) FLORES, Joaquín Herrera. *Los derechos humanos como productos culturales...*, p. 95.
(90) WOLKMER, Antônio Carlos. *Constitucionalismo e direitos sociais no Brasil...*, p. 17.
(91) GOMES, Dinaura Godinho Pimentel. *Direito do trabalho e dignidade da pessoa humana, no contexto da globalização econômica:* problemas e perspectivas. São Paulo: LTr, 2005. p. 41.
(92) BERCOVICI, Gilberto. *Constituição e estado de exceção permanente:* atualidade de Weimar..., p. 25.
(93) GOMES, Dinaura Godinho Pimentel. *Direito do trabalho e dignidade da pessoa humana...*, p. 41-42.
(94) *Ibidem*, p. 42.
(95) FLORES, Joaquín Herrera. Los derechos humanos en el contexto de la globalización: tres precisiones conceptuales. RÚBIO, David Sanchéz; FLORES, Joaquín Herrera; CARVALHO, Salo de (orgs.). *Direitos humanos e globalização:* fundamentos e possibilidades desde a teoria crítica. Rio de Janeiro: Lumen Juris, 2004. p. 69.

cas de intervenção do Estado, com intuito de impedir o domínio irrestrito do mercado nas relações sociais. Pretende-se, ao mesmo tempo, uma esfera de autonomia livre de interferências estatais e uma atuação estatal de interferência na vida social. Esta pretensão demanda uma batalha pelo equilíbrio da atuação estatal e demanda um paradigma de atuação incompatível com a racionalidade moderna.

A fundamentação liberal, elaborada por inúmeros autores e, entre eles, *Bobbio* e *Habermas*, recusa os fundamentos morais dos direitos humanos — sejam civis e políticos, sejam econômicos, sociais e culturais — e aceita apenas os direitos positivados a partir de uma essência natural e imodificável, instituindo uma ideologia dualista que divide os direitos humanos "indivisíveis" e justifica a negação da impossibilidade de garantia jurídica e institucional dos direitos econômicos, sociais e culturais[(96)].

Como afirmam *Abramovich* e *Courtis*[(97)], estas distinções "[...] estão baseadas sobre uma visão [...] que coincide com a posição decimonônica do Estado mínimo, garante exclusivamente da justiça, da segurança e da defesa".[(98)]

Pérez Luño[(99)] afirma que os direitos sociais não possuem significado unívoco, mas correspondem a categorias muito heterogêneas que têm em comum a pretensão de "[...] as exigências que se desprendem do princípio da igualdade."[(100)] Como tal, têm por principal função assegurar aos membros da comunidade a participação nos recursos sociais[(101)]. A partir desta compreensão dos direitos sociais, o mestre espanhol formula o conceito de direitos sociais[(102)]:

> [...] em sentido objetivo [...] o conjunto das normas através das quais o Estado leva a cabo sua função equilibradora e moderadora das desigualdades sociais. [...] em sentido subjetivo [...] as faculdades dos indivíduos e dos grupos a participar dos benefícios da vida social, o que se traduz em determinados direitos e prestações, diretas ou indiretas, por parte dos poderes públicos[(103)].

Ao pretender influir fortemente nas relações sociais e econômicas, inclusive com intuito de reestruturá-las, os direitos sociais adquirem nuance diversa dos direitos civis e políticos, nada obstante estes também tenham nascido com esta vocação. Afinal, o reconhecimento dos direitos civis e políticos foi responsável pela quebra dos privilégios do Antigo Regime.

---

(96) *Ibidem*, p. 71.
(97) ABRAMOVICH, Víctor; COURTIS, Christian. *Los derechos sociales como derechos exigibles...*, p. 23.
(98) Tradução livre. No original: "[...] están basadas sobre una visión [...] que coincide con la posición decimonónica del Estado mínimo, garante exclusivamente de la justicia, la seguridad y la defensa"
(99) LUÑO, Antonio Enrique Pérez. *Derechos humanos, estado de derecho y Constitución...*, p. 85.
(100) Tradução livre. No original: "[...] las exigencias que se desprenden del principio de la igualdad".
(101) *Ibidem*, p. 86.
(102) *Idem*.
(103) Tradução livre. No original: "[...] en sentido objetivo [...] el conjunto de las normas a través de las cuales el Estado lleva a cabo su función equilibradora y moderadora de las desigualdades sociales. [...] en sentido subjetivo [...] las facultades de los individuos y de los grupos a participar de los beneficios de la vida social, lo que se traduce en determinados derechos y prestaciones, directas o indirectas, por parte de los poderes públicos".

No entanto, à época, a burguesia e o povo (embora excluído posteriormente do processo decisório) detinham a hegemonia política e, por conseqüência, suas teorias gozavam de amplo reconhecimento. Ainda assim, não se logrou, no globo terrestre, efetividade integral sequer destes direitos não questionados do ponto de vista teórico.

No caso dos direitos econômicos, sociais e culturais, o reconhecimento não se deu num quadro de hegemonia dos grupos por eles beneficiados. Ao contrário, o processo de luta pelo reconhecimento de direitos que permitam a dignidade da vida humana para quatro quintos da humanidade permanece em andamento. Como tal, faltando a estes grupos a hegemonia política, também permanecem enfraquecidas as teorias justificadoras da legitimidade e efetividade dos direitos por eles reclamados.

Afirma *Herrera Flores*[104]:

> [...] quando percebemos que um conjunto de direitos — neste caso, os direitos individuais — ostentam prioridade sobre outros — os direitos sociais — começamos a suspeitar que o que subjaz a essa prioridade é o reforçamento daquela funcionalidade dos direitos com relação aos interesses hegemônicos, pois o que se acaba fazendo é separar — idealizando-os — aos direitos prioritários do circuito de reação cultural, legitimando um pouco mais a metodologia de ação social dominante[105].

A relação entre a ação social dominante e a legitimação teórica dos direitos é muito evidente no caso brasileiro. O grande desenvolvimento do Direito do Trabalho brasileiro no período Vargas reflete exatamente esta questão. No período de 1930 a 1945, houve o desenvolvimento de uma cultura política de vinculação entre a cidadania e os direitos sociais[106], com a conseqüente mitigação dos direitos políticos, dado tratar-se de período de governo autoritário. No período, houve articulação de políticas públicas diferenciadas que permitiram o desenvolvimento e consolidação da legislação trabalhista.

No entanto, embora tenha havido participação dos trabalhadores[107], havia a conotação de dádiva e não de conquista destes direitos, tudo em conformidade com os interesses do governo federal: "O presidente se "antecipava" às demandas dos trabalhadores e oferecia a legislação social como um "presente" do Estado, que "devia" ser aceito pela população[108]". Neste período, prevaleciam as teorias que reforçavam o papel dos direitos sociais, em especial do Direito do Trabalho.

---

(104) FLORES, Joaquín Herrera. *Los derechos humanos como productos culturales...*, p. 100.

(105) Tradução livre. No original: "[...] cuando percibimos que un conjunto de derechos — en este caso, los derechos individuales — ostentan prioridad sobre otros — los derechos sociales — comenzamos a sospechar que lo que subyace a esa prioridad es el reforzamiento de aquella funcionalidad de los derechos con respecto a los intereses hegemónicos, pues lo que se acaba haciendo es separar — idealizándolos — a los derechos prioritarios del circuito de reacción cultural, legitimando un poco más la metodología de la acción social dominante"

(106) GOMES, Ângela de Castro. *Cidadania e direitos do trabalho*. Rio de Janeiro: Jorge Zahar, 2002. p. 33.

(107) *Ibidem*, p. 35.

(108) *Ibidem*, p. 44.

Em nossos dias, com a hegemonia de grupos ligados à ideologia neoliberal, retornamos às teorias que negam efetividade aos direitos sociais e sustentam a aplicabilidade imediata tão somente de direitos civis e políticos, como se aqueles não fossem, de fato, direitos humanos e fundamentais.

5. Racionalidade privatista x racionalidade publicista

Por fim, há que se considerar que os juristas ainda se encontram dotados de uma mentalidade preponderantemente privatista, atribuindo maior força às normas infraconstitucionais do que às normas constitucionais, de natureza política e pública mais evidente.

Há uma tendência a verificar a subsunção do fato primeiramente à lei e uma grande dificuldade em desenvolver o hábito de verificar a atenção da lei aos preceitos constitucionais. Como se o ordenamento infraconstitucional pudesse estar acima da Constituição Federal. Veja-se um exemplo concreto.

No tocante à jornada de trabalho e seu elastecimento, por exemplo, há decisão da 3ª Turma do Tribunal Superior do Trabalho[109] disciplinando o tratamento dos chamados minutos residuais, ou seja, diante da impossibilidade fática de início da jornada pontualmente em todos os dias, sem qualquer variação, seja em razão do número de empregados a registrar o ponto ao mesmo tempo, seja em razão de quaisquer outros motivos para isso. É normal, portanto, que o empregado não inicie ou encerre a jornada pontualmente.

A partir daí, surge a questão do tratamento a ser dispensado quando esta "impontualidade" acaba por gerar excesso de jornada. O caso submetido à análise da Terceira Turma dizia respeito à validade de norma coletiva que estabelecia tolerância de minutos residuais em montante superior a cinco por marcação e dez por jornada, ou seja, os minutos de excesso de jornada até o limite estabelecido na negociação coletiva não seriam remunerados, nem de forma simples, nem acrescida pelo adicional que a Constituição da República fixa para jornada extraordinária.

A decisão foi no sentido de que as cláusulas coletivas que estabeleciam a tolerância de minutos residuais em montante superior a cinco por marcação e dez por jornada eram válidas até a edição da Lei n. 10.243, de 19 de junho de 2001, que fixou este limite legal. São argumentos relevantes a embasá-la[110]:

> [...] adota-se o critério descrito nas convenções coletivas até a vigência da Lei n. 10.243, de 19.6.01, a partir da qual passa-se a aplicar o § 1º ao art. 58 da Consolidação das Leis do Trabalho, não sendo tolerados minutos para além de dez por dia. [...] Tal entendimento tem amparo no art. 7º, XVI, da Constituição Federal, no princípio da autonomia da vontade coletiva, e no fato de que apenas em 20.6.01 foi publicado o § 1º do art. 58 da CLT que disciplina quanto à contagem das horas extras, critério legal esse que

(109) Acórdão TST-RR 2086/2004-771-04-00.0, 3ª Turma, Relator Ministro Alberto Bresciani, DJ 23.6.2006.
(110) *Idem*.

deve prevalecer. [...] Desde 1996, vinha a jurisprudência se inclinando pela possibilidade da desconsideração de cinco minutos, antes ou depois da jornada, para fins de apuração de horas extras. A compreensão encontrava eco na OJ n. 23 da SBDI-1 desta Corte. Mesmo em tal período, a jurisprudência ainda admitia a definição de minutos residuais, em quantidade superior, desde que fixada em norma coletiva. Prestigiava, assim, a negociação coletiva, em atenção ao espírito do art. 7º, inciso XXVI, da Carta Magna, ao alento de que não havia regra legal que obstaculizasse a interlocução entre os atores sociais. [...] Até a edição da Lei n. 10.243, de 19.6.2001, a compreensão do Tribunal Superior do Trabalho, mesmo escudada na OJ n. 23 da SBDI-1, admitia, à falta de regra heterônoma que disciplinasse o tema, o elastecimento dos cinco minutos residuais pretéritos ou posteriores à jornada, via negociação coletiva, com sua desconsideração, no cômputo de horas extras. O vazio normativo foi preenchido pelo diploma legal, que acresceu o § 1º ao art. 58 da CLT, definindo, de forma imperativa e expressa, que os minutos residuais não podem ultrapassar o máximo de dez minutos diários. Reitero que a Lei é imperativa e estabelece fronteira máxima. [...]

Embora a decisão reconheça que as normas atinentes à jornada de trabalho são de ordem pública e visam a assegurar a dignidade do trabalhador e os valores sociais do trabalho, não transparece a proteção destinada à saúde — também direito fundamental em nossa Carta Magna — pretendida pelo constituinte e pelo legislador ordinário, ao estabelecer jornada máxima de trabalho, inclusive com redução de 48 horas para 44 horas semanais a partir da Constituição Federal de 1988[111].

Ao prender-se à análise da validade da norma coletiva diante da legislação ordinária, deixa-se de questionar a validade da norma diante do ordenamento constitucional. É constitucional norma que estabelece a possibilidade de dilação de jornada sem a respectiva remuneração? É razoável pressupor que em tempos de moderna tecnologia como vivemos justifique-se a necessidade do trabalhador registrar a jornada cinco minutos antes do início e cinco minutos depois do término? Quais as razões para isso? E, mais importante, o que justifica que este labor não seja remunerado?

Afinal, a prática não é nova. *Marx*[112] analisa-a com cuidado, revelando que, por trás dela, há também formação de mais valia. Ao fazer o trabalho iniciar antes

---

(111) Consta da decisão: "É sempre oportuno recordar que, na gênese do Direito do Trabalho, as jornadas desumanas eram ofensivas e conduziram, exatamente, à edição de normas que limitavam a duração do trabalho, assim restringindo a liberdade de pactuação privada. Inscreve-se na realidade que deu impulso à concepção do direito laboral a compleição jurídica essencial das normas que regulam a duração do trabalho. A natureza jurídica que nelas se reconhece não decorre de mero capricho legislativo, mas guarda pertinência com o legítimo resguardo da dignidade do trabalhador, assim encontrando lastro nas primeiras guias da República brasileira (Constituição Federal, art. 1º, incisos III e IV; art. 4º, inciso II). São, assim, imperativas e de ordem pública. [...] A negociação coletiva é instituto valorizado e protegido pela ordem constitucional (CF, art. 7º, incisos VI, XIII, XIV, XXVI, art. 8º, III). Constitui opção legitimadora do regramento trabalhista, sempre adquirindo prestígio nos ordenamentos mais modernos e evoluídos. Não está e não pode estar —, no entanto, livre de quaisquer limites, atrelada, apenas, à vontade daqueles que contratam. A mesma Constituição, que consagra acordos e convenções coletivas de trabalho, fixa direitos mínimos para a classe trabalhadora, exigindo a proteção da dignidade da pessoa humana e dos valores sociais do trabalho. Esta proteção não pode subsistir sem a reserva de direitos mínimos, infensos à redução ou supressão por particulares e categorias. Em tal área garantida estão as normas que disciplinam a jornada." Acórdão TST-RR 2086/2004-771-04-00.0, 3ª Turma, Relator Ministro Alberto Bresciani, DJ 23.6.2006.

(112) MARX, Karl. *O capital:* crítica da economia política. 20. ed. Livro I. Rio de Janeiro: Civilização Brasileira, 2002. v. I, p. 278-282.

e terminar depois da jornada contratual ou legalmente estabelecida, o empregador obtém maior lucro, ainda que seja em razão dos trabalhadores estarem desempenhando tarefas que não sejam próprias de sua função mas que, sendo necessárias à empresa, deixam de ser realizadas durante a jornada normal porque deles é exigido o trabalho no período integral.

Os minutos trabalhados não são irrelevantes: dez minutos diários de elastecimento para um trabalhador que cumpra jornadas de segunda-feira a sábado, importam em uma hora de labor a mais, por semana. Por conseqüência, são quatro horas e meia de trabalho extra por mês, em média. Esta prática, em um ano, importa em 49 horas e meia de labor extraordinário, ou seja, a uma apropriação indevida do labor no equivalente a mais de uma semana. Em quatro anos, o obreiro terá trabalhado o equivalente a um período de férias anual: uma apropriação de aproximadamente 2% do salário mensal, sendo que o trabalhador deixa de receber, na verdade, o equivalente a 3% de seu salário (diretamente, desconsideradas as repercussões em repousos semanais remunerados, férias, gratificações natalinas, etc., bem como prejuízos), já que as horas extras devem ser remuneradas com adicional de 50%.

Esta apropriação indevida é deliberada, como revelam os relatórios de inspetores de fábrica, responsáveis pela fiscalização do cumprimento da Lei fabril de 1850, na Inglaterra. *Marx* utiliza-os em sua análise, citando o depoimento de um fabricante[113], em 1860:

> "Se o senhor me permite", disse-me um respeitável fabricante, "ultrapassar diariamente o tempo normal de trabalho em 10 minutos, o senhor colocará anualmente em meu bolso 1.000 libras esterlinas". Átomos de tempo são os elementos do lucro.

Há uma inversão na hierarquia das normas e na aplicabilidade destas de forma que a lei ordinária e as normas coletivas adquirem maior importância e efetividade do que a Constituição Federal. A Constituição Federal estabelece uma jornada máxima diária, garantindo direitos do trabalhador à justa remuneração e à saúde, entre outros. No entanto, para a decisão examinada, é a lei ordinária a responsável pela sua maior efetivação, de forma que, inexistindo a lei é possível a negociação de forma irrestrita. Revela-se aqui o tratamento dispensado aos direitos sociais que lhes nega vigência quando previstos apenas no texto constitucional e, como já visto, possui índole ideológica, não se sustentando. Não há razão para que a norma constitucional deixe de ter eficácia, eis que não demanda regulamentação ordinária, possuindo texto bastante claro e objetivo.

Conclusões

Embora a Constituição Federal de 1988 tenha se apresentado ao povo brasileiro como promessa de possibilidade de transformação social, os avanços na cons-

(113) MARX, Karl. *O capital...,* p. 282.

trução de um Estado de Bem Estar Social encontram barreiras no contexto social, político e econômico, em especial considerando-se a fase de acumulação financeira do capital e o movimento de globalização.

Diante deste contexto, as normas por si só não garantem sua efetividade, eis que demandam condições concretas para tanto. Ademais, existem construções teóricas conservadoras de forte viés liberal que imprimem à leitura das normas garantidoras de direitos sociais uma ideologia impeditiva de uma hermenêutica assecuratória de sua efetividade.

Há, no entanto, um espaço emancipador na aplicação da norma constitucional de proteção aos direitos sociais. A superação das armadilhas ideológicas pode permitir o uso deste espaço emancipador.

Bibliografia

ABRAMOVICH, Víctor; COURTIS, Christian. *Los derechos sociales como derechos exigibles*. Madri: Trotta, 2002.

BERCOVICI, Gilberto. *Constituição e estado de exceção permanente:* atualidade de Weimar. Rio de Janeiro: Azougue, 2004.

BOBBIO, Norberto. *A era dos direitos*. 18ª tir. Rio de Janeiro: Campus, 1992.

BONAVIDES, Paulo. *Curso de direito constitucional*. 19. ed. atual. São Paulo: Malheiros, 2006.

BOSI, Alfredo. Os apontamentos de Gramsci. *Jornal de Resenhas*, n. 61, São Paulo, Discurso Editorial/USP/Unesp/UFMG/Folha de São Paulo, 8 de abril de 2000.

CANOTILHO, José Joaquim Gomes. *Direito constitucional e teoria da Constituição*. 4. ed. Coimbra: Almedina, s.d.

CHAUÍ, Marilena. *O que é ideologia*. 29. ed. São Paulo: Brasiliense, 1989.

COMPARATO, Fábio Konder. *A afirmação histórica dos direitos humanos*. 2. ed. rev. e ampl. São Paulo: Saraiva, 2001.

DULCE, María José Fariñas. *Los derechos humanos:* desde la perspectiva sociológico-jurídica a la "actitud postmoderna". Madri: Dykinson, 1997.

FERRAJOLI, Luigi. *Derechos y garantías:* la ley del más débil. 4. ed. Madrid: Trotta, 2004.

FLORES, Joaquín Herrera. Los derechos humanos en el contexto de la globalización: tres precisiones conceptuales. In: RÚBIO, David Sanchéz; FLORES, Joaquín Herrera; CARVALHO, Salo de (orgs.). *Direitos humanos e globalização:* fundamentos e possibilidades desde a teoria crítica. Rio de Janeiro: Lumen Juris, 2004.

______. *La complejidad de los derechos humanos. Bases teóricas para uma definición crítica*. Texto mimeografado. Sem data.

______. *Los derechos humanos como productos culturales:* crítica del humanismo abstracto. Madri: Los Libros de la Catarata, 2005.

GALLARDO, Helio. *Derechos humanos como movimiento social*. Bogotá: Ediciones desde abajo, 2006.

GOMES, Ângela de Castro. *Cidadania e direitos do trabalho*. Rio de Janeiro: Jorge Zahar, 2002.

GOMES, Dinaura Godinho Pimentel. *Direito do trabalho e dignidade da pessoa humana, no contexto da globalização econômica:* problemas e perspectivas. São Paulo: LTr, 2005.

GRAMSCI, Antonio. Caderno 12. *Cadernos do Cárcere*. [v. II]. 3. ed. Rio de Janeiro, Civilização Brasileira, 2000.

GRUPPI, Luciano. *O conceito de hegemonia em Gramsci*. 4. ed. Rio de Janeiro: Graal, 1978.

HERRERA, Carlos Miguel. Estado, Constitución y derechos sociales. *Revista Derecho del Estado*, Bogotá, n.15, 2003.

HOLMES, Stephen; SUNSTEIN, Cass R. *The cost of rights*: why liberty depends on taxes. Nova Iorque: W.W. Norton & Cia, 1999.

LUÑO, Antonio Enrique Pérez. *Derechos humanos, estado de derecho y Constitución*. 9. ed. Madrid: Tecnos, 2005.

MARX, Karl. *O capital:* crítica da economia política. 20. ed. Rio de Janeiro: Civilização Brasileira, 2002. Livro I, v. I.

MASCARO, Alysson Leandro. *Introdução à filosofia do direito:* dos modernos aos contemporâneos. São Paulo: Atlas, 2002.

NEGRI, Antonio. *O poder constituinte*: ensaio sobre as alternativas da modernidade. Rio de Janeiro: DP&A, 2002.

PASSOS, Edésio. *Novos direitos constitucionais dos trabalhadores*. São Paulo: LTr, 1988.

PIOVESAN, Flávia. *Temas de direitos humanos*. 2. ed. rev, ampl e atual. São Paulo: Max Limonad, 2003.

______. *Direitos humanos e o direito constitucional internacional*. 5. ed. rev., ampl. e atual. São Paulo: Max Limonad, 2002.

______. Proteção internacional dos direitos econômicos, sociais e culturais. In: SARLET, Ingo Wolfgang (org.). *Direitos fundamentais sociais:* estudos de direito constitucional, internacional e comparado. Rio de Janeiro: Renovar, 2003.

SARLET, Ingo Wolfgang. *A eficácia dos direitos fundamentais*. 6. ed. rev., atual. e ampl. Porto Alegre: Livraria do Advogado, 2006.

SCHMITT, Carl. *Teoría de la Constitución*. 2. reimp. Madri: Alianza, 1996.

SILVA, José Afonso da. *Aplicabilidade das normas constitucionais*. 3. ed. São Paulo: Malheiros, 1998.

TORRES, Ricardo Lobo. O mínimo existencial e os direitos fundamentais. *Revista de Direito Administrativo*. Rio de Janeiro, jul./set. 1989, v. 177.

WOLKMER, Antônio Carlos. *Constitucionalismo e direitos sociais no Brasil*. São Paulo: Acadêmica, 1989.

A Irreversibilidade dos Direitos Sociais

Luis de Pinho Pedreira da Silva(*)

1. Segurança jurídica e proibição de retrocesso

Consiste uma das dimensões da segurança, que é princípio geral de Direito, subjacente à Constituição e consagrado em seu preâmbulo, a segurança jurídica. Afeta profundamente a dignidade humana uma instabilidade jurídica "tal que as pessoas não mais possam confiar nas instituições sociais e estatais (incluindo o Direito) e numa certa estabilidade das suas próprias posições jurídicas"(1).

Um dos vetores por meio dos quais a segurança jurídica produz a sua eficácia é o princípio da proibição do retrocesso dos direitos sociais. Para *Ingo Wolfgang Sarlet* essa vedação de retrocesso pode ser entendida em sentido amplo e em sentido estrito. Em sentido amplo para significar que determinados direitos sociais, por sua estreita vinculação com o direito à vida e à dignidade humana não poderiam mais ser suprimidos do texto constitucional, por meio de emendas, passando a integrar o núcleo de limites materiais, dever ser objeto de restrição, também por reforma constitucional, que lhes atinja o núcleo essencial. No sentido estrito os avanços obtidos pela via infraconstitucional, concretizando direitos fundamentais elencados na Constituição, também tendem ao avanço, não se admitindo o retrocesso por meio das normas ordinárias, já que este iria contra a própria natureza da constituição social(2).

O mesmo princípio da proibição de retrocesso, embora sob outra denominação, a da "proibição de regressividade", é inferido por *Vitor Abramovich* e *Christiam Courtis* do art. 2.1 do Pacto Internacional sobre Direitos Econômicos, Sociais e Culturais, que o Brasil ratificou pelo Decreto legislativo n. 226, de 12 de Dezembro de 1991, e promulgou pelo Decreto n. 592 de 6 de dezembro de 1992. Esse artigo estabelece que cada Estado Parte se compromete a adotar medidas, até o máximo dos recursos de que disponha, para conseguir *progressivamente*, por todos os meios apropriados, inclusive em particular a adoção de medidas legislativas, a plena efetividade dos direitos ali reconhecidos. "Desta obrigação estatal de

---

(*) Desembargador (aposentado) do TRT da 5ª Região. Professor emérito da Universidade Federal da Bahia.

(1) SARLET, Ingo Wolfgang. *A eficácia dos direitos fundamentais.* 4. ed. Porto Alegre: Livraria do Advogado, 2004. p. 406.

(2) O direito fundamental à moradia na Constituição. In: MELLO, Celso de Albuquerque; TORRES, Ricardo Lobo (dir.). *Arquivos de direitos humanos*. Rio de Janeiro: Renovar, 2002. v. 4, p. 137-191 e 177.

implementação progressiva dos direitos econômicos, sociais e culturais podem ser extraídas", na opinião dos autores por último citados, "algumas obrigações concretas, passíveis de serem remetidas à revisão judicial em caso de descumprimento". "A obrigação mínima assumida pelo Estado a respeito é a obrigação de *não regressividade*, isto é, a proibição de adotar políticas e medidas, e, por fim, de sancionar normas jurídicas, que piorem a situação dos direitos econômicos, sociais e culturais de que gozava a população no momento em que foi adotado o tratado internacional do trabalho respectivo ou em cada melhora "progressiva". Dado que o Estado se obriga a melhorar a situação desses direitos, simultaneamente assume a proibição de reduzir os níveis de proteção dos direitos vigentes, ou, em seu caso, de derrogar os direitos já existentes. A obrigação assumida pelo Estado é ampliativa, de modo que a derrogação ou redução dos direitos vigentes contradiz claramente o compromisso internacional assumido"[(3)]. Suscitam *Abramovich* e *Curtis* a questão de saber se a não regressividade é aplicável somente aos direitos previstos no PIDESC ou aos direitos econômicos, sociais e culturais insertos nas Constituições dos países obrigados, pronunciando-se favoravelmente à segunda hipótese.

Fundamentam a sua opção primeiramente no princípio *pro-homine*, segundo o qual, em caso de dúvida, deve ser escolhida a interpretação que outorgue maior extensão aos direitos do que aquela que conceda maiores prerrogativas ao Estado. Em segundo lugar no caráter complementar que a Constituição empresta aos tratados de hierarquia constitucional no tocante à sua parte dogmática, complementaridade que supõe, como primeiro corolário, não contradição.

E por último a Constituição pode ser entendida como uma regulamentação interna do PIDESC, o que parece evidente, inclusive, quanto aos direitos trabalhistas[(4)].

Em recente tese de doutorado *Ana Cristina Costa Meireles* extrai o princípio da proibição do retrocesso social do *caput* do art. 7º da Constituição da República, pois estabelece como direitos dos trabalhadores aqueles elencados em seus incisos, "além de outros que visem à melhoria da sua condição social". "Daí se tem" — prossegue — "que não se pode admitir norma constitucional derivada (emenda) ou norma infra-constitucional que tenda a não gerar uma melhoria na condição social do trabalhador. Ela seria inconstitucional por justamente não preencher esse requisito constitucional da melhoria da condição social do trabalhador". Ainda invoca o princípio da dignidade da pessoa humana para fazer-nos compreender que a satisfação de uma existência condigna para todos, por meio de prestações positivas, "tem como efeito, na sua perspectiva negativa, a inviabilidade de medidas que fiquem aquém deste patamar"[(5)].

O princípio da proibição do retrocesso coincide com outro princípio, específico do Direito do Trabalho, o da condição mais benéfica, segundo o qual, na hipóte-

(3) *Los derechos sociales como derechos exigibles*. 2. ed. Madrí: Trotta, 2004. p. 93-94.
(4) *Idem*, p. 113-115.
(5) *A eficácia dos direitos sociais*. Salvador: Jus Podium, 2008. p. 48-49.

se de sucessão normativa, as normas anteriores prevalecem se mais favoráveis aos trabalhadores, que não podem ter sua situação piorada pela disciplina legal.

Os juristas italianos *Alessandro Pace* e *Balladore Pallieri* emprestaram o prestígio da sua autoridade à tese de que as normas constitucionais atributivas de direitos sociais envolvem o princípio da proibição do retrocesso(6).

2. Cláusulas pétreas e direitos sociais

Consideram-se cláusulas pétreas as normas constitucionais imutáveis mesmo por meio de emenda. Possuem elas, na lição de *Maria Helena Diniz*, eficácia positiva e negativa. "Têm eficácia positiva por terem incidência imediata e serem intangíveis, ou não emendaveis por processo normal de emenda. Têm eficácia negativa por vedarem qualquer lei que lhes seja contrastante, daí sua força paralisante total e imediata, permanecendo intangíveis ou não emendáveis, exceto por meio de revolução que, como um ato de força , pode destruí-las."(7)

A Constituição, no § 4º do art. 60, lista as matérias que não podem ser objeto de deliberação do Congresso Nacional mediante emenda, incluindo entre elas os direitos e garantias individuais mas não os direitos sociais, que, assim, consoante alguns entendimentos, não teriam a natureza de cláusulas pétreas, como os outros assuntos ali enumerados.

Para juristas do melhor quilate, entre eles eméritos constitucionalistas, os direitos sociais são indissociáveis dos direitos e garantias individuais, e, portanto, devem ser compreendidos nestes quando se interpreta o § 4º do art. 60 da Constituição.

José Luiz Quadros de Magalhães, professor de Direito Econômico e Direito Constitucional da Faculdade de Direito da Universidade Federal de Minas Gerais, afirma que "... os direitos sociais e econômicos são verdadeiros garantes socioeconômicos do exercício de direitos individuais e políticos. Não há como se separar os direitos individuais e políticos dos direitos sociais e econômicos. Eles são individuais, esta a grande contribuição do moderno constitucionalismo". Acrescenta: "Partindo deste entendimento, que encontra amparo na doutrina já estudada sobre garantias de direitos, podemos concluir que no exercício do poder constituinte derivado, seja enquanto poder de revisão, seja enquanto poder de emenda, os direitos individuais, políticos, sociais e econômicos não poderão ser restringidos, sendo impossível a restrição ou a retirada do texto constitucional de 1988 de qualquer direito individual e político, assim como de suas garantias socioeconômicas, sendo inconstitucional qualquer emenda ou revisão que venha de encontro aos princípios da ordem econômica e social".(8)

---

(6) *Apud* CAUPERS, João. *Os direitos fundamentais dos trabalhadores e a Constituição*. Coimbra: Almedina, 1985. p. 43.

(7) *Dicionário jurídico*. São Paulo: Saraiva, 1998, verbete Cláusula Pétrea.

(8) As garantias dos direitos fundamentais. In: *Revista de Informação Legislativa*. Brasília: Senado Federal, ano 31, n. 122, abr./jun. 1994, p. 44-45.

Uma das maiores autoridades brasileiras em Direito Constitucional, *Paulo Bonavides*, partindo de uma linha de eticidade, vincula os direitos sociais ao princípio constitucional da dignidade humana, o qual lhes serve de regra hermenêutica. Urge, por conseguinte, segundo ele, reconhecer o mesmo quadro de proteção e garantia aberto pelo constituinte no § 4º do art. 60 em favor dos direitos e garantias individuais, atribuindo-lhes a natureza de cláusulas pétreas. E conclui: "Tanto a lei ordinária como a emenda à Constituição que afetarem, abolirem ou suprimirem a essência protetora dos direitos sociais, jacente na índole, espírito e natureza de nosso ordenamento maior, padecem irremissivelmente da eiva de inconstitucionalidade, e como inconstitucionais devem ser declaradas por juízes e tribunais que só assim farão, qual lhes incumbe, a guarda bem sucedida e eficaz da Constituição"[(9)].

Não difere o pensamento de *Ana Cristina Costa Meireles*, que assegura: "Analisando-se os princípios fundamentais que constam do Título I da Lei Maior, observar-se-á que os direitos sociais recebem no Direito Constitucional pátrio uma garantia tão elevada e reforçada, que é legitima a sua inserção no mesmo âmbito conceitual da "expressão direitos e garantias individuais", isto é, como cláusula pétrea[(10)].

A indissociabilidade entre direitos sociais e direitos e garantias individuais ainda é proclamada pelo renomado internacionalista *Antonio Augusto Cançado Trindade*, que sobre a matéria assim se pronuncia: "Deu-se conta de que os meios de implementação das duas categorias de direito não teriam de ser necessariamente em todos os casos distintos. Sem os direitos econômicos, sociais e culturais, os direitos civis e políticos teriam pouco sentido para a memória das pessoas e determinados direitos de caráter econômico e social revelavam afinidades com as liberdades civis, e, exigíveis por si, adaptavam-se aos mesmos mecanismos de proteção dos direitos civis e políticos (a exemplo, *e. g.* do direito de associação e liberdade sindical e direito à educação)[(11)].

Alexandre de Moraes ressalta que, na ADIN n. 39/07, o Ministro *Carlos Veloso* se referiu aos direitos e garantias sociais como pertencentes à categoria de direitos e garantias individuais, logo, imodificáveis, enquanto o Ministro *Marco Aurélio* afirmou a relação de continência dos direitos sociais dentre os direitos individuais previstos no art. 60, § 4º da Constituição Federal.[(12)]

Emilia Simeão Albino Sako registrou, em artigo, que o Supremo Tribunal Federal vem entendendo não ser o art. 7º da Constituição passível de modificação porque é cláusula pétrea. E cita decisões da nossa mais alta Corte neste sentido[(13)].

---

(9) *Curso de direito constitucional.* 17. ed. São Paulo: Malheiros, 2005. p. 642-643.

(10) *Op. cit.*, p. 101.

(11) *A proteção internacional dos direitos humanos:* fundamentos jurídicos e princípios básicos. São Paulo: Saraiva, 1991. p. 40/45.

(12) *Direito constitucional.* 23. ed. São Paulo: Atlas, 2008. p. 663.

(13) Art. 7º da Constituição Federal — Cláusula Pétrea — A inconstitucionalidade da Emenda Constitucional n. 28,de 25 de maio de 2000, alterou o prazo de prescrição do trabalhador rural. In: *Revista LTr*, São Paulo, v. 67, nov. 2003, p. 1328-1329.

Por assim entender, a articulista sustenta a inconstitucionalidade da EC n. 28, de 25 de maio de 2000, que alterou, em prejuízo do trabalhador rural, o prazo prescricional das ações deste[(14)].

Pode-se, pois, assegurar que os direitos sociais, constituindo cláusulas pétreas, se enquadram na moldura do princípio da proibição do retrocesso em seu sentido amplo.

3. A PROIBIÇÃO DO RETROCESSO POR MEIO DAS LEIS INFRACONSTITUCIONAIS

O princípio da vedação do retrocesso também pode ser encarado sob o ponto de vista estrito, caso em que obsta a supressão ou redução de direitos sociais já conquistados mediante normas infraconstitucionais por normas dessa mesma natureza.

Para *Jorge Miranda* os direitos sociais carecem de normas legais concretizadoras ou conformadoras a fim de atingirem as situações de vida, só se tornando eles plenamente atuantes por meio de direitos derivados a prestações, de forma que com o exercício de competências do Poder Público há uma integração dinâmica das normas constitucionais e das normais legais, de tal sorte que os direitos sociais só se tornam plenamente atuantes por meio de direitos a prestações[(15)].

O Tribunal Constitucional português declarou inconstitucional um decreto-lei que revogara grande parte de outra norma, criadora do Serviço Nacional de Saúde, justificando esse posicionamento com a seguinte argumentação:

> "(...) a partir do momento em que o Estado cumpre (total ou parcialmente) as tarefas constitucionalmente impostas para realizar um direito social, o respeito constitucional deste deixa de consistir (ou deixa de consistir apenas) numa obrigação positiva, para se transformar ou passar também a ser uma obrigação negativa. O Estado, que estava obrigado a atuar para dar satisfação ao direito social, passa a estar obrigado a abster-se de atentar contra a realização do direito social".
>
> (...) porque vivemos, não em Estado liberal, mas sim em Estado Social de Direito, os direitos sociais, econômicos e culturais (ou direitos que neles se compreendam) podem e devem ser crescentemente dilatados ou acrescentados para além dos que se encontrem dilatados em certo momento histórico à medida que a solidariedade, a promoção das pessoas, a consciência da necessidade de correção das desigualdades (como se queira) vão crescendo e penetrando na vida jurídica"[(16)].

Por meio de outro aresto, o de n. 509/02, o mesmo Tribunal se pronunciou no sentido da inconstitucionalidade da lei que excluía pessoas com idade entre 18 e 25 anos do benefício de rendimento mínimo de inserção que substituirá o de rendimento mínimo garantido a essa faixa etária[(17)].

---

(14) *Ibidem*, p. 1329-1330.
(15) *Manual do direito constitucional*. 4. ed. Coimbra: Coimbra, 2000. Tema II, p. 397.
(16) *Apud* MEIRELES, Ana Cristina Costa. *Op. cit.*, p. 47.
(17) *Idem*.

Gomes Canotilho e *Vital Moreira* opinam que "... as normas constitucionais que reconhecem direitos econômicos, sociais e culturais de caráter positivo têm pelo menos uma função de garantia da satisfação adquirida por esses direitos, implicando uma *proibição de retrocesso*, visto que, uma vez dada satisfação ao direito, este "transforma-se", nessa medida, em "direito negativo" ou direito de defesa, isto, é num direito a que o Estado se abstenha de atentar contra ele". Em continuação dizem que a ser admissível qualquer restrição a este princípio deve ficar sujeita, na parte aplicável, às regras constitucionalmente estabelecidas para as restrições dos direitos, liberdades e garantias no art. 18º, §§ 2º e 3º da Constituição[18].

Dispõem os parágrafos mencionados: "2. A Lei só pode restringir os direitos, liberdades e garantias nos casos expressamente previstos na Constituição, devendo as restrições limitar-se ao necessário para salvaguardar outros direitos ou interesses constitucionalmente protegidos. 3. As leis restritivas de direitos, liberdades e garantias têm de revestir caráter geral e abstrato e não podem ter efeito retroativo nem diminuir a extinção e o alcance do conteúdo essencial dos preceitos constitucionais". Vê-se, pois, que os autores se referem à proibição do retrocesso por leis infraconstitucionais em desrespeito às normas da Constituição.

Tratando igualmente da realização dos princípios constitucionais, salienta *Ana Paula de Barcellos* que a vedação se desenvolveu "tendo em conta os princípios constitucionais, e, em particular, aqueles que estabelecem fins materiais relacionados aos direitos fundamentais, para cuja consecução é necessária edição de normas infraconstitucionais. Consciente de que estas normas infraconstitucionais é que formaram o caminho capaz de levar ao fim pretendido, o propósito da vedação é evitar que o legislador vá tirando as tábuas e destrua o caminho porventura existente sem criar qualquer alternativa que conduza ao objetivo em questão"[19].

4. Os limites ao princípio do não retrocesso social

O princípio da vedação do retrocesso não é absoluto, antes obedece a limites.

Ocupando-se do primeiro acórdão do Tribunal Constitucional luso que agasalhou este princípio, salienta *João Caupers* havê-lo feito ele "de forma mitigada", pois teria considerado conforme à Constituição a redução do nível de proteção efetiva de um direito social já concretizado por lei "desde que nova lei não viesse, pura e simplesmente, eliminar tal proteção, admitindo o relator viesse nova lei "alterar ou reformar" o Serviço Nacional de Saúde "nos limites constitucionalmente admitidos". Considerou *Caupers* de aplicação mais duvidosa o princípio da proibição do retrocesso quando estiver em causa a diminuição do montante de uma prestação ou a redução do universo dos seus destinatários[20].

---

(18) *Constituição da República Portuguesa.* 2. ed. Coimbra: Coimbra, 1984. v. 2, p. 134.
(19) A *eficácia jurídica dos princípios constitucionais.* Rio de Janeiro: Renovar, 2002. p. 80-88.
(20) *Os direitos fundamentais dos trabalhadores e a Constituição.* Coimbra: Almedina, 1985. p. 43.

Prevalece na doutrina o entendimento de que qualquer medida retrocessiva, para ser válida, há de preservar o núcleo essencial dos direitos sociais já efetivado por leis. Desta forma preleciona *Gomes Canotilho*: "A violação do núcleo essencial efetivado justificará a sanção de inconstitucionalidade relativamente a normas manifestamente aniquiladoras da chamada "justiça social". Assim, p. ex., será inconstitucional uma lei que extinga o subsídio de desemprego ou pretenda alargar desproporcionadamente o tempo de serviço necessário para a aquisição do direito à reforma (afr. Ac Tc 39/84 — *Caso* do Serviço Nacional de Saúde e Ac. 148/94, DR. I, 13-5-94 — Caso das Propinas).

De qualquer modo, mesmo que se afirme sem reservas a liberdade de conformação do legislador nas leis sociais, as eventuais modificações destas leis devem observar os princípios do Estado de Direito vinculativos da atividade legislativa e o *núcleo essencial* dos direitos sociais. O princípio da *proibição do retrocesso* social pode formular-se assim: o núcleo essencial dos direitos sociais já realizado e efetivado por meio de medidas legislativas (lei da "segurança social", "lei do subsídio do desemprego", "lei do serviço de saúde") deve considerar-se constitucionalmente garantido, sendo inconstitucionais quaisquer medidas estaduais, que, sem a criação de outros esquemas alternativos ou compensatórios se traduzam na prática numa "anulação", "revogação" ou "aniquilação" pura e simples desse núcleo essencial. A liberdade de conformação do legislador e inerente auto-reversibilidade têm como limite o núcleo essencial já realizado".[21]

Ingo Wolfgang Sarlet formula considerações semelhantes, exigindo, para que medida de cunho regressivo não viole o princípio do não retrocesso, salvaguarde o núcleo essencial dos direitos essenciais, "notadamente naquilo em que corresponde às prestações materiais indispensáveis para todas as pessoas"[22].

Ana Cristina Costa Meireles, concordando com a necessidade de preservação do núcleo essencial dos direitos sociais, observa que uma das formas de consegui-la "será, sem dúvida, a criação, se for o caso, de outros esquemas alternativos ou compensatórios ao direito social objeto da modificação ou supressão", como, aliás, recomenda *Canotilho* no trecho acima citado.

Konrad Hesse, adepto da teoria da irreversibilidade em matéria de direitos sociais, tem como inconstitucional toda medida regressiva que afete o conteúdo essencial das regulações estabelecidas[23]. Há, pois, consenso no sentido de que a retroação, quando excepcionalmente admitida, não pode afetar o núcleo ou conteúdo essencial dos direitos sociais. Este é intocável, salvo contra-partida ou permuta.

É o que reafirmado em monografia sobre "O Princípio da Não Reversibilidade dos Direitos Fundamentais Sociais", há pouco tempo vinda a lume pela professora portuguesa *Cristina Queiros,* nestes termos:

---

(21) *Direito constitucional e teoria da Constituição.* 3. ed. Coimbra: Almedina, 1999, p. 327.
(22) *Op. cit.*, p. 462.
(23) *Apud* ABRAMOVICH e CURTIS. *Op. cit.*, p. 95, nota 46.

"Concretamente, o princípio da 'proibição do retrocesso social' determina, de um lado, que, uma vez consagradas legitimamente as 'prestações sociais', o legislador não poderá depois eliminá-las sem alternativas ou sem compensações. Uma vez eliminada pelo Estado a legislação concretizadora do direito fundamental social, que se apresenta em face desse direito como "uma lei de proteção", a ação do Estado que se consubstanciava num 'dever de legislador', transforma-se em um dever mais abrangente: o de não eliminar ou de revogar essa lei"[(24)].

(24) Coimbra: Coimbra, 2006. p. 116.

Direito como Signo — Vinte Anos

Francisco Rossal de Araújo
Luiz Alberto de Vargas
Maria Helena Mallmann
Ricardo Carvalho Fraga(*)

1. Constituinte

Em uma concepção crítica dos direitos humanos(1) que supere uma visão meramente liberal, não satisfaz a mera criação de normas jurídicas que alberguem tais direitos, mas se questiona se estas importam em uma aplicação efetiva em benefício de um acesso igualitário dos bens a todos os cidadãos. Nesse sentido, o Direito não é apenas simples representação da realidade, mas é também instrumento de mudança social.(2)

A Constituição de 1988 é um marco relevante para a afirmação dos direitos sociais no Brasil. Ainda que tal constitucionalização tenha sido tardia em relação aos demais países, a Constituição-cidadã afirmou sério compromisso com a evolução da sociedade. Lembre-se que no México, já em 1917, houve notável avanço social.

Quando comemoramos os vinte anos da Constituição de 1988, é oportuno um balanço desse período, cotejando-se, em especial, as expectativas surgidas ao tempo de sua promulgação com a realidade após duas décadas.

Antes de tudo, é importante relembrar que o processo constituinte foi, talvez, o mais importante evento político-legislativo ocorrido em nosso País, com ampla mobilização popular e acompanhamento diuturno de seus trabalhos pelos setores organizados da sociedade, gerando enormes esperanças de um novo tempo de progresso e justiça social em um Brasil que emergia após o período obscuro do regime militar.(3)

(*) Juízes do Trabalho na 3ª Turma do TRT-RS.

(1) FLORES, Joaquim Herrrera. *La complejidad de los derechos humanos:* bases teóricas para una definición crítica. Disponível em: <http://www.juragentium.unifi.it/es/surveys/rights/herrera/>.

(2) GRAU, Eros Roberto. *O direito posto e o direito pressuposto.* 3. ed. São Paulo: Malheiros, p. 109. O direito "enquanto nível da própria realidade, é elemento constitutivo do modo de produção social. Logo, no modo de produção capitalista, tal qual em qualquer outro modo de produção, o direito atua também como instrumento de mudança social, interagindo em relação aos demais níveis — ou estruturas regionais — da estrutura social global" (*op. cit.*, p. 17).

(3) No Rio Grande do Sul, é de se relembrar a atuação do Movimento Gaúcho pela Constituinte, liderado, entre outros, pela advogada trabalhista Olga Cavalheiro Araújo, que, à época, unificou o movimento popular organizado, lutando, a princípio, por sua convocação e, depois, atuando ativamente durante todo o processo constituinte.

A assembléia constituinte tornou-se palco de acirrada disputa parlamentar entre os blocos progressista e conservador (este último autodenominado "Centrão"), sendo os direitos sociais reunidos no correspondente ao art. 7º do anteprojeto original, um dos principais pontos de embate. Ao final, como resultado dos enfrentamentos, chegou-se a uma fórmula conciliadora, podendo-se dizer que o texto final representa um compromisso mínimo de toda a sociedade brasileira.

É este compromisso mínimo expressado no atual art. 7º da Constituição Federal que foi entregue à Nação pelo Constituinte de 1988, incumbindo prioritariamente ao Poder Judiciário a tarefa de zelar pela efetivação dos direitos ali consagrados.

Optou o legislador constituinte pela inclusão dos direitos sociais no capítulo dos direitos fundamentais, assegurando-os a todos os trabalhadores urbanos e rurais, ao lado de outros que visem à melhoria de sua condição social. Assim, os direitos sociais gozam de aplicação imediata, como expressamente prevê o parágrafo primeiro do art. 5º da Constituição Federal.

2. Proteção contra despedida arbitrária ou sem justa causa

Na análise da aplicação concreta de tais direitos, nesses últimos vinte anos, vemos, entretanto, que uma quantidade expressiva de tais direitos quedou adormecida, como se fosse mera norma programática, pela omissão do legislador ordinário e pela recusa do Poder Judiciário em dar efetiva aplicação ao contido no parágrafo primeiro do art. 5º da Constituição Federal.

A principal omissão se situa, sem dúvida, no inciso I do art. 7º, que prevê que a relação de emprego seja protegida contra despedida arbitrária ou sem justa causa, mas que remete a regulamentação para Lei Complementar que, como se poderia antever, até hoje não foi elaborada pelo Congresso Nacional. Assim, a única proteção adicional contra a despedida imotivada trazida pela Constituição de 1988 resumiu-se ao aumento, de 10% para 40%, da multa do FGTS, o que, na prática, não se constituiu em significativa limitação à danosa rotação de mão-de-obra praticada sistematicamente pelo empresariado nacional, com visível aviltamento do valor do trabalho.[4]

Poder-se-ia esperar que o Poder Judiciário, mesmo diante de dispositivo constitucional de eficácia contida, tivesse atuação menos tímida, utilizando ao menos a norma constitucional como guia de interpretação para os casos concretos, o que importaria, por exemplo, num reforço hermenêutico ao princípio da continuidade.[5]

(4) Enquanto o Índice de Dificuldade de Demissão no Brasil é zero, na Alemanha e na Argentina, ele chega a 40. Outros dados: Chile, 20; Espanha, 30; Portugal, 50. Relatório Doing Bussiness de 2008.

(5) Entre os poucos esforços sobre o tema, cite-se o artigo de GONÇALVES, Ione Salim. Despedida arbitrária. Uma interpretação harmônica do inciso I do art. 7º da Constituição Federal. In: SZMUKLER, Beinusz (coord.). *Perspectivas do direito do trabalho.* Porto Alegre: Livraria do Advogado, 1993. p 41/46.

Infelizmente, tal não ocorreu. Mesmo durante o curto período (um ano) em que o Brasil incorporou em seu ordenamento jurídico a Convenção n. 158 da OIT, o Poder Judiciário, por intermédio do Supremo Tribunal Federal, terminou afastando qualquer esperança de uma interpretação mais ampla do art. 7º, inciso I, da Constituição Federal, que limitasse o poder discricionário do empregador, em especial nas demissões coletivas.(6)

Neste momento o debate volta ao Congresso Nacional, com novos contornos em razão das modificações profundas introduzidas no sistema do direito positivo. Com a Emenda n. 45, que introduziu o § 3º ao art. 5º da Constituição Federal, os tratados ou convenções internacionais sobre direitos humanos têm o mesmo valor jurídico de emendas constitucionais.

3. Aviso prévio proporcional

Em outro ponto, bem próximo e com finalidade não muito distinta, de combater os malefícios da alta rotatividade da mão-de-obra, podemos ver a mesma conjugação da inércia do legislador e limitação interpretativa do Judiciário a tornar não efetiva a norma constitucional, no caso, o inciso XXI do art. 7º, que trata do aviso prévio proporcional ao tempo de serviço.(7)

Desatendendo a obrigação constitucional de elaborar norma complementar, o Poder Legislativo terminou por delegar, na prática, à negociação coletiva a regulamentação da matéria, o que restringiu a um pequeno número de categorias profissionais mais organizadas esse importante direito, que também visava a diminuir as demissões imotivadas.(8)

---

(6) Entendeu o STF (Sessão do DAÍ 4.9.1997), ao examinar medida cautelar na ADIN-1.480-3-DF, que as normas da Convenção n. 158 da OIT têm caráter meramente programático. Diante da denúncia da Convenção N. 158, a ADIN acabou sendo extinta sem julgamento do mérito em decisão monocrática do Relator, Ministro Celso de Mello, em 27.6.2001: ",...Vê-se, portanto, que a Convenção n. 158/OIT não mais se acha incorporada ao sistema de direito positivo interno brasileiro, eis que, com a denúncia, deixou de existir o próprio objeto sobre o qual incidiram os atos estatais — Dec. Legisl. ns. 68/92 e 1.855/96 — questionados nesta sede de controle concentrado de constitucionalidade, não mais se justificando, por isso mesmo, a subsistência deste processo de fiscalização abstrata, independentemente da existência, ou não, no caso, de efeitos residuais concretos gerados por aquelas espécies normativas. (...) Sendo assim, e tendo em consideração as razões expostas, julgo extinto este processo de controle abstrato de constitucionalidade, em virtude da perda superveniente de seu objeto. " A validade da denúncia da Convenção n. 158 (Decreto Federal n. 2.100, de 20.12.1996) continua em discussão no STF — ADIn n. 1.625. Votou pela improcedência o Min Nelson Jobim e pela procedência parcial, condicionando a denúncia ao referendo do Congresso Nacional, os Ministros Maurício Corrêa e Carlos Britto.

(7) Os dados do Banco Mundial (*Doing Bussiness*, 2008) mostram que o custo da despedida no Brasil está abaixo da média dos países da América Latina e, também, da maioria dos países europeus. Custo no Brasil: 37 semanas de salário; Custo na Argentina: 139 semanas de salário; Alemanha: 69 semanas de salário; Chile, 52 semanas; Espanha, 56 semanas; Portugal, 95 semanas.

(8) Precedente n. 13 da SDC do Tribunal Regional da Quarta Região: "Fica assegurado aos integrantes da categoria profissional um aviso prévio de 30 dias acrescido de mais cinco dias por ano ou fração igual ou superior a seis meses de serviço na mesma empresa". No entanto, consolidou-se posição do TST no sentido de que o aviso prévio só poderia ser ampliado em acordo ou convenção coletiva. O Supremo Tribunal Federal no mesmo sentido afirmou a impossibilidade de fixação de aviso prévio proporcional em sentença normativa (RE 197911/PE) .

A despeito de decisões de primeiro e segundo graus da Justiça do Trabalho reconhecendo a auto-aplicabilidade do direito ao aviso prévio proporcional, prevaleceu no Tribunal Superior do Trabalho entendimento diverso expresso na Orientação Jurisprudencial n. 84 da SDI-1[(9)], inserida em 28.4.97.

Por fim, não obstante reiteradas decisões do Supremo Tribunal Federal, resumindo a garantia constitucional instituída no art. 5º, inciso à mera notificação de mora na produção legislativa, ao Congresso Nacional, o recente julgamento no MI n. 695/MA, Relator Min. *Sepúlveda Pertence* aponta para nova posição, constando do acórdão considerações relevantes.

Registrou-se que o tema já é "velho cliente". Cogitou-se de normatizar, desde logo, tal como procedido com o direito de greve dos servidores, o que não efetuado porque não atenderia o caso concreto, o qual tratava de trabalhador bancário com vinte anos de contrato, já no passado. No dizer do Ministro *Gilmar Ferreira Mendes*, "no caso, há um pedido específico que, certamente, não será capaz de atender às pretensões do impetrante, uma vez que a lei só disporá para o futuro, não terá como repercutir sobre sua própria situação subjetiva". Decidiu-se, não por primeira vez, "declarar a mora e comunicar a decisão ao Congresso Nacional". Ora, nos diversos julgamentos individuais, não se trata de mandado de injunção, mas, sim, de caso concreto a exigir manifestação judicial. O trabalho prestado ao longo de anos não pode ter o mesmo tratamento dispensado aos contratos de curta duração, conforme art. 7º, inciso XXI, da Constituição. Recorde-se que nos julgamentos singulares não se pode omitir a manifestação judicial cabível ao caso concreto, conforme art. 126 do Código de Processo Civil.

4. Outras promessas não cumpridas

Na mesma esteira, há de se indicar, ainda, a falta de efetividade dos direitos previstos no art. 7º, incisos XX (proteção do mercado de trabalho da mulher), XXIII (adicional de remuneração para atividades penosas), XXVI (reconhecimento das convenções e acordos coletivos de trabalho para servidores públicos) e XXVII (proteção em face da automação).

Dois direitos de fundamental relevância para os trabalhadores, ainda que não contidos no art. 7º, mas sim, respectivamente nos arts. 9º e 11 da Constituição Federal, também não se concretizaram, quais sejam o direito de greve aos servidores públicos e a organização sindical no local de trabalho.

Alguns direitos constitucionais somente foram plenamente reconhecidos após muitos anos de incertezas. Assim, o piso salarial proporcional à extensão e à complexidade do trabalho (art. 7º, V) somente pôde ser implementado a partir da Lei Complementar n. 103 de 2000, que autorizou os Estados da Federação a instituir pisos salariais regionais.

(9) A mencionada OJ n. 84 é de 28.4.97. Sobre a "timidez" do Poder Judiciário, no tema do aviso prévio proporcional, recorde-se CAMINO, Carmen. *Direito individual do trabalho*. 3. ed. Porto Alegre: Síntese, 2003. p. 543.

Da mesma forma, houve um longo e acirrado debate doutrinário e jurisprudencial sobre a substituição processual, que se arrastou por anos, até que, enfim, o STF julgou que esta é ampla, extraordinária e legitima as entidades sindicais para defesa do interesse de associados e não associados.(10)

5. Algumas posturas positivas

Na crítica ao Poder Judiciário, há de se fazer algumas matizações necessárias.

Em primeiro lugar, deve-se reconhecer que, no mínimo, em relação a um determinado bloco de direitos sociais previstos na Constituição Federal, houve uma acolhida generalizada por parte do Judiciário Trabalhista, que realizou importante labor na consagração dos mesmos no âmbito das relações de trabalho. Assim, a jornada semanal de 44 horas, o turno de revezamento de seis horas diárias, o respeito aos intervalos legais intrajornada, a exigência de manutenção pelo empregador de um ambiente laboral sadio (inclusive isento de assédio moral) e, com algum atraso, o cálculo do adicional de insalubridade sobre o salário contratual.

Nesta visão retrospectiva, é importante salientar que a Magistratura do Trabalho de Primeiro Grau destacou-se como primeira e uma das principais atoras, comprometida com o novo horizonte, atuando como garantidora das novas conquistas, tendentes ao aperfeiçoamento do mundo do trabalho.

Recentemente, o Ministro *Celso de Mello,* ao apreciar a prisão do devedor em contratos de alienação fiduciária, apresentou observações relevantes a merecer registro. Examinou o tema específico, ou seja, a excepcionalidade da prisão por dívida. Analisou, acima de tudo, a força das normas internacionais sobre direitos humanos. Considerou o papel do Poder Judiciário e, em vários destes itens, registrou não exatamente mudanças da jurisprudência, mas, algo que se pode compreender como evolução jurisprudencial: lembrou que a prisão civil por dívida, analisada na perspectiva dos documentos internacionais, especialmente dos tratados internacionais em matéria de direitos humanos, vem sendo abandonada já na Roma republicana, desde o século V a.C. Recordou também que o Pacto Internacional sobre Direitos Civis e Políticos, por sua vez, celebrado sob os auspícios da Organização das Nações Unidas e revestido de projeção global no plano de proteção dos direitos essenciais da pessoa humana, estabelece, em seu art. 11, que "Ninguém poderá ser preso apenas por não poder cumprir com uma obrigação contratual".

---

(10) Nesse sentido firmou-se a jurisprudência do STF: "a legitimação das organizações sindicais, entidades de classe ou associações, para a segurança coletiva, é extraordinária, ocorrendo, em tal caso, substituição processual, CF art. 5º, LXX". Assim, "não se exige , tratando-se de segurança coletiva, a autorização expressa aludida no inciso XXI do art. 5º da Constituição, que contempla hipótese de representação" (RE 193.282.382/SP Rel. Min. Carlos Velloso). Entre tantos estudos, recorde-se o do Ministro LEAL, Ronaldo José Lopes. A substituição processual do art. 8º. *Revista TST,* Brasília:,66/1, jan./mar. 2000, p. 15/19. Ali, apontou que o Enunciado n. 310 padecia de "invencível anacronismo", p. 19.

Reconheceu, assim, "que o Supremo Tribunal Federal se defronta com um grande desafio, consistente em extrair, dessas mesmas declarações internacionais e das proclamações constitucionais de direitos, a sua máxima eficácia, em ordem a tornar possível o acesso dos indivíduos e dos grupos sociais a sistemas institucionalizados de proteção aos direitos fundamentais da pessoa humana, sob pena de a liberdade, a tolerância e o respeito à alteridade humana tornarem-se palavras vãs".

6. Os juízes e Tribunais como instrumentos de concretização dos direitos fundamentais

Segundo o Ministro *Celso de Mello*, "o Poder Judiciário constitui o instrumento concretizador das liberdades civis, das franquias constitucionais e dos direitos fundamentais assegurados pelos tratados e convenções internacionais subscritos pelo Brasil". Essa alta missão, que foi confiada aos juízes e Tribunais, qualifica-se como uma das mais expressivas funções políticas do Poder Judiciário. O Juiz, no plano de nossa organização institucional, representa o órgão estatal incumbido de concretizar as liberdades públicas proclamadas pela declaração constitucional de direitos e reconhecidas pelos atos e convenções internacionais fundados no direito das gentes. Assiste, desse modo, ao Magistrado, o dever de atuar como instrumento da Constituição — e garante de sua supremacia — na defesa incondicional e na garantia real das liberdades fundamentais da pessoa humana, conferindo, ainda, efetividade aos direitos fundados em tratados internacionais de que o Brasil seja parte. Essa é a missão socialmente mais importante e politicamente mais sensível que se impõe aos magistrados, em geral, e a esta Suprema Corte, em particular. É dever dos órgãos do Poder Público — e notadamente dos juízes e Tribunais — respeitar e promover a efetivação dos direitos garantidos pelas Constituições dos Estados nacionais e assegurados pelas declarações internacionais, em ordem a permitir a prática de um constitucionalismo democrático aberto ao processo de crescente internacionalização dos direitos básicos da pessoa humana".[(11)]

E, para a concretização de um Poder Judiciário comprometido com a efetivação dos direitos garantidos na Constituição Federal, é fundamental e indispensável que ocorram também alterações na sua estrutura interna. Muitas das modificações introduzidas pela Emenda Constitucional n. 45 na busca da democratização interna, hoje, são realidade. Ainda que a escolha dos dirigentes dos Tribunais não ocorra mediante a participação de todos os magistrados, houve avanço considerável na formação do órgão especial com eleição da metade de seus membros. A edição por parte dos Tribunais de normas que contemplem critérios objetivos para a promoção tem contribuído para aproximar os magistrados dos diversos graus de jurisdição.

---

(11) Tratava-se do *Hábeas Corpus* 87.585-8, originário do Tocantis, de 12.3.2008, perante o TRIBUNAL PLENO. Em exame o Decreto-lei n. 911, de 1º de outubro de 1969, assinado pelos três Presidentes do momento, excepcional.

Estabelecido este traçado e o compromisso com o constitucionalismo democrático, os avanços virão.

7. A importância de alterações estruturais que democratizem o Poder Judiciário

Para bem cumprir a elevada missão que se anuncia neste novo século, a de promover a efetivação dos direitos sociais ainda em promessa, é necessário repensar a estrutura do Poder Judiciário, democratizando-o e tornando-o mais receptivo às justas demandas que provêm da sociedade e que, por enquanto, alcançam apenas a base do Poder Judiciário.

A concentração de poderes nas direções dos tribunais, ainda não totalmente dissolvida, assume maior gravidade, no momento atual. O Poder Judiciário deve acompanhar as novas transformações sociais.

Sabe-se que fenômeno não muito diverso já ocorreu na Europa, após as Grandes Guerras. Os documentos constitucionais são anteriores aos tribunais encarregados de fazê-los cumprir. A Lei Fundamental da Alemanha é de 1949 e o Tribunal Constitucional Federal foi instalado somente em 1951. Na Itália a Constituição é de 1947, sendo apenas de 1956 o Tribunal Constitucional.(12)

Ao nível jurisdicional, nenhuma lesão ou ameaça a direito pode ser excluída de apreciação do Poder Judiciário. Tampouco o excessivo volume de trabalho pode justificar a adoção de medidas que fragilizem a garantia do juiz natural.(13)

Na verdade, outros questionamentos ainda serão necessários. O papel a ser desempenhado pelas diversas instâncias do Poder Judiciário exige maior exame. Poderiam os tribunais, que não o Supremo Tribunal Federal, editar súmulas em matéria constitucional? Qual o proveito, em termos de celeridade e simplificação dos trâmites recursais, com tais súmulas? Ora, quando um tribunal, que não o STF, edita uma súmula em matéria constitucional, provavelmente estará, automaticamente, no mesmo instante, apontando que os processos decididos com a orientação assim sumulada deverão desenvolver-se até o recurso extraordinário ao STF.

Por outro lado, a promessa de que os tribunais possam analisar todos os casos, e com maior cuidado, inclusive uniformizando é irrealizável. Estamos, já, em uma sociedade de massas com formas de convívio social cada vez mais complexo. O julgamento das especificidades de cada caso inicia e pode limitar-se ao primeiro julgamento, em muitas situações.

---

(12) Dados colhidos em BARROSO, Luís Roberto. Neoconstitucionalismo e constitucionalização do direito — o triunfo tardio do direito constitucional no Brasil. *Revista da Procuradoria Geral do Estado — RS*, Porto Alegre, jul./dez. 2004,. p. 27/65. Ali, também estão assinaladas as datas das Constituições de Portugal e Espanha, respectivamente em 1976 e 1978, bem como de mais de dez outros países, p 33.

(13) Registre-se que nem sempre alterações legislativas tendentes ao aprimoramento das relações de trabalho ensejam o acréscimo de ações trabalhistas. Hoje, são milhares de reclamatórias, que tratam da carga horária semanal de trabalho (compensações, intervalos, limites diário e semanal, entre outros). Acaso seja adotado o limite de quarenta horas semanais, muitas destas questões e polêmicas desaparecerão. Tramita o Projeto de Lei apresentado pelos anteriormente deputados Paulo Paim-RS e Inácio Arruda-CE, com o limite semanal de quarenta horas de trabalho.

Pode-se mesmo imaginar que a aspiração de um segundo julgamento não decorre da necessidade de se evitar o "erro" judicial. Decorre, muito mais, da preocupação com decisões "arbitrárias". Medite-se que a solução do "duplo grau de jurisdição" não surgiu ao tempo do iluminismo, na época da "razão". É, sim, reivindicação anterior, do tempo das "trevas". Visava, sim, a evitar decisões "arbitrárias", na linguagem de hoje, ou "más", em outro modo de expressão.

Hoje, até mesmo, a necessidade de busca da celeridade processual, com a solução em tempo razoável, impõe estruturas judiciais com menor concentração de poder. Não mais se pode conviver com organizações moldadas em outra época e com outros objetivos sociais. Os incipientes debates sobre os critérios de "transcendência" ou "repercussão geral" não podem ser travados com os olhos no passado, sob pena de terminarem agravando algum distanciamento entre tribunais superiores e sociedade. Ademais a parcela de poder e as decisões judiciais não levadas até as últimas instâncias judiciais, devem significar uma efetiva democratização do Judiciário e da sociedade toda. As exigências de celeridade processual e organização não autoritária são dois temas distintos embora entrelaçados.

O Ministro do Supremo Tribunal Federal *Carlos Ayres Britto*, em linguagem quase poética, bem externou sua aguda percepção, inclusive sobre a necessidade de outra postura dos profissionais do Direito, ao ponderar: "Diga-se mais: como o intelecto somente pode conhecer por forma indireta, ele não se funde jamais com o objeto cognoscível. Fica do lado externo do objeto. Friamente. À distância. Olhando para a coisa investigada e explicando-lhe professoralmente os contornos. Ao inverso do que sucede com o sentimento. Esse incide de chapa sobre o real. Apanha a realidade num súbito de percepção, mas com tal envolvimento psicológico, tamanha carga de "empatia", que se confunde com a própria coisa apanhada. Como que por osmose. Sem ter como descrever aquilo em que se transfundiu ou de cuja natureza passou a fazer parte num dado momento. Fenômeno que bem pode se enxergar nesta sentença de *Sartre*: "no amor, um mais um é igual a um".(14)

O mesmo Ministro do Supremo Tribunal Federal *Carlos Ayres Britto* bem observou que "o pensamento é insuficiente" sendo necessário o "sentimento". Afirmou inclusive que a ciência não tem a solução para comparação/confronto entre mais de um valor, o que se resolve somente em cada caso. Disse que o juiz tem "vínculo orgânico com a Constituição e vínculo subjetivo com os direitos fundamentais da população".(15)

Nas palavras do Ministro *Celso de Mello*, em voto antes mencionado e bem recente, sobre prisão em contrato de alienação fiduciária, pode-se resumir boa parte das esperanças de uma nova e mais adequada jurisprudência, preocupada com a efetividade dos direitos sociais.

---

(14) BRITTO, Carlos Ayres. O elo que falta. *Revista de Cultura Ajufe,* Brasília, n. 1, ano 2006, p. 34/35.

(15) Seminário A nova justiça: desafios e tendências, organizado pelo Tribunal de Justiça do Distrito Federal, em agosto de 2006.

Vinte Anos da Constituição de 1988: A Reconstrução Democrática do Brasil

Luís Roberto Barroso(*)

I. Introdução: da vinda da família real à constituição de 1988[1]

Começamos tarde. Somente em 1808 — trezentos anos após o descobrimento —, com a chegada da família real, teve início verdadeiramente o Brasil. Até então, os portos eram fechados ao comércio com qualquer país, salvo Portugal. A fabricação de produtos era proibida na colônia, assim como a abertura de estradas. Inexistia qualquer instituição de ensino médio ou superior: a educação resumia-se ao nível básico, ministrada por religiosos. Mais de 98% da população era analfabeta. Não havia dinheiro e as trocas eram feitas por escambo. O regime escravocrata subjugava um em cada três brasileiros e ainda duraria mais oitenta anos, como uma chaga moral e uma bomba-relógio social. Pior que tudo: éramos colônia de uma metrópole que atravessava vertiginosa decadência, onde a ciência e a medicina eram tolhidas por injunções religiosas e a economia permaneceu extrativista e mercantilista quando já ia avançada a Revolução Industrial. Portugal foi o último país da Europa a abolir a inquisição, o tráfico de escravos e o absolutismo. Um Império conservador e autoritário, avesso às idéias libertárias que vicejavam na América e na Europa[2][3].

(*) Professor titular de direito constitucional da Universidade do Estado do Rio de Janeiro — UERJ. Mestre em Direito pela Yale Law School. Doutor e livre-docente pela UERJ. Diretor-Geral da *Revista de Direito do Estado*.

(1) O presente texto é a versão condensada de artigo escrito por solicitação do Conselho Federal da Ordem dos Advogados do Brasil, intitulado *Vinte anos da Constituição brasileira de 1988: o Estado a que chegamos*, elaborado para integrar volume contendo a análise crítica das Constituições brasileiras e para publicação na *Revista de Direito do Estado* n. 10.

(2) Sobre o tema, v. LIMA, Oliveira. *Dom João VI no Brasil*, 1945; WILCKEN, Patrick. *Império à deriva*, 2005; GOMES, Laurentino. *1808*, 2007; TORRES, Ricardo Lobo. *A idéia de liberdade no Estado patrimonial e no Estado fiscal*, 1991; FERREIRA, Waldemar. *História do direito constitucional brasileiro*, 1954; FRANCO, Afonso Arinos de Mello. *Curso de direito constitucional brasileiro*, v. II, 1960; CAETANO, Marcelo. *Direito constitucional*, v. 1, 1987; ALBUQUERQUE, Manoel Maurício de. *Pequena história da formação social brasileira*, 1981; LEAL, Aurelino. *História constitucional do Brasil*, 1915, edição fac-similar; e BONAVIDES, Paulo; ANDRADE, Paes de. *História constitucional do Brasil*, 1991.

(3) A crítica severa não nega, por evidente, o passado de glórias de Portugal e o extraordinário Império marítimo que construiu. Não desmerece, tampouco, o grande progresso trazido ao Brasil com a vinda da família real. Nem muito menos interfere com os laços de afeto e de afinidade que ligam os brasileiros aos portugueses.

Começamos mal. Em 12 de novembro de 1823, D. Pedro I dissolveu a Assembléia Geral Constituinte e Legislativa que havia sido convocada para elaborar a primeira Constituição do Brasil[4]. Já na abertura dos trabalhos constituintes, o Imperador procurara estabelecer sua supremacia, na célebre "Fala" de 3 de maio de 1823[5]. Nela, manifestou sua expectativa de que se elaborasse uma Constituição que fosse digna dele e merecesse sua imperial aceitação. Não mereceu[6]. O Projeto relatado por Antônio Carlos de Andrada, de corte moderadamente liberal, limitava os poderes do Rei, restringindo seu direito de veto, vedando-lhe a dissolução da Câmara e subordinando as Forças Armadas ao Parlamento. A constituinte foi dissolvida pelo Imperador em momento de refluxo do movimento liberal na Europa e de restauração da monarquia absoluta em Portugal. Embora no Decreto se previsse a convocação de uma nova constituinte, isso não aconteceu. A primeira Constituição brasileira — a Carta Imperial de 1824 — viria a ser elaborada pelo Conselho de Estado, tendo sido outorgada em 25 de março de 1824.

Percorremos um longo caminho. Duzentos anos separam a vinda da família real para o Brasil e a comemoração do vigésimo aniversário da Constituição de 1988. Nesse intervalo, a colônia exótica e semi-abandonada tornou-se uma das dez maiores economias do mundo. O Império de viés autoritário, fundado em uma Carta outorgada, converteu-se em um Estado constitucional democrático e estável, com alternância de poder e absorção institucional das crises políticas. Do regime escravocrata, restou-nos a diversidade racial e cultural, capaz de enfrentar — não sem percalços, é certo — o preconceito e a discriminação persistentes. Não foi uma história de poucos acidentes. Da Independência até hoje, tivemos oito Cartas constitucionais: 1824, 1891, 1934, 1937, 1946, 1967, 1969 e 1988, em um melancólico estigma de instabilidade e de falta de continuidade das instituições. A Constituição de 1988 representa o ponto culminante dessa trajetória, catalizando o esforço de inúmeras gerações de brasileiros contra o autoritarismo, a exclusão social e o patrimonialismo, estigmas da formação nacional[7]. Nem tudo foram flores, mas há muitas razões para celebrá-la.

II. Ascensão e ocaso do regime militar

O colapso do regime constitucional, no Brasil, se deu na madrugada de 31 de março para 1º de abril de 1964, quando um golpe militar destituiu o Presidente João Goulart. Veio o primeiro Ato Institucional — primeiro de uma longa série —

(4) Curiosamente, a convocação da constituinte se dera em 3 de junho de 1822, antes mesmo da Independência, e fazia menção à união "com a grande família portuguesa". A Independência veio em 7 de setembro, a aclamação de D. Pedro como imperador em 12 de outubro e a coroação em 1º de dezembro de 1822.

(5) "Como imperador constitucional, e mui principalmente como defensor perpétuo deste império, disse ao povo no dia 1º de dezembro do ano próximo passado, em que fui coroado e sagrado, que com a minha espada defenderia a pátria, a nação e a Constituição, *se fosse digna do Brasil e de mim.* (...) [E]spero, que a Constituição que façais, *mereça a minha imperial aceitação...*" (grifos acrescentados). V. A fala de D. Pedro I na sessão de abertura da constituinte. In: BONAVIDES, Paulo; ANDRADE, Paes de. *História constitucional do Brasil*, 1991. p. 25.

(6) CERQUEIRA, Marcello. *A Constituição na história:* origem e reforma, 2006. p. 387.

(7) Para uma densa análise da formação nacional, das origens portuguesas até a era Vargas, v. FAORO, Raymundo, *Os donos do poder*, 2001 (1. ed. 1957).

e, na seqüência histórica, tornou-se inevitável a trajetória rumo à ditadura, que duraria mais de vinte anos. Em 1965, foram canceladas as eleições presidenciais e prorrogado o mandato do Presidente Castelo Branco. Em 1966, foram extintos os partidos políticos. Em 1967, foi editada uma nova Constituição, votada por um Congresso pressionado e sem vestígio de soberania popular autêntica. Em 1968, baixou-se o Ato Institucional n. 5, que conferia poderes quase absolutos ao Presidente, inclusive para fechar o Congresso, cassar direitos políticos de parlamentares e aposentar qualquer servidor público. Em 1969, em golpe dentro do golpe, impediu-se a posse do Vice-Presidente Pedro Aleixo, quando do afastamento por doença do Presidente Costa e Silva, e uma nova Constituição foi outorgada pelos Ministros militares.

Nesse mesmo ano, indicado pelas Forças Armadas, toma posse o Presidente Emílio Garrastazu Médici. Seu período de governo, que foi de 30 de outubro de 1969 a 15 de março de 1974, ficou conhecido pela designação sugestiva de *anos de chumbo*. A censura à imprensa e às artes, a proscrição da atividade política e a violenta perseguição aos opositores do regime criaram o ambiente de desesperança no qual vicejou a reação armada à ditadura, manifestada na guerrilha urbana e rural[(8)]. A tortura generalizada de presos políticos imprimiu na história brasileira uma mancha moral indelével e perene[(9)]. A abertura política, "lenta, gradual e segura", teve seu início sob a Presidência do General Ernesto Geisel, que tomou posse em 15 de março de 1974[(10)]. Apesar de ter se valido mais de uma vez de instrumentos ditatoriais[(11)], Geisel impôs sua autoridade e derrotou resistências diversas à liberalização do regime, que vinham dos porões da repressão e dos bolsões de anticomunismo radical nas Forças Armadas[(12)]. A posse do General *João Baptista Figueiredo*, em 15 de março de 1979[(13)], deu-se já após a revogação dos atos

---

(8) V. GASPARI, Elio. *A ditadura escancarada*, 2002. Sobre a luta armada, v. também: GABEIRA, Fernando. *O que é isso companheiro?*, 1979; PORTELA, Fernando. *Guerra de guerrilha no Brasil:* a saga do Araguaia, 1979; SIRKIS, Alfredo. *Os carbonários*, 1980.

(9) Sobre o tema da tortura, v. *Brasil:* nunca mais, 1985, publicado pela Arquidiocese de São Paulo, com prefácio de D. Paulo Evaristo Arns, ex-Cardeal Arcebispo de São Paulo e figura proeminente na defesa dos direitos humanos durante o regime militar.

(10) Em convenção nacional realizada em 23 de setembro de 1973, o Movimento Democrático Brasileiro (MDB) lançou como candidatos à Presidência e à Vice-Presidência Ulysses Guimarães e Barbosa Lima Sobrinho, que se apresentaram como "anti-candidatos". Sobre o tema, v. ABREU, Alzira Alves de *et al* (coords.). *O dicionário histórico-biográfico brasileiro*, v. III, 2001. p. 2.709.

(11) Em abril de 1977, o Presidente decretou o recesso do Congresso Nacional e outorgou as Emendas Constitucionais ns. 7, de 13.4.1977, e 8, de 14.4.1977, que continham, respectivamente, uma reforma do Judiciário, medidas casuísticas que asseguravam a preservação da maioria governista no Legislativo e mantinham eleições indiretas para governadores. Além disso, ao longo do seu governo, Geisel cassou o mandato de vereadores, deputados estaduais e federais.

(12) Sobre seu período na Presidência, v. o longo depoimento prestado pelo ex-Presidente em D'ARAUJO, Maria Celina e CASTRO, Celso (orgs.). *Ernesto Geisel*, 1997. V. também. GASPARI, Elio. *A ditadura derrotada*, 2003; e *A ditadura encurralda*, 2004, em que relata a parceria entre Geisel — o "Sacerdote" e Golbery — o "Feiticeiro" na terminologia que cunhou.

(13) O MDB lançou como candidatos à Presidência e à Vice-Presidência o General Euler Bentes Monteiro e o Senador Paulo Brossard. Na eleição realizada em 15.10.1978, venceu a chapa da situação, integrado por Figueiredo e Aureliano Chaves, que obtiveram 355 votos contra 226.

institucionais, que representavam a legalidade paralela e supraconstitucional do regime militar(14).

Figueiredo deu continuidade ao processo de descompressão política, promovendo a anistia(15) e a liberdade partidária(16). Centenas de brasileiros voltaram ao país e inúmeros partidos políticos foram criados ou saíram da clandestinidade. A derrota do movimento pela convocação imediata de eleições presidenciais — as *Diretas já* —, em 1984, após ter levado centenas de milhares de pessoas às ruas de diversas capitais, foi a última vitória do governo e o penúltimo capítulo do regime militar. Em 15 de janeiro de 1985, o Colégio Eleitoral elegeu, para a Presidência da República, a chapa contrária à situação, encabeçada por Tancredo Neves, que tinha como vice José Sarney(17). O regime militar chegava ao fim e tinha início a *Nova República*, com a volta à primazia do poder civil. Opositor moderado da ditadura e nome de consenso para conduzir a transição pacífica para um regime democrático, Tancredo Neves adoeceu às vésperas da posse e não chegou a assumir o cargo, morrendo em 21 de abril de 1985. José Sarney, que fora um dos próceres do regime que se encerrava — mas que ajudou a sepultar ao aderir à oposição —, tornou-se o primeiro Presidente civil desde 1964.

III. Convocação e atuação da Assembléia Constituinte

Cumprindo compromisso de campanha assumido por Tancredo Neves, o Presidente José Sarney encaminhou ao Congresso Nacional proposta de convocação de uma constituinte. Aprovada como Emenda Constitucional n. 26, de 27.11.1985, nela se previu que "os membros da Câmara dos Deputados e do Senado Federal" reunir-se-iam em Assembléia Nacional Constituinte, livre e soberana(18). Instalada pelo Presidente do Supremo Tribunal Federal, Ministro José Carlos Moreira Alves, em 1º de fevereiro de 1987, a Assembléia Constituinte elegeu em seguida, como seu Presidente, o Deputado Ulysses Guimarães, que fora o principal líder parlamentar de oposição aos governos militares. Da constituinte participaram os

---

(14) A Emenda Constitucional n. 11, de 13.10.1978, revogou todos os atos institucionais e os atos complementares que lhes davam execução.

(15) A anistia política foi concedida pela Lei n. 6.683, de 28.8.1979, que em seu art. 1º previa: "É concedida anistia a todos quantos, no período compreendido entre 2 de setembro de 1961 e 15 de agosto de 1979, cometeram crimes políticos ou conexo com estes, crimes eleitorais, aos que tiveram seus direitos políticos suspensos e aos servidores da Administração Direta e Indireta, de fundações vinculadas ao poder público, aos Servidores dos Poderes Legislativo e Judiciário, aos Militares e aos dirigentes e representantes sindicais, punidos com fundamento em Atos Institucionais e Complementares".

(16) Em 1979, foi reformulado o sistema partidário, com a extinção de MDB e ARENA e a implantação do pluripartidarismo.

(17) Por 480 votos a 180, Tancredo Neves, do Partido do Movimento Democrático Brasileiro (PMDB), derrotou Paulo Maluf, candidato do Partido Democrático Social (PDS), que era o partido de sustentação política do governo militar, sucessor da Aliança Renovadora Nacional (ARENA).

(18) Emenda Constitucional n. 26, de 27.11.1985: "Art. 1º Os Membros da Câmara dos Deputados e do Senado Federal reunir-se-ão, unicameralmente, em Assembléia Nacional Constituinte, livre e soberana, no dia 1º de fevereiro de 1987, na sede do Congresso Nacional. Art. 2º O Presidente do Supremo Tribunal Federal instalará a Assembléia Nacional Constituinte e dirigirá a sessão de eleição do seu Presidente. Art. 3º A Constituição será promulgada depois da aprovação de seu texto, em dois turnos de discussão e votação, pela maioria absoluta dos Membros da Assembléia Nacional Constituinte".

parlamentares escolhidos no pleito de 15 de novembro de 1986, bem como os senadores eleitos quatro anos antes, que ainda se encontravam no curso de seus mandatos. Ao todo, foram 559 membros — 487 deputados federais e 72 senadores — reunidos unicameralmente. Não prevaleceu a tese, que teve amplo apoio na sociedade civil, da constituinte exclusiva, que se dissolveria após a conclusão dos seus trabalhos[(19)].

A ausência de um texto que servisse de base para as discussões dificultou de modo significativo a racionalização dos trabalhos[(20)], que se desenvolveram em três grandes etapas: (i) das Comissões Temáticas; (ii) da Comissão de Sistematização; e (iii) do Plenário[(21)]. O processo constituinte teve início com a formação de oito Comissões Temáticas[(22)], cada uma delas dividida em três Subcomissões, em um total de 24[(23)]. Coube às Subcomissões a apresentação de relatórios, que foram consolidados pelas Comissões Temáticas, surgindo daí o primeiro projeto de Constituição, que foi encaminhado à Comissão de Sistematização. Na elaboração do Projeto da Comissão de Sistematização, prevaleceu a ala mais progressista do PMDB, liderada pelo Deputado Mário Covas, que produziu um texto "à esquerda do Plenário"[(24)]: nacionalista, com forte presença do Estado na economia e ampla proteção aos trabalhadores. Em Plenário, verificou-se uma vigorosa reação das forças liberal-conservadoras, reunidas no "Centro Democrático" (apelidado de *Centrão*), que impuseram mudanças substantivas no texto ao final aprovado[(25)].

Em 5 de outubro de 1988, após dezoito meses de trabalho, encerrando um processo constituinte exaustivo e desgastante, muitas vezes subjugado pela política ordinária[(26)], foi aprovada, em clima de moderada euforia, a Constituição da República Federativa do Brasil. Aclamada como "Constituição cidadã"[(27)] e prece-

(19) Relator da Proposta de Emenda Constitucional n. 43, de 1985, que previa a convocação da Assembléia Constituinte, o Deputado Flavio Bierrenbach apresentou substitutivo no qual propunha que, mediante consulta plebiscitária, o povo se manifestasse diretamente sobre dois pontos: (i) se delegava o poder constituinte originário a uma assembléia exclusiva ou ao Congresso Nacional; (ii) se os senadores eleitos em 1982 poderiam exercer funções constituintes. O substitutivo não foi aprovado. Sobre o tema, v. BIERRENBACH, Flavio. *Quem tem medo da constituinte*, 1986.

(20) Nem o Presidente da República, José Sarney, nem tampouco o Presidente da Assembléia Constituinte, Ulysses Guimarães, quiseram encampar o Anteprojeto elaborado pela "Comissão Afonso Arinos".

(21) V. AFONSO, José Roberto Rodrigues. Memória da Assembléia Constituinte de 1987/88: as finanças públicas. Disponível em: <www.bndes.gov.br/conhecimento/revista/rev1102.pdf>.

(22) Para uma descrição detalhada dos trabalhos da Assembléia Constituinte, v. BONAVIDES, Paulo; ANDRADE, Paes de. *História constitucional do Brasil*, 1991. p. 449 e ss. V. tb. SAMPAIO, José Adércio Leite. Teoria e prática do poder constituinte. Como legitimar ou descontruir 1988 — 15 anos depois. In: SAMPAIO, José Adércio Leite (coord.). *Quinze anos de Constituição*, 2004. p. 36.

(23) No âmbito das Subcomissões realizaram-se incontáveis audiências públicas, com ampla participação de setores econômicos, movimentos sindicais e entidades de classe.

(24) JOBIM, Nelson de Azevedo. A constituinte vista por dentro — vicissitudes, superação e efetividade de uma história real. In: SAMPAIO, José Adércio Leite (coord.). *Quinze anos de Constituição*, 2004. p. 12.

(25) Enviado à Comissão de Redação, o Projeto ainda sofreria acréscimos de natureza material, que obrigaram a uma nova votação em Plenário, em dois turnos e por maioria absoluta.

(26) A Assembléia Constituinte, que teve a maioria de seus membros eleitos no embalo do sucesso temporário do Plano Cruzado, em novembro de 1986, teve o final dos seus trabalhos marcado pela disputa presidencial do ano de 1989 e pelos múltiplos interesses que ela engendrava.

(27) *Constituição cidadã* foi o título de discurso proferido por Ulysses Guimarães, na Presidência da Assembléia Constituinte, em 27 de julho de 1988, em que afirmou: "Repito: essa será a Constituição cidadã, porque recuperará como cidadãos milhões de brasileiros, vítimas da pior das discriminações: a miséria". V. íntegra do texto

dida de um incisivo *Preâmbulo*(28), a Carta constitucional foi promulgada com 245 artigos, distribuídos em nove títulos, e setenta disposições transitórias.

IV. O sucesso institucional da Constituição de 1988

A Constituição de 1988 é o símbolo maior de uma história de sucesso: a transição de um Estado autoritário, intolerante e muitas vezes violento, para um Estado Democrático de Direito. Sob sua vigência, realizaram-se cinco eleições presidenciais, por voto direto, secreto e universal, com debate público amplo, participação popular e alternância de partidos políticos no poder. Mais que tudo, a Constituição assegurou ao País duas décadas de estabilidade institucional. E não foram tempos banais. Ao longo desse período, diversos episódios poderiam ter deflagrado crises que, em outros tempos, teriam levado à ruptura institucional. O mais grave deles terá sido a destituição, por *impeachment*, do primeiro presidente eleito após a ditadura militar, sob acusações de corrupção. Mas houve outros, que trouxeram dramáticos abalos ao Poder Legislativo, como o escândalo envolvendo a elaboração do Orçamento, a violação de sigilo do painel eletrônico de votação e o episódio que ficou conhecido como "mensalão". Mesmo nessas conjunturas, jamais se cogitou de qualquer solução que não fosse o respeito à legalidade constitucional. Não há como deixar de celebrar o amadurecimento institucional brasileiro.

Até aqui, a trágica tradição do País sempre fora a de golpes, contra-golpes e quarteladas, em sucessivas violações da ordem constitucional. Não é difícil ilustrar o argumento. D. Pedro I dissolveu a primeira constituinte. Logo ao início do governo republicano, *Floriano Peixoto*, Vice-Presidente da República, deixou de convocar eleições — como exigia a Constituição — após a renúncia de Deodoro da Fonseca, permanecendo indevidamente na Presidência. Ao fim da República Velha, vieram a Revolução de 30, a Insurreição Constitucionalista de São Paulo, em 1932, a Intentona Comunista, de 1935, bem como o golpe do Estado Novo, em 1937. Em 1945, ao final de seu período ditatorial, Getúlio Vargas foi deposto pelas Forças Armadas. Reeleito em 1950, suicidou-se em 1954, abortando o golpe que se encontrava em curso. Eleito Juscelino Kubitschek, foi necessário o contragolpe preventivo do Marechal Lott, em 1955, para assegurar-lhe a posse. Juscelino ainda enfrentaria duas rebeliões militares: Jacareacanga (1956) e Aragarças (1959). Com a renúncia de Jânio Quadros, em 1961, os Ministros militares vetaram a posse do Vice-Presidente João Goulart, levando à ameaça de guerra civil, diante da resis-

disponível em: <http://www.fugpmdb.org.br/frm_publ.htm>. A expressão tornou a ser por ele utilizada quando da promulgação da nova Carta, em 5 de outubro de 1988, em discurso intitulado *Constituição coragem*. Disponivel em: <http://www.fugpmdb.org.br/frm_publ.htm> Acesso em: 5 abr. 2008.

(28) No texto do *Preâmbulo*, a fotografia, retocada pela retórica e pelo excesso de boas intenções, do momento histórico de seu nascimento e das aspirações de que deveria ser instrumento: "Nós, representantes do povo brasileiro, reunidos em Assembléia Nacional Constituinte para instituir um Estado Democrático, destinado a assegurar o exercício dos direitos sociais e individuais, a liberdade, a segurança, o bem-estar, o desenvolvimento, a igualdade e a justiça como valores supremos de uma sociedade fraterna, pluralista e sem preconceitos, fundada na harmonia social e comprometida, na ordem interna e internacional, com a solução pacífica das controvérsias, promulgamos, sob a proteção de Deus, a seguinte Constituição da República Federativa do Brasil".

tência do Rio Grande do Sul. Em 1964, veio o golpe militar. Em 1968, o Ato Institucional n. 5. Em 1969, o impedimento à posse do Vice-Presidente Pedro Aleixo e a outorga de uma nova Constituição pelos Ministros militares. A enunciação é meramente exemplificativa, mas esclarecedora.

A Constituição de 1988 foi o rito de passagem para a maturidade institucional brasileira. Nos últimos vinte anos, superamos todos os ciclos do atraso: eleições periódicas, Presidentes cumprindo seus mandatos ou sendo substituídos na forma constitucionalmente prevista, Congresso Nacional em funcionamento sem interrupções, Judiciário atuante e Forças Armadas fora da política. Só quem não soube a sombra não reconhece a luz.

V. Um balanço preliminar[29]

1. Alguns avanços

Em inúmeras áreas, a Constituição de 1988 consolidou ou ajudou a promover avanços dignos de nota. No plano dos *direitos fundamentais*, a despeito da subsistência de deficiências graves em múltiplas áreas, é possível contabilizar realizações. A centralidade da dignidade da pessoa humana se impôs em setores diversos. Para que não se caia em um mundo de fantasia, faça-se o registro indispensável de que uma idéia leva um tempo razoável entre o momento em que conquista corações e mentes até tornar-se uma realidade concreta. Nada obstante isso, no âmbito dos direitos individuais, as liberdades públicas, como as de expressão, reunião, associação, e direitos como o devido processo legal e a presunção de inocência incorporaram-se com naturalidade à paisagem política e jurídica do País. É certo que ainda não para todos[30]. Os direitos sociais têm enfrentado trajetória

(29) Vejam-se alguns balanços anteriores, aos dez e aos quinze anos da Constituição, em: CAMARGO, Margarida Maria Lacombe (org.). *Uma década de Constituição: 1988 — 1998*, 1999; MORAES, Alexandre de (coord.). *Os 10 anos da Constituição Federal*, 1999; BULOS, Uadi Lammêgo. Decênio da Constituição de 1988. *Revista de Processo 98*:307, 2000; BARROSO, Luís Roberto. Dez anos da Constituição de 1988 (foi bom para você também?). *Revista Forense 346*:113, 1999; SCAF, Fernando Facury (org.). *Constitucionalizando direitos:* 15 anos da Constituição brasileira de 1988, 2003; Ordem dos Advogados do Brasil. *15 anos da promulgação da Constituição Federal de 1988:* comemoração — palestras; ROCHA, Carmen Lúcia Antunes *et al*. A Constituição de 1988, a globalização e o futuro. *Revista de EMERJ 25*:22, 2004.

(30) V. BARROSO, Luís Roberto. *Discurso de despedida como Conselheiro do Conselho de Defesa dos Direitos da Pessoa Humana*, mimeografado, 2005: "O Conselho de Defesa dos Direitos da Pessoa Humana é uma janela privilegiada de onde se avistam imagens de um Brasil real, tristemente real. Atávico, primitivo, violento. O Brasil dos excluídos. O País dos grupos de extermínio, de ponta a ponta, tolerados, incentivados; da violência policial — mas não de uma violência policial autônoma: a polícia serve os desígnios da sociedade; o País das chacinas variadas, de índios, de crianças, de pobres em geral; o País do sistema penitenciário sórdido. (...) Desprestigiadas, desequipadas, mal-treinadas e mal-remuneradas, as forças policiais protagonizam, rotineiramente, espetáculos desoladores de truculência. São de triste e recente memória as chacinas do Carandiru, de Eldorado dos Carajás e de Vigário Geral, ocorridas na última década do século XX. E quando estes episódios começavam a se embotar na memória, a chacina de dezenas de pessoas nos Municípios de Queimados e de Nova Iguaçu, menos de um ano atrás, vieram nos lembrar, mais uma vez, que muitos brasileiros são vítimas daqueles que deveriam protegê-los. (...) Mas o Estado brasileiro tem faltado à causa dos direitos humanos não apenas por ação, mas também por omissão. Nas grandes cidades brasileiras, parcela da população encontra-se submetida ao arbítrio

mais acidentada, sendo a sua efetivação um dos tormentos da doutrina[31] e da jurisprudência[32]. Nada obstante, houve avanços no tocante à universalização do acesso à educação, apesar de subsistirem problemas graves em relação à qualidade do ensino. Os direitos coletivos e difusos, por sua vez, como a proteção do consumidor e do meio ambiente, disciplinados por legislação específica, incorporaram-se à prática jurisprudencial e ao debate público[33].

A Federação, mecanismo de repartição do poder político entre a União, os Estados e os Municípios, foi amplamente reorganizada, superando a fase do regime de 1967-69, de forte concentração de atribuições e receitas no Governo Federal. Embora a União tenha conservado ainda a parcela mais substantiva das competências *legislativas*, ampliaram-se as competências *político-administrativas* de Estados e Municípios, inclusive com a previsão de um domínio relativamente amplo de atuação *comum* dos entes estatais. A partilha das receitas *tributárias*, de outra parte, embora um pouco mais equânime do que no regime anterior, ainda favorece de modo significativo a União, principal beneficiária da elevadíssima carga tributária vigente no Brasil. De parte isto, ao longo dos anos, a União ampliou sua arrecadação mediante contribuições sociais, tributo em relação ao qual Estados e Municípios não têm participação, o que colaborou ainda mais para a hegemonia federal. A verdade inegável é que os Estados brasileiros, apesar da recuperação de sua autonomia política, não conseguiram, em sua grande maioria, encontrar o equilíbrio financeiro desejável. A jurisprudência do Supremo Tribunal Federal, por sua vez, também seguiu, como regra geral, um lógica centralizadora[34]. O reequacionamento do federalismo no Brasil é um tema à espera de um autor[35].

---

do tráfico de drogas. O Estado democrático de direito ainda não alcançou as partes do nosso território onde vivem os mais humildes. A exclusão social não se traduz apenas como privação de direitos econômicos e sociais. Implica também a privação dos direitos mais básicos, como a inviolabilidade do domicílio e a liberdade de locomoção. O que se nega aos favelados brasileiros não é só a igualdade. É também a liberdade, na sua dimensão mais nuclear".

(31) V. TORRES, Ricardo Lobo. A jusfundamentalidade dos direitos sociais. *Revista de Direito da Associação dos Procuradores do novo Estado do Rio de Janeiro 12*:1, 2003 e A metamorfose dos direitos sociais em mínimo existencial. In: SARLET, Ingo Wolfgang. *Direitos fundamentais sociais:* estudos de direito constitucional, internacional e comparado, 2003; *A eficácia dos direitos fundamentais*, 1998; e Direitos fundamentais sociais e proibição de retrocesso: algumas notas sobre o desafio da sobrevivência dos direitos sociais num contexto de crise. *Ajuris 31*:103, 2004; BARCELLOS, Ana Paula de. *A eficácia jurídidica dos princípios:* o princípio da dignidade da pessoa humana, 2002; KRELL, Andreas. *Direitos sociais e controle judicial no Brasil e na Alemanha*, 2002; BARROSO, Luís Roberto. *O direito constitucional e a efetividade de suas normas*, 1990; e GOUVÊA, Marcos Maselli. *O controle judicial das omissões administrativas*, 2003.

(32) V. LEAL, Rogério Gesta. A quem compete o dever de saúde no Direito brasileiro? Esgotamento de um modelo institucional. *Revista de Direito do Estado 8*:91, 2007; e BARROSO, Luís Roberto. Da falta de efetividade à judicialização excessiva: direito à saúde, fornecimento gratuito de medicamentos e parâmetros para a atuação judicial. *Interesse Público 46*:31, 2007. O mesmo texto está disponível em: <http://www.migalhas.com.br/mostra_noticia_articuladas.aspx?cod=52582> e em: <http://conjur.estadao.com.br/pdf/estudobarroso.pdf>. Sobre o mesmo tema, v. HENRIQUES, Fátima Vieira. *O direito prestacional à saúde e sua implementação judicial — limites e possibilidades*, mimeografado, dissertação de mestrado, UERJ, 2007; e OLIVEIRA, Fábio César dos Santos. Direito de proteção à saúde: efetividade e limites à intervenção do Poder Judiciário. *Revista dos Tribunais 865*:54, 2007.

(33) Questões envolvendo escolhas difíceis entre bens jurídicos protegidos pela Constituição, como o desenvolvimento nacional, de um lado, e a preservação do meio ambiente, de outro, estiveram presentes na imprensa e nos tribunais, como a transposição do Rio São Francisco e a construção de usinas hidroelétricas na Amazônia.

(34) O STF exige que os Estados-membros observem o modelo federal e o princípio da simetria na maior parte dos temas relevantes, aí incluídos, por exemplo, o processo legislativo e as regras de aposentadoria.

(35) V. BARROSO, Luís Roberto. A derrota da federação. O colapso financeiro de estados e municípios. In: *Temas de direito constitucional*, 2002. v. I, p. 141 e ss.

A nova Constituição, ademais, reduziu o desequilíbrio entre os Poderes da República, que no período militar haviam sofrido o abalo da hipertrofia do Poder Executivo, inclusive com a retirada de garantias e atribuições do Legislativo e do Judiciário. A nova ordem restaura e, em verdade, fortalece a autonomia e a independência do Judiciário, assim como amplia as competências do Legislativo. Nada obstante, a Carta de 1988 manteve a capacidade legislativa do Executivo, não mais por meio do estigmatizado decreto-lei, mas por meio das medidas provisórias. A Constituição, juntamente com suas emendas, contribuiu, também, para a melhor definição do papel do Estado na economia, estabelecendo como princípio fundamental e setorial a livre iniciativa, ao lado da valorização do trabalho. A atuação direta do Estado, assim na prestação dos serviços públicos (diretamente ou por delegação), como na exploração de atividades econômicas, recebeu tratamento sistemático adequado.

2. Algumas circunstâncias

O processo constituinte teve como protagonista uma sociedade civil que amargara mais de duas décadas de autoritarismo. Na euforia — saudável euforia — de recuperação das liberdades públicas, a constituinte foi um notável exercício de participação popular. Nesse sentido, é inegável o seu caráter democrático. Mas, paradoxalmente, essa abertura para todos os setores organizados e grupos de interesse fez com que o texto final expressasse uma vasta mistura de reivindicações legítimas de trabalhadores e categorias econômicas, cumulados com interesses cartoriais, reservas de mercado e ambições pessoais. A participação ampla, os interesses múltiplos e a já referida ausência de um anteprojeto geraram um produto final heterogêneo, com qualidade técnica e nível de prevalência do interesse público oscilantes entre extremos. Um texto que, mais do que analítico, era casuístico(36), prolixo e corporativo(37). Esse defeito o tempo não curou: muitas das emendas, inclusive ao ADCT, espicharam ainda mais a Carta constitucional ao longo dos anos(38)).

---

(36) Para uma visão crítica severa nessa matéria, v. MOREIRA NETO, Diogo de Figueiredo. *A revisão constitucional brasileira*, 1993. p. 5-6; e, também, Organizações sociais de colaboração (descentralização social e Administração Pública não-estatal), *Revista de Direito Administrativo 210*:184.

(37) BARROSO, Luís Roberto. Dez anos da Constituição de 1988 (foi bom para você também?). *Revista Forense 346*:113, 1999. p. 117-8: "A Constituição de 1988 convive com o estigma, já apontado acima, de ser um texto excessivamente detalhista, que em diversos temas perdeu-se no varejo das miudezas — seja no capítulo da Administração Pública, como no título da ordem tributária ou no elenco de mais de 70 artigos do Ato das Disposições Constitucionais Transitórias, para citar apenas alguns exemplos. Não escapou, tampouco, do ranço do corporativismo exacerbado, que inseriu no seu texto regras específicas de interesse de magistrados, membros do Ministério Público, advogados públicos e privados, polícias federal, rodoviária, ferroviária, civil, militar, corpo de bombeiros, cartórios de notas e de registros, que bem servem como eloqüente ilustração".

(38) Em prática singularíssima, o Ato das Disposições Constitucionais Transitórias foi tendo novos artigos e disposições acrescidos por emendas constitucionais, passando de 70 para 89 artigos (o art. 89 foi acrescentado pela EC n. 38, de 2002), sendo que muitos deles tiveram sua redação alterada igualmente por emenda (a EC n. 56, de 2007, prorrogava prazo previsto no art. 76 do ADCT). Sobre o ponto, v. CORRÊA, Oscar Dias. Os 15 anos da Constituição de 1988 (breves anotações). *Revista da EMERJ 6*:15, 2003. p. 19: "E foi o que se viu: o ADCT, ao invés de servir, como usual, de roteiro à passagem do regime velho para o novo, *normas de transição*, na verdade se transformou em espaço que passou a recolher todas as normas não transitórias que não encontrassem lugar no texto vigente, e servissem às conveniências da hora".

Outra circunstância que merece ser assinalada é a do contexto histórico em que se desenrolaram os trabalhos constituintes. Após muitos anos de repressão política, o pensamento de esquerda finalmente podia se manifestar livremente, tendo se formado inúmeros partidos políticos de inspiração comunista, socialista, trabalhista e social-democrata. Mais organizados e aguerridos, os parlamentares dessas agremiações predominaram amplamente nos trabalhos das comissões, até a reação, de última hora, já narrada, das forças de centro e de direita. Ainda asim, o texto aprovado reservava para o Estado o papel de protagonista em áreas diversas, com restrições à iniciativa privada e, sobretudo, ao capital estrangeiro, aí incluídos os investimentos de risco. Pois bem: um ano após a promulgação da Constituição, caiu o muro de Berlim e começaram a desmoronar os regimes que praticavam o socialismo real. Simultaneamente, a globalização, com a interconexão entre os mercados e a livre circulação de capitais, impôs-se como uma realidade inelutável. Pelo mundo afora, ruíam os pressupostos estatizantes e nacionalistas que inspiraram parte das disposições da Constituição brasileira.

3. Alguns revezes

A Constituição brasileira, como assinalado, consubstanciou-se em um texto excessivamente detalhista e que, além disso, cuida de muitas matérias que teriam melhor sede na legislação infraconstitucional. De tais circunstâncias, decorrem conseqüências práticas relevantes. A primeira delas é que a constitucionalização excessiva dificulta o exercício do poder político pelas maiorias, restringindo o espaço de atuação da legislação ordinária. Em razão disso, diferentes governos, para implementar seus programas, precisaram reunir apoio de maiorias qualificadas de três quintos, necessárias para emendar a Constituição, não sendo suficientes as maiorias simples próprias à aprovação da legislação ordinária. O resultado prático é que, no Brasil, a política ordinária — *i.e.*, a implementação da vontade das maiorias formadas a cada época — se faz por meio de emendas constitucionais, com todo o incremento de dificuldades que isso representa.

Chega-se, assim, sem surpresa, à segunda conseqüência da constitucionalização excessiva e minuciosa: o número espantoso de emendas, que antes do vigésimo aniversário da Carta já somavam 56. Houve modificações constitucionais para todos os gostos e propósitos: limitação da remuneração de parlamentares, restrições à criação de Municípios, realização de reformas econômicas, administrativas, previdenciárias, do Judiciário, prorrogação de tributos provisórios, desvinculação de receitas, atenuação da imunidade parlamentar formal, contenção das medidas provisórias, redução do mandato presidencial, admissão da reeleição e daí por diante. Há risco de se perder o fôlego, a conta e a paciência. Tudo isso sem qualquer perspectiva de inversão de tendência. Naturalmente, essa disfunção compromete a vocação de permanência da Constituição e o seu papel de simbolizar a prevalência dos valores duradouros sobre as contingências da política.

VI. O DESEMPENHO DAS INSTITUIÇÕES

Cabe, antes de concluir, fazer uma breve anotação sobre aspectos relevantes associados ao funcionamento dos três Poderes ao longo dos vinte anos de vigência da Constituição. São examinadas, ainda que brevemente, algumas das mudanças constitucionais que repercutiram sobre a atuação de cada um deles, bem como o desempenho concreto de seus papéis constitucionais pelo Executivo, Legislativo e Judiciário.

No tocante ao *Poder Executivo*, o plebiscito previsto no art. 2º do ADCT, realizado em 21 de abril de 1993, manteve, por significativa maioria, o sistema presidencialista. Dentre as emendas constitucionais aprovadas, merecem registro a que reduziu o mandato presidencial de cinco para quatro anos[(39)], a que passou a admitir a reeleição[(40)] e a que criou o Ministério da Defesa, marco simbólico relevante da submissão do poder militar ao poder civil[(41)]. As medidas provisórias, concebidas como um mecanismo excepcional de exercício de competência normativa primária pelo Executivo, tornaram-se instrumento rotineiro de o Presidente *legislar*. A disfunção só veio a ser coibida, ainda que não integralmente, com a edição da Emenda Constitucional n. 32, de 12.9.2001[(42)]. Apesar da redemocratização, não se superou integralmente o presidencialismo hegemônico da tradição brasileira, que se manifesta em domínios diversos, inclusive e notadamente, no poder de contingenciar verbas orçamentárias.

Quanto ao *Poder Legislativo*, cabe assinalar a recuperação de suas prerrogativas após a Constituição de 1988, embora permaneça visível o decréscimo de sua importância na produção de leis. De fato, além das medidas provisórias já referidas, a maior parte dos projetos relevantes resultaram de iniciativa do Executivo. Nesse cenário, a ênfase da atuação do Congresso Nacional deslocou-se para a fiscalização dos atos de governo e de administração. O principal instrumento dessa linha tem sido as comissões parlamentares de inquérito (CPIs). Por outro lado, um problema estrutural da representação política no Brasil é a desproporcionalidade da composição da Câmara dos Deputados. De fato o número máximo de setenta deputados e o mínimo de sete, determinados pelo art. 45, § 1º da Constituição, provoca a sobre-representação de alguns Estados e a sub-representação de outros[(43)]. Por fim, a Emenda Constitucional n. 35, de 21.12.2001, introduziu modificação substantiva no regime jurídico da imunidade parlamentar, deixando de exigir prévia licença da casa legislativa para a instauração de processo criminal contra parlamentar.

---

(39) Emenda Constitucional de Revisão n. 5, de 9.6.1994.

(40) Emenda Constitucional n. 16, de 5.6.1997, que passou a permitir a reeleição, para um único período subseqüente, do Presidente, governadores e prefeitos.

(41) Emenda Constitucional n. 23, de 3.9.1999.

(42) A EC n. 32, de 2001, prevê a vigência da medida provisória pelo prazo máximo de 60 dias, prorrogáveis uma única vez, por igual período, com trancamento da pauta até que haja deliberação sobre ela por parte de cada casa do Congresso Nacional.

(43) Sobre a questão, v. BÚRIGO, Vandré Augusto. Sistema eleitoral brasileiro — A técnica de representação proporcional vigente e as propostas de alteração: breves apontamentos. *RIL* 39:177, 2002; e SANTOS, Fabiano. Instituições eleitorais e desempenho do presidencialismo no Brasil. *Dados 42*, 1999, p. 8.

O *Poder Judiciário*, por sua vez, vive um momento de expressiva ascensão política e institucional. Diversas são as causas desse fenômeno, dentre as quais se incluem a recuperação das garantias da magistratura, o aumento da demanda por justiça por parte de uma sociedade mais consciente, a criação de novos direitos e de novas ações pela Constituição, em meio a outros fatores. Nesse cenário, ocorreu entre nós uma expressiva judicialização das relações sociais e de questões políticas. O Supremo Tribunal Federal (STF) ou outros órgãos judiciais têm dado a última palavra em temas envolvendo separação de Poderes, direitos fundamentais, políticas públicas, regimes jurídicos dos servidores, sistema político e inúmeras outras questões, algumas envolvendo o dia-a-dia das pessoas, como mensalidade de planos de saúde ou tarifa de serviços públicos. Essa expansão do papel do Judiciário, notadamente do STF, fez deflagrar um importante debate na teoria constitucional acerca da legitimidade democrática dessa atuação.

VII. Conclusão

1. O que ficou por fazer

A comemoração merecida dos vinte anos da Constituição brasileira não precisa do falseamento da verdade. Na conta aberta do atraso político e da dívida social, ainda há incontáveis débitos. Subsiste no país um abismo de desigualdade, com recordes mundiais de concentração de renda e *deficit* dramático em moradia, educação, saúde, saneamento. A lista é enorme. Do ponto de vista do avanço do processo civilizatório, também estamos para trás, com índices inaceitáveis de corrupção, deficiências nos serviços públicos em geral — dos quais dependem, sobretudo, os mais pobres — e patamares de violência que se equiparam aos de países em guerra[44]. Por outro lado, o regime de 1988 não foi capaz de conter a crônica voracidade fiscal do Estado brasileiro, um dos mais onerosos do mundo para o cidadão-contribuinte. Sem mencionar que o sistema tributário constitui um cipoal de tributos que se superpõem, cuja complexidade exige a manutenção de estruturas administrativas igualmente custosas.

Há, todavia, uma outra falha institucional, que, por sua repercussão sobre todo o sistema, compromete a possibilidade de solução adequada de tudo o mais. Nos vinte anos de sua vigência, o ponto baixo do modelo constitucional brasileiro, e dos sucessivos governos democráticos, foi a falta de disposição ou de capacidade para reformular o sistema político. No conjunto de desacertos das últimas duas décadas, a política passou a ser um fim em si mesma, um mundo à parte, desco-

---

(44) V. CARVALHO, Ilona Szabó de; ABRAMOVAY, Pedro. O custo da violência. In: *O Globo*, 14 mar. 2008, p. 7, Opinião. À época em que publicaram o artigo, os autores eram, respectivamente, Coordenadora do Programa de Segurança Humana do Viva Rio e Secretário de Assuntos Legislativos do Ministério da Justiça. Ao comentarem a Declaração de Genebra sobre Violência Armada e Desenvolvimento, averbaram: "O país perde cerca de 50.000 brasileiros por ano, vítimas de homicídio. Segundo o IPEA, as perdas econômicas para a nação com a violência são de mais de 90 bilhões de reais por ano. A maior concentração de violência ocorre nas periferias das grandes cidades, locais de enorme desagregação social, sobretudo em conseqüência da ausência de políticas públicas consistentes para essas regiões".

nectado da sociedade, visto ora com indiferença, ora com desconfiança. As repetidas crises produzidas pelas disfunções do financiamento eleitoral, pelas relações oblíquas entre Executivo e parlamentares, bem como pelo exercício de cargos públicos para benefício próprio têm trazido, ao longo dos anos, uma onda de ceticismo que abate a cidadania e compromete sua capacidade de indignação e de reação. A verdade, contudo, é que não há Estado democrático sem atividade política intensa e saudável, nem tampouco sem parlamento atuante e investido de credibilidade. É preciso, portanto, reconstruir o conteúdo e a imagem dos partidos e do Congresso, assim como exaltar a dignidade da política. O sistema político brasileiro, por vicissitudes diversas, tem desempenhado um papel oposto ao que lhe cabe: exacerba os defeitos e não deixa florescer as virtudes.

É preciso desenvolver um modelo capaz de resgatar e promover valores como legitimidade democrática, governabilidade e virtudes republicanas[45], produzindo alterações profundas na prática política[46]. Há inúmeras propostas na matéria, apesar da pouca disposição para o debate. Uma delas defende para o Brasil, como sistema de governo, o semipresidencialismo, nos moldes de França e Portugal; como sistema eleitoral, a fórmula do voto distrital misto, que vigora, por exemplo, na Alemanha; e, como sistema partidário, um modelo fundado na fidelidade e na contenção da pulverização dos partidos políticos[47].

2. O que se deve celebrar

O constitucionalismo democrático foi a ideologia vitoriosa do século XX. O imaginário social contemporâneo vislumbra nesse arranjo institucional, que procura combinar Estado de direito (supremacia da lei, *rule of the law, Rechtsstaat*) e soberania popular, a melhor forma de realizar os anseios da modernidade: poder limitado, dignidade da pessoa humana, direitos fundamentais, justiça social, tolerância e — quem sabe? — até felicidade. Para evitar ilusões, é bom ter em conta

(45) A expressão "virtudes republicanas" é aqui utilizada para designar a preservação da integridade pessoal dos agentes públicos e a observância de padrões éticos de gestão da coisa pública, que levem à promoção do interesse público, e não dos interesses particulares dos governantes ou de terceiros identificados. Tais virtudes se expressam nos princípios constitucionais da moralidade, da impessoalidade e da finalidade pública na ação política e administrativa. A expressão também é freqüentemente empregada, no debate político, para denotar o exercício consciente e ativo da cidadania.

(46) Com efeito, é preciso: 1. em relação à *legitimidade democrática*: a) propiciar maior identificação entre sociedade civil e classe política, com aumento da coerência entre discurso e prática, e maior visibilidade e controlabilidade da atividade parlamentar; b) conferir maior autenticidade programática aos partidos políticos, fomentando a fidelidade e mitigando a pulverização partidária; c) reduzir a influência do poder econômico no processo eleitoral, com o barateamento das campanhas, a limitação dos gastos e, eventualmente, o financiamento público; 2. em relação à *governabilidade*: a) facilitar a formação de maiorias de sustentação política do governo; b) institucionalizar as relações entre Executivo e Legislativo, com predomínio dos partidos e não do poder individual atomizado de cada parlamentar; c) criar mecanismos de superação de crises políticas, que impeça a longa agonia de governos que perderam sua base de apoio no parlamento e na sociedade; 3. em relação às *virtudes republicanas*: a) eliminar o poder de barganha individual de cada parlamentar, gerador de mecanismos de troca de favores por votos; b) tornar o debate político mais programático e menos clientelista; c) esvaziar a necessidade de loteamento de órgãos públicos e de distribuição de cargos em troca de apoio.

(47) V. BARROSO, Luís Roberto. A reforma política: uma proposta de sistema de governo eleitoral e partidário para o Brasil. *Revista de Direito do Estado* 3:287, 2006.

que as grandes conquistas da humanidade levam um tempo relativamente longo para passarem do plano das idéias vitoriosas para a plenitude do mundo real. O curso do processo civilizatório é bem mais lento do que a nossa ansiedade por progresso social. O rumo certo, porém, costuma ser mais importante do que a velocidade.

O modelo vencedor chegou ao Brasil com atraso, mas não tarde demais, às vésperas da virada do milênio. Os últimos vinte anos representam, não a vitória de uma Constituição específica, concreta, mas de uma idéia, de uma atitude diante da vida. O constitucionalismo democrático, que se consolidou entre nós, traduz não apenas um modo de ver o Estado e o Direito, mas de desejar o mundo, em busca de um tempo de justiça, fraternidade e delicadeza. Com as dificuldades inerentes aos processos históricos complexos e dialéticos, temos nos libertado, paulatinamente, de um passado autoritário, excludente, de horizonte estreito. E vivido as contradições inevitáveis da procura do equilíbrio entre o mercado e a política, entre o privado e o público, entre os interesses individuais e o bem coletivo. Nos duzentos anos que separam a chegada da família real e o vigésimo aniversário da Constituição de 1988, passou-se uma eternidade.

A Aplicação do Princípio da Igualdade às Relações de Trabalho como Limitador à Autonomia Privada, à Luz da Jurisprudência do Tribunal Superior do Trabalho

Maurício Machado Marca(*)

1. Introdução

O princípio da igualdade está enunciado como cláusula geral no art. 5º, *caput*(1), c/c a ordem de não-discriminação constante no art. 3º, IV(2), ambos da Constituição Federal. Especificamente no que tange às relações de trabalho há cláusula geral de não-discriminação expressa no art. 7º, inciso XXX, da CF/88(3). Afora as cláusulas gerais de igualdade e não-discriminação, a Constituição contém diversas normas específicas diretamente vinculadas ao princípio da igualdade e, destas, estão ligadas à relação de trabalho a proteção ao mercado de trabalho da mulher (inc. XX), proibição de qualquer discriminação dos portadores de deficiência (inc. XXXII), proibição de distinção entre trabalho manual, técnico e intelectual (inc. XXXII) e a igualdade entre o empregado e o trabalhador avulso (XXXIV).

Além das normas constitucionais, há diversas normas ordinárias vinculadas ao princípio da igualdade. São exemplos: a) a equiparação salarial (art. 461, da CLT); b) a proteção ao trabalho da mulher (Decreto n. 4.377/02 e art. 5º, da CLT); c) diversas medidas contra discriminação de mulheres, gestantes, idosos ou fundada na cor (art. 373-A, da CLT e Lei n. 9.029/95); d) reintegração dos trabalhadores dispensados por discriminação (art. 4º, da Lei n. 9.029/95); e) crime pela discriminação do idoso ao direito de contratar (art. 96, Lei n. 10.741/03); f) reserva de trabalho aos portadores de deficiência (Lei n. 7.853/89); g) ausência de distinção entre trabalho técnico, manual ou intelectual (art. 3º, parágrafo único, da CLT); h) proi-

---

(*) Juiz do Trabalho Substituto do TRT da 4ª Região; mestrando em relações de trabalho na Universidade de Caxias do Sul-RS; trabalho inédito elaborado em dezembro/2007.

(1) "Todos são iguais perante a lei, sem distinção de qualquer natureza, garantindo-se aos brasileiros e aos estrangeiros residentes no País a inviolabilidade do direito à vida, à liberdade, à igualdade, à segurança e à propriedade, nos termos seguintes: (...)".

(2) "Constituem objetivos fundamentais da República Federativa do Brasil: (...) IV — promover o bem de todos sem preconceitos de origem, raça, sexo, cor, idade e quaisquer outras formas de discriminação".

(3) "São direitos dos trabalhadores urbanos e rurais, além de outros que visem à melhoria de sua condição social: (...) XXX — proibição de diferença de salários, de exercício de funções e de critério de admissão por motivo de sexo, idade, cor ou estado civil".

bição de discriminação entre a remuneração do trabalhador permanente e do temporário (art. 12, *a*, da Lei n. 6.019/74), entre outras.

O princípio da igualdade contém larga e relevante disciplina em normas internacionais. São exemplos: a) Convenção n. 111, da OIT, adotada em 25.6.1968, ratificada pelo Brasil em 26.11.1965[4], que faz expressa menção à Declaração de Filadélfia; b) Convenção n. 117, da OIT, parte V, ratificada e promulgada no Brasil pelo Decreto n. 66.496 de 27.4.1970; c) Convenção sobre a Eliminação de Todas as Formas de Discriminação sobre as Mulheres das Nações Unidas, adotada pela Resolução n. 34/180, em 18.12.1979 e ratificada pelo Brasil em 1º.2.84; d) Protocolo de San Sanvador, adotado pela OEA em 17.11.88 e ratificado pelo Brasil em 21.8.1996; e) Convenção sobre a Eliminação de Todas as Formas de Discriminação Racial das Nações Unidas, adotada pela Resolução n. 2.106-A, em 21.12.1965, ratificada pelo Brasil em 27.3.1968.

Sem a pretensão de esgotar a matéria, o presente trabalho destina-se a estabelecer em linhas gerais em que consiste o princípio da igualdade e quais são suas principais repercussões nas relações de trabalho. É elaborado com base em dois textos doutrinários chave dos professores *Wilson Steinmetz*[5] e *Arion Sayão Romita*[6] e em pesquisa na jurisprudência do Tribunal Superior do Trabalho. Pressupõe-se a aplicação horizontal dos direitos fundamentais, entre os quais se arrola o direito a igualdade, em superação da concepção histórica de direitos fundamentais como meros direitos negativos de resistência do cidadão em relação ao Estado.

2. O PRINCÍPIO DA IGUALDADE

O juízo de igualdade está invariavelmente vinculado à comparação entre pessoas, coisas ou fatos. A comparação pressupõe a existência de, no mínimo, duas pessoas. O juízo de igualdade faz-se com base em algum ou alguns elementos destacados dos entes comparados entre si. A diferenciação não é fortuita, mas faz-se tendo em mira determinada finalidade. Portanto, para elaborar um juízo de

---

(4) "La Conferencia General de la Organización Internacional del Trabajo:
(...) Considerando además que la discriminación constituye una violación de los derechos enunciados por la Declaración Universal de los Derechos Humanos,
adopta, con fecha veinticinco de junio de mil novecientos cincuenta y ocho, el siguiente Convenio, que podrá ser citado como el Convenio sobre la discriminación (empleo y ocupación), 1958:
Artículo 1
1. A los efectos de este Convenio, el término *discriminación* comprende:
a) cualquier distinción, exclusión o preferencia basada en motivos de raza, color, sexo, religión, opinión política, ascendencia nacional u origen social que tenga por efecto anular o alterar la igualdad de oportunidades o de trato en el empleo y la ocupación;
b) cualquier otra distinción, exclusión o preferencia que tenga por efecto anular o alterar la igualdad de oportunidades o de trato en el empleo u ocupación que podrá ser especificada por el Miembro interesado previa consulta con las organizaciones representativas de empleadores y de trabajadores, cuando dichas organizaciones existan, y con otros organismos apropiados."

(5) STEINMETZ, Wilson. *A vinculação dos particulares a direitos fundamentais*. Capítulo: princípio constitucional da igualdade. 1. ed. São Paulo: Malheiros, 2004. p. 229/259.

(6) ROMITA, Arion Sayão. *Direitos fundamentais nas relações de trabalho*. Capítulo: direito à igualdade. Proibição de discriminação. 2. ed. São Paulo: LTr, 2007. p. 308/401.

igualdade (ou desigualdade) são indispensáveis: a) duas ou mais pessoas, coisas ou fatos postos em comparação; b) a eleição de um critério ou mais critérios que os distinga ou iguale; c) a finalidade para a distinção.

O critério eleito para diferenciação pode ser matemático objetivo, mas pode ser também subjetivo valorativo: beleza física, capacidade intelectual, comportamento social, etc. O elevado grau de subjetividade conduz a que a doutrina e a jurisprudência recorram a termos vagos como razoabilidade ou proporcionalidade para justificar a desigualdade. E de fato, não há outra fórmula que não a avaliação subjetiva para estabelecer se o critério de distinção justifica-se diante da finalidade eleita.

Determinados critérios estão pré-dispostos na norma como vedados para servir a distinções entre as pessoas: origem, raça, religião, sexo, cor, idade, deficiência física, natureza do trabalho, estado de saúde, gravidez, estado civil, filiação, opinião política[(7)]. Isso não significa que outros critérios possam ser eleitos livremente porque a enumeração constitucional não é exaustiva, mas marcada por cláusula aberta constante na parte final do art. 3º, IV, da CF/88 e no art. 5º, XLI.

Para tornar mais analítica — e, portanto, segura — a avaliação da constitucionalidade do critério eleito para distinção a doutrina propõe dividir a avaliação em etapas sucessivas: 1) a verificação da constitucionalidade da finalidade pretendida com o tratamento desigual; 2) adequação entre o critério eleito e a finalidade pretendida; 3) a exigibilidade do meio; 4) a proporção entre os graus de afetação do princípio da igualdade e a realização dos bens ou direitos pretendidos com a distinção[(8)].

Para melhor compreensão citam-se alguns exemplos de critérios de admissão no emprego: 1) Diversas empresas faziam distinção na admissão com base na existência ou inexistência de reclamação trabalhista do candidato contra empregadores anteriores. Formaram-se empresas de seleção especialistas nas chamadas "listas negras". Em que pese este critério de diferenciação não esteja preestabelecido como vedado na Constituição, esbarra na análise da inconstitucionalidade da finalidade pretendida. O ajuizamento de ação é um direito constitucional (art. 5º, inc. XXXV, CF/88) que não pode ser restringido pela vontade das partes[(9)]; 2) A exigência de boa aparência não é adequada para o exercício de funções como operadora de *telemarketing*, em que pese possa ser adequada para o de modelo fotográfico; 3) Pode ser constitucional e adequada a realização de testes com os candidatos à admissão para averiguar a desenvoltura para a consecução das atribuições do contrato, mas os meios utilizados não podem ferir a honra ou a intimidade do candidato; 4) A qualificação do candidato ao emprego deve guardar proporção com as atribuições do contrato. Exigência de qualificação desproporcional às atribuições do contrato fere o princípio da igualdade.

---

(7) Art. 3º, IV; art. 7º, XXX, XXXI, XXXII; art. 227, § 6º, CF/88.

(8) *Op. cit.*, nota 5, p. 239/40.

(9) v. Processo TST-RR-41/2005-091-09-00.1, 4ª.T, Rel. Min. Barros Levenhagem, publicado no DJ de 9.11.2007, disponível em: <www.tst.gov.br>.

O princípio da igualdade desdobra-se em dimensões positiva e negativa. A dimensão positiva encerra obrigatoriedade comissiva de tratamento igual ou tratamento desigual. O princípio da igualdade exige o tratamento desigual na medida das desigualdades, resultado da ressonância no mundo jurídico do conceito aristotélico de igualdade(10). Segundo *Robert Alexy* a norma de tratamento igual prescreve: *Se não há nenhuma razão suficiente para a permissão de um tratamento desigual, então está ordenado um tratamento igual.* Ao passo que a norma de tratamento desigual determina: *Se há uma razão suficiente para um tratamento desigual, então está ordenado um tratamento desigual*(11). Assim é porque somente o tratamento desigual dado aos desiguais alcança a finalidade de igualização — imediata ou progressiva — dos entes postos em comparação.

A dimensão negativa abrange a exigência de omissão decorrente da não-discriminação. É direito subjetivo a não ser discriminado. A que não sejam feitas diferenciações eleitas com base em critérios vedados expressamente no ordenamento jurídico ou que resultem em finalidade inconstitucional. Pode ser direta, indireta ou oculta(12). A direta e mais comum é a adoção de prática que dificulta ou impede o exercício de um direito fundada em critério de distinção vedado no ordenamento (exemplo recusa na admissão de negros, homossexuais, etc.). A indireta aparenta neutralidade porque o critério eleito para distinção não está expressamente vedado, mas de modo mediato atinge determinado grupo (exemplo: restrição a trabalho em tempo parcial que prejudica acentuadamente as mulheres, que são o grupo que mais largamente utiliza esta forma de contratação)(13). A oculta afere-se pela finalidade que não é expressamente declarada, mas pode ser constatada de acordo com a conduta concreta do empregador.

A Lei n. 9.029/95 destaca-se no ordenamento nacional como importante instrumento de não-discriminação. No art. 1º veda "qualquer prática discriminatória e limitativa para efeito de acesso a relação de emprego ou sua manutenção por motivo de sexo, origem, raça, cor, estado civil, situação familiar ou idade" ressalvado no caso da idade única e exclusivamente os casos de proteção ao trabalho do menor. Criminaliza práticas discriminatórias (art. 2º) de restrição à natalidade e à maternidade (testes de gravidez, indução à esterilização, oferecimento de aconselhamento ou planejamento familiar). Por fim, estabelece a reintegração(14) do empregado dispensado por discriminação, facultando à vítima optar pelo recebimento em dobro da remuneração do período do afastamento (art. 4º).

No Direito Constitucional pátrio o princípio da igualdade é direito subjetivo fundamental, de aplicabilidade imediata e não suscetível ao poder reformador (art.

---

(10) "Pensa-se, por exemplo, que justiça é igualdade – e de fato é, embora não o seja para todos, mas somente para aqueles que são iguais entre si; também se pensa que a desigualdade pode ser justa, e de fato pode, embora não para todos, mas somente para aqueles que são desiguais entre si (...)" (ARISTÓTELES. *Política,* Livro III, Capítulo V, 1280, *a, apud op. cit.,* nota 5).

(11) *Op. cit.,* nota 5, p. 237.

(12) Conforme *op. cit.,* nota 6, p. 315.

(13) O exemplo é de ROMITA, Arion Sayão. *Op. cit.,* nota 6.

(14) A expressão legal "readmissão" não está correta porque seguida do "ressarcimento integral de todo o período de afastamento". Se são devidos todos os salários não se trata de novo contrato de trabalho, mas da nulidade da rescisão e retorno ao *status quo ante.* Em uma só palavra: reintegração.

5º, parágrafo primeiro e art. 60, § 4º, inc. IV da CF/88)[15]. A indagação que se apresenta é: se em relação aos particulares esta aplicabilidade imediata abrange somente a dimensão negativa do princípio (não-discriminação) ou também a dimensão positiva (ordem de tratamento igual ou desigual) e, neste caso, qual o grau de afetação do princípio da autonomia privada pelo princípio da igualdade.

A aplicação imediata — diretamente a partir da Constituição Federal — do princípio da igualdade aos particulares não pode ser absoluta, sob pena de negar-se por completo o princípio da autonomia privada, igualmente consagrado na ordem constitucional[16]. A incidência do princípio da igualdade cede espaço frente a relações privadas horizontais individuais, em que os dois ou mais sujeitos relacionam-se naturalmente em condições de igualdade. Em circunstâncias que tais, não é exigível de nenhuma das pessoas a racionalidade, proporcionalidade ou justificação das suas escolhas. O princípio da igualdade atua única e exclusivamente sob sua dimensão negativa como proibição de discriminação. Caso contrário, todos os atos da vida privada e da convivência humana precisariam ser devidamente sopesados e explicitadas as suas razões de modo a inviabilizar que sejam feitas escolhas fortuitas, fundadas exclusivamente em sentimentos de simpatia ou antipatia.

Por outro lado, quando houver notório desequilíbrio entre os contratantes, incide necessariamente o princípio da isonomia em suas duas dimensões. É o que se verifica nas relações de trabalho. O princípio da igualdade está na gênese da autonomia científica do Direito do Trabalho que se desgarrou do Direito Civil precisamente porque havia necessidade de intervenção estatal direta a romper com o dogma da época baseado no estrito cumprimento do *pacta sunt servanda*.

Todos os princípios próprios do Direito do Trabalho estão atrelados ao princípio da proteção que nada mais é que o imperativo reconhecimento da desigualdade substancial existente entre o proprietário dos meios de produção e o ser humano que somente pode valer-se de sua força de trabalho para alcançar a subsistência pessoal[17].

No atual estágio de desenvolvimento constitucional, o princípio da igualdade marca todas as relações sociais privadas, mas permanece com maior relevância e aplicabilidade no interior das relações de trabalho. As distinções formuladas pela parte mais forte na relação precisam encontrar justificativas racionais e proporcionais.

---

(15) O inc. XLI, do art. 5º, da CF/88 não limita a aplicabilidade imediata do princípio da igualdade, expressamente estabelecida no parágrafo primeiro. O inc. XLI, do art. 5º, está endereçado ao legislador em matéria penal por conta da reserva legal deste ramo específico do Direito, consagrada no inc. XXXIX.

(16) O princípio da autonomia privada não está expresso, mas decorre logicamente do reconhecimento da livre iniciativa (art. 1º, inc. IV) e do direito a propriedade (art. 5º, *caput*), assim como do princípio da legalidade segundo a interpretação de que todos são livres para agir desde que não contrariem a lei (art. 5º, II).

(17) "O princípio de proteção se refere ao critério fundamental que orienta o Direito do Trabalho pois este, ao invés de inspirar-se num propósito de igualdade, responde ao objetivo de estabelecer um amparo preferencial a uma das partes: o trabalhador. Enquanto no direito comum uma constante preocupação parece assegurar a igualdade jurídica entre os contratantes, no Direito do Trabalho a preocupação central parece ser a de proteger uma das partes com o objetivo de, mediante essa proteção, alcançar-se uma igualdade substancial e verdadeira entre as partes" (RODRIGUEZ, Américo Plá. *Princípios de direito do trabalho*. Tradução de Wagner Giglio. São Paulo: LTr, 1978). No mesmo sentido a lição mais recente de Mauricio Godinho Delgado sobre o princípio da proteção que visa "retificar (ou atenuar), no plano jurídico, o desequilíbrio inerente ao plano fático do contrato de trabalho" (In: *Curso de direito do trabalho*. 5. ed. São Paulo: LTr, 2006).

O Direito do Trabalho é marcado por normas cogentes e imperativas a limitar a autonomia privada(18). O princípio da igualdade, ao aplicar-se às relações de trabalho, reveste-se da mesma imperatividade que todas as demais normas que disciplinam as relações de emprego(19).

A reconhecida disparidade substancial entre as partes da relação de trabalho, à época em que inexistentes normas imperativas, conduziu a situações de fato absolutamente inadmissíveis no atual estágio de desenvolvimento da sociedade(20). A contextualização histórica serve para mostrar que o novo nas relações de natureza civil – a limitação da autonomia privada pelo princípio da isonomia — é desde sempre o caminho do Direito do Trabalho. Nada mais lógico que em se tratando de relações de trabalho a incidência das limitações impostas pelo princípio da igualdade sejam admitidas com maior grau de intensidade.

Assim como no Direito do Consumidor, o Direito do Trabalho é fortemente marcado por relações de massa, assim compreendidas as que guardam caracteres comuns dentro de determinadas coletividades. A coordenação dos diversos elementos de produção pelo empresário implica na elaboração de disciplinas e condições de trabalho comuns a categorias de trabalhadores. Ainda que fora do emprego formal, as condições de vida e de inserção no mercado são comuns a grandes grupos de trabalhadores. A identidade entre os trabalhadores e respectiva disparidade em relação a quem detém o controle dos meios de produção formam campo fértil para proliferar o tratamento discriminatório e o conseqüente acirramento das desigualdades.

A jurisprudência do Tribunal Superior do Trabalho está sedimentada quanto à limitação da autonomia privada pelo princípio da igualdade aplicado diretamente a partir da Constituição(21), independente de legislação ordinária ou até mesmo alargando o alcance das normas infraconstitucionais(22).

Portanto, em se tratando de relações de trabalho, a aplicação do princípio da igualdade é imediata a partir da Constituição Federal/88 e implica tanto em veda-

---

(18) Art. 444, da CLT: "As relações contratuais de trabalho podem ser objeto de livre estipulação das partes interessadas *em tudo quanto não contravenha às disposições de proteção ao trabalho, aos contratos coletivos que lhes sejam aplicáveis e às decisões das autoridades competentes*".

(19) *Vide op. cit.*, nota 6, p. 189.

(20) O escorço histórico das relações de trabalho anteriores à regulamentação estatal não é objeto do presente trabalho.

(21) "EMBARGOS. GRATIFICAÇÃO DE DESLIGAMENTO. PRINCÍPIO DA ISONOMIA. 1. Benefício instituído por liberalidade do empregador sujeita-se ao crivo do princípio da isonomia. Com efeito, o ordenamento jurídico repudia o tratamento discriminatório (art. 5º da Constituição de 1988: Todos são iguais perante a lei, sem distinção de qualquer natureza (...). 2. Nesta esteira, também o poder diretivo do empregador, assegurado em norma infra-constitucional (art. 2º, da CLT), submete-se ao princípio da igualdade; 3. Na hipótese vertente, a instância ordinária registrou que o reclamante encontrava-se em igualdade de condições em relação aos demais empregados que receberam a verba gratificação de desligamento e que preenchia os requisitos erigidos pelo empregador; 5. Desse modo, não é aceitável o tratamento discriminatório praticado pela reclamada" (TST-E-RR-536.235/1999.2, SBDI-1, Rel. Min. Maria Cristina Peduzzi, publicado no DJ de 10.11.2006). Vejam-se também os Processos n. TST-RR-704130/00.8; TST-A-E-ED-RR-765.553/2001.7.

(22) "GRATIFICAÇÃO SEMESTRAL E AJUDA ALUGUEL. PRINCÍPIO DA ISONOMIA. VIOLAÇÃO DO ART. 896 DA CLT. O fundamento que norteou o deferimento da gratificação semestral e da ajuda-aluguel foi o princípio constitucional da isonomia e não a equiparação prevista no art. 461 da CLT, não havendo falar, portanto, em ofensa ao referido dispositivo da CLT. Incólume o art. 896 da CLT. Embargos não conhecidos" (TST-E-RR-357.638/1997.5, SBDI-1, Rel. Min. Vantuil Abdala, pub. DJ 27.4.2007).

ção à discriminação, quanto nas ordens de tratamento diferenciado para desiguais na medida de suas desigualdades e tratamento igual para iguais. O princípio da igualdade aplica-se nas relações de trabalho desde a fase pré-contratual, passando pela execução do contrato e incluído o rompimento contratual.

3. Formas específicas de discriminação

3.1. Gênero

A jurisprudência do Tribunal Superior do Trabalho reflete a dimensão positiva do princípio da igualdade ao estabelecer a constitucionalidade do tratamento diferenciado da mulher. Constitucionalidade que alberga normas privadas (individuais ou coletivas) de distinção entre homem e mulher e normas infraconstitucionais, como por exemplo o art. 384, da CLT que fixa necessidade de intervalo de 15 minutos para o descanso da mulher antes da realização de horas extras.

À análise de dois julgados selecionados:

"AUXÍLIO-CRECHE. NORMA COLETIVA CRITÉRIOS INOBSERVADOS PELA DECISÃO RECORRIDA INEXISTÊNCIA DE DISCRIMINAÇÃO EM RAZÃO DO SEXO — VIOLAÇÃO DO ART. 7º, XXVI, DA CONSTITUIÇÃO FEDERAL. 1. O instrumento normativo que concedeu o direito à percepção do auxílio-creche somente às mães, aos viúvos e aos pais solteiros ou separados que tivessem a guarda dos filhos, excluindo, por conseguinte, do mencionado direito, o empregado do sexo masculino que não preenchesse os requisitos da cláusula não atentou contra o princípio da igualdade entre homens e mulheres, e sua inobservância implicou violação da literalidade do preceito contido no art. 7º, XXVI, da CF, que assegura o reconhecimento das normas coletivas.

2. Descabe invocar o princípio da isonomia (CF, art. 5º, *caput*) para igualar homens e mulheres indiscriminadamente, na medida em que esse postulado admite exceções, sendo certo que a própria Constituição da República estabelece algumas diferenças entre os sexos, a exemplo da aposentadoria para as mulheres, prevista com menos idade e tempo de contribuição previdenciária (CF, art. 201, § 7º, I e II).

3. Para *Edith Stein* (1891-1942), destaque feminino no campo filosófico (fenomenologista alemã), três características se destacam na relação homem-mulher: igual dignidade, complementariedade e diferenciação (não só biológica, mas também anímica). Cada um dos sexos teria sua vocação primária e secundária, em que, nesta segunda, seria colaborador do outro: a vocação primária do homem seria o domínio sobre a terra e a da mulher a geração e educação dos filhos (A primeira vocação profissional da mulher é a construção da família). Por isso, a mulher deve encontrar, na sociedade, a profissão adequada, que não a impeça de cumprir a sua vocação primária, de ser o coração da família e a alma da casa. O papel da mulher é próprio e insubstituível, não podendo limitar-se à imitação do modo de ser masculino (cf. KAWA, Elisabeth; STEIN, Edith. *Quadrante 1999*. São Paulo, p. 58-63).

4. Nesse diapasão, *levando-se em consideração a máxima albergada pelo princípio da isonomia, de tratar desigualmente os desiguais na medida das suas desigualdades, ao ônus da dupla missão, familiar e profissional, que desempenha a mulher trabalhadora, corresponde o bônus*

da jubilação antecipada e da concessão de vantagens específicas, em função de suas circunstâncias próprias, como é o caso do auxílio-creche.

5. *In casu*, o objetivo do ACT de 2002/2003 da Reclamada não foi criar uma vantagem salarial para os empregados que possuíssem filhos em idade de freqüentar creche, para fazer frente às despesas respectivas, mas sim de facilitar a prestação dos serviços dos empregados que estivessem diretamente envolvidos com o cuidado dos filhos pequenos, franqueando-lhes o custeio das despesas com creche. Não há, pois, quebra do princípio da isonomia em face de a norma coletiva ter deixado à margem de sua abrangência os seus empregados homens que não cuidem sozinhos de seus filhos pequenos. Os empregados que não preenchem as condições estabelecidas no instrumento normativo não têm direito à percepção do auxílio-creche, devendo ser respeitada a vontade coletiva em face da autonomia negocial das Partes acordantes" (Grifo nosso — Rel. Exmo. Ministro Ives Gandra Martins Filho, Acórdão 1ª T, Proc. TST-AI-RR-45/2005-043-12-40.4, publicado no DJ de 3.8.2007).

"(...) III. TRABALHO DA MULHER. HORAS EXTRAS DECORRENTES DO INTERVALO PARA DESCANSO PREVISTO NO ART. 384 DA CLT. PRINCÍPIO ISONÔMICO. I — Conquanto homens e mulheres, à luz do inciso I, do art. 5º da Constituição de 88, sejam iguais em direitos e obrigações, é forçoso reconhecer que elas se distinguem dos homens, sobretudo em relação às condições de trabalho, pela sua peculiar identidade bio-social. II — Inspirada nela é que o legislador, no art. 384 da CLT, concedeu às mulheres, em caso de prorrogação do horário normal, um intervalo de quinze minutos antes do início do período extraordinário do trabalho, cujo sentido protetivo discernível na *ratio legis* afasta, a um só tempo, a pretensa violação ao princípio da isonomia e a absurda idéia de *capitis deminutio* em relação às mulheres. III — Aliás, se se devesse levar as últimas conseqüências o que preconiza o inciso I do art. 5º da Constituição, a conclusão deveria ser no sentido de estender aos homens o mesmo direito reconhecido às mulheres, considerando a penosidade inerente ao sobretrabalho, e não o de, à guisa do tal princípio da isonomia, extinguir, pela via inadequada da atividade jurisdicional, o direito consagrado no art. 384 da CLT. IV — Recurso provido." (Rel. Exmo. Min. Barros Levenhagem, Acórdão 4ª T, Proc. TST-RR-3845/2004-014-09-00.2, publicado no DJ de 15.6.2007".

O art. 7º, *a*, da CLT veda expressamente a aplicação aos domésticos das normas constantes na Consolidação, razão pela qual não há possibilidade de equiparação salarial dos domésticos com fundamento no art. 461, da CLT. Contudo, o Tribunal Superior do Trabalho extrai diretamente do princípio constitucional da igualdade, em sua dimensão negativa, a vedação do empregador, no exercício de sua autonomia privada, fixar disparidade salarial entre homem e mulher domésticos sem que haja efetiva distinção nas atribuições do contrato, o que resulta, na prática, no reconhecimento da equiparação salarial. Vejamos a decisão:

"AGRAVO DE INSTRUMENTO. EQUIPARAÇÃO SALARIAL. EMPREGADA DOMÉSTICA. VIOLAÇÃO DO ART. 7º, PARÁGRAFO ÚNICO, DA CONSTITUIÇÃO FEDERAL. NÃO CONFIGURAÇÃO. Não há como considerar violado, face à sua não aplicação, o art. 7º, parágrafo único, da Constituição Federal, que não assegura à categoria dos trabalhadores domésticos o direito à equiparação salarial, ante os termos do acórdão do Regional que deferiu diferenças salariais motivado no fato de se tratar de empregados domésticos que exerciam a mesma função, embora de sexos opostos.

Veja-se que *o motivo determinante pelo qual levou o egrégio Tribunal Regional admitir a equiparação salarial foi fundado no princípio da igualdade, também plenamente assegurado na Constituição Federal*. Agravo de instrumento a que se nega provimento." (grifo nosso – Rel. Exmo. Min. Conv. Caputo Bastos, 1ª T, processo TST-AIRR-45/2005-043-12-40.4, publicado no DJ de 3.8.2007).

Na fundamentação do acórdão o Exmo. Min. Relator destaca:

"Refrise-se que entre paradigma e paragonada existia identidade de funções, não subsistindo a diferenciação salarial pelo simples fato de serem de sexos opostos. É de se observar que a atividade por eles desempenhada não admitia essa distinção apenas por se tratar de trabalho desenvolvido por homem e mulher, já que o exercício da função não dependia da diferenciação biológica de cada um deles. Nesse contexto, *não admitir-se a equiparação salarial estar-se-ia procedendo de forma preconceituosa, estabelecendo discriminação em razão do sexo e, conseqüentemente, violando o art. 5º,* caput, *da Constituição Federal*."[23] (grifo nosso)

3.2. Raça

O preconceito racial, além das repercussões no seio da relação de emprego, é crime inafiançável e imprescritível (art. 5º, XLII, CF), cujo fato-típico penal está descrito na Lei n. 7.716/89. A Lei n. 9.455/97 define como tortura o constrangimento físico ou mental mediante violência ou grave ameaça em razão de discriminação racial. A Lei n. 9.459/97 criou a injúria qualificada pela utilização da raça, cor, religião ou origem.

Na relação de emprego, o Tribunal Superior do Trabalho decide que a discriminação racial nulifica a dispensa e autoriza a reintegração, com fundamento principal na Lei n. 9.029/95. Neste sentido a seguinte ementa:

"DISCRIMINAÇÃO RACIAL NO EMPREGO — REINTEGRAÇÃO. Embora o TRT tenha sustentado que não houve discriminação racial na despedida do autor, as premissas fáticas identificadas no acórdão recorrido revelam que ela existiu. Diante dessa circunstância e levando-se em conta os aspectos sociais que envolve o tema, deve ser invocada a responsabilidade objetiva do empregador pelos atos praticados pelo seu empregado ou preposto no exercício do trabalho que lhe competia, mesmo que, tal como consignado pelo colegiado de origem, à época da dispensa aquele desconhecesse os atos perpetrados por este. Esclareça-se que o empregador, ao recorrer aos serviços do preposto, está delegando poderes a ele inerentes, não podendo,portanto, eximir-se de responsabilidade. Também como fundamento, deve ser registrado que o ordenamento jurídico pátrio, desde as constituições anteriores, repudia o tratamento discriminatório, seja pelos motivos, dentre outros, de raça, cor e religião. Destarte, os princípios constitucionais, associados aos preceitos legais e às disposições inter-

(23) A devolutividade restrita dos recursos de natureza extraordinária, como o recurso de revista (art. 896, CLT), obsta a reavaliação pelo TST do conjunto probatório (Súmula n. 126), mas permite constatar explícita ou implicitamente a aceitação em tese dos efeitos jurídicos do princípio da igualdade estabelecidos no Tribunal Regional. Idêntico comentário cabe a diversos outros julgados transcritos, em especial proferidos em agravos de instrumento.

nacionais que regulam a matéria, autorizam o entendimento de que a despedida, quando flagrantemente discriminatória, deve ser considerada nula, sendo devida a reintegração no emprego. Inteligência dos arts. 3º, inciso IV, 4º, inciso VIII, 5º, *caput* e incisos XLI e XLII, e 7º, inciso XXX, da Constituição Federal, 8º e 9º da CLT e 1.521, inciso III, do Código Civil e das Convenções ns. 111/58 e 117/62 da OIT. Recurso conhecido e provido. (Rel. Exmo. Min. Ronaldo Lopes Leal, 1ª T, Processo n. RR – 381531, publicado no DJ de 15.2.2002).

Afora a reintegração, a discriminação racial exercida na fase pré-contratual, durante a relação de empregou ou no seu término, pode acarretar dano moral a ser indenizado nos termos do art. 5º, X, da CF/88. A este respeito o seguinte acórdão:

"DANO MORAL OFENSAS VERBAIS DISCRIMINAÇÃO RACIAL. NÃO DEMONSTRADA A DIVERGÊNCIA JURISPRUDENCIAL ESPECÍFICA. O Regional manteve a sentença que condenou a Reclamada ao pagamento de indenização por dano moral, salientando que a prova demonstrou as ofensas verbais dirigidas ao Reclamante por seu empregador (reproduzidas no acórdão regional), reveladoras de preconceito racial e que evidenciam a prática de ato ilícito tipificado como crime hediondo pelo nosso ordenamento jurídico. A alteração do julgado dependeria, necessariamente, do reexame da prova colacionada nos autos (contra-ditada pela Reclamada), o que é vedado em sede de recurso de revista, incidindo o óbice da Súmula n. 126 do TST. Além disso, o recurso de revista vem calcado apenas em divergência jurisprudencial, sendo que os arestos trazidos a cotejo afiguram-se inespecíficos à hipótese em exame (Súmulas ns. 23 e 296, I, do TST). Agravo de instrumento desprovido." (Rel. Exmo. Min. Ives Gandra Martins Filho, 4ª T., proc. TST-AIRR-186/2005-076-03-40.7, publicado no DJ de 24.11.2006).

3.3. Idade

A idade como critério de diferenciação encerra norma de tratamento desigual consistente na vedação completa de qualquer trabalho aos menores de 16 anos e de trabalho noturno, perigoso ou insalubre aos menores de 18 anos (art. 7º, XXXIII, da CF/88). A norma constitucional é complementada pelas disposições dos arts. 402 a 410, da CLT e pelo Estatuto da Criança e do Adolescente (Lei n. 8.079/90). Na esfera internacional, destacam-se as Convenções ns. 138 e 182, da OIT[24]. A exigência de tratamento diferenciado é resultado da necessidade de proteção social do menor e do adolescente. Prioriza-se o aprendizado escolar e profissionalizante, em detrimento do trabalho como exclusivo meio de subsistência. A norma reconhece que o adolescente se trata de um ser humano em desenvolvimento e não completamente formado (art. 69, da Lei n. 8.079/90). As características psicológicas do adolescente acentuam os riscos de acidente de trabalho e exigem redobrada cautela quanto às atribuições do contrato.

---

(24) Ratificadas pelo Brasil, respectivamente, em 28.6.2001 e em 2.2.2000 (Decretos ns. 4.134/01 e 4.597/00). A Convenção n. 182 define as "piores formas de trabalho da criança" e menciona o recrutamento de meninos em exércitos, prática adotada em diversos conflitos africanos, assim como a utilização de meninas e meninos em prostituição e pornografia, problema grave no Brasil e em outros países em desenvolvimento.

A proibição de trabalho infantil — pela evidente razoabilidade do critério de diferenciação — não acarreta maiores controvérsias como norma de tratamento desigual. A controvérsia se apresenta na fixação de limites de idade para admissão em cargo ou emprego público e emprego privado. Na administração pública direta ou indireta a jurisprudência tem aceitado a fixação de limites de idade desde que guardem estrita pertinência às atribuições do contrato e às funções do cargo(25).

Em princípio, a idade não pode servir de critério de diferenciação para admissão e permanência no emprego (art. 7º, XXX, da CF/88). Negar emprego ou trabalho em razão da idade é fato típico penal (art. 100, II, do Estatuto do Idoso). Apenas em casos absolutamente excepcionais, em que a idade possa inviabilizar o exercício das atribuições normais do contrato ou pôr em risco direitos fundamentais de maior envergadura — como à vida ou à integridade física — poderiam ser estabelecidos limites máximos de idade para admissão e permanência no emprego. Far-se-ia em concreto a análise da constitucionalidade da finalidade pretendida e do meio utilizado, adequação do critério e da finalidade, bem assim a proporcionalidade entre a distinção e a finalidade.

O Tribunal Superior do Trabalho, com fundamento na Lei n. 9.029/95 e nos princípios gerais de Direito determina a reintegração de empregado dispensado por motivo de idade:

> "RECURSO DE REVISTA. DISPENSA DISCRIMINATÓRIA POR IDADE. NULIDADE. ABUSO DE DIREITO. REINTEGRAÇÃO. Se das premissas fáticas emergiu que a empresa se utiliza da prática de dispensar seus funcionários quando estes completam 60 anos, imperioso se impõe ao julgador coibir tais procedimentos irregulares, efetivados sob o manto do poder potestativo, para que as dispensas não se efetivem sob a pecha discriminatória da maior idade. Embora o caso vertente não tivesse à época de sua ocorrência previsão legal especial (a Lei n. 9.029 que trata da proibição de práticas discriminatórias foi editada em 13.4.1995 e a dispensa do reclamante ocorreu anteriormente), cabe ao prolator da decisão o dever de valer-se dos princípios gerais do direito, da analogia e dos costumes, para solucionar os conflitos a ele impostos, sendo esse, aliás, o entendimento consagrado pelo art. 8º, da CLT, que admite que a aplicação da norma jurídica em cada caso concreto, não desenvolve apenas o dispositivo imediatamente específico para o caso, ou o vazio de que se ressente, mas sim, todo o universo de normas vigentes, os precedentes, a evolução da sociedade, os princípios, ainda que não haja omissão na norma. Se a realidade do ordenamento jurídico trabalhista contempla o direito potestativo da resilição unilateral do contrato de trabalho,

---

(25) "CONSTITUCIONAL. ADMINISTRATIVO. PRINCÍPIO DA ISONOMIA. CONCURSO PÚBLICO. MÉDICO MILITAR. LIMITE DE IDADE. 1. O recorrido, aprovado em concurso público para Primeiro Tenente Médico Policial Militar do Quadro de Oficiais de Saúde do Estado de São Paulo, não pôde ser empossado, sob o argumento de que, na época da inscrição para o certame, tinha mais de 35 anos de idade. 2. Edital que fixou idade máxima, em concurso para médico militar, apenas para inscrição de candidatos civis. A Corte de origem afastou essa diferenciação e determinou a posse do recorrido. 3. Se o bom desempenho das atividades de médico da Polícia Militar demanda a força física peculiar ao jovem, a exigência de 35 anos de idade máxima deveria ser atribuída a todo e qualquer candidato e não apenas aos civis. Fica claro que a distinção em debate foi criada para favorecer os militares. Precedente: RMS 21.046. 4. Agravo regimental improvido." (Rel. Exma. Min. Ellen Gracie, 2ª T., Processo n. Agr 215988/SP, publicado em 18.11.2005).

é verdade que o exercício deste direito guarda parâmetros éticos e sociais como forma de preservar a dignidade do cidadão trabalhador. A despedida levada a efeito pela reclamada, embora cunhada no seu direito potestativo de resilição contratual, estava prenhe de mácula pelo seu conteúdo discriminatório, sendo nula de pleno direito, em face da expressa disposição do art. 9º da CLT, não gerando qualquer efeito, tendo como conseqüência jurídica a continuidade da relação de emprego, que se efetiva através da reintegração. Efetivamente, é a aplicação da regra do § 1º do art. 5º da Constituição Federal, que impõe a aplicação imediata das normas definidoras dos direitos e garantias fundamentais, pois, como apontando pelo v. acórdão, a prática da dispensa discriminatória por idade confrontou o princípio da igualdade contemplado no *caput* do art. 5º da Constituição Federal. Inocorrência de vulneração ao princípio da legalidade e não configurada divergência jurisprudencial. Recurso de Revista não conhecido relativamente ao tema." (Rel. Exmo. Juiz Convocado André Luis Moraes de Oliveira, 5ª T., Proc. RR 462.888/1998, DJ de 26.9.2003)[26]

3.4. Estado de saúde

O estado de saúde não está expressamente arrolado no art. 7º, inc. XXX, da CF/88 como critério ilícito para diferenciação. Contudo, como visto, tanto a norma do art. 7º, XXX, da CF/88, como a cláusula geral da igualdade e não-discriminação estão abertas pela expressão "quaisquer outras formas de discriminação" (art. 3º, IV, da CF/88). O estado de saúde é condição alheia à vontade e não sujeito à modificação pelo exclusivo comportamento do doente. O art. 196, da CF/88 estabelece a garantia de "políticas sociais e econômicas que visem à redução do risco de doença e de outros agravos". A principal patologia que é objeto de reconhecido preconceito na sociedade, por sua gravidade, pelo desconhecimento das reais formas de contágio e por estar associada à discriminação em razão do sexo é a síndrome de imunodeficiência adquirida, conhecida por sua sigla em inglês AIDS. A jurisprudência do Tribunal Superior do Trabalho está amplamente assentada no sentido de aplicação das disposições da Lei n. 9.029/95 e reintegração do trabalhador dispensado porque era portador do vírus HIV.

Neste sentido a seguinte ementa:

"PORTADOR DO VÍRUS HIV. REINTEGRAÇÃO. Em circunstâncias nas quais o trabalhador é portador do vírus HIV e o empregador tem ciência desse fato, o mero exercício imotivado do direito potestativo da dispensa faz presumir discriminação e arbitrariedade. A circunstância de o sistema jurídico pátrio não contemplar previsão expressa de estabilidade no emprego para o soropositivo de HIV não impede o julgador de se valer da prerrogativa inserta no art. 8º da CLT, para aplicar à espécie os princípios gerais do Direito, notadamente as garantias constitucionais do direito à vida, ao trabalho e à dignidade, insculpidos nos arts. 1º, incisos III e IV; 3º, inciso IV; 5º, *caput* e XLI, 170 e 193 da Carta Política. Recurso de revista conhecido e provido." (Rel. Exmo. Min. Lélio Bentes Corrêa, 1ª T, Proc. n. TST-RR-1404/2001-113-15-00.2, publicado no DJ de 22.9.2006)

---

(26) Acórdão citado também na *op. cit.*, nota 6, p. 325.

3.5. Opção sexual

A discriminação fundada na opção sexual está expressamente vedada no inc. IV, do art. 3º, da CF/88. Eventual dispensa motivada na opção sexual do empregado confere direito à reintegração ao emprego com fundamento na Lei n. 9.029/95 e, além disso, cumulativamente a danos morais na medida em que a discriminação nestes casos invariavelmente está acompanhada de ofensa à honra e à intimidade do trabalhador.

Neste sentido, o TST relata que o Tribunal Regional condenou o empregador "ao pagamento de indenização decorrente de danos morais, ao fundamento de que houve constrangimento, humilhação e discriminação quando da comunicação do despedimento do reclamante em face de sua opção sexual, tendo sido comprovado por meio de atestados e exames médicos que o autor sofreu abalos em sua saúde psicológica (depressão) e física (úlcera duodenal)". Ao negar provimento ao agravo de instrumento o TST assenta que " (...) 4. DANOS MORAIS. Sendo deferida a indenização por danos morais, por ofensa à honra e à saúde do reclamante no ato de sua demissão em face de sua opção sexual, não se pode concluir tenha sido violado o art. 5º, X, da Carta Magna." (Rel. Exmo. Min. Aloysio Correa da Veiga, 6ª T., AIRR 558/2004-001-09-40, publicado no DJ de 22.6.2007).

3.6. Deficiência

A vedação à discriminação dos portadores de deficiência física ou mental está expressa no art. 7º, inc. XXXI da CF/88. Há comando de diferenciação em benefício dos portadores de deficiência no art. 37, VIII, da CF/88 no setor público mediante reserva de um percentual de vagas para "pessoas portadoras de deficiência", regulamentado no art. 5º, § 2º, da Lei n. 8.112/90 em 20%. No setor privado, a Lei n. 7.853/89 estabelece norma de tratamento diferenciado mediante reserva de vagas para os portadores de deficiência "nas entidades da administração pública *e do setor privado*". A Lei n. 7.853/89 prevê ações civis públicas como instrumento para garantir o acesso dos portadores de deficiência ao mercado de trabalho. O art. 93, da Lei n. 8.213/91, prevê a reserva de 2% a 5% das vagas em empresas com mais de 100 empregados para portadores de deficiência ou trabalhadores reabilitados pela previdência social.

Neste sentido o seguinte julgado:

> "RECURSO DE REVISTA. AÇÃO CIVIL PÚBLICA. EFEITOS DA SENTENÇA. ÂMBITO TERRITORIAL. DANO MORAL COLETIVO. INTERESSE DIFUSO. RESERVA DE QUOTAS. AUSÊNCIA DE CONTRATAÇÃO DE EMPREGADOS PORTADORES DE DEFICIÊNCIA FÍSICA OU REABILITADAS, NO PERCENTUAL DEFINIDO NA NORMA LEGAL. A alegação do reclamado de que cumpriu a norma legal, que exige percentual de contratação de empregados reabilitados ou pessoas portadoras de deficiência, considerando o número de empregados em cada filial ou agência, não condiz com o disposto na norma legal, que determina a apuração, para incidência do percentual, em relação ao número de empregados da empresa, e não em cada estabeleci-

mento. Confirmado o dano moral coletivo, é de se verificar os efeitos da decisão, que determinou obrigação de fazer, no caso de reserva de postos de trabalho, com o fim de contratação de trabalhadores portadores de deficiência habilitados e beneficiários da previdência social reabilitados, até atingir o percentual legal adequado ao número total de empregados da empresa, e de não dispensar tais empregados, sem a contratação de empregado substituto em situação análoga, além de penalidade pecuniária, com o fim de assegurar o cumprimento da lei, a ser revertida ao FAT, e indenização por dano moral coletivo, também a ser revertida ao FAT. Apenas reforma-se a v. decisão, para adequá-la ao que dispõe o art. 16 da LACP, que embora confira efeitos erga omnes à sentença proferida em Ação Civil Pública, limita a abrangência competência territorial do órgão prolator da decisão. Recurso de revista parcialmente conhecido e provido." (Rel. Exmo. Min. Aloysio Correa da Veiga, 6ª T., Proc. n. TST-RR-1776/2003-003-06-40.9, pub. no DJ de 14.9.2007).

Nas normas internacionais há ampla disciplina acerca da discriminação dos portadores de deficiência. Destacam-se a convenção internacional para eliminação de todas as formas de discriminação contra as pessoas portadores de deficiência, da Organização dos Estados Americanos, ratificada pelo Brasil em 14.9.2000 e promulgada pelo Decreto n. 3.956/01, assim como a Convenção n. 159 da OIT, ratificada pelo Brasil em 18.5.1990 e promulgada pelo Decreto n. 129/01.

A deficiência física é definida no Decreto n. 3.298/99, que regulamenta a Lei n. 7.853/99, nos seguintes termos: deficiência — toda perda ou anormalidade de uma estrutura ou função psicológica, fisiológica ou anatômica que gere incapacidade para o desempenho de atividade, dentro do padrão considerado normal para o ser humano; deficiência permanente — aquela que ocorreu ou se estabilizou durante um período de tempo suficiente para não permitir recuperação ou ter probabilidade de que se altere, apesar de novos tratamentos; incapacidade — uma redução efetiva e acentuada da capacidade de integração social, com necessidade de equipamentos, adaptações, meios ou recursos especiais para que a pessoa portadora de deficiência possa receber ou transmitir informações necessárias ao seu bem-estar pessoal e ao desempenho de função ou atividade a ser exercida" (art. 3º). Divide as deficiências em física[(27)], auditiva[(28)], visual[(29)] e mental[(30)], com alteração promovida pelo Decreto n. 5.296/04. Estabelece que "é finalidade primordial da política de emprego a inserção da pessoa portadora de deficiência no mercado de trabalho ou sua incorporação ao sistema produtivo mediante regime especial de trabalho protegido" (art. 34). Define modalidades de inserção das pessoas portadoras de deficiência no mercado de trabalho (art. 35).

Quanto à reintegração do deficiente físico cita-se o seguinte julgado, destacando que não se cogita de prova de discriminação, mas da necessidade de substi-

---

(27) "alteração completa ou parcial de um ou mais segmentos do corpo humano, acarretando o comprometimento da função física".
(28) "perda bilateral, parcial ou total, de quarenta e um decibéis ou mais (...)".
(29) "cegueira, na qual a acuidade visual é igual ou menor que 0,05 no melhor olho, com a melhor correção óptica; baixa visão que significa acuidade visual entre 0,3 e 0,05 no melhor olho, com a melhor correção óptica (...)".
(30) fFuncionamento intelectual significativamente inferior à média, com manifestação antes dos 18 anos e limitações associadas a duas ou mais áreas de habilidades adaptativas."

tuição por outro empregado igualmente deficiente, sendo devidos os salários até esta contratação:

"RECURSO DE REVISTA. GARANTIA DE EMPREGO. DEFICIENTE FÍSICO. COMPROVAÇÃO DO CUMPRIMENTO DA COTA LEGAL APÓS A DISPENSA DA RECLAMANTE. O art. 93, parágrafo primeiro, da Lei n. 8.213/91 estabelece garantia indireta de emprego, pois condiciona a dispensa do trabalhador reabilitado ou deficiente habilitado à contratação de substituto que tenha condição semelhante. Trata-se de limitação ao direito potestativo de despedir, motivo pelo qual, uma vez não cumprida a exigência legal, devida é a reintegração no emprego (...). Recurso de revista conhecido e parcialmente provido." (Rela. Exma. Min. Maria Cristina Irigoyen Peduzzi, 3ª T., proc. n. TST-RR-991/2004-003-17-40.9, publicado em 14.9.2007).

3.7. Natureza do trabalho

O art. 7º, XXXII, da CF/88 veda sejam estabelecidas distinções com fundamento na natureza do trabalho: se manual, técnico ou intelectual. Trata-se de elevação constitucional de regra preexistente na lei ordinária (art. 3º, parágrafo único, da CLT). É norma proibitiva direcionada em especial ao legislador para evitar a edição de leis que criem ou suprimam direitos fundadas na distinção entre a natureza do trabalho, criando categorias de empregados com diferentes direitos, conforme exerçam trabalhos técnicos, manuais ou intelectuais. Estende-se, contudo, às relações entre particulares na medida em que o que está vedado ao legislador está igualmente vedado ao empregador.

A interpretação do art. 7º, XXXII, da CF/88 faz-se de acordo com a correta aplicação do princípio da igualdade que não só admite, mas impõe o tratamento diferenciado quando houver uma razão suficiente para a distinção. Por justa razão não se pode aceitar o critério do trabalho ser técnico, manual ou intelectual, mas pode-se e deve-se aceitar a circunstância do diferente conteúdo ocupacional das diversas profissões. Por exemplo, não é por ser técnico, intelectual ou manual, mas por implicar em desgaste biológico superior ao de outras atividades que o trabalho das telefonistas[31] e dos bancários conta com jornada diferenciada de seis horas (art. 224 e art. 227, da CLT). Jornada mais benéfica que no caso dos bancários é estendida pela jurisprudência com base no princípio da igualdade a empregados que trabalham em idênticas condições de fato, como os empregados em financeiras (Súmula n. 55) ou cooperativas de crédito.

Cita-se a seguinte decisão:

"RECURSO DE REVISTA. DECISÃO DO EG. TRIBUNAL REGIONAL QUE EQUIPARA O EMPREGADO DE COOPERATIVA DE CRÉDITO A BANCÁRIO. MATÉRIA DECIDIDA COM BASE NA PROVA. A Corte *a quo* ao registrar que as atividades desenvolvidas pela Cooperativa de Crédito eram típicas de financeira, equiparou o empregado ao bancário, com fundamento na jurisprudência desta C. Corte, nos ter-

(31) A rigor, a atividade da operadora de *telemarketing* é idêntica à da telefonista e mereceria idêntico tratamento, em especial levando em conta o entendimento da Súmula n. 178/TST. Contudo, não é este o entendimento que prevaleceu no TST segundo a OJ n. 273.

mos da Súmula n. 55. A conclusão se detém no aspecto fático de que a cooperativa extrapolou os objetivos de seu estatuto, desenvolvendo funções típicas de financeira, além de a ré admitir a condição de bancário ao firmar acordo com o sindicato dos empregados em estabelecimentos bancários, o que impossibilita o reexame da matéria nesta C. Corte, em face da Súmula n. 126 do c. TST. Não há falar em conflito jurisprudencial quando os arestos colacionados pela recorrente não examinam todos os aspectos abordados pela v. decisão recorrida, nos termas das Súmulas ns. 23 e 296 do C. TST. Recurso de revista não conhecido" (Rel. Exmo. Min. Aloysio Correa da Veiga, 5ª T., proc. n. TST-RR-874/2003-063-03-00.4, publicado em 23.9.2005).

3.8. Terceirização

No que diz respeito à terceirização vale-se da atualíssima lição do juiz aposentado *Euclides Alcides Rocha* no sentido de que: "A verdade é que, mal compreendido o processo da terceirização, entre nós, se tem alastrado em diversas atividades a intermediação do trabalho, singularmente considerado, não como decorrência da tendência de horizontalização das atividades produtivas, mas de espúria e inadmissível exploração do homem pelo homem. (...) Enquanto na prestação de serviços por empresa, esta se constitui e atua economicamente no sentido de fornecer a quem a contrata atividade ou serviço especializado, contando com seu próprio quadro de pessoal, com estrutura e estabelecimentos próprios, no *leasing* ou fornecimento de pessoal faz-se simples intermediação, onde o trabalhador passa a ser objeto do contrato, locando-se sua atividade mediante uma paga ajustada com o intermediário... O trabalho, singularmente considerado, é o próprio móvel da intermediação"[32].

A desvirtuação da terceirização acarreta a criação de uma sub-classe de empregados a trabalharem em idênticas condições aos empregados da tomadora de mão-de-obra, com remuneração notoriamente inferior. Isso porque a terceirização não é utilizada como forma de especialização do processo produtivo por empresa detentora de estrutura, organização e conhecimento produtivo próprios, mas com o único e declarado propósito de redução de custos de mão-de-obra. A rigor o tratamento jurídico adequado é o reconhecimento da relação de emprego diretamente com o tomador de mão-de-obra. Contudo, como este resultado não é o preconizado de modo geral na Súmula n. 331/TST[33], impõe-se ao menos a incidência do princípio da igualdade para o reconhecimento de idênticos salários e demais condições de trabalho entre os empregados da empresa fornecedora de mão-de-obra e os da tomadora. O reconhecimento do direito à igualdade salarial derruba o verdadeiro, em que pese velado, motivo do alastramento das falsas terceirizações: redução de salários com expropriação de parte dos ganhos do empregado pelo intermediário que comercializa o trabalhador.

(32) In: *Decisório Trabalhista,* n.VIII, p. 13, 1995.

(33) A Súmula n. 331/TST exige para o reconhecimento da relação de emprego com o tomador a existência de pessoalidade e subordinação diretas, o que nem sempre resta demonstrado em especial porque ainda arraigado entre nós o conceito de subordinação subjetiva em contraposição à objetiva consistente na simples integração do empregado aos demais fatores produtivos sob a coordenação do empresário.

Serve de exemplo a seguinte decisão da Subseção de Dissídios Individuais-I:

"TERCEIRIZAÇÃO. ISONOMIA SALARIAL. IDENTIDADE DE FUNÇÕES ENTRE OS EMPREGADOS DA EMPRESA FORNECEDORA DE MÃO-DE-OBRA E OS CONTRATADOS DIRETAMENTE PELA TOMADORA DOS SERVIÇOS. ART. 12, ALÍNEA *A*, DA LEI N. 6.019/17. APLICAÇÃO ANALÓGICA. 1. À falta de previsão legal específica, socorrendo-se da analogia e dos princípios gerais do direito, bem como atendendo aos fins sociais da norma aplicada e às exigências do bem comum (LICC, arts. 4º e 5º), aplica-se o preceito inscrito na alínea *a* do art. 12 da Lei n. 6.019/74 para reconhecer aos empregados terceirizados tratamento isonômico em relação àqueles contratados pela tomadora dos serviços, desde que haja igualdade de funções. 2. O legislador lançou mão do referido dispositivo no intuito de coibir qualquer tratamento discriminatório gerado a partir de possível diferenciação de conduta e de salário, no ambiente de trabalho, entre os empregados temporários e os da mesma categoria da empresa tomadora. Ora, se na terceirização temporária de curto prazo vislumbrou-se a possibilidade de tratamento discriminatório, com muito maior gravidade, constância e profundidade tal circunstância verificar-se-á na terceirização permanente, em que, não raro, os empregados da prestadora dos serviços sujeitam-se por período prolongado a condições de patente desigualdade salarial em relação aos empregados de mesma categoria da empresa tomadora, não obstante desempenhando idênticas funções. 3. Embargos que se conhece, por divergência jurisprudencial, e que se dá provimento para, reconhecendo o direito dos reclamantes, terceirizados, à isonomia salarial com empregados da tomadora dos serviços exercentes das mesmas funções, restabelecer a r. sentença" (Rel. Exmo. Min. João Oreste Dalazen, SBDI-I, proc. n. TST-E-RR-654.203/00.9, publicado em 11.11.2005).

4. Conclusões

A jurisprudência do Tribunal Superior do Trabalho está cristalizada no que diz respeito à aplicação imediata do princípio da igualdade diretamente a partir da Constituição Federal não somente para balizar (ou alargar) a interpretação das normas infraconstitucionais, mas também como norma cogente e imperativa a limitar a autonomia privada. A aplicação do princípio da igualdade pelo Tribunal Superior do Trabalho não se limita à sua dimensão negativa (direito a não-discriminação), mas abrange também sua dimensão positiva como norma de tratamento igual e norma de tratamento diferenciado. Destacam-se como instrumentos normativos de concretização do direito subjetivo a não-discriminação, a reintegração com fundamento na Lei n. 9.029/95 e os danos morais resultantes do ato ilícito patronal. Sob a dimensão positiva, destaca-se a nulidade de normas contratuais de diferenciação com base em critérios ilícitos com conseqüente extensão dos benefícios recusados ao empregado discriminado.

Efetividade Judicial de Direitos Sociais

Odete Grasselli(*)

1. Considerações

O julgador, na missão de solucionar um litígio, efetivamente deve assumir postura imparcial, significando proceder a *julgamento desapaixonado, de forma reta e justa.*

Não há, portanto, exigência de que o juiz, na contemporaneidade, atuando nessa condição, adote postura neutra. Necessário, sim, a assunção de atitudes em prol dos desejos reais das bases sociais. "Exige-se não mais a *neutralidade*, mas a *clara assunção de uma postura ideológica*, isto é, que sejam retiradas as máscaras hipócritas dos discursos neutrais, o que começa pelo *domínio da dogmática*, apreendida e construída na base da *transdisciplinaridade*[(1)].

> "O juiz moderno compreende que só se lhe exige *imparcialidade* no que diz respeito à oferta de iguais oportunidades às partes e recusa a estabelecer distinções em razão das próprias pessoas ou reveladoras de preferências personalíssimas. Não se lhe tolera, porém, a *indiferença*".[(2)] Por sinal, "não há neutralidade no processo: através dele pode-se até anular o direito."[(3)]

O desapego à literalidade da lei é que se faz necessário na era pós-moderna pelo juiz. Assim

> ... acaba por endereçar os fatos a resultados que não seriam atingidos se sua postura fosse outra e que não costumavam sê-lo antes das inovações que ele põe em prática. São atitudes marcadamente instrumentalistas, das quais significativo exemplo é a (...) *desconsideração da pessoa jurídica*, especialmente no trato da responsabilidade patrimonial; a penhora de bem da sociedade por quotas entre marido e mulher viola os clássicos esquemas jurídicos da personalidade jurídica distinta da dos sócios e da distinção de responsabilidades, mas faz justiça e neutraliza a fraude.[(4)]

(*) Licenciada em Direito e Legislação e Direito Aplicado; Especialista em Direito Empresarial Privado e Direito e Processo do Trabalho; Mestra em Direito pela Universidade Federal do Paraná; Doutoranda pela *Universidad Castilla-La Mancha*, Espanha; Juíza do Trabalho no Paraná.

(1) COUTINHO, Jacinto Nelson de Miranda. O papel do novo juiz no processo penal. In: LIRA, R. C. P. (org.). *Seminário nacional sobre o uso alternativo do direito.* Direito alternativo. Rio de Janeiro: COAD, 1993. p. 30.

(2) DINAMARCO, Cândido Rangel. *A instrumentalidade do processo.* 8. ed. São Paulo: Malheiros, 2000. p. 196.

(3) DALLARI, Dalmo, citado por VIANA, Márcio Túlio. *Direito de resistência.* São Paulo: LTr, 1996. p. 411.

(4) DINAMARCO, Cândido Rangel. *Op. cit.*, p. 201.

Mudanças, pequenas mas consistentes, decorrem quando os operadores do Direito acrescentam nos seus trançares jurídicos a apreciação valorativa dos fatos sociais que orienta a elaboração das leis que integram o ordenamento jurídico, máxime enquanto ciência jurídica. Há necessidade, portanto, de se averiguar a existência ou não de harmonia entre os fins previstos nas normas e os resultados colhidos na sociedade, destinatária daquelas.

Não obstante a original vinculação do intérprete à lei, em nenhum momento lhe deve estrita obediência. Muito menos lhe retira a capacidade criativa a ponto de adequar a norma à exigência real do caso concreto em dado momento histórico, de forma justa, embora com freqüência a aparição de lacunas e antinomias.

Tem-se observado, em caráter universal, que professores, profissionais da área jurídica e mesmo juízes promovem discurso jurídico contra-hegemônico, seja por meio de escritos divulgados tanto na forma convencional, como por intermédio dos mais modernos meios de comunicação, seja pela experimentação no laboratório real onde permeia a vida, obtendo resultados altamente positivos.

Diante da incerteza e imprevisibilidade do futuro, o que gera riscos, dúvidas, há oportunidades para inovação, criatividade e opção moral. O conhecimento antigo é sim um guia arcaico. A legislação em vigor atende precariamente às necessidades e aos anseios da população originados pelo furacão de novidades trazidas pela nova economia.

Necessário, assim, novel conhecimento, de uma ciência especificamente jurídica sensível às novas demandas. Consoante *Santos*, seria um "des-pensar", desconstruindo de forma total o velho conhecimento ainda prevalente para uma reconstrução descontínua, não arbitrária. Tal demolição a ser feita é de forma disciplinar; a reconstrução interdisciplinar.[5]

O magistrado, neste cenário, precipuamente no papel que lhe compete na esfera jurídica, de fato

> não é mero '*sujeito passivo*' nas relações de conhecimento. Como todos os outros seres humanos, também é *construtor da realidade* em que vivemos, e não mero aplicador de normas, exercendo atividade simplesmente recognitiva. Além do mais, como parece sintomático, ele, ao aplicar a lei, atua sobre a realidade, pelo menos, de duas maneiras: 1º, buscando reconstruir a verdade dos fatos no processo e, 2º, interpretando as regras jurídicas que serão aplicadas a esse fato ou, em outras palavras, acertando o caso que lhe é posto a resolver.[6]

A hermenêutica jurídica de que se vale o juiz para a aplicação nos casos que são submetidos para apreciação, necessariamente deve ter por norte o princípio da igualdade, o qual "...debe ocupar un papel fundamental en el universo cultural

---

(5) SANTOS, Boaventura de Sousa. *A crítica da razão indolente:* contra o desperdício da experiência. São Paulo: Cortez, 2000. p. 164.
(6) COUTINHO, Jacinto Nelson de Miranda. *Op. cit.*, p. 29.

de los jueces porque es el principio jurídico a través del cual de modo primordial se expresa la cláusula del estado social de derecho. ..."[7]

Estabelece a Constituição espanhola no art. 14 que "Los españoles son iguales ante la ley, sin que pueda prevalecer discriminación alguna por razón de nacimiento, raza, sexo, religión, opinión o cualquier otra condición o circunstancia personal o social".

A Constituição brasileira, na mesma linha, consagra, em seu art. 5º, que "Todos são iguais perante a lei, sem distinção de qualquer natureza, garantindo-se aos brasileiros e aos estrangeiros residentes no País a inviolabilidade do direito à vida, à liberdade, à igualdade, à segurança e à propriedade, nos seguintes termos: I — homens e mulheres são iguais em direitos e obrigações, nos termos desta Constituição...".

E assim, sucessivamente, tal princípio fundamental tem posição de destaque em qualquer país que vivencia em efetivo clima democrático, e "... que esta comprometido en el mejoramiento de los niveles da vida de los ciudadanos, de ahí que se impongan deberes a los poderes públicos (los principios rectores de la política social y económica) para conseguirlo"[8].

Transformar a sociedade real na mais idealizada possível, sem resquícios de desigualdades sociais, também constitui dever do julgador, o qual, como dito, "... no puede jugar un papel neutral. (...) Esto significa que el juez debe de hacer un juicio sobre la adecuación a los valores constitucionales en el momento aplicativo del derecho.."[9]

Significa, portanto, que inexiste forma de se interpretar a lei sem sistema de valoração. "Cabe ao juiz, assim, sempre questionar o seu significado, bem como sua coerência com as normas e princípios básicos da Lei Magna". Resulta que o magistrado está sujeito à "... lei constitucionalmente válida, pois somente assim ele assume efetivamente sua função de ´garante´ dos direitos fundamentais."[10]

> "A consciência crítica do Juiz, ademais, deve despertar-lhe interesse para o moderno direito humanitário, para os tratados internacionais, que defendem primordialmente o direito à vida. (...) Quem pouco ou nada se sensibiliza perante a morte é porque dá pouco valor para a vida."[11]

> "Todo juez debe así dar un trato preeminente, cuando menos, al principio de igualdad (art. 14 CE) y la pareja encomienda a los poderes públicos de eliminación de obstáculos que la hagan inviable (art. 9,2) y la supresión de discriminaciones mediante la nivelación por arriba, y al de tutela judicial efectiva en favor de todas las personas (artículo 24,1 CE)."[12]

---

(7) TOVAR, Joaquín Aparicio; JOVER, Jesús Rentero. El juez laboral, imparcial, pero no neutral. *Revista de Derecho Social*, n. 4, 1998. p. 56.
(8) *Idem*.
(9) *Ibidem*, p. 56-57.
(10) GOMES, Flávio Luiz. *A dimensão da magistratura:* no estado constitucional e democrático de direito. São Paulo: Revista dos Tribunais, 1997. p. 117.
(11) *Ibidem*, p. 111.
(12) TOVAR, Joaquín Aparicio; JOVER, Jesús Rentero, citando VALVERDE, Martin. *Op. cit.*, p. 57.

O homem interage com específica comunidade, na maior parte do tempo, no ambiente onde trabalha. E trabalho corresponde à vida, à sobrevivência, ao tratamento igualitário, à dignidade do trabalhador. Assim, a efetividade judicial dos direitos sociais, mormente constitucionais trabalhistas, é questão imprescindível.

2. Efetividade de direitos sociais

A dignidade humana existe em todos os indivíduos e impõe o respeito mútuo entre as pessoas, no ato da comunicação, e que se opõe a uma interferência indevida na vida privada pelo Estado. Tais direitos são inerentes, porque conhecidos pelas pessoas, não podendo, portanto, o Estado, desconhecê-los. A este cabe, ainda, criar condições favoráveis para uma integral realização dos mesmos.

A garantia do respeito aos direitos fundamentais torna-se expressa quando a Constituição (brasileira) afirma no seu art. 5º, XXXV, que nenhuma lesão ou ameaça a direito será excluída da apreciação do Poder Judiciário. É certo que a natural inclinação do Estado ao abuso do poder, especialmente pelo seu Poder Executivo, diminui de modo inversamente proporcional, na medida em que as portas do Poder Judiciário estão abertas ao cidadão e a seus reclamos. É ao poder jurisdicional que incumbe assegurar o cumprimento das normas constitucionais, mantendo sempre o curso do poder estatal em direção à proteção da dignidade da pessoa humana. (acrescenta-se)[13]

O art. 24 da Constituição da Espanha, por sua vez, assegura que *Todas las personas tienen derecho a obtener la tutela efectiva de los Jueces Y Tribunales en el ejercicio de sus derechos e intereses legítimos sin que, en ningún caso, pueda producirse indefensión.*

Diante de citado dispositivo legal, recursos diversos ao Tribunal Constitucional espanhol são impetrados com alegação de sua violação, ou seja, do direito à efetiva tutela judicial.

> La consecuencia lógica ha sido que el TC ha tenido que perfilar y delimitar, extensa e intensivamente, el derecho fundamental que nos ocupa mediante sus sucesivas sentencias que han ido configurando un derecho complejo que transciende de su núcleo básico — reconocimiento del derecho de acceso a los Tribunales de Justicia a cualquier ciudadano que se considere lesionado en sus derechos con el fin de obtener una resolución fundada al respecto —, y que incluye un conjunto de derechos simples que, o bien forman parte del mismo, o bien sirven de completamente de su propia efectividad.[14]
>
> "El Tribunal Constitucional ejerce, así una función de vigilancia de su vulneración, bien directamente en tal tipo de relaciones, bien indirectamente en las

(13) SILVA, M. A. M. da. Dignidade da pessoa e a declaração universal dos direitos humanos. *Revista Academia Paulista dos Magistrados*, São Paulo, a. 1, n. 1, dez. 2001, p. 49.

(14) PELLICER, Ángel Blasco citanto CRUZ, en CRUZ-VALDÉS. Processo laboral y efectividad de la tutela judicial. *Revista de Derecho Social*, n. 12, 2000, p. 35.

decisiones judiciales que confirman tan desaforada actividad, permitiendo el acceso directo de los particulares a la dispensación de dicha tutela."[15]

Tratando-se de direitos sociais ou econômicos, e outros tantos difusos, a sua existência como direito subjetivo do sujeito se torna visível quando presente "... algún poder jurídico de actuar del titular del derecho en el caso de incumplimiento de la obligación debida. ..."[16] por quem tem dever de cumpri-lo, no caso o próprio Estado.

Noutra fala, "Considerar a un derecho económico, social o cultural como derecho es posible únicamente si — al menos en alguna medida — el titular/acreedor está en condiciones de producir mediante una demanda o queja, el dictado de una sentencia que imponga el cumplimiento de la obligación que constituye el objeto de su derecho."[17]

Lembrando que, em princípio,

> ... os direitos fundamentais não carecem de qualquer transformação para serem aplicados no âmbito das relações jurídico-privadas, assumindo diretamente o significado de vedações de ingerência no tráfico jurídico-privado e a função de direitos de defesa oponíveis a outros particulares, acarretando uma proibição de qualquer limitação aos direitos fundamentais contratualmente avençadas, ou mesmo gerando direito subjetivo à indenização no caso de uma ofensa oriunda de particulares.[18]

No entanto, teses existem de que os direitos fundamentais não são

> ... diretamente oponíveis, como direitos subjetivos, nas relações entre particulares, mas que carecem de uma intermediação, isto é, de uma transposição a ser efetuada precipuamente pelo legislador e, na ausência de normas legais privadas, pelos órgãos judiciais, por meio de uma interpretação conforme aos direitos fundamentais e, eventualmente, por meio de uma integração jurisprudencial de eventuais lacunas, cuidando-se, na verdade, de uma espécie de recepção dos direitos fundamentais pelo Direito Privado.[19]

Ao julgador incumbe, também, dentro de sua jurisdição, em última instância, a mediação dos conflitos em nome e pelo Estado, garantindo a paz social especialmente na efetivação dos direitos fundamentais, tendo em mente que "... a solução a ser encontrada no caso de conflito de dois valores jurídicos constitucionais não pode anular um deles para a sobrevivência do outro (...), mas sim (...) compatibilizá-los."[20]

---

(15) TOVAR, Joaquín Aparicio; JOVER, Jesús Rentero. *Op. cit.*, p. 61.

(16) ABRAMOVICH, Victor; COURTIS Christian. Hacia la exigibilidad de los derechos económicos, sociales y culturales. *Revista Crítica de Derecho Social*, n. 1, 1997, p. 17.

(17) *Idem.*

(18) SARLET, Ingo Wolfgang. Direitos fundamentais e direito privado: algumas considerações em torno da vinculação dos particulares aos direitos fundamentais. In: *A Constituição concretizada:* construindo pontes com o público e o privado. Porto Alegre: Livraria do Advogado, 2000. p. 122.

(19) SARLET, citando ANDRADE, J. C. Vieira de. *Op. cit.*, p. 123-124.

(20) FONSECA, R. M. A Constituição federal e o trabalho: um exercício de aproximação. In: DALLEGRAVE NETO, José Affonso (coord.). *Direito do trabalho*: estudos. São Paulo: LTr, 1997. p. 61.

Na própria Declaração Universal dos Direitos Humanos, por sinal, está registrado o "... reconhecimento de valores e bens jurídicos cuja proteção interessa à comunidade internacional, o respeito da pessoa, sua qualidade de sujeito de direito, estando todos os Estados obrigados, frente à comunidade de países, ao respeito e reconhecimento desses direitos."[21]

Tem-se que, na esfera de proteção e eficácia dos direitos sociais fundamentais, há que necessariamente haver, em específicos casos de conflitos ou com potencial a tanto, *atuação positiva* do Estado,

> ... obrigando-o a intervir (preventiva ou repressivamente) inclusive quando se tratar de agressão oriunda de outros particulares, dever este que — para além de expressamente previsto em alguns preceitos constitucionais contendo normas jusfundamentais —, pode ser reconduzido ao princípio do Estado de Direito, na medida em que o Estado é o detentor do monopólio, tanto da aplicação da força, quanto no âmbito da solução dos litígios entre particulares, que (salvo em hipóteses excepcionais, como o da legítima defesa) não podem valer-se da força para impedir e, especialmente, corrigir agressões oriundas de outros particulares.[22]

Assim, em nome do Estado, se os juízes estão obrigados à devida adequação dos valores fundamentais quando da aplicação da lei aos casos concretos "... mucho más fuertemente lo están los jueces de lo social, por la sencilla razón de que tienen en su mano la dirección de un proceso especialmente orientado a dar satisfacción a los principios rectores de la política social y económica y el resto de los derechos fundamentales sociales, al principio de igualdad, en definitiva."[23]

Evidentemente, assim, que o direito à efetiva tutela judicial de direitos sociais é cumprido exatamente via processo judicial previamente estabelecido no ordenamento jurídico ou mediante criação legal do seu conteúdo e alcance. "Significa esto que la tutela judicial efectiva sólo es posible se el legislador establece los cauces necesarios para obtenerla; establecimiento en el que podrá tomar en consideración diversos intereses constitucional y legalmente atendibles".[24]

> "Ao devido processo legal, superprincípio, que enfeixa, na realidade, todos os demais do Direito Processual, cumpre não só atribuir-lhe a feição procedimental, mas, principalmente, um conteúdo material, no sentido de que é instrumento para se fazer justiça no plano prático, dos fatos do mundo."[25]
>
> "Se o processo vive para o direito material, este sobrevive, em boa parte, graças àquele, e essa relação de cumplicidade faz com que vários princípios que os informam se alimentem uns dos outros, numa relação de causa e efeito."[26]

---

(21) SILVA, M. A. M. da. *Op. cit.*, p. 47.

(22) SARLET, Ingo Wolfgang. *Op. cit.*, p. 127.

(23) TOVAR, Joaquín Aparicio; JOVER, Jesús Rentero. *Op. cit.*, p. 57-58.

(24) PELLICER, Ángel Blasco, citando GOERLICH, J. M. *Op. cit.*, p. 36.

(25) ANDRADE, M. V. dos S. Apontamentos sobre o direito social e a justiça. *Revista Academia Paulista dos Magistrados*, São Paulo, a. 1, n. 1, dez. 2001, p. 23.

(26) VIANA, Marcio Tulio. A proteção social do trabalhador no mundo globalizado. *Revista da Associação Nacional dos Magistrados do Trabalho*, Brasília, n. 37, ago. 1999, p. 47.

Portanto,

A relação direito-processo se percebe até na estrutura da norma jurídica, na medida em que ela se compõe de preceito e sanção. Se, por exemplo, a lei obriga o empregador a pagar o aviso-prévio (preceito), ao mesmo tempo o ameaça — silenciosamente — com eventual sentença (sanção). O preceito é a matéria; a balança. A sanção é o processo; é a espada. Assim, do mesmo modo que se pode "ver" o direito material em cada norma de processo, "percebe-se" o processo em cada norma de direito material. [27]

Deflui, dessarte, que "O processo que nos serve hoje há de ser o espelho e a salvaguarda dos valores individuais e coletivos que a ordem constitucional vigente entende de cultuar. (...) [Outrossim], "... o Estado contemporâneo tende a ser Estado-de-direito, onde assoma a garantia da legalidade e a abertura do Poder Judiciário como guarda último da Constituição e dos valores e garantias que ela oferece e abriga."[28]

E os direitos fundamentais atuam, na verdade, "... como forma de defesa contra toda e qualquer opressão, auxiliando, de tal sorte, na superação do fenômeno que oportunamente foi designado de 'neofeudalismo social', característico da moderna sociedade industrial e tecnológica".[29]

3. Tutela judicial dos direitos laborais

"A idéia de processo é teleológica. O processo, enquanto instrumental de jurisdição, deve realizar o direito e eliminar conflitos."[30] Entretanto, "É impossível esquecer, não obstante o canto das sereias publicísticas, que o processo é um instrumento da paz individual. Em primeiro lugar, antes de tudo, o processo foi feito para o indivíduo. Foi feito para afiançar seu direito e para assegurar sua tranqüilidade. Sua projeção no Direito Público é uma conseqüência, porque o Estado foi feito para o homem e não o homem para o Estado."[31] Aliás, "O pensar qualquer ramo do Direito deve ser o pensar o direito que serve para o homem."[32]

Não se deve, de outra banda, descurar do sentimento que inebria os contendores por conta de um processo judicial. Evidente que o autor da ação, geralmente, pretende a tutela do Estado em face de um direito que entende violado. Tal manobra jurídica está cercada de dificuldades, inclusive na alçada emocional. Somente a inevitabilidade de operar o armamento jurídico para o restabelecimento do direito já é altamente perturbadora. Sem se mencionar os múltiplos aspectos

(27) *Idem.*
(28) DINAMARCO, Cândido Rangel. *A instrumentalidade do processo*. 8. ed. São Paulo: Malheiros, 2000. p. 30 e 32.
(29) UBILLOS, J. M. Bilbao, citado por SARLET, Ingo Wolfgang. *Op. cit.*, p. 133.
(30) COUTINHO, Aldacy Rachid. Aplicação da teoria da desconsideração da personalidade jurídica no processo de execução trabalhista. In: NORRIS, R. (coord.). *Execução trabalhista:* visão atual. 1. ed. Rio de Janeiro: Forense, 2001. p. 205.
(31) COUTURE, Eduardo J. *Introdução ao estudo do processo civil*. Tradução: Mozart Victor Russomano. 3. ed. Rio de Janeiro: Forense, 1995. p. 76.
(32) MARINONI, Luiz Guilherme. *Novas linhas do processo civil*. 4. ed. São Paulo: Malheiros, 2000. p. 18.

formais e outros tantos empecilhos existentes para que o indivíduo efetivamente tenha *acesso à justiça* para a salvaguarda do direito lesado. Em ritmo igualmente estressante, induvidosamente, o sujeito chamado para residir em juízo, "...turbado em sua paz pelo litígio."[33]

O turbilhão de emoções negativas causado às partes contendoras, decorrente da necessidade de solução judicial de um conflito intersubjetivo de interesses, lhes é inerente. No caso do sujeito passivo da ação, em especial, "Todo o segredo desse problema consiste, então, em que o direito não tem outra alternativa a não ser considerar esse adversário como inocente, até o dia da sentença".[34] De qualquer sorte, vislumbra-se nos pretórios a inconformidade e o constrangimento do sujeito-réu constar nessa condição: seja por questão de foro íntimo; seja, inúmeras vezes, pela publicidade oficializada em domínios extralegais, que clama ao leigo, à primeira vista, exegese generalizada no sentido de cometimento de infração legal. *Dinamarco* escritura: "a experiência mostra que as pessoas mais sofrem as angústias da insatisfação antes de tomarem qualquer iniciativa processual ou mesmo durante a litispendência, experimentando uma sensação de alívio quando o processo termina, ainda que com solução desfavorável."[35], qualquer que seja o sujeito integrante da relação processual.

Neste contexto, observa-se a difícil missão do Juiz, que deverá estar atento especialmente ao fator emocional, ínsito nos jurisdicionados. De conseguinte, a finalidade do processo não está restrita a uma solução de índole puramente técnica do conflito de interesses por quem detém competência, sedimentada pela coisa julgada, após exaustivamente debatida e provada a questão pelos interessados em juízo.

Efetivamente "O processo é um instrumento de produção jurídica e uma forma incessante de realização do direito. Este se realiza, positivamente, nas sentenças judiciais e a elas se chega apenas mediante o processo. Este, como se tem dito, mantém a *lex continuitatis* do direito."[36] "Dos escopos do processo, o jurídico é que, justamente por ser *prima facie* técnico, mais se presta a considerações de ordem técnica e mais influências projeta sobre a técnica processual. (...) Ele é instrumento e é técnico, mas pelo canal da sua instrumentalidade jurídica social e política recebe os influxos do clima cultural que o envolve, tanto como o direito substancial."[37]

No mais, "A disposição de meios para a segura descoberta da verdade (princípio lógico) tem valor relativo, que se evidencia quando se pensa que a verdade não é em si um objetivo processual: a descoberta da verdade é somente um meio para conseguir a desejada autenticidade ao direito substancial e, afinal, a justiça nas decisões."[38]

---

(33) COUTURE. *Op. cit.*, p. 29.
(34) *Idem*.
(35) DINAMARCO. *Op. cit.*, p. 162.
(36) COUTURE. *Op. cit.*, p. 46.
(37) DINAMARCO. *Op. cit.*, p. 219.
(38) *Ibidem*, p. 222.

Porém, há que se considerar também seus escopos sociais e políticos, os quais jamais podem ser olvidados por quem manipula na área jurídica. Como dito, na sociedade contemporânea não há mais espaço para isenção de ânimo por quem quer que participe do processo. A solução dos conflitos de interesse não se reduz mais, portanto, na aplicação pura e simples da regra legal pelo juiz ao caso. A sociedade suplica, com razão, pela humanização das operações jurídicas.

Mas de igual importância e com destaque especial recebe a realização do direito consubstanciado num título executivo judicial ou extrajudicial. Em outras palavras, a questão da efetividade do processo, "... a qual constitui expressão resumida da idéia de que o *processo deve ser apto a cumprir integralmente toda a sua função sócio-político-jurídica, atingindo em toda a plenitude de todos os seus escopos institucionais.*"(39)

O tempo do processo, de outra banda, é questão prioritária na atualidade. Como tempo é vida, "O tempo do processo angustia os litigantes; todos conhecem os males que a pendência da lide pode produzir. Por outro lado, a demora processual é tanto mais insuportável quanto menos resistente economicamente é a parte, o que vem a agravar a quase que insuperável desigualdade substancial no procedimento. O tempo, como se pode sentir, é um dos grandes adversários do ideal de efetividade do processo."(40)

Pelo menos nos meandros judiciais brasileiros, a questão afeta à

> "... lentidão pode favorecer a parte economicamente mais forte em detrimento da menos favorecida [quase sempre observado em processos trabalhistas]; a demora da justiça pode pressionar os economicamente mais débeis a aceitar acordos nem sempre razoáveis. O que ocorre na Justiça do Trabalho é extremamente expressivo, já que, não raro, o trabalhador, por não poder suportar a espera daquilo que lhe é devido, aceita conciliar em condições favoráveis à parte reclamada."(41)

Mas o tempo não pode servir de empeço à realização do Direito.(42) As adversidades, os percalços e os desvios das trilhas legais e processuais não são óbices e em hipótese alguma devem desestimular o cidadão comum na necessária busca da tutela jurisdicional ofertada pelo próprio Estado, reforçando a campanha encampada pelos interessados pela sua inanição em qualquer preço e tempo.

Nessa perspectiva, como se percebe, a ação não se exaure com a sua mera propositura ou com a constatação dos seus requisitos existenciais, mas configura direito ao procedimento, à cognição, ao provimento e aos meios coercitivos adequados à pretensão de direito material.(43)

---

(39) *Ibidem*, p. 270.
(40) MARINONI, Luiz G. Efetividade do processo e tutela antecipatória. In: MARINONI, Luiz G. (org.). *O processo civil contemporâneo*. Curitiba: Juruá, 1994. p. 116.
(41) *Ibidem*, p. 35.
(42) *Ibidem*, p. 116.
(43) *Ibidem*, p. 117.

Induvidosamente, "A eficácia do processo executório constitui-se no âmago da prestação jurisdicional e, sem ela, de nada valem os atos pretéritos, as sentenças e acórdãos bem fundamentados, as petições pertinentes, as provas, as testemunhas. O momento da entrega concreta do valor correspondente ao direito reconhecido não tem igual noutra fase da lide"[44], especialmente em matéria do trabalho, de índole alimentar e, como tal, privilegiadíssimo.

Enfatize-se que o magistrado, ao presidir o processo de execução, também deve necessariamente preservar a segurança jurídica. Exige-se, portanto, "... o respeito à legalidade no trato *do processo* pelo juiz. No de conhecimento, ele tem condições de influir no teor da decisão que virá; no executivo, pode influir no bom ou mau êxito dos resultados práticos visados, maior ou menor sacrifício para o devedor; em ambos, depende dele em boa parte a presteza da obtenção dos resultados."[45]

Do exposto e pelo pragmatismo nos espaços judiciais, não há dúvidas de que o direito material e o direito processual caminham pela mesma trilha, sofrendo influências recíprocas. Ou seja, "... sin el remedio (lo procesal) no existe el derecho (lo material o sustantivo) ..."[46].

Uma vez que a finalidade última das normatividades material e substantiva afeta ao trabalho é a proteção do trabalhador, evidente que é a partir desta perspectiva "... es desde donde debe procederse a realizar la adecuada interpretación del bloque normativo procesal, es decir, desde su finalismo de tutela de los derechos laborales realmente existentes, a cuya exacta verificación debe ir encaminada la intervención judicial, no neutra, aplicativa de la técnica procesal, por encima incluso de los particularismos normativos de cada determinado momento."[47]

Então o processo do trabalho se traduz, de fato, como instrumento da concretização dos direitos sociais do trabalho, em especial, e de promoção, propulsão e atuação do próprio Direito do Trabalho, "... en la medida en que la regulación especial de trabajo no puede ser sólo material e limitarse a la fijación de derechos, sino que requiere la especialidad en el campo procesal mediante una legislación específica cuyos rasgos configuradores sean substancialmente distintos de los civiles, puesto que se trata de instrumentos puestos al servicio de un derecho material que disciplina relaciones jurídicas trabadas entre sujetos social e jurídicamente desiguales."[48]

Na Espanha, a tutela judicial dos direitos fundamentais de índole laboral conta com especial proteção legislativa, tanto quanto no Brasil. Com efeito, consta do art. 175 da Lei de Procedimento Laboral que "Cualquier trabajador o sindicado que, invocando un derecho o interés legítimo, considere lesionados los derechos

(44) FAVA, M. N. Penhora *on line* e o bloqueio de créditos futuros. A quem serve a execução de título judicial trabalhista? *Genesis – Revista do Direito do Trabalho*, Curitiba, mar. 2002, p. 372.
(45) DINAMARCO. *Op. cit.*, p. 200.
(46) TOVAR, Joaquín Aparicio; JOVER, Jesús Rentero. *Op. cit.*, p. 53.
(47) *Ibidem*, p. 61.
(48) PELLICER, Ángel Blasco, citando PIÑERO, M. R. e PERROTE, de La Villa-García Becedas-García. *Op. cit.*, p. 36.

de libertad sindical podrá recabar su tutela a través de este proceso cuando la pretensión sea de las atribuidas al orden jurisdiccional social".

A Lei de Procedimento Laboral espanhola, além de sistematizar processualmente a tutela sindical, abarca também todos os direitos fundamentais constitucionais (art. 181, LPL[49]). O direito processual brasileiro contém possibilidades diversas para o trabalhador buscar a efetividade dos direitos, mesmo os insertos na Constituição Federal. O trabalhador poderá acionar individualmente, em grupo, via sindicato, em conjunto ou sob a forma de representação, ou, mesmo, por meio do Ministério Público do Trabalho, conforme a hipótese, com ou sem apoio de advogado.

O certo é que as regras processuais do trabalho devem atingir a finalidade última, nada mais que a materialização dos direitos sociais de mesma índole. Suas regras devem ser, pois, o *garante* do trabalhador a "... un fácil acceso a la justicia de trabajo y, por otro, lograr la efectividad de las resoluciones jurisdiccionales, en el sentido de conseguir, más que justicia formal, justicia real e material, como única fórmula para hacer realmente efectiva la tutela judicial".[50]

Justiça de fato se concretiza quando o título executivo judicial é liquidado na integralidade, sem que tal fato implique prejuízos na vida pessoal e especialmente profissional do trabalhador. Então para que a ".. .tutela judicial resulte completa parece necesario que, una vez satisfecho y cumplido el derecho, su titular no resulte perjudicado por el echo de haber solicitado su tutela"[51], principalmente durante ou após a extinção do contrato de trabalho, no campo do Direito Laboral.

No mais, o juiz da execução deve manipular acuradamente sua ação e a dos partícipes do processo judicial de execução para a rápida, justa e harmoniosa satisfação de valores ou entrega de bens a quem de direito.

Evidente, assim,

> O papel do Juiz na execução é de suma importância. A sua mentalidade, a experiência como Juiz e como cidadão, a bagagem que trouxe para a sua carreira, a vontade de superar barreiras e desafios, o estudo, a pesquisa, a reflexão, todo esse contexto, sem dúvida, irá propiciar o exercício de seu mister como homem de seu tempo, sem desmedido apego às formalidades da letra fria da lei, permitindo a ele a opção pela Justiça, quando for oportunizada a escolha entre o Direito e a Justiça.
>
> A mentalidade instrumentalista e a vontade de tornar efetiva a prestação jurisdicional devem constituir a razão de sua função, na qual foi investido para o divino mister de julgar os seus semelhantes. O primado da celeridade, com-

(49) "Las demandas de tutela de los demás derechos fundamentales y libertades públicas, incluida la prohibición de tratamiento discriminatório y del acoso, que se susciten en el ámbito de las relaciones jurídicas atribuidas al conocimiento del orden jurisdiccional social, se tramitarán conforme a las disposiciones establecidas en este capítulo. En dichas demandas se expresarán el derecho o derechos fundamentales que se estimen infringidos."

(50) PELLICER, Ángel Blasco. *Op. cit.*, p. 37.

(51) *Ibidem*, p. 66.

binado com o direito da ampla defesa; da efetividade dos atos, considerando como seu objetivo principal a aplicação do Direito com Justiça. Esse o ideal que povoa o imaginário de todos que lidam com o processo de execução.[52]

O trabalhador, sem sombra de dúvida, é o centro das atenções nesse normal e extenuante trabalho de buscas. Não se olvidando, por outro lado, que a execução igualmente deve prosseguir "... com observância ao limite estabelecido por lei, com os olhos voltados ao princípio do respeito à dignidade humana do devedor, ..."[53]. A humanização das operações jurídicas, nesse sentir, ocorre em qualquer etapa processual, inclusive a da execução.

Segundo *Giordani* e *Lockmann*, há que se "... cuidar para que o resultado não vise apenas uma das partes...".[54] Todos, indistintamente, são merecedores de respeito e devem ser tratados com dignidade.

Oportuno e imperativo esclarecer que, qualquer que seja a natureza do processo, mas singularmente o do trabalho, em hipótese alguma

> ... se está, aqui, advogando a idéia de supremacia da figura do réu ou do executado, no processo respectivo, não, absoluta e definitivamente não, apenas estamos realçando que não basta mudar de parte, do réu ou executado, para o autor ou exeqüente, para solucionar a questão da demora [ou da efetividade, em sentido amplo] na entrega da prestação jurisdicional, além do que é preciso cuidado para não se cometer injustiças ou ferir princípios garantidos pela Constituição Federal, com esse procedimento, ainda mais porque, como se não desconhece, e a prática assim o demonstra, nem sempre o autor ou exeqüente tem o direito que alega possuir.[55]

Objetiva-se, simplesmente, que a operação jurídica torne-se instrumento agregador de valor, em que o jurisdicionado tem efetiva confiança e especialmente convicção de que em caso de extrema necessidade nas situações de conflito obterá o certo e justo desfecho judicial, sem qualquer espécie de retaliações pela organização empresarial, sob pena, inclusive, de pagamento de indenização compensatória.

Assim, "Se cierra con ello el círculo protector de la efectividad de la tutela judicial en el ámbito de la relación de trabajo en la que la garantía de indemnidad se traduce, tal como ha quedado expuesto, en la imposibilidad que tiene el empresario de adoptar medidas de represalia derivada del ejercicio por parte del trabajador de su derecho a pedir la tutela de jueces y tribunales en orden a la satisfacción de sus derechos e intereses legítimos".[56]

---

(52) ARANTES, D. A. M. O papel do juiz: o necessário espírito de concretização, de criatividade. A observação da especificidade de cada caso, o não ao formalismo, a eleição de prioridades e a vontade de tornar efetiva a execução. In: ARANTES, D. A. M; DUARTE, R. R. F. *Execução trabalhista célere e efetiva*: um sonho possível. São Paulo: LTr, 2002. p. 40.

(53) *Ibidem*, p. 1.599.

(54) GIORDANI, F. A. da M. P. (coord.); LOCKMANN, A. P. P. Estudos sobre a exceção de pré-executividade. In: *Estudos do processo de execução*. São Paulo: LTr, 2001. p. 92.

(55) *Idem*.

(56) PELLICER, Ángel Blasco, citando a STC 168/1999. *Op. cit.*, p. 69.

A Compreensão Político-Jurídica atual da Função Jurisdicional: A Omissão Legislativa e os Direitos Sociais em Aberto — Do Juiz Burocrata ao Juiz Concretizador. A Mediação Judicativa-Decisória dos Princípios Jurídicos

Patrícia de Medeiros Ribeiro Cavalcante(*)

1. Introdução: A concepção moderno-iluminista de lei e a função jurisdicional — o juiz burocrata

Numa simplificação, perigosa — porquanto imprecisa, mas que revela uma judiciosa verdade, pode-se dizer que desde a antiguidade clássica até o final do período medieval(1) o Direito tido como tal era o Direito Natural(2), seja de origem natural *ordum rerum*, ou metafísica, e que não se identificava com a Lei(3), seja esta escrita ou costumeira.(4) Esta Lei representava e se fundamentava em uma ordem material pressuposta e transcendente, e, por conseguinte, não era estabelecida por

(*) Juíza do Trabalho da 1ª Região, mestre em Ciências Jurídicas pela Universidade Clássica de Lisboa, professora licenciada de Processo Civil da Escola de Magistratura Trabalhista da 1ª Região.

(1) Abrangendo a antiguidade clássica (dos pré-socráticos aos neo-platônicos, perpassando especialmente por Aristóteles), a Idade Medieval (especialmente Santo Agostinho, São Tomás de Aquino e finalmente os nominalistas), até o período moderno Iluminista ; Cf. PANIAGUA, José Maria Rodríguez. *Historia del pensamento jurídico*. De Heráclito a la Revolución Francesa. 8. ed. Madrid: Servicio Publicaciones Faculdad de Derecho, Universidad Complutense, 1996. p. 9-288.

(2) Quanto ao Direito Natural, três tipos ou idéias tradicionais devem ser registrados: 1) aquele em que o conteúdo do direito pode ser retirado da observação do universo, como sentido e especulação filosófica; 2) aquele concebido como prática jurisprudencial, impondo a experiência (especificamente aquela vivenciada na antiga Roma do Império) autonomizada, no seio da sociedade, do fenômeno jurídico como tarefa de assimilação pelos 'juízes' dos casos que lhe são apresentados com sua respectiva e particular solução; ainda nesta fase pré-moderna, que se estende por toda a Idade Média, 3) uma idéia imposta por uma institucional e 'religiosa' ciência jurídica dominada por uma cultura universitariamente reconstruída e comunicada: *sapientia/prudentia/scientia*. Posteriormente um quarto tipo será moldado a partir das várias concepções do homem até sua 'diluição' em muitas teorias que se pretenderam superadoras do direito natural ou intermediárias com o direito positivo. Neste sentido, *vide* CAVALCANTE, Marcos de Oliveira. *O direito sem máscaras*. Dissertação de Mestrado apresentada à Faculdade de Direito da Universidade de Coimbra, Policopiado, Universidade de Coimbra, 2005. p.166-205.

(3) Consoante PIÇARRA, Nuno. O conceito iluminista de lei é um contributo especificamente francês e alemão, resultante fundamentalmente do pensamento de Rousseau e Kant, que, decerto, não foi partilhado nem em Inglaterra nem nos EUA. In: *A separação de poderes como doutrina e princípio constitucional, um contributo para o estudo de suas origens e evolução*. Coimbra: Coimbra, 1989. p. 148.

(4) Por todos, KAUFMANN, Arthur; HASSEMER, Winfried (orgs.). *Introdução à filosofia do direito e à teoria do direito contemporâneas*, (Einführung in Rechtsphilosophie und Rechtstheorie der Gegenwart). Tradução de Marcos Keel. Lisboa: Fundação Gulbenkian, 2002. p. 83-114.

uma atitude voluntarista.[5] O homem encontrava-se inserido num mundo pressuposto e já ordenado onde o Direito encontrava seu critério na translegalidade de uma ordem indiscutível[6]. A função do Direito era explicitar declarativamente tal ordem.[7] A lei era, pois, anterior a qualquer poder e, por conseguinte, limitativa deste. Assim, 'o que contradisse os princípios eternos e imutáveis do Direito natural era inteiramente nulo e não vincularia a quem quer que seja.'[8] As leis positivas, portanto, somente eram válidas se coadunadas com o Direito superior. Por esta razão, era papel basilar do juiz afastar toda lei injusta, ainda que promulgada por quem de direito[9].

No *período moderno*, contudo, o homem rompe com a pressuposta ordem metafísica, encontrando a sua verdade em uma formação racional do próprio indivíduo. Para o homem moderno, a ordem político-jurídica era produto de uma deliberação do próprio homem; 'a sua vontade instituinte criava o direito *ex novo* — e a expressão dessa vontade racional era a lei'[10]. O voluntarismo legislativo passa a ser o elemento delineador e constitutivo de todo o direito, 'o próprio *constituens* do fenômeno jurídico'[11]. A origem do direito assenta-se no elemento volitivo expressado pelo legislador. A construção do direito passa a concernir à competência do poder legislativo, vinculando-se à vontade política do poder legiferante. Vislumbra-se na lei, portanto, originária do órgão político-legiferante, o *modus* de realização do direito[12]. Desse modo, a lei é, na concepção moderno-iluminista, norma geral e abstrata[13], definindo-se como a razão humana manifestada pela vontade geral que, fundada em tal base, deve ser imutável ou estável, daí a importância das codificações e dos códigos[14].

Na visão liberal, portanto, a lei é o meio por excelência de articulação entre a liberdade[15] e a sociedade política[16]. Assim, o conteúdo da lei há de ser justo conforme a razão. A razão é o critério do justo, o racional é o justo. Nesse contexto histórico, a lei é o fundamento normativo de si própria, não carecendo de qualquer validade além dela mesma. O fundamento de validade está na racionalidade que lhe é inerente e expresso na generalidade e abstração em que são concretiza-

(5) MELGARÉ, Plínio Saraiva. *Juridicidade*: sua compreensão político-jurídica a partir do pensamento moderno-iluminista. Coimbra: Coimbra, 2003. p. 16.
(6) BRONZE, Fernando José. *Lições de introdução ao direito.* Coimbra: Coimbra, 2002. p. 251-252.
(7) *Loc. cit.*
(8) GIERKE. Political theories, *apud* FERREIRA FILHO, Manoel Gonçalves. *Estado de direito e Constituição.* São Paulo: Saraiva, 1999. p. 8.
(9) *Ibidem*, p. 9.
(10) BRONZE, Fernando José. *Op. cit.*, p. 252.
(11) MELGARÉ. *Op. cit.*, p. 19.
(12) *Loc.cit.*
(13) PIÇARRA. *Op. cit.*, p. 157.
(14) *Loc .cit.*
(15) "Mas a liberdade vista como autonomia da conduta individual — a 'liberdade dos modernos' na famosa fórmula de Constant e não a liberdade encarada como participação nas decisões políticas, a 'liberdade dos antigos'"' FERREIRA FILHO, Manoel Gonçalves. *Op. cit.*, p. 10.
(16) "A economia liberal necessitava de segurança jurídica, que o monarca absoluto não assegurava devido às suas freqüentes intervenções na esfera jurídico-patrimonial dos súditos e ao exercício de seu poder discricionário na alteração e revogação de leis." SOARES, Mário Lúcio Quintão. *Teoria do Estado.* Belo Horizonte: Del Rey, 2001. p. 269.

dos os valores da liberdade, igualdade e segurança.[17] A compreensão do direito despiu-se, então, da dimensão metafísica para consolidar-se como ordem de sociedades histórica.

Neste contexto é retirada do juiz a faculdade de obtenção de normas extraídas de regras eqüitativas ou sociais[18], impondo-se-lhe o dever de aplicar tão somente as normas impostas pelo Estado, o único possível criador do direito. Afirma *Piçarra* que a identificação da lei com a regra de Direito conduz à conclusão de que o Direito se identifica com a legislação. A lei torna-se a única fonte de Direito: não existe Direito antes da vontade do legislador o criar[19]; e uma vez que a lei encontra a sua legitimação em si própria, ela própria constituindo o seu fundamento de validade, não precisa buscar superiores parâmetros materiais. O juiz não deveria, portanto, almejar a justiça da decisão. Consoante assevera *Bobbio*, com o desenvolvimento do Estado moderno o juiz de livre órgão da sociedade transformou-se em órgão do Estado, um efetivo funcionário estatal[20]. Tal situação ocorre porquanto o novo modelo de Estado surge em radical alternativa à velha ordem feudal, garantindo a afirmação do indivíduo enquanto tal, a preservação dos seus próprios interesses, garantindo-lhe uma liberdade, 'a 'liberdade moderna', que é, essencialmente, autonomia individual perante o Estado e a sociedade, ao contrário da velha 'liberdade-participação' dos antigos ou da 'liberdade-privilégio' medieval'[21].

Surge, assim, a influência do positivismo na filosofia jurídica, na esteira de sua influência na filosofia em geral. A inteligibilidade do fenômeno jurídico positivista norteava-se pela idéia de que a validade do direito é conferida por sua forma. De fato esta conclusão fazia-se necessária, pois partindo-se do pensamento *moderno-iluminista* da autonomia do homem, era este quem instituía sua própria lei a significar que o Direito era um normativo universal em que se exprimia liberdade[22]. Aclara *Fernando José Bronze*[23] que nesta época a legalidade apareceu como função da liberdade. Concebia-se que todos compartilhavam da construção da lei afirmando sua liberdade individual e que, por tal, esta legalidade sugeria a imagem de que todos obedeciam a si mesmos.

Posteriormente a legalidade passou a instrumento político de afirmação do poder, deixando de limitá-lo para privilegiar a afirmação do próprio poder. O direito continuava sinônimo de lei, mas com significado diverso: não significava mais

---

(17) Cf. PIÇARRA, Nuno. *Op. cit.*, p. 168.

(18) Conforme restou consignado *supra*, antes o juiz não estava adstrito às normas emanadas pelo órgão legislativo do Estado na solução dos conflitos; podia recorrer ao costume, às regras elaboradas pelos juristas ou ainda julgar com base em critérios eqüitativos. Como atesta Norberto Bobbio, "as demais regras são descartadas e não mais aplicadas nos juízos: eis por que, com a formação do Estado moderno, o direito natural e o positivo não mais são considerados de mesmo nível; eis por que, sobretudo o direito positivo (o direito posto e aprovado pelo Estado) é tido como o único verdadeiro direito: este o único a encontrar, doravante, aplicação nos tribunais." In: *O positivismo jurídico.* Lições de filosofia do direito, trad. Márcio Pugliesi e outros. São Paulo: Cone, 1999. p. 28.

(19) PIÇARRA, Nuno. *Op. cit.*, p. 159.

(20) *Op. cit.*, p. 28.

(21) *Ibidem*, p. 144.

(22) *Ibidem*, p. 252.

(23) BRONZE, Fernando José. *Op. cit.*, p. 253.

aquele estatuto abstrato e sim um verdadeiro programa de acção concreta, deixando, por conseguinte, 'de ser um absoluto universal formal para passar a instrumento ideológico'[(24)]. Há, destarte, o abandono da intenção de se conferir às condutas humanas qualquer conteúdo de eticidade. O direito encontra-se desvinculado de sua realização fática, as normas assumem superioridade à realidade concreta dos fatos, vale dizer, normatividade e facticidade são conjunturas diversas. 'O dever-ser expresso pela norma não sofre alterações pelo ser, manifestado pela conduta[(25)]. Outrossim, a norma é a representação de uma realidade que recebeu atenção da normatividade jurídica, verificando-se um juízo valorativo somente por ocasião da criação da lei e não mais no momento da aplicação da mesma. Sobressai, assim, um característico deste modo de juridicidade: o dualismo normativista, ou seja, o 'ser do direito nas normas e conhecimento dele nestas, primeiro, e a sua aplicação, depois(...).'[(26)]

Nessa conjuntura do ideário iluminista as funções do Estado eram três, nitidamente diferentes entre si: o poder legislativo voltado para a emanação das leis, o poder executivo, voltado para a concreta atuação das necessidades do governo, e o poder jurisdicional voltado à aplicação da lei[(27)]. De fato, a separação dos poderes[(28)], designava no século XVIII um princípio negativo: o de que uma mesma autoridade não deveria reunir todos os poderes. A separação de poderes designava, assim, qualquer forma de organização política não-despótica[(29)] e com o intuito precípuo de impedir a concentração e o exercício arbitrário de poderes, garantindo-se os direitos individuais[(30)]. Prevaleceu, portanto, o modelo de separação de poderes em que se consagra a supremacia do parlamento e da lei, bem como a minoração do Judiciário. A separação de poderes passou então a ser conce-

---

(24) *Ibidem*, p. 253.

(25) SCHIMIDDT, *apud* MELGARÉ, Plínio Saraiva. *Op. cit.*, p. 105.

(26) NEVES, António Castanheira. A crise actual da filosofia do direito no contexto da crise global da filosofia. *Studia Jurídica 72*, Coimbra: Coimbra, 2004. p. 26 e ss.

(27) CF. VERDE, Giovanni. *Profili del processo civile.* Parte generale. Napoli: Jovene, 1978. p. 31.

(28) Apesar das diferentes compreensões sobre o tema e de algumas discordâncias, a descoberta deste princípio é atribuída pela maioria da doutrina a Montesquieu. Tem-se sua expressão no art. 16 da *Declaração dos Direitos do Homem e do Cidadão de 1789*, mas como bem ressalta Charles Eisenmann (*apud* ARNAUD, André-Jean (dir.). *Dicionário enciclopédico de teoria e de sociologia do direito*, tradução de Patrice Charles. Rio de Janeiro: Renovar, 1999. p. 718), a idéia posta pelo político inglês era densamente diversa, vez que atrelada à Constituição da Inglaterra, na qual as autoridades não possuíam nem independência nem especialização (o rei exercia o poder executivo e participava do legislativo e podia nomear os lordes e dissolver as Comunas). De qualquer sorte, o artigo citado foi aprovado por unanimidade, vale dizer, tanto pelos partidários como pelos adversários da independência dos poderes. Como bem arremata Nuno Piçarra (*op .cit.*, p. 64), a separação de poderes, como doutrina, cujas origens se encontram na Inglaterra do século XVII, admitiu variantes ao longo de sua existência sendo, por conseguinte, equívoco tomar qualquer versão como absoluta e definitiva.

(29) Verifica-se, portanto, de plano, que a noção de separação de poderes surgiu em um contexto histórico específico — a aversão aos regimes monárquicos absolutistas e a formação dos Estados de Direito. "A sociedade medieval era uma sociedade pluralista, posto ser constituída por uma pluralidade de agrupamentos sociais cada um dos quais dispondo de um ordenamento jurídica próprio: o direito aí se apresentava como um fenômeno social, produzido não pelo Estado, mas pela sociedade civil. Com a formação do Estado moderno, ao contrário, a sociedade assume uma estrutura monista, no sentido de que o Estado concentra em si todos os poderes, em primeiro lugar aquele de criar o direito: não se contenta em concorrer para esta criação..." BOBBIO, Norberto. *Op. cit.*, p. 27.

(30) Cf. BARCELLOS, Ana Paula. *A eficácia jurídica dos princípios constitucionais.* Rio de Janeiro: Renovar, 2002. p. 211.

bida como divisão de poderes e não como controle recíproco, principalmente ante o fato de o Poder Judiciário ser identificado com o antigo regime que se valia dos magistrados para interferir noutros poderes.[31] E esse foi o panorama europeu continental[32] do fim do século XIX e início do XX, cuja concepção foi introduzida nos países periféricos de tradição romano-germânica[33].

Nessa conjuntura foi construído o arquétipo do juiz burocrata, do juiz *bouche de la loi,* o qual preponderou em todo o século XIX e ainda baldeia no início do século XXI[34]. Foi a certeza do direito, como ideal do racionalismo, somada à desconfiança com que a Revolução Européia encarava a magistratura que conduziu à fase das grandes codificações. De fato, somente um juiz repetidor de textos legais poderia conviver com uma racionalidade legalista norteada pelo impulso codificador oriundo da reforma napoleônica. Conforme afirma *Denti*[35], criou-se, assim, um sistema burocrático de organização judiciária que equiparou a função judicial à carreira de um funcionário público comum, submetido tanto ao controle das cortes superiores como aos órgãos do Governo.

> 'Le caratteristiche principali della trasformazione in senso burocratico degli organi giudiziario furono, com´é noto la regolamentazione della funzione giudiziaria come 'carriera' di tipo sostanziamente amministrativo; la creazione di una struttura gerarchica degli organi giudiziari, che coincide col sistema delle impugnazioni; il controlo dall´alto dell´attività degli organi inferiori, rafforzato dall´obbligo di motivazione delle decizioni; il passaggio dalla responsabilità professionale del giudice alla responsabilità disciplinare[36].'

Assim, o juiz, obrigado a aplicar a lei, única fonte legitimadora do Direito[37], torna-se um juiz autômato, simples reprodutor da atividade legislativa[38].

Observa-se que a burocratização da função judiciária responde a um programa político de racionalização do *modus operandi* dos órgãos judiciários que é um dos aspectos basais do iluminismo[39]. A atividade do juiz passa a restringir-se ao trabalho de derivação por dedução da decisão relativa a um caso concreto, terminando desta maneira convertidos os juízes numa espécie de porta-vozes da lei[40].

---

(31) Foi adequado aos revolucionários, nesse contexto, restringir o poder dos juízes, fazendo com que estes se ativessem ao que dispunha a vontade do legislador. Cf. SOUZA NETO, Cláudio Pereira de. *Jurisdição constitucional, democracia e racionalidade prática.* Rio de Janeiro: Renovar, 2002. p. 65.

(32) Consoante lições de Gomes Canotilho, "o padrão básico subjacente às articulações organizatórias dos Estados constitucionais democráticos é o padrão da divisão e separação de poderes". CANOTILHO, J. J. Gomes. *Direito constitucional e teoria da constituição.* Coimbra: Almedina, 2001. p. 573.

(33) BARCELLOS, Ana Paula. *Op. cit.*, p. 213.

(34) RANGEL, Paulo Castro. *Repensar o poder judicial.* Porto: Universidade Católica, 2001. p. 161.

(35) DENTI, Vittorio. *Un progetto per la giustizia civile,* 1982. p. 99.

(36) DENTI, Vittorio. Dottrine del processo e riforme giudiziarie tra illuminismo e codificazioni. *Rivista de Diritto Processuale,* Padova, Cedam, 1981, v. XXXVI, serie II, p. 219.

(37) O critério de justiça residia na conformidade ou não com a lei; a lei é justa pelo simples fato de ser lei.

(38) Assevera MERRYMANN *apud* SILVA, Ovídio Baptista. *Da jurisdição e execução na tradição romano-canônica. Op. cit.*, p. 104: "El servicio judicial es una carrera burocrática; el juez es un funcionário, un servidor público; la función judicial es estrecha, mecânica y falta de creatividad".

(39) DENTI, Vittorio. *Dottrine... Op. cit.,* p. 220.

(40) FARIA, José Eduardo. *Op. cit.,* p. 30.

Verifica-se, assim, o êxito da concepção de *Rousseau*, assumida pela Revolução Francesa, a qual fez do *ius* a *lex*, entendida como expressão da vontade geral[41] e indubitavelmente condizente com o modelo individualista característico da visão do homem no período moderno-iluminista. Metodologicamente, aqui a decisão jurídica exsurge de uma aplicação dedutiva da norma ao caso — o silogismo subsuntivo[42], porquanto se o titular único da produção do direito era o Poder Legislativo, inviável a criação do direito pelo órgão cujo escopo restrito era dizê-lo[43]. Partindo de um módulo lógico-estrutural, conhecido por dedução silogística desde a filosofia aristotélica, o raciocínio do juiz deve, deste modo, percorrer um *iter* obrigatório para alcançar a resposta adequada ao caso.

Nesse contexto é imposto um método lógico-dedutivo de objetivação do enunciado geral e abstrato aos casos decidendos[44]. Valer dizer, a decisão do caso é alcançada por meio de um processo silogístico-formal, uma vez que o direito é pressuposto e pleno.

Destarte, vê-se aqui frente a uma racionalidade dedutiva que reduz o direito a um objeto a ser desvendado pelo aplicador porquanto o sistema jurídico normativista tem como condição a completude do ordenamento jurídico. A função jurisdicional é, portanto, meramante declarativa de um direito pré-estabelecido legalmente.

2. A COMPREENSÃO POLÍTICO-JURÍDICA ATUAL DA FUNÇÃO JURISDICIONAL: DA NORMATIVIDADE DA CONSTITUIÇÃO AO JUIZ COMO GARANTIDOR DA TUTELA DOS NOVOS DIREITOS: DO JUIZ BUROCRATA AO JUIZ CONCRETIZADOR

A ampliação do conceito normativo de Constituição fez com que a proposta metodológico-jurídica do pensamento liberal sofresse um processo de desontologização caracterizado pela *abertura das categorias de juridicidade*[45], alterando significativamente a relação com o Judiciário[46]. Essa mudança de racionalidade normativa, provocada pelo imperativo de que o Estado interviesse na vida econômica, acarretou uma adequação do princípio da legalidade que passou a assumir uma dimensão mais dilatada, abarcando além da lei, também as normas constitucionais e os princípios gerais de Direito[47].

---

(41) NEVES, António Castanheira. *Studia Juridica, 72, A crise (...)*, p. 30-32.

(42) Nessa teoria de aplicação silogística do Direito, o juízo possui uma estrutura fechada cuja premissa maior é dada pela norma aplicada ao caso, enquanto a premissa menor é dada pelo fato relevante e a conclusão é dada pela decisão, que aplica a norma ao caso concreto; que, para Taruffo, é a teoria da decisão do juiz burocrata. Cf. RANGEL, Paulo Castro. *Repensar ...*, p. 162.

(43) Cf. MELGARÉ. *Op. cit.*, p. 115.

(44) Verifica-se, outrossim, que o normativismo exige que o direito não recorra a qualquer elemento constitutivo além do próprio sistema normativo, como, *v.g.*, a construção jurisprudencial.

(45) DUARTE, Écio Oto Ramos. *Op. cit.*, p. 31.

(46) Alerta BARCELLOS (*op. cit.*, p. 214) que a introdução do controle de constitucionalidade nos sistemas jurídicos europeus deveu-se não a uma reformulação da idéia de separação de poderes, mas sim à normatividade da Constituição.

(47) DUARTE, Écio Oto Ramos. *Op. cit.*, p. 39.

Todavia, mesmo apesar do alcance dessa normatividade alargada, face à rapidez das mudanças econômicas e sociais, a intervenção normativa encontra-se freqüentemente atrasada em relação à evolução dos fatos que tem de disciplinar. Ademais, o constante progresso das relações sociais dá ensejo à elaboração de normas abertas repletas de conceitos indeterminados. E, como se sabe, normas abertas ou de conteúdo indeterminado são carecedoras de valoração, o que estimula e requer uma criação jurisprudencial(48). O direito formal de conteúdo geral e abstrato passa, pois, a ser inapropriado para garantir a concretização dos novos interesses(49).

Assevera, assim, *Mauro Cappelltti*(50), que quanto mais vaga e imprecisa a lei, mais amplo se torna o espaço deixado à criatividade das decisões judiciárias, acentuando a necessidade do ativismo dos juízes. Face à imprevisibilidade dos fatos modernos, ficou o juiz carente de referentes que apontem a direção a ser seguida num episódio axiológico conflituoso ou lacunoso. Desarte, ante o sem número de problemas com que se defronta a sociedade contemporânea, é impossível encontrar no ordenamento jurídico preestabelecidas as soluções, estas realmente só se encontram *ex post*(51).

A denominada 'crise da legislação(52) incide, portanto, fortemente sobre a função institucional do juiz, uma vez que aumenta a ocorrência de lacunas e antinomias jurídicas. Consoante elucida *Taruffo*(53), as lacunas aumentam porque o legislador não logra regular tempestivamente e de forma eficaz os fenômenos sociais. Exemplifica-se com a problemática relativa à bioética. Já as antinomias jurídicas sobressaem porquanto as leis criadas atropeladamente, na luta contra o tempo, não sofrem qualquer controle de conteúdo, contendo, por conseguinte, um crescente número de contradições. Nessa situação, como o juiz encontra-se obrigado a decidir todo e qualquer caso face à proibição de *non liquet* (54), passa a ter, portanto, que "scegliere e formulare una regula juris per ogni caso"(55).

---

(48) Cf. SOARES, Rogério Aguiar Munhoz. *Tutela jurisdicional diferenciada*. São Paulo: Malheiros, 2000. p. 59.

(49) Exemplifica Arruda Alvim: "Estes bens são, *v.g.* os relativos ao meio ambiente, ao consumidor, a bens e direitos de valor artístico, histórico, turístico e paisagístico e, mesmo, à ordem econômica, regulada à exaustão pela ordem constitucional brasileira. Mais recentemente, entre nós, acrescentou-se ao rol de tais bens a possibilidade de proteção a qualquer outro interesse difuso ou coletivo, com o que se constata uma abertura do sistema jurídico a realidades antes não cogitadas pelo legislador. Da mesma sorte que a legislação brasileira permite". *Manual de direito processual civil*. São Paulo: Revista dos Tribunais, 1996. v. 1, p. 71.

(50) CAPPELLETTI, Mauro. *Juízes legisladores*. Tradução de Carlos Alberto Álvaro de Oliveira. Porto Alegre: Sérgio Antonio Fabris, 1988. p. 42.

(51) Cf. GUERRA FILHO, Willis Santiago. *Teoria processual da Constituição*. São Paulo: Celso Bastos, 2002. p. 35, o qual acresce: "(...) A nova Constituição brasileira revela muito bem, por exemplo, o ânimo do legislador constituinte, de regulamentar os mais diversos setores da vida social, no que, aliás, procurou atender expectativas daqueles que o investiram do poder par elaborar o texto constitucional. Cabe ainda ao legislador ordinário viabilizar o cumprimento de uma série de mandamentos constitucionais por meio de leis complementares. Não se espere, porém, do incremento da legislação as esperadas soluções para a complexa problemática nacional, pois decisivo permanecerá sempre o processo em que se interpreta e aplica o Direito Constitucional, às vezes, no limite, *contra legem*". Cf. GUERRA FILHO, Willis Santiago. *Teoria processual da Constituição*. São Paulo: Celso Bastos, 2002. p. 35 e 39.

(52) Cf. TARUFFO, Michele. Legalitá e giustificazione della creazione giudiziaria del diritto. *Rivista Trimestrale di Diritto e Procedura Civile*, anno LV, marzo 2001, Milano, Giuffré, 2001, p. 19.

(53) Cf. TARUFFO, Michele. *Loc. cit.*

(54) Assim, p. ex., art. 126 do CPC brasileiro.

(55) *Ibidem,loc. cit.*

Lembra *Alexy* que a necessidade de construção judicial se dá, portanto, por no mínimo quatro motivos: (1) a imprecisão da própria linguagem do Direito, (2) a ocorrência de conflitos entre as normas, (3) a existência de casos que requeiram uma regulamentação jurídica, pois não se enquadram sob nenhuma norma preexistente, bem como (4) a necessidade, em casos especiais, de uma decisão que contrarie textualmente a normativa vigente[56].

Consoante aclara *Eduardo Faria*, a atual legislação rompe com a unidade e a organicidade do sistema jurídico em vigor, e em virtude da textura aberta de suas normas, permite as mais variadas compreensões. Desse modo, a clássica idéia de unicidade do ordenamento jurídico resta questionada em virtude da ocorrência de uma estrutura legal policêntrica:

> uma estrutura que se destaca pela convivência nem sempre harmônica ou sincrônica de infinitos micro-sistemas normativos dotados de lógica própria, dificilmente ajustáveis às pretensões de coerência e completude do macrosistema escalonado e piramidal tão presente nas ideologias jurídicas de caráter normativista e formalista[57].

E esse sistema normativo emergente, produto de uma sociedade progressivamente diferenciada, fragmentada e conflitiva, cresce e se solidifica a partir de uma densa multiplicidade de pretensões materiais. Na medida em que esse sistema normativo possui um potencial ilimitado, permitindo um acréscimo de novas regras e de novas matérias de regulação, verifica-se o esvaziamento da própria função das leis e o enorme alargamento das possibilidades de argumentação e fundamentação das decisões jurisdicionais[58].

O juiz é, portanto, convocado a exercer uma *função de suplência*[59] em relação ao Poder Legislativo. Vê-se com nitidez a incapacidade legislativa ante uma sociedade em célere mutação, deixando em descoberto os novos fenômenos que envolvem grandes interesses sociais, contribuindo inequivocamente para remeter ao juiz o papel de intérprete da sociedade[60].

Não é outra a assertiva de *Perelman*:

> é de notoriedade pública que a imprecisão ou a vagueza de textos legais distribui de forma variável os poderes do legislativo e do judiciário. Cada vez que aumentam as possibilidades de interpretação, quando os próprios textos são vagos e se deixa ao juiz o direito de resolver conflitos que se apresentam, os poderes daqueles que devem encontrar a solução jurídica do caso particular aumentam o mesmo tanto (...). Ora, os textos que enunciam os direitos humanos não são muito mais precisos e não podem ser aplicados sem exigir

---

(56) ALEXY, Robert. *Teoria da argumentação jurídica.* Trad. de Zilda Hutchinson Silva. São Paulo: Landy, 2001. p. 17.
(57) FARIA, José Eduardo. A inflação legislativa e a crise do Estado no Brasil. Disponível em: <http://www.pucrio.br/sobrepuc/depto/direito/revista/online/rev05_faria.html#_ftn1> Acesso em: 18.6.2004.
(58) *Loc. cit.*
(59) Cf. PERLINGIERI, Piero *apud* SOARES, Rogério Aguiar Munhoz. *loc. cit.*
(60) Cf. NICOLÒ Trocker *apud* SOARES, Rogério Aguiar Munhoz. *Ibidem, loc. cit.*, p. 60.

dos tribunais um considerável esforço de interpretação, como atestam as decisões da Corte Constitucional Alemã. Dá-se o mesmo com os poderes da Corte Européia Dos Direitos do Homem[61].

A regulação do direito passa, assim, de um caráter condicional e de sentido retrospectivo (estabelecimento de certa conduta a partir de certo padrão e seu conseqüente sancionamento em caso de descumprimento), a um caráter finalístico e de sentido prospectivo, para intentar dessa forma resolver a imprevisibilidade das situações a serem reguladas. Passa-se, então, a diferençar a ocorrência de normas jurídicas que são formuladas como regras e as que são estabelecidas como princípios, estes últimos exatamente os indicadores da direção que se deve seguir para solucionar as novas circunstâncias que sobrevieram, de acordo com o Direito, quando não houver regra específica ou suficiente[62].

Assim, frente aos novos direitos[63], de conceitualidade aberta, o judiciário tem um vasto campo fecundo, não se limitando a aplicar a norma concreta preexistente insatifatória ou mesmo inexistente, mas sim laborando com os princípios em uma atividade criadora, sopesando valores[64].

Cuidando especificamente dos novos direitos — que apesar do respaldo constitucional, quase sempre não chegam a ser regulamentados — *Guerra Filho* afirma que caberá, então, ao Judiciário, suprir a ausência e os defeitos da produção legislativa. Será, então, dever do juiz efetivar a realização dos denominados 'direitos fundamentais de terceira geração', ou 'direitos de solidariedade'[65].

No esteio de *Mafra Leal*, exemplificamos com situações de ambiente do trabalho, onde a empresa pode estar praticando uma atividade degradante do referido meio ambiente e, mesmo que não haja normas controlando a emissão do poluente,

> o simples fato de haver um 'direito ao ambiente sadio' expresso no art. 225 da Constituição Brasileira, vincula a entidade sem a necessidade de interposição do legislador ordinário em definir qual o conteúdo desse direito, pois será hermeneuticamente cognoscível no caso concreto a sua violação[66].

---

(61) PERELMAN, Chaïm. *Ética e direito*. São Paulo: Martins Fontes, 2000. p. 402.

(62) Cf. GUERRA FILHO, Willis Santiago. *Teoria processual da Constituição*. São Paulo: Celso Bastos, 2002. p. 17-19.

(63) Quanto aos direitos fundamentais, atesta Souza Cruz que "comportam uma conceitualidade aberta, capaz de adequá-los ao cambiante e evolutivo conjunto de pretensões ligadas à realização e dignidade do ser humano. Logo, se enquadram dentro de um quadro normativo de cunho predominantemente principiológico. São, pois, difíceis de encerramento nas chamadas normas-regras, por pressuporem um grau maior de indeterminabilidade nos juízos de aplicação aos casos concretos." CRUZ, Álvaro Ricardo Souza. Processo constitucional e a efetividade dos direitos fundamentais. In: *Hermenêutica e jurisdição constitucional*. Coordenação de Jose Adércio Sampaio Leite e Álvaro Ricardo de Souza Cruz. Belo Horizonte: Del Rey, p. 213.

(64) Afirma assim Tereza Schwenck que: "Acredita-se na capacidade do Judiciário Brasileiro de enfrentar a questão dos novos direitos, utilizando dos princípios para a solução dos conflitos, em uma sociedade cada vez mais complexa, podendo realizar um bom trabalho, mesmo diante da ausência de normas concretas positivas". Os novos direitos. *Jus Navigandi*, Teresina, a. 6, n. 53, jan. 2002. Disponível em: <http://www1.jus.com.br/doutrina/texto.asp?id=2566> Acesso em: 4 abr. 2003.

(65) Cf. GUERRA FILHO. *Op. cit.*, p. 94- 95.

(66) LEAL, Márcio Flávio Mafra. *Ações coletivas:* história, teoria e prática. Porto Alegre: Sérgio Antonio Fabris, 1998. p. 116.

Tais normas exigem a atuação do legislador para sua regulamentação, pois, em muitos casos, são preceitos vagos e imprecisos, que dependem de regulamentação para serem cumpridos; assim, para fazê-los valer no caso concreto, é mister a intervenção do Poder Judiciário. Dessa forma, especificamente em relação aos direitos sociais, nos casos trazidos à apreciação e intervenção jurisdicional, deve-se, atentando para a natureza constitucional destes preceitos, obrigar o Estado a cumprir estas determinações, como autênticos direitos subjetivos públicos. São direitos, portanto, que clamam, para sua efetivação, a atuação conjunta de todos os órgãos estatais em uma nova visão do princípio da Separação de Poderes, que hoje é revisitado face à necessidade de especialização das funções estatais.

Pontua *Fernando José Bronze* que a superação do positivismo alterou a relação entre os poderes tradicionais do Estado de Direito da legalidade revelando-se cada vez mais a concretude da prática, reconhecendo-se a importância do poder jurisdicional na constitutiva conformação do *corpus iuris vigente*[(67)]. De fato, essa indeterminação do direito passa a repercutir sobre as relações entre os Poderes, dado que a lei, por natureza originária do Poder Legislativo, passa a solicitar o arremate pelo Poder Judiciário. Assim colocado, como diz *Vianna Werneck*,

> o Poder Judiciário começa por ser percebido como mais um estuário para as insatisfações existentes com o ativismo legislativo do Executivo, sendo convocado ao exercício de papéis constitucionais que o identificam como guardião dos valores fundamentais.[(68)]

Outrossim, a especialização e a complexidade político-normativa atual não se coadunam mais com os critérios meramente formais de validez normativa tão operantes no Estado legalista, requerendo critérios substanciais para a validade do direito. Afiança *Oto Ramos* que o modelo legalista de Estado teve seu desenvolvimento diretivo calcado nos princípios da legalidade administrativa, dos direitos públicos subjetivos e da justiça na administração,

> com a concomitante existência da inserção do postulado da *afirmação e adjudicação* dos direitos subjetivos frente a um Estado-administrador, marcadamente edificado sobre uma metodologia jurídica comprometida com a *interpretação administrativa de interesse geral* na tarefa de garantia daqueles direitos, começa a desenhar-se uma tensão que influirá determinantemente na redefinição do modelo até então proposto e que se caracteriza pela *oposição* ocorrida entre o fenômeno da estatalização do direito (carente do vínculo histórico-orgânico das relações sociais) e as legítimas pretensões de justiça, concebidas *como projeção de valores co-participativos, comunitários* produzidos no interior de uma sociedade material e diversamente complexa[(69)].

Constata-se que esta tendência metodológica de superação do positivismo jurídico leva a reconhecer o direito judicial como um sistema de produção norma-

---

(67) BRONZE, Fernando José. *Op. cit.*, p. 406.
(68) VIANNA, Luiz Werneck. *A judicialização da política e das relações sociais no Brasil*. Rio de Janeiro: Revan, 1999. p. 11.
(69) DUARTE , Écio Oto Ramos. *Op. cit.*, p. 33.

tivo. A atenção que se volta a deferir à função judicial produz uma ampliação considerável dos poderes do juiz e coloca em pauta a reavaliação da relação entre *ius scriptum* e *ius non scriptum*, entre lei e direito. Desse modo, caindo o modelo positivista de interpretação(70), 'cai também a rigidez da separação entre legislação e aplicação do direito, entre fontes de produção legal e extra-legal, com a conseqüente conversão generalizada do direito legal em direito jurisprudencial'(71).

Nesse contexto, enquanto os fatos que exigem solução não são alcançados pela normatividade legislativa, o Poder Judiciário deve sentenciar conferindo eficácia aos princípios ou normas programáticas; pois, como pontifica *Schwenck*(72)

> em muitos casos cabe à jurisprudência resolver casos concretos, diante da ausência de normas concretas específicas. Em outros, certos direitos da mesma categoria, pertencendo a sujeitos diferentes, podem entrar em conflito, devendo-se verificar qual deve preponderar.

Repita-se: uma vez que os novos direitos são majoritariamente expressos por cláusulas abertas, há uma normatividade suficientemente densa que deve então ser concretizada via Judiciário. Havendo essa normatividade 'inicial' é papel do juiz atual concretizar e efetivar o direito que bateu às portas do Judiciário, independentemente da intervenção legislativa na determinação de seu conteúdo. Atribuiu-se hoje ao órgão judicial o poder de exercer positivamente os direitos e interesses com a particularidade de que, aqui, a competência para a descoberta do direito no caso concreto vincula-se com os princípios de maneira ampla e indeterminada. Arremata *Carlos Alberto Álvaro* que essa constatação mostra-se de fato relevante, uma vez que, 'sendo facultado expressamente na Constituição o exercício de um direito produzido pelos juízes, legitima-se a atividade do poder Judiciário perante a sociedade como um todo. (...)'(73). O autor refere-se ao art. 5º, §1º da Constituição Brasileira de 1988: 'as normas definidoras de direitos e garantias fundamentais têm aplicação imediata' acrescenta à sua idéia a perspectiva de *José Carlos Vieira de Andrade* afirmando que: 'o princípio da aplicabilidade directa vale como indicador de exeqüibilidade imediata das normas constitucionais, presumindo-se a sua perfeição, isto é, a sua auto-suficiência baseada no caráter líquido e certo do seu conteúdo de sentido. Vão, pois, aqui incluídos o dever dos juízes e dos demais operadores jurídicos de aplicarem os preceitos constitucionais e a autorização para, com esse fim, os concretizarem por via interpretativa.

Raciocínio diverso conduz à denegação de prestação jurisdicional, à ineficácia de um acesso à ordem jurídica justa, vez que 'a eficácia jurídica associada à

---

(70) A respeito, afirma Fernando José Bronze que o mundo do direito já não é hoje o do positivismo , citando tal enquadramento como o predominante no pensamento filosófico-jurídico alemão contemporâneo. In: *Op. cit.*, p. 416.

(71) Cf. QUEIROZ, Cristina. *Interpretação constitucional e poder judicial:* sobre a epistemologia da construção constitucional. Coimbra: Coimbra, 2000. p. 32.

(72) SCHWENCK, Terezinha. Os novos direitos. *Jus Navigandi*, Teresina, a. 6, n. 53, jan. 2002. Disponível em: <http: //www1.jus.com.br/doutrina/texto.asp?id=2566> Acesso em: 4 abr. 2003.

(73) OLIVEIRA, Carlos Alberto Álvaro. O processo civil na perspectiva dos direitos fundamentais. *Revista de Processo*, 113, jan./fev. 2004. São Paulo: Revista dos Tribunais, p. 13.

situação determinada, que se busca ver reconhecida diante do Poder Judiciário — integra, ainda que indiretamente, a noção mais geral de acesso à Justiça[74].' Bem assim, a denegação de justiça constitui das violações mais comprometedoras da efetividade de um sistema de direitos humanos[75], haja vista proclamar o art. 8º da Declaração Universal dos Direitos do Homem de 1948 que — "todo homem tem direito a receber dos tribunais nacionais competentes remédio efetivo para os atos que violem os direitos fundamentais que lhe sejam reconhecidos pela Constituição ou pela lei". Ora, se há o reconhecimento do direito faltando-lhe tão somente sua explicitação/especificação, é exatamente papel do Estado-juiz realizar essa suplência, concretizando o direito no caso particular.

Dentro desse enfoque integral de acesso à justiça, desenha-se atualmente um direito de ação numa acepção positiva para a efetivação da tutela de interesses, pois, como assevera *Cappelletti*, o movimento de acesso à justiça possui um caráter genuinamente revolucionário, não somente no plano da ação prática, mas também sobre o pensamento jurídico e, em particular, no método de análise jurídica; assim, é

> questa prospettiva quella che meglio si addice, ovviamente, ad una società democrática, libera ed aperta, la quale deve pretendere che i suoi 'official processors' assolvano la loro funzione non in una visione 'tolemaica' del diritto e dello Stato, ma bensì in vista del benessere dei consumatori: che è come dire che diritto e Stato devono finelamente essere visiti per quello che sono — come semplici strumenti al servizio dei cittadini e dei loro bisogni, e non viceversa[76].

Explicita *Boaventura Santos*, por sua vez, que os novos direitos destituídos de mecanismos que os efetivem passam a meras declarações políticas, de conteúdo e função mistificadores[77].

Dessa forma, impõe-se ao juiz uma postura de concretização dos direitos e interesses ainda que não apontados em lei[78], mas já reconhecidos pela ordem jurídica, porquanto 'não é já a lei a dar validade jurídica a direitos, enquanto direitos subjectivos, são os direitos, afirmados como fundamentais, a imporem-se à lei e a condicionarem a sua validade jurídica'[79].

Ora, repete-se, os novos direitos de contextualidade aberta, estabelecem tão somente um programa e afirmam um direção finalística para uma efetiva concre-

(74) BARCELLOS, Ana Paula de. *A eficácia jurídica dos princípios constitucionais*. Rio de Janeiro: Renovar, 2002. p. 301.

(75) Cf. CASTRO, Carlos Roberto Siqueira. *A Constituição aberta e os direitos fundamentais*. Rio de Janeiro: Forense, 2003. p. 320.

(76) CAPPELLETTI, Mauro. Acesso allá giustizia come programma di riforme e come metodo di pensiero. *Rivista di Diritto Processuale*, Padova, Cedam, 233, aprile-giugno, ano XXXVII, (seconda serie), n. 2, 1982, p. 245.

(77) SANTOS, Boaventura de Souza. Introdução à sociologia da administração da justiça. In: FARIA, José Eduardo (coord.). *Direito e justiça*: a função social do Judiciário. São Paulo: Àtica, 1989.

(78) Leia-se, não previstos em lei.

(79) Cf. NEVES, Castanheira. *Op. cit.*, p. 107.

tização jurisdicional, diferentemente das normas que contêm uma ordem positiva ou negativa apreensível quase que diretamente pelo juiz[(80)]. Destarte, no que diz respeito aos direitos fundamentais sociais e aos princípios, a concretização ocorre exclusivamente por intermédio do juiz no caso concreto posto em juízo, pois 'seu conteúdo só pode ser determinado diante de fatos específicos, considerando-se ainda que para essa aplicação são estabelecidos poucos limites, a não ser a coerência com os fundamentos constitucionais, o sistema jurídico e a linguagem interna do direito'[(81)].

Incumbe, portanto, ao Estado-juiz concretizar o direito no caso *sub judice* sob pena de restar inócua a garantia de acesso à ordem jurídica justa e malferido o princípio da inafastabilidade da prestação jurisdicional como hodiernamente concebido.

3. Conclusão: o novo papel do juiz: a mediação judicativa-decisória dos princípios jurídicos

Verifica-se que na sociedade atual caminha-se no sentido de somar-se às funções jurisdicionais comuns uma função jurídica constituinte, um poder juridicamente constituinte ou criador, complementar. Conforme sustenta *Castanheira Neves*, hodiernamente os conflitos de interesses só podem dirimir-se por meio de uma normatividade jurídica constituinte em concretização ou mesmo em desenvolvimento translegal[(82)]. Em suas palavras, a função jurisdicional vai hoje constitucionalmente compreendida,

> não como mera função da tutela da lei (da "norma") e da sua formal aplicação, e sim no seu sentido autêntico, i.é, verdadeiramente como função de *juízo*, considerado aqui o "juízo" no seu entendimento clássico, de prudencial e histórico-concreto *ius dicere*, oposto ao abstracto dedutivismo jusnaturalista ou à mera reafirmação analítico-subsuntiva de normas pressupostas.[(83)]

Conforme pontua *Luigi Paolo Comoglio*[(84)], a pretensão de um Estado de Justiça, enquanto projeção de um Estado de Direito, reforça o imperativo de um papel ativo do juiz no exercício dos poderes integrativos e promocionais capazes de realizar as novas situações subjetivas reconhecidas pelas normas constitucionais. Trata-se, assim, de uma diferente percepção do atuar do juiz frente à avalanche de normas abertas elaboradas constantemente para satisfazer às novas demandas de uma sociedade em célere transformação. Retorna-se, assim, de certa forma, à

(80) Cf. OLIVEIRA, Carlos Alberto Álvaro. *Op. cit., p.* 13.
(81) *Ibidem,* p. 15.
(82) NEVES, António Castanheira. Da jurisdição no actual Estado de Direito. In: *Ab uno ad omnes, 75 anos da Coimbra.* Coimbra: Coimbra, 1998. p.177-22. p. 178.
(83) Cf. NEVES, António Castanheira, *loc. cit.*
(84) COMOGLIO, Luigi Paolo. Direzione del processo e responsabilitá del giudice. *Rivista di Diritto Processuale.* Milano: Giuffrè, 1977. p. 17.

Roma do Pretor, onde o magistrado era reconhecido como criador de uma parte do direito positivo (*ius honorarium*)(85), lhe sendo atribuída a *jurisdictio.* (86)

Contudo, em paralelo exsurge a problemática da compatibilização desse 'novo' poder com o já decantado (mito do) princípio da separação dos poderes(87), com o princípio democrático e até com o princípio da segurança jurídica. Em outras palavras, em paralelo brota o problema da legitimação do direito jurisprudencial. Objetam seus opositores que tal 'criação' seria antidemocrática, uma vez que o judiciário não é eleito pelo povo, carecendo, portanto, de legitimação democrática(88). Dita assertiva é, ao menos, ilusória. Senão, vejamos.

> Já se encontra dissipada, de há muito, a quimera concernente à aptidão dos poderes políticos de representar a vontade da maioria. Conforme esclarece *Martin Shapiro*, o que se vislumbra não é a representação pelos organismos democráticos da vontade popular, mas sim uma complexa estrutura política entre vários centros de poder onde preponderam freqüentemente os interesses de grupos alternados. "Os próprios entes públicos, com o fim de auxiliar os seus programas e os dos grupos por eles representados, procuram promover apoios e alianças com outros grupos, dentro e fora do governo. Nesse processo de formação, troca e empréstimo de 'força política', as questões que freqüentemente aparecem não dizem respeito a decisões majoritárias. Não há sentido, portanto, no mundo político real, em submeter, de forma simplística, os vários ramos do *government* a análises baseadas em etiquetas como 'voz da maioria', 'democrático' ou 'não democrático'."(89)

Ademais, diferentemente dos legisladores, os juízes são convocados a explicitar por escrito e abertamente ao público as razões das suas decisões. Tal necessidade de motivação assumiu, inclusive, *status* de garantia constitucional(90), sendo considerada praxe para o consecutivo empenho em legitimar tais decisões. Destarte, mediante tal praxe, os magistrados "sujeitam-se a um grau de 'exposição' ao público e de controle por parte da coletividade, que também os pode tornar, de

---

(85) O *ius honorarium* era o direito elaborado e introduzido pelo pretor que, com base no seu *imperium* introduzia novidades, criava novas regras e modificava substancialmente as antigas do *ius civile*. Essas regras, contidas no edito, eram as *do ius honorarium*, do direito pretoriano. Cf. *DJI, Índice fundamental de direito.* Disponível em: <http://www.dji.com.br/romano/conceito_de_direito_classificacoes_direito_objetivo.htm> Acesso em: 23 jan. 2004.

(86) VILLEY, Michel. *Filosofia do direito,* definições e fins do direito, os meios do direito. Tradução de Márcia Valéria Martinez de Aguiar. São Paulo: Martins Fontes, 2003. p. 420.

(87) Sobre a Separação de Poderes como Mito, *vide* RANGEL, Paulo Castro. A separação dos poderes segundo Montesquieu. In: *Stvdia Ivridica 61 — ad honorem — 1 — estudos em homenagem ao prof. doutor Rogério Soares.* Coimbra: Coimbra, 2001. p. 351-352, de onde se colhe o seguinte trecho: "Simplificando, podemos dizer que, a respeito do pensamento de Charles Sécondar, se adensaram dois mitos: primeiro, o de que teria concebido uma rigorosa, rígida e absoluta separação dos poderes, no sentido de uma quase total independência recíproca; o segundo — que ten sido bem mais difícil de combater — é o de que ele havia desenhado um teoria dos poderes castamente situada nos planos organizatório, material e funcional, uma espécie de teoria precoce da divisão ou especialização do trabalho. Ora, no mínimo imputar-se-lhe uma (pré)tensão política: a da preservação da liberdade contra o absolutismo régio (...)".

(88) Cf. DEVLIN, Lord. Judges and lawmakers. *Apud* CAPPELLETTI, Mauro. Juízes legisladores. Tradução de Carlos Alberto Álvaro de Oliveira. Porto Alegre: Sérgio Antonio Fabris, 1988. p. 93.

(89) *Apud* CAPPELLETTI. *Op. cit.*, p. 95.

(90) Por exemplo: art. 93, IX, da Constituição Brasileira de 1988.

forma indireta, bem mais 'responsáveis' perante a comunidade do que muitos entes e organismos administrativos (provavelmente a maioria desses), não expostos a tal fiscalização continuada do público"[91].

Pode-se, assim, arrematar com *Lombardi*[92] que o direito jurisprudencial não é democrático em seu aspecto *formal* — posto por meio de solene manifestação de vontade do povo ou de seus representantes livremente eleitos — mas que por ser dialógico e consentido, satisfaz à democracia *substancial*.[93]

Outrossim, é o Judiciário quem pode contribuir para a representatividade geral do sistema, ou seja, quem pode permitir efetivamente o acesso aos grupos que não são representados pelo processo político. No processo judicial, calcado no debate em contraditório, os grupos 'marginais' podem esperar uma imparcialidade muito maior do que teriam no processo político onde são vistos de acordo com a 'força política que podem trazer à arena'[94]. Destarte, quando *Dworkin*[95] sugere um modelo de democracia constitucional em oposição à democracia majoritária baseando-se em direitos que devem ser assegurados aos cidadãos, ele preconiza a idéia de que uma teoria da democracia pressupõe uma teoria dos direitos fundamentais do homem, os quais devem funcionar como princípios deontológicos essenciais à própria idéia de regime democrático.[96]

---

(91) *Ibidem*,p. 95.

(92) LOMBARDI, Luigi. *Saggio sul diritto giurisprudenziale*. Milano: Giuffrè, 1975. p. 46.

(93) Leciona Bobbio sobre a distinção entre democracia formal e democracia substancial: "O discurso sobre o significado de democracia não pode ser considerado concluído se não se dá conta do fato de que, além da democracia como forma de governo de que se falou até agora, quer dizer, democracia como conjunto de instituições caracterizadas pelo tipo de resposta que é dada às perguntas 'Quem governa?' e 'Como governa?', a linguagem política moderna conhece também o significado de democracia como regime caracterizado pelos fins ou valores em direção aos quais um determinado grupo político tende e opera. O princípio destes fins ou valores, adotado para distinguir não mais apenas formalmente mas também conteudisticamente um regime democrático de um regime não democrático, é a igualdade, não a igualdade jurídica introduzida nas Constituições liberais, mesmo quando estas não eram formalmente democráticas, mas a igualdade social e econômica (ao menos em parte). Assim foi introduzida a distinção entre *democracia formal*, que diz respeito precisamente à forma de governo, e *democracia substancial*, que diz respeito ao conteúdo desta forma. Estes dois significados podem ser encontrados em perfeita fusão na teoria rousseauniana da democracia, já que o ideal igualitário que a inspira se realiza na formação da vontade geral, e portanto são ambos historicamente legítimos. A legitimidade histórica, porém, não autoriza a crer que tenham, não obstante a identidade do termo, um elemento conotativo comum. Tanto é verdade que pode ocorrer historicamente uma democracia formal que não consiga manter as principais promessas contidas num programa de democracia substancial e, vice-versa, uma democracia substancial que se sustente e se desenvolva através do exercício não democrático do poder. Desta ausência de um elemento conotativo comum temos a prova na esterilidade do debate sobre a maior ou menor democraticidade dos regimes que se inspiram uns no princípio do governo do povo, outros no princípio do governo para o povo. Cada um dos regimes é democrático segundo o significado de democracia escolhido pelo defensor e não é democrático no significado escolhido pelo adversário. Além do mais, o único ponto sobre o qual um e outro poderiam concordar é que uma democracia perfeita deveria ser ao mesmo tempo formal e substancial. Mas um regime deste gênero pertence, até agora, ao gênero dos futuríveis'". In: *Estado, governo, sociedade*. São Paulo: Paz e Terra, 1986. p. 157-158.

(94) Cf. SHAPIRO, *apud* CAPPELLETTI, Mauro . *Op. cit.*, p. 99.

(95) *Apud* DUARTE, Écio Oto Ramos. *Teoria do discurso e correção normativa do direito* — aproximação à metodologia discursiva do direito. São Paulo: Landy, 2003. p. 67. Para um aprofundamento da idéia de DWORKIN, Ronald. ver seu *Los derechos en serio*, [Taking Rights Seriously], tradução de Marta Gustavino, 4ª reimpressão, Barcelona: Ariel, 1999.

(96) Com o mesmo sentido de maior participação judicial na própria criação do Direito *vide* NEVES, António Castanheira. Dworkin e a interpretação jurídica — ou a interpretação jurídica, a hermenêutica e a narratividade. In: *Estudos em homenagem ao prof. doutor Rogério Soares, Coleção Stvdia Jurídica (n. 61 — Ad honorem 1)*, Coimbra: Coimbra, p. 263-345.

O processo judicial traz o sentimento de participação ao povo, sentimento essencialmente democrático. É o povo que movimenta o judiciário, determinando seu conteúdo cognitivo[97] e sendo ouvido no debate em contraditório. Afirma *Cappelletti*, inclusive, que é nesse contexto que está a melhor garantia da legitimidade democrática da função judiciária. Para o jurista existe um erro basal em pretender aplicar aos outros dois poderes estatais os mesmos critérios que legitimam a atividade legislativa, uma vez que quanto à jurisdição, a legitimação depende da forma desse tipo de atividade decisional e, principalmente, de sua prolação por um órgão independente e imparcial e do requisito da existência de um 'case and controversy', no sentido de que, diferentemente do legislador e do administrador, o juiz deve agir apenas a pedido das partes ('concretude')[98]. Nesse sentido, estatui: 'o processo jurisdicional é até o mais participatório de todos os processos da atividade pública'[99].

Ora, em um Estado de Direito Democrático o titular soberano do Direito é a própria comunidade, comunidade que é convocada a integrar os poderes que nela atuem e que só são legítimos enquanto intencionalmente a representem[100]:

> o que implicará que esses mesmos poderes — dentre eles decerto o legislativo e o judicial — devem ser compreendidos e institucionalizados de modo a concorrerem todos, convergente e complementarmente ou correlativa e integradamente, para a realização da intenção político-jurídica unitária que a comunidade historicamente assume, sem que, portanto, nenhum desses poderes se possa arrogar a exclusiva ou sequer a preferencial *legitimação comunitariamente representativa.* Quer dizer, todos os poderes estaduais são corresponsáveis por aquela intenção e a todos compete, embora cada um no modo específico da sua funcional actuação, o poder-dever comunitário da sua constitutiva realização[101].

Já havia aclamado o douto constitucionalista brasileiro *Luis Roberto Barroso* que não há qualquer razão para infirmar a legitimidade da atuação criativa do Poder Judiciário. Para o jurista, em uma democracia é, além de possível, desejável que parte do poder público seja exercida por cidadãos escolhidos com base em critérios de capacitação técnica e idoneidade pessoal, alheios às disputas e paixões políticas. 'A falta de emanação popular do poder exercido pelos magistrados é menos grave do que o seu envolvimento em campanhas eletivas sujeitas a animosidades e compromissos incompatíveis com o mister a ser desempenhado.[102] (...)'

---

(97) Desdobramento do princípio da inércia jurisdicional e do princípio da congruência, ambos analisados com mais afinco no decorrer deste trabalho.

(98) CAPPELLETTI. *Op. cit.*, p. 102.

(99) *Ibidem*, p. 100.

(100) NEVES, António Castanheira. *Da jurisdição ..., op. cit.*, p. 183.

(101) *Ibidem, loc. cit.*

(102) BARROSO, Luis Roberto. *O direito constitucional e a efetividade de suas normas*, limites e possibilidades da Constituição brasileira. 2. ed. Rio de Janeiro: Renovar, 1993. p. 166.

É incompatível com o novel modelo de função judicial a visão do juiz como simples funcionário estatal[103], impondo-se assim sua concepção enquanto órgão de representação comunitária, vez que, corolário do princípio fundamental de que todo poder emana do povo é a idéia de que todo poder estatal individualizado avoca uma imediata legitimação comunitária. Desse modo, em virtude da sua função criadora, vê-se nesta função judicial uma 'responsabilidade pelo todo comunitário', uma solidariedade com a comunidade onde se reconhece no juiz um 'órgão imediato de toda a comunidade', vez que concorre para a constituição jurídica[104]. Nas palavras do insigne *Castanheira Neves:*

> se os órgãos legislativos e os órgãos jurisdicionais (...) são ambos chamados a actuar de um modo juridicamente criador e, portanto, a assumir a essência política comunitária que se há de manifestar no direito, um novo sentido se imporia a definir a relação entre o parlamento e a justiça num Estado constitucional democrático, o sentido justamente de uma 'parceria' (*Partnerschaft*) entre eles, como órgãos soberanos da manifestação da intenção comunitária — parceria essa, pela qual se afirmaria um 'princípio estrutural universal na democracia de Estado de Direito, que confere também ao juiz democrático o seu lugar e o seu independente e próprio modo de comparticipar na formação da vontade de uma comunidade de liberdade. Até porque só desse modo se lograria 'subtrair a justiça de Estado-de-Direito à máquina do poder totalitário, onde só licitamente levaria o nome do tribunal, e libertá-la também dos perigos já de uma distância relativamente da opinião pública (*Öffenlichkeit*), já da sua alienação da democracia.'

---

(103) Alarma George Marmelstein Lima: "O que se quer é um Judiciário acomodado, não criativo, acrítico, ou seja, não há o menor interesse no funcionamento efetivo do Judiciário. Parte-se do pressuposto de que o magistrado não entende de administração ou política econômica: não sabe o que é necessário para o desenvolvimento do País. Se julga um tributo inconstitucional, está emperrando o crescimento do Brasil e causando graves prejuízos aos cofres públicos (aliás, é notório que ultimamente o Supremo Tribunal Federal vem julgando quase sempre *pró* fisco nas causas em que se discute a constitucionalidade de determinado tributo). Se decide aumentar o salário dos funcionários públicos, fazendo cumprir a determinação constitucional da isonomia, está quebrando o princípio da separação dos poderes e sendo corporativista. Se insiste em velar pela 'guarda da Constituição', está tornando o País ingovernável. Se deixa de aplicar uma medida provisória para cumprir um princípio constitucional, é o responsável pelo desemprego e desestimula investimentos internacionais. Se não cumpre as súmulas dos Tribunais, criando uma nova interpretação mais justa da norma, é insubordinado, não científico e causa a insegurança. Se luta pela independência dos magistrados, só está pensando em manter os privilégios. Se é favorável aos movimentos sociais e às causas populares, é um juiz de esquerda que só quer saber de baderna e que não está sendo imparcial (como se os que determinam uma reintegração de posse contra posseiros fossem bastante 'neutros'). Se concede uma liminar impedindo a realização de um leilão manifestamente prejudicial ao País, fala-se em censura ao Poder Judiciário, cogitando-se em proibir concessão de tutela cautelar contra a Fazenda Pública ou em ressuscitar a malfadada avocatória. Isso é, em resumo, o que pensam os 'donos do poder', os quais, com o apoio da mídia, tentam incrustar também essa mentalidade no povo. E o pior: muitos juízes, paradoxalmente, são tributários do mesmo pensamento... É preciso, pois, mudar completamente esta visão. É hora de se quebrar mitos, de se modificar paradigmas e renovar o discurso jurídico. Eis o ponto de partida. Como diria Barbosa Moreira, antes que a lei, aqui é sobretudo a mentalidade dominante que gostaríamos de ver modificada, ou, em outras palavras: 'a verdadeira viagem de descobrimento consiste não em buscar novas paisagens, mas em ver com novos olhos'" (Proust). O direito fundamental à ação, o direito de ação, o acesso à justiça e a inafastabilidade do controle jurisdicional à luz de uma adequada e atualizada teoria constitucional dos direitos fundamentais. Disponível em: <http://www.georgemlima.hpg.ig.com.br/doutrina/odfa.rtf>.

(104) Cf. NEVES, António Castanheira. *Da jurisdição ..., op. cit.,* p. 185.

Ou seja, ao fazer-se intérprete da intenção jurídico-social da comunidade, o juiz administra a justiça em 'nome do povo' e se legitima como órgão de soberania independente num Estado Democrático de Direito.

Conclui-se com o jurista conimbrense que a participação co-constitutiva da função jurisdicional na determinação da intenção política comunitária não pode ser vista como uma usurpação de poder, ao revés, é exatamente nessa co-participação que se manifesta a mais profunda legitimação jurídico-democrática da sua função e de sua independência[105].

É importante ressaltar, contudo, que esta possibilidade criativa constitutiva do direito não se sobrepõe à esfera do poder político. Há um limite[106] político-constitucional: a *reserva do legislador.* Não faz parte da esfera jurídica a intencionalidade estratégica, reformadora e programática dos poderes políticos. A constituição autônoma do direito via decisão jurídica não se imiscui nas opções ideológicas político-sociais, devendo o juiz se abster de impor qualquer solução jurídica decisória em questões para as quais não tem preparo institucional nem é competente funcionalmente[107]. Assim, é necessário precipuamente delimitar o domínio do Direito, o *espaço de juridicidade*. Consoante *C. Neves*, não estaremos no espaço jurídico se não estivermos diante de uma relação socialmente objetiva, se não se levantar a dialética a requerer uma solução entre uma pretensão de autonomia e uma exigência comunitária, e ainda, se não estiver em jogo a eticidade correlativa da pessoa, seja como titular, seja como obrigado[108].

Estaremos perante um caso a pôr um problema jurídico se relativamente a uma concreta situação estiver em causa, e puder ser assim objeto e conteúdo de uma controvérsia prática, uma relação humana de comunhão ou de repartição de um qualquer espaço objetivo-social em que se releve explicitamente a tensão dialética entre a autonomia ou liberdade pessoal e a vinculação ou integração comunitária e que convoque num distanciador confronto, já de reconhecimento (a exigir a normativa garantia), já de responsabilidade (a impor uma normativa obrigação) a afirmação ética da pessoa (de homem como sujeito ético). Temos neste critério referido um determinado *objeto* problemático (o objeto mundano-social) num particular *contexto* problemático (o contexto de convivência humana, pessoal-comunitária) que convoca um específico *fundamento* axiológico-normativo (o fundamento implicado na axiologia da pessoa, na axiologia do seu reconhecimento e da sua responsabilidade numa comunidade ética de pessoas) — e que na sua conjugação nos dão o sentido, e que em referência a esse sentido, delimitam, a juridicidade, o campo intencional do Direito[109].

Nesse sentido atesta *Souza Cruz* que o aparente conflito entre discurso de justificação da produção de normas do Poder Legislativo e discurso de aplicação

(105) NEVES, Castanheira. *Jurisdição ..., op .cit.,* p. 186.
(106) Sobre os limites da juridicidade, ver NEVES, António Castanheira. *Metodologia jurídica*: problemas fundamentais. Coimbra: Coimbra, 1993. p. 206-237.
(107) NEVES, Castanheira. *Jurisdição ..., ibidem..*
(108) *Ibidem,* p. 232.
(109) *Ibidem,* p. 233.

do direito pelo Poder Judiciário denota urgente necessidade de avanço nos tribunais superiores. Devem ser deixados de lado os *superados paradigmas liberal/social* do Direito, para que o Judiciário exerça o papel que de fato lhe cabe no contexto do Estado Democrático de Direito. "Aplicar corretamente o Direito, estabelecendo uma norma individual a um demandante especial, de modo a garantir-lhe seu direito fundamental, distingue-se inteiramente do processo legislativo"[(110)].

Na jurisdição, diferentemente da esfera política, busca-se uma dimensão axiológica exigida pelo sentido autêntico da democracia, o que faz com que seja ela 'mais do que um jogo mecânico de interesses ou uma simples fórmula política para dar cobertura ao poder'[(111)]. A noção de democracia não pode ser restringida a uma simples idéia majoritária, porquanto aquela não pode sobreviver em um sistema em que fiquem desprotegidos os valores maiores, os direitos fundamentais. Democracia significa também participação, tolerância e liberdade.

Um judiciário razoavelmente independente dos caprichos, talvez momentâneos, da maioria, pode dar uma grande contribuição à democracia; e para isso em muito pode colaborar um judiciário suficientemente ativo, dinâmico e criativo, tanto que seja capaz de assegurar a preservação do sistema de *checks and balances*, em face do crescimento dos poderes políticos, e também controles adequados perante os outros centros de poder (não governativos ou quase-governativos), tão típicos das nossas sociedades contemporâneas[(112)].

Conforme atesta *J. Eduardo Faria*, o grande desafio do Judiciário de um Estado de Direito e Social é garantir as regras do jogo, mas de um jogo que sirva para ampliar liberdade e igualdade. Tal enquadramento não significa desfazer-se do valor da democracia, pelo contrário, recuperar sua dignidade:

> como o melhor regime possível para realizar o bem comum, que não se distingue de uma vida humana digna, livre e acessível a qualquer um do povo. Se a democracia tem algo a ver com a justiça, e todos estão convencidos que tem porque não há quem defenda a democracia dizendo que ela é boa porque produz injustiça ou porque é incapaz de desfazer injustiça, então um dos temas mais importantes do Judiciário é atuar, a despeito de suas limitações, promovendo a justiça distributiva, na linguagem dos clássicos.[(113)]

É o próprio papel inerente ao juiz e o cumprimento de seus deveres estatutários que explica sua legitimidade reguladora. A magistratura é convocada a um trabalho de legitimação do sistema político e de seu funcionamento, pois estando presente a intrínseca concretização jurisprudencial, propicia-se a natureza reflexiva da sociedade moderna nem sempre encontrada na ideação legiferante.

---

(110) CRUZ, Álvaro Ricardo de Souza. Processo constitucional e a efetividade dos direitos fundamentais. In: *Hermenêutica e jurisdição constitucional, op. cit.*, p. 214.

(111) NEVES, António Castanheira. *Da jurisdição ..., op. cit., p.* 226.

(112) CAPPELLETTI. *Op. cit.*, p. 107.

(113) FARIA, José Eduardo (org.). *Direitos humanos, direitos sociais e justiça.* São Paulo: Malheiros, 2002. p. 142-143.

Pode-se concluir, portanto, que hodiernamente a função jurisdicional deve ser concretizadora dos novéis direitos em formação, restando superada a concepção de uma função jurisdicional restrita à aplicação da lei ao caso concreto. Passa-se a buscar uma dimensão axiológica exigida pelo sentido autêntico da democracia.

Preconiza-se, assim, uma função jurídica constituinte, um poder juridicamente concretizador. A função jurisdicional deve hoje ser compreendida verdadeiramente como função de *juízo*, o histórico e concreto *ius dicere*, e não mais como mera função da tutela da lei e de sua formal aplicação[(114)].

Conclui-se, destarte, que sob o paradigma do Estado Democrático, o Direito requer a especificação de seus modelos informadores, porquanto no exercício da jurisdição, vê-se incontestavelmente eclodida a tensão entre o que *Habermas* denomina a *facticidade* e *validade*[(115)]. Dessa forma, a função de julgar integrando a ordem jurídica de modo legítimo tem de ser norteada por condições que conduzam a uma decisão sólida e de aceitabilidade racional. A concretização jurisprudencial tem de ser guiada por uma racionalidade própria calcada em critérios que legitimem o Direito. A superação do positivismo legalista solicita que se encontrem meios para amenizar a tensão contemporânea entre certeza e legitimidade do Direito, devendo-se buscar métodos para assegurar a racionalidade das opções das decisões jurídicas. Em outras palavras, uma vez que as decisões não mais se basearão necessariamente em normas legais pré-estabelecidas — mormente face aos novos direitos de conteúdo geral e principiológico — faz-se mister a justificação dessas decisões:

> tuttavia ciò apre il problema di come possa distinguere, in mancanza di criteri di decisione e valutazione che transcendano il caso singolo (ossia di standars o regole in qualche senso 'generali'), tra decisione giuste e decisisoni ingiuste[(116)].

Percebe-se, todavia, que a racionalidade *jurídica* tem solicitado uma racionalidade prática[(117)], e não uma racionalidade lógica[(118)] (que se limita à compatibilidade) ou teorética[(119)] (que se realiza numa referência meramente objetiva), porquanto deve aquela ser realizada em uma atividade comunicativa, numa relação entre sujeitos conforme o esquema sujeito/sujeito. Outrossim, a racionalidade

---

(114) NEVES, António Castanheira. *Da jurisdição ..., op. cit.*, p. 226-230.

(115) HABERMAS, Jürgen, *loc.cit.*

(116) Cf. TARUFFO, Michele. Il controllo di razionalità della decisione fra logica, retorica e dialetica. In: BESSONE, Mario (org.). *L'attività del giudice* — mediazione degli interessi e controllo delle attivitá. Torino: G. Giappichelli, 1997. p. 140.

(117) O problema da racionalidade jurídica é saber que tipo de racionalidade deve corresponder ao pensamento jurídico no seu mister de realização do direito. Cf. NEVES, António Castanheira. *Metodologia jurídica:* problemas fundamentais. Coimbra: Coimbra, 1993. p. 49.

(118) Castanheira Neves aclara que a racionalidade lógica é "a racionalidade de pura discursividade ou de exclusiva relação entre proposições num modo de inferência necessária entre elas." In: *Metodologia jurídica ..., op. cit.*, p. 35.

(119) A racionalidade teorética é a racionalidade de um discurso de referência objectiva, através do esquema sujeito/objecto; tudo numa perspectiva teórica do direito, o qual é postulado como objecto "numa atitude dogmática-cognitiva ou analítico-explicativa e numa intenção de verdade (essencialista, positivista ou empirista)". NEVES, António Castanheira. *Op. cit.*, p. 35 -70.

jurídica deve manifestar-se num discurso argumentativo, 'numa troca comunitária e dialógico-dialética de argumentos'(120), discurso este que visa à validade em sentido prático, que visa à justificação comunicativa. O pensamento jurídico tem sido convocado a solucionar *problemas* práticos em uma atitude *pratico-jurisprudencial,* vale dizer, entendendo-se o direito como problema de uma validade 'problemático-judicativamente realizanda'(121) e não como um objeto a ser conhecido dogmática ou analiticamente.

Nesse sentido, a esfera das normas e dos valores está em recíproca relação com uma *teoria da razão prática* e não de uma razão teórica, vez que a discussão jurídica contemporânea requer que se enquadre o campo da investigação exatamente na impressividade de verdade oriunda do universo das relações intersubjetivas ocorrentes cotidianamente. Assim, para *Perelman,* deve enfatizar-se a razão sob o aspecto prático, ou seja, a razão relacionada diretamente com a busca de uma racionalidade que responda às dúvidas e incertezas do homem concreto, 'desligado de ilusões características do ideal de vida meditativa defendida pela filosofia da antiguidade'(122).

Mas, conforme pontua *Habermas,* hoje a problemática da racionalidade reside no *como* a aplicação de um Direito contingencialmente emergente pode ser realizada de forma internamente consistente e externamente fundado de modo a garantir a certeza do Direito e a sua justiça, sua correção(123). Mas a certeza do direito hoje almejada não pode ser mais aquela certeza enquanto expressão de reverência ao tecnicismo abstrato e formal e sim como "esigenza di coerenza nello sviluppo democratico della società, di univocità di tale sviluppo ancorché nella pluralística articolazione, di garanzia di uniformità di diffusione degli effetti di esso"(124).

Com *Aarnio*(125) vê-se, então, que a crise da racionalidade jurídica é nitidamente evidenciada pela inflação legislativa que acaba com a coerência interna do sistema jurídico; pela incapacidade de decisão do julgador face à inadequação legislativa; e, conseqüentemente, pela falta de credibilidade na atividade jurisdicional que não atinge a aceitabilidade social. A necessidade de justificação das decisões judiciais está, pois, diretamente relacionada ao fato de que o poder dos juízes não se fulcra mais em suas disposições formais, mas sim na efetiva aceitabilidade daquelas. Ademais, a apresentação da justificação é vista também como um canal para garantir a existência de certeza jurídica na sociedade sobre um fundamento racional, vez que garante quem pretende recorrer da decisão e quem deve apreciar o

(120) NEVES, António Castanheira. *Metodologia jurídica:* problemas fundamentais. Coimbra: Coimbra, 1993. p. 37.
(121) *Ibidem, p.* 71.
(122) PERELMAN, Chaim *apud* DUARTE, Écio Oto Ramos. *Teoria do discurso e correção normativa do direito* — aproximação à metodologia discursiva do direito. São Paulo: Landy, 2003. p. 77.
(123) Cf. HABERMAS, Jürgen. *Direito e democracia.* 4. ed. Tradução de Flávio Beno Siebeneichler. Edi.Suhrkamp Verlag, 1992. Rio de Janeiro: Tempo, 1997, cap. V. v. I: Faktizitat und Geltrung Beiltrage zur Diskurstheorie des Rechts und des Democratischen Rechtsstaates.
(124) Cf. AIELLO, Michele. Discrezionalità del giudice civile. In: BESSONE, Mario (org.). *L´attività del giudice* — mediazione degli interessi e controllo delle attivitá. Torino: G. Giappichelli, 1997. p. 86.
(125) AARNIO, Aulis. *Lo racional como razonable.* Un tratado sobre la justificación jurídica. Madrid: Centro de Estudios Constitucionales, 1991. p. 42.

recurso, possibilitando um juízo de supervisão relativo à decisão jurídica interpretativa[126].

Afirma-se, pois, com *Atienza* que no contexto jurídico atual, a obrigação de justificar as decisões contribui não só para torná-las aceitáveis — o que é relevantíssimo nas sociedades pluralistas que não concebem como fonte de legitimidade tradição ou autoridade — como também para que o Direito possa cumprir seu mister de orientação da conduta humana[127].

Defende-se, então, o que *J. J. Canotilho* nomina de *principialização da jurisprudência,* ou seja, a mediação judicativa-decisória dos princípios jurídicos que possuem proeminência na solução materialmente justa dos casos submetidos à decisão jurisdicional[128]. Atesta o afamado jurista que levar a sério os princípios provoca uma transformação profunda na *metódica de concretização* do direito e, por conseguinte, na atividade jurisdicional dos juízes. Afiança ainda, com *Dworkin,* que a criação do direito nos *hard cases* requer uma hermenêutica dificilmente reconduzível à subsunção e sim calcada numa *ponderação de princípios*[129].

Ressalte-se, contudo, que os princípios são, aqui, diferentemente da noção positivista, o embasamento último justificador de uma decisão jurídica e não mera diretriz do bem julgar. Pontua *Siqueira Castro* que, de fato, sempre se reservou um papel secundário às chamadas normas principiológicas, porquanto, nos sistemas jurídicos de inspiração positivista, a função dos princípios de direito sempre se restringiu ao papel subalterno de servir de fonte de integração subsidiária para as hipóteses de ausência ou insuficiência de preceito[130].

Ora, desde que em 1920 o art. 38 do Estatuto da Corte Permanente de Justiça Internacional estabeleceu que os princípios gerais de Direito reconhecidos pelas nações civilizadas eram aptos a resolver controvérsias jurídicas [131], restou instaurada uma nova fase caracterizadora de uma normatividade definitiva reconhecida aos princípios[132]. Percebe-se, nesse contexto, o reconhecimento dos princípios como fundamentos normativos da juridicidade, que a própria lei terá de acatar e cumprir[133]. Assim, por exemplo, *Alexy*[134] e *Dworkin*[135] atestam que princípios são nor-

(126) *Ibidem,* p. 29.

(127) ATIENZA, Manuel. *As razões do direito*: teorias da argumentação jurídica. Trad. Maria Cristina Guimarães Cupertino. São Paulo: Landy, 2002. p. 25.

(128) CANOTILHO, J. J. Gomes. A principialização da jurisprudência através da Constituição. In: *Revista de Processo,* São Paulo: Revista dos Tribunais, Repro 98. ano 25, abr./jun. 2000, p. 83.

(129) CANOTILHO, J. J. Gomes. *Op. cit.,* p. 89.

(130) CASTRO, Carlos Roberto Siqueira. *A constituição aberta e os direitos fundamentais.* Rio de Janeiro: Forense, 2003. p. 46-47.

(131) Artigo este que foi incorporado pelo posterior Estatuto da Corte Internacional de Justiça. cf. BONAVIDES, Paulo. *Curso de direito constitucional.* 13. ed. São Paulo: Malheiros, 2003. p. 226.

(132) Furtamo-nos ao trabalho de especificar as diversas concepções de princípio e explicitações sobre sua evolução, uma vez que refugiria à temática relativa ao presente estudo; ver, por todos quanto às explicitações: ESSER, Josef. *Principio y norma en la elaboración jurisprudencial del derecho privado.* Bosch: Urgel, 51 Bis; Barcelona; quanto às diversas concepções: BONAVIDES, Paulo. *Curso de direito constitucional.* 13. ed. São Paulo: Malheiros, 2003, capítulo 8 e ENGELMANN, Wilson. *Crítica ao positivismo jurídico* — princípios, regras e o conceito de direito. Porto Alegre: Antonio Sérgio Fabris, 2001, segunda parte.

(133) NEVES, António Castanheira. *Op. cit.,* p. 107.

(134) Cf. BONAVIDES, Paulo. *Op. cit.,* capítulo 8.

(135) *Ibidem.*

mas e *J. Esser*[136] que o princípio atua normativamente sendo ponto de partida na resolução judicial de um problema jurídico.

Está a se cuidar, assim, dos *princípios enquanto fundamento material da própria juridicidade,* fundamento sobre o qual o sistema jurídico repousa o seu sentido. Vale dizer, devem ser os princípios a exprimir a intencionalidade axiológica do direito, a definir o fundamento de validade do *ius*. Devem, por meio da axiologia que por eles é convocada e se expressa, constituir o direito e sua autonomia material[137].

A respeito, vale citar a consagração pela Constituição Brasileira de 1988, da idéia de abertura material do catálogo de direitos e garantias fundamentais, vale dizer, que para além dos direitos e garantias expressamente reconhecidos pelo Constituinte, asseguram-se outros ainda que não positivados[138] — art. 5º, § 2º, *litteris:* "Os direitos e garantias expressos nesta Constituição não excluem outros decorrentes do regime e dos *princípios* por ela adotados, ou dos tratados internacionais em que a República Federativa do Brasil seja parte." (grifo nosso).

Tal convocação principiológica e axiológica faz-se necessária para que se tenha como norte do sistema jurídico o próprio direito, pois conforme alerta *Castanheira Neves*, o sistema moderno-iluminista gerou como conseqüência decisiva que o último horizonte prático fosse o político. "O prático deixou de se referir a uma material axiologia pressuposta, que seria em último termo expressão metafísica do ser, para se assumir como tarefa da liberdade e da sua autonomia constitutiva. No plano específico do jurídico a conseqüência foi a imputação do direito exclusivamente à legitimação política, a implicar assim que a sua normatividade deixasse também de se aferir por uma validade material (por uma exigência ao nível do conteúdo intencional) e passasse antes a bastar-se como uma validade formal (com a legitimidade de um certo poder e a exigência de uma certa forma e processo), e validade formal que viria a identificar-se com a legalidade (com a 'forma legal')".

É oportuno ressaltar que não se está aqui a defender a Constituição como fundamento principiológico último, como sói acontecer. Tratando-se de processo de criação de norma jurídica deve ser afastada a idéia positivista de validar a norma partindo-se da inferior para a superior para se chegar à norma fundamental[139]. Aclara aqui novamente *Castanheira Neves:*

> se assim for, a validade volta a confundir-se com a postulada legitimidade de um poder, e o direito remetido, através da Constituição, para o poder político terá de conformar-se de novo com a sua compreensão positivista — um posi-

(136) ESSER, Josef. *Principio y norma en la elaboración jurisprudencial del derecho privado.* Bosch: Urgel, 51 Bis, Barcelona.

(137) Cf. NEVES, António Castanheira. *Op. cit.*, p. 108.

(138) Cf. SARLET, Ingo Wolfgang. *Dignidade da pessoa humana e direitos fundamentais na Constituição de 1988.* Porto Alegre: Livraria do Advogado, 2002. p. 100.

(139) A respeito, ver QUEIROZ, Cristina. *Interpretação constitucional e poder judicial:* sobre a epistemologia da construção constitucional. Coimbra: Coimbra, 2000. p. 37.

tivismo agora já não de simples legalidade, mas não menos um positivismo constitucional[140].

Aplicável a esse contexto a noção traçada por *Otto Bachof*[141]: 'a validade (*Geltung*) de uma Constituição compreende sua legitimidade em ambos os aspectos: a *positividade*, no sentido da sua

> existência como plano e expressão de um poder efectivo e a *obrigatoriedade*, no sentido da vinculação jurídica dos destinatários das normas ao que é ordenado. Esta obrigatoriedade só existirá, em primeiro lugar, se e na medida em que o legislador tome em conta os "princípios constitutivos de toda e qualquer ordem jurídica" e, nomeadamente, se deixe guiar pela aspiração à justiça e evite regulamentações arbitrárias. Mas, além disso, só existirá ainda (...) se o legislador atender aos mandamentos cardeais da lei moral, possivelmente diferente segundo o tempo e o lugar, reconhecida pela comunidade jurídica, ou, pelo menos, não os renegar conscientemente.
>
> Prossegue o professor da Universidade de *Tübingen*:
>
> a restrição da legitimidade de uma Constituição à sua positividade redundaria ao fim e ao cabo, como *E. V. Hippel* convincentemente mostrou, na igualdade poder = direito, e corresponderia, assim, transposta para o terreno teleológico, a uma argumentação 'que extraísse do poder do diabo a obrigatoriedade religiosa das leis infernais.'' Ademais, 'a incorporação do direito supralegal na Constituição tem apenas — doutro modo esse direito não seria supralegal — significado *declaratório* e não *constitutivo*: tal incorporação não *cria* o direito, mas antes *reconhece*[142].

É exatamente em virtude da força normativa conferida aos princípios que deve ser o processo reconhecido como a instituição capaz de legitimar os provimentos jurisdicionais, vez que estes não são mais oriundos de um direito posto e sim de um direito concretizado perante o caso. Ante a complexidade do mundo pós-moderno, dos direitos em aberto, as melhores soluções somente advirão quando se puserem as opiniões conflitantes em comunicação para que se chegue a um entendimento comum[143]. Destarte, o acertamento de direitos pelo Judiciário somente se valida pelo processo em contraditório, em que a participação das partes far-se-á tanto na reconstrução dos fatos quanto na formulação da norma aplicável ao caso concreto. Outrossim, é a participação efetiva das partes norteada pelo princípio do contraditório que perfaz a dialeticidade necessária entre os interlocutores destinatários do provimento final. Assim posto, o fundamento ético último da decisão jurisdicional deve ser atingido mediante a participação discursiva das partes. É imperioso que os destinatários do provimento imperativo do Estado, a sentença, participem de sua formação para que possam respeitar o direito aplicá-

(140) NEVES, António Castanheira. *Op. cit.*, p. 110.
(141) BACHOF, Oto. *Normas constitucionais inconstitucionais?* Coimbra: Almedina, 1994. p. 43-45.
(142) Arremata BACHOF. *Op. cit.*, p. 46: "Resulta disso que o conceito material de Constituição exige que se tome em consideração o direito supralegal".
(143) Cf. GUERRA FILHO, Willis Santiago. *Teoria processual da Constituição*. São Paulo: Celso Bastos, 2002. p. 70.

vel por meio do Estado-juiz. Assim, a solução do caso deve se mostrar pragmaticamente na situação comunicativa. Como bem coloca *Rosemiro Pereira Leal* o eixo das decisões "se constrói no espaço procedimental da razão discursiva (linguagem) egressa da interpretação-relacionalidade normativa (conexão) do ordenamento jurídico obtido a partir da teoria da Constituição democrática. (...) no apontamento incessante da falibilidade do sistema jurídica no espaço procedimental acessível a todos, os destinatários das normas se reconhecem autores da produção do direito".[144]

Em termos práticos, a racionalidade decisional na pós-modernidade convoca a participação das partes também no que diz respeito à fundamentação, vez que, como dantes colocado, hoje o juiz já não mais fundamenta suas decisões somente em textos legais. Inclui-se nessa nova perspectiva a possibilidade de participação das partes na construção discursiva da decisão. Por exemplo, declarado o vínculo de emprego, não pode indeferir o pleito de pagamento das horas extras porque o empregado exercia cargo de confiança[145], quando essa discussão não foi trazida aos autos, mas tão somente a inexistência de relação de emprego em virtude da autonomia e falta de subordinação do autor. Ainda exemplificando: a autora pretende o reconhecimento da relação de emprego como coordenadora escolar, a ré afirma ser ela professora instrutora, mas depreende-se dos autos que em verdade era a mesma auxiliar de coordenação: essa possibilidade não foi aventada pelas partes o que levaria a uma surpresa o deferimento desse *tertium* tipo em sede de sentença. Ainda que seja possível legalmente porquanto se está a deferir menos do que foi vindicado, esta decisão não seria legítima, pois faltaria a participação dos destinatários do provimento.

Destarte, uma decisão que desconsidere, ao seu embasamento, os argumentos produzidos pelas partes no *iter* procedimental será, como nos afiança *Cordeiro Leal*, inconstitucional e, a rigor, não será sequer pronunciamento jurisdicional, tendo em vista que lhe faltaria a necessária legitimidade.[146] Daí ser imperativo concluir que a racionalidade da decisão somente pode ser alcançada na interpretação[147] compartilhada do sistema jurídico e na reconstrução dos fatos pelas partes.

Consoante pontua *Kauffmann*, caso e norma são somente a matéria-prima do processo metodológico, não sendo, sequer, possível correlacioná-los enquanto não forem trabalhados, uma vez que se situam em planos categóricos diferentes. A norma pertence ao dever-ser definido de forma abstracta-geral e o caso ao ser amorfo, não estruturado. A correlação entre ambos somente se viabiliza após norma e caso terem sido, respectivamente, enriquecidos com empirismo e normativi-

---

(144) LEAL, Rosemiro Pereira. *Teoria processual da decisão jurídica*. São Paulo: Landy, 2002. p. 184.

(145) Fato que acarreta a não percepção do direito ao pagamento das horas extraordinárias: art. 62 da CLT.

(146) LEAL, André Cordeiro. *O contraditório e a fundamentação das decisões no direito processual democrático*. Belo Horizonte: Mandamentos, 2002. p. 105-108.

(147) Entendendo-se restar superado o esquema subsuntivo da interpretação e aplicação do Direito. Cf. CORDEIRO, Menezes. Aplicação do direito. Enciclopédia *Polis*, p. 1053; NEVES, Castanheira. *Questão de facto, questão de direito*. Coimbra: Coimbra, 1967. p. 422 e ss. BRONZE, Fernando José. Vária. In: *Boletim da Fac. de Direito Coimbra*, v. LXXV, Coimbra, 1999, p. 725-726 e nota 25.

dade, de modo a se corresponderem, e que essa correspondência tenha sido fundamentada argumentativamente[148].

Por fim, é imperativo sublinhar, conforme alertara *Calamandrei*, que "para encontrar a justiça, é necessário ser-lhe fiel. Ela, como todas as divindades, só se manifesta a quem nela crê".

(148) KAUFFMANN. *Op. cit.,*. p. 191.

Nem a Lei Liberta: A Constituição de 1988 e os Direitos Sociais Vinte Anos Depois

Roberto Fragale Filho(*)

Introdução(1)

Pouco antes da promulgação da Constituição da República Federativa do Brasil, *Ulisses Guimarães* já a adjetivava de "cidadã", em discurso proferido na Assembléia Constituinte Nacional, na sessão de 27 de julho de 1988(2). Na ocasião, ele assim a caracterizava, por um lado, "porque (ela) recuperará como cidadãos milhões de brasileiros, vítimas da pior das discriminações: a miséria"; mas, por outro lado, ele também a chamava dessa forma, pois ela era fruto de um processo popular em que participaram cinco milhões e quatrocentas mil pessoas, as quais, "livremente, ingressaram no edifício do Congresso Nacional [e], sem discriminação, [puderam trazer sua] contribuição ou crítica, [já que] as portas estavam e continuam abertas". E mais: era assim qualificada, porque, como "os cidadãos propõem e vetam [projetos de leis, eles] são legisladores, exercitam a democracia direta".

Embora a ênfase da adjetivação decorresse desses aspectos políticos, *Ulisses* argumentava, ainda, que se tratava de uma Constituição "cidadã", pois estava sendo instituída, no âmbito da seguridade, "a universalidade dos beneficiários, mesmo aos que comprovadamente não possam contribuir, [uma vez que estava sendo desobstruído] o acesso à Previdência, sem desequilíbrio, às donas-de-casa, arrendatários e pescadores; [além de ter sido diminuída] pela equivalência a separação entre o trabalhador rural, com oito benefícios, e o urbano, com trinta e dois". Enfim, concluía ele dizendo que "cidadão é o usuário de bens e serviços do desenvolvimento".

Mas é, sem dúvida, por ocasião de sua promulgação, em 5 de outubro de 1988, que a denominação ficou famosa, embora ela ali também tenha sido qualificada como "Constituição Coragem"(3). *Ulisses* ali explicava que "o Homem é o pro-

---

(*) Juiz Titular da 1ª Vara do Trabalho de São João de Meriti (RJ) e Professor do Programa de Pós-graduação em Sociologia e Direito (PPGSD) da Universidade Federal Fluminense (UFF).

(1) Esta introdução recupera partes de meu texto Cidadania & Trabalho: fios de uma mesma fibra, constitucional? Cf. *Fragale Filho* (2003).

(2) Os trechos aqui transcritos desse discurso de Ulisses Guimarães encontram-se disponíveis em: <http://www.fugpmdb.org.br/c_cidada.htm> Acesso em: 13 jan. 2003.

(3) Os trechos aqui transcritos desse discurso de Ulisses Guimarães encontram-se disponíveis em: <http://www.fugpmdb.org.br/c_corag.htm> Acesso em: 13 jan. 2003.

blema da sociedade brasileira: sem salário, analfabeto, sem saúde, sem casa, portanto, sem cidadania. [E, como a Constituição,] graficamente, testemunha a primazia do homem, que foi escrita para o homem, que o homem é seu fim e sua esperança, [ela é] a Constituição cidadã. [Enfim,] cidadão é o que ganha, come, sabe, mora, pode se curar". Por outro lado, ela seria também a "Constituição Coragem, [porque ela] andou, imaginou, inovou, ousou, ouviu, viu, destroçou tabus, tomou partido dos que só se salvam pela lei".

Na verdade, os adjetivos "cidadã" e "coragem", escolhidos por *Ulisses Guimarães*, não são inocentes, pois elas seriam estandartes do real conteúdo do sentimento constitucional, ou seja, o verdadeiro espírito da Constituição: um espírito construído em torno da idéia de cidadania, cujas dimensões política e social foram por ele apontadas antes mesmo de sua promulgação. Era, sem dúvida, esse espírito que presidia a edição de um extenso rol de direitos sociais, cuja concretização importaria na consolidação de uma robusta cidadania, que se imaginava em processo de expansão do espaço público para o mundo do trabalho. Em outras palavras, a cidadania entrava na fábrica (*Fragale Filho*, 2003) e, com esse movimento, ampliava as possibilidades de emancipação do trabalhador brasileiro.

Passadas duas décadas da promulgação da Constituição de 1988, é hora de fazer mais um balanço do texto constitucional que, ao longo desse tempo, testemunhou, de um lado, a adjetivação "cidadã" ganhar intensa opacidade e, de outro lado, o quase completo esquecimento da caracterização "corajosa"(4). E, no entanto, ao se referir à idéia de coragem, *Ulisses* dizia-nos para esquecer o medo, pois o povo mandara escrever a Constituição(5). Um mesmo povo que, quatorze anos mais tarde, veria o recém eleito Presidente *Luiz Inácio Lula da Silva* declarar que "a esperança (finalmente(6)) venceu o medo"(7). Mas, se, tanto em 1988 quanto em 2002, a coragem venceu o medo, ela esqueceu que, nesse intervalo temporal, realizou-se um longo percurso que viu a cidadania adjetivar, sucessivamente, o texto constitucional, o trabalhador e, ao final, a empresa. Nesse processo, em que o substantivo perdeu imponência e se banalizou a ponto de adjetivar os programas governamentais "cheque-cidadão" e "sopa-cidadã", mudou a Constituição, tanto em uma perspectiva formal (com a edição de inúmeras emendas), quanto em seus aspectos materiais (com as mudanças interpretativas havidas ao longo desse período). Mudou, também, a própria concepção de cidadania, cuja expansão transformou-a em uma espécie de palavra despida de conteúdo, ou seja, em um conceito esvaziado. Enfim, tudo mudou.

---

(4) Por ocasião dos quinze anos da Constituição, em texto parcialmente aqui recuperado (FRAGALE FILHO, 2003), noticiava que uma busca na *web* com as duas expressões ("Constituição cidadã" e "Constituição coragem") resultava, respectivamente, em 1.510 e 16 entradas. Refeito o exercício com o mesmo mecanismo, ou seja, utilizando-se o *site* de buscas disponível em: <http://www.google.com> Acesso em: 17 mar. 2008, o resultado é agora, respectivamente, de 22.500 e 180 entradas.

(5) "O povo nos mandou aqui para fazê-la, não para ter medo". Cf. nota 3.

(6) O advérbio "finalmente" foi utilizado no discurso de posse, em 1º de janeiro de 2003. Cf. disponível em: <http://www1.folha.uol.com.br/folha/brasil/ult96u44275.shtml> Acesso em: 13 fev. 2003.

(7) Trata-se do discurso de agradecimento por ocasião da vitória no segundo turno da eleição presidencial, em 27 de outubro de 2002. Cf. disponível em: <http://www1.folha.uol.com.br/folha/brasil/ult96u41584.shtml> Acesso em: 13 fev. 2003.

Na esteira dessas mudanças, impõe-se, portanto, um novo balanço. O que terá acontecido com o agora já vintenário texto constitucional? Que leitura fazer do seu capítulo de "direitos sociais"? De plano, retomo uma pista de investigação anunciada em outro texto, por mim apresentado nos trabalhos do grupo Cainã[(8)] (*Fragale Filho*, 2008). Nele, eu aventava como uma possível hipótese de trabalho a idéia consoante a qual a trajetória desses últimos vinte anos, marcada por um caráter de incompletude, reflete a frustração do mundo jurídico por conta da expectativa nutrida de que as mudanças no mundo do trabalho viriam, por um lado, na esteira da regulamentação legislativa do texto constitucional e, por outro lado, como uma conseqüência natural da alternância política. Ora, duas décadas depois, é possível sustentar que essa expectativa revelou-se absolutamente falseada. Com efeito, assim como uma boa parcela dos direitos sociais constitucionalizados em 1988 restou "em aberto", a alternância política, ainda que tenha contribuído para a consolidação democrática, não teria trazido tampouco a concretização desses mesmos direitos sociais. Esse seria, sem dúvida, o saldo a ser encontrado ao final desse mais recente balanço, cuja realização é, contudo, aqui proposta de forma apenas parcial, pois, em conformidade com a proposta dos textos aqui reunidos pela Anamatra, pretendo concentrar-me na inconclusa regulamentação dos direitos sociais. Corro com essa opção o risco da análise incompleta, enviesada pelo "abandono" de uma parcela de minha hipótese original. Esse é, entretanto, um risco desejado e explicitamente assumido para afastar a ameaça do comentário "mundano", feito *à chaud* e da análise ainda muito embrionária sobre os contornos que a regulamentação do mundo do trabalho vai ganhando por meio das atividades do Fórum Na-cional do Trabalho (FNT). Assim, meu olhar volta-se, aqui, para a inconclusa regulamentação constitucional, na busca de uma chave explicativa a partir de dois institutos trabalhistas precisos: (a) a proteção da relação de emprego e (b) as instâncias de representação de classe.

A INCONCLUSA REGULAMENTAÇÃO CONSTITUCIONAL

Com apenas cinco artigos, o capítulo dos direitos sociais constitui-se em um amplo elenco de direitos vinculados ao mundo do trabalho e que, na esteira da adjetivação *ulissiana*, certamente contribuiria para o alcance de uma efetiva cidadania, imbuída de uma real emancipação do trabalhador brasileiro. Assim, o catálogo de direitos inscritos em seu art. 7º é longo e inclui, entre outros, a proteção da relação de emprego contra despedida arbitrária ou sem justa causa e o aviso prévio proporcional ao tempo de serviço. Os direitos sindicais, por sua vez, estão consolidados em seu art. 8º, assegurando a liberdade sindical, sem qualquer interferência estatal. A representação de classe mereceu ainda especial atenção quanto às empresas com mais de duzentos empregados, porquanto o art. 11 instituiu uma representação distinta para fins de promoção do entendimento direto entre em-

(8) O grupo Cainã é composto por professores universitários brasileiros e portugueses e realiza uma reunião anual na qual é discutido o estado da arte da produção acadêmico-jurídica, sempre tendo a Constituição como pano de fundo. Estes encontros deram origem a cinco livros, organizados por *Coutinho* (2003), *Scaff* (2003), *Nunes & Coutinho* (2004), *Coutinho & Lima* (2006) e *Coutinho, Morais* e *Streck* (2007).

pregadores e empregados. Por fim, a greve encontra-se assegurada em seu art. 9º, competindo aos trabalhadores exercer de forma ampla e livre o julgamento de conveniência sobre o tempo e os interesses que por meio dela desejam defender. Essa apertada síntese, com destaque para a proteção da relação de emprego, a liberdade sindical, a representação por empresa e a greve, não é sem propósito, já que eles, em especial, são exemplos relevantes da incompletude que se encontra na base da frustração constitucional. Longe de serem eles, entretanto, os únicos dispositivos negligenciados pelo legislador infraconstitucional[9]. Ainda assim, por conta de seu caráter paradigmático, uma sistematização feita a partir desse pequeno rol, examinando, inicialmente, a proteção da relação de emprego e, em seguida, as circunstâncias da representação de classe, pode servir para uma melhor compreensão da inconclusa regulamentação constitucional.

1. A proteção da relação de emprego

O texto constitucional, em seu art. 7º, III, consagrou a existência de um único regime de proteção contra a dispensa arbitrária, ou seja, o Fundo de Garantia do Tempo de Serviço (FGTS). Com isso, extinguiu-se o regime da estabilidade decenal e encerrou-se o período híbrido[10] iniciado com a edição da Lei n. 5.107/66, que instituiu originalmente o FGTS. É bem verdade, como assinala *Roberto A. O. Santos* (1993: 222), que com a instituição da "opção", na década de setenta, "a garantia constitucional da Estabilidade figura quase exclusivamente como um princípio abstrato, de modo que não é excessivo falar de substituição prática da Estabilidade pelo FGTS. Não admira que, em sua obra sobre a 'nova economia brasileira', o Ministro *Mário Henrique Simonsen* inclua entre 'as grandes conquistas do período 1964/67' aquilo que chama 'a *substituição* do antigo sistema de indenizações e estabilidade do trabalhador pelo Fundo de Garantia do Tempo de Serviço'".

Nesse contexto, a proteção da relação de emprego contra despedida arbitrária ou sem justa causa prevista no inciso I do art. 7º da Constituição ganha particular relevância, o que, aliás, foi explicitamente reconhecido pelo constituinte ao fixar, no art. 10, I, do Ato das Disposições Constitucionais Transitórias que, no período de transição compreendido entre a promulgação da Constituição e a edição da lei complementar prevista no referido inciso, a proteção consistiria no quádruplo da indenização estipulada pela Lei n. 5.107/66. Entretanto, ao longo das últimas duas

(9) Nesse sentido, um bom exemplo seria a discussão em torno do alcance do art. 7º, IV, cujo conteúdo assegura um "salário mínimo, fixado em lei, nacionalmente unificado, capaz de atender a suas necessidades vitais básicas e às de sua família com moradia, alimentação, educação, saúde, lazer, vestiário, higiene, transporte e previdência social, com reajustes periódicos que lhe preservem o poder aquisitivo". Cf. *Coutinho et al* (2003).

(10) Na verdade, a extinção do regime de estabilidade decenal não foi completa, pois restou "ressalvado o direito adquirido dos trabalhadores que, à data da promulgação da Constituição Federal de 1988, já tinham o direito à estabilidade no emprego nos termos do Capítulo V do Título IV da CLT" (art. 14 da Lei n. 8.036/90). Assim, o período híbrido só viria realmente a se encerrar com o total desaparecimento dos empregados estáveis remanescentes.

décadas, enquanto o Legislativo via-se envolto na interminável discussão de sucessivos projetos regulamentando a matéria[11], essa construção constitucional provisória tornou-se virtualmente "definitiva".

É, sem dúvida, essa "precariedade" que irá levar os operadores jurídicos a buscar uma forma alternativa de regulamentação, na esteira da Convenção n. 158, da Organização Internacional do Trabalho (OIT), aprovada em 1982 e cujo conteúdo versa justamente sobre o término da relação de trabalho por iniciativa do empregador. Entre nós, ela foi aprovada pelo Congresso Nacional em 16 de setembro de 1992 (Decreto Legislativo n. 68), tendo o governo brasileiro depositado a carta de ratificação no Bureau da OIT, em 05 de janeiro de 1995, ocasião em que começou a fluir o prazo de doze meses para sua vigência. Em 6 de janeiro de 1996, com a entrada em vigor da mencionada Convenção, teve início um momento paradoxal no Direito Trabalhista nacional: apesar de ratificada pelo Congresso Nacional e depositada no Bureau da OIT, deixou o Poder Executivo de editar o decreto de promulgação no Diário Oficial da União. Esta situação paradoxal foi, em parte, resolvida em 11 de abril de 1996, quando foi publicado o Decreto n. 1.855, de 10 de abril de 1996. Tal publicação não equacionou, entretanto, os eventuais conflitos existentes entre as duas ordens jurídicas, nem tampouco pôs fim às polêmicas doutrinárias[12], as quais sofreriam um profundo esvaziamento com a sua denúncia, oferecida pelo governo em 20 de novembro de 1996 com a edição do Decreto n. 2.100. Assim, consoante as normas da própria Convenção, esta teria deixado de ter qualquer aplicabilidade no País em 20 de novembro de 1997.

A matéria é, contudo, controversa e ensejou duas ações diretas de inconstitucionalidade: a ADI n. 1.480[13], ajuizada pela Confederação Nacional da Indústria (CNI) e extinta pelo Ministro *Celso Mello* em virtude da perda superveniente de seu objeto, e a ADI n. 1.625, ajuizada pela Confederação Nacional dos Trabalhadores na Agricultura (Contag) e pela Central Única dos Trabalhadores (CUT) questionando a inconstitucionalidade da denúncia da Convenção, sendo certo que seu julgamento ainda não foi concluído pelo STF. Polêmica e ainda pendente no STF, a matéria acabou reaparecendo na agenda legislativa por conta do envio de mensagem do Poder Executivo em fevereiro de 2008 ao Congresso Nacional solicitando a

---

(11) É longa a seqüência de projetos sobre a matéria. Ela começa com o PLP n. 33/88 do Deputado Paulo Paim, ao qual foram apensados, ao longo dos anos, os projetos PLP n. 112/88, PLP n. 4/95, PLP n. 66/95, PLP n. 93/96, PLP n. 162/00, PLP n. 212/01, PLP n. 179/04 e PLP n. 385/06. Encontra-se ainda em tramitação o PLP n. 8/03 do Deputado Maurício Rands. Arquivados, tem-se o PLP n. 31/88, o PLP n. 34/88, o PLP n. 58/89, o PLP n. 134/88, o PLP n. 180/89 e o PLP n. 77/96. Os dados foram extraídos de consulta ao serviço de consulta de tramitações das proposições da Câmara dos Deputados, disponível em: <http://www2.camara.gov.br/internet/proposicoes> Acesso em: 28 mar. 2008.

(12) A polêmica freqüentou as páginas da *Revista LTr* ao longo de 1996 e foi objeto de uma publicação especial em junho do mesmo ano com artigos de: Amauri Mascaro Nascimento, Antônio Álvares da Silva, Aramis de Souza Silveira, Arnaldo Süssekind, Francisco Antonio de Oliveira, Irineu Strenger, José Alberto Couto Maciel, Luiz Alberto David Araújo, Marcelo José Ladeira Mauad, Márcio Yoshida, Maria Aparecida Gugel, Marta Casadei Momezzo, Octavio Bueno Magano, Paulo Emílio Ribeiro de Vilhena e Raimundo Cerqueira Ally.

(13) A petição inicial da ação encontra-se disponível em: <http://implantacao.cni.org.br/portal/main.jsp?lumPageId=40288081124E3AB001125708C3253148&itemId=8A9015D01445CD8E011446EE822864B7> Acesso em: 28 mar. 2008.

ratificação da adesão do Brasil às Convenções ns. 151 e 158[14]. No entanto, sua reaparição no cenário político e jurídico por conta de um debate em torno da pertinência de uma nova ratificação não elimina a questão formal relativa à exigência de edição de lei complementar, nem tampouco a controvérsia em torno de sua incompatibilidade com a Constituição cujo conteúdo normativo não imporia as restrições que o texto convencional internacional estaria a ensejar.

Nessa espécie de *puzzle* protetivo da relação de emprego surge ainda o instituto do aviso prévio proporcional, previsto no inciso XXI do art. 7º da Constituição e que, no âmbito dos tribunais, já conheceu uma apreciação consolidada por parte do Tribunal Superior do Trabalho (TST). Com efeito, sua Orientação Jurisprudencial n. 84 estabelece que "a proporcionalidade do aviso prévio, com base no tempo de serviço, depende da legislação regulamentadora, visto que o art. 7º, inc. XXI, da CF/1988 não é auto-aplicável". Essa regulamentação, contudo, ainda se faz aguardar, não obstante o decurso de duas décadas! Na verdade, a mora legislativa já fora inclusive declarada nos Mandados de Injunção n. 91, n. 124, n. 278 e n. 695, com a Corte indicando neste último que "o Congresso Nacional parece obstinado na inércia legislativa a respeito" do tema[15].

Ora, a ausência de regulamentação tanto da proteção contra a dispensa arbitrária quanto em relação ao aviso prévio proporcional indica uma profunda dificuldade em se conceber um modelo de proteção da relação de emprego que seja capaz de conciliar os ditames de uma racionalidade jurídica assentada na permanente busca da preservação do emprego e os imperativos de uma *ratio* econômica que vislumbra o trabalho como tão somente mais um dos fatores de produção a ser contabilizado na busca de uma maximização de lucros. Essa tensão entre dois interesses tão diversos está, sem dúvida, na raiz das dificuldades em se construir entre nós um sistema de proteção ao trabalho, que insiste em guardar um caráter de *patchwork* inacabado, fazendo da regulamentação transitória uma espécie de colcha de retalhos definitiva, como, aliás, pode também ser observado na questão relativa à representação de classe prevista no art. 11 do texto constitucional, cujo exame é efetuado no próximo item.

2. A REPRESENTAÇÃO DE CLASSE

Em texto precedente (*Fragale Filho*, 2003), eu indicava que a trajetória da atuação sindical no País esteve possivelmente voltada para fora da fábrica (*Teixeira*,

(14) Cf. as matérias publicadas no portal da Câmara. Disponível em: <http://www2.camara.gov.br/internet/homeagencia/materias.html?pk=117262&searchterm=158>, do Ministério do Trabalho <http://www.mtb.gov.br/sgcnoticiaAudio.asp?IdConteudoNoticia=2335&PalavraChave=convencao%20151%20e%20158,%20oit> e da Presidência da República <http://www.presidencia.gov.br/noticias/ultimas_noticias/lula_oit080215/view?searchterm=None> Acesso em: 28 mar. 2008.

(15) Os referidos Mandados de Injunção são anteriores aos MI ns. 670 e 712, nos quais o STF, ao apreciar a mora legislativa em relação ao direito de greve do servidor público, reviu sua jurisprudência pretérita e emprestou um novo alcance ao referido remédio constitucional. Na hipótese, a Corte definiu que os dispositivos da Lei n. 7.783/1989, que regulamenta o direito de greve na iniciativa privada, são também aplicáveis aos servidores públicos, no que couber e enquanto perdurar a omissão legislativa. Cf. Disponível em: <http://www.stf.gov.br/portal/cms/verNoticiaDetalhe.asp?idConteudo=75355&caixaBusca=N> Acesso em: 8 abr. 2008.

1986: 13), pois a idéia de cidadania do trabalhador encontrava-se vinculada não à prática cidadã no interior da fábrica, mas à atividade política desenvolvida pelo trabalhador fora do espaço fabril. Nesse sentido, uma das grandes inovações da Constituição de 1988 encontrava-se expressa em seu art. 11, cujo conteúdo, ao assegurar a eleição de um representante dos empregados com a finalidade exclusiva de promover-lhes o entendimento direto com os empregadores, possibilitava uma real discussão sobre a representação operária no interior da fábrica e da empresa. Trata-se de um dispositivo constitucional que faria, sem dúvida, eco à idéia consoante a qual o futuro do movimento sindical passaria necessariamente por essa mobilização de proximidade, pelo combate sindical cotidiano(16).

Entretanto, vinte anos mais tarde, o art. 11 continua esquecido, sem qualquer regulamentação infraconstitucional. Na verdade, uma consulta ao sítio eletrônico da Câmara dos Deputados indica que, ao longo desse período, por ali tramitaram quatro projetos legislativos(17): o PL n. 942/91 do Deputado *Aldo Rebelo* (PCdoB), que foi apresentado em substituição ao PL n. 3.134/89 do Deputado *Edmilson Valentim* (PCdoB) e terminou apensado ao PL n. 4.587/94 do Deputado *Paulo Paim* (PT). Todos os três projetos terminaram apensados ao PL n. 3.313/89 do Deputado *Koyu Iha* (PSDB), que, entretanto, não apresenta qualquer tramitação há mais de dez anos! Reconheça-se, então, que o tema não esteve realmente presente na agenda trabalhista ao longo da Presidência de *Fernando Henrique Cardoso*(18).

Ausente do debate legislativo, a representação no local de trabalho percorreu um caminho alternativo pelos tribunais, restando consagrada no Precedente Normativo n. 86 da Seção de Dissídios Coletivos do Tribunal Superior do Trabalho e nos Precedentes Normativos n. 190, n. 14 e n. 50, respectivamente, dos Tribunais Regionais do Trabalho da Terceira Região, da Quinta Região e da Décima Quinta Região. Esse referendo dos tribunais, com esteio no poder normativo da Justiça do Trabalho, propicia uma interessante regulamentação com a atribuição de garantias de emprego e, como no caso do tribunal mineiro, com o estabelecimento de condições de ação. Assim, tem-se como conseqüência uma curiosa circunstância na qual a norma heterônoma ganha alguma efetividade por via autônoma. Na verdade, constata-se, mais uma vez, que os operadores buscam uma forma alternativa de concretização que venha a preencher a eficácia contida da norma constitucional. Aliás, essa frustração era explicitada na justificativa do Anteprojeto de Lei de Relações Sindicais, quando ele reconhecia que o estabelecimento da garantia de eleição de um representante dos trabalhadores em empresas com mais de 200 empregados, com a finalidade exclusiva de promover-lhes o entendimento direto com os empregadores fora um dos avanços inscritos na Constituição de

(16) Luiz Antônio Bellentani, membro da comissão de fábrica da Ford, dizia, em 1985, que em cinco ou seis anos, as comissões de fábrica constituiriam a direção sindical do Brasil. Cf. *Teixeira* (1986: 21).

(17) O levantamento efetuado em: <www.camara.gov.br> (visitado em 26 de fevereiro de 2003) indica a existência de três registros de projetos legislativos em tramitação: o PL n. 942/91 do Deputado Aldo Rebelo (PCdoB), que foi apresentado em substituição ao PL n. 3.134/89 do Deputado Edmilson Valentim (PCdoB) e terminou apensado ao PL n. 4.587/94 do Deputado Paulo Paim (PT). Por outro lado, os dois projetos já mencionados estão apenados ao PL n. 3.313/89 do Deputado Koyu Iha (PSDB).

(18) Para um balanço das reformas trabalhistas dos anos FHC, ver *Pochmann* e *Moretto* (2002).

1988, muito embora esse direito, na prática, não tenha se efetivado por falta de regulamentação legal[19]. É certo que o assunto voltou à pauta legislativa, atrelado à Proposta de Emenda Constitucional n. 369[20], de 4 de março de 2005, que dá nova redação, entre outros, ao art. 11 da Constituição. Curiosamente, a referida proposta, que assegura a representação dos trabalhadores nos locais de trabalho, remete sua regulamentação, mais uma vez, para uma posterior iniciativa legislativa.

Embora seja inegável a parcela de contribuição por omissão que possa ser atribuída ao legislador derivado no âmbito da incompletude reguladora do texto constitucional, creio que nem tudo lhe possa ser imputado nessa seara. No fundo, penso que ela é a resultante da combinação de dois distintos fatores: de uma banda, a amarga descoberta de que a mudança normativa não assegura um câmbio substantivo na realidade e, de outra banda, o impacto dos diferentes processos globalizantes que alteraram as condições de funcionamento do mundo do trabalho. Ambos os aspectos são, certamente, passíveis de contestação, uma vez que não é impossível reconhecer a existência de um caráter indutor (e transformador) na lei, nem é tampouco irreal ofertar uma outra leitura das transformações havidas nos últimos anos, denunciando a inconsistência do suposto imperativo econômico que estaria a exigir a flexibilização do mundo do trabalho.

Não obstante a complexidade de suas causas, o certo é que o caráter incompleto de sua posterior regulamentação legislativa está na raiz da elaboração de outras estratégias visando a dar maior consistência e concretização aos direitos sociais constitucionalizados há vinte anos. Nesse sentido, a tentativa de integração da normatividade internacional e a utilização do mandado de injunção evidenciariam a adoção de uma estratégia judicial com o claro propósito de suprir a lacuna que inviabiliza a efetivação do texto constitucional, da mesma forma que o recurso às fontes normativas autônomas para contornar o impasse decorrente da ausência de regulamentação heterônoma traduz uma estratégia de negociação social. Pode-se até argumentar que este último também representa uma estratégia judicial, porquanto, conforme já indicado, ele desaguou na edição em diferentes tribunais trabalhistas de alguns precedentes normativos. Entretanto, os traços de uma eventual estratégia judicial são aqui residuais e não dão conta das riquezas presentes na eventual negociação social. Mais do que isso, a distinção é fundamental para evidenciar que os atores envolvidos recorrem aos mais distintos sistemas sociais para tentar responder às demandas não atendidas pelo texto constitucional.

É, portanto, absolutamente compreensível que a concorrência regulatória também se faça no campo da política, o que, sem dúvida, trazia uma grande expectativa para o momento da alternância política havida na eleição presidencial de 2002, ainda mais após uma década que fora particularmente dura com o mundo do trabalho. Com efeito, imaginava-se que sua origem sindical e as fortes críticas preté-

(19) Cf. *Reforma Sindical – Proposta de Emenda à Constituição – PEC n. 369/05 e Anteprojeto de Lei.* Disponível em: <http://www.mte.gov.br/fnt/PEC_369_de_2005_e_Anteprojeto_de_Reforma_Sindical.pdf> Acesso em: 8 abr. 2008.

(20) Disponível em: <http://www.camara.gov.br/sileg/integras/280671.pdf> Acesso em: 8 abr. 2008.

ritas endereçadas pelo agora presidente da República ao arcabouço normativo trabalhista iriam contribuir para trazer para o coração do debate público a elaboração de uma nova agenda para o mundo do trabalho, que, conforme tentei precisar em texto pretérito (*Fragale Filho*, 2004), giraria em torno de cinco pontos: (a) o fim do poder normativo, (b) o fim da contribuição ("imposto") sindical compulsório, (c) o fim da unicidade sindical, (d) a implementação do contrato coletivo, e (e) a entrada do sindicato na fábrica, no lócus do trabalho.

Os contornos dessa agenda, cuja ênfase, em oposição à pauta individual dos anos *FHC*[(21)], reside na perspectiva coletiva, já se encontravam desenhados no programa de governo da primeira campanha vitoriosa do candidato *Lula*, quando ele dizia que uma legislação trabalhista verdadeiramente moderna requer a participação dos diferentes setores sociais interessados, o que pressupõe a existência de uma efetiva liberdade sindical. Ou seja, sindicatos livres, autônomos, representativos e independentes[(22)]. Quatro anos mais tarde, esses mesmos contornos eram prolongados no programa de governo da reeleição, ainda que de forma mais sucinta, quando ele assumia o compromisso de "dar continuidade à democratização das relações de trabalho, com a aprovação da Reforma Sindical e encaminhamento do debate sobre a atualização da legislação trabalhista, com garantia dos direitos fundamentais dos trabalhadores"[(23)].

O processo de democratização das relações de trabalho (e seu postulado prolongamento no segundo mandato do presidente *Lula*) tem ocorrido, essencialmente, no âmbito do Fórum Nacional do Trabalho (FNT), cujas atividades contribuíram para um redesenho da arquitetura sindical do país, com o reconhecimento formal das centrais sindicais e o recente debate em torno de sua fiscalização pelo Tribunal de Contas da União. É nele, portanto, que poderia ser explorada a parcela voluntariamente "abandonada" de minha hipótese original. No entanto, conforme antecipei para o leitor, remeto essa análise para uma outra ocasião, já que escolhi privilegiar a análise da inconclusa regulamentação constitucional.

Conclusão

Enfim, que destino cruel, este o dos direitos sociais: vistos, inicialmente, como porta de entrada da cidadania brasileira (*Santos*, 1978 e 1979; *Carvalho*, 1991 e 2001; *Fragale Filho*, 2003) e, posteriormente, constitucionalizados, sob o signo da coragem, para alcançar uma parcela maior da população, eles foram "condenados", ao longo desses últimos vinte anos, a singrar diferentes mares em busca de efetividade. Na verdade, sua frustrada trajetória parece mais remeter ao discurso da anti-

---

(21) Cf. nota 17. Por outro lado, é curioso observar como as diferentes agendas são marcadas por palavras estandartes, cujo conteúdo, ainda que relativamente opaco, consegue expressar o alcance e o significado das mudanças pretendidas. Ao longo dos anos 1990, essa palavra estandarte foi, sem dúvida, "empregabilidade", cujo conceito é analisado por *Chassard* e *Bosco* (1998).

(22) Cf. *Programa de Governo 2002 Coligação Lula Presidente — Um Brasil para todos*. Disponível em: <http://www2.fpa.org.br/portal/modules/wfdownloads/visit.php?cid=46&lid=183> Acesso em: 9 abr. 2008.

(23) Cf. *Lula Presidente — Plano de Governo 2007/2010*. Disponível em: <http://www.pt.org.br/portalpt/images/arquivos/plano_governo.pdf> Acesso em: 9 abr. 2008.

candidatura de *Ulisses Guimarães*, na campanha presidencial de 1974, quando, recorrendo a Fernando Pessoa, ele dizia que "navegar é preciso, viver não é preciso"[(24)], do que à exuberância de seu discurso esperançoso por ocasião da promulgação da Constituição. Curiosamente, a metáfora da navegação reapareceria, sob outra circunstância, anos mais tarde, na campanha presidencial de 2002, na "Carta ao Povo Brasileiro" do então candidato *Lula*. Dizia ele, na ocasião, que "o Brasil precisa navegar no mar aberto do desenvolvimento econômico e social"[(25)]. Estão, portanto, ambos — o Brasil e os direitos sociais — condenados a navegar em busca da concretização de seus respectivos potenciais, ainda que sem saber quanto tempo falta para se alcançar cada qual o seu porto seguro.

Nessa longa navegação, os diferentes operários dessa tão ansiada cidadania utilizam estratégias diversas na busca de uma concretização dos direitos sociais. Eles recorrem às vezes ao espaço judicial, à dinâmica social ou, ainda, ao mundo da política, sem nunca perder de vista que cada avanço representa mais um passo na construção de uma complexidade nem sempre compreendida. O curioso, nesse longo percurso, é que eles parecem não mais acreditar no vaticínio *ulissiano* de que eles só se salvam pela lei. Talvez seja justamente por isso que a única certeza que termina por emergir é a convicção de que não basta a inscrição dos direitos no mundo normativo, mas é preciso vencer a cotidiana batalha de sua implementação e, por via de conseqüência, do empréstimo de uma lógica emancipatória ao mundo do trabalho. É longo o caminho, mas, enquanto houver a perspectiva de um porto para atracar, haveremos de navegar.

Bibliografia

CARVALHO, José Murilo de. *Os bestializados:* o Rio de Janeiro e a República que não foi. São Paulo: Companhia das Letras, 1991.

______. *Cidadania no Brasil:* o longo caminho. Rio de Janeiro: Civilização Brasileira, 2001.

CHASSARD, Yves; BOSCO, Alessandra. L'émergence du concept d'employabilité. *Revue Droit Social,* n. 11, nov. 1998.

COUTINHO, Aldacy Rachid *et al.* Direito constitucional ao salário mínimo. *Revista LTr,* v. 67, n. 1, jan. 2003, p. 23-35.

COUTINHO, Jacinto Nélson de Miranda (org.). *Canotilho e a Constituição dirigente.* Rio de Janeiro: Renovar, 2003.

COUTINHO, Jacinto Nélson de Miranda; LIMA, Martônio Mont'Alverne Barreto (orgs.). *Diálogos constitucionais:* direito, neoliberalismo e desenvolvimento em países periféricos. Rio de Janeiro: Renovar, 2006.

COUTINHO, Jacinto Nélson de Miranda; MORAIS, José Luis Bolzan de; STRECK, Lênio Luiz (orgs.). *Estudos constitucionais.* Rio de Janeiro: Renovar, 2007.

---

(24) Cf. a íntegra do discurso disponível em: <http://www.fugpmdb.org.br/frm_docs.htm> Acesso em: 13 jan. 2003).

(25) Cf. "Carta ao Povo Brasileiro". Disponível em: <http://www2.fpa.org.br/portal/modules/wfdownloads/visit.php?cid=46&lid=179> Acesso em: 9 abr. 2008.

FRAGALE FILHO, Roberto. Cidadania & trabalho: fios de uma mesma fibra, constitucional? In: SCAFF, Fernando Facury (org.). *Constitucionalizando direitos:* 15 anos da Constituição brasileira de 1988. Rio de Janeiro: Renovar, 2003.

______. Flexibilização e reforma da CLT: mais do mesmo? *Revista Trabalhista,* Rio de Janeiro, v. X, p. 221-232, 2004.

______. *Novos espaços deliberativos, ativismo judicial e reconstrução jurisprudencial:* algumas possibilidades para o futuro do direito do trabalho (brasileiro). Rio de Janeiro e Coimbra: Policopiado, 2008.

NUNES, Antônio José Avelãs; COUTINHO, Jacinto Nélson de Miranda. *Diálogos constitucionais:* Brasil & Portugal. Rio de Janeiro: Renovar, 2004.

POCHMANN, Márcio; MORETTO, Amilton. Reforma trabalhista: a experiência internacional e o caso brasileiro. *Cadernos Adenauer* (Sindicalismo e Relações Trabalhistas) III, n. 2. Rio de Janeiro: Fundação Konrad Adenauer, 2002.

SANTOS, Roberto A. O. *Trabalho e sociedade na lei brasileira.* São Paulo: LTr, 1993.

SANTOS, Wanderley Guilherme dos. *Ordem burguesa e liberalismo político.* São Paulo: Duas Cidades, 1978.

______. *Cidadania e Justiça:* a política social na ordem brasileira. Rio de Janeiro: Campus, 1979.

SCAFF, Fernando Facury (org.). *Constitucionalizando direitos:* 15 anos da Constituição brasileira de 1988. Rio de Janeiro: Renovar, 2003.

TEIXEIRA, João Gabriel Lima Cruz (org.). *A construção da cidadania* (anais). Brasília: Universidade de Brasília, 1986.

Constituição Social e Direitos Efetivos

Tarso Genro(*)

I

Os direitos sociais da Constituição de 88, principalmente nos seus arts. 6º e 7º, elevaram ao nível de norma constitucional os direitos originários de legislação infraconstitucional já contidos na velha CLT. Abrangeram alguns direitos da legislação esparsa ordinária, aprimoraram direitos pré-existentes e também criaram novos direitos para os trabalhadores, alguns já perseguidos ou conseguidos em dissídios coletivos, acordos ou convenções coletivas do trabalho. A inscrição ampla dos "direitos sociais" na Constituição de 1988 criou a ilusão de que foram promovidos "grandes avanços sociais" para os assalariados brasileiros. A impressão decorreu do porte constitucional, aliás, desnecessário, que alguns direitos adquiriram.

Refiro-me aqui à "ilusão", não como engodo proporcionado por má-fé, mas como narrativa política que se reporta à existência formal de "direitos sociais", que não se convertem, necessariamente, em vantagens econômicas reais. São direitos que, segundo as visões macroeconômicas dominantes, podem ser "compensados" com o rebaixamento do valor real da massa salarial. O mecanismo comum é o uso de políticas econômicas perversas, surtos inflacionários ou revisão "negativa" de dissídios ou convenções coletivas, subtraindo conquistas remuneratórias obtidas pelos setores organizados do mundo do trabalho.

Ocorreram, é certo, alguns avanços na Constituição de 88, mas nenhum deles foi capaz de mudar significativamente a situação de inferioridade brutal das classes trabalhadoras perante o poder empresarial de grande porte. De outra parte, também é notório que "mais direitos" dificultaram a vida das pequenas empresas, do empregador "pessoa física" ou mesmo de empresas de porte médio, muitas vezes concorrentes exasperadas em setores monopolizados ou cartelizados.

A legislação trabalhista não prejudica — nem esse deve ser o seu objetivo — o processo de acumulação de capital nas empresas modernas de grande porte. Os efeitos que ela causa na malha social produtiva — positivos ou não, segundo a visão de trabalhadores ou empresários — decorrem do fato de que ela *protege os*

(*) Atual Ministro da Justiça do Brasil, ex-Ministro de Relações Institucionais do Brasil (2006/2007), ex-Ministro da Educação do Brasil (2004/2005), ex-titular da Secretaria Especial do Conselho de Desenvolvimento Econômico e Social (2003), professor e advogado trabalhista.

trabalhadores do setor formal do arbítrio empresarial. Estes direitos mínimos impõem regras básicas para a compra da força de trabalho pelas empresas, inclusive forçando fixar, entre elas, patamares mínimos para uma concorrência menos predatória, que ao final sempre sacrifica o mundo do trabalho e os consumidores.

A legislação "social" é, assim, um "peso" para as médias e pequenas empresas, principalmente para aquelas que ainda operam nos padrões característicos da 2ª Revolução Industrial e afeta pouco a lucratividade e a rentabilidade das grandes corporações. O que era válido na introdução da "automação" aqui no Brasil (e que segregava vastas parcelas de assalariados para fora do sistema formal de proteção legal) hoje é válido para as empresas que ainda não conseguem substituir o "trabalho vivo" pelas novas tecnologias digitais. Face a tal situação, "os trabalhadores empregados em grandes empresas dos ramos de ponta da industrialização brasileira constituíam-se em verdadeiras 'ilhas' em meio a um mar de situações atípicas, desiguais e informais, alimentando uma heterogeneidade no mínimo problemática para a estabilização de uma norma salarial que se possa dizer nacional."(1)

Há, porém, um outro efeito colateral. A legislação trabalhista, expressa na norma constitucional (como norma de "direito social"), também tende a forçar os pequenos e médios empresários a promoverem a modernização e a racionalização da produção para diminuir custos e assim sobreviverem na competição mercantil. Desta forma, elas precisam atualizar-se em técnicas de gestão, racionalização da força de trabalho e organização institucional do empreendimento, para não "morrerem" antes de se consolidarem no mercado.

A legislação "social" protecionista, portanto, é boa para o capitalismo e é boa para promover melhores condições de convívio entre o capital e o trabalho assalariado. Mas ela é impotente sem a presença de instituições estatais fortes e capazes de interferir na "espontaneidade" do mercado, para promover a redução das desigualdades de renda, inclusive aquelas internas às classes trabalhadoras. É, também, impotente para oferecer condições de equivalência entre os sujeitos políticos que representam o capital e o trabalho, para produzir novas legalidades: *o sindicalismo, mesmo aquele que transcende para a luta política aberta, é sempre datado, curto e corporativo, por mais "combativo" que ele seja.*

A questão que se coloca, em última instância, é a questão da *efetividade* dos "direitos sociais" (no caso concreto dos direitos das pessoas do mundo do trabalho), porque estes sujeitos de direitos não só vinculam-se a distintos tomadores, de diferentes formas mais ou menos subordinadas (com diferentes possibilidades de resistir à aplicação das normas de "direito social"), como também dispõem, em cada período histórico, *de um maior ou menor acolhimento dos seus direitos subjetivos coletivos ou individuais nas instituições do Estado.*

---

(1) *Mudanças no trabalho e ação sindical:* Brasil e Portugal no contexto da transnacionalização. São Paulo: Cortez, 2005. p. 140.

A ordem sociopolítica, por meio das instituições do Estado Moderno, tanto constrói como desconstrói direitos individuais e coletivos. E ela corrige, por meio dos tribunais competentes, *mais as singularidades que lhe são propostas (as lesões aos direitos de indivíduos, tomados isoladamente) do que responde positivamente a demandas plúrimas de grande valor, que buscam direitos individuais (ou que se expressem como demandas "de classe")*: "Quando se os percebe imbricados no processo da história e de suas lutas concretas, melhor se lhes retém a importância e mais elementos se tem para analisar o *processo de construção e, depois, o de desconstrução desses direitos*, ao embalo dos ventos liberais".[2] (grifos meus)

II

Qual a síntese que abre a possibilidade da "fruição" dos direitos sociais — enquanto direito laboral — pelo trabalhador dependente? Sem dúvida a existência da norma vigente, seja ela de porte constitucional ou não. Mas ela, em si mesma, é apenas a sinalização de uma necessidade historicamente determinada, cujos efeitos na vida social, mais ou menos intensos, *dependem da totalidade social em que o trabalhador se insere*. Essa totalidade social construiu o "direito pressuposto", revelado pela norma já como "direito posto" (*Eros Grau*). Ela, a norma, que dá forma aos direitos, descortinou um imperativo moral, não um exercício de direito espontaneamente oferecido pelo devedor: embora o direito já esteja "pressuposto" pela posição do sujeito na totalidade social (*Franz Neumann*), ele torna-se direito subjetivo quando acolhido pela ordem jurídica. Esta subjetivação é apenas ponto de partida para o exercício efetivo do direito, com a intensidade que depende de fatores extrajurídicos: o mais importante deles é o *acesso à justiça*.

Muitos adeptos, moderados ou radicais, da perspectiva neoliberal, juristas ou cronistas políticos preocupados com a estabilidade macroeconômica, costumam sustentar que "o Brasil tem muitas leis" e que o problema é que "as leis não são cumpridas". Esta receita conceitual é aplicada, tanto para defender a "flexibilização"[3], como a "flexisegurança"[4] no Direito do Trabalho, tanto para criticar o controle burocrático do Estado, como para impugnar o "custo Brasil".

Ora, se as grandes questões sociais e econômicas fossem problemáticas em função do "excesso de leis que não são cumpridas", o excesso não seria problema: o seu simples não cumprimento já resolveria a própria questão do excesso. Teríamos leis "descontadas" que não atrapalhariam.

Mais adequado seria dizer que temos muitas leis erradas, algumas sem ter uma real possibilidade de aplicação, em função de condições históricas (culturais,

---

(2) BIAVASCHI, Magda Barros. *O direito do trabalho no Brasil-1930-1942*: a construção do sujeito de direitos trabalhistas. São Paulo: LTr, 2005. p. 65.

(3) Termo usado pela doutrina para relativizar ou extinguir direitos originais das lutas sociais que geraram o *Welfare State*, com repercussões na legislação social em todo o mundo.

(4) Tentativa de formular uma doutrina da flexibilização com intervenção corretiva do Estado, hoje em debate na doutrina liberal européia. (Em *El mundo*, 24 jun. 2007, o Ministro dinamarquês do Emprego, Claus H. Frederken, do Partido Liberal, assevera que tal política "protege as pessoas, não os postos de trabalho", já que "um terço ou um quarto da força de trabalho muda de ocupação a cada ano").

econômicas e institucionais), e outras que só são feitas para atender as intenções corporativas empresariais ou sindicais. E mais: algumas leis são feitas somente atentando para a viabilização da *eficácia do sistema produtivo, a partir da ótica liberal*, não para cumprir normas programáticas da Constituição, comprometidas com determinados fins ali inscritos.

Trata-se da hegemonia conservadora, da utopia do "mercado perfeito", que traduz uma face regressiva da cultura moderna, dominada pelo fetiche da "eficiência". Ela suprime os pressupostos éticos do Estado: "... todas as utopias conservadoras são sustentadas por uma lógica política baseada num único critério de eficácia, que rapidamente se transforma em critério ético supremo. *Segundo este critério, só tem valor o que é eficaz nos termos dele*. Qualquer outro critério ético é desvalorizado como ineficaz. O neoliberalismo é uma dessas utopias conservadoras para as quais o único critério de eficácia é o mercado ou as leis do mercado".(5) (grifei)

Neste quadro, a incapacidade de resposta das instituições do Estado, tanto para fiscalizar o cumprimento das normas sociais da Constituição de 88, como para impor sua execução (quando a mesma é sonegada nas relações contratuais) não é fortuita, mas decorre de uma hegemonia política que enfraquece as funções públicas do Estado. Isso implica em dizer que grande parte daquelas normas, embora tecnicamente autoaplicáveis são, na prática, meramente programáticas.

O exercício daqueles direitos depende mais do apreço à lei pelo empregador ou do seu medo de ser fiscalizado um certo dia, do que da respeitabilidade do Estado de Direito. *Ou seja, a Constituição, por ser "social", não se torna uma objetividade social. É mero desejo, sinalizado pela norma que as relações sociais reais acolhem apenas em parte, e destinam apenas para partes da sociedade.*

Só a ação política dos sujeitos sociais interessados pode transformar a norma em vida, criando as condições institucionais e políticas para que elas efetivamente interajam com a vida das comunidades às quais ela se destina.

Ao invés de falar de "avanços extraordinários" nos direitos sociais da Constituição de 88, poderíamos dizer, mais corretamente, que a sua inscrição na Constituição *sinaliza fortemente a necessidade de modelar instâncias políticas democráticas, um arcabouço institucional e um tipo de desenvolvimento econômico* que viabilizem a sua integração à vida. Esta integração modera a "ética da competição" e reintroduz as funções éticas do Estado na produção de regras (normatividade), para serem aplicadas "eficazmente".(6) Só isso proporcionará às massas de cidadãos o apreço ao Estado Democrático de Direito e à força normativa da Constituição.

---

(5) SANTOS, Boaventura de Souza. *A esquerda do século XXI:* as lições do fórum social mundial. [S.l.]: [s.n.], [20—]. (Trabalho ainda não publicado oferecido pelo autor.)

(6) DOWBOR, Ladislau. *Democracia econômica*: um passeio pelas teorias. [S.l.]: [s.n.], [20—]. p. 93. (Trabalho ainda não publicado, oferecido pelo autor em 11.3.2007. A base ética da era da competição é simples: quem ganha merece o que ganhou, conquanto tenha respeitado as regras do jogo. A ética na era da competição estaria contida no próprio processo produtivo: quem ganha na competição tem naturalmente direito à vantagem, e esta vantagem seria legítima, direito do ganhador. A soma das vantagens individuais daria o máximo de

Trata-se de modelar a democracia a partir das necessidades vitais dos "de baixo", para manter e aperfeiçoar a proteção dos que na sociedade formal fruem dos direitos sociais, mas, sobretudo, dos que estão nos territórios da "demanda suprimida" e que, sendo titulares de direitos, sequer conseguem manejar o seu exercício: "É a procura daqueles cidadãos que têm consciência dos seus direitos, mas que se sentem totalmente impotentes para os reivindicar quando são violados. Não é a filantropia, nem a caridade das organizações não-governamentais que procuram; apenas reivindicam os seus direitos. Ficam totalmente desalentados sempre que entram no sistema judicial"...[7]

A questão do acesso à Justiça, da capacidade de resposta do Poder Judiciário, do estímulo que ele pode proporcionar à emergência das "demandas suprimidas" é a sinalização da virada, no terreno do Direito do Estado Democrático, em direção ao Estado Social de "novo tipo". Um Estado que acolha de fato, à sombra da igualdade formal, *tanto os trabalhadores que se expressam por meio de movimentos coletivos e constróem os direitos sociais, como aqueles que não estão garantidos por contratos formais respaldados na legalidade formal e não demandam como força coletiva organizada.*

Acesso à Justiça, Justiça eficaz e rápida, previsibilidade de longo curso para o trabalho e o capital, emergência das demandas invisíveis dos excluídos, dos que sequer acessam ao ritual das formas e às instituições do Estado, eis a *efetividade* dos direitos sociais tornando-se instrumento da Revolução Democrática.

---

vantagem social. Duas simplificações radicais relativamente ao mundo realmente existente. O problema é que os grandes vencedores se tornaram suficientemente fortes para ir mudando as regras, tornando-se assim mais fortes ainda. Não é mais jogo, quando o mais forte também dita as regras.)

(7) SANTOS, Boaventura de Souza. *Para uma revolução democrática da justiça.* São Paulo: Cortez, 2007. p. 31.

A Constituição Federal de 1988 Vinte Anos Depois, o Choque de Brasilidade e o Protótipo de Macunaíma

Tereza Aparecida Asta Gemignani(*)

"Não é que eles não possam ver a solução.
É que eles não conseguem ver o problema."
Gilbert Keith Chesterton

"Por que tenho que morrer? Nada fiz para merecer isso. Não é justo!
Não importa se é justo, ou não. Essa é a regra."
Diálogos do filme "Quando os fracos não têm vez", ganhador do Oscar de 2008.

"Fechem os livros e abram os olhos."
Maria Clara Machado

1. Introdução

2008 é um ano emblemático para a nação brasileira

Juntamente com os 20 anos de promulgação da Constituição Federal de 1988, são comemorados os 200 anos da vinda da família real portuguesa, que elevou a então colônia à condição de vice-reino, bem como a instituição do Supremo Tribunal Federal.

Não é pouca coisa.

Marcado por intensa turbulência, provocada pelo movimento pendular dos extremos, o século XX fez o Brasil descobrir que era uma nação. *Machado de Assis, José de Alencar, Olavo Bilac, João Cabral, Guimarães Rosa, Érico Veríssimo, Jorge Amado, Carlos Drumond de Andrade* e tantos outros, ajudaram o parto da mãe portuguesa, que deu à luz a língua brasileira. Mais doce, mais terna, com malemolejo e gingado próprio, mas também mais ferina, mordaz, que quando quer fala mais nas entrelinhas do que no objeto direto.

Nas artes, também passamos a caminhar com pernas próprias.

(*) Desembargadora do Tribunal Regional do Trabalho da 15ª Região — Campinas e Doutora em Direito do Trabalho pela Faculdade de Direito do Largo São Francisco — Universidade de São Paulo — USP.

Villa Lobos, Cândido Portinari, Tarsila do Amaral, Oscar Niemeyer e tantos outros, notadamente os que fizeram eclodir a Semana de Arte Moderna como um hino de amor *às coisas da terra* e um grito de independência das injunções estrangeiras, em movimentos que intercalaram fragilidade e determinação, próprios de quem estava aprendendo a andar.

E na seara jurídica?

Ex facto oritur jus consagrava o antigo brocardo latino. Ante a inequívoca mudança que se operava na realidade fática de um país que se construía como nação, onde andava o Direito?

Permanecia bem guardado nos institutos, idéias, análises e formulações doutrinárias elaboradas no além-mar. Em perfumados compêndios franceses, ou bem estruturados sistemas alemães, cruzavam o Atlântico e aqui aportavam soberanos, para ensinar o povo inculto. Os "mais preparados" logo aprendiam a soletrar o que diziam, poucas vezes entendiam o que falavam.

Mas, afinal, o que importa a realidade? Bom mesmo era mostrar erudição. Por que temos que prestar atenção aos fatos que negam nossas teorias? E se os fatos insistissem em contradizê-las, que mudem os fatos! pensavam todos, integrando uma estranha confraria em que havia unidade de pensamento, mas uma imensa diversidade de dizeres. Quanto mais confusos, melhor. Ajudava a manter o poder decisório de uns poucos, que conheciam *o caminho das pedras.*

A Constituição Federal de 1988 abriu todas as janelas desta torre de Babel.

Escancarou a ambigüidade e o paradoxo. Expôs em praça pública as entranhas do sistema jurídico para que fosse reexaminado em todos os seus aspectos e entregou tudo nas mãos do Poder Judiciário, outorgando-lhe uma soma considerável de poder e de responsabilidade. *Toma que o filho é seu*. De sua atuação vai depender o resultado.

Será que desta vez conseguiremos atingir a maturidade institucional que nos tornará uma nação?

Conseguiremos fechar os livros que falam de institutos e normas estrangeiras, e ter a coragem de abrir os olhos para a nossa própria realidade, para então construir um sistema jurídico verdadeiramente nacional, que nos livre de vez do complexo de inferioridade de um herói sem nenhum caráter, que *Mário de Andrade* celebrizou com Macunaíma?

Por obra e graça da Constituição Federal de 1988, o século XXI começa nas mãos do Judiciário brasileiro.

2. Século XX — A mudança do eixo

Entre as inúmeras peculiaridades que marcaram o século XX merece destaque o *embate dos extremos*, que pautou a agenda política,social e econômica. Não vou discorrer aqui sobre os diferentes tipos de organização laboral, pautados pelo capitalismo/socialismo, nem pelos conflitos que geraram no mundo do trabalho, pois não é o escopo deste artigo. Entretanto, não se pode deixar de pontuar alguns fatos, pois deles decorrem conseqüências comportamentais que vão refletir no campo jurídico.

Ao discorrer sobre as características da ética protestante, formadora de um caldo de cultura econômica que propiciou a eclosão do capitalismo, *Max Weber* chama a atenção para a conduta ascética da poupança que levou à acumulação. Trabalhava-se muito, gastava-se pouco. *A vida era poupar, poupar, poupar para poder usufruir no futuro.*

A centralidade do modelo normativo estava situada no cumprimento de um dever.

A acumulação possibilitou o desenvolvimento tecnológico e a intensificação da produtividade de bens e serviços, fenômeno que passou a ter escala mundial com a globalização e o declínio dos regimes comunistas.

O século XX foi pautado pelo excesso. Notadamente após a reconstrução do 2º pós-guerra o mundo passou por prolongadas fases de virtuosidade econômica.

Por causa da intensificação da produção de bens e serviços a lógica teve que mudar. *A palavra de ordem passou a ser gastar, gastar, gastar.* Era preciso consumir não só para dar vazão ao grande aumento da produção e preservar a lucratividade dos investimentos, mas também para manter o nível de emprego, a fim de evitar a exacerbação da questão social.

A lógica paradigmática deste sistema normativo mudou seu eixo. Passou da noção do cumprimento do dever, para a de exigibilidade de direitos.

O sentimento do dever para com a pessoa do outro desapareceu e foi substituído por uma incessante reivindicação de direitos em benefício próprio. Cada um passou a achar que "seus" direitos são mais importantes do que os direitos do outro, ao mesmo tempo em que não admite ter qualquer dever em relação ao outro.

Se todos acham que só têm direitos e ninguém reconhece que também tem deveres, o sistema normativo deixa de funcionar, com o conseqüente desmantelamento das redes de proteção que garantem espaços aos mais fracos.

Fica estéril provocando risco concreto de anomia.

Quando o indivíduo passa a pautar seu comportamento por essa "lógica", a sociedade entra numa dinâmica autofágica, que torna letra morta qualquer dispositivo legal, porque quebra a coluna vertebral do direito, pautada pelo respeito ao outro com a mesma intensidade e da mesma forma que o requer para si.

No campo jurídico-trabalhista tais fatos provocaram efeitos significativos. O modelo fordista, que congelava a "rotina de fábrica, junto com os tijolos e argamassa das paredes, imobilizava o capital tão eficientemente quanto o trabalho que este empregava", sofreu um esvaziamento significativo nas últimas décadas do século XX, quando o capital "ganha mais campo de manobra — mais abrigos para esconder-se, maior matriz de permutações possíveis, mais amplo sortimento de transformações disponíveis, e portanto mais força para manter o trabalho que emprega sob controle, juntamente com a capacidade de lavar as mãos das conseqüências devastadoras de sucessivas rodadas de redução de tamanho", mostrando a cara contemporânea da dominação, como bem explica *Zygmunt Bauman*[1].

Ressalta o conhecido sociólogo que numa "medida nunca alcançada na realidade pelos *senhores ausentes* de outrora, o capital rompeu sua dependência em relação ao trabalho com uma nova liberdade de movimentos, impensável no passado. A reprodução e o crescimento do capital, dos lucros e dos dividendos e a satisfação dos acionistas se tornaram independentes da duração de qualquer comprometimento local com o trabalho", de modo a reduzir sensivelmente o antigo poder de pressão da força de trabalho local sobre o capital, cujo compromisso ficou restrito ao atendimento das necessidades dos consumidores, pois só nessa esfera se pode falar de "dependência mútua".

Por isso o eixo, antes centrado no trabalho, agora é deslocado para o consumo, o que traz mudanças significativas para a vida em sociedade, pois o consumidor só mantém seu lugar na sociedade enquanto for capaz de demonstrar "seu próprio valor de uso" pelo sistema econômico. Esclarece *Bauman*[2] que o "mercado não sobreviveria caso os consumidores se apegassem às coisas. Para sua própria sobrevivência, não pode tolerar clientes comprometidos e leais ou que apenas se mantenham numa trajetória consistente e coesa, que resista a desvios e evite saídas colaterais... O mercado sofreria um golpe mortal se o *status* dos indivíduos parecesse seguro, se suas realizações e propriedades fossem garantidas, se seus projetos se tornassem finitos, e se o fim de seus esforços por uma ascensão fosse plausível. A arte do *marketing* está focalizada em evitar a limitação das opções e a realização dos desejos". A vida organizada em torno do consumo "deve se bastar sem normas; ela é obrigada pela sedução, por desejos sempre crescentes e quereres voláteis — não mais por regulação normativa".

Como conseqüência deste processo, o trabalho se despe de sua dimensão ética e fica imbricado com o ato de consumir, caracterizado pela instantaneidade manipulada pela sedução estética, que por sua própria natureza não abre espaço para qualquer tipo de sopesamento axiológico. Ademais, o consumo adquire um grau maior de satisfação quando se processa de forma individual, e é por isso que os "espaços sociais" se caracterizam como "ajuntamentos, não congregações; conjuntos, não esquadrões; agregados, não totalidades. Por mais cheios que possam estar, os lugares de consumo coletivos não têm nada de *coletivo*", como enfatiza *Bauman*, ao lamentar que a modernidade tenha substituído o cidadão pelo indivíduo, cuja importância está na razão direta de sua capacidade de consumir.

---

(1) BAUMAN, Zygmunt. *Modernidade líquida*. Tradução Plínio Dentzien. Rio de Janeiro: Jorge Zahar, 2001. p. 134/142/171/175.

(2) *Idem. Vida líquida*. Tradução de Carlos Alberto Medeiros. Rio de Janeiro: Jorge Zahar, 2007. p. 18/48.

3. As consequências

O grande risco que se corre neste início de século XXI é permitir que este viés estético, que rege o consumo, seja valorizado como paradigma e assim passe a monitorar também o mundo jurídico do trabalho, implodindo as vigas éticas que lhe davam sustentação, com a conseqüente privatização do espaço público e esvaziamento da agenda política, que nasceu imbricada com a questão social. Neste sentido, pondera *Bauman* que a "maioria das alavancas políticas ou morais capazes de mudar ou reformar a nova ordem foram quebradas ou feitas curtas ou fracas demais, ou de alguma outra forma inadequadas para a tarefa. Não que a ordem econômica, uma vez instalada, tivesse colonizado, reeducado e convertido a seus fins o restante da vida social; essa ordem veio dominar a totalidade da vida humana porque o que quer que pudesse ter acontecido nesta vida tornou-se irrelevante e ineficaz no que diz respeito à implacável e contínua reprodução desta ordem".

Neste contexto, o homem de nosso tempo passa a ter muita dificuldade para entender o que significa "interesse público", pois a sociedade é pautada pela conduta do *cada um por si* e *o melhor para mim*, o que impossibilita a formação de uma agenda coletiva.

Pior, muitas vezes um pleito apresentado veementemente como "coletivo" nada mais é do que uma fachada para a satisfação dos interesses econômicos individuais de alguns, detentores de posições privilegiadas numa sociedade paradoxal, que em plena era das comunicações não conseguiu debelar a assimetria de informações, que torna uns mais *iguais* do que os outros. Com freqüência eclodem movimentos aparentemente travestidos de *comunitários*, que na verdade encobrem pretensões pessoais, nem sempre lícitas. Recentemente, jornais do País noticiaram a interdição de estradas e pontes, insufladas por madeireiros que, agitando a bandeira da preservação do emprego como desculpa, na verdade pretendiam se furtar à fiscalização da Secretaria Estadual, que visava a coibir atividade ilícita de extração e comercialização da madeira, comprometedora do ecossistema que rege o meio ambiente e do futuro econômico da região.(3)

O protótipo do indivíduo/consumidor passou não só a ocupar o espaço público, mas também a privatizá-lo como seu, implodindo a noção de bem-comum e esvaziando o conceito de cidadão.

A agenda política,econômica e social do século XX foi pautada por uma exacerbação da mentalidade "comercial", assim considerada aquela que atribui a tudo um valor de compra/venda.

O vale-tudo que se vê nas relações sociais decorre desta mentalidade.

Sob essa perspectiva, só pode ser reputado válido o "que tem valor de mercado", o que torna necessário manter a lógica da "audiência", para poder preservar o "valor de venda". Assim, para garantir seu espaço é preciso que todo "patrocinador" possa vender seu produto para um universo cada vez mais amplo de consu-

(3) Militantes do desmate. Jornal *O Estado de S. Paulo*, 24 de fevereiro de 2008, p. A3.

midores, o que o obriga a usar a linguagem do *politicamente correto*, para não desagradar a ninguém, mesmo que isso não leve a solução alguma.

A última trincheira ficou reduzida ao lugar de consumidor, pela simples e boa razão de que sem o consumidor a atividade econômica pára. Não por acaso, no Brasil o Código de Defesa do Consumidor foi promulgado como uma das normas mais modernas e bem estruturadas do sistema jurídico, pois era preciso manter "o mercado comprador".

Essa mudança de foco levou a uma crescente desvalorização do Direito do Trabalho, por se considerar que deixou de ter importância para a manutenção e o desenvolvimento do sistema econômico, que passou a reger os demais e pautar a lógica do comportamento social.

E por que isso ocorreu?

Porque se acreditava que o poder aquisitivo não dependia mais apenas da massa salarial e que outras fontes de renda podiam sustentar o mercado comprador.

Entretanto, com o tempo descobriu-se que não era bem assim. É lógico que outras fontes de renda passaram a ter um peso significativo na cadeia que sustenta o mercado comprador. Entretanto, em países emergentes, como o Brasil, a massa salarial continua a manter um peso importante, notadamente no que se refere a regularidade do fluxo e injeção periódica de recursos na vida econômica.

Embora o denominado *trabalho morto* tenha aumentado seu espaço por meio da capitalização crescente da cadeia produtiva de bens, a agenda de serviços, que vem crescendo como atividade econômica importante, demonstra que o trabalho humano continua na centralidade do sistema, *pois é ele que faz a diferença.*

A atividade humana é insubstituível na criação de novos sistemas produtivos e no aprimoramento dos que já existem, conforme demonstrado recentemente, quando a retomada do crescimento econômico evidenciou um quadro agudo de falta de trabalhadores qualificados.

Ademais, apesar da intensidade dos recursos aplicados na mecanização, constatou-se que a vida econômica ainda depende, e muito, do trabalho "vivo", ou seja, daquele que não pode ser prestado sem a pessoa do trabalhador, o que impede a redução do trabalho a uma simples mercadoria, impossível de entrar no circuito comercial da compra/venda.

Portanto, diversamente do apregoado por alguns doutrinadores, a centralidade que o fator trabalho detinha no sistema capitalista poupador não foi perdida na mudança de paradigma para o sistema capitalista consumidor, embora no início se tenha defendido o *fim da história* também neste sentido.

4. Os novos paradigmas

Neste início de século XXI fica cada vez mais evidente que é a criatividade humana que sustenta o sistema institucional e, que sem a valorização da *humanitas* ele não funciona. Ademais, também ocorre a retomada da conscientização da importância da atuação estatal na sua implementação.

A Constituição de 1988 se caracteriza como importante marco de resistência contra a precarização, destinado a preservar a *humanitas* que permeia toda relação de trabalho, seja qual for a natureza jurídica do vínculo. Nesta esteira, fincou bandeiras para preservar a integridade física e moral daquele que trabalha, priorizando o enfoque ético como formador da institucionalidade. Assim sinalizou por reconhecer que a idéia da desnormatização jurídica, defendida como irreversível pelo movimento economicista, na verdade se apresentava insustentável, não só por levar à anomia, mas também por estar dissonante da realidade cultural brasileira.

Qual o perfil destes novos paradigmas?

5. O Brasil e sua especificidade cultural

Ao analisar a sociedade brasileira, *Caio Prado Junior*(4) explica que a formação do Brasil contemporâneo tem início em 1808, com a vinda da família real portuguesa, o que dá início a uma fase de transição entre a "colônia e a nação". Constitui acontecimento importante, principalmente por representar uma ruptura com o tipo de colonização "de exploração" até então existente, em que a vinda ao Brasil ocorria principalmente para atender a objetivos comerciais de auferição de lucros. A produção do açúcar, atividade econômica que se manteve por longos períodos como a mais importante, estava centralizada nas mãos da família patriarcal, que atuava de forma auto-suficiente, o que impossibilitou até então a moldagem de qualquer sentimento de unidade nacional.

Neste sentido, interessante a descrição que *Jurandir Malerba*(5) faz deste evento. Registra a disputa dos melhores lugares (ou seja, os mais próximos do rei), por aqueles que "irresistivelmente atraídos pelo brilho da Corte logo se meteram nessa guerra palaciana". Também menciona as significativas "doações", como a que ocorreu em relação à Quinta da Boa Vista ofertada a *Dom João*, que na verdade se constituiu num "investimento que certamente não abalou o orçamento" do doador, pelos laços de amizade e conseqüentes "favores" recebidos da realeza, instituindo de forma significativa as relações de amizade como moeda de troca, conduta reiteradamente repetida em várias décadas posteriores, o que levou *Euclides da Cunha*(6) a lamentar a "anomalia de deslocar para uma terra nova o ambiente moral de uma sociedade velha".

A unidade principal de colonização do Brasil sempre foi a *família*, na qual se diluía o indivíduo e suas relações de poder, travestidas de laços afetivos. Por isso, uma das dificuldades para a formação da nação brasileira consistiu no grande poder que a família patriarcal sempre ostentou, formando um *ethos* privado que im-

(4) PRADO JUNIOR, Caio. *Formação do Brasil contemporâneo*. São Paulo: Publifolha e Brasiliense, 2000. p. 6.
(5) MALERBA, Jurandir. Frenesi, confusão. Chega o rei. Jornal *O Estado de S. Paulo*, Caderno Especial H2, 7.3.2008.
(6) CUNHA, Euclides da. *Os sertões*. São Paulo: Martin Claret, 2002. p. 88.

pediu a formatação do conceito de interesse público, indispensável para a edificação da cidadania.

Gilberto Freyre se revelou brilhante analista deste fenômeno. Ao tecer considerações sobre a sociedade brasileira, em *Casa Grande e Senzala* pontuava que no "Brasil, a catedral ou a igreja mais poderosa que o próprio rei, seria substituída pela casa grande de engenho".

Como conseqüência, ocorreu a monitorização do espaço público pelo personalismo e pelos interesses particulares de alguns, que retiravam o lugar do cidadão e cassavam seu direito de voz, de modo que para ser ouvido tinha que investir no fortalecimento dos "laços familiares", marcados pela troca de favores em relações pautadas pela lógica da parcialidade emocional, sem qualquer controle, manipulada pela vontade dos que passaram a ser mais iguais do que os outros e, portanto, constituindo-se no principal obstáculo para a formação de uma nação democrática, situação que perdurou por muito tempo até o século XX, como sintetizava a famosa frase de *Vargas* "aos amigos tudo, aos inimigos a lei."

Ao discorrer sobre as "Raízes do Brasil", *Sérgio Buarque de Holanda* explicou como o predomínio das relações familiares criou empecilho para a institucionalização da nação e do regime republicano. O predomínio das relações privadas, nos espaços de poder, impediu a formação do conceito de bem público, simplesmente por se entender que ele não existe.

Ao instituir a isonomia como um de seus princípios fundantes, a Constituição de 1988 deu um passo decisivo no sentido de superar essa mentalidade, opondo uma barreira ao personalismo e às relações assimétricas, que o interesse privado trouxe para o espaço público.

Vinte anos depois de sua promulgação, o grande desafio consiste em impedir de vez que o *ethos* privado, constantemente à espreita, possa usar de subterfúgios para monitorar a edificação de um novo padrão normativo reclamado pela nação. Com efeito, à semelhança do movimento cultural que eclodiu em 1922, neste século XXI o "pós-modernismo jurídico" requer a formação de um modelo de normatividade pautado pela autenticidade, com a valorização das peculiaridades do nosso povo e da nossa cultura, a fim de que os paradigmas postos pela nação brasileira tenham maior importância do que os modelos jurídicos europeus ou norte-americanos.

Não é por acaso que neste ano de 2008 haja convergência na comemoração de fatos que, embora distantes no tempo, estão articulados entre si.

Se a transição de colônia para nação teve início com a vinda da família real ao Brasil, a edificação de um novo padrão normativo, pautado pela impessoalidade e autenticidade, consonante com a realidade fática brasileira, teve início com a promulgação da Constituição Federal de 1988, que fechou um ciclo marcado pela perspectiva familial ibérica, de predomínio do privado sobre o público, que tantos obstáculos criou para a formação da identidade nacional, quando a "força, ou antes, a potencialidade da cultura brasileira parece-nos residir toda na riqueza dos antagonismos equilibrados" como ressaltava *Gilberto Freyre.*

No que se refere ao Direito Trabalhista, é importante ponderar que, se para a mentalidade colonial ibérica o trabalho era visto como uma atividade degradante e o esforço menosprezado como ônus de quem era incapaz, a edificação da nacionalidade brasileira rejeitou essa perspectiva e reconheceu o trabalho como valor fundante da República, assim expressamente consignando no inciso IV do art. 1º da Constituição Federal de 1988.

6. A FORMAÇÃO DA IDENTIDADE NACIONAL

A matriz européia sempre exerceu notável ascendência sobre a formação de nosso Direito, tanto privado quanto público, sendo que em relação a este também se fez presente a influência norte-americana, notadamente em se tratando de questões constitucionais.

A vinda da família real para o Brasil em 1808, e a elevação da colônia a condição de vice-reino, conferiu unidade de língua e de comando a um vasto território, evitando a balcanização e a pulverização territorial, como ocorreu com as vizinhas colônias espanholas. Para tanto, abriu espaço à consolidação de interesses locais, que posteriormente levariam ao movimento de independência, de modo que o Estado sempre ostentou posição de centralidade na realidade institucional do Brasil.

Entretanto, inegável que esta centralização capitaneada por um governo forte foi construída sob uma perspectiva burocrática/autoritária, na melhor tradição ibérica.

A descentralização, que posteriormente permeou o início do período republicano, seria cooptada em 1930 e 1964, em que o centralismo voltaria a imperar com força, atrasando a entrada do País na modernidade.

Explica *Celso Furtado*(7) que a "primeira metade do século XIX constitui um período de transição durante o qual se consolidou a integridade territorial e se firmou a independência política". Entretanto, a "dificuldade que enfrentava o homem público brasileiro" para captar a realidade econômica do País, sempre foi uma constante. Como a economia brasileira atuava em situação de "dependência dos centros industriais, dificilmente se podia evitar a tendência a *interpretar*, por analogia com o que ocorria na Europa, os problemas econômicos do País.

A ciência econômica européia penetrava por meio das escolas de Direito e tendia a transformar-se em um corpo de doutrina que se aceitava independentemente de qualquer tentativa de confronto com a realidade. Ali, onde a realidade se distanciava do mundo ideal da doutrina, supunha-se que tinha início a patologia social. *Dessa forma, passava-se diretamente de uma interpretação idealista da realidade para a política, excluindo qualquer possibilidade de crítica da doutrina em confronto com a realidade*", submetendo o sistema econômico às regras monetárias aplicadas na Europa, num esforço de

(7) FURTADO, Celso. *Fundamentos econômicos da ocupação territorial*. São Paulo: Nacional, 2003. p. 37/166/167/237/238/242/250/251.

"mimetismo que derivava de uma fé inabalável nos princípios de uma doutrina sem fundamento na observação da realidade" (g. n.).

Furtado rejeita o enfoque cosmopolita dos problemas econômicos, e ancora no Estado Nacional a unidade de referência de sua teoria de desenvolvimento econômico, chamando a atenção para a luta encetada pelos grupos sociais na disputa pela redistribuição da renda real. Ressalta que, "assim como a segunda metade do século XIX se caracteriza pela transformação de uma economia escravista de grandes plantações em um sistema econômico baseado no trabalho assalariado, a primeira metade do século XX está marcada pela progressiva emergência de um sistema cujo principal centro dinâmico é o mercado interno". Interessante observar como esta situação também está ocorrendo neste início de século XXI, corroborando a importância do Estado como indutor ao comportamento dos agentes econômicos e institucionais, de modo que não pode ser descartada sua atuação na implementação e efetivação dos marcos normativos de regulação. Assim sendo, ostenta atualidade indiscutível a observação de *Furtado*, no sentido de que o "processo de integração econômica dos próximos decênios, se por um lado exigirá a ruptura de formas arcaicas de aproveitamento de recursos em certas regiões, por outro requererá uma visão de conjunto do aproveitamento de recursos e fatores no país".

O amadurecimento do Brasil como nação, embora lento, vem evoluindo num ritmo constante, exigindo o fortalecimento das instituições democráticas e a edificação de um modelo normativo próprio, que supere o anterior marcado pela excessiva valorização de institutos estrangeiros sem correspondência com a realidade brasileira, que nos eram empurrados goela abaixo.

Herdeiro da teoria da tripartição dos poderes esboçada por *Montesquieu*, que centralizava a força de representação popular no Parlamento, o Direito continental europeu foi construído tendo como base o primado da lei positivada.

O fenômeno da codificação dominou o cenário jurídico no século XIX e consolidou esta posição no século XX.

O Brasil não escapou deste contágio. Embora na seara trabalhista não se tenha chegado à instituição de um código, a CLT instituída por um Decreto-lei n. 5.452/43, promulgado durante o Estado Novo, fez as suas vezes e assim sempre foi considerada, inserindo o Direito Trabalhista no modelo positivista.

Entretanto, após a 2ª Guerra este panorama começaria a sofrer alteração significativa. Em relação à 2ª metade do século XX, explica *Werneck*(8) que a progressiva racionalização da economia, e das corporações originárias do mundo da produção, passaram a exigir "conhecimento específico em matérias de alta especialização e perícia técnica no momento da intervenção", o que motivou a "ultrapassagem do Legislativo pelo Executivo, em termos de iniciativa das leis e da regulação normativa do *welfare*".

---

(8) VIANNA, Luiz Werneck. *A judicialização da política e das relações sociais no Brasil*. Rio de Janeiro: Revan, 1999. p. 17/18/19.

A concepção da lei como norma genérica e abstrata, produto de um consenso costurado pelo Poder Legislativo, pressupõe uma sociedade homogênea que não encontra ressonância na realidade fática, pautada pela existência de grupos sociais heterogêneos, formados por pessoas e classes sociais diferentes, com necessidades diversas. Destarte, se revela cada vez mais flagrante a incapacidade do Parlamento em oferecer respostas adequadas para atender às novas demandas sociais, o que passou a abalar de forma significativa o modelo clássico, que lhe atribuía a exclusividade na elaboração da norma.

Portanto, a agenda igualitária exigida pelo regime democrático fatalmente leva à judicialização da administração e, no estágio seguinte, também da política, a fim de garantir a funcionalidade normativa dos direitos. A alternativa veio pelo movimento do neoconstitucionalismo, cujo efeito mais evidente consistiu em ampliar a atuação do Judiciário, conferindo-lhe a atribuição de completar os enunciados legais, a fim de garantir a efetividade dos marcos constitucionais, assim provocando uma profunda transformação no modelo normativo, que necessariamente influiu na própria concepção do Direito, imputando uma alteração genética no sistema jurídico, como bem ressalta *Gustavo Zagrebelsky*(9).

Em conseqüência, tal situação também acarreta alteração significativa no conceito do princípio da legalidade. Como explica *Luigi Ferrajoli*,(10) a concepção clássica atrelada à idéia de legalidade formal, se tornou insuficiente ante as novas variáveis que precisam ser consideradas na formação dos padrões da normatividade, de modo que deve ser entendida de forma mais abrangente, como *legalidade substancial*.

Como ressalta *Bauman*, "poder e política, uma dupla que até pouco tempo estava casada dentro das nações-estado, estão desquitadas e querem se divorciar. Temos cada vez mais políticos sem poder e poderes sem nenhum controle político".

Neste contexto, a atuação do Judiciário na construção de novos paradigmas jurídicos tem o escopo de restaurar o valor das instituições públicas, que devem atuar como entidades decentes e eficientes, para que sejam dignas da confiança do cidadão. Tal modelo não rejeita as raízes ibéricas de nossa cultura, no que se refere à tradicional valorização do solidarismo (embora muitas vezes manipulado em proveito de alguns), mas também se mostra consonante com os novos valores do empreendedorismo e da livre iniciativa, de modo a possibilitar a criação de um sistema jurídico mais genuíno com as peculiaridades de nação brasileira. Por isso, como bem pontua *Luis Roberto Barroso*(11), é preciso não perder de vista que o Direito Constitucional brasileiro vive um momento virtuoso no que se refere a sua elaboração científica, prática jurisprudencial e mudanças de paradigma que lhe conferiram uma nova dimensão, pautada pelo "compromisso com a efetividade de suas normas" e "desenvolvimento de uma dogmática da interpretação consti-

(9) ZAGREBELSKY, Gustavo. *El derecho dúctil*. Madrid: Trotta, 2007. p. 33/34.
(10) FERRAJOLI, Luigi. *Los fundamentos de los derechos fundamentales*. Madrid: Trotta, 2001.
(11) BARROSO, Luis Roberto. *A nova interpretação constitucional*. Ponderação, direitos fundamentais e relações privadas. 2. ed. Rio de Janeiro: Renovar, 2006. p. 43.

tucional", passando a ser "premissa do estudo da Constituição o reconhecimento de sua força normativa, do caráter vinculativo e obrigatório de suas disposições, superada a fase em que era tratada como um conjunto de aspirações políticas e uma convocação à atuação dos Poderes Públicos."

Numa época em que as relações sociais são movidas pela lógica do espetáculo, segundo o qual tem mais espaço quem tiver a melhor *performance*, conseguir descolar a agenda institucional jurídica das paixões políticas é marcar um gol de placa. Por isso, diferentemente do que vem sendo sustentado por alguns doutrinadores, o fato dos integrantes do Poder Judiciário não serem eleitos não lhes retira a legitimidade para assim atuar, pois é exatamente esta qualidade que lhes confere independência e capacidade de resistência aos movimentos radicais das maiorias, reconhecendo direitos fundamentais também às minorias, tendo por fundamento a força vinculante da Constituição, linha mestra do movimento neoconstitucionalista.

Com efeito, explica *Riccardo Guastini*(12) que as Constituições deixaram de ser um "manifesto" político, sem efeito imediato, cuja concretização se constituía em tarefa exclusiva do legislador, do qual dependiam os tribunais. Ressalta que "um dos elementos essenciais do processo de constitucionalização é precisamente a difusão da idéia oposta, ou seja, toda norma constitucional detém normatividade cogente, apta a produzir efeitos jurídicos imediatos", inexistindo questões constitucionais que possam ser consideradas como meramente políticas, alheias e imunes ao conhecimento dos juízes, pois o traço característico do neoconstitucionalismo reside precisamente num movimento de judicialização, fundado na força vinculante da Constituição, cujos "paradigmas axiológicos" vão impregnar todo o ordenamento, podendo ser aplicados por qualquer juiz, não só no que se refere às questões entre o particular e o poder público, mas também entre as relações particulares, assim envolvendo o Direito do Trabalho.

Ao conferir-lhe a condição de direito fundamental, assim expressamente consignado no art. 7º da CF/88, a Carta Política de 1988 trouxe o movimento neoconstitucionalista também para os direitos trabalhistas, dando início a uma série de efeitos que só agora se tornam mais visíveis, notadamente quanto à importância do Direito do Trabalho para a consolidação da democracia substancial, por ter o escopo de assegurar condições de vida e de cidadania ao homem que trabalha, impedindo que se submeta a outro homem apenas porque necessita de seu trabalho para sobreviver.

O farol do neoconstitucionalismo direciona o barco da normatividade para navegar em águas mais seguras e livres, aumentando o nível de justiça das decisões e reduzindo o *deficit* democrático de uma sociedade injusta. Diversamente do que apregoam alguns, que se restringem à análise formal e pontual da questão, não se trata de desrespeitar o princípio da legalidade agasalhado no art. 5º da CF/

(12) GUASTINI, Riccardo. La "constitucionalización" del ordenamiento jurídico. In: *Neoconstitucionalismo(s)*. Edición de Miguel Carbonell. Madrid: Trotta, 2003. p. 53-73.

88 mas, pelo contrário, de conceituá-lo em sua realidade substantiva, a fim de extrair-lhe o máximo de efetividade.

7. A Constituição Federal de 1988 e seus efeitos institucionais

Vinte anos depois de ser promulgada, a Constituição deixa evidente que a crise da lei só pode ser superada com a edificação de um novo modelo normativo, mais consonante com a nossa cultura, e essa tarefa só pode ser levada a bom termo se os juízes tiverem estatura para assumir o papel propositivo que lhes cabe. Neste sentido explica *Luis Prieto Sanchis*(13) que "a lei deixou de ser única, suprema e racional fonte de direito que pretendeu ser em outra época, e talvez este seja o sintoma mais visível da crise da teoria do direito positivista" ressaltando, a seguir, que o constitucionalismo está impulsionando uma nova teoria do Direito, cujas diretrizes básicas consistiriam em voltar-se mais aos princípios do que às regras, empregar mais a ponderação do que a subsunção, reconhecer a onipresença da Constituição em todas as áreas jurídicas, a onipotência judicial em lugar da autonomia do legislador ordinário e a "coexistência de uma constelação plural de valores, às vezes tendencialmente contraditórios, em lugar de uma homogeneidade ideológica".

Ao discorrer sobre a necessidade de *desvelar o direito constitucionalizado Lenio Luiz Streck*(14) enfatiza que "a partir da idéia de Estado Democrático de Direito, ancorado na proteção e realização dos Direitos fundamentais, suspendendo e superando os pré-juízos que cegam, abrindo uma clareira no território da tradição (inautêntica) do pensamento dogmático do direito."

Portanto, a anterior centralidade na figura do legislador, focada na existência de um único caminho ditado em benefício exclusivo da maioria, se desloca para as mãos do juiz, que passa a considerar os parâmetros constitucionais como reitores de um processo de interpretação da norma, customizando sua aplicação às peculiaridades do caso concreto, sempre focado nos direitos fundamentais. Ou seja, a maioria pode, mas não pode tudo. Há um núcleo constituído de direitos fundamentais das minorias, sobre os quais não pode avançar. Este movimento pendular do Poder legislativo para o Poder Judiciário se revela indispensável para possibilitar a obtenção da maturidade institucional do País, superando o estágio meramente formalista da democracia, que precisa adotar uma conotação mais substancial no sentido de garantir os direitos fundamentais de qualquer cidadão, mesmo dos que constituem minoria.

Daí a necessidade de construir um novo modelo normativo pois, como alerta *Barroso*(15), não se pode perder de vista "a realidade complexa de um país envelhe-

---

(13) SANCHIS, Luis Prieto. Neoconstitucionalismo y ponderación judicial. In: *Neoconstitucionalismo(s)*. Edición de Miguel Carbonell. Madrid: Trotta, 2003. p. 131 e ss.

(14) STRECK, Lenio Luiz. A crise da hermenêutica e a hermenêutica da crise: a necessidade de uma nova crítica do direito. In: SAMPAIO, José Adércio Leite (coord.). *Jurisdição constitucional e direitos fundamentais*. Belo Horizonte: Del Rey, 2003. p. 137.

(15) BARROSO, Luiz Roberto. *O direito constitucional e a efetividade de suas normas*. Rio de Janeiro: Renovar, 2006. p. 3.

cido em suas estruturas políticas, frágil em suas instituições jurídicas e opressivo em suas relações sociais. Não se trata de uma análise crítica do passado, nem de exaltação a um futuro sempre adiado. Tem-se por objetivo, sobretudo, resgatar a contemporaneidade e incutir na prática real do Estado e da sociedade os valores mais elevados da civilização, em sua maior parte disponíveis e não assimilados. Cabe ao Direito a positivação destes valores, transformando-os em normas jurídicas".

Neste contexto, como modelo de organização jurídico-política, o neoconstitucionalismo representa um aperfeiçoamento, abrindo caminhos para a atuação mais efetiva do Poder Judiciário, por reconhecer que a Constituição fixa parâmetros superiores de legalidade, capazes de limitar a atuação do legislador, notadamente porque a maioria não tem força para eliminar os direitos fundamentais que a Carta de 1988 reconheceu a todos os cidadãos, aí incluindo os integrantes das minorias.

Para o julgador, traz a necessidade de permear a ética da convicção com a ética da responsabilidade, numa conduta pautada pela racionalidade na aferição dos meios necessários para a ação, bem como para a aferição das oportunidades e conseqüências do agir, na conhecida concepção de *Max Weber*.

Pondera *Santiago Sastre Ariza*[16] que o caráter voluntarista, que caracterizava a atuação do legislador, refletida no princípio hobbesiano *autorictas, non veritas facit legem,* deixa de ser sustentado ante a supremacia da Constituição, sendo substituído pela máxima *veritas, non autorictas facit iudicium* que, ao formatar o conceito de legalidade substantiva, legitima o novo modelo de atuação jurisdicional e lança as bases de edificação de um modelo democrático de constitucionalidade substancial, necessário para a construção de uma sociedade mais justa.

Este movimento provoca mudanças significativas nos sistemas sociais como ressalta *Niklas Luhmann,*[17] que passam a atuar de maneira intercambiável, de forma que a política pode criar o direito "sob a condição de que ela proceda segundo ele", e o direito só pode ser mudado "dentro do quadro constitucional", pois o Estado de Direito é considerado um valor civilizacional. Neste contexto, a Constituição detém "importância decisiva na caracterização da autonomia do sistema jurídico, assim como de sua relação com a política... passando a ser a instância reflexiva mais abrangente desse subsistema social".

Assim, o justo não se constitui em esfera de atuação diversa do jurídico, mas com este se confunde para conferir-lhe legitimidade justificadora.

Neste sentido, uma das diretrizes mais importantes estabelecidas pela Constituição de 1988 foi a valorização da "moralidade objetiva", como parte integrante do conceito de normatividade, tornando insustentável a antiga concepção de que uma conduta poderia ser legal, embora imoral, pois a moralidade passa a ser parte integrante do próprio conceito de legalidade substancial.

---

(16) ARIZA, Santiago Sastre. La ciencia jurídica ante el neoconstitucionalismo. In: *Neoconstitucionalismo(s)*. Edición de Miguel Carbonell. Madrid: Trotta, 2003. p. 240-243.

(17) LUHMANN, Niklas. *Do sistema social à sociologia jurídica.* Tradução de Dalmir Lopes Junior, Daniele Andréa da Silva Manão e Flávio Elias Riche. Rio de Janeiro: Lumen Juris, 2004. p. 39, 154-157.

Portanto, não há como separar em comportamentos estanques a justiça comutativa da distributiva, relegando esta "apenas" ao terreno da moralidade ou do assistencialismo. Uma análise crítica, vinte anos depois, vem demonstrar que a Constituição de 1988 integrou ambas no conceito de justiça, traçando caminhos para a edificação de uma normatividade pós-moderna, que supera a dicotomia conceitual existente entre *Platão/Aristóteles*, abrindo as vias de acesso de uma e outra, tornando-as vasos comunicantes, cujo equilíbrio se revela vital para a saúde do sistema jurídico como balizador de conduta, como explicitam as valiosas reflexões que permearam o pensamento de *Michel Villey*(18).

Este novo desenho institucional também supera a visão aristotélico/tomista, que formatou o Direito continental europeu, e teve notável influência na aplicação do Direito em solo brasileiro. A alteração do paradigma, ampliando o vértice de formação da norma jurídica, se reveste de importância significativa para a edificação de um ordenamento nacional mais eficiente e consonante com a nossa realidade, especialmente para o Direito do Trabalho, que sempre pautou sua atuação pelo tangenciamento de ambas as vertentes, tanto no que se refere à perspectiva da justiça distributiva, como da justiça comutativa, tendo em vista o hibridismo de sua natureza de direito público/privado. Em relação a tal questão, explica *Barroso*(19) que, na verdade "é a aplicação de princípios constitucionais que leva determinados institutos de direito público para o direito privado e, simetricamente, traz institutos de direito privado para o direito público. O fenômeno em questão, portanto, não é nem de publicização de um, nem de privatização de outro, *mas de constitucionalização de ambos*. Daí resulta uma diluição do rigor da dualidade direito público-direito privado, produzindo áreas de confluência e fazendo com que a distinção passe a ser antes quantitativa do que qualitativa".

8. O Judiciário como construtor de um novo padrão de normatividade

Caio Prado Junior(20) ressaltou que uma das piores conseqüências, advindas da manutenção de um regime de trabalho escravo por longo período, como ocorreu no Brasil, consistiu em reduzir o trabalhador a um simples instrumento de trabalho, negando sua humanidade, conferindo ao ato de trabalhar uma condição degradante, a cuja execução estavam obrigados apenas os que não tinham a condição de pessoa, mentalidade que em muitas partes do Brasil permanece subjacente até os dias de hoje.

Ao constitucionalizar de forma expressiva os direitos trabalhistas, catalogando-os como fundamentais, a Carta de 1988 rompe com esta perspectiva trazida pela tradição colonial ibérica, valorizando a dignidade da *pessoa* que trabalha. Deste modo, constrói um dique de resistência a esta mentalidade, impedindo-a da pautar a agenda jurídico-normativa.

---

(18) VILLEY, Michel. *A formação do pensamento jurídico moderno*. São Paulo: Martins Fontes, 2005.

(19) BARROSO, Luis Roberto. Neoconstitucionalismo e constitucionalização do direito. *Revista de Direito Administrativo*, v. 240, abr./jun. 2005, p. 33.

(20) PRADO JUNIOR, Caio. *Op. cit.*, p. 269/277/355.

E mais. A preservação da *autonomia* do ser humano trabalhador, no sentido kantiano[21] do conceito, se revela como um importante contraponto jurídico que o Direito oferece para deter a corrosiva *malaise* nietzschiana[22], que insiste em impregnar a agenda sociológica da atualidade, diluindo a integridade da *persona*.

As instituições européias tiveram seu apogeu na Idade Média e no Renascimento, enquanto os valores que regem a sociedade norte-americana foram formatados pela modernidade. O Brasil se manteve na periferia do sistema e seu modelo normativo se limitou a *copiar* institutos estrangeiros, por reputá-los superiores. Entretanto o tempo mudou, a sociedade mudou, e a realidade fática veio revelar as especificidades da nação brasileira, distinta das demais que lhe serviram de referência. Com efeito, aqui o individualismo se manteve restrito em alguns nichos e teve que conviver com parcelas significativas de movimentos grupais, em grande parte pautados por interesses familiares e dependentes de lideranças políticas locais.

O movimento pendular de articulação intensa entre individual e grupal acabou por alterar ambos, tornando impossível a edificação de paradigmas nacionais com base em doutrinas estrangeiras, afetas a outra realidade fática.

Neste contexto, é preciso chamar a atenção para a necessidade de repensar a postura "lamuriosa e pessimista" que a análise sociológica tem impregnado à seara trabalhista, conferindo-lhe um viés reducionista permeado de fatalismo. Não são raros os discursos e artigos doutrinários que se perdem em extensas análises recheadas de citações econômicas, filosóficas e psicológicas, limitando-se apenas a tangenciar a matéria jurídica, quando *é esta análise que deve ser aprofundada.*

É certo que o Direito do Trabalho sempre esteve imbricado com a "questão social", cuja consideração é importante para o diagnóstico do fato ocorrido, ou para aferição dos critérios que vão auxiliar na ponderação dos valores a ser considerados na complementação de cláusulas abertas, *mas não podem substituir as normas jurídicas, pois só estas são dotadas de* enforcement *e têm respaldo para atuar de forma coercitiva, obrigando ao cumprimento de determinada conduta.*

Podemos considerar boa e razoável uma determinada regra filosófica, sociológica, psicológica ou econômica e ressaltar a sua importância para a análise da realidade fática e para a formulação do diagnóstico do conflito posto. Entretanto, a abordagem multidisciplinar tem um papel coadjutor, pois *não temos instrumentos para obrigar alguém a cumprir tais regras,* já que nenhuma delas detém coatividade normativa, condição ostentada apenas pela norma jurídica num Estado de Direito.

A Constituição Federal de 1988 deixou tal configuração explícita.

Ao constitucionalizar o Direito Trabalhista, e valorizar a natureza propositiva da norma jurídica, libertou-a do rótulo fatalista/reducionista que atualmente insiste em permear as ciências sociais. Priorizou o norte jurídico que deve balizar

(21) KANT, Immanuel. *Fundamentação da metafísica dos costumes e outros escritos*. São Paulo: Martin Claret, 2004.
(22) NIETZSCHE, Friedrich Wilhelm. *Assim falava Zaratustra*. Tradução Ciro Mioranza. São Paulo: Escala.

a busca de soluções, evitando que se perca em digressões sociológicas, filosóficas e econômicas, quando se trata de solucionar um conflito concreto, pela simples e boa razão de que nesta situação não basta o juiz achar que uma teoria é melhor do que a outra, se não conseguir escorá-la numa norma jurídica e assim exigir o cumprimento de uma obrigação, garantindo a efetividade da prestação jurisdicional.

Por outro lado, ao trazer para seu corpo a questão trabalhista, conferindo-lhe, como direito fundamental, uma condição de supralegalidade, deixou claro a Constituição Federal de 1988 que essa normatividade não pode ser reduzida à perspectiva da legalidade formal, devendo ser estruturada no conceito de legalidade substantiva, de modo que não pode restringir-se ao que está positivado apenas nos códigos e leis.

Assim, a Carta Política de 1988 resgata a importância do enfoque jurídico, exponenciando na arena institucional o valor do Direito do Trabalho como balizador de conduta, marcando o ingresso do Brasil no movimento mundial de neoconstitucionalismo, centrado na atuação propositiva do Poder Judiciário.

Com efeito, trata-se de um modelo reconstrutivista, na feliz conceituação de *Habermas*[23], que confere ao Judiciário vigor institucional suficiente para formar um dique de contenção aos excessivos poderes do Executivo, ao mesmo tempo em que evita o domínio do interesse privado no espaço público, revalorizando a esfera pública como *locus* privilegiado para a tomada de decisões institucionais. Ao atuar com base no princípio da persuasão racional, o juiz garante a observância dos direitos fundamentais de todos os cidadãos, e não apenas dos que conseguem formar a maioria no Legislativo, priorizando a autoridade do melhor argumento, e não a prevalência do argumento que advém da maior autoridade, como rezava a antiga tradição coimbrã.

A Constituição Federal de 1988 não só consolidou a situação do Judiciário como um dos poderes da República no Brasil, como lhe atribuiu a situação de construtor de um novo padrão de normatividade, necessário para garantir a funcionalidade da jurisdição.

E mais.

Desperta-nos para a urgência em enfrentar o problema a fim de evitar a anomia.

Como bem observa *Barroso*[24] embora tenha ocorrido no Brasil um expressivo progresso na produção científica do Direito, ainda falta *massa crítica,* o debate "segue pautado por referências teóricas estrangeiras, notadamente americanas e alemãs", levando-nos a ver "a vida dos outros, incorporando seus projetos e seus temores, com perda da capacidade de refletir sobre si e sobre a própria realidade" o que causa um *déficit* de funcionalidade na aplicação do Direito, que é preciso evitar para garantir a utilidade da jurisdição.

---

(23) HABERMAS, Jurgen. *O discurso filosófico da modernidade*. São Paulo: Martins Fontes, 2000. p. 519 e ss.

(24) BARROSO, Luis Roberto. *O direito constitucional e a efetividade de suas normas*. Rio de Janeiro: Renovar, 2006. p. 281/287.

Afinal, para que serve todo um aparato normativo e um sistema jurisdicional amplo, se não consegue solucionar conflitos reais de pessoas que vivem no Brasil e não no restante das Américas, ou na Europa?

O grande desafio consiste em "introduzir de forma radical a juridicidade no Direito Constitucional brasileiro e substituir a linguagem retórica por um discurso substantivo, objetivo, comprometido com a realização dos valores e dos direitos contemplados na Constituição" como ressalta *Barroso*.

Ao agasalhar uma multiplicidade de posições, muitas delas aparentemente ambíguas em relação a determinadas questões, o que a Constituição fez foi exibir como fratura exposta toda a ambigüidade que permeia a cultura brasileira, todo o paradoxo dos conflitos reais para os quais é preciso apresentar respostas.

9. Conclusão

O neoconstitucionalismo trazido pela Constituição Federal de 1988 veio conferir ao sistema normativo um conteúdo civilizatório, consolidando a importância das instituições para garantir a dimensão ética, que considerou inerente ao princípio da legalidade substantiva.

Ao garantir, como fundamentais, os direitos trabalhistas elencados no art. 7º, a CF/88 estabeleceu que a retribuição remuneratória pelo trabalho prestado, e a correta transferência dos aumentos da produtividade física do trabalho, como salário real, são indispensáveis para impulsionar a edificação de uma sociedade mais justa nas oportunidades de acesso aos resultados da produtividade, impedindo a concentração do excedente nas mãos de poucos, evitando a reprodução de assimetrias sociais que criam bloqueios à inovação e à difusão do desenvolvimento social, evitando a dependência aos modelos externos e a desarticulação interna dos padrões normativos, obrigando-os à consonância com a realidade fática que visam a regular, assim delineando um novo paradigma de edificação da identidade nacional, pautado pela atuação do Poder Judiciário como construtor da autonomia normativa.

No Brasil, em que a evolução institucional de um país de dimensão continental não conviveu com guerras, nem com grandes movimentos revolucionários, a construção da identidade nacional se processou de forma mais lenta. A Constituição Federal de 1988 conferiu ao Poder Judiciário a atribuição de completar os próprios enunciados das cláusulas abertas como ator importante deste processo, dotando-o de expressivos poderes de sopesamento entre interesses contrapostos, referentes às grandes dualidades que marcam o público/privado, Estado/mercado, individualismo/sociabilidade.

Não olvidou a tradição ibérica que nos acompanha desde a formação, valorizando a perspectiva de um verdadeiro solidarismo, mas também garantindo espaços ao empreendedorismo individual, que traz dinamismo à vida nacional, impedindo, porém, que a atitude do indivíduo seja pautada pela anulação de sua condição de cidadão e pela invasão do espaço público pelos interesses privados.

Preservando a multiplicidade de enfoques abriu caminhos para a construção de alternativas criativas e atreladas à multiplicidade cultural, que se constitui no traço mais característico de nossa nação, não aceitando o beco sem saída e a visão reducionista, que limitam o debate sobre o futuro institucional do Brasil a um singelo braço de ferro entre o socialismo e o liberalismo, por reconhecer que a realidade da vida é muito mais complexa do que esse dualismo.

Ao constatar as limitações do Poder Legislativo, não só no que se refere à construção de consensos no Parlamento, mas também ante a notória dificuldade de lidar com a distensão da maioria/minoria, o neoconstitucionalismo trazido pela CF/88 abre espaços para a judicialização da política, colocando o Poder Judiciário como ator importante no balizamento desta equação, ou seja, os interesses políticos têm liberdade de atuação, mas essa não pode ser absoluta, o governo da maioria pode, mas não pode tudo, pois sempre deverão ser respeitados os direitos fundamentais das minorias, garantindo ao cidadão o direito a um Estado eficiente na prestação dos serviços públicos, assim instituindo os direitos fundamentais da 4ª geração, conforme expressamente disposto no inciso LXXVIII do art. 5º da CF/88 quanto à garantia da razoável duração dos processos.

Ademais, construção de um modelo institucional que garanta a implementação da liberdade e da igualdade substantiva, e não apenas formal, se revela particularmente importante para o Direito do Trabalho. Dotado de natureza híbrida, que mescla conceitos de direito público e de direito privado, o Direito do Trabalho está estruturado tanto em princípios de Justiça Comutativa, como de Justiça Distributiva, de modo que é com base nestes parâmetros que se dará a construção de um novo padrão de normatividade.

Em suma, a busca de um equilíbrio satisfatório na realização dos valores da liberdade e segurança, pois ambos se apresentam indispensáveis não só para a construção da identidade nacional, mas também para a sustentação da vida institucional do País.

À semelhança do que ocorreu com o movimento modernista de 1922, a Constituição Federal de 1988 submete o ordenamento jurídico nacional a um choque de brasilidade. Ao instituir a moralidade objetiva, como parte integrante do conceito de legalidade, implode a concepção arcaica que as concebia como esferas separadas, rasgando estradas institucionais que possibilitam atrelar o caráter nacional ao conceito de decência, dando-nos ferramentas para enterrar de vez, e de preferência para sempre, o protótipo de Macunaíma, que um dia tentou nos identificar com o *herói sem nenhum caráter*.

A Carta de 1988 possibilita a reconstrução da dogmática jurídico-constitucional, que possa abreviar a fase de imaturidade que tem travado a funcionalidade do sistema, levando as instituições nacionais ao descrédito.

Vinte anos após a promulgação em 1988, fica claro que ao instituir as vigas mestras do neoconstitucionalismo, a Constituição Federal inseriu a atuação jurisdicional como referência institucional para a edificação de um país independente, que tem na cidadania do trabalho decente seu marco de sustentação.

BIBLIOGRAFIA

ARIZA, Santiago Sastre. La ciencia jurídica ante el neoconstitucionalismo. In: *Neoconstitucionalismo(s)*. Edición de Miguel Carbonell. Madrid: Trotta, 2003.

BARROSO, Luis Roberto. *A nova interpretação constitucional*. Ponderação, direitos fundamentais e relações privadas. 2. ed. Rio de Janeiro: Renovar, 2006.

______. Neoconstitucionalismo e constitucionalização do direito. *Revista de Direito Administrativo*, v. 240, abr./jun. 2005.

______. *O direito constitucional e a efetividade de suas normas*. Rio de Janeiro: Renovar, 2006.

BAUMAN, Zygmunt. *Vida líquida*. Tradução de Carlos Alberto Medeiros. Rio de Janeiro: Jorge Zahar, 2007.

______. *Modernidade líquida*. Tradução Plínio Dentzien. Rio de Janeiro: Jorge Zahar, 2001.

CUNHA, Euclides da. *Os sertões*. São Paulo: Martin Claret, 2002.

FERRAJOLI, Luigi. *Los fundamentos de los derechos fundamentales*. Madrid: Trotta, 2001.

FURTADO, Celso. *Fundamentos econômicos da ocupação territorial*. São Paulo: Nacional, 2003.

GUASTINI, Riccardo. La "constitucionalización" del ordenamiento jurídico. In: CARBONELL, Miguel (ed.). *Neoconstitucionalismo(s)*. Madrid: Trotta, 2003.

HABERMAS, Jurgen. *O discurso filosófico da modernidade*. São Paulo: Martins Fontes, 2000.

KANT, Immanuel. *Fundamentação da metafísica dos costumes e outros escritos*. São Paulo: Martin Claret, 2004.

LUHMANN, Niklas. *Do sistema social à sociologia jurídica*. Tradução de Dalmir Lopes Junior, Daniele Andréa da Silva Manão e Flávio Elias Riche. Rio de Janeiro: Lumen Juris, 2004.

NIETZSCHE, Friedrich Wilhelm. *Assim falava Zaratustra*. Tradução Ciro Mioranza. São Paulo: Escala.

PRADO JUNIOR, Caio. *Formação do Brasil contemporâneo*. São Paulo: Publifolha e Brasiliense, 2000.

SANCHIS, Luis Prieto. Neoconstitucionalismo y ponderación judicial. In: *Neoconstitucionalismo(s)*. Edición de Miguel Carbonell. Madrid: Trotta, 2003.

STRECK, Lenio Luiz. A crise da hermenêutica e a hermenêutica da crise: a necessidade de uma nova crítica do direito. In: SAMPAIO, José Adércio Leite (coord.). *Jurisdição constitucional e direitos fundamentais*. Belo Horizonte: Del Rey, 2003.

VIANNA, Luiz Werneck. *A judicialização da política e das relações sociais no Brasil*. Rio de Janeiro: Revan, 1999.

VILLEY, Michel. *A formação do pensamento jurídico moderno*. São Paulo: Martins Fontes, 2005.

ZAGREBELSKY, Gustavo. *El derecho dúctil*. Madrid: Trotta, 2007.

O Mundo do Trabalho e a Flexibilização

Valdete Souto Severo(*)

1. O trabalho humano na era moderna. Do liberalismo clássico à era das constituições

A visão do trabalho humano como mercadoria e, bem assim, do homem *reificado* (tornado coisa), é própria do modelo econômico-social que adotamos. Sua introdução no chamado mundo moderno tem como ponto marcante a Revolução Francesa, a partir da qual rompemos com o modo de organização social até então aceito (feudalismo), instaurando uma nova ordem. Com a Revolução Francesa(1), a organização passa a ser estabelecida sob as bases de uma sociedade de capital, em que a produção e o consumo tornam-se geradores de necessidades artificiais(2). Revigora-se a importância do trabalho como atividade humana que permite (e deve almejar) o acúmulo de propriedade e de conhecimento, gerando um modo de organização liberal-individualista de nova dimensão.

A classe burguesa, destituída de títulos de nobreza e não conectada à Igreja Católica, possuía a moeda, cada vez mais importante como instrumento de poder. O desenvolvimento científico permitia questionar a concepção de Deus, da natureza ou da razão como justificativa e medida para todas as coisas.

O contexto histórico(3) no qual o capitalismo liberal se assenta como modelo econômico e social é o mesmo em que as artes e as ciências encontram fértil campo de expansão, determinando essa nova visão do homem, como ser Individual. E a propriedade, como decorrência lógica, deixa de ser mera necessidade forjada pelo

---

(*) Juíza do Trabalho da 4ª Região, Especialista em Processo Civil pela UNISINOS, Especialista em Direito do Trabalho, Processo do Trabalho e Direito Previdenciário pela UNISC, Master em 'Diritto del lavoro, Sindacale e della Sicurezza Sociale' pela Universidade Européia de Roma, Pesquisadora do CETRA.

(1) Tanto a Revolução Francesa quanto a Revolução Industrial são acontecimentos relevantes para o estudo da evolução das relações jurídicas de trabalho.

(2) De acordo com Hannah Arendt, inicia-se a fase em que o homem "se aliena" e a alienação (perda do senso comum), com a atrofia do "espaço da aparência", gera uma sociedade fundada no "mercado de trocas", em que "os homens não entram em contato uns com os outros fundamentalmente como pessoas, mas como fabricantes de produtos, e o que neles exibem não são suas individualidades, nem mesmo suas aptidões e qualidades" (ARENDT, Hannah. *A condição humana*. 10. ed. Rio de Janeiro: Forense, 2002. p. 221).

(3) O homem passou a ser o centro da organização, desconectando-se da ética, da moral ou da religião. A idéia humanista supera a concepção cristã de organização humana e poder. (MAIOR, Jorge Luis Souto. *O direito do trabalho como instrumento de justiça social*. São Paulo: LTr, 2000. p. 47).

artifício humano. Passa a ser concebida como *fruto legítimo* do trabalho. A evolução científica faz nascer a dúvida cartesiana, rompendo com o dogma pelo qual o homem podia descobrir a verdade mediante simples contemplação[(4)]. O Homem volta os olhos para si mesmo. Passa a conceber o processo de introspecção como único modo de alcançar a certeza e a verdade. Os instrumentos, cada vez mais sofisticados[(5)], são os meios para que se experimente e prove como as coisas foram feitas, a fim de reproduzi-las. Em lugar do SER, assume importância o processo[(6)]. Conseqüência disso é a noção de que a verdade já não mais pode ser dada — obtida por meio de simples contemplação: tem que ser atingida [por meio de um processo][(7)(8)].

O indivíduo passa a ser privilegiado em detrimento do grupo, de tal modo que os homens são arremessados para dentro de si mesmos, em uma tentativa alucinada de reduzir as experiências, com o mundo e com outros seres humanos, a experiências entre o homem e si mesmo. Nesse processo de instauração de uma nova ordem social, política e econômica, a segurança constitui uma necessidade premente. É fundamental a existência de um conjunto de Leis que garanta a legitimidade do novo governo[(9)].

Canotilho ressalta o distanciamento que o paradigma iluminista acaba provocando entre a Lei (como força 'criadora e conformadora da razão') e a História. Aponta os principais caracteres da construção constitucional liberal que legitimou a consolidação do poder da classe burguesa, destacando a busca da certeza do

(4) Hannah Arendt salienta que ao lado da teoria de Marx a propósito da filosofia do trabalho na era moderna, estão todas as teorias sobre a evolução humana que concentram esforços em justificar a importância de um processo pelo qual se alcança a verdade e a certeza. Observa que "se o ser e a aparência estão definitivamente separados — e estes, como observou Marx certa vez, é realmente o pressuposto básico de toda a ciência moderna — então nada resta que possa ser aceito de boa-fé; tudo deve ser posto em dúvida". (ARENDT, Hannah. *Op. cit.*, p. 287).

(5) O telescópio permite perceber o equívoco gerado pela mera percepção visual, que fazia crer que o sol girava em torno da terra. Surge, então, a necessidade de realizar processos nos quais o homem, a sós consigo mesmo, tenha elementos concretos que permitam crer em uma realidade que transcenda àquela percebida de modo sensorial.

(6) Hannah Arendt ressalta, também, que a idéia de Estado encontrada em Hobbes é reflexo dessa visão moderna pela qual tudo deve partir do homem e ser descoberto mediante experimentação — processo. Por isso, a necessária alegoria do Leviatã como um homem artificial. Um ente criado da imaginação do filósofo, capaz de realizar o mesmo processo que o homem individualmente precisa realizar para alcançar o conhecimento e, pois, o domínio do meio em que vive. Acrescenta que "se é da natureza do Ser apresentar-se e revelar-se, é da natureza do Processo permanecer invisível, algo cuja existência pode apenas ser inferida da presença de certos fenômenos" (*Op. cit.*, p. 310).

(7) Interessante observar que esse ideário racionalista serviu perfeitamente bem aos objetivos da classe burguesa então alçada ao poder. Sua legitimação — na esteira do pensamento da época — não ocorreria, senão por meio de um processo que a declarasse como legítima detentora do poder. E esse processo de legitimação não seria possível com uma magistratura totalmente comprometida com os senhores feudais e desapegada a ritos que a conformassem previamente.

(8) A idéia de processo e de necessária busca da verdade, que caracteriza a era moderna, determina mudanças em várias áreas do conhecimento. A leitura das obras de Carl Gustav Jung, voltadas à psicanálise, são exemplos da extensão dessa influência aos mais variados campos do conhecimento. Em uma de suas obras, Jung menciona que o interesse pelo estudo das neuroses se intensifica no momento em que os homens perdem sua identificação com o mito do "mundo dos ancestrais", ligado à natureza. Na medida em que o homem passa a duvidar de suas impressões e pretende observar a natureza "de fora", muitas pessoas se tornam "vítimas da cisão mental de nosso tempo". JUNG, C. G. *Memórias, sonhos, reflexões*. Compilação e prefácio de Aniela Jaffé. Trad. Dora Ferreira da Silva. 24. impressão. Rio de Janeiro: Nova Fronteira, 2005. p. 130.

(9) Ver: MORAES, Maria Celina Bodin de. Constituição e direito civil: tendências. *Revista dos Tribunais*, a. 89, v. 779. p. 47-63, set. 2000.

direito, o individualismo, a legiferância exacerbada e a consolidação do liberalismo econômico mediante o "mínimo de restrições aos direitos fundamentais *economicamente relevantes* (propriedade, liberdade de profissão, indústria e comércio)"[(10)]. Com a idéia de liberdade *contra o Estado*, se solidifica a relação de dependência do homem ao trabalho[(11)]. A noção de igualdade, por sua vez, traz subjacente o conceito de *lei justa*, de sentido unívoco, cujo poder maior é retratar os ditames do *mundo jurídico* — um ser que adquire força e existência próprias.

E o trabalho assume a qualidade de móvel pelo qual o homem transforma a natureza, imitando eventos cuja essência desconhece, a fim de conseguir reproduzi-los. Para que sirva ao sistema, porém, esse trabalho deve ser tratado como mercadoria.

Assim surge o conceito de alienação, como a "transferência da propriedade de alguém para outra pessoa". A pessoa viva deve ser "reificada — transformada numa coisa, numa simples propriedade, durante o contrato", para que "pudesse ser dominada pelo seu novo dono"[(12)]. Eis a síntese da transformação da noção de trabalho na era moderna[(13)].

No chamado "mundo estranhado", o trabalho *assalariado* passa a constituir condição de sobrevivência. É gerador de necessidades inventadas, que o tornam, tão-logo produzidas, seu escravo. Porém, ao mesmo tempo, é um *bem*, passível de ser alienado, permitindo-se, com isso, a alienação [ou estranhamento] do próprio homem. A conseqüência é a noção moderna do trabalho como algo alheio ao homem, destituído de prazer[(14)]. Essa circunstância não retira a importância do trabalho — e de sua proteção — no mundo moderno. Antes disso, a torna ainda mais evidente, porque revela um paradoxo do sistema capitalista: o trabalho humano é dotado da especial circunstância de que não se separa daquele que trabalha. Por isso, tratá-lo como mercadoria implica tratar o ser humano que trabalha como *coisa*. Entretanto, é a pessoa, individualmente considerada, a destinatária da nova ordem econômica e social. O capitalismo precisa de consumidores. Se o trabalhador (parte substancial de uma sociedade capitalista) puder ser 'transformado em coisa' e explorado como mercadoria, o sistema perecerá.

---

(10) CANOTILHO, J. J. Gomes. *Op. cit.*, p. 109-10.

(11) Nesse sentido, Paulo Luiz Netto Lôbo afirma que a liberdade idealizada pelo movimento francês tinha em vista o homem com patrimônio. Por conseqüência, "livre é quem pode deter, gozar e dispor de sua propriedade sem impedimentos". LÔBO, Paulo Luiz Netto. Constitucionalização do direito civil. *Revista de Informação Legislativa*. Brasília, a. 36, n. 141, p. 99-109, jan./mar. 1999.

(12) MESZAROS, Istvan. *A teoria da alienação*. São Paulo: Boitempo, 2006. p. 38.

(13) "O processo de estranhamento do trabalho irá contribuir para que o próprio trabalho venha a se transformar no único registro de organização social. Em outras palavras, é o aparecimento do trabalho abstrato, dotado de um valor econômico, que irá reestruturar a lógica das trocas, doravante centrada na economia. Não é por outra razão que, nesse momento, se verá a sociologia estruturar seu objeto de estudos — a sociedade — sempre a partir do trabalho, fixando seus elementos explicativos nas relações sociais de produção (Karl Marx), na divisão social do trabalho (Émile Durkhein) ou na racionalidade (Max Weber) e recusando as diversas outras dimensões que poderiam ser utilizadas para se entender o trabalho e a vida" (BARRETO, Vicente de Paulo (org.). *Dicionário de filosofia do direito*. São Leopoldo: Unisinos, 2006. p. 829).

(14) Segundo Marx, o trabalhador só se sente "junto a si [quando] fora do trabalho e fora de si [quando] no trabalho. Está em casa quando não trabalha e, quando trabalha, não está em casa. O trabalho não é, por isso, a satisfação de uma carência, mas somente um meio para satisfazer necessidades fora dele" MARX, Karl. *Manuscritos econômicos e filosóficos*. São Paulo: Boitempo. p. 82-3.

Importante é observar que a transmigração do conceito de trabalho humano, de modo de afirmação do homem sobre a natureza (realização pessoal), para mecanismo de reprodução de um sistema de produção (modo de sobrevivência), faz com que o trabalho permaneça no epicentro da organização humana[15]. E, na medida em que se pretende o *estranhamento* do próprio *homem-que-trabalha*, atua-se necessariamente contra a natureza humana, fragilizando, com isso, o próprio sistema.

1.1. O Trabalho como direito

A consciência da necessidade de proteger o trabalho como um direito é recente na história do homem[16]. É resultado, especialmente, do esgotamento do sistema. O capitalismo enfrenta uma grave crise na primeira metade do século vinte, fazendo com que a exclusão social que gera (e que é própria do sistema) seja colocada em discussão. O Estado assume o papel de ator social, devendo intervir de modo a minimizar as graves disparidades do modelo adotado[17].

O capitalismo traz em sua gênese o elemento de ruptura. Exacerba o individualismo, fazendo com que o homem negligencie sua dimensão plural. Entretanto, porque gera a exclusão, e parte do pressuposto da desigualdade entre os homens que trabalham e os que lucram, acaba por despertar o sentimento de identidade capaz de gerar a luta por mudanças, quando organiza fábricas[18], fazendo com que as pessoas trabalhem e morem sempre próximas, dividindo idênticas condições de sobrevivência. Assim é que o próprio sistema revela-se ambiente fértil aos movimentos operários, que ganham força inesperada[19] e acabam forçando a regulamentação de direitos mínimos para os trabalhadores.

Os direitos sociais surgem, pois, em meio aos direitos econômicos do Estado liberal, mas se tornam maiores que eles, justamente porque o legitimam (não rompem com o modelo adotado) e, ao mesmo tempo, estabelecem seus limites (impedem a *coisificação* do homem). É justamente o senso comum (a *pluralidade humana*)

---

(15) Assim como o trabalho permaneceria tendo importância fundamental se vivêssemos num sistema socialista ou comunista. Isso reafirma a noção de trabalho como *condição de mundanidade*, tal como apontado por Hannah Arendt. O homem, sendo um ser essencialmente plural, vive *com os outros* e seu modo de externalizar essa condição humana é o trabalho.

(16) Como é sabido, o Direito do Trabalho, como norma, nasce com o fim da Primeira Grande Guerra, quando é criada a Organização Internacional do Trabalho (OIT), e firmado o Tratado de Versalhes, composto de nove princípios que passaram a regular as relações de trabalho.

(17) No âmbito civil, em que presumida a igualdade entre as partes, o caráter individualista é pouco a pouco substituído por uma visão humanística da ciência jurídica, de sorte que a organização do homem em sociedade passa a ter por objetivo servir, também, para garantir a dignidade de cada um, enquanto membro dessa sociedade organizada.

(18) Somam-se a essa realidade, as péssimas condições de trabalho, em que homens, mulheres e crianças são reduzidos à situação de semi-escravidão. Tais circunstâncias geram, tanto no Brasil, quanto no cenário mundial, um desconforto crescente que logo é traduzido por iniciativas de organização das categorias mais expressivas, de que são exemplos os metalúrgicos dos grandes centros urbanos e os ferroviários.

(19) Assim é que é editada a "Lei Chapelier", em junho de 1791, tentando restringir a organização sindical, e, em 1826, é reconhecido o direito de associação, na Inglaterra. Surge o Manifesto Comunista e, em maio de 1891, é editada a Encíclica *Rerum Novarum*, pelo Papa Leão XIII.

que permite tenhamos noção da realidade (somos *com o outro*). Portanto, ao pretender excluir o senso comum, considerando apenas o homem e suas necessidades imediatas (reificando ou *coisificando* o *homem-que-trabalha*), o modelo liberal de organização humana acaba por determinar sua impossibilidade de sucesso, já que permite a subversão de valores fundamentais ao convívio social. Como o homem, por mais que pretenda, não sobrevive sem os outros [é essencialmente plural], não há saída satisfatória para um modelo de organização em que essa sua característica seja desconsiderada[(20)].

Impressiona o modo como o capitalismo vem sobrevivendo a esse paradoxo. Ao ser instaurado, o capitalismo trazido pelo liberalismo clássico contou com a força do Estado (sobretudo por meio das Leis) para se consolidar. Fortaleceu o Estado-legislador, tratando-o como aliado. Entretanto, o Estado é o viés plural da organização humana, enquanto o mercado alimenta-se do individualismo extremo. Portanto, enquanto serviu ao desenvolvimento econômico, o Estado garantidor de liberdades negativas foi uma opção interessante. O capitalismo, porém, teve a necessidade de procurar um remédio para seus efeitos. Por ser um sistema geneticamente excludente, que — ao mesmo tempo — necessita de consumidores, o capitalismo, para sobreviver como modelo econômico e social, necessitou de uma vacina que não atingisse a causa, mas apenas as conseqüências da doença. Nesse sentido, as idéias de *Keynes*, no sentido de que "não é a rigidez dos salários impulsionada pela ação sindical que provoca a queda na atividade econômica, mas sim a falta de demanda efetiva, que pode, inclusive, ser ocasionada pelos baixos salários"[(21)].

A implementação dos direitos sociais não decorreu, pois, de benesse das classes dominantes[(22)], mas da necessidade de superação da crise do sistema, aliada ao sentimento de solidariedade gerado pelos eventos sociais que, em realidade, são resultado do caráter excludente e díspare do próprio sistema. O Brasil é diretamente influenciado pelo contexto internacional[(23)] e, embora com um capitalismo ainda "tímido"[(24)], chamado capitalismo tardio ou retardatário, resolve seguir o exemplo de outros Estados, positivando normas de proteção dos direitos sociais[(25)].

---

(20) Algumas reflexões importantes sobre o assunto são encontradas na obra de GIDDENS, Anthony. *Mundo em descontrole*. 4. ed. Rio de Janeiro: Record, 2005.

(21) Citado por BIAVASCHI, Magda Barros. *O direito do trabalho no Brasil*. São Paulo: LTr, 2007. p. 96.

(22) De acordo com Boaventura de Souza Santos, "este maior equilíbrio entre Estado e mercado foi obtido por pressão do princípio da comunidade enquanto campo e lógica das lutas sociais de classe que estiveram na base das conquistas dos direitos sociais.". SANTOS, Boaventura de Souza. *Pela mão de Alice:* o social e o político na pós-modernidade. 10. ed. São Paulo: Cortez, 2005. p. 244.

(23) Magda Biavaschi, na obra acima citada, elenca artigos do Ministério do Trabalho e da Revista do Trabalho, da década de 30, que insistiam em revelar o que estava acontecendo no resto do mundo, reforçando a necessidade de intervenção estatal para regulação do desenvolvimento econômico. Ver, por exemplo, p. 97.

(24) E da mesma autora a referência: "no Brasil de 1930 grande parte da população estava na zona rural. O proletariado urbano, de formação recente, ainda que tivesse certo acúmulo de reivindicações, não se apresentava com força orgânica capaz de impulsionar um processo de positivação das normas de proteção social de forma eficaz. O substrato material de suas lutas políticas não era igual àqueles da Inglaterra do século XIX, da grande indústria." *Op. cit.*, p. 100.

(25) Em âmbito nacional, tais regras eram resultado, ainda, do projeto de Getúlio Vargas de "industrializar o país e transformá-lo numa nação moderna, com as massas proletárias integradas e protegidas por meio de normas sociais eficazes", tendo como base o positivismo de Augusto Comte, do qual o então presidente era fiel seguidor (BIAVASCHI, *Op. cit.*, p. 102).

Regras que, em âmbito mundial, eram resultado tanto das reivindicações dos trabalhadores organizados como também da necessidade reestruturação da economia pós-primeira guerra.

Enquanto fomenta a organização sindical, a segunda fase do capitalismo, caracterizada por um Estado hipertrofiado, acaba fragmentando a luta social[26]. Ao retirar da classe operária a responsabilidade por suas próprias conquistas e a necessidade de lutar pela superação da opressão gerada pelo sistema capitalista, o Estado-providência desagrega, individualiza os trabalhadores, fazendo com que passem a lutar cada um por si. Amortece a consciência de grupo que motivou a existência mesma dos entes coletivos, que são sua principal marca[27]. Confinado à base estatal, submetido à estrutura capitalista de organização social, o movimento sindical acaba por ser dividido em âmbito político (partidos) e industrial (sindicatos), dissociados de sorte a enfraquecer a força do movimento operário[28].

A fase do capitalismo organizado, superada a crise de estrangulamento do sistema, acaba cedendo espaço ao que os sociólogos denominam capitalismo desorganizado, em que "o predomínio do princípio do mercado [...] faz apelo ao princípio da comunidade [...] para obter a sua cumplicidade ideológica na legitimação da transferência dos serviços da providência social estatal para o sector privado não lucrativo."[29]

O capitalismo neoliberal reforça a dimensão plural do homem, mas o faz em seu favor, invertendo o discurso. Após desmantelar o movimento sindical, fragilizando as relações de trabalho de tal modo a compelir os trabalhadores a divergirem e lutarem entre si reforça (munido pelas possibilidades da tecnologia moderna) a noção de que houve uma libertação das capacidades humanas, capaz de engendrar um quadro social de auto-regulação, de cooperação. A falácia de que capital e trabalho agora são 'parceiros' vem subjacente à idéia de *pseudo-cooperativismo* e às

---

(26) "A segurança da existência quotidiana propiciada pelos direitos sociais tornou possíveis vivências de autonomia e de liberdade (...) que até então tinham estado vedadas às classes trabalhadoras. Mas por outro lado (...) aumentou o peso burocrático e a vigilância controladora sobre os indivíduos; sujeitou estes, mais do que nunca, às rotinas da produção e do consumo; criou um espaço urbano desagregador e atomizante, destruidor das solidariedades (...) promoveu uma cultura mediática e uma indústria de tempos livres que transformou o lazer em gozo programado, passivo e heterónomo, muito semelhante ao trabalho. Enfim, um modelo de desenvolvimento que transformou a subjectividade num processo de individuação e numeração burocráticas e subordinou a Lebenswelt às exigências de uma razão tecnológica que converteu o sujeito em objecto de si próprio" (*Idem, ibidem*).

(27) Essa realidade é percebida a partir da atuação defensiva do sindicato, "como interlocutor legalmente constituído e regulado pelo Estado". MÉSZAROS, István. *O século XXI socialismo ou barbárie?* Trad. Paulo Cezar Castanheira. São Paulo: Boitempo, 2003. p. 90. Mészaros destaca que o Estado-do-bem-estar-social foi a última manifestação desta lógica em que pela atuação do sindicato o capital cedia a algumas das necessidades do trabalho, e o foi porque partia da premissa de organização nacional, ambiente no qual os sindicatos foram forjados e se desenvolveram.

(28) Nesse sentido, Mészaros escreve que "na estrutura parlamentar capitalista, em troca da aceitação da legitimidade dos partidos operários pelo capital, tornou-se absolutamente ilegal usar o braço industrial (sindicato) para fins políticos. Isso significou uma severa restrição à qual os partidos trabalhistas se submeteram, condenando dessa forma o imenso potencial combativo do trabalho produtivo de base material e politicamente eficaz, à completa impotência" (*Socialismo ou barbárie*, p. 92).

(29) SANTOS, Boaventura de Souza. *Pela mão de Alice:* o social e o político na pós-modernidade. 10 ed. São Paulo: Cortez, 2005. p. 255.

várias formas anômalas de relação de trabalho que invadem o cenário da Justiça do Trabalho diuturnamente(30). E o movimento sindical — máxima expressão da dimensão plural do homem que trabalha — atravessa uma crise aguda. Caracteriza-se, muitas vezes, como centro de renúncia de direitos dos trabalhadores, quando atua como negociador capaz de chancelar normas coletivas que simplesmente aniquilam conquistas trabalhistas(31).

É preciso, porém, compreender que essa crise não é isolada nem constitui mera conseqüência do esvaziamento da razão de ser dos movimentos sindicais. Hoje, mais do que nunca, há motivos para que os trabalhadores se organizem, unindo forças para reivindicar o resgate de direitos conquistados ou, pelo menos, a sua manutenção. Existem várias teorias e pouco consenso acerca do papel do trabalho e do Direito do Trabalho nesse novo milênio. Em realidade, as teorias não conseguem maquiar a realidade. Fala-se em quatro possíveis "tipos ideais explicativos do cenário de crise emprestado ao mundo do trabalho"(32).

O primeiro modelo seria aquele segundo o qual o trabalho continua a viger como categoria central da sociedade, "fator preponderante de integração social". Por conseqüência, sua precarização atingiria o cerne da proteção a essa condição humana de pluralidade, afetando o próprio sistema capitalista no qual se insere. No segundo modelo, o trabalho assume papel secundário. Cede espaço ao mercado, privilegiado como único modo de desenvolvimento social. Como terceiro modelo, está aquele que desloca o discurso para a dicotomia "incluídos *vs* excluídos", e em lugar de uma sociedade de classes, concebe uma "sociedade horizontal, em que a divisão se faz entre centro (participação) e periferia (exclusão)". A conseqüência seria a conclusão de que "os inempregáveis tornar-se-iam dispensáveis. Far-se-ia, então, necessário pensar uma nova lógica de inserção social, não limitada ao mercado de trabalho e ao seu tradicional veículo, o emprego, mas sim associada à idéia de ocupação"(33).

O quarto modelo aponta para uma sociedade "pós-trabalho", já que a produção econômica cresce, enquanto diminui a capacidade do mercado em criar novos

(30) Nesse sentido, Boaventura de Souza Santos alerta que o "princípio da comunidade atravessa transformações paralelas. A rematerialização da comunidade, obtida no período anterior através do fortalecimento das práticas de classe, parece enfraquecer de novo, pelo menos na forma que adquirira anteriormente. (...) As classes trabalhadoras continuam a diferenciar-se (...) as organizações operárias deixam de contar com a lealdade garantida dos seus membros (...) perdem poder negocial face ao capital e ao Estado (...) os partidos de esquerda vêem-se forçados a atenuar o teor ideológico dos seus programas e abstractizar o seu apelo eleitoral" (*Op. cit.*, p. 88)

(31) Oportuno e perspicaz o alerta de Reginaldo Melhado, quando refere que "a crise de emprego nos países centrais do capitalismo, o enfraquecimento dos sindicatos e a excepcional volatilidade adquirida pelo capital funcionam como fonte de incremento do poder do empregador. O discurso do fim da história e do pensamento único dá alicerce ideológico ao fortalecimento do mercado, visto como um templo diante do qual são imoladas garantias legais de proteção ao trabalho. [...] Quanto maior a flexibilização das relações laborais, menor é a capacidade de negociação do trabalhador e maior, portanto, o poder do capital" (MELHADO, Reginaldo. *Metamorfoses do capital e do trabalho*. São Paulo: LTr, 2006. p. 167).

(32) BARRETO, Vicente de Paulo (org.). *Dicionário de filosofia do direito*. São Leopoldo: Unisinos, 2006. p. 830.

(33) *Ibidem*, p. 830. "Caberia, portanto, ao Estado transformar-se, introduzindo a idéia de um Estado Providência ativo, formulador de políticas públicas com a nítida preocupação de fomentar a inclusão. [...] Desaparece, assim, qualquer perspectiva de transformação social, de elaboração de um novo modelo social, pois os problemas de conflitualidade interna não mais seriam pertinentes".

postos de trabalho. De acordo com esse modelo, "estaríamos diante de uma crise da própria sociedade do trabalho", com a conseqüente "desaparição do trabalho como categoria fundamental"[(34)].

Não é difícil perceber vertentes dos quatro modelos nos discursos jurídicos atuais. Doutrina e jurisprudência oscilam entre a idéia de proteção ao trabalho como corolário lógico da noção de dignidade humana, a dissociação do conceito de trabalho daquele de condição de sobrevivência, ou ainda, a noção de livre mercado como modo de desenvolvimento econômico-social ao qual o trabalho deveria ser submetido. A linha de raciocínio, porém, irá contaminar o modo de compreender e aplicar os diversos institutos jurídicos desta seara do Direito. E determinará o compromisso a ser assumido com a evolução dos direitos sociais traduzida pelas idéias de constitucionalismo e democracia real ou com a idéia de supremacia do mercado.

Mais do que isso, a compreensão do papel do trabalho no novo milênio implicará a adoção de uma postura diferenciada diante do que representa a concepção de dignidade humana e de valorização social do trabalho para um Estado Democrático de Direito. A conseqüência está em atribuir-se papel ativo ou passivo ao Estado e, bem assim, à Justiça do Trabalho.

Voltemos aos modelos antes elencados. O primeiro deles leva à concepção de que não houve uma mudança estrutural do conflito no mundo do trabalho. Não há paradigma a ser superado, pois a correlação de forças e a tensão entre capital x trabalho permanece inalterada[(35)]. A conseqüência — de resto verificada diuturnamente — é que "a crescente precarização do trabalho, tanto no âmbito sociológico como no jurídico, ensejaria um enfraquecimento da integração social, causando uma total desarticulação da solidariedade que lhe serve de fundamento"[(36)].

Os outros três modelos encontram óbice na realidade latente. É jocoso tratar o trabalho como expressão do tempo livre em um país cujo sistema econômico-social determina ao trabalho a função de meio de troca capaz de garantir a subsistência física. Do mesmo modo, não há sustentação prática para a afirmação de que a dicotomia capital x trabalho cede lugar à dicotomia excluídos x incluídos, quando os excluídos são frutos diretos do sistema econômico adotado. Tal sistema, por sua vez, é justamente centrado na relação capital x trabalho.

Por fim, tratar o trabalho humano como categoria antropológica, superando sua condição de expressão do capitalismo [trabalho assalariado], pode emprestar

(34) *Op. cit.*, p. 831. O autor salienta que "essa compreensão comporta, entretanto, algumas visões diferenciadas, a partir de uma dupla qualificação do trabalho como categoria sociológica ou antropológica. Na primeira hipótese, o trabalho confundir-se-ia com o emprego, pois ele estaria associado a uma determinada conjuntura histórica — o capitalismo, na qual ele assume um valor de troca — ao passo que, na segunda hipótese, ele não possuiria qualquer valor de troca, não se confundindo com a idéia de emprego. Assim, ter-se-ia que o emprego seria apenas uma forma específica de trabalho, qual seja, o trabalho assalariado. Visto sob este ângulo, o mundo do pós-trabalho corresponderia à saída de um tipo de sociedade estruturada em torno de um único tipo de trabalho — o emprego — para um novo modelo cujo eixo poderia vir a ser a concepção de tempo livre".

(35) "Ainda que alterada, a exploração do trabalho permanece, estabelecendo padrões de dominação, os quais podem ser compreendidos pela luta de classes" (BARRETO, Vicente de Paulo. *Op. cit.*, p. 832).

(36) *Idem, ibidem.*

uma visão ampliada ao conceito, mas em nada auxiliará a interpretação do discurso social, econômico e jurídico vigente. É indispensável termos a consciência de que o trabalho sobre o qual falamos é aquele contido no sistema vigente, que serve como meio de sobrevivência, a par de continuar a garantir a realização do ser humano, em sua dimensão plural.

1.2. O discurso da flexibilização como panacéia para os males do século XXI

O discurso da flexibilização parte justamente da idéia de que se está diante de uma nova etapa do Direito do Trabalho, na qual é necessário abandonar seu caráter protetivo. Tal premissa esconde em si a realidade de que um Estado ausente jamais ensejaria real coordenação de forças entre aqueles que detêm o capital e aqueles cuja única arma representa sua mão-de-obra[(37)].

As reformas propostas pelo governo federal revelam com nitidez essa tendência de supressão de direitos fundamentais. A fragmentação e a desregulamentação propostas como panacéia para os males da sociedade moderna, atribuindo ao homem que trabalha a culpa e a responsabilidade pelas distorções econômicas e sociais, traduzem a filosofia neoliberal. Declara-se, nas palavras de *Zygmund Baumann*, "guerra de atrito contra a ditadura política das necessidades"[(38)]. Por conseqüência, propugna-se a diminuição da interferência legislativa nas opções humanas [desregulamentação] como modo de aquisição de uma liberdade negativa, traduzida pela noção de Estado mínimo. Logo, "aumenta, em vez de diminuir, a distância entre o ideal de democracia liberal e sua versão real, de fato existente". Deste modo, "com o Estado recusando sua responsabilidade pela segurança de todos e cada um, as leis do mais forte triunfam sobre os fracos"[(39)].

As negociações coletivas vêm chancelando a política de desmanche dos direitos sociais e de supremacia das forças do mercado[(40)]. A nítida impressão de que os movimentos sindicais perderam significado na atualidade repousa no fato de que as discussões entre as classes limitam-se muitas vezes a pequenas vitórias salariais. As condições e o ambiente de trabalho constituem questões negligenciadas, em razão do medo da perda da fonte de subsistência em que se transformou o emprego. Decorrência disso é que "a ação sindical solidária — e eficaz — em defesa dos injustamente demitidos parece cada vez mais um castelo no ar. 'Flexibilidade' também significa a negação da segurança"[(41)].

---

(37) Esta concepção pode ser traduzida pela idéia de que Direito do Trabalho é instrumento de acomodação das tensões entre o capital e o trabalho mediante ampla possibilidade de concessões recíprocas, e não mais por meio da garantia de manutenção do denominado contrato mínimo, de acordo com uma visão de trabalho — antes mencionada — desassociada do modelo socioeconômico em que está inserido.

(38) BAUMANN, Zygmund. *Em busca da política*. Rio de Janeiro: Jorge Zahar, 2000. p. 78.

(39) *Idem, ibidem.*

(40) Essa realidade pode bem ser traduzida pelo cotejo das normas coletivas que resultam de acordos, dissídios ou convenção firmadas entre sindicatos de categorias econômicas e profissionais. Constituem, muitas vezes, verdadeira carta de renúncia a direitos fundamentais trabalhistas arduamente conquistados e consagrados no texto da Constituição Federal de 1988.

(41) *Idem, ibidem.*

Em outros termos, em lugar de resistir à fragilização de direitos fundamentais, o sindicato — importante expressão do caráter social do trabalho humano — chancela a autonomia do capital, agindo de modo autofágico. A conseqüência é a ampla possibilidade de coerção do trabalhador que supostamente resiste ao modelo imposto. É certo que a força individual de resistência não se compara à força coletiva. Entretanto, se não há resistência alguma em âmbito coletivo, passa-se a questionar as resistências individuais como anacrônicas(42). Essa realidade legitima ou serve de suporte à idéia de que não há mais sentido na organização sindical e no caráter protecionista do Direito do Trabalho.

Soma-se a isso, a noção de cooperação ou co-gestão, que retorna à mesa de discussões como saída viável para a crise atual(43). O modelo utilizado no pós-guerra europeu e que em realidade sublinhava a importância dos trabalhadores enquanto categoria (pluralidade) e tinha por base a necessidade de união para a superação da crise, é transportado agora para uma realidade histórica absolutamente diversa. Quando a própria Europa percebe a mudança de cenário e a necessidade de compreender a nova dimensão do trabalho humano, nós — países periféricos — pretendemos adotar um modo de resolução de conflitos que aguçará a crise de legitimidade/atuação da organização sindical.

Em âmbito mundial, a flexibilização vem sendo vivida como fator de fragilização das relações que sustentam o modelo econômico-social adotado. Tanto assim que a União Européia coloca a necessidade de inclusão no mundo do trabalho como um de seus objetivos centrais. Não rompe com a proposta de flexibilização, apresentada pelo Banco Mundial como única saída para o enfrentamento da crise atual. Propõe, porém, uma espécie de *flex security* ou seja, flexibilidade com segurança. O objetivo é tentar garantir um mínimo de dignidade social diante da realidade de insegurança gerada por contratos curtos e sem proteção social. As normas comunitárias promovem a ocupação (caráter positivo) e preocupam-se com a manutenção das condições de trabalho dos já incluídos (caráter passivo). Propugnam a criação de novos postos de trabalho, especialmente nos países eslavos, em desenvolvimento, e manutenção das condições de trabalho, especialmente nos países continentais (já desenvolvidos).

O Tratado que institui a União Européia, já em seu preâmbulo, deixa clara a idéia de um bloco comum tendo como pressuposto o "apego aos direitos sociais fundamentais, tal como definidos na Carta Social Européia, assinada em Turim,

(42) "Não existe um lar a ser compartilhado pelos descontentes sociais. Com o espectro de uma revolução proletária capitulando e dissipando-se, os ressentimentos sociais estão órfãos. Perderam a base comum sobre a qual era possível negociar e desenvolver objetivos e estratégias comuns". (BAUMANN, Zygmund. *Identidade.* Trad. Carlos Alberto Medeiros. Rio de Janeiro: Jorge Zahar, 2004. p. 42).

(43) A previsão de arbitragem contida, por exemplo, na Emenda Constitucional n. 45, que impregna a reforma sindical, bem revela essa realidade. Gabriela Neves Delgado, no artigo "O mundo do trabalho na transição entre os séculos XX e XXI", alerta para o fato de que a idéia de cooperação em voga atualmente mascara a realidade de que o empregado "imerso num mundo invisível de coação e premido pela necessidade de identidade coletiva, muda sua referência e percepção de identidade coletiva, diminuindo sua identificação com os sindicatos e aumentando-a com as empresas, cujos laços de dependência tornam-se mais sólidos do que nunca". (In: FREIRE PIMENTA, José Roberto e outros (coord.). *Direito do trabalho.* Evolução, crise, perspectivas. São Paulo: LTr, 2004. p. 139).

em 18 de outubro de 1961, e na Carta Comunitária dos Direitos Sociais Fundamentais dos Trabalhadores, de 1989". Por sua vez, o art. 136 do Tratado que institui a Comunidade Européia, dispõe que a "Comunidade e os Estados Membros, tendo presentes os direitos sociais fundamentais, tal como os enunciam a Carta Social Européia, assinada em Turim, em 18 de Outubro de 1961, e a Carta Comunitária dos Direitos Sociais Fundamentais dos Trabalhadores, de 1989, têm por objetivos a promoção do emprego, a melhoria das condições de vida e de trabalho, de modo a permitir a sua harmonização, assegurando simultaneamente essa melhoria, uma protecção social adequada". Nesse dispositivo está estabelecida a proibição do retrocesso social(44).

Isso, porém, não impede reformas legislativas pontuais, com vistas à precarização do direito do trabalho, tais como as últimas alterações vividas na Itália. A Lei Biaggi, de 2003, constitui resultado de um Livro Branco editado pelo governo daquele país, do qual se extrai claramente a idéia de fortalecer a competitividade econômica, em detrimento das garantias sociais elementares. Tudo — no Brasil como na Europa — em nome da legítima preocupação com o alto grau de desocupação, a expressiva falta de emprego que não constitui apenas um problema atinente aos países ditos emergentes.

Na Itália, várias espécies de contrato foram criadas por recentes alterações legislativas, destacando-se as novas formas de contratação disciplinadas no Decreto-Lei n. 276/03, denominadas *lavoro a chiamata*, uma espécie de contrato em que o trabalhador permanece à disposição do empregador, que utiliza e remunera a sua mão-de-obra apenas quando tem necessidade, ou o *lavoro a progetto*, pelo qual a existência de um projeto determina a autonomia do trabalhador. A Lei n. 30/03 ainda substituiu a expressão então utilizada para a terceirização de serviços (*lavoro interinale*) pela expressão *somministrazione di lavoro*, disciplinando-a amplamente. Garante total isonomia entre os trabalhadores contratados diretamente e aqueles ditos "terceirizados". Criaram-se, ainda, os denominados "amortecedores sociais", ou seja, mecanismos de proteção estatal para os trabalhadores em caso de desocupação, que a doutrina italiana diferencia da não-ocupação(45). Os "amortizadores" agem nas hipóteses de suspensão ou interrupção do contrato de trabalho(46).

A estratégia européia pela ocupação se define mediante quatro tópicos principais: *occupabilità*, ou seja, promoção de novos empregos, em especial do primeiro emprego para o jovem que está ingressando no mercado de trabalho; *impreditorialità*, caracterizada pelo fomento ao empreendedorismo; *addatabilità*, capacidade de adaptação do mercado de trabalho às regras de flexibilização, e *pariopportunità*,

(44) Nesse sentido: ALLEVA, Piergiovanni. *Lavoro:* ritorno al passato — critica del libro bianco e della legge delega al governo berlusconi sul mercato del lavoro. Roma: Ediesse, 2002.

(45) Desocupado é o trabalhador que tinha um posto de trabalho e o perdeu. Não-ocupado é aquele que nunca teve trabalho, ou seja, sequer conseguiu ser inserido no mercado de trabalho.

(46) Na Finlândia, as agências de trabalho oferecem indenização de desocupação apenas para os trabalhadores que freqüentarem cursos profissionais, os quais são encaminhados a novos postos de trabalho, mesmo que em profissão diversa daquela exercida antes da desocupação, não podendo rejeitá-los, senão por motivo relevante.

representada por iguais condições de acesso ao trabalho para os trabalhadores dos diferentes Estados Membros e de diferentes classes sociais(47).

A idéia de *flex security*, portanto, se resume na necessidade de criar tipologias contratuais que facilitem o ingresso no mercado de trabalho; criar regras mais flexíveis para os que já estão incluídos; investir na longa e progressiva melhoria da qualidade de vida profissional do trabalhador e manter sistemas de proteção social para quem perde o posto de trabalho. É uma tentativa de minimizar a brutal conseqüência de uma flexibilização, reconhecendo, com isso, seu caráter negativo.

Desse modo, a flexibilização das regras trabalhistas vem sendo proposta como a melhor forma de enfrentamento da crise por que passa a relação de trabalho(48). De acordo com muitos autores, por consistir o deslocamento do Estado da posição de protagonista dos procedimentos regulares, deixando que tal posição seja ocupada pelos atores sociais (sindicatos, empresa), a flexibilização valoriza o direito coletivo, sem significar verdadeira desregulação(49).

Para avaliarmos a correção da tese segundo a qual devemos *flexibilizar*, interpretando ou suprimindo regras de modo a permitir o amplo desenvolvimento do mercado, precisamos examinar a veracidade da premissa que sustenta o discurso liberal.

1.3. A crise é do direito do trabalho ou do sistema capitalista?

Uma crise se estabelece quando o paradigma, até então satisfatório, passa a não mais exercer sua função pacificadora. Já não serve. Em seu lugar, porém, nada há a ser colocado. A crise faz com que o novo seja construído a partir do que já foi apreendido, com a destruição e a reconstrução constantes(50). Uma crise gerou a necessidade de intervenção estatal no período do denominado "Estado-providência". Agora, vivemos um novo momento de crise. Devemos, pois, identificá-la. Assim como a crise enfrentada na primeira metade do século vinte, as dificuldades que enfrentamos hoje são agravamentos das conseqüências próprias do sistema capitalista.

É impróprio falar em crise do Direito do Trabalho ou da própria noção de trabalho humano. A co-relação capital x trabalho mantém-se como pilar que sustenta o modelo capitalista vigente. Basta alçarmos os olhos para vermos que as

(47) De acordo com Luciano Gallino, a política de *flessicurezza* pretende, em resumo, "anteporre la sicurezza dell'occupazione alla sicurezza del posto". O resultado, porém, não atinge as causas da flexibilização, fazendo com que o autor a conceitue como "la bizarra idea di curare gli effetti senza minimamente proporsi di incidere sulle cause". GALLINO, Luciano. *Il lavoro non è una merce*. Contro la flessibilità. Bari: Laterza, 2007.

(48) Sobre a flexibilização como parte do projeto neoliberal, ver BIAVASCHI, Magda Barros. *Op. cit.*, p. 292-295.

(49) Nesse sentido, ver: RUDIGER, Dorothee Susanne. Emancipação em rede: condições jurídicas para a defesa coletiva dos direitos dos trabalhadores no século XXI. In: VIDOTTI, José Tarcio; GIORDANI, Francisco Alberto da Motta Peixoto. *Direito coletivo do trabalho em uma sociedade pós-industrial*. São Paulo: LTr, 2003. p. 71.

(50) Lênio Streck, tratando do Direito de modo geral, faz referência à crise de paradigma de dupla face, pela qual o "mercado brasileiro de Direito gerou demandas / expectativas que não têm mais condições de ser atendidas pelo modo liberal-individualista-normativista de produção de Direito". (STRECK, Lênio. *Hermenêutica jurídica e(m) crise*. Porto Alegre: Livraria do Advogado, 1999. p. 212).

relações que movimentam o desenvolvimento econômico continuam tendo por base uma pessoa que detém o capital e outra que presta o serviço, seja com que roupagem for.

A crise de paradigma reside no papel que se pretende emprestar ao trabalho assalariado no novo milênio. Vem, pois, de fora da relação capital x trabalho. Nem o trabalho, nem mesmo o capital, mudaram seu significado na estrutura social. O capitalismo é, desde a sua gênese, um sistema forjado para gerar o desemprego estrutural. Suas contradições constituem o motivo para um suposto novo modelo social, batizado de pós-modernidade, porém, desde sempre fizeram parte do modelo adotado. De acordo com *Boaventura de Souza Santos*, o capitalismo, desde a sua gênese, pode ser identificado por duas contradições que lhe são inerentes. A primeira delas, desenvolvida por *Marx*, é "simbolizada na taxa de exploração", "exprime o poder social e político do capital sobre o trabalho e também a tendência do capital para as crises de sobre-produção". Ou seja, ao criar necessidades inventadas, o capitalismo gera, necessariamente, produção além daquela necessária à subsistência.

A segunda contradição diz com as chamadas condições de produção. O capitalismo trata tudo como mercadoria, mesmo quando não se trata de um produto humano. Considera o homem e a natureza, por exemplo, como mercadorias. Assim agindo, o capital tem tendência a "destruir as suas próprias condições de produção sempre que, confrontando com uma crise de custos, procura reduzir estes últimos para sobreviver na concorrência". Isso porque o "capital tende a apropriar-se de modo auto-destrutivo, tanto da força de trabalho, como do espaço, da natureza, e do meio ambiente em geral"(51).

Está, pois, no cerne do sistema a criação de necessidades supérfluas e o desenvolvimento de meios e bens capazes de superar a necessidade de mão-de-obra disponível. Os "descartáveis" não surpreendem o sistema. São produtos dele. Logo, a crise que hoje enfrentamos não é uma crise do significado do trabalho assalariado. E, se a crise não está em um dos elementos do sistema, se a relação capital x trabalho continua sendo o cerne do modo capitalista de organização econômica e social, temos de buscar a causa exógena para o que estamos vivemos atualmente(52).

Já dissemos que a era moderna traz consigo o novo modelo de organização social e econômica. A partir da Revolução Francesa, com a concentração das relações a partir da troca (moeda), instaura-se o liberalismo, inspirado no iluminismo, na idéia de que a razão e o processo constituem fontes para a descoberta de todas as certezas necessárias à vida(53).

(51) SANTOS, Boaventura de Souza. *Pela mão de Alice*: o social e o político na pós-modernidade. 10 ed. São Paulo: Cortez, 2005. p. 124.

(52) Certamente não se pode falar em apenas uma causa para a crise de paradigma que o trabalho, e o Direito do trabalho, vivem atualmente. Há falar, isso sim, nos aspectos determinantes desse momento histórico que estamos vivendo, a partir de uma visão histórica da nossa realidade.

(53) BIAVASCHI, Magda Barros. *O direito do trabalho no Brasil — 1930-1942*. São Paulo: LTr e JUTRA, 2007. p. 59.

O liberalismo é resultado da necessidade, vigente à época, de romper com o regime feudal e consolidar o novo sistema. Para fortalecê-lo, era indispensável afastar o caráter intervencionista do Estado. Permitir ao Homem, agora alçado à condição de centro das relações humanas, a capacidade de auto-gestão, sem interferência estatal. Apenas assim as relações de troca — substancialmente individuais — poderiam progredir de modo satisfatório. Seus postulados são a propriedade como direito inalienável e a liberdade de contratação. E o capitalismo efetivamente progride, mas tem de lidar com suas idiossincrasias. A massa de excluídos pressiona o sistema. A exploração sem limites compromete a possibilidade de desenvolvimento (diretamente relacionada ao consumo). As grandes guerras demonstram a necessidade *do outro*, seja no âmbito da organização jurídica ou econômica, seja no âmbito social. Em função dessa crise, o Estado é chamado a intervir. Quando percebe que a cientificidade não é suficiente para conferir certeza a propósito do mundo que o cerca ou para garantir o sucesso do modelo adotado, o homem perde suas referências e passa a questionar tudo. O questionamento se aguça quando se percebe, diante das atrocidades da primeira metade do século XX, a capacidade humana de ignorar a existência do outro e, ao mesmo tempo, a incapacidade de *ser sem o outro*[(54)].

É essa dimensão plural que torna o homem consciente de que a satisfação de seus interesses particulares não é suficiente para garantir a excelência da vida na Terra. Tais interesses muitas vezes são contrapostos às necessidades da comunidade e a limitação daí decorrente permite que os homens não apenas convivam harmonicamente, mas garantam a sobrevivência desse espaço comum. Trocando em miúdos: para o indivíduo pode ser interessante perseguir a riqueza e a comodidade, mas essa riqueza (sob o ponto de vista da comunidade) não pode ser alcançada com o sacrifício de outros seres humanos, cujos direitos fundamentais também precisam ser respeitados. Essa perspectiva valoriza o homem, mas não como indivíduo (como ocorria no período liberal), e sim como sujeito da história, parte de um todo maior em que os demais seres humanos também têm relevância.

A percepção dessa necessidade de mudança de foco, do individualismo para o *eu-coletivo*, gera a necessidade de ruptura. A 'derrota do individualismo' descortina a possibilidade do novo. O Direito Social do Trabalho — e especialmente sua qualificação como direito humano fundamental — é fruto desse período de redescoberta da *dimensão plural* do homem. Vivia-se uma séria crise, falava-se em "colapso iminente do capitalismo"[(55)]. Essa crise foi enfrentada justamente com a

---

(54) Ver, nesse sentido: ARENDT, Hannah. *Homens em tempos sombrios*. Trad. Denise Bottmann. 3ª reimpressão. São Paulo: Companhia das Letras, 2003.

(55) A sociedade produz, dia a dia, um número cada vez maior de marginalizados, pessoas que não consomem e que dependem de um emprego para sobreviver, mas que não o encontrarão, porque ele simplesmente não existe. A progressiva diminuição do número de empregos não é causa, e sim conseqüência. O capitalismo é um sistema que viceja no campo das relações interindividuais, que privilegia o indivíduo em detrimento do grupo. Enquanto insistirmos em basear nossas instituições políticas, sociais e jurídicas sob a ótica do indivíduo, teremos uma sociedade em que a existência mesma de excluídos é contingencial. Tais afirmações podem levar ao questionamento da necessidade de superação do sistema capitalista, como propugna Istvàn Mèzsaros. Uma reflexão desse calibre, porém, fugiria ao limite proposto para a presente obra. Nosso exame trilha caminho diverso. Se o capitalismo é o modelo econômico e social vigente e se o Direito do Trabalho é instrumento de manutenção e resistência aos extremismos do sistema, porque há tanta insistência em apontá-lo como um mal a ser extirpado?

positivação de direitos sociais, que garantiram a continuidade do sistema, de um modo controlado, mais humano.

Hoje, fala-se em uma nova crise. O capitalismo está atingindo o ápice da sua capacidade de segregação. Não é mais possível conviver com o desemprego estrutural, porque o drama social daí derivado já atinge as esferas mais altas da sociedade, aquelas para as quais o capitalismo se afigura verdadeiramente um sistema adequado(56). A saída para esse grave problema, porém, não pode ser a supressão ou a mitigação dos direitos trabalhistas, sob pena de imperdoável retrocesso. Desse modo, se atingiria o sistema — pois como já evidenciamos o Direito do Trabalho é um de seus frutos, tendo por missão, dentre outras, garantir — na medida do possível — sua perpetuidade como modelo econômico e social(57).

O desafio reside, portanto, em superar o paradoxo da vida moderna, atuando a partir do sistema posto. Sim, porque se pudéssemos desfazer os pilares do [neo] liberalismo econômico, engendrando uma sociedade em que a força do mercado não fosse devastadora, poderíamos sonhar com um Direito do Trabalho centrado na autonomia e na livre negociação. Porém, o sistema capitalista não o permite. E embora a crise atual reflita justamente a necessidade de superá-lo, não há como propor seriamente alternativas que partam da mera desconsideração do sistema vigente. Temos de atuar com a realidade.

O erro de avaliação daqueles que buscam na mitigação da proteção trabalhista a panacéia para os males do sistema pode ou não ser proposital. O certo é que não avalia com responsabilidade as conseqüências da escolha. A supressão ou mitigação de direitos sociais fundamentais em nada poderá auxiliar o sistema. Agravará seus efeitos colaterais, gerando — como já vem ocorrendo — uma massa ainda maior de excluídos.

A percepção de que a crise se instala em razão de causas exógenas(58) permite uma avaliação que desvie do foco. Apenas um olhar amplo permite tal conclusão. Se insistirmos em revisar o conceito de trabalho, de Direito do Trabalho ou de relação de trabalho, não enfrentaremos nem superaremos a crise. Antes disso, como já pontuamos, mesmo do ponto de vista do mercado, o ataque aos direitos trabalhistas fundamentais constitui um grave erro de estratégia. O mercado necessita de consumidores(59).

---

(56) A violência urbana é apenas um exemplo disso. Não há mais onde se esconder. Muitas pessoas das classes sociais mais abastadas estão abrindo mão de possuir carros ou roupas de melhor qualidade e maior preço, porque temem o risco de assalto. Ulrich Beck salienta esse aspecto, quando menciona o retorno à centralidade, da dicotomia capital x trabalho, referindo que "os super-ricos se refugiam em novos castelos medievais, vão de helicóptero às reuniões de negócio e percorrem de limusine blindada o mundo dos desamparados, os quais eles temem como inimigos e dos quais dependem como faxineiros, cozinheiros e seguranças. Talvez o conceito de classe apresente um conceito excessivamente idílico da situação" (BECK, Ulrich. *Liberdade ou capitalismo*. Tradução de Luiz Antônio Oliveira de Araújo. São Paulo: UNESP, 2003. p. 106)

(57) Eis porque a teoria de que é preciso flexibilizar constitui verdadeiro "tiro no próprio pé". Desregulando, fragmenta-se o sistema, porque historicamente se sabe que o capital não se compraz com pequenas conquistas. Busca sempre mais e mais a exploração do homem na busca pelo lucro. A concorrência no âmbito de um "mercado mundial" é prova dessa realidade.

(58) A percepção de que não existem verdades ou certezas e de que é necessário valorizar a condição plural do Homem, sob pena de enfrentarmos uma nova guerra mundial, desta vez definitiva.

(59) Se o capital realmente prescindisse do trabalho, não veríamos tanto empenho em transmudar a forma clássica de contrato de trabalho [subordinado] em tantas espécies diversas, sempre marcadas pela tônica da

As necessidades *criadas* pelo homem não subsistem, se consumidas apenas por um reduzido número de privilegiados. O mercado precisa de trabalhadores bem remunerados e — sobretudo — com tempo suficiente para consumir. E trabalhadores bem remunerados, com tempo para consumir, pressupõem regras trabalhistas fortes e criteriosamente observadas. A desregulamentação apresentada sob uma roupagem pós-moderna e mal disfarçada no discurso de autonomia e cooperação, abre os flancos para a espoliação massiva dos trabalhadores que — diga-se de passagem — já se encontram à margem do sistema[(60)]. Esquece-se, portanto, do que a história recente já nos ensinou.

Em realidade, o liberalismo vivido hoje em nada se diferencia do liberalismo clássico[(61)], senão pela contingência de que o sistema se desenvolveu, aguçando cada vez mais as incoerências que lhe são ínsitas[(62)] e retrocedeu, ignorando a evolução representada pela positivação dos direitos sociais. Vale dizer, a exclusão social e a necessidade de privilegiar o mercado sempre foram fatores preponderantes no modelo capitalista de produção. O tempo de duração desse sistema aguça naturalmente tais características[(63)], levando ao colapso em que vivemos atualmente[(64)].

O retorno à (ou a insistência na) visão da liberdade como modo de proteção individual contra o Estado (própria do discurso liberal-individualista), sob o dis-

---

flexibilização. Caracterizada como a "ampliação da liberdade na aplicação da norma jurídica" (MORATO, João Marcos Castilho. *Globalismo e flexibilização trabalhista.* Belo Horizonte: Inédita, 2003. p. 110) ou "a capacidade de adaptação das normas laborais às grandes trocas produzidas no mercado de trabalho" (BARROS, Alice Monteiro de. *Flexibilização e garantias mínimas.* Curitiba: Gênesis, 1999. p. 12).

(60) Como aponta Zygmund Baumann, "o trabalho tornou-se flexível, o que em linguagem simples significa que agora é fácil para o empregador demitir empregados à vontade e sem indenização e que a ação sindical solidária — e eficaz — em defesa dos injustamente demitidos parece cada vez mais um castelo no ar. 'Flexibilidade' também significa a negação da segurança" (BAUMANN, Zygmund. *Em busca da política.* Trad. Plínio Dentzien. Rio de Janeiro: Jorge Zahar, 2000. p. 182).

(61) Paulo Luiz Netto Lôbo faz menção ao 'darwinismo jurídico' como uma realidade instaurada em face dos ideais do liberalismo, que redundou no advento do Estado Social. Aduz que "houve duas etapas na evolução do movimento liberal e do Estado liberal: a primeira, a da conquista da liberdade; a segunda, a da exploração da liberdade" (LÔBO, Paulo Luiz Netto. Constitucionalização do direito civil. *Revista de Informação Legislativa,* Brasília, a. 36, n. 141, p. 99-109, jan./mar. 1999, p. 101). É preciso salientar, porém, que o Estado social ainda está sendo construído e não se resume ao Estado do Bem-Estar social identificado com a era Vargas, no Brasil, e, de modo geral, com o período em que os direitos sociais foram positivados nos diversos Estados capitalistas. Em realidade, o chamado paternalismo do Estado, em matéria de direitos sociais, implicou avanço parcial, já que não conteve a seqüência de mudanças que originam — na atual *pós-modernidade* — essa ruptura nas relações de trabalho. Em outras palavras, a pretensa supremacia do capital sobre o trabalho humano, é fruto da evolução social e econômica permitida [e por vezes até incentivada] pelo protecionismo estatal descomprometido. Não precisamos apenas de leis que protejam a parte hipossuficiente da relação de trabalho, mas também — e principalmente — de um novo olhar para os institutos jurídicos que consolidam essa proteção, de sorte a superar a visão individualista que ainda contamina nossa prática jurídica e atender às necessidades das novas demandas que surgem a cada dia.

(62) Se à época da Revolução Francesa havia a necessidade social e política de garantir liberdades por meio da edição de códigos e de abastecer a produção capitalista, para desenvolver a sociedade, hoje vemos vicejar a noção de que o mercado [o capital] deve ser respeitado acima e à custa das pessoas.

(63) "O regresso do princípio do mercado nos últimos vinte anos representa a revalidação social e política do ideário liberal e, conseqüentemente, a revalorização da subjectividade em detrimento da cidadania." (SANTOS, Boaventura de Souza. *Op. cit.,* p. 255).

(64) Boaventura de Souza Santos sintetiza essa realidade quando menciona que "a articulação entre o isolamento político do operariado e a difusão social da força de trabalho assalariada é responsável pela situação paradoxal de a força de trabalho assalariada ser cada vez mais crucial para explicar a sociedade contemporânea e o operariado ser cada vez menos importante e menos capaz de organizar a transformação não-capitalista desta." SANTOS, Boaventura de Souza. *Op. cit.,* p. 272.

curso enganador de que assim 'capital' e 'trabalho' poderiam equacionar livre e equilibradamente suas tensões, constitui, pois, retrocesso inaceitável. *Zygmund Baumann* observa que a ausência de proteção estatal impositiva teria efeito positivo se estivéssemos vivendo um momento de consolidação da democracia social. Se tivéssemos conseguido romper com o ideal racionalista e liberal, a ponto de compreender a dimensão humana da pluralidade, talvez pudéssemos prescindir das regras que "contaminam", por exemplo, as relações trabalhistas[(65)]. A necessidade de conferir tutela diferenciada aos direitos sociais passa, justamente, pelo resgate da função social garantidora do Direito do Trabalho, como instrumento a impedir a *coisificação* do homem, consolidando sua dignidade e seu papel de centro justificador de toda a organização política e econômica. Ou seja, passa pela simples aplicação do texto constitucional vigente.

2. A Constituição como elemento de consolidação dos direitos fundamentais sociais

Procuramos demonstrar, de modo muito conciso, as razões históricas pelas quais enfrentamos hoje uma crise na estrutura econômica e social que escolhemos. Procuramos apresentar argumentos para sustentar que a crise não está nos elementos do sistema capitalista, nem na relação capital x trabalho, que embora modificada, continua a constituir o sustentáculo desse modelo adotado. Isso, por si só, já justifica um discurso contrário à idéia de flexibilização. A edição de regras trabalhistas centradas no princípio da proteção é resultado da necessidade de manutenção do sistema que elegemos.

Como já foi dito, trata-se de uma opção com conseqüências talvez irreversíveis. Ou concebemos o Direito do Trabalho como algo a ser superado em nome do mercado, acreditando que o capitalismo (a sociedade como a vivemos hoje) sobreviverá a essa ruptura (afirmação com a qual não concordamos, pelas razões até aqui expostas) ou buscamos outras alternativas para uma sobrevivência "humanista" do sistema social e econômico que adotamos.

A partir de um exame histórico, compreendemos que a necessidade de olhar o Direito do Trabalho como Direito fundamental, embora seja postulado recente na história, é condição de possibilidade do desenvolvimento da nossa sociedade, tal como hoje organizada. Resta, apenas, compreender porque é tão difícil consolidar direitos edificados na segunda metade do século passado e até hoje rejeitados por grande parte dos operadores jurídicos. Essa dificuldade talvez tenha relação direta com o "senso comum" segundo o qual as regras trabalhistas decorreram de benesse estatal.

(65) Vale lembrar lição do prof. Ingo Wolfgang Sarlet em uma de suas aulas aos Juízes do Trabalho do Rio Grande do Sul no ano de 2006, de que na Alemanha os direitos fundamentais não constituem cláusulas pétreas. Não porque deixem de ser assim considerados. E sim porque não há necessidade de concebê-los de tal modo. A importância e o respeito a tais princípios, como valores fundantes da organização social alemã, inquinam o agir jurídico naquele Estado.

Magda Biavaschi, examinando o cenário brasileiro, alerta para o equívoco dessa linha de análise histórica[66], fazendo refletir acerca da nossa postura como operadores jurídicos, diante das normas trabalhistas. Com efeito, se aceitarmos a idéia de que o Direito do Trabalho tem origem no paternalismo do Estado, teremos de validar, também, o argumento neoliberal de que tais regras não mais se justificam no contexto atual[67].

O discurso de que as regras trabalhistas foram criadas "de cima para baixo", anulando a força do poder sindical serve, pois, à lógica flexibilizante. Vem na linha da idéia de que precisamos "devolver" aos sindicatos seu poder de negociação.

O equívoco é histórico e vem descortinado com perfeição pela autora antes citada. É certo que o conjunto de regras editadas na Era Vargas, para tomarmos o exemplo brasileiro, o foram em meio a uma concepção de Estado-providência. Não podemos desconhecer, porém, que a própria noção de necessidade de intervenção estatal é resultado dos movimentos operários que extrapolam o contexto nacional[68], mas que também aqui foram vividos como condições históricas de transformação para a sobrevivência do sistema econômico-social adotado. Devolver ao trabalho, como direito positivado, sua verdadeira fonte material de criação e desenvolvimento, é fundamental para que consigamos examinar de forma crítica o movimento econômico de flexibilização. Essa fonte deve ser localizada, como já antecipamos, no desenvolvimento dos direitos sociais como direitos fundamentais.

Em seu primeiro estágio, marcado pelo ideário iluminista de individualismo, os direitos fundamentais eram vistos como direitos de defesa do cidadão perante o Estado[69], direitos individuais[70]. A evolução da teoria dos direitos fundamentais constitui uma reação ao terror causado pelas guerras do século XX[71] e ao esgotamento do sistema como modo de espoliação física e mental do homem-trabalhador[72].

---

(66) BIAVASCHI, Magda Barros. *O direito do trabalho no Brasil.* São Paulo: LTr, 2007. p. 81.

(67) Magda Biavaschi, na obra citada, refere que "os direitos sociais e as instituições republicanas padecem à força bruta de um capitalismo destrutivo. Abalo que, talvez em parte, possa ser tributado a uma compreensão internalizada por certo *senso comum* que atribuiu ao "mito da outorga" os sentidos de uma tal produção normativa: uma fala roubada aos trabalhadores que, em troca de 'concessões', acabaram submetendo-se aos comandos de um Estado que lhes bloqueava a capacidade de organização e luta" (*Op. cit.*, p. 295).

(68) *Ibidem*, p. 90.

(69) CANOTILHO, J. J. Gomes. *Direito constitucional.* 6. ed. Coimbra: Almedina, 1993. p. 394.

(70) Como explica José Felipe Ledur, em obra dedicada ao estudo dos direitos fundamentais, sua positivação tem como marcos históricos a Declaração dos Direitos do Povo de Virgínia (EUA) em 1976, e Declaração de Independência dos treze dos EUA, no mesmo ano, e a Declaração dos Direitos do Homem e do Cidadão, em 1789, na França (LEDUR, José Felipe. *A realização do direito ao trabalho.* Porto Alegre: Sérgio Antônio Fabris, 1998. p. 27).

(71) De acordo com José Felipe Ledur, "a idéia de se proteger a dignidade humana nasceu, pois, da violação de direitos de primeira geração, especialmente a igualdade. Os povos da Europa, que conheceram a tragédia da questão social e as atrocidades das duas guerras mundiais e da guerra civil espanhola da primeira metade deste século, perceberam que a pessoa humana estava à mercê da violência e do preconceito sem limites. Diante disso, o próprio futuro do convívio das pessoas impunha atitude apropriada para salvaguardar a humanidade das investidas e riscos que contra ela se levantaram". LEDUR, José Felipe. *A realização do direito ao trabalho.* Porto Alegre: Sergio Antônio Fabris, 1998. p. 83.

(72) Daí decorre a idéia de que "i diritti fondamentali non sono concessi dallo Stato, come forma di autolimitazione del suo potere, ma in qualche modo preesistono ad esso e trovano nel diritto posto dalla Costituzione, il

A visão individualista do homem coloca a Humanidade em um 'beco sem saída', na medida em que as descobertas e os avanços científicos por ela propiciados criam demandas que comprometem a ilusória 'segurança' que caracteriza o Século XX[(73)]. A possibilidade de construção de armas de destruição em massa, de modificação do meio e a escassez de recursos naturais, gera a percepção de que "estamos todos no mesmo barco"[(74)] e de que é necessário perceber *o outro*, antes que seja tarde. A necessidade de uma resposta eficaz e coordenada ao terror dos movimentos nazi-fascistas vividos no século XX determina, portanto, a necessidade de proteção dos direitos fundamentais como elementos essenciais à organização humana, maiores e mais importantes do que as aspirações de um Estado.

A teoria clássica que sustenta o Estado Moderno, tanto em seus aspectos jurídicos, quanto sociais e econômicos, não é capaz de atender às demandas que surgem a cada dia[(75)]. A visão do homem como Indivíduo torna-se insuficiente, a ponto de determinar o resgate da compreensão da pessoa como "um ser pessoal e *simultaneamente* um ser social"[(76)].

A conseqüência é a mudança na percepção de valores que desde sempre estiveram presentes no convívio social[(77)]. A *solidariedade* assume importância vital, porque representa esse espectro social. Mesmo a "solidariedade negativa" determinada pela consciência da possibilidade da destruição global (seja por armas atômicas, seja pelo mau uso do ambiente) gera uma noção de responsabilidade política que dela não pode ser dissociada[(78)].

---

quale si impone a tutti i poteri costituiti". CARETTI, Paolo. *I diritti fondamentali.* Libertà e diritti sociali. Torino: Giappichelli, 2005. p. 83.

(73) Nesse sentido, ver: GIDDENS, Anthony. *Mundo em descontrole.* 4. ed. Rio de Janeiro: Record, 2005, e BAUMANN, Zygmund. *Comunidade.* Trad. Plínio Dentzien. Rio de Janeiro: Jorge Zahar, 2003.

(74) Expressão utilizada por Maria Celina Bodin de Moraes, na obra antes citada (MORAES, Maria Celina Bodin de. Constituição e direito civil: tendências. *Revista dos Tribunais,* a. 89, v. 779, p. 47-63, set. 2000), e que é por ela atribuída a Umberto Eco.

(75) Exatamente por isso, Maria Celina Bodin de Moraes menciona que "o traço distintivo do novo paradigma resulta da concreta percepção da insuficiência da teoria positivista quando da passagem do terreno das abstrações para o da práxis". (MORAES, Maria Celina Bodin de. Constituição e direito civil: tendências. *Revista dos Tribunais,* a. 89, v. 779, p. 47-63, set. 2000).

(76) NEVES, Antônio Castanheira. *O direito hoje e com que sentido?* o problema actual da autonomia do direito. Lisboa: Instituto Piaget, 2002. p. 69.

(77) Nesse contexto histórico, a importância do princípio da dignidade humana repousa no fato de que a não-efetivação do conjunto mínimo de direitos de caráter alimentar nega a possibilidade de sobrevivência digna. É a "suposição de que a identidade de uma pessoa transcende em grandeza e importância, tudo o que ela possa fazer ou produzir" que constitui "elemento indispensável da dignidade humana" ARENDT, Hannah. *A condição humana.* 10. ed. Rio de Janeiro: Forense Universitária, 2002. p. 223.

(78) Nesse sentido: ARENDT, Hannah. *Homens em tempos sombrios.* Trad. Denise Bottmann. 3ª reimpressão. São Paulo: Companhia das Letras, 2003. A autora desenvolve a idéia de que a solidariedade humana só é significativa quando atrelada à noção de responsabilidade política. Menciona que "o idealismo da tradição humanista do Iluminismo e seu conceito de humanidade aparecem como um otimismo temerário à luz das realidades presentes", porque a superação da diversidade (de cada Estado soberanamente considerado) levaria a uma hegemonia destrutiva, desviando a noção de humanidade de sua finalidade real, qual seja, garantir ao homem um estado ideal no qual, conforme Kant, "a dignidade do homem coincidiria com a condição humana na Terra" (p. 75-85). Em outras palavras, não se pode pretender transformar a Terra em um grande e único império (como desejou Hitler), mas sim garantir as diversidades e a coabitação pacífica dos homens, permitindo-lhes um lugar no 'mundo da aparência'. Esse lugar é galgado pelo trabalho humano, mediante o qual o homem se revela como ser *social.* Nesse passo, a solidariedade intrínseca à noção de Humanidade atingiria o viés necessário para o resgate da dignidade humana como foco central das relações intersubjetivas. E é exatamente essa noção de

Note-se que à época do liberalismo clássico, a dignidade humana não era o tema central. Antes disso, partia-se do pressuposto da necessidade de proteção do indivíduo contra o Estado. Um Estado mínimo que permitisse ao homem, individualmente considerado, o desenvolvimento de suas potencialidades individuais(79). O terror vivido na primeira metade do século passado faz com que a liberdade passe a ser vista como um meio para garantir o processo democrático de formação da vontade política(80). Adquire importância a diferença entre direitos sociais e patrimoniais(81).

A mudança na visão dos direitos sociais(82) é resultado da crise sobre a qual antes falamos. São as duas grandes guerras mundiais, em especial a segunda, aliadas às descobertas científicas e ao estrangulamento do sistema capitalista, que fazem com que o homem perceba que além da sua importância como indivíduo, existe sua necessidade de viver (bem) em grupo. Uma percepção que é ditada pela crise econômica enfrentada nesse período e que determinou uma mudança de postura "diante do mercado". Para isso, a proteção aos direitos sociais foi percebida como condição de possibilidade de uma organização política e social saudável.

É nesse contexto que surge a noção jurídica de dignidade humana. Em estudo aprofundado sobre seu conteúdo, *Ingo Wolfgang Sarlet* menciona que ela se caracteriza como a "qualidade intrínseca e distintiva reconhecida em cada ser humano que o faz merecedor do mesmo respeito e consideração por parte do Estado e da comunidade"(83). Em razão disso, afigura-se inadmissível a *coisificação* do homem, a sua utilização como mero instrumento para a obtenção de lucro. E o móvel capaz de sustentar a aplicação desse conceito jurídico de dignidade humana, que figura como centro dos direitos sociais agora vistos como direitos humanos fundamentais, é caracterizado pelas Constituições dos Estados. O denominado paradigma da democracia constitucional se estabelece a partir da premissa de que o texto constitucional é o valor fundante de determinado momento histórico-social(84) capaz de legitimar a idéia de dignidade humana.

Assim, a Constituição passa a ser o pacto que justifica e impõe limites à ordem consolidada, constituindo verdadeira metáfora da democracia substancial,

---

solidariedade que se pretende resgatar por intermédio de uma aplicação comprometida das normas constitucionais trabalhistas.

(79) LEDUR, José Felipe. *A realização do direito ao trabalho*. Porto Alegre: Sergio Antônio Fabris, 1998. p. 80.

(80) A denominada teoria dos direitos fundamentais do Estado Social propugna que ao Estado compete criar os pressupostos sociais para a realização da liberdade conferida pelos direitos fundamentais. Nesse sentido: "L'equilibrio si rompe definitivamente e la disciplina dei diritti di libertà si associa ad una concezione dello Stato nella quale anche i limitati aspetti garanstistici della legislazione del periodo liberale tendono a scompare in nome di una concezione di tali diritti funzionale al mantenimneto dell'ordine politico costituito" (CARETTI, Paolo. *I diritti fondamentali.* Libertà e diritti sociali. Torino: Giappichelli, 2005. p. 80).

(81) FERRAJOLI, Luigi. *Diritti fondamentali.* 2. ed. Bari: Laterza, 2002. p. 15. Luigi Ferrajoli salienta que a indisponibilidade dos direitos fundamentais faz como que não estejam sujeitos ao decisionismo político ou ao mercado.

(82) A conseqüência da natureza indisponível dos direitos fundamentais é justamente a circunstância de que "non sono alienabili dal soggetto che ne è titolare" (FERRAJOLI, Luigi. *Idem*).

(83) SARLET, Ingo Wolfgang (org). *Dimensões da dignidade.* Ensaios da filosofia do direito e direito constitucional. Porto Alegre: Livraria do Advogado, 2005. p. 37.

(84) FERRAJOLI, Luigi. *Diritti fondamentali.* 2. ed. Bari: Laterza, 2002. p.21.

na medida em que se sustenta sob a doutrina de direitos considerados fundamentais à organização humana, cuja violação implica a ruptura mesma desse pacto social, legitimando o exercício de um direito de resistência[85].

No Brasil, a Constituição Federal de 1988 é marcada pela idéia de supremacia dos direitos fundamentais e de sua intangibilidade, porque é fruto (tardio) desse período histórico. Já em seu artigo primeiro, nossa Carta Social refere que o Brasil constitui um Estado Democrático de Direito, tendo entre seus fundamentos "a dignidade da pessoa humana e os valores sociais do trabalho e da livre iniciativa". Marca, portanto, a passagem da concepção jurídica racionalista, para a visão do homem sob a ótica de sua relação com seus pares, ou seja, em sua dimensão plural. Nesse sentido, o novo *pacto social* inverte a lógica do raciocínio individualista[86], rompendo com o paradigma liberal.

A adoção da solidariedade, da justiça, da valorização do trabalho e da dignidade humana como parâmetro do ordenamento jurídico determina que as regras sejam examinadas sob a ótica da coletividade, sem que se perca de vista o *ser humano*. Essas disposições constitucionais apenas positivam uma qualidade intrínseca à pessoa humana, que, por isso mesmo, não pode ser 'concedida' pelo ordenamento jurídico[87]. A dignidade humana assume função de critério para a construção do conceito de direitos fundamentais[88], e de aferição da incidência de uma proibição de retrocesso[89], que é o que particularmente nos interessa quando tratamos do fenômeno da flexibilização no mundo do trabalho[90].

O trabalho como condição inerente à vida humana constitui expressão dessa nova realidade[91]. As regras trabalhistas, sobretudo aquelas decorrentes das normas contidas no art. 7º da Constituição Federal, se coadunam com a conceituação de direitos fundamentais sociais. É exatamente por isso que o *valor-trabalho* é elevado ao *status* de princípio fundamental do nosso Estado Democrático de Direito e precisa ser visto sob nova dimensão[92].

---

(85) Luigi Ferrajoli salienta que a Constituição nada mais é do que um contrato social, "patti fondativi della convivenza civile". (*Op. cit.*, p. 21)

(86) Como afirma Lênio Streck, a Constituição de um país é o seu pacto social, é o "topos hermenêutico que conformará a interpretação jurídica". (*Op. cit.*, p. 215).

(87) SARLET, Ingo Wolfgang. *Dignidade da pessoa humana e direitos fundamentais na Constituição Federal de 1988.* Porto Alegre: Livraria do Advogado, 2004. p. 69.

(88) *Ibidem*, p. 98.

(89) *Op. cit.*, p. 121.

(90) Como observa Ingo Wolfgang Sarlet "eventuais medidas supressivas ou restritivas de prestações sociais implementadas" deverão ser consideradas inconstitucionais por violar o princípio de proibição de retrocesso "sempre que com isso restar afetado o núcleo essencial legislativamente concretizado dos direitos fundamentais", sobretudo quando "resultar uma afetação da dignidade da pessoa humana [...] no sentido de comprometimento das condições materiais indispensáveis para uma vida com dignidade, no contexto daquilo que tem sido batizado como mínimo existencial" (*Idem, ibidem*).

(91) O trabalho "muda de sentido quando gera a liberdade para o trabalhador-consumidor sem a preocupação apenas com a subsistência ou com a segurança". (FERRARI, Irany; NASCIMENTO, Amauri Mascaro; MARTINS FILHO, Ives Gandra da Silva. *História do trabalho, do direito do trabalho e da justiça do trabalho.* 2. ed. São Paulo: LTr, 2002. p. 71). A função social do trabalho permite "a realização pessoal do trabalhador", que diz com "a dignidade atribuída ao homem pelo trabalho. É o sentimento de que existe e de que é útil à sociedade a que pertence" (*Ibidem*, p. 71).

(92) Ernesto Krotoschin define a questão, aduzindo que "el principio del derecho del trabajo es muy simple: el hombre que trabaja tiene derecho a conducir una vida que corresponda a la dignidad de la persona humana" (KROTOSCHIN, Ernesto. *Instituciones de derecho del trabajo.* 2. ed. Buenos Aires: Depalma, 1968. p. 8).

2.1. Proibição do retrocesso: condição de possibilidade do direito fundamental do trabalho incompatível com a flexibilização

Para compreender a noção de proibição de retrocesso em termos de hermenêutica constitucional precisamos, primeiro, entender o que a Constituição Federal de 1988 significa em nosso contexto dogmático-positivista. Em realidade, o que o constitucionalismo, e o garantismo que lhe é inerente, pretendem assegurar é uma nova visão do direito. Uma visão *a partir* dos direitos fundamentais. Uma visão *contaminada* pela idéia de que existe um núcleo essencial de direitos que constitui a base sem a qual não há falar em sociedade democraticamente organizada.

Precisamos entender que já superamos a necessidade histórica de consolidação da ordem posta (ideal dos revolucionários burgueses). Passamos por um período negro da história mundial, em que o Homem revelou todo o seu potencial perverso ('horror nazista') e finalmente vimos surgir a necessidade de consolidação da democracia econômica e social como garantia da intangibilidade da dignidade humana. Pois bem. A democracia social e econômica [substancial] traz em sua gênese a proibição de retrocesso social(93).

A noção de retrocesso é também decorrência direta da superação do terror vivido durante os governos totalitários que se multiplicaram pelo mundo na primeira metade do Século XX(94). É a difusão da idéia de que a *dimensão plural do homem* deve ser garantida mesmo à custa da noção humana individual de necessidade de sobrevivência ou de busca de satisfação imediata. Com essa pré-compreensão de nossas necessidades históricas, forja-se a doutrina da proibição do retrocesso social, de sorte a impedir o retorno à racionalidade pela qual o homem podia ser visto como *meio* para o atingimento de um resultado desejado.

A partir disso, a doutrina constitucional constrói a idéia de "núcleo essencial da existência mínima inerente ao respeito pela dignidade da pessoa humana"(95). A proibição do retrocesso gravita justamente em torno desse *núcleo essencial*, de sorte a justificar "a sanção de inconstitucionalidade relativamente a normas manifestamente aniquiladoras da chamada justiça social"(96), protegendo a humanidade contra um possível retorno à barbárie vivenciada em períodos históricos pretéritos.

É justamente porque ainda estamos comprometidos com o individualismo que marca o início da era moderna (e que é um dos pressupostos paradoxais do

---

(93) Canotilho se refere à "proibição da contra-revolução social ou da evolução reacionária", pela qual "os direitos sociais e econômicos (ex: direito dos trabalhadores, direito à assistência, direito à educação), uma vez obtido um determinado grau de realização, passam a constituir uma garantia institucional e um direito subjetivo". CANOTILHO, J. J. Gomes. *Direito constitucional*. 6. ed. Coimbra: Almedina, 1993. p. 338.

(94) Atente-se que aqui não há, como a princípio pode parecer, uma incoerência. Apenas tentamos sublinhar a necessidade de proteção do homem em seu viés social, enquanto *ser-com-os-outros*, e não individualmente considerado.

(95) *Idem, ibidem*.

(96) Canotilho assim define: O princípio da proibição do retrocesso social pode formular-se assim: o núcleo essencial dos direitos sociais, já realizado e efetivado através de medidas legislativas, deve considerar-se constitucionalmente garantido, sendo inconstitucionais quaisquer medidas estaduais que, sem a criação de outros esquemas alternativos ou compensatórios, se traduzam, na prática, numa "anulação", "revogação" ou "aniquilação" pura e simples desse núcleo essencial. (*Op. cit.*, p. 340).

sistema capitalista), que necessitamos da proibição de retrocesso. As conseqüências legais da lógica neoliberal demonstram isso[97]. Ainda não há um ambiente capaz de dispensar a proteção estatal, deixando ao livre arbítrio dos particulares a consolidação dos valores que a Constituição Federal de 1988 instaura. Daí a necessidade de compreendermos os direitos trabalhistas fundamentais como direitos indisponíveis, irrenunciáveis e passíveis de ampla proteção estatal, de sorte que as normas infraconstitucionais devam buscar sua máxima eficácia. Daí a necessidade de refutarmos, com todas as nossas forças, a idéia de que o mercado deve sobreviver à custa dos homens, por meio da flexibilização das normas.

O Poder Judiciário Trabalhista tem função especial no que tange à proibição de retrocesso social das normas constitucionais trabalhistas[98], devendo consolidá-las, outorgando-lhes máxima eficácia. O movimento pendular próprio da História deve sempre avançar. Por isso, em lugar de um Estado-providência, vivemos a tentativa de consolidar um Estado Constitucional, que se fundamenta no homem *como* cidadão, tendo, pois, duplo suporte, formado por "soberania popular e dignidade humana"[99]. Esse duplo fundamento justifica não apenas a existência de normas fundamentais de natureza trabalhista (na medida em que não negligencia o fato objetivo de que o trabalhador está em situação de hipossuficiência em relação a quem detém o capital), como também o preceito da proibição de retrocesso social.

Pela idéia de proibição do retrocesso social tem-se, pois, que eventuais medidas supressivas ou restritivas de direitos ou prestações sociais implementadas pelo legislador devem ser examinadas com máxima cautela, de sorte a que sejam consideradas incompatíveis com a ordem constitucional sempre que atingirem o núcleo essencial legislativamente concretizado dos direitos fundamentais. Aqui reside a incompatibilidade dos princípios constitucionais que adotamos em 1988 com a idéia de desregulamentação ou flexibilização de normas que encerram direitos sociais.

No âmbito do Direito do Trabalho, a compreensão dessa realidade, somada a tudo o que já foi dito até aqui, faz com que melhor compreendamos a necessidade de reafirmar os direitos trabalhistas fundamentais — e não de mitigá-los.

Aderir à idéia de flexibilização como um modo de "atenuação da rigidez protetiva do Direito do Trabalho, com a adoção de condições trabalhistas menos favoráveis do que as previstas em lei, mediante negociação coletiva, em que a perda de

---

(97) Magda Biavaschi, sempre com o olhar voltado à realidade brasileira, dá inúmeros exemplos de textos legislativos e entendimentos jurisprudenciais que, dentro da lógica flexibilizadora, suprimem direitos ou implicam renúncia a direitos indisponíveis. (Ver, na obra citada, p. 292 e ss).

(98) Como assevera Flávio Pansieri "o judiciário funda seus argumentos na preservação do texto constitucional, mas esta atividade está ligada, muitas vezes, em ações positivas para garantia dos Direitos Sociais, como a implementação dos Direitos Sociais ao menos em seus limites mínimos garantidos pela Constituição". (PANSIERI, Flávio. Direitos sociais, efetividade e garantia nos 15 anos de Constituição. In: SCAFF, Fernando Facury (org.). *Constitucionalizando direitos*. São Paulo: Renovar, 2003. p. 404).

(99) HABERLE, Peter. A dignidade humana como fundamento da comunidade estatal. In: SARLET, Ingo Wolfgang (org.). *Dimensões da dignidade*. Ensaios de filosofia do direito e direito constitucional. Porto Alegre: Livraria do Advogado, 2005. p. 137. Embora Peter Haberle utilize a expressão 'indivíduo', deixa evidente que a proteção deve ser outorgada ao homem em seu sentido plural, superando a visão individualista clássica.

vantagens econômicas poderá ser compensada pela instituição de outros benefícios, de cunho social, que não onerarão excessivamente a empresa, nos períodos de crise econômica e transformação na realidade produtiva", como define *Ives Gandra Martins Filho*, citado por *João Marcos Castilho Moratto*(100), é equívoco que compromete a própria subsistência do modelo social e econômico que adotamos.

A noção de que a proteção aos direitos fundamentais é condição de possibilidade da democracia real, modelo político que se adapta, inclusive, ao modo capitalista de produção vigente, é essencial para que a crise vivida pelo estrangulamento desse sistema possa ser enfrentada (com ou sem êxito). E, em nossa realidade atual, devemos perceber — como nos demonstra a história recente — que a idéia individualista de livre negociação como forma de incentivo ao desenvolvimento do mercado (agora globalizado) não resolve nossas mazelas(101).

Em claras palavras: não teremos desenvolvimento econômico satisfativo em um país emergente como o Brasil, suprimindo ou flexibilizando regras trabalhistas. Teremos desenvolvimento apenas se garantirmos um mínimo de direitos sociais fundamentais, a partir dos quais é possível falar em condições dignas de sobrevivência, de contratação e de desenvolvimento.

A flexibilização é, portanto, expressão da idéia neoliberal de retorno ao período de livre negociação, de supremacia das vontades individuais. Um revigoração do liberalismo clássico, cujo esgotamento, como tivemos a oportunidade de examinar, ocorreu em função de elementos históricos, mas também de fatores econômicos. O capitalismo liberal não resistiu à sua própria fúria e recuou, nos anos 30, para sobreviver readequando-se. Agora, o capitalismo regride, esquecendo-se do que aprendeu com os erros do passado(102).

O pêndulo da história deve considerar o passado, para avançar. É inaceitável o puro e simples retrocesso, como pretende a lógica neoliberal, com o desmanche de uma estrutura de direitos fundamentais gestada com dor e sofrimento, a partir da experiência vivida na segunda metade do século XX.

O que foi até aqui escrito revela a incompatibilidade das idéias ditas flexibilizadoras com o Direito do Trabalho. Ainda assim, por considerarem uma força difícil de ser contida, muitos autores, conquanto façam crítica a essa lógica de retorno à autonomia das vontades, aceitam a flexibilização, propugnando sejam estabelecidos limites para a sua consolidação(103). Buscam a proteção de um núcleo essencial de direito.

(100) MORATO, João Marcos Castilho. *Globalismo e flexibilização trabalhista*. Belo Horizonte: Inédita, 2003. p. 111.

(101) Ao contrário, aguça as falhas do sistema, tornando-o mais próximo de um colapso.

(102) Exatamente por isso, Magda Biavaschi, na obra multicitada neste estudo, encerra seu livro questionando "não se estaria, então, optando por caminhos trilhados no século XIX, cujos efeitos destrutivos já se mostraram insustentáveis e que, atribuindo ao mercado a direção dos destinos dos homens, despoja-os das instituições, levando-os a sucumbir ao assalto de moinhos satânicos?" (*Op. cit.*, p. 300).

(103) Nesse sentido: Mauricio Godinho Delgado, Alice Monteiro de Barros, João Marcos Castilhos Morato, entre outros.

O problema é que a flexibilização em si implica a destruição dessa estrutura rígida de direitos fundamentais protegidos por uma lógica de proibição do retrocesso. A idéia de que é possível flexibilizar, preservando um núcleo essencial de direitos, é uma utopia, porque, como veremos a seguir, a flexibilização atinge diretamente esse núcleo, justamente onde estão localizados os pilares do Direito Social do Trabalho.

3. As conseqüências da flexibilização no mundo do trabalho e seus limites (possíveis?)

Compreender o que representa a flexibilização e em que lógica esse modo de pensar as normas trabalhistas se insere, permite perceber que as alterações legislativas ou os entendimentos jurisprudenciais que flexibilizam destinam-se diretamente a pontos nevrálgicos do Direito do Trabalho.

Nesse sentido, é importante a referência de *Magda Biavaschi*, quando aponta a Emenda Constitucional n. 45 de 2004, que aumentou a competência material da Justiça do Trabalho, como alteração inserida nessa mesma lógica, possibilitando a "perda de foco da Justiça do Trabalho"(104). Em outro artigo, tivemos a oportunidade de refletir sobre essa alteração constitucional. Na oportunidade, dissemos que "vivemos, hoje, um momento histórico em que a palavra flexibilização identifica melhor o fenômeno do capital em sua relação com o trabalho humano, do que qualquer outra. [...] o aumento de competência com a possibilidade mais elástica de utilização de normas estranhas às regras celetistas parece anunciar um novo tempo, que tanto pode ser de estruturação do valor-trabalho, quanto de desmantelamento dos princípios que norteiam e justificam a existência mesma desta seara especial do Direito. [...] O delírio intoxicante do novo começo bem pode ser a definição exata para a propalada majoração da competência da Justiça do Trabalho [...] é difícil não perceber o caráter pouco comprometido da reforma, com o fortalecimento de tais normas. O contexto social e político em que editada a emenda constitucional aponta em sentido contrário. A onda de flexibilização não apenas de direitos, mas também de instituições, deve servir como alerta"(105).

A reflexão prossegue, para concluir que "vive-se um momento de intensa crise de valores, em que a própria Justiça do Trabalho se curva diante do poder do capital, consagrando entendimentos tais como aquele contido na Súmula n. 6 do nosso Tribunal Regional do Trabalho da 4ª Região. Tal orientação dispõe de modo diametralmente contrário ao que prevê a Constituição Federal, que elenca o aviso prévio proporcional ao tempo de serviço como direito fundamental do trabalhador (art. 7º, inciso XXI, da Constituição Federal), e expressamente estabelece sua aplicabilidade imediata (parágrafo primeiro do art. 5º do texto constitucional). Entretanto, não enfrenta muita resistência por parte dos operadores jurídicos. [...] Esse é o contexto social em que surge a Emenda Constitucional n. 45. No momento

---

(104) BIAVASCHI, Magda Barros. *O direito do trabalho no Brasil*. São Paulo: LTr, 2007. p. 296-297.

(105) Artigo: Algumas reflexões sobre a nova competência, publicado nas Revistas *Plenum* e *HS*, 2005.

em que se insiste em evidenciar o Direito do Trabalho como uma gama de direitos anacrônicos, que impedem o livre desenvolvimento do mercado, finalmente é vencida a batalha pela ampliação da nossa competência. Será ironia do destino? Penso ser ingênuo acreditar que a ampliação da competência tem por escopo fortalecer a Justiça do Trabalho e os princípios que estão em sua gênese. Isso não significa que a mudança deva ser rechaçada. Significa — isso sim — que o compromisso assumido quando optamos por integrar esse ramo do Direito, deve agora ser reafirmado, sob pena de perdermos nosso norte de atuação".

Não é possível desconectar o aumento de competência da Justiça do Trabalho do conjunto de idéias propagadas como solução para os males do capitalismo, não apenas em nível nacional, mas em âmbito mundial[(106)]. É a prova de que a idéia mesma de retirar do Estado a condição de regulador dos mecanismos econômicos e sociais atinge diretamente questões centrais, sem as quais não poderemos mais falar de um verdadeiro Direito Social do Trabalho.

As demais alterações motivadas pela lógica neoliberal direcionam-se, igualmente, ao cerne da relação trabalhista. *Magda Biavaschi* apresenta um elenco interessante, no qual refere a remuneração, que a partir da terceirização e da possibilidade de desconto de empréstimo diretamente na renda do trabalhador, tem fragilizado seu caráter de intangibilidade. Aponta, também, a lei do FGTS, como elemento de quebra do princípio da continuidade (representado pela proteção à dispensa imotivada); a lei de recuperação judicial, como afronta ao pressuposto de que são do empregador os riscos do negócio e ao pressuposto de que o crédito alimentar tem preferência absoluta; e a lei das comissões de conciliação prévia, que chancela possibilidade de renúncia a direitos irrenunciáveis[(107)].

Existem outras alterações que atingem (ou pretendem atingir) o núcleo dos direitos fundamentais trabalhistas. Nos dedicaremos brevemente, apenas como exemplo das graves conseqüências do discurso flexibilizante, às recentes alterações ou interpretações jurisprudenciais que atingem a regulação da jornada.

A jornada constitui o tempo de vida que o trabalhador dedica à realização de sua atividade laborativa. É, pois, tempo — elemento crucial à vida humana. É, também, uma das principais características da relação de trabalho, imbricada pela idéia de que nessa relação jurídica, ao contrário do que ocorre nas demais, o homem não se separa do fruto do seu trabalho[(108)]. É, pois, elemento essencial do

---

(106) Tanto assim que as principais alterações aqui verificadas são resultados de um conjunto de recomendações do FMI, que se repetem em vários outros países. A Itália é exemplo de país que "aderiu" a uma flexibilização regulamentada, transformando em lei normas que muitas vezes contrariam preceitos essenciais do Direito do Trabalho. Exemplo claro é a noção, lá gestada, de "parassubordinazione", pela qual se concebe a existência de um trabalhador semi-subordinado, a quem é negada a proteção própria da relação de emprego.

(107) *Op. cit.*, p. 297-298.

(108) "Il tempo, infatti, è stato a lungo considerato soltanto come lo strumento di misurazione della durata dell'impegno lavorativo, come il lasso tra l'inizio e la fine dell'erogazione di energie lavorative. L'instanza di "riappropriazione" si è perciò concentrata sin dagli albori della rivoluzione industriale su una limitazione generalizzata dell'orario e delle giornate di lavoro, secondo un processo storico che prosegue ininterrottamente e che ha ispirato la disciplina legislativa e collettiva sui 'massimi' di durata della prestazione lavorativa".

contrato[109]. Sua disciplina, por conseqüência, assume papel central para a tutela efetiva da valorização social do trabalho humano[110].

A jornada de oito horas é paradigmática. O art. 58 da CLT, que já em sua redação original dispunha que "a duração normal do trabalho para os empregados em qualquer atividade privada não excederá de oito horas diárias", mantém sua redação até hoje. O art. 7º, incisos XIII a XVI, garante jornada regular máxima de oito horas e o pagamento, sem exceção, do adicional de horas extras. Além disso, determina que a saúde do trabalhador seja sempre respeitada. Ainda assim, o direito vem sendo aplicado de modo a retirar a eficácia do texto constitucional.

3.1. O anacrônico entendimento da Súmula n. 349 do TST

A Súmula afirma que o fato de a Constituição Federal garantir o "reconhecimento das convenções e acordos coletivos de trabalho"[111] implica afastar a regra do art. 60 da CLT. Esquece, propositadamente, que o mesmo dispositivo que garante o reconhecimento das convenções e acordos coletivos, garante também "redução dos riscos inerentes ao trabalho, por meio de normas de saúde, higiene e segurança"[112], concebendo regra fundamental da qual o art. 60 da CLT é expressão de eficácia. Nesse sentido, inclusive, foi *aprovado enunciado* apresentado em encontro promovido recentemente pelo próprio TST, segundo o qual é plenamente válido e eficaz o art. 60 da CLT, porque totalmente afinado com os preceitos constitucionais. A conclusão de que autorizar a compensação de jornada significa derrogar todos os dispositivos que determinam limites ou condições para o exercício do direito à prorrogação da jornada mediante compensação é absurda. Admitindo-se tal raciocínio, teríamos de entender derrogada, inclusive, a regra que impede a prorrogação de horário para o trabalho exercido por menor ou nas situações de contrato a tempo parcial. A flexibilização, aqui, é utilizada para suprimir[113] (por via inadequada) texto de Lei plenamente vigente, totalmente consentâneo com os ditames constitucionais, e garantidor de direito fundamental social. E o mais grave é que o agente a propiciar esse verdadeiro ataque à Constituição Federal é o próprio Poder Judiciário trabalhista.

TAMAJO, Raffaele de Luca. Il tempo di lavoro. In: *Atti delle giornate di studio di diritto del lavoro. Associazione italiana di diritto del lavoro e della sicurezza sociale.* Milano: Giuffrè, 1987. p. 4.

(109) SÜSSEKIND, Arnaldo; MARANHÃO, Délio; SEGADAS VIANNA. *Instituições de direito do trabalho.* 11. ed. São Paulo: LTr, 1991. v. II, p. 701.

(110) Nesse sentido, o jurista italiano Edoardo Ghera salienta que "un'analoga esigenza di tutela della persona del prestatore di fronte all'organizzazione Del lavoro è alla base della disciplina limitativa della durata massima della prestazione di lavoro". Só assim, prossegue o autor, haverá efetiva "tutela dell'integrità física e morale del lavoratore". (GHERA, Edoardo. *Diritto del lavoro.* Bari: Cacucci, 2006. p. 119).

(111) No inciso XXVI do artigo sétimo.

(112) Inciso XXII do mesmo dispositivo constitucional.

(113) Arion Sayão Romita menciona que "a autonomia coletiva só poderia expressar-se validamente no sentido de melhorar em benefício do trabalhador os mínimos legalmente previstos", não sendo válida, portanto, para suprimir direito fundamental diretamente relacionado à saúde do trabalhador e, pois, afeto ao núcleo de direitos fundamentais que garantem eficácia ao princípio de proteção à dignidade humana. ROMITA, Arion Sayão. Intervalo interjornada em turnos de revezamento. *Trabalho e doutrina,* São Paulo, Saraiva, n. 22, p. 75-82, set. 1999, citado na p. 140.

A possibilidade de pactuar regime de compensação de jornada — que já existia desde 1943 — é plenamente compatível com a necessidade de um cuidado maior para as hipóteses em que a saúde do trabalhador pode ser colocada em risco pelo trabalho excessivo. Como já salientamos, a proteção à saúde do trabalhador constitui norma fundamental, explicitada tanto no artigo sexto da Constituição Federal[(114)], quanto no artigo sétimo[(115)]. O art. 60 da CLT é exemplo de norma que visa a reduzir os riscos inerentes ao trabalho, protegendo diretamente a saúde do trabalhador exposto à condição danosa. Nesse sentido, *Mauricio Godinho Delgado* alerta que do mesmo modo que a ampliação da jornada "acentua drasticamente as probabilidades de ocorrência de doenças profissionais ou acidentes de trabalho, a redução da jornada diminui, de maneira significativa, essas probabilidades da chamada 'infortunística do trabalho'"[(116)].

Castilho Morato também se posiciona em modo contrário ao entendimento do TST, ressaltando que a previsão da Súmula n. 349 constitui "afronta à saúde do empregado". Salienta que a exposição do trabalhador por maior espaço de tempo a condições insalubres "fere os princípios protetivos à sua saúde, devendo ser mantidos os estreitos limites legais para negociação quando se refere ao bem-estar físico do empregado"[(117)].

Convém lembrar que se na prática a exigência da CLT inviabilizava a prestação de serviço extraordinário, é porque era exatamente esse o escopo da norma. Não podemos, pois, perder a noção de que o trabalho extraordinário deve ser como tal considerado, ou seja, como circunstância excepcional. Não podemos, também, olvidar o fato de que tanto a Carta Constitucional quanto a CLT preconizam a necessidade de que o empregador envide esforços para suprimir a situação insalubre de trabalho, mantendo um ambiente adequado.

Soma-se ao argumento constitucional, o fato de que o Brasil é signatário da Convenção n. 155 da OIT[(118)], em cujo texto se explicita a necessidade de "pôr em prática e reexaminar periodicamente uma política nacional coerente em matéria de segurança e saúde dos trabalhadores e o meio ambiente de trabalho"[(119)]. O art. 9º da aludida Convenção n. 155 da OIT refere que o "controle da aplicação das leis e dos regulamentos relativos à segurança, à higiene e ao meio ambiente de trabalho deverá estar assegurado por um sistema de inspeção das leis ou dos regulamentos", emprestando evidente força a normas como aquela contida no

---

(114) Art. 6º São direitos sociais a educação, a saúde, o trabalho, a moradia, o lazer, a segurança, a previdência social, a proteção à maternidade e à infância, a assistência aos desamparados, na forma desta Constituição.

(115) "Redução dos riscos inerentes ao trabalho, por meio de normas de saúde, higiene e segurança" art. 7º, inciso XXII, da Constituição Federal.

(116) DELGADO, Mauricio Godinho. *Jornada de trabalho e descansos trabalhistas*. 2. ed. São Paulo: LTr, 1998. p. 20-21, citado na p. 139.

(117) MORATO, João Marcos Castilho. *Globalismo e flexibilização trabalhista*. Belo Horizonte: Inédita, 2003. p. 143.

(118) Aprovada pelo Decreto Legislativo n. 2, de 1992, em 17.3.1992, e promulgada pelo Decreto n. 1.254, de 29.9.1994, publicado em 29 de setembro de 1994.

(119) Art. 4º da Convenção n. 155 da OIT.

art. 60 da CLT. Do mesmo modo, a Convenção n. 81 da OIT[120] disciplina que os Estados têm obrigação de manter um "Sistema de Inspeção do Trabalho constituído por servidores públicos, em número suficiente, com garantia de emprego e independentes, recrutados por suas qualificações e adequadamente treinados, para inspecionar a indústria e o comércio, com as funções principais de: Garantir o cumprimento dos dispositivos legais referentes às condições de trabalho e proteção dos trabalhadores".

Assim, as dificuldades práticas traduzidas na demora em obter o certificado do Ministério do Trabalho ou na insuficiência de fiscais, não justificam a derrogação tácita, por manifesta omissão e conivência da jurisprudência dominante, de dispositivo que busca conferir eficácia aos princípios da proteção à saúde e à dignidade do homem que trabalha.

3.2. O art. 62 da CLT

Embora incompatível com o texto constitucional, esse dispositivo é amplamente utilizado. Trata de empregados que "exercem atividade externa incompatível com a fixação de horário de trabalho". Ou seja, não é de qualquer atividade externa que ali se cogita, mas apenas daquelas insuscetíveis de serem controladas pelo empregador. Tratando-se de dispositivo que limita direito fundamental, caso considerado constitucional, deve ser interpretado restritivamente, sob pena de inversão dos princípios que informam o Direito do Trabalho. Apesar dessa simples constatação, decisões recentes revelam grande tendência à aplicação ampliada desse dispositivo, para o efeito de autorizar a ausência de controle da jornada, mesmo quando é viável, ao empregador, exercê-la. Também aqui é o exame do art. 7º da Constituição Federal que traz a medida da interpretação do dispositivo. No texto constitucional não há exclusão alguma acerca do direito à percepção do adicional de horas extras. A nova ordem constitucional é, pois, incompatível com as disposições do art. 62 da CLT, que simplesmente nega o direito constitucional às horas extras, àqueles que supostamente trabalham sem controle de horário. Tal raciocínio equivale à idéia de que a Constituição Federal poderia não ser aplicada a determinados trabalhadores. Ou seja, inverte de modo absoluto a lógica do constitucionalismo que justifica nossa organização social como Estado democrático e de direito.

Ainda que assim não se entenda, os requisitos do art. 62 da CLT devem ser cabalmente demonstrados, para que se possa falar em dispensa do registro da jornada. Impõe-se uma interpretação restritiva, de modo a concluir que os trabalhadores insertos nas hipóteses nele referidas "não são abrangidos" pelo capítulo da jornada, mas, uma vez submetidos a trabalho extraordinário, têm direito ao pagamento do adicional de horas extras, porque expressamente garantido pelo art. 7º da Constituição Federal, sem exceção alguma. Por fim, temos de compreen-

---

(120) Ratificada pelo Decreto Legislativo n. 95.461, de 11 de dezembro de 1987.

der nos termos do art. 62 apenas os trabalhadores que realizam, por exemplo, atividade externa efetivamente "incompatível com o controle de horário". Esse é o texto expresso no dispositivo consolidado. Portanto, não basta que as tarefas sejam realizadas fora da sede da empresa. É indispensável que o empregador demonstre, no caso concreto, que a jornada não poderia, mesmo que as partes quisessem, ser controlada de modo eficaz.

3.3. A alteração introduzida pela Lei n. 9.601/98 acerca do chamado "Banco de Horas"

Trata-se de outro belo exemplo de que é difícil preservar quando se pretende destruir. O Brasil — a partir da Constituição Federal de 1988 — se firma como um Estado Democrático de Direito. Alberga a democracia social como fundamento de seu pacto e estabelece, a partir disso, os valores que devem ser observados pelo ordenamento jurídico. O art. 7º da Constituição Federal fixa, como já delineamos, garantia de "duração do trabalho normal não superior a oito horas diárias e quarenta e quatro semanais, facultada a compensação de horários e a redução da jornada, mediante acordo ou convenção coletiva de trabalho" (inciso XIII), a "jornada de seis horas para o trabalho realizado em turnos ininterruptos de revezamento, salvo negociação coletiva" (inciso XIV) e a "remuneração do serviço extraordinário superior, no mínimo, em cinqüenta por cento à do normal" (Inciso XVI). Portanto, a Constituição Federal estabelece como regra a jornada de oito horas. Permite a compensação de horário, mas em momento algum autoriza a supressão ou renúncia prévia ao direito constitucional ao pagamento de horas extras, que também estabelece expressamente (inciso XVI). Em vista disso, o sistema 'banco de horas' não se afina com a previsão de valorização do trabalho (art. 1º) e de promoção do pleno emprego (art. 170, VIII), na medida em que permite a exploração do trabalho humano por um número superior de horas, negando a possibilidade de pagamento do adicional constitucionalmente assegurado e evitando com isso (ao menos em tese) a contratação de novos trabalhadores.

Há, ainda, outro argumento. O salário deve ser pago no máximo até o quinto dia útil do mês subseqüente ao da prestação do serviço, na linha do que expressamente prevê o art. 459 da CLT. A previsão decorre do caráter de negócio jurídico comutativo e sinalagmático que detém a relação de emprego. O pagamento da jornada suplementar se insere na noção de remuneração, por expressa disposição legal (art. 457 da CLT). Seu pagamento, portanto, deve ocorrer no máximo até o quinto dia útil do mês subseqüente. A Lei n. 9.601/98 simplesmente ignora isso ao prever inicialmente a possibilidade de compensação em até cento e vinte dias, redação que foi alterada, para permitir compensação em período de até um ano(121). Tal legislação, de uma só vez, ignora o conceito de remuneração, a regra relativa ao tempo do pagamento do salário (e com isso o caráter comutativo da relação de

---

(121) Art. 2º da MP n. 1.952/18 de 1999.

emprego), a noção de hora extraordinária e a obrigatoriedade de pagamento do adicional de horas extras. Como tal, sua redação é incompatível com as normas que regem o Direito do Trabalho e com o que dispõe a Constituição Federal. Diante disso, o que a lei que institui o banco de horas faz é permitir um retrocesso social inaceitável.

3.4. A Súmula n. 338 do TST acerca da prova da jornada

A CLT expressamente determina, ao empregador com mais de dez empregados, a manutenção de *registro escrito* da jornada[122]. Ao fazê-lo, estabelece um *dever* diretamente relacionado ao processo. O dispositivo, em realidade, especifica o *tipo de prova* legalmente aceitável, para o efeito de comprovação da jornada realizada pelo empregado. O faz por inspiração do princípio protetivo que orienta o Direito do Trabalho e que necessariamente contamina seu instrumento (o processo). A produção dessa prova incumbe ao empregador. A não-apresentação dos registros implica descumprimento de dever do empregador, sujeito, pois, à respectiva sanção. A prova oral, ainda que pretenda desconstituir a tese apresentada pelo empregador, não tem o condão de afastar o imperativo legal pelo qual jornada se prova mediante documento, sempre que houver no estabelecimento mais de dez empregados.

Isso porque se a Lei especifica o meio para a prova de determinado fato e impõe a uma das partes contratantes a obrigação de produzi-la (como no caso da jornada), a sua não-produção implica o acolhimento da tese adversária, como sanção ao *dever* instituído pelo texto legal. É exatamente essa a dicção do art. 400 do CPC. Do contrário, bastaria ao empregador descumprir a imposição legal de manutenção do registro escrito, para ver franqueada a possibilidade de elidir a pretensão ao pagamento de horas extras mediante a apresentação de testemunhas em juízo. É exatamente o que está acontecendo, a partir da edição da súmula que, com sua tendência flexibilizadora, acaba por negar ao trabalhador proteção ao direito constitucional à jornada de oito horas e ao pagamento do adicional de horas extras. O Ministro *João Orestes Dalazen* bem examina o entendimento consolidado, referindo tratar-se de raciocínio "kafkaniano", na medida em que beneficia o infrator da Lei[123]. Portanto, a não-apresentação dos registros, quando o empregador

---

(122) Art. 74, CLT, § 2º Para os estabelecimentos de mais de dez trabalhadores será obrigatória a anotação da hora de entrada e de saída, em registro manual, mecânico ou eletrônico, conforme instruções a serem expedidas pelo Ministério do Trabalho, devendo haver pré-assinalação do período de repouso.

(123) HORAS EXTRAS. ÔNUS DA PROVA. INVERSÃO. ART. 74, § 2º, DA CLT. EXPRESSÕES 'EMPRESA' E 'ESTABELECIMENTO'. 1. À luz de uma exegese mais alinhada com os princípios gerais e específicos do direito do trabalho, especialmente o da proteção, não há como deixar de conferir caráter processual à regra do art. 74, § 2º, da CLT, que traz previsão da obrigatoriedade de formação de prova que, pré-constituída pelo empregador, destina-se a amparar o empregado na produção de elementos probatórios destinados à comprovação de jornada de trabalho. 2. Tratando-se de norma cujos objetivos são eminentemente processuais, forçoso convir que, embora impropriamente se refira a 'estabelecimento', o comando inscrito no art. 74, § 2º, da CLT dirige-se à 'empresa'. 3. Se quem comparece em juízo é, naturalmente, a 'empresa' e não o 'estabelecimento', e se é sobre a primeira que recai o ônus processual referido, não faz sentido entender que ao segundo se enderece o aludido comando legal. 4. Não repugna, por outro lado, à inteligência da Súmula n. 338 do TST o acolhimento de horas

está obrigado a mantê-los, ou a exibição de controles inidôneos, não gera mera presunção de veracidade das alegações contidas na petição inicial, mas sim impõe a aplicação da sanção contida no art. 400, II, do CPC, qual seja, de *indeferimento da prova oral*. Trata-se de exemplo de flexibilização patrocinada pela jurisprudência, sem o auxílio de intervenção legislativa. A lente foca ao avesso os princípios do Direito do Trabalho e, ao aplicar a legislação trabalhista, seus operadores negam seu conteúdo substancial.

4. Para refletir

A força do discurso neoliberal em um período de consolidação dos direitos sociais como direitos humanos fundamentais não é tão contraditória quanto aparenta. É resultado da nossa passividade diante da Constituição Federal de 1988. O texto constitucional já atingiu a sua maioridade e ainda hoje vemos acirrados debates acerca do caráter meramente programático que se pretende atribuir às suas normas.

A razão por que negamos eficácia ao texto constitucional não é apenas de ordem econômica. Está imbricada pelo que a hermenêutica denomina compreensão não-autêntica do direito. Ainda vemos o direito a partir dos códigos, como no primeiro estágio do capitalismo liberal. Embora tenhamos admitido a incapacidade do sistema para lidar com seus efeitos, quando chamamos o Estado a intervir e criamos a teoria dos direitos sociais fundamentais, ainda não conseguimos superar o paradigma individualista e *perceber* a Constituição Federal em toda a sua dimensão.

Ora, se a flexibilização das regras de proteção social sequer é suficiente para gerar competitividade e desenvolvimento econômico capazes de melhorar as condições de vida, como já demonstra a realidade vivida em alguns países europeus, é preciso ter a coragem de assumir que ela é ostensivamente contrária ao paradigma da ordem constitucional vigente.

É preciso ter a coragem de fazer valer nosso pacto social instituído em 1988, afastando definitivamente interpretações que pretendam negar eficácia a direitos sociais trabalhistas.

Para isso, precisamos repetir insistentemente, para nós mesmos, que o homem (em sua dimensão plural) é o destinatário final da norma, e não um meio passível de ser utilizado para a consecução de um objetivo econômico. O princípio da proibição do retrocesso é nosso grande aliado, pois determina que há de ser rejeitada qualquer alteração constitucional ou legal que atente contra os direitos

---

extras após a oitava, com base em inversão do ônus da prova e presunção da jornada alegada na petição inicial, se incontroversa a inexistência de controle de ponto, a que está obrigado o empregador, por lei. 5. O descumprimento patronal de manter o registro de ponto do empregado, em observância à lei (CLT, art. 74, § 2º), equivale a dispor do registro de ponto e recusar-se imotivadamente a apresentá-lo ao órgão judicante quando instado a tanto. 6. Recurso de revista de que se conhece e a que se dá provimento (TST-RR-416131/1998, 1ª T., Red. Min. João Oreste Dalazen, DJU 23.5.2003).

sociais, os extinga ou os mitigue, sob pena de ofensa ao núcleo essencial legislativamente concretizado desses direitos humanos fundamentais.

Em um período em que o Mercado aparece como um deus a ser temido e adorado, precisamos resgatar o papel do *Ser Humano* na construção da história e do direito que queremos para nós e para nossos filhos.

Referências Bibliográficas

ALTHUSSER, Louis. *Montesquieu* — a política e a história. Trad. Luz Cary e Luisa Costa. 2. ed. São Paulo: Martins Fontes.

ALVARENGA, Lúcia Barros de. *Direitos humanos, dignidade e erradicação da pobreza* — uma dimensão hermenêutica para a realização constitucional. Brasília: Brasília Jurídica.

ARENDT, Hannah. *A condição humana*. 10. ed. Rio de Janeiro: Forense, 2002.

______. *Homens em tempos sombrios*. Trad. Denise Bottmann. 3ª reimpressão. São Paulo: Companhia das Letras, 2003.

______. *O que é política?* Rio de Janeiro: Bertrand Brasil, 2004.

BARRETO, Vicente de Paulo (org.). *Dicionário de filosofia do direito*. São Leopoldo: Unisinos, 2006.

BARROS, Alice Monteiro de. *Flexibilização e garantias mínimas*. Curitiba: Gênesis, 1999.

BAUMANN, Zygmund. *Comunidade*. Trad. Plínio Dentzien. Rio de Janeiro: Jorge Zahar, 2003.

______. *Em busca da política*. Rio de Janeiro: Jorge Zahar, 2000.

______. *Identidade*. Trad. Carlos Alberto Medeiros. Rio de Janeiro: Jorge Zahar, 2004.

BECK, Ulrich. *Liberdade ou capitalismo*. Tradução de Luiz Antônio Oliveira de Araújo. São Paulo: UNESP, 2003.

BIAVASCHI, Magda Barros. *O direito do trabalho no Brasil — 1930-1942*. São Paulo: LTr e JUTRA, 2007.

BOBBIO, Norberto. *Teoria do ordenamento jurídico*. 2ª reimpressão. Brasília: Universidade de Brasília, 1991.

BOGOLINI, Luigi. *Filosofia do trabalho*. O trabalho na democracia. 2. ed. São Paulo: LTr, 1997.

BONAVIDES, Paulo. Do absolutismo ao constitucionalismo. *Revista da Academia Brasileira de Direito Constitucional*. Curitiba: Academia Brasileira de Direito Constitucional, n. 5, p. 564, 2004.

CANOTILHO, J. J. Gomes. *Direito constitucional e teoria da Constituição*. 5. ed. Coimbra: Almedina, 2000.

______. *Direito constitucional*. 6. ed. Coimbra: Almedina, 1993.

CARETTI, Paolo. *I diritti fondamentali*. Libertà e diritti sociali. Torino: Giappichelli, 2005.

FERRAJOLI, Luigi. *Diritti fondamentali*. 2. ed. Bari: Laterza, 2002.

FERRARI, Irany; NASCIMENTO, Amauri Mascaro; MARTINS FILHO, Ives Gandra da Silva. *História do trabalho, do direito do trabalho e da justiça do trabalho*. 2. ed. São Paulo: LTr, 2002.

GALLINO, Luciano. *Il lavoro non è una merce*. Contro la flessibilità. Bari: Laterza, 2007.

GIDDENS, Anthony. *Mundo em descontrole*. 4. ed. Rio de Janeiro: Record, 2005.

HEIDEGGER, Martin. *Ser e tempo*. Parte I. 12. ed. Trad. Márcia Sá Cavalcante Schuback. Rio de Janeiro: Vozes, 2002.

JUNG, C. G. *Memórias, sonhos reflexões*. Compilação e prefácio de Aniela Jaffé. Trad. Dora Ferreira da Silva. 24ª impressão. Rio de Janeiro: Nova Fronteira, 2005.

KROTOSCHIN, Ernesto. *Instituciones de derecho del trabajo*. 2. ed. Buenos Aires: Depalma, 1968.

LEDUR, José Felipe. *A realização do direito ao trabalho*. Porto Alegre: Sergio Antônio Fabris, 1998.

LÔBO, Paulo Luiz Netto. Constitucionalização do direito civil. *Revista de Informação Legislativa*. Brasília, a. 36, n. 141, p. 99-109, jan./mar. 1999.

MAIOR, Jorge Luis Souto. *O direito do trabalho como instrumento de justiça social*. São Paulo: LTr, 2000.

MARX, Karl. *Manuscritos econômicos e filosóficos*. São Paulo: Boitempo.

MELHADO, Reginaldo. *Metamorfoses do capital e do trabalho*. São Paulo: LTr, 2006.

MESZAROS, Istvan. *A teoria da alienação*. São Paulo: Boitempo, 2006.

______. *O século XXI:* socialismo ou barbárie? Trad. Paulo Cezar Castanheira. São Paulo: Boitempo, 2003.

MORAES, Maria Celina Bodin de. Constituição e direito civil: tendências. *Revista dos Tribunais,* a. 89, v. 779, p. 47-63, set. 2000.

MORATO, João Marcos Castilho. *Globalismo e flexibilização trabalhista*. Belo Horizonte: Inédita, 2003.

NEVES, Antônio Castanheira. *O direito hoje e com que sentido?* O problema actual da autonomia do direito. Lisboa: Instituto Piaget, 2002.

OLIVEIRA, Manfredo Araújo de. *Reviravolta lingüistico-pragmática na filosofia contemporânea*. Coleção Filosofia. 2. ed. São Paulo: Loyola, 2001.

PIMENTA, José Roberto Freire e outros (coord.). *Direito do trabalho. Evolução, crise, perspectivas*. São Paulo: LTr, 2004.

RUDIGER, Dorothee Susanne. Emancipação em rede: condições jurídicas para a defesa coletiva dos direitos dos trabalhadores no século XXI. In: VIDOTTI, José Tarcio; GIORDANI, Francisco Alberto da Motta Peixoto. *Direito coletivo do trabalho em uma sociedade pós-industrial*. São Paulo: LTr, 2003.

SANTOS, Boaventura de Souza. *Pela mão de Alice:* o social e o político na pós-modernidade. 10. ed. São Paulo: Cortez, 2005.

SARLET, Ingo Wolfgang (org.). *Dimensões da dignidade*. Ensaios da filosofia do direito e direito constitu-cional. Porto Alegre: Livraria do Advogado, 2005.

______. *A eficácia dos direitos fundamentais*. Porto Alegre: Livraria do Advogado, 1998.

______. *Dignidade da pessoa humana e direitos fundamentais na Constituição Federal de 1988*. Porto Alegre: Livraria do Advogado, 2004.

SEELMAN, Kurt. Pessoa e dignidade da pessoa humana na filosofia de Hegel. In: SARLET, Ingo Wolfgang (org.). *Dimensões da dignidade*. Ensaios de filosofia do direito e direito constitucional. Porto Alegre: Livraria do Advogado, 2005.

SILVA, Ovídio A. Baptista da. *Verdade e significado*. Artigo disponível em: <http://www.baptistadasilva.com.br/artigos.htm> Acesso em: 16.9.2007.

STEINMETZ, Wilson Antônio. *Colisão de direitos fundamentais e princípio da proporcionalidade*. Porto Alegre: Livraria do Advogado, 2001.

STRECK, Lênio Luiz. Análise crítica da jurisdição constitucional e das possibilidades hermenêuticas de concretização dos direitos fundamentais. In: SCAFF, Fernando Facury (org.). *Constitucionalizando direitos.* São Paulo: Renovar, 2003.

______. *Hermenêutica jurídica e(m) crise.* Porto Alegre: Livraria do Advogado, 1999.

WARAT, Luis Alberto. *A ciência jurídica e seus dois maridos.* Santa Cruz do Sul: Faculdades Integradas de Santa Cruz do Sul, 1985.

Substituição Processual Sindical no Processo do Trabalho

Vitor Salino de Moura Eça(*)

Introdução

Nossa Constituição Federal, em deliberada tentativa de promover a dignidade da pessoa humana, estabeleceu, dentre seus princípios fundamentais, os *valores sociais do trabalho*, categoria jurídica que permite a exigência de prestações do Estado. Assim, cabe a este a criação de mecanismos para sua efetivação, tais como: o direito de petição, consubstanciado na alínea *a*, do inciso XXXIV, e o direito de ação, inciso XXXV, ambos do art. 5º/CF, apenas no âmbito processual, ou seja, dentro de nossa abordagem, sendo eles comuns a todos os cidadãos brasileiros, bem como aos estrangeiros que vivem em nosso solo.

Fez mais, contudo, pelos atores do mundo do trabalho, seguindo o princípio da *universalidade*, característico dos direitos fundamentais, porquanto a dignidade do homem é assegurada não apenas com as garantias inerentes à sua condição existencial, mas também por meio da efetivação de direitos de natureza econômica, que lhes são decorrentes e fatores de estruturação do primeiro. Destarte, empregados, empregadores, dentre outros trabalhadores, podem ter seus direitos exercidos não só diretamente, pelas modalidades supramencionadas, mas também por intermédio das entidades sindicais, conforme inciso III, de seu art. 8º, que trata dos direitos sociais.

Este permissivo constitucional mereceu, num primeiro momento, tímida interpretação por parte das Cortes brasileiras, o que lhe restringia seu amplo espectro. Todavia, ao longo dessas quase duas décadas de vigência de nossa norma maior, o instituto amealhou crescente espaço no mundo justrabalhista, com nítido elastecimento jurisprudencial e acréscimos no Direito positivo.

O ensejo da aproximação do vigésimo aniversário de nossa Carta Magna convida a doutrina processual do trabalho a refletir sobre esse avanço, bem como a ocupar o espaço que lhe pertence com exclusividade. E este trabalho objetiva de-

---

(*) Juiz do Trabalho no TRT/3 — Minas Gerais. Doutor em Direito Processual pela PUC-Minas, onde é Professor Adjunto III de Direito Processual do Trabalho, no curso de graduação, e de Direito Processual do Trabalho Comparado, no curso de pós-graduação.

monstrar como o mencionado avanço se estabeleceu, e qual a tendência de aplicação do instituto perante a Justiça do Trabalho.

Substituição e técnica processual

A técnica processual fixa que ninguém pode pleitear, em nome próprio, direito alheio, salvo quando autorizado por lei, nos termos do art. 6º/CPC, de integral aplicação no processo do trabalho.

Antes de tudo, convém explicitar quem poderá ser *parte*, sendo que tal conceito ainda causa perplexidade entre os operadores do Direito, na medida em que está jungido à idéia de legitimação, situação que, sob certa perspectiva, o aproxima da conceituação de direito material. Entretanto, tal conceito tem caráter apenas processual. E assim, devemos entender como *parte* a pessoa credenciada para atuar a lei em juízo(1), ou o sujeito do contraditório instituído perante o Juiz (LIEBMAN, 1992, p. 81-82).

Note-se que, embora o comando legal preveja a necessidade de autorização legislativa para a substituição processual, não há obrigatoriedade que essa autorização seja *expressa*, como ocorre no Direito Processual italiano, adiante mencionado, onde o advérbio, *expressamente*, consta da norma. Com efeito, a norma brasileira visa apenas a vedar a *substituição processual voluntária*, ou seja, aquela derivada de ato volitivo entre o substituído e o substituto.

Importante ainda distinguir que não se pode confundir a substituição processual com a substituição da parte, sendo esta última a que ocorre quando o direito controvertido se torna, no curso do processo, objeto de transferência de titular. E o que nos interessa agora é, efetivamente, a substituição processual. Tampouco se pode confundir com a *representação*, pois quem atua no processo em nome alheio não é parte nem substituto(2).

---

(1) A parte é o agente processual do DEVER-SER jurídico e não o SER jurídico que é a LEI em si mesma. E a parte constitucionalmente legitimada é o agente do dever-ser normativo (devido processo legal) que se concretiza na procedimentalidade (efeito expansivo) para a criação (legiferação) ou definição (judicação) do direito (LEAL, 2001, p. 72)

(2) Sobre tal distinção, a propósito, a lição do célebre Professor da Universidade de Roma, Giuseppe Chiovenda, a quem a ciência processual deve não só a concepção do instituto da *substituição processual*, na década de 20 do século passado, no *Princippi di diritto processuale civile*, mas também a distinção aqui aludida, que apenas ganhou o mundo nas Instituições. Acresça com magistralidade reconhecida: "As posições fundamentais e secundárias acima examinadas assume-as normalmente a própria pessoa que se afirma titular da relação deduzida em juízo. Mas excepcionalmente assume-as pessoa que não se afirma e apresenta como sujeito da relação substancial em litígio. Como no direito substancial casos se verificam em que se admite alguém a exercer no próprio nome direitos alheios, assim também outros podem ingressar em juízo no próprio nome (isto é, como parte) por um direito alheio. Ao introduzir e analisar essa categoria, porfiei em definir-lhe o caráter, atribuindo-lhe a denominação de *substituição processual*. Categoria e denominação hoje aceitas por todos... Muitos dos casos por mim incluídos em tal categoria são comumente explicados como casos de *representação*; mas, conquanto se produzam, aí, alguns efeitos análogos aos da representação, não é de representação que se trata, de vez que o representante processual age em nome de outro, de sorte que parte na causa é, na verdade, o representado; ao passo que o substituto processual age em nome próprio e é parte na causa" (CHIOVENDA, 2000, p. 300-301).

Substituição processual é, então, o fenômeno jurídico-processual que ocorre quando, por expressa autorização legal, alguém pleiteia em juízo, ou defende, em nome próprio, direito alheio (ZANGRANDO, 2007, p. 598).

Trata-se, pois, de legitimação extraordinária, caracterizada pela imprescindibilidade de autorização legislativa. Vale dizer: na legitimidade ordinária as partes são os mesmos sujeitos da relação de direito material, enquanto na legitimação extraordinária, inexiste tal identidade[(3)].

Importante notar que a legitimação extraordinária é o gênero da qual a substituição processual é uma espécie, e que a doutrina a classifica, com o fito de motivar sua compreensão. Assim, ela é *autônoma* quando a presença do legitimado extraordinário é indispensável à regularidade do contraditório; é *autônoma exclusiva* quando a lei confere ao legitimado extraordinário *status* de parte principal, sendo meramente acessória a presença da parte que seria, *a priori*, legitimada ordinária no processo; *autônoma concorrente primária*, quando, para a formação regular do contraditório, é indiferente a presença concomitante ou isolada do legitimado extraordinário ou do ordinário e a lei não estipula a observância de um prazo de inércia do legitimado ordinário para que os legitimados extraordinários possam agir; *autônoma concorrente subsidiária*, quando, além da indiferença anteriormente mencionada, a legislação exige a observância de um prazo de inércia do legitimado ordinário para que quem detém a legitimação extraordinária possa agir e *subordinada*, quando é exigida a presença do legitimado ordinário para a formação regular do contraditório, sendo permitida, contudo, a participação dos legitimados extraordinários como partes acessórias na lide (MOREIRA, 1969, p. 12).

Não são raros os exemplos dessa autorização legislativa, inclusive nos casos de pessoas com total capacidade de estar em juízo, como os advogados, detentores de *ius postulandi*, mas que podem ser substituídos pela Ordem dos Advogados do Brasil, nos moldes do inciso II, do art. 44, da Lei n. 8.906/94.

Não é diferente no Código de Defesa do Consumidor, onde há extenso rol de legitimados, art. 82, da Lei n. 8.078/90, a propor, em nome próprio e no interesse das vítimas e seus sucessores, demanda tendente a buscar a responsabilização dos causadores do dano.

Naturalmente que os trabalhadores e seus assemelhados, assim como os empregadores e ainda os titulares dos direitos elencados nos diplomas aludidos poderão exercer os respectivos direitos diretamente, sobretudo porque permanecem na qualidade de titulares da pretensão, mas, sempre que se tratar de interesses ou direitos difusos, assim entendidos os transindividuais[(4)], de natureza indivisível,

---

(3) É interesse de toda a sociedade e, naturalmente, também do Poder Judiciário, atuar o direito do modo mais exauriente possível. Assim, quanto mais ampla for a universalidade de direitos (coletivamente representados), maior será a legitimação extraordinária. Esta situação está em sintonia com o direito abstrato de ação, com o caráter publicista do Direito Processual, e ainda com a matriz constitucional que nos recomenda a duração razoável do processual. E esta realidade somente poderá ser atingida plenamente por meio da substituição processual.

(4) Temos os interesses transindividuais como gênero, do qual são espécies os direitos difusos, os coletivos e os individuais homogêneos.

de que sejam titulares os integrantes da categoria, pode e deve o sindicato atuar na qualidade de substituto processual, assim como nos casos de interesses ou direitos individuais homogêneos, ou seja, os decorrentes de origem comum[(5)].

Uma vez efetivada a substituição processual, qual o limite de atuação do substituto? Em princípio não lhe é permitida a realização de atos de disposição de direitos, como o reconhecimento de pedidos e a renúncia. Tampouco poderá reconvir, de acordo com o parágrafo único do art. 315/CPC, regra pela qual *não pode o réu, em seu próprio nome, reconvir ao autor, quando este demandar em nome de outrem,* sendo oportuno destacar a harmônica compatibilidade deste preceito com o processo do trabalho, art. 769/CLT.

A conciliação, no entanto, pode e deve ser incentivada. Além de ser um dos primados da Justiça do Trabalho, nos moldes do *caput* do art. 764/CLT. Tanto é assim que vários fatores demonstram a busca incessante pela conciliação no processo do trabalho, tal como a permissão legal para que as partes celebrem acordo, mesmo após a decisão com resolução de mérito (§ 3º, do art. 764/CLT), a exigência de tentativa conciliatória extrajudicial para que se ajuíze demanda trabalhista, quando houver CCP (art. 652-D/CLT), e assim por diante (AMORIM, 2004, p. 86). O sindicato na qualidade de substituto processual deverá ter elevadíssimo senso de oportunidade e conveniência ao entabular qualquer conciliação, devendo a controvérsia ser caracterizada pela *res dubia,* porquanto não poderá ele renunciar direitos dos substituídos.

Essa perspicácia deve mesmo ser a tônica da performance sindical, pois em sua inestimável missão institucional jamais pode o sindicato oferecer ao integrante da categoria menos do que ele obteria ajuizando a demanda diretamente, ou seja, suportando diretamente os ônus econômicos, físicos e emocionais para o manejo de uma postulação judicial em face de seu empregador.

A substituição processual não é, entretanto, exclusiva dos sindicatos, sequer no processo do trabalho. O Ministério Público do Trabalho bem como inúmeros outros entes poderão funcionar na qualidade de substitutos, consoante a natureza da pretensão formulada, por conta do princípio da presunção de legitimidade *ad causam* ativa, pela afirmação do direito tutelável.

Antes de concluir este tópico, imprescindível abordar a litispendência e a coisa julgada, no sentido de se saber se os mencionados institutos atingem os substituídos.

Considerando-se que para haver litispendência é necessária a identidade de partes, a resposta deveria ser negativa. Entretanto, o Direito aplicado não caminha nesse sentido, como regra. Talvez por uma questão de política judiciária, e a fim de não fomentar a insegurança jurídica e a multiplicidade de ações, até porque o desiderato da busca da tutela jurisdicional é coincidente. Assim, ainda que a identi-

---

(5) Interessante observar que a legitimação extraordinária é ampla, atingindo não só os direitos trabalhistas *stricto sensu*, mas também outros, que lhes são decorrentes, tais como os ligados à saúde, proteção e bem-estar do trabalhador, a dignidade individual ou coletiva dos mesmos, e assim por diante.

dade de partes não seja plena, o entendimento existente indica sua irrelevância, sempre que a pretensão deduzida pelo substituído for idêntica àquela verificada na demanda aforada pelo substituto.

No mesmo sentido, quanto aos efeitos da coisa julgada, sobretudo nas substituições de caráter individual, em que o efeito *ultra partes* emerge de modo bem agudo, projetando-se sobre o patrimônio jurídico do substituído, sempre que a decisão judicial lhe seja benéfica. E inexistindo êxito nos pedidos formulados pelo sindicato, em demanda cuja pretensão sejam direitos individuais homogêneos, os efeitos da decisão são suportados apenas pelos substituídos que intervieram no processo.

Normatividade constitucional

Parte da doutrina afirma que a Constituição Federal legitima o sindicato em duas oportunidades para agir como substituto processual. A primeira na alínea *b*, do inciso LXX, de seu art. 5º, quando assegura que o *Mandado de Segurança Coletivo* pode ser impetrado por organização sindical, entidade de classe ou associação legalmente constituída e em funcionamento há pelo menos um ano, em defesa dos interesses de seus membros ou associados.

A outra hipótese é a capitulada no art. 8º, que trata dos direitos sociais, facultando a associação e conferindo ao sindicato a defesa dos direitos e interesses coletivos ou individuais da categoria[6], inclusive em questões judiciais ou administrativas.

Não acreditamos, contudo, que no primeiro caso estejamos diante de *substituição processual* típica, porquanto não é dado aos atores sociais trabalhistas a interposição do mandado de segurança coletivo de outra forma. Cabe, com exclusividade, conforme preceito constitucional, apenas aos sindicatos e aos partidos políticos.

Normatividade infraconstitucional

A normatividade infraconstitucional em matéria de substituição processual, pelo sindicato, nos remete a demandas que são nossas antigas conhecidas, porquanto tipificadas na CLT. Aliás, a injustamente criticada Consolidação é pioneira, no Brasil, em normatividade de substituição processual, porquanto o antigo Códi-

(6) A categoria profissional ou econômica é uma realidade abstrata criada por lei, sem personalidade jurídica. O legislador, além de criar a categoria como instituto jurídico, a reconhece como sujeito de direitos. Esta assertiva encontra suporte na própria CLT que em seu art. 617 atribui legitimidade a grupo inominado (parte da categoria), para a celebração de acordo coletivo, quando o sindicato, federação ou confederação não assumirem a direção da negociação coletiva. O art. 8º, III da CF/88, também corrobora esse entendimento ao atribuir aos sindicatos a defesa dos direitos individuais e coletivos da categoria. Assim, aplicando-se a teoria do superamento ou desconsideração da personalidade jurídica em desenvolvimento pela doutrina, reconhece-se na categoria a capacidade de ser parte, tanto no sentido material, como titular de direitos materiais, como no sentido processual, personificada como sindicato; "ente" necessário para expressar a vontade da categoria. Por isso a afirmação de que o sindicato é a própria categoria organizada (DUBUGRAS, 1998, p. 65).

go de Processo Civil, de 1939, não dispunha sobre a matéria. Entre nós, portanto, o instituto somente veio à luz em 1943, justamente com a CLT.

O § 2º, do art. 195, deste diploma, aduz que argüida em juízo insalubridade ou periculosidade, seja por empregado, *seja por sindicato em favor de grupo de associados*[7], o Juiz designará perito habilitado na forma do artigo, e, onde não houver, requisitará perícia ao órgão competente do Ministério do Trabalho.

As demais hipóteses correspondem às demandas típicas, quais sejam: dissídio coletivo e ação de cumprimento.

O art. 857/CLT afirma que a representação para instaurar a instância em dissídio coletivo constitui prerrogativa das associações sindicais, excluídas as hipóteses aludidas no art. 856 (Presidente do Tribunal e MPT[8]), quando ocorrer a suspensão do trabalho. E considerando-se que instauração processual por parte do magistrado é incompatível com o modelo de Estado adotado pelo Brasil, temos que os sindicatos e o MPT são os únicos legitimados (por meio de substituição processual) para a propositura do dissídio coletivo, além das partes, é claro.

A Lei n. 7.316/85 permite ainda à Confederação Nacional das Profissões Liberais a representatividade reconhecida aos sindicatos de categorias profissionais diferenciadas, tanto em ações individuais como coletivas, porém apenas em relação aos profissionais liberais. Sendo, portanto, a confederação integrante do chamado sistema confederativo, temos a hipótese como de substituição processual sindical.

A ação de cumprimento é mais uma modalidade de substituição processual, sendo ainda genuinamente trabalhista. Prevista no art. 872/CLT, cujo *caput* preceitua que celebrado o acordo, ou transitada em julgado a decisão[9], seguir-se-á o seu cumprimento sob as penas estabelecidas, enquanto seu parágrafo único atesta que quando os empregadores deixarem de satisfazer o pagamento de salários, na conformidade da decisão proferida, poderão os empregados *ou seus sindicatos*, independente da outorga de poderes de seus associados, juntando certidão de tal decisão, apresentar reclamação à Vara do Trabalho competente, na medida em que a sentença normativa não comporta execução direta, e sim ação de cumprimento.

---

(7) Já houve a interpretação de que apenas os associados do sindicato poderiam ser substituídos por este, todavia o TST, por meio da Res. n. 121/03 cancelou o verbete 271, de sua Súmula, reconhecendo a legitimidade do sindicato para substituir toda a categoria.

(8) A regra do art. 856/CLT não se acomoda com o princípio da disponibilidade da demanda, consagrado pela Constituição Federal, para o exercício do direito de ação no âmbito do Estado Democrático de Direito, porquanto não é mais possível que o magistrado imponha à parte tal ônus processual. O art. 8º da Lei n. 7.783/89 o derrogou. Assim, a demanda somente poderá ser proposta por iniciativa das partes ou, de forma supletiva, pelo Ministério Público do Trabalho.

(9) A OJ n. 277, da SDI-I/TST, trata da ação de cumprimento fundada em decisão normativa que sofreu posterior reforma, quando já transitada em julgado a sentença condenatória, estatuindo que: a coisa julgada produzida na ação de cumprimento é atípica, pois dependente de condição resolutiva, ou seja, da não modificação da decisão normativa por eventual recurso. Assim, modificada a sentença normativa pelo TST, com a conseqüente extinção do processo, sem resolução de mérito, deve-se extinguir a execução em andamento, uma vez que a norma sobre a qual se apoiava o título exeqüendo deixou de existir.

A jurisprudência inclusive tratou de ampliar o espectro da referida norma. A Súmula do TST, por seu verbete 286, entende que a legitimidade do sindicato para propor ação de cumprimento estende-se também à observância de acordo coletivo, ou de convenção coletiva de trabalho.

A extensão promovida pela Súmula é perfeita, em nada atentando contra o quanto já aqui assentado, no sentido de que somente por meio de autorização legislativa expressa a substituição processual pode ser admitida. Isso porque, consoante interpretação sistêmica da norma processual trabalhista, temos a demanda típica prevista no parágrafo único do art. 872/CLT, qual seja a ação de cumprimento veio à luz pela Lei n. 2.275, de 20 de julho de 1954, com o fito de complementar o *caput* da norma, permitindo um meio objetivo de se efetivar o cumprimento da sentença normativa, vez que esta não se refere a um título executivo propriamente dito, diante de sua natureza jurídica.

O acordo e a convenção coletiva não estavam previstos na hipótese descrita no *caput* do art. 872/CLT, porquanto tais institutos somente vieram a ser incorporados ao patrimônio jurídico dos trabalhadores e empregadores pelo Decreto-Lei n. 229, de 28 de fevereiro de 1967, que alterou a redação do art. 611/CLT. Hoje, inclusive, contam com garantia constitucional de reconhecimento, conforme inciso XXVI, do art. 7º e inciso VI, do art. 8º, ambos da Constituição Federal.

Temos, assim, única *mens legis*. Andou bem, portanto, o TST. E melhor ainda quando estabeleceu, na Súmula n. 246, que é dispensável o trânsito em julgado da sentença normativa para a propositura da ação de cumprimento[10]. A sentença normativa poderá ser objeto de cumprimento a partir do 20º dia subseqüente ao do julgado, com base no acórdão ou na certidão de julgamento, nos moldes do § 6º, do art. 7º, da Lei n. 7.701/88, junto ao TST. E na esfera de competência dos Tribunais Regionais também, entretanto, nestes, com fulcro no art. 8º, da mesma norma.

A *Ação Civil Pública,* que entre nós deveria ser tipificada como *Ação Trabalhista Pública,* prevista na Lei n. 7.347/85, tem lugar, conforme inciso IV, de seu art. 1º, para tutelar, além do meio ambiente, os direitos do consumidor, os bens artísticos, dentre outros, mas também *qualquer outro interesse difuso ou coletivo,* seara em que se incluem os direitos dos trabalhadores.

O art. 5º, da norma apontada, elenca os legitimados para a propositura da *Ação Trabalhista Pública.* Em primeiro lugar o Ministério Público (para nós o MPT), assim como as pessoas jurídicas de direito público interno e autarquias, fundações, sociedades de economia mista ou *associação que: I — esteja constituída há pelo menos um ano, nos termos da lei civil.*

Não há a menor dúvida que os sindicatos amparam-se nesta última condição para o adequado manejo da *Ação Trabalhista Pública* (repetimos a tipificação peculiar para sedimentação da idéia), como substitutos processuais, para a busca de satis-

---

(10) O sindicato poderá ajuizar a ação, independentemente da outorga de poderes dos substituídos. Isto quer dizer que o sindicato ajuíza ação em nome dos substituídos, mas não necessita de procuração para postular em juízo. Apenas os associados serão substituídos pelo sindicato e não a categoria. Há necessidade, contudo, de se apresentar a relação dos substituídos, sob pena de indeferimento da inicial (MARTINS, 2007, p. 912).

fação dos interesses difusos e coletivos dos integrantes da categoria que representam, ou, ao menos, de seus associados.

Além da adequação normativa para a atuação do Ministério Público do Trabalho, decorrente da própria norma, a Lei Complementar n. 75, de 20 de maio de 1993, que após a Constituição Federal regulamentou as atividades do MPT, corrobora o entendimento, salientando, em seu art. 83, que compete ao MPT o exercício das atribuições que enumera, junto aos órgãos da Justiça Especializada, dentre elas, conforme inciso III, *promover a ação civil pública*[11] *no âmbito da Justiça do Trabalho, para defesa de interesses coletivos, quando desrespeitados os direitos sociais constitucionalmente garantidos*, afastando qualquer dúvida eventualmente remanescente quanto à sua legitimidade.

Na seqüência cronológica, é imprescindível lembrar que decorrido menos de um ano desde a promulgação da atual Constituição Federal, entrou em vigor a Lei n. 7.788, de 3 de julho de 1989, que expressamente autorizava os sindicatos a atuarem como substitutos processuais da categoria, estabelecendo ainda *não haver eficácia a desistência, a renúncia e transação individual*. Apesar do exagero em cercear a liberdade individual, parecia uma vitória, na época. Afinal, a autorização legal havia aparecido. No ano seguinte, no entanto, a discussão voltou, pois a Lei n. 8.030/90, ab-rogou a Lei n. 7.788/89, fazendo desaparecer a chancela legislativa. Logo após, o Presidente da República vetou os principais artigos da Lei n. 8.073, que instituía uma Política Nacional de Salários, mas sancionou o art. 3º, que mais uma vez concedia às entidades sindicais a mesma autorização, sem as restrições individuais da antiga lei (CARNEIRO PINTO, 2004, p. 258).

Outra norma posterior à Constituição Federal e que também, expressamente, outorga poderes de substituição processual ao sindicato é a prevista na Lei n. 8.036/90, que atualmente rege o FGTS. Seu art. 25 aduz que poderá o próprio trabalhador, seus dependentes e sucessores, *ou ainda o Sindicato a que estiver vinculado*, acionar diretamente a empresa por intermédio da Justiça do Trabalho, para compeli-la a efetuar o depósito das importâncias devidas nos termos da lei.

Além das fontes legislativas indicadas, outras disposições condicionam[12] a substituição processual sindical, notadamente no que tange à legitimidade do organismo sindical para o processo.

A OJ n. 15, da SDC/TST, assim preceitua: A comprovação da legitimidade *ad processum* da entidade sindical se faz por seu registro no órgão competente do Ministério do Trabalho, mesmo após a promulgação da Constituição Federal de 1988. No mesmo sentido a OJ n. 22, também da SDC/TST, que afirma que para haver legitimidade *ad causam* do sindicato, é indispensável a correspondência entre as atividades exercidas pelos setores profissional e econômico envolvidos.

---

(11) Sonhamos ainda ver os legitimados à Ação Civil Pública, ao ajuizar tal demanda perante a Justiça do Trabalho, escolherem o *nomem iuris* de *Ação Trabalhista Pública*.

(12) Em passado relativamente recente, havia a OJ n. 24, da SDC/TST, que exigia, para a propositura de dissídio coletivo, que houvesse prévia negociação coletiva, nas chamadas *mesas redondas*, perante a DRT, como verdadeira condição da ação, a ensejar inválida limitação à substituição processual. Felizmente acabou cancelada em 31 de março de 2004, por violar o § 2º, do art. 114/CF.

Igualmente trata do assunto a OJ n. 23, da mesma SDC/TST, nos seguintes termos: A representação sindical abrange toda a categoria, não comportando separação fundada na maior ou menor dimensão de cada ramo ou empresa.

Outras limitações ainda imperam no TST. A mesma SDC exige, segundo sua OJ n. 29, o edital de convocação da categoria e a respectiva ata de AGT como peças essenciais à instauração de processo de dissídio coletivo, ou seja, estabelecendo verdadeiras condições da ação extralegais, fato agravado se considerarmos que cabe apenas à União legislar sobre Direito Processual.

Volta a ser conservadora a SDC/TST na OJ n. 35, asseverando que se os estatutos da entidade sindical contam com norma específica que estabeleça prazo mínimo entre a data de publicação do edital convocatório e a realização da assembléia correspondente, então a validade desta última depende da observância desse interregno, em injustificável intervenção na ordem privada, totalmente incompatível com a liberdade de associação e com os princípios estabelecidos para o Estado Democrático de Direito.

Substituição processual do direito estrangeiro

Como vimos, por conta do magistério de *Chiovenda*, que concebeu o instituto, o Código de Processo Civil italiano (aplicável em matéria trabalhista) foi um dos primeiros a incorporar o instituto, o fazendo em seu art. 81, que diz, *verbis: Fora dos casos expressamente previstos pela lei, ninguém pode valer-se em nome próprio de direito alheio* (ITÁLIA, 2000, p. 43).

O Código de Processo do Trabalho português, Decreto-Lei n. 480, de 9 de novembro de 1999, preceitua, em seu art. 5º, que: *As associações sindicais e patronais são partes legítimas como autoras nas ações relativas a direitos respeitantes aos interesses coletivos que representam.* Dispõe mais, que: *As associações sindicais podem exercer, ainda, o direito de ação, em representação e substituição de trabalhadores que o autorizem...* passando a enumerar as hipóteses de cabimento.

Ao final, afirma que, se verificando o exercício do direito de ação por parte do sindicato, na qualidade de substituto processual, os titulares do direito somente poderão intervir no processo na qualidade de *assistente* (PORTUGAL, 1999, p. 863).

No sistema argentino, a substituição processual é disciplinada pela Lei n. 23.551, de 22 de abril de 1988, a chamada *Lei das Associações Sindicais*, sendo disposta de dupla forma. A primeira, na forma de seu art. 23, afirma que qualquer associação de trabalhadores adquire personalidade jurídica com seu registro e, a partir daí, pode substituir seus associados, em interesses individuais, a pedido dos respectivos titulares. Paralelamente, nas questões de direito coletivo, apenas as entidades sindicais propriamente ditas (*asociación sindical com personería gremial*), nos moldes do art. 31 da aludida lei, poderão substituir os trabalhadores processualmente.

Estas últimas conservam, entretanto, concorrentemente, o poder de substituição dos trabalhadores na defesa de interesses individuais, além da possibilidade de atuar em nome de toda a categoria, e não apenas dos associados.

Em quaisquer dos casos, contudo, há necessidade de autorização expressa do titular do direito (ARGENTINA, 2006, p. 149).

A jurisprudência do TST e do STF

Inicialmente a jurisprudência do TST era refratária à substituição processual, chegando a negar, frontalmente, a aplicação do instituto constitucional, bem como sua própria existência.

Vejamos os elucidativos exemplos trazidos nos arestos transcritos, já em plena vigência da Carta de 1988, em que, no primeiro caso, há efetiva negação de curso ao comando constitucional, enquanto no segundo a substituição processual, pelo sindicato, só tem lugar nas hipóteses em que a norma infraconstitucional autoriza[13], em esdrúxula situação na qual a norma inferior impõe limite à maior e não apenas a condiciona.

> SINDICATO. SUBSTITUIÇÃO PROCESSUAL. 1. A substituição processual só é permitida nos casos previstos em lei. O art. 8º, III, da Constituição Federal não trata de substituição e, sim, de representação. 2. Preliminar de ilegitimidade de parte acolhida, julgando-se extinto o processo sem julgamento do mérito. TST. 1ª T. RR 23.187/91.2. Rel. Min. Giacomini. DJU de 6.2.1992, p. 2.493.

Neste outro julgado, o entendimento de que a substituição processual somente poderia se dar nos casos anteriormente assentados na legislação, ou seja, tornando a matriz constitucional ineficaz. O único avanço que a Corte admitia era quanto à extensão dos efeitos da tutela jurisdicional pretendida pela entidade sindical. Assim, após o advento da CF/88, pelo entendimento da época, passou o ente coletivo a poder substituir toda a categoria e não apenas os associados.

> SUBSTITUIÇÃO PROCESSUAL. Art. 8º, item III, da Constituição Federal. A substituição processual, no âmbito do processo trabalhista, não perdeu a característica de instituto excepcional, estando limitada às hipóteses expressamente previstas em lei: ação de cumprimento, ação visando à caracterização e cobrança do adicional de insalubridade ou periculosidade e, finalmente, ação de cobrança de reajuste automático decorrente de legislação salarial (arts. 872, parágrafo único, e 195, § 2º da CLT e Lei n. 7.238/84, art. 3º, § 2º, respectivamente). O art. 8º, III da CF limitou-se a ampliar a substituição em foco, que pode abranger, agora, toda a categoria e não apenas aos associados do sindicato-autor. TST. 3ª T. RR 19.523/90.1. Rel. Min. Manoel Mendes de Freitas. DJU de 6.3.92, p. 2.500.

O posicionamento revelado em tais ementas era tão arraigado que no ano seguinte aos julgamentos mencionados, o Tribunal Pleno do TST criou a Resolução n. 1/93, publicada no DJ de 6 de maio de 1993, estabelecendo a famigerada

---

(13) Note-se injustificada negação de aplicabilidade ao preceito constitucional, como se ele próprio carecesse de autorização legislativa (ordinária), para que tivesse vigência, quando, em verdade, é auto-aplicável.

Súmula n. 310, que representou, por mais de uma década, injustificada restrição ao comando constante do inciso III, do art. 8º/CF, na medida em que a Corte não admitia a substituição processual plena por parte dos sindicatos, opondo-lhe inúmeros embaraços.

Eis o seu texto, agora cancelado pela Res. n. 119, de 1º de outubro de 2003.

> SUBSTITUIÇÃO PROCESSUAL. SINDICATO. I — O art. 8º, inciso III, da Constituição da República não assegura a substituição processual pelo sindicato. II — A substituição processual autorizada ao sindicato pelas Leis ns. 6.708, de 30.10.1979, e 7.238, de 29.10.1984, limitada aos associados, restringe-se às demandas que visem aos reajustes salariais previstos em lei, ajuizadas até 3.7.1989, data em que entrou em vigor a Lei n. 7.788/89. III — A Lei n. 7.788/89, em seu art. 8º, assegurou, durante sua vigência, a legitimidade do sindicato como substituto processual da categoria. IV — A substituição processual autorizada pela Lei n. 8.073, de 30.7.1990, ao sindicato alcança todos os integrantes da categoria e é restrita às demandas que visem à satisfação de reajustes salariais específicos resultantes de disposição prevista em lei de política salarial. V — Em qualquer ação proposta pelo sindicato como substituto processual, todos os substituídos serão individualizados na petição inicial e, para o início da execução, devidamente identificados pelo número da Carteira de Trabalho e Previdência Social ou de qualquer documento de identidade. VI — É lícito aos substituídos integrar a lide como assistente litisconsorcial, acordar, transigir e renunciar, independentemente de autorização ou anuência do substituto. VII — Na liquidação da sentença exeqüenda, promovida pelo substituto, serão individualizados os valores devidos a cada substituído, cujos depósitos para quitação serão levantados através de guias expedidas em seu nome ou de procurador com poderes especiais para esse fim, inclusive nas ações de cumprimento. VIII — Quando o sindicato for o autor da ação na condição de substituto processual, não serão devidos honorários advocatícios.

A situação permaneceu assim até que o Supremo Tribunal Federal, em maio de 1993, apreciando o célebre Mandado de Injunção n. 347-5, cujo autor era um sindicato catarinense, rejeitou a preliminar de ilegitimidade ativa. Novamente o STF, no RE 202063-0-PR, de relatoria do Min. *Octávio Gallotti*, repetiu o entendimento. E noutras oportunidades renovou a posição da Corte, que ia se solidificando.

Foi assim em 26 de setembro de 1995, no julgamento do agravo regimental em Agravo de Instrumento n. 153148-8, relatado pelo Min. *Ilmar Galvão*, que tinha como agravado o Sindicato dos Empregados em Estabelecimentos Bancários de Curitiba, no qual o STF consagrou a substituição processual sindical, posição essa repetida em inúmeros julgados que se seguiram, tais como os RREE n. 193.503, 193.579, 208.983 e assim por diante.

Diante disso, o TST passou a rever o seu entendimento em torno do tema, culminando com o cancelamento da Súmula n. 310, nos moldes *retro* referidos.

O Tribunal Superior do Trabalho passa, então, a adotar postura liberal, aceitando a substituição processual sem as resistências de outrora, embora sem ostentar a esperada interpretação ampliativa.

Vejamos como a Corte maior trabalhista passou a tratar a matéria:

SUBSTITUIÇÃO PROCESSUAL. A substituição processual pelo sindicato obreiro é legítima no caso de direitos individuais homogêneos. Como evolução natural, este Colegiado cancelou a Súmula n. 310, por meio da Resolução n. 119, publicada no Diário da Justiça de 1º.10.2003. Decorre daí que a posição ora adotada reflete a melhor interpretação dada ao artigo 8º, III, da Constituição Federal. TST, 2ª T. RR — 1.793/2003-004-03-00.4. Rel. Min. Renato de Lacerda Paiva.

Mais ainda, com a superação da Súmula n. 310 do TST e da nova jurisprudência consolidada na Corte, na esteira do posicionamento do STF, de o inciso III do art. 8º da Constituição ter contemplado autêntica hipótese de substituição processual *generalizada*, passou o TST a dispensar a relação dos substituídos[(14)], a outorga de mandato, na medida em que é o substituto que detém legitimação anômala para a demanda, e o alcance subjetivo dela não se restringe mais aos associados da entidade sindical, alcançando, ao contrário, todos os integrantes da categoria profissional, bem como a reservar-lhe honorários advocatícios sindicais, como meio objetivo de desestimular as demandas individuais.

Eis o lapidar aresto, que, apesar de longo, vale a pena ser transcrito:

SUBSTITUIÇÃO PROCESSUAL. INTERESSES INDIVIDUAIS HOMOGÊNEOS. CABIMENTO. INTELIGÊNCIA DO INCISO III DO ART. 8º DA CONSTITUIÇÃO. I — Cabe salientar ter sido cancelada a Súmula n. 310 do TST, em acórdão da SBDI Plena do TST, a partir do qual se firmou a jurisprudência de o art. 8º, inciso III, de a Constituição ter contemplado autêntica substituição processual, não mais restrita às hipóteses previstas na CLT, abrangendo doravante interesses individuais homogêneos, interesses difusos e os coletivos em sentido estrito. II — Os interesses individuais homogêneos se apresentam como subespécie dos interesses transindividuais ou coletivos em sentido lato. São interesses referentes a um grupo de pessoas que transcendem o âmbito individual, embora não cheguem a constituir interesse público. III — Para a admissibilidade da tutela desses direitos ou interesses individuais, é imprescindível a caracterização da sua homogeneidade, isto é, sua dimensão coletiva deve prevalecer sobre a individual, caso contrário os direitos serão heterogêneos, ainda que tenham origem comum. IV — Nessa categoria acha-se enquadrado o interesse defendido pelo sindicato-recorrido, de se proceder à averiguação das condições de trabalho insalubres e periculosas, com a respectiva anotação na CTPS dos trabalhadores, tendo em vista a evidência de todos eles terem compartilhado prejuízos divisíveis, de origem comum. V — Com a superação da Súmula n. 310 do TST e da nova jurisprudência consolidada nesta Corte, na esteira do posicionamento do STF, de o inciso III do art. 8º da Constituição ter contemplado autêntica hipótese de substituição processual generalizada, em relação à qual é dispensável a outorga de mandato pelos substituídos, pois é o substituto que detém legitimação anômala para a ação, o

(14) A indicação nominal dos trabalhadores substituídos pelo sindicato-autor não se apresenta como um pressuposto de constituição ou desenvolvimento válido e regular. O alcance da coisa julgada e a caracterização da litispendência tornam-se possíveis pelos contornos dados aos pedidos formulados, independendo da existência de um rol expresso (AMORIM, 2004, p. 131).

alcance subjetivo dela não se restringe mais aos associados da entidade sindical, alcançando ao contrário todos os integrantes da categoria profissional. VI — Por conta dessa nova e marcante singularidade da substituição processual, no âmbito do processo do trabalho, defronta-se com a desnecessidade da prévia qualificação dos substituídos, relegável à fase de liquidação da sentença. VII — Sublinhe-se a nova redação imprimida à OJ n. 121 da SBDI-1, segundo a qual o sindicato tem legitimidade para atuar na qualidade de substituto processual para pleitear diferença de adicional de insalubridade. HONORÁRIOS ADVOCATÍCIOS. SUBSTITUIÇÃO PROCESSUAL. CANCELAMENTO DA SÚMULA N. 310 DO TST. CABIMENTO. I — Com o cancelamento da Súmula n. 310 do TST, impõe-se ao exegeta buscar nova interpretação do art. 14 da Lei n. 5.584/70, a fim de priorizar a identidade ontológica entre a substituição processual e a assistência prestada pelo sindicato de classe. II — Com efeito, se ao sindicato foi conferido tanto a prerrogativa de prestar individualmente assistência judiciária ao empregado, quanto o poder de substituir a categoria por ele representada, não se mostra razoável que esteja impossibilitado de receber os honorários respectivos, a título de contraprestação pelos seus serviços, na condição de substituto processual. Se assim não fosse, estar-se-ia a privilegiar o ajuizamento de inúmeras ações individuais, na contramão do moderno movimento de coletivização das ações judiciais. TST, 4ª T. RR — 1661/2003-099-03-00.0. Rel. Min. Barros Levenhagen.

O julgado em destaque evidencia que o TST assimilou muito bem a interpretação constitucional do STF, chegando a ele emprestar amplitude nitidamente mais vantajosa. Entretanto, o Excelso Pretório busca permanente atualização e nos brinda com julgado que reconhece extensiva liberdade de substituição processual por parte do sindicato.

Mostra-nos que a evolução é constante. Nem sempre pacífica, é verdade, mas o avanço inexoravelmente segue seu curso. Em decisão ainda recente, proferida em 12 de junho de 2006 (em demanda que permanece *sub judice*), o Supremo Tribunal Federal mais uma vez examinou a extensão o inciso III, do art. 8º/CF.

A histórica decisão reconheceu, a um só tempo, que a legitimidade sindical é para a substituição de toda a categoria, afastou a necessidade de autorização dos substituídos, e ainda declarou que a legitimação abrange a liquidação e a execução direta dos créditos.

Em decisão com 6 votos a favor e 5 contra, o STF reconheceu a legitimidade do sindicato para a defesa de todos e quaisquer direitos subjetivos individuais ou coletivos trabalhistas dos quais sejam titulares os associados da categoria profissional, em demanda assim ementada:

SINDICATO. ART. 8º, III DA CONSTITUIÇÃO FEDERAL. LEGITIMIDADE. SUBSTITUIÇÃO PROCESSUAL. DEFESA DE DIREITOS E INTERESSES COLETIVOS OU INDIVIDUAIS. O art. 8º, III da Constituição Federal estabelece a legitimidade extraordinária dos sindicatos para defender em juízo os direitos e interesses coletivos ou individuais dos integrantes da categoria que representam. Essa legitimidade extraordinária é ampla, abrangendo a liquidação e a execução dos créditos reconhecidos aos trabalhadores. Por se tratar de típica hipótese de substituição processual, é desnecessária qualquer autorização dos substituídos. STF — RE 211.874. Rel. Min. Carlos Mário Velloso.

Tendências da substituição processual na esfera processual trabalhista

O afastamento definitivo da impossibilidade do sindicato substituir todos os integrantes da categoria parece ser a principal tendência desses novos tempos, pois não só a solidariedade é uma orientação permanente da Constituição Federal, quanto o próprio sistema confederativo se estriba no tratamento isonômico da universalidade dos trabalhadores do setor.

A construção de doutrina e jurisprudência capazes de suportar a legitimação extraordinária dos organismos sindicais, de forma peculiar, ou seja, sem o balizamento decorrente do Direito Processual Civil. Isso porque, a disparidade de forças entre os demandantes perante a Justiça do Trabalho precisa ser compensada com técnica processual, única que pode criar mecanismos de reconhecimento da distinção real sem o aviltamento da dignidade do trabalhador. Em vez de ser o mero *hipossuficiente* do Estado do antigo regime, passa a ser o cidadão do Estado Democrático de Direito, destinatário das políticas públicas de promoção e inclusão social, sendo o processo um dos mais legítimos meios.

A substituição processual sindical livra o trabalhador de perseguições, e ainda torna os direitos trabalhistas mais efetivos. Além disso, desafoga o Poder Judiciário de inúmeras decisões individuais, desgastantes, caras e de baixo efeito, porquanto atingem apenas um destinatário. Nas demandas coletivas, num só feito judicial, toda a categoria obtém os proveitos da ação do ente que atua em nome próprio o interesse comum.

Ao final, a expectativa de que a legitimação extraordinária conferida aos sindicatos se amplie cada vez mais, de modo a que possam estes deduzir, em nome próprio, até mesmo pretensões de um só trabalhador, desde que haja comunhão entre o interesse tutelado pelo organismo sindical e o interesse dos integrantes da categoria. Para tanto, basta que os interesses individuais sejam homogêneos, ou seja, decorrentes de origem comum e que possam ser apartados do todo sem que a indispensável coesão deixe de existir.

Conclusão

Por tudo quanto exposto, percebemos que há espaço para a ampliação das hipóteses de substituição processual sindical, não só por meio de novas técnicas e pretensões não deduzidas anteriormente, bem como pela reafirmação de antigas demandas, agora com maior espectro. Exemplo extraordinário deram os Ministros da Seção Especializada em Dissídios Coletivos do TST, garantindo aos trabalhadores a substituição processual, por intermédio de uma Federação, em sede de dissídio coletivo, em que o meio ambiente de trabalho seguro e saudável foi reconhecido como direito fundamental, suportado na Constituição Federal, no Pacto Internacional sobre Direitos Econômicos, Sociais e Culturais das Nações Unidas, pela Convenção n. 155/OIT, e assim por diante(15).

Inexplicavelmente, entretanto, a mesma Seção de Dissídios Coletivos ainda conserva as OJ ns. 29 e 35, da SDC/TST, a primeira a condicionar, restritivamente, o exercício do direito de ação, por parte da entidade sindical que quer ajuizar demanda como substituto processual, criando condições extralegais, enquanto a segunda intervém na iniciativa privada, dispondo *in abstrato* como deve o sindicato observar seus estatutos.

Ambas as situações não se harmonizam com os princípios estabelecidos para uma atuação do Direito de modo compatível com o Estado Democrático de Direito, razão pela qual esperamos o urgente e necessário cancelamento das apontadas disposições jurisprudenciais.

O mais importante, contudo, é dotarmos o Direito Processual do Trabalho de consistente densidade científica, de modo a que possamos atuar nossos princípios livremente, isto é, sem o balizamento preconizado pelo processo comum, porquanto as restrições hoje existentes somente a ele servem.

Objetivando fomentar nova percepção do instituto da substituição processual sindical, de modo a ampliar suas hipóteses de atuação, impostergável a geração de doutrina e jurisprudência focando-o como o fator mais ágil disponível para que o Poder Judiciário tenha a desejada celeridade, com a observância das garantias constitucionais processuais; que no âmbito do Direito Processual do Trabalho, a substituição sindical deve ser a mais ampla possível; que a conciliação efetivada pelos substitutos não importe em renúncia de direitos, e, ainda, com vistas ao futuro, o reconhecimento de que a autorização legislativa para a substituição processual possa se efetivar é indeclinável, todavia não precisa ser expressa.

Referências bibliográficas

AMORIM, Rodrigo de Abreu. *A substituição processual na esfera trabalhista:* a amplitude e os impactos de sua utilização. Dissertação de Mestrado. Belo Horizonte: PUC-Minas, 2004.

(15) Magnífico exemplo de afirmação de direitos sociais, como expressão de direitos humanos, foi dado pela SDC/TST, em acórdão da lavra do Ministro João Oreste Dalazen, exatamente numa demanda em que o organismo sindical funcionava como substituto processual. O pleito tinha antiga formação. Era um dissídio coletivo, mas a amplitude dos direitos consagrados e a fundamentação são moderníssimas, evidenciando a substituição processual como fenômeno indispensável numa sociedade de massas. Diz a ementa: *omissis* ... 2. O meio ambiente do trabalho seguro e saudável é direito humano fundamental do empregado, reconhecido na Constituição da República, bem como em normas internacionais de direito do trabalho que integram o ordenamento jurídico brasileiro (arts. 6º e 200, caput e inciso VIII, da Constituição Federal; Pacto Internacional sobre Direitos Econômicos, Sociais e Culturais das Nações Unidas, promulgado pelo Decreto n. 592/92, art. 12; e Convenção n. 155 da OIT, promulgada pelo Decreto n. 1.524/94). 3. A tônica da Constituição da República quanto à tutela da higidez física e mental do trabalhador reside na adoção de medidas preventivas, eliminando-se fatores de risco para acidentes e agentes causais de enfermidades (art. 7º, inciso XXII, da Constituição Federal). 4. Nesse sentido, recai sobre o empregador a responsabilidade primordial pelas medidas de higiene e segurança que obstem a ocorrência de doenças profissionais e acidentes no trabalho (art. 16 da Convenção n. 155 da OIT e art. 19, caput e parágrafos da Lei n. 8.213/91). TST-RODC-20027/2004-000-02-00.0.

ARGENTINA. *Compendio de legislación del trabajo y de la seguridad social*. Buenos Aires: La Ley, 2006.

CARNEIRO PINTO, Raymundo Antonio. *Enunciados do TST comentados*. 7. ed. São Paulo: LTr, 2004.

CHIOVENDA, Giuseppe. *Instituições de direito processual civil*. 2. ed. Tradução de Paolo Capitanio. Campinas: Bookseller, 2000. v. II.

DUBUGRAS, Regina Maria Vasconcelos. *Substituição processual no processo do trabalho*. São Paulo: LTr, 1998.

ITÁLIA. *Codice di procedura civile*. Milano: Cedam, 2000.

LEAL, Rosemiro Pereira. *Teoria geral do processo*. 4. ed. Porto Alegre: Síntese, 2001.

LIEBMAN, Enrico Tullio. *Manuale di diritto processuale civile — Princiii*. 5. ed. Milano: Giuffrè, 1992.

MARTINS, Sergio Pinto. *Comentários à CLT*. 11. ed. São Paulo: Atlas, 2007.

MOREIRA, José Carlos Barbosa. Apontamentos para um estudo sistemático da legitimação extraordinária. *Revista dos Tribunais*, São Paulo, v. 58, n. 404, 1969.

PORTUGAL. *Código de processo do trabalho*. Porto Alegre: Porto, 1999.

ZANGRANDO, Carlos Henrique da Silva. *Processo do trabalho na moderna teoria geral do direito processual*. Rio de Janeiro: Forense, 2007.